Waxmann Verlag GmbH
Steinfurter Straße 555, 48159 Münster
info@waxmann.com

Cottbuser Studien
zur Geschichte von Technik, Arbeit und Umwelt

herausgegeben von Günter Bayerl

Band 32

Waxmann 2008
Münster / New York / München / Berlin

Wolfgang E. Höper

Asbest in der Moderne

Industrielle Produktion, Verarbeitung,
Verbot, Substitution und Entsorgung

Waxmann 2008
Münster / New York / München / Berlin

Bibliografische Informationen der Deutschen Nationalbibliothek
Die Deutsche Nationalbibliothek verzeichnet diese Publikation
in der Deutschen Nationalbibliografie; detaillierte bibliografische
Daten sind im Internet über http://dnb.d-nb.de abrufbar.

ISBN 978-3-8309-2048-9
ISSN 1430-2659

© Waxmann Verlag GmbH, 2008
Postfach 8603, D-48046 Münster

www.waxmann.com
info@waxmann.com

Umschlaggestaltung: Pleßmann Kommunikationsdesign, Ascheberg
Titelbild: Amphibolasbest, Anthophyllit, harte, spröde Fasern
Satz: Stoddart Satz- und Layoutservice, Münster

Gedruckt auf chlorfrei gebleichtem und
alterungsbeständigem Papier DIN 6738

Inhalt

1. Einleitung

Die vorliegende Arbeit ist eine industriegeschichtliche Abhandlung über die Gewinnung, Nutzung, Substitution und Entsorgung der Asbestfaser während der letzten 150 Jahre, in denen ihre industrielle Anwendung vorangetrieben wurde und der Werkstoff selbst einen nennenswerten Beitrag zum technischen Fortschritt leistete. Ausgangspunkt und hauptsächliches Motiv für die Wahl des genannten Themas ist der gegenwärtige Forschungsstand der Industriegeschichte. Denn gerade dieses spezifische Thema blieb von dieser weitgehend unberücksichtigt. Die Darstellung der Geschichte des Asbests in der Moderne unter besonderer Berücksichtigung der unterschiedlichen Produkte, in denen Asbest verarbeitet wurde und außerhalb Europas durchaus auch noch wird, hat zum Ziel, sowohl seine charakteristischen Merkmale und seine Entwicklung in der Moderne anhand einer in den Grundzügen von Johannes Weyer entwickelten Phaseneinteilung[1] aufzuzeigen als auch durch die Weiterentwicklung des Phasenmodells den Prozess der Innovation am Beispiel von Asbest neu zu strukturieren.

1.1 Forschungsstand

Vorab ist es wichtig, den Begriff der Moderne per definitionem kurz zu umreißen.[2] Welche konkrete Bedeutung hat diese Bezeichnung für die sich seit der Mitte des 19. Jahrhunderts in beispielloser Rasanz entwickelnde industrielle Produktion Europas, eine Entwicklung, die bis heute andauert?

Der Begriff Moderne als solcher hat in jedem Wissenschaftszweig eine unterschiedliche Bedeutung und Interpretation: In Philosophie, Soziologie, Medizin, Literaturwissenschaft wie auch in den unterschiedlichen Abteilungen der Geschichtswissenschaft. Unter diesen genannten Wissenschaften kann einzig die Philosophie für sich in Anspruch nehmen, den Eintritt in das Zeitalter der Moderne weithin sichtbar, zumindest in retrospektiver Betrachtung, vorgenommen zu haben: Durch Immanuel Kant, der mit seinem ausgeprägten philosophischen Scharfsinn und seiner konstruktiven Phantasie eine abendländische Philosophie entwickelte, die in der Bündelung seiner pädagogischen, naturwissenschaftlichen und philosophischen

---

1 Vgl. Johannes Weyer: Von Innovations-Netzwerken zu hybriden sozio-technischen Systemen: Neue Perspektiven der Techniksoziologie, in: Lars Bluma, Karl Pichol, Wolfhard Weber (Hg.): Technikvermittlung und Technikpopularisierung. Historische und didaktische Perspektiven, Münster u.a. 2004 (= Cottbuser Studien zur Geschichte von Technik, Arbeit und Umwelt, Bd. 23)

2 Vgl. Georg Bollenbeck: Bildung und Kultur. Glanz und Elend eines deutschen Deutungsmusters, Frankfurt/M, Leipzig 1994; S.N. Eisenstadt: Die Vielfalt der Moderne, übersetzt und bearbeitet von Brigitte Schluchter, Weilerswist 2000; Günter Figal, Rolf Peter Sieferle (Hg.): Selbstverständnisse der Moderne. Formationen der Philosophie, Politik, Theologie und Ökonomie, Stuttgart 1991; Jürgen Habermas: Die Moderne – ein unvollendetes Projekt. Philosophische Aufsätze 1977-1990, Leipzig 1990; Heinrich Meier (Hg.): Zur Diagnose der Moderne, München 1990; Joachim Ritter: Metaphysik und Politik. Studien zu Aristoteles und Hegel, Frankfurt/M 1969; Wolfgang Welsch: Unsere postmoderne Moderne, dritte Auflage, Weinheim 1991; Wolfgang Welsch: Vernunft. Die zeitgenössische Vernunftkritik und das Konzept der transversalen Vernunft, Frankfurt/M 1996

Tätigkeiten eine Grundlage schuf, auf der sich kritische und selbstkritische Vernunft ständig weiter zu entwickeln vermochten.[3] Diese Grundlage trug dazu bei, neben der allmählich sich herausbildenden Forderung nach Menschenrechten, Bürgerrechten und vernunftgeleiteten Verfassungsgrundsätzen auch die Naturwissenschaften aus ihrem Ghetto einer allzu eng umrissenen Vorstellungswelt zu befreien und sie zu neuen Höhenflügen zu stimulieren, die schon allein dadurch notwendig wurden, dass sich Naturwissenschaften und beginnende Industrialisierung zunehmend aufeinander angewiesen sahen. Die Naturwissenschaften konnten ihre Forschung, von der Industrie gefördert, weitaus intensiver betreiben als bisher und die sich formierende Industrie konnte sich als Folge daraus auf Erkenntnisse stützen, die ihr sonst versagt geblieben wären.[4]

In diese Epoche der Industriegesellschaft, die von Ulrich Beck und Wolfgang Bonß als Erste Moderne bezeichnet wird, fiel der fulminante Aufstieg von Asbest als universell einsetzbarer Werkstoff sowie dann beginnend in den achtziger Jahren des 20. Jahrhunderts auch der Anfang seines Niedergangs in den westlichen Industrienationen. Ausgelöst wurde sein Abstieg durch die Bewusstwerdung gesundheitsgefährdender Risiken, die bei seiner Gewinnung, Verarbeitung und Verwendung entstehen. Die konkreten Wirkungsmechanismen eingeatmeter Asbestfasern, die den Tod der betroffenen Menschen nach sich ziehen können, blieben zwar lange Zeit im Detail unklar, jedoch waren mögliche Konsequenzen einer hohen Asbestfaserexposition auf den menschlichen Organismus bereits seit dem Beginn des 20. Jahrhunderts im Expertenkreis nachgewiesen. Die potenzielle Gefährdung eingeatmeter Asbestfasern für den Organismus war somit bereits recht früh bekannt. In Anbetracht der Vorteilhaftigkeit und der Universalität des aufstrebenden Werkstoffes wurde diese Erkenntnis aber über Jahrzehnte hinweg in den Hintergrund gedrängt und damit eine frühzeitige, sachgerechte Thematisierung der mit der industriellen Nutzung von Asbest verbundenen gesundheitlichen Risiken versäumt.

Möglicherweise stellt die intensive Nutzung des Werkstoffes Asbest und sein bedenkenloser Einsatz in allen Lebensbereichen des Menschen eines der ersten Beispiele dessen dar, was in den zurückliegenden Jahren als ein grundsätzlicher Meta-Wandel hin zu einer Zweiten Moderne beobachtet wurde, in der sich „die gesellschaftlichen Rahmenbedingungen sowie Zielvorgaben und entsprechend auch der wissenschaftliche Begriffsrahmen des Wandels in einer Weise veränderten, die weder gewollt noch vorhergesehen wurde".[5] Ulrich Beck prägte für den Umstand, dass alle Gewissheiten der Ersten Moderne nicht mehr zählten und die Auswirkungen eines neuen Stoffes, Produktes oder Verfahrens nicht mehr mit Gewiss-

---

3   Vgl. Gerhard Gamm: Wahrheit als Differenz. Studien zu einer anderen Theorie der Moderne. Descartes – Kant – Hegel – Schelling – Schopenhauer – Marx – Nietzsche, Frankfurt/M 1986; Gerhard Schönrich, Yasushi Kato (Hg.): Kant in der Diskussion der Moderne, Frankfurt/M 1996

4   Vgl. Martin Rost: Zur Produktion des Wissens im digitalen Zeitalter, in: Universität Erfurt/ Heinrich-Böll-Stiftung (Hg.): Universitäten in der Wissensgesellschaft, München 2001, S. 145-167

5   Vgl. Ulrich Beck, Wolfgang Bonß (Hg.): Die Modernisierung der Moderne, Frankfurt/M 2001, S. 13; Ulrich Beck, Anthony Giddens, Scott Cash: Reflexive Modernisierung. Eine Kontroverse, Frankfurt/M 1996

heit antizipiert werden können, den Begriff der „Risikogesellschaft".[6] Seiner These nach steigt mit wachsender Reichtumsproduktion auch die Risikoproduktion. Mit zunehmendem Fortschritt werden sich die Modernisierungsrisiken, die nach seiner Ansicht ein sich kumulierendes Kuppelprodukt der industriellen Fortschritts-maschinerie sind, mit der Weiterentwicklung ausdehnen.

Derartige Gefahren sind durch zwei Merkmale gekennzeichnet. Zum einen ent-ziehen sie sich dem unmittelbaren menschlichen Wahrnehmungsvermögen und bleiben lange unerkannt. Gefahren, wie sie zum Beispiel von Radioaktivität, Schad-stoffen in der Nahrung, Giftstoffen oder auch von Asbestfasern ausgehen, können von den unmittelbar hiervon betroffenen Personen nicht mehr ausgemacht werden. Die Feststellung der Schädigung und vor allem die Beziehung von Ursache und Wirkung bleiben letztlich eine Aufgabe der Wissenschaft. Zum anderen können die mit Innovationen verbundenen Risikopotenziale nicht mehr umfassend vorher-gesehen werden. Die wissenschaftlichen Erkenntnisse über die Eigenschaftsprofile und Folgen von Innovationen kommen der Fortschrittsentwicklung kaum noch hin-terher. Nachdem Risiken im Nachhinein dann identifiziert sind – so wie auch im Fall der Behandlung von Asbest geschehen – werden Schutzmaßnahmen veranlasst. Grenzwerte, Sicherheitsbestimmungen oder Kontrollverfahren werden implemen-tiert und immer wieder angepasst. Bevor ein Verbot verhängt wird, ist im Regelfall im Vorfeld zunächst das gesamte Repertoire an möglichen Schutzmaßnahmen aus-geschöpft worden. Ein Verbot als erste präventive Maßnahme ist eher unwahr-scheinlich, weil diesem Schritt in unserer Gesellschaft in der Regel drei Aspekte entgegenstehen. Erstens soll auf die mit einer Innovation erzielten Vorteilhaftigkeit möglichst nicht mehr verzichtet werden. Des Weiteren werden erkannte Risiken nach ihrer Identifikation erfahrungsgemäß noch über einen längeren Zeitraum in fachlicher Hinsicht grundsätzlich und in ihrem Ausmaß strittig diskutiert. In diesem Zeitabschnitt des Diskurses und der Einflussnahme von Interessenvertretern hält bei politischen Entscheidungsträgern der Zustand der Unsicherheit an, weshalb bis zu einer abschließenden Meinungsbildung als Mittelweg weniger drastische Maßnamen zur Regulierung bevorzugt werden. Schließlich bleibt drittens die Frage, wer bereit ist, die wirtschaftlichen Konsequenzen einer Untersagung mit z.B. Konkurs von Unternehmen oder Verlust von Arbeitsplätzen zu verantworten, wenn sich im Nach-hinein herausstellen sollte, dass das erlassene Verbot nicht notwendig gewesen wäre.

Dem Konzept der Risikogesellschaft entsprechend sind die Folgen technischer Neuerungen nicht mehr absehbar. Ergänzend wird angemerkt, negative Wirkungen von Innovationen würden so schnell eintreten, dass keine Zeit mehr bliebe, ihre Konsequenzen zu verstehen, geschweige denn einzuschätzen.[7] Eine Diagnose, wonach der Mensch immer weniger über die Möglichkeit verfügt, begangene Fehler zu berichtigen und die Zukunft aktiv zu modellieren, ist m.E. zu pauschal und zu fatal. Denn wir haben den Vorzug, in einer Welt zu leben, in der wir (fast) selbst

---

6   Vgl. Ulrich Beck: Risikogesellschaft. Auf dem Weg in eine andere Moderne, Frankfurt/M 1986
7   Vgl. Frank Furedi: Culture of Fear. Risk-Tasking and the Morality of Low Expectation, London 1997; Niklas Luhmann: Risk: A Sociological Theory, New York 1993, S. 44. Nach Luhmann fehlt die Zeit, die jeweils erforderlichen Informationen zusammenzutragen und aus-zuwerten, um im Anschluss ein faktenbasiertes Handeln zu gewährleisten.

entscheiden können, wie wir leben wollen. Dementsprechend definierten Ulrich Beck und Wolfgang Bonß für die Wissenschaft die Aufgabe, den Meta-Wandel begrifflich zu erschließen, empirisch zu untersuchen und ihn auf diese Weise für Menschen und Institutionen verständlich und diese handlungsfähig zu machen.[8]

Die Geschichte des Asbests hat bewiesen, dass – als die Wissenschaft ihre Hausaufgaben gemacht und den Prozess der öffentlichen Erkenntnisentwicklung über das Gefahrenpotenzial der Asbestfaser seriös angestoßen hatte – in einer freien Gesellschaft eine Richtungskorrektur möglich ist, selbst wenn sie lange auf sich warten lässt.[9] Allerdings wurden aus diesem Fehlverhalten Lehren gezogen, die in Verbindung mit ebenfalls fortgeschrittenen wissenschaftlichen Methoden zu einer erhöhten Aufmerksamkeit und auch schnellerem Eingreifen der Wissenschaft bei der Risikobeurteilung der ersten Asbestsubstitute führten.

Der einzige Weg in unsere Zukunft ist letztlich bewusstes Agieren und Experimentieren. Risiken einzugehen ist ein Merkmal des Menschseins. Die Schwierigkeit der Risikoabschätzung liegt in jedem Einzelfall darin, einen von Verantwortung geprägten ausgewogenen Weg zwischen Lethargie und Panik zu finden. Im ersten Fall würden wir uns innovationsimmanenten Modernisierungsrisiken kritiklos aussetzen und im zweiten Fall würden überzogene Bedenken jede Neuerung im Keim ersticken. Beide Varianten sind keine ernsthaften Alternativen. Die Möglichkeiten für eine Ethik nachhaltiger Weiterentwicklung wären mit Sicherheit als ausreichend zu betrachten, wenn man sich künftig mehr auf Pluralität und Kommunikation statt auf die gängigen Verhaltensmuster verlassen würde.[10] Dies gilt umsomehr angesichts der Tatsache, dass spätestens seit der Entwicklung von Asbest vom ursprünglichen Allheilmittel der Industrie bis zum Gefahrenstoff nichts mehr mit Gewissheit antizipiert werden kann.

1.2 Aufbau und Zielsetzung der Arbeit

Jan-Ulrich Büttner meinte in seiner 2004 erschienenen Studie über „Asbest in der Vormoderne", er habe, bei der Suche nach und der Durchsicht von Literatur, den Eindruck gewonnen, dass die Entwicklung der industriellen Nutzung von Asbest der Teil der Asbestgeschichte sei, der am wenigsten aufgearbeitet wurde.[11] In der Tat war Asbest mit seinen vielfältigen Anwendungen in wichtigen Bereichen unserer Industrie und Gesellschaft prägend. Die hier vorgelegte Arbeit über die Geschichte

---

8   Beck, Bonß: Die Modernisierung der Moderne, S. 13
9   Siehe hierzu Abschnitt 5.1.4 „Medizinische Erkenntnisse zu Asbest in der Öffentlichkeit" dieser Arbeit und insbesondere die bahnbrechende Arbeit des Mediziners Irvine Selikoff, die als Ausgangspunkt für die öffentliche Aufklärung über die von Asbestfasern für den menschlichen Organismus ausgehenden Gefahren anzusehen ist. Vgl. Irving Selikoff: Biological Effects of Asbestos, New York 1965
10 Vgl. Udo Kuckartz: Umweltethik und zweite Moderne: Chancen für Nachhaltigkeit?, umwelt 98, Berlin 1998, S. 1-11 (S.10); Frank, Furedi: Die Geschichte beginnt erst, in: novo-magazin, Heft 61/62, November 2002–Februar 2003, Frankfurt, S. 12-14 (S. 14)
11 Vgl. Jan-Ulrich Büttner: Asbest in der Vormoderne. Vom Mythos zur Wissenschaft, Münster u.a. 2004, S. 257 (= Cottbuser Studien zur Geschichte von Technik, Arbeit und Umwelt, Bd. 24, hrsgg. von Günter Bayerl)

des Asbests in der Moderne beschreibt einen Ausschnitt der allgemeinen industriellen Entwicklung und konzentriert sich außer auf den seit weit über 100 Jahren industriell vorgenommenen Abbau von Asbest überwiegend auf dessen industrielle Verarbeitung. Hierbei soll überprüft werden, inwiefern die spezifische, auf die Begriffsgeschichte und Quellenkritik bezogene Studie Johannes Weyers einen angemessenen Zugang bietet. Denn der Grundgedanke seiner Konzeption der Technikgeneseforschung

> „[…] verknüpft erstmals Technikgenese- und Technikfolgenforschung in einer Weise, die zu einer Soziologisierung der Technikgeschichte führte und die beiden Teildisziplinen der Technikforschung einander erheblich näher brachte. Denn die Technikgeneseforschung basierte auf der programmatischen Annahme, dass bereits in der Frühphase einer Technik Schlüsselentscheidungen fallen, die den gesamten Prozess der Technikentwicklung (bis hin zu den manifesten Folgen in der Gegenwart) prägen; dies hatte zwingend zur Folge, dass man weit in die Geschichte von Technisierungsprojekten zurückgehen musste, um dort nach prägenden Entscheidungen zu suchen."[12]

Wenn auch die inhaltliche Konzeption der vorliegenden Arbeit sich zunächst an der Drei-Phasen-Theorie Weyers orientiert (der Entstehungsphase, der Stabilisierungsphase und der Durchsetzungsphase), wird das Drei-Phasen-Modell in dieser Arbeit um vier zusätzliche Phasen ergänzt: Die Ernüchterungsphase, die Phase der Substitution, die Sanierungs- und die Entsorgungsphase. Das primär mit der Anwendung der Methode des erweiterten Phasenmodells verfolgte Ziel ist, Möglichkeiten zur Technikgestaltung und Chancen für steuernde Eingriffe im Prozess der Technikentwicklung am Beispiel des Werkstoffes Asbest aufzuzeigen.

Eine trennscharfe Abgrenzung dieser sieben Phasen ist im Fall Asbest nur abstrakt möglich. Denn im tatsächlichen entwicklungsgeschichtlichen Verlauf sind die Übergänge der Phasen fließend und im regionalen bzw. internationalen Abgleich überlagern sie sich zum Teil überaus stark. Gleichwohl ist das Phasenmodell ein geeignetes Ordnungssystem, dem Thema eine erkennbare Struktur zu geben. Mit seiner Hilfe gelingt es einerseits, umfassende Erkenntnisse über Asbest in der Moderne, seinen Abbau, seine Weiterverarbeitung bis hin zum Niedergang dieses Werkstoffes und der ihn verarbeitenden Industrie, seine Sanierung, Entsorgung und die Entwicklung von Substituten in strukturierter Form herauszuarbeiten und zu vermitteln. Andererseits ermöglicht die Unterteilung in aufeinanderfolgende Phasen eine klare Fokussierung darauf, welche konkreten Entscheidungen über die Behandlung eines im vorliegenden Fall letztlich gesundheitsgefährdenden Stoffes in Abhängigkeit von dem jeweiligen Erkenntnisstand und der jeweiligen Interessenlage gefällt oder auch unterlassen wurden. Die auf diese Weise gewonnenen Beobachtungen können als exemplarische Parallelen einen Beitrag für einen verantwortungsbewussten Umgang mit aktuellen und zukünftigen Techniken liefern, bei denen das Wissen über ihre Eigenschaften und Wirkungen noch unvollkommen ist. Insofern dient das Phasenmodell Weyers für diese Arbeit als Ideengeber und leistet gute Dienste zur Systematisierung.

---

12 Weyer, Innovations-Netzwerke, S. 9

Während Weyers Ansatz darüber hinaus bei der historischen Untersuchung einer thematisch eng umgrenzten Innovation als ein methodisches Instrument zur Identifizierung von beteiligten Akteuren und möglichen Netzwerken dienen kann, stößt dieser Ansatz allerdings im Rahmen der komplexen entwicklungsgeschichtlichen Analyse von Asbest an seine Grenzen. Ausschlaggebend für die im vorliegenden Fall eingeschränkte Verwendungsmöglichkeit des Weyer'schen Instruments ist, dass mit dem Einsatz des Werkstoffes Asbest innerhalb kurzer Zeit eine große Anzahl verschiedener technischer Innovationen realisiert wurden, die zudem nicht nur in einem Technikgebiet, sondern in vielfältigen, unterschiedlichen technischen Bereichen Anwendung fanden. Zwischen derart weit verzweigten und vielschichtigen Entwicklungsrichtungen existierten keine anwendungsübergreifenden, zentralen Akteure oder im Nachhinein erkennbaren historischen Netzwerke, die mit Hilfe des Weyer'schen Netzwerkansatzes analysiert werden könnten. Gleichwohl können auf der Ebene einzelner Innovationen derartige Strukturen durchaus vorhanden sein, wie sich am Beispiel der Entwicklungsgeschichte des Asbestzements erkennen lässt. Insofern wäre eine Analyse historischer Erscheinungen für jede einzelne der auf Asbest basierenden Innovationen unter Nutzung des Weyer'schen Modells der Netzwerke denkbar und auch sinnvoll. Allerdings sprengen diese Untersuchungen allein vom Umfang her den Rahmen dieser Arbeit. Es bleibt die Aufgabe ergänzender Arbeiten, für einzelne auf Asbest basierende Produkte herauszuarbeiten, wer aus welchem Motiv welche Entwicklung vorangetrieben hat, wie er dabei agierte, von wem im Einzelfall das spezielle Produkt nachgefragt wurde, wo und wann produziert wurde, wie und in welchen Institutionen bzw. innerhalb welcher im Nachhinein möglicherweise erkannten Netzwerke ein Wissensaustausch erfolgte.

Vielmehr wird mit dieser Arbeit durch die Erweiterung des Weyer'schen Ordnungsprinzips am Beispiel Asbest eine neue Strukturierung des Innovationsprozesses angestrebt. Mit den Phasen der Ernüchterung, Substitution, Sanierung und Entsorgung soll über die bereits etablierten Phasen der Entstehung, Stabilisierung und Durchsetzung eine grundlegende Struktur der Industriegesellschaft beschrieben werden, die in ihren Teilaspekten zwar immer wieder erwähnt wird, in historischen Aufarbeitungen bisher aber nicht als Bestandteil des Lebenszyklus von Technologien, Innovationen, Werkstoffen und Produkten verankert ist. Im Gegensatz zur üblichen Technik- und Innovationsgeschichtsschreibung werden deshalb in dieser Arbeit die Phasen von der Ernüchterung bis zur Entsorgung des Werkstoffes Asbest eingehend behandelt. Dabei wird erkennbar, dass alle Phasen bis zur Entsorgung eines Produktes bzw. Werkstoffes als feste Bestandteile im Rahmen einer umfassenden Produktgeschichte grundsätzlich zu berücksichtigen sind. Ebenso wird deutlich werden, dass der Werkstoff Asbest bzw. der Umgang mit ihm an den Erkenntnissen, die diese These untermauern, einen wesentlichen Anteil hat.

Des Weiteren wird mit dieser Arbeit versucht, einen Bogen zu schlagen zwischen den erst in jüngster Vergangenheit gewonnenen Erkenntnissen und der 1961 von Hans Berger vorgelegten „Asbest-Fibel"[13], einer für die damalige Zeit außerordentlich umfassenden Beurteilung dieses Materials.

---

13 Vgl. Hans Berger: Asbest-Fibel. Ein geschlossener Überblick über die Gewinnung, Aufbereitung, Eigenschaften, Verarbeitung und Verwendung von Asbest, Stuttgart 1961

Ergänzend dazu soll die Arbeit zu einer notwendigen Versachlichung der Asbest-Thematik beitragen, die mit Sicherheit dringend erforderlich ist. Es ist richtig, dass allein in der Bundesrepublik Deutschland in den Jahren zwischen 1978 und 2005 über 16.000 Arbeitnehmer an einer asbestbedingten Erkrankung starben.[14] Ebenso zutreffend ist jedoch auch der Umstand, dass, nachdem das Ausmaß der von der Asbestfaser für Umwelt und Mensch ausgehenden Gefährdung einer breiten Öffentlichkeit bekannt und bewusst geworden war, die Sorge um eine größtmögliche Prävention vor den Gefahren der Asbestfaser gelegentlich undifferenzierte und hysterische Züge annahm.

So besteht in Deutschland beispielsweise ein durchaus ambivalentes Verhältnis zum Asbest, der offenkundig in mancher Beziehung noch immer ein Reizthema zu sein scheint. Fluch und Segen von Asbest lagen in seiner Geschichte immer nahe beieinander und dies ist auch heute noch der Fall, selbst nach dem europaweiten Verbot der Anwendung von Asbest.

Diese Ambivalenz wird an einem anschaulichen Beispiel aus der Versicherungswirtschaft deutlich. Während Asbest in der Bundesrepublik generell als Gefahrstoff gilt, mit dem der Umgang in sicherheitstechnischer, arbeitsmedizinischer, und umwelthygienischer Hinsicht streng geregelt ist, erfolgt bei Abschluss einer Wohngebäudeversicherung grundsätzlich eine vorteilhafte Bauartenklasseneinstufung mit der Folge einer für den Versicherungsnehmer geringeren Versicherungsprämie, wenn die Außenwände des zu versichernden Gebäudes mit einer Wandplattenverkleidung aus Asbestzement versehen sind, also aus feuerbeständigen Bauteilen bestehen und die so genannte „harte Dachung" aus dem gleichen Material besteht.[15] Ebenso spielt Asbest in der Haftpflichtversicherung eine Rolle, jedoch mit genau umgekehrten Vorzeichen. Greifen wir als Beispiel eine Versicherungsgesellschaft, die DARAG (Deutsche Versicherungs- und Rückversicherungs-AG), heraus, die in einem Schreiben vom 6. Juli. 2004 an den Autor dieser Arbeit die generell in der gesamten Versicherungswirtschaft gültige Neufassung der „Allgemeinen Versicherungsbedingungen für die Haftpflichtversicherungen (AHB)" vorgestellt hat, welche danach Vertragsbestandteil wurden. Unter anderem wurde in der Neufassung der Bedingungen der so genannte „Asbestausschluss" eingearbeitet. Unter „§ 4 Ausschlüsse" der Allgemeinen Bedingungen heißt es nun unter der Ziffer 9, dass sich der Versicherungsschutz für den Versicherungsnehmer im Zusammenhang mit Asbest, sofern im Versicherungsschein oder seinen Nachträgen nicht ausdrücklich

---

14 Von Martin Butz, Mitarbeiter des Hauptverbandes der gewerblichen Berufsgenossenschaften (HVGB), Sankt Augustin, auf Anfrage des Autors zur Verfügung gestellte historische Daten. In dem Zeitraum vor 1978 wurden keine entsprechenden Statistiken geführt. Es handelt sich in der Statistik um asbestinduzierte Todesfälle von Arbeitnehmern, bei denen von den Berufsgenossenschaften zuvor eine asbestbedingte Berufserkrankung anerkannt wurde. Nicht erfasst sind dagegen in der Statistik mögliche asbestinduzierte Todesfälle von Arbeitnehmern, bei denen anerkannte Berufskrankheiten nicht vorlagen sowie mögliche asbestinduzierte Todesfälle von Personen, die außerhalb der Ausübung ihrer beruflichen Tätigkeit lungengängigem Asbestfeinstaub ausgesetzt waren.

15 Vgl. VHV Vereinigte Hannoversche Versicherung a.G., Antrag auf Abschluss einer so genannten Verbundenen Wohngebäude-Versicherung (VGB 2002), Hannover 18.5.2006, S. 3; „Die Bauartklassen der Wohngebäudeversicherungen", in: http://www.gebaeudeversicherungen-direkt.de/infos/bauartklassen.htm v. 14.2.2004; „Eternit" wird als Synonym und Markenname für Asbestzement verwendet.

etwas anderes bestimmt ist, nicht auf folgende Ansprüche bezieht: „Haftpflichtansprüche wegen Schäden, die auf Asbest, asbesthaltige Substanzen oder Erzeugnisse zurückzuführen sind."[16] Somit ist festzustellen, dass auch über 20 Jahre nach dem für die Bundesrepublik Deutschland gültigen Verbot von Asbest, je nach Vorteilhaftigkeit, der Fluch dieses Werkstoffes ausgeschlossen, aber der Segen weiter genutzt wird. Deutlicher kann die immer noch aktuelle Ambivalenz zu diesem Material kaum zum Ausdruck kommen.

Im Vergleich zu Deutschland ist von Interesse, zu überprüfen, in welcher Weise andere Länder mit Asbest umgehen. So ist Asbest beispielsweise in Russland mit einer Jahresproduktion von aktuell rund 800.000 Tonnen noch immer ein respektabler Wirtschaftsfaktor.[17] Einige asiatische Länder wie China, Vietnam, die Philippinen und Indonesien haben die Gewinnung von Asbest ebenfalls gesteigert.[18]

Auch auf die Bedeutung dieser Asbestproduktion wird die Arbeit eingehen. Letztlich wird sie den Versuch unternehmen, konkret die Frage nach der weiteren Verwendung von asbesthaltigen Stoffen zu beantworten. Ist Asbest „tot", geht es nur noch um eine sachgerechte Entsorgung? Besteht ein nachvollziehbarer Zusammenhang zwischen den ersten Regelungen zur Entsorgung asbesthaltiger Stoffe und den Leitgedanken des erst im Zeitablauf danach in Kraft getretenen Kreislaufwirtschaftsgesetzes?

Ebenso wird auch die Frage nach der hinreichenden Versorgung mit Ersatzstoffen und ihrer industriellen Verwertbarkeit gestellt und beantwortet. Darüber hinaus werden drei Dilemmata herausgearbeitet, die sich aus der Förderung und industriellen Verarbeitung von Asbest ergeben. Sie lassen sich wie folgt umschreiben:

1. Es gibt kaum noch Zweifel daran, dass das Einatmen von Asbeststaub in permanent höheren Dosen gesundheitsschädlich ist. Doch bis zu welchem Grenzwert kann oder muss eine Asbeststaubbelastung akzeptiert werden? K. Dierks verweist in seinem 1998 erschienen Beitrag „Risikokommunikation"[19] darauf, dass der Gesetzgeber in der Frage, welche höchsten Faserkonzentrationen aus medizinisch und sozial verantwortlicher Sicht hingenommen werden können, in der Tat vor einem Dilemma steht: Wie groß und wie klein ist das Risiko beim Einatmen von Asbeststaub? Mit Gewissheit ist dies gegenwärtig nicht feststellbar und auch nicht kalkulierbar. Die potenziellen Antworten sind seiner Auffassung nach nur als Zielvorstellung brauchbar. Die Forderung nach einer asbestfreien Atmosphäre ist, laut Dierks, durch die gegebenen natürlichen Bedingungen unsinnig. Auch das denkbare Verlangen, keine Erhöhung der natürlichen Asbestfaserkonzentrationen mehr zuzulassen, wäre nicht durchsetzbar. Angesichts der Tatsache,

---

16 Vgl. Schreiben der DARAG (Deutsche Versicherungs- und Rückversicherungs-AG), Direktion, PF 10, 13062 Berlin, vom 6. Juli 2004 an den Autor der hier vorgelegten Arbeit.

17 Vgl. Oxana Gruntschenko: Erlöse mit gefährlicher Faser, in: Moskauer Deutsche Zeitung (MDZ) vom 26.6.2002

18 Vgl. Jorma Rantanen, Finnish Institute of Occupational Health, Finnland, Inzidenz und Verwendung von Asbest, Asbestos, European Conference, 2003, S. 1-18 (S. 1)

19 Vgl. K. Dierks: Risikokommunikation, Broschüre, S. 1-11, S. 2 ff., wiedergegeben mit Genehmigung des VDI-Verlages, Düsseldorf, in: KRdL im VDI und DIN: Sicherer Umgang mit Fasermaterialien, in: VDI-Berichte 1417, Düsseldorf 1998

dass allein in der alten Bundesrepublik zwischen 1970 und 1980 pro Jahr durchschnittlich 169.000 Tonnen Asbest verbraucht wurden, die wiederum in jährlich 1.535.000 Tonnen asbesthaltigen Produkten industriell verarbeitet und republikweit zu einem großen Anteil als langlebige Wirtschaftsgüter verwendet wurden, erscheint eine Forderung nach kurzfristiger Minderung der Asbestfaserbelastung nachgerade als utopisch.[20]

2. Zu Spitzenzeiten betrug der weltweite Verbrauch an Rohasbest fünf Millionen Tonnen pro Jahr. Gegenwärtig werden noch immer zwei Millionen Tonnen Asbest in der industriellen Verarbeitung verbraucht, zumeist in den so genannten Entwicklungs- und Schwellenländern. In diesen Ländern leistet Asbest nach wie vor als äußerst günstiger und zudem wichtiger Werkstoff einen wesentlichen Beitrag zur Entwicklung und Industrialisierung.[21] Die dortige Öffentlichkeit ist jedoch gegenüber den Gefahren von Asbest in weitaus geringerem Maße sensibilisiert als in Europa oder den Vereinigten Staaten. Erst wenn diese Länder sich auf eine breit gefächerte Diskussion um die potenzielle Gefährdung durch das Einatmen von Asbeststaub eingelassen haben, kann auch hier der Einsatz von finanzierbaren Alternativen beginnen.

3. Es wurden Substitute für Asbest entwickelt, die industriell produzierbar und nahezu weltweit im Einsatz sind. In den Ländern, in denen die Verwendung von Asbest vollständig verboten wurde, zeigte sich, dass ein Verzicht auf diesen Werkstoff technologisch zu bewältigen ist. Bis heute herrscht jedoch keine vollständige wissenschaftliche Klarheit darüber, ob alle verwendeten Substitute weniger schadhaft sind als Asbest. So mussten einige bereits eingesetzte Substitute von einer weiteren Verwendung wieder ausgenommen werden. Erst Jahre nach ihrer Einführung erlangte man tiefere Kenntnisse über ihr Eigenschaftsprofil und erkannte die gesundheitlichen Folgen, die mit ihrer Nutzung einhergingen. Insofern stellt sich die Frage, ob sich aus dem Umgang mit Asbest und seinen Substituten Einsichten ableiten lassen, mit denen die mit einem Einsatz neuer Stoffe, Produkte oder technischer Verfahren verbundenen Risiken zumindest im Vorfeld gesicherter abgeschätzt werden können? Antworten auf diese Frage sind primär aus ethischen Gründen von hoher Relevanz. Spätestens nach der jüngsten Einführung des Gesetzes über technische Arbeitsmittel und Verbrauchsprodukte (Geräte- und Produktsicherheitsgesetz – GPSG)[22] ist auch eine juristische Dimension hinzugekommen.

---

20 Ebd., S. 3
21 Vgl. Financial Express, The Indian Express Group v. 5.11.2001; Bernard Coulombe: Markets, in: Industrial Mineral Rocks, 1994, 6th edition, S. 121
22 Vgl. Gesetz über technische Arbeitsmittel und Verbrauchsprodukte (Geräte- und Produktsicherheitsgesetz, GPSG) vom 6. Januar 2004, BGBl I, S. 2, in der Fassung vom 7. Juli 2005, BGBl I, S. 1970

2. Asbest in der Industriegesellschaft – ein Überblick

2.1 Die industrielle Asbestgewinnung

Aus dem Blickwinkel der Ökonomie ist Asbest ein mineralischer Rohstoff, der als Bodenschatz gewonnen und als Werkstoff einer wirtschaftlichen Nutzung zugeführt wird. Die Wertigkeit von Asbest im Kontext aller gängigen Industrieminerale lässt sich anhand der Daten über die Weltproduktion an Industriematerialien einordnen.

Industriemineral	Menge in 1.000 t	Industriemineral	absoluter Wert in Mio Euro	Industriemineral	Wert in Euro / t
Sand / Kies	> 9.000.000	Sand / Kies	48.320	Graphit	369,4
Naturstein	3.500.000	Naturstein	19.690	**Asbest**	**285,7**
Ton	> 500.000	Phosphat	4.373	Glimmer	272,3
Steinsalz	194.100	Ton	3.835	Bor	268,5
Torf	125.000	Steinsalz	3.623	Zirkon	251,2
Industriesand	120.000	Kaolin	2.900	Kieselgur	195,0
Gips	99.500	Torf	2.876	Sillimanit	137,1
Schwefel	56.810	Kalisalze	2.568	Phosphat	108,9
Phosphat	40.150	Industriesand	1.718	Kalisalze	107,4
Kaolin	39.670	Schwefel	1.453	Flussspat	97,8
Kalisalze	23.920	Soda, natürlich	995	Soda, natürlich	95,7
Soda, natürlich	10.400	Gips	814	Kaolin	73,1
Magnesit	9.480	**Asbest**	**640**	Talk / Pyrophyllit	53,2
Betonit	9.330	Talk / Pyrophyllit	443	Magnesit	38,4
Talk / Pyrophyllit	8.330	Flussspat	399	Feldspat	38,3
Feldspat	7.512	Magnesit	364	Baryt	34,7
Baryt	5.076	Feldspat	288	Betonit	27,7
Flussspat	4.080	Kieselgur	273	Schwefel	25,6
Asbest	**2.240**	Betonit	258	Torf	23,0
Kieselgur	1.400	Graphit	246	Steinsalz	18,7
Zirkon	856	Zirkon	215	Industriesand	14,3
Graphit	666	Baryt	176	Gips	8,2
Bor	406	Bor	109	Ton	7,7
Sillimanit	394	Glimmer	61	Naturstein	5,6
Glimmer	224	Sillimanit	54	Sand / Kies	5,4

Tabelle 1:   Weltproduktion von Industriemineralien 1996

[Quellen: Die Daten zu „Menge in 1.000 t" und „absoluter Wert in Mio Euro" sind entnommen aus Andreas Hoppe: Georessourcen und Georisiken, in: W. Rosendahl und A. Hoppe (Hg.), Angewandte Geowissenschaften in Darmstadt, Schriftenreihe der Deutschen Geologischen Gesellschaft, Heft 15, Hannover 2002, S. 159, Tabelle 1, sowie Friedrich-Wilhelm Wellmer und Jens Dieter Becker-Platen: Mit der Erde leben – Beiträge Geologischer Dienste zur Daseinsvorsorge und nachhaltigen Entwicklung, Berlin, Heidelberg 1999. Die dort jeweils in Deutsche Mark angegebenen Preise wurden mit Wechselkurs vom 1.1.2002 in Euro umgerechnet. Die Daten für „Wert in Euro/t" wurden rechnerisch hergeleitet.]

Die global geförderte Tonnage an Rohasbest war 1996 mit 2,2 Millionen Tonnen im Vergleich zu den Mengen anderer Industriemineralien relativ gering (Rang 19). Auch in den Folgejahren hat sich hieran nichts Wesentliches geändert. So lag die weltweite Asbestproduktion in den ersten Jahren des 21. Jahrhunderts weiter bei gut 2 Millionen Tonnen pro Jahr.[23]

Das Bild wandelt sich, wenn man anstatt der Menge den monetären Wert des abgebauten Materials betrachtet. So repräsentiert diese Jahresmenge an Asbest einen Marktwert von 640 Millionen Euro (Rang 13). Ursächlich hiefür ist der im Durchschnitt aller Asbestqualitäten hohe Marktwert pro Tonne Rohasbest. Mit rd. 286,- Euro pro Tonne ist Asbest hinsichtlich des spezifischen Wertes hinter Graphit das wertvollste Industriemineral der Erde.

In das Licht einer größeren Öffentlichkeit rückte Asbest erstmalig 1855 im Rahmen der Weltausstellung in Paris, indem das Gestein dort als ein technisch nutzbarer Stoff vorgestellt wurde. Bereits fünf Jahre später wurde in England Asbest, der aus Italien importiert wurde, industriell verarbeitet.[24] Erneut auf der Weltausstellung in Paris im Jahre 1878 wurde Asbest anhand verschiedener Anwendungsmöglichkeiten schon als ein industrieller Werkstoff präsentiert.[25] Es ist festzustellen, dass die industrielle Gewinnung und Verarbeitung von Asbest vor rund 140 Jahren einsetzte, als 1866 in Italien, zur gleichen Zeit in Glasgow und dann 1871 in Frankfurt/M mit der „Asbestwerke Louis Wertheim" erstmals Fabriken gegründet wurden, die der systematischen Verarbeitung des gewonnenen Asbests dienen sollten. Das zweite Asbest verarbeitende Unternehmen in Deutschland etablierte sich 1878 mit der „Sächsische Asbestfabrik G. und A. Thoenes" in Radebeul bei Dresden. Beide Unternehmen fertigten Garne und Stoffbüchsenpackungen zu Dichtungszwecken.[26] Die Asbestfasern wurden vornehmlich aus Nordamerika importiert. Die Herkunft des Ausgangsmaterials wurde mit Hilfe eines eingetragenen Warenzeichens dokumentiert, womit dem Verbraucher eine entsprechende Produktqualität vermittelt werden sollte:

---

23 Die Weltproduktion von Rohasbest betrug 2000: 2,11, Mio t, 2001: 2,04 Mio t, 2002: 2,05 Mio t, 2003: 2,15 Mio t (geschätzt); Vgl. Asbestos: World Production by Country, World total, U.S. data, in: Technische Universität Bergakademie Freiberg, Fakultät für Geowissenschaften, Geotechnik und Bergbau, Institut für Mineralogie, Fachgebiet für Technische Mineralogie, Lehrmaterial Technische Mineralogie I – Füllstoffe und Fasermaterialien, 2006

24 Vgl. Fritz Ullmann (Hg.): Enzyklopädie der technischen Chemie, Berlin, Wien 1914-1919, S. 611

25 Vgl. Wilfried Coenen: Asbest: Risikovermittlung und Präventionsansätze, Vortrag von Wilfried Coenen, Hauptverband der gewerblichen Berufsgenossenschaften (HVBG) anlässlich eines Kolloquiums zum 25jährigen Bestehen der Zentrale Erfassungsstelle asbeststaubgefährdeter Arbeitnehmer (ZAs), Hennef, Oktober 1997; Matthias Bolz: Berufskrankheiten – Medizinische Aspekte menschlicher Arbeit, Universität Paderborn, Vorlesungsskript Wintersemester 2002/03, S. 20; H. Dieter Jorissen, Siegfried Kämpfer, Hermann J. Schulte: Die neue Fabrik. Chance und Risiko industrieller Automatisierung, Düsseldorf 1970; Norbert Fischer: Gotha 1878: Das erste Krematorium und die Anfänge der Feuerbestattung in Deutschland, in: Ohlsdorf – Zeitschrift für Trauerkultur vom Förderkreis Ohlsdorfer Friedhof, Nr. 83, IV, 2003 v. 3.11.2003. In diesem Artikel weist Fischer darauf hin, dass in Deutschland wenige Monate nach der Weltausstellung in Paris das erste deutsche Krematorium unter Einsatz einer asbestverkleideten Tür errichtet wurde. Dennoch blieb die technische Feuerbestattung europaweit die Angelegenheit einer Minderheit und gewann erst langsam Zuspruch. Auch beim Bau der 1886 im Hafen von New York eingeweihten Freiheitsstatue „Miss Liberty" wurde bereits Asbest verwendet. Eine galvanische Korrosion wurde durch eine Isolierung unter allen Eisen- und Kupferteilen, bestehend aus Asbest, getränkt in Schellack, vermieden.

26 Berger, Asbest-Fibel, S.19; Sabine Vogel: Geschichte des Asbestes, in: z.B. Asbest. Ein Stein des Anstoßes. Kulturelle und soziale Dimensionen eines Umweltproblems, Berlin 1991, S. 143

19

Abbildung 1: **Eingetragenes Warenzeichen für Asbestprodukte, 1882**
[Quelle: Deutsches Hygiene-Museum, Dresden]

In der historischen Erfahrung des 19. Jahrhunderts wird deutlich, dass die sich formierende Industriegesellschaft bereit war, den Abbau und die Verarbeitung neuer und brauchbarer Werkstoffe so konsequent wie nur möglich zu betreiben, ohne sich durch mögliche Folgeerscheinungen beirren zu lassen. Weit mehr als in unserer Gegenwart war die Industriegesellschaft des ausgehenden 19. Jahrhunderts eine Gesellschaft, die mit vollem Bewusstsein Risiken auf sich nahm und alle fortschrittlich und brauchbar erscheinenden Werkstoffe für sich beanspruchte. Vielleicht war diese Grundhaltung dafür ausschlaggebend, dass jener Anteil der jüngeren Asbestgeschichte, der in die Moderne fällt, in wissenschaftlicher Beziehung nur mit Zurückhaltung bearbeitet und dokumentiert wurde. Dementsprechend gestaltet sich auch die Suche nach Quellenmaterial zur Aufarbeitung der industriellen Asbestgeschichte schwierig.

2.1.1 Die Asbestsorten

Asbestfasern sind natürliche Mineralfasern, die an vielen Stellen der Erde in der Erdkruste eingebettet sind. Sie sind das Ergebnis hydrothermaler Prozesse zwischen Magnesium und eisenreichem Gestein. Aus mineralogischer Sicht ist Asbest gemeinhin eine Sammelbezeichnung für verschiedene, in der Natur vorkommende, faserförmige Silikatminerale.

In Teil I seiner 1961 veröffentlichten Studie über den Asbest definiert Hans Berger Asbest als faserig kristallisierte Varietäten[27] von fünf bestimmten natürlichen Silikaten – eine Definition, die auch heute noch gilt. Berger stuft mit diesem Begriff auch andere faserige Minerale ein, auf die er unabhängig von Zusammensetzung, strukturellem Aufbau, Eigenschaften sowie der (damaligen) wirtschaftlichen Bedeutung den Begriff „Asbest" anwendet.[28] In neuerer Zeit haben zahlreiche Wissenschaftler über die unterschiedlichen Aspekte von Asbest und seine wirtschaftliche wie gesundheitliche Bedeutung geforscht; so u.a. die Wissenschaftler James E.

---

27 Unter Varietät wird in der Mineralogie die unterschiedliche Ausbildung eines Minerals in Farbe, Transparenz, Tracht, Habitus oder Kristallgröße verstanden. Der Gitterbau des Kristalls ist aber jeweils identisch.
28 Berger, Asbest Fibel, S. 11

Alleman und Brooke T. Mossman, die ihre Ergebnisse in der Zeitschrift „Science" niedergelegt haben.[29]

Die verschiedenen Asbestsorten und damit auch die verschiedenen Materialeigenschaften des jeweiligen Asbestgesteins werden durch die spezifische kristalline Struktur und die geochemischen Charakteristika der jeweiligen Lagerstätte bestimmt. Die zwei Hauptgruppen des Asbests sind Serpentinasbest und Amphibolasbest. Darüber hinaus werden diese Hauptgruppen in sich unterschieden nach Herkunft, Entstehung, mineralogischer Zugehörigkeit, Struktur, Zusammensetzung und Eigenschaften.[30] Zum besseren Verständnis soll die folgende Darstellung dienen, in der zunächst nach dem Muttergestein unterschieden wird.

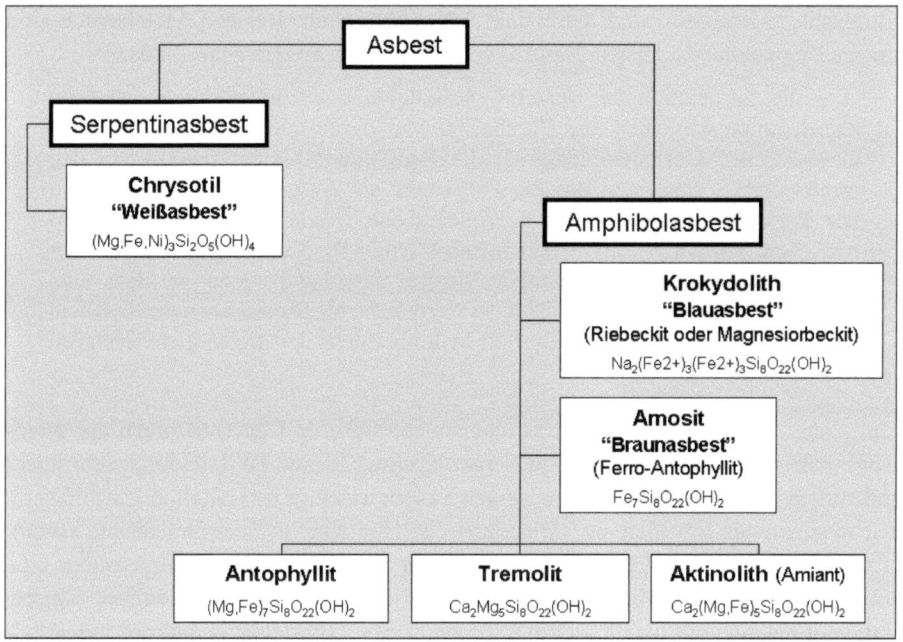

Grafik 1: Asbestsorten

Anmerkung:
In dieser Darstellung sind die verschiedenen Asbestsorten neben ihrer grundsätzlichen Klassifizierung zugleich hierarchisch entsprechend ihrer wirtschaftlichen Bedeutung aufgeführt (oben = wirtschaftlich bedeutsamer). Die Gesteinsbezeichnungen wurden vom Autor dieser Arbeit ins Deutsche übertragen.
[Quellen: B.T. Mossman, J. Bignon, M. Corn, A. Seaton, J.B.L. Gee: Asbestos: Scientific Developments and Implications for Public Policy, in: Science, Vol. 247, 19.1.1990, S. 295; H. Eick: Asbestzement. Herstellung und Eigenschaften, in: Sonderdruck aus Tiefbau 7/75, S. 456]

---

29 Vgl. B.T. Mossman, J. Bignon, M. Corn, A. Seaton, J.B.L. Gee: Asbestos: Scientific Developments and Implications for Public Policy, in: Science, Bd. 247, S. 294-300, v. 19.1.1990; R. Murray: Asbestos: A Chronology of its Origins and Health Effects, in: British Journal of Industrial Medicine, Bd. 47, H 6, S. 361-365, Juni 1990
30 Vgl. Textil-Lexikon. Handwörterbuch der gesamten Textilkunde, Stuttgart, Berlin 1937

Ergänzend zu der in Grafik 1 dargestellten Klassifizierung ist festzuhalten, dass Asbestmineral durchaus noch differenzierter unterschieden wird, wie diese Äußerung zeigt, die aus der kanadischen Asbestförderung stammt:

> „Other studies have shown that some tremolite and/or crocidolite are usually present in chrysotile."[31]

Gemäß den beiden Asbest-Hauptgruppen unterscheidet man zum einen die Entstehung von Chrysotil bei Serpentinen und auf der anderen Seite die Entstehung von verschiedenen Amphibolen. Für die Entstehung der beiden Asbestarten sind verschiedene Parameter und Erscheinungen von Bedeutung. Nach Hans Berger sind für die in Bezug auf eine spätere Asbestgenese bedeutsamen Umwandlungen allein Ultrabasite, Metabasite und Karbonate von Wichtigkeit. Bei den Metabasiten sind nur die Pyroxenite als Ausgangsstoffe von Bedeutung. Berger schreibt dazu:

> „Für die hinsichtlich der späteren Asbestgenese wichtigen Umwandlungen kamen im wesentlichen nur Ultrabasite, Metabasite und Karbonate, von den ultrabasischen Gesteinen lediglich die Peridotite (Olivingesteine), von den metabasischen Gesteinen nur die Pyroxenite als Ausgangsstoffe in Betracht. Die Peridotite sind entweder polymineralisch (Mineralgemische aus ultrabasischem Peridot = Olivin und metabasischen Pyroxenen, z.B. Augit) oder monomineralisch (nur aus einem Mineral bestehend); sind sie fast ausschließlich aus Olivinen aufgebaut, so werden sie als Dunite bezeichnet. Olivin und Augit neigen unter dem Einfluß hydrothermaler Lösungen gleichermaßen zur Umwandlung."[32]

Ein herausstechendes Merkmal des magnesiumreicheren Chrysotil (auch als Weißasbest bekannt) ist die Morphologie seiner Fasern. Sie sind hohl, dadurch sehr leicht und zudem elastisch. Die weichen, feinen Fasern treten in gebündelten Einzelfasern, den so genannten Fibrillen, auf. Die elastische Hohlfaser ist verspinnbar und kommt in weißer, grauer oder gelblicher Färbung vor. Chrysotilfasern verfügen über eine hohe Zugfestigkeit, erweisen sich jedoch als wenig beständig gegenüber Säuren. Chrysotil machte und macht knapp 95 Prozent des Asbestabbaus und der industriellen Produktion aus.

Amphibolasbeste (Krokydolith[33], auch als Blauasbest, und Amosit, auch als Braunasbest bezeichnet) sind durch deutlich härtere und sprödere Fasern charakterisiert, was ihre Aufbereitung, d.h. die Trennung von taubem Gestein und anschließender Klassifizierung erschwert. Allerdings verfügen Amphibolasbeste gegenüber Serpentin-Asbesten über eine deutlich bessere Säurebeständigkeit. Ihre Faserfestigkeit kann sich auf Dauer stark verändern.

Es sei bereits jetzt darauf hingewiesen, dass Amphibolasbeste, welche rund 5 bis 10 Prozent der weltweiten Asbestproduktion ausmachen, Asbeste sind, die als außer-

---

31 Vgl. Exporting Death: Asbestos and Canada, in: Mining Watch Canada, Newsletter Number 15, Winter 2003-2004, Ottawa
32 Berger: Asbest-Fibel, a.a.O., S. 13
33 An dieser Stelle soll eine Klarstellung der gewählten Schreibweise von „Krokydolith" und vergleichbaren Begriffen erfolgen: Es wird die Schreibweise „Krokydolith" gewählt, weil sie im deutschsprachigen Bereich als üblich erscheint. Bei Zitaten wird die Schreibweise des jeweiligen Autors übernommen.

ordentlich stark krebserregend gelten, während der magnesiumreichere und wirtschaftlich bedeutendere Chrysotil-Asbest über eine wesentlich festere Struktur verfügt und nur in geringerem Umfang als krebserregend eingestuft wird.[34] Ursache für das höhere kanzerogene Potenzial der Amphibolfasern ist ihre Inflexibilität in Verbindung mit ihrer Lungengängigkeit und der Tatsache, dass sie nach einem Faserbruch wie Nadeln wirken.

Nur in außerordentlich beschränktem Umfang wurde und wird die Rohfaser in direkter Anwendung genutzt. Überwiegend wurde und wird das Mineral in weiteren Verarbeitungsschritten zu verschiedenen Asbestwaren veredelt. Daher orientiert sich die Beurteilung der Qualität und Wertigkeit der jeweiligen Asbestfaser an der Art und Weise der geplanten Wertschschöpfungsstufen und an dem Anforderungsprofil des angestrebten Fertigproduktes (z.B. textile Produkte wie Brandschutzkleidung, Hochdruck-Dichtungsplatten, Papiere, Asbestzement, Schichtstoffe etc.). Insofern kommt den individuellen physikalischen und chemischen Eigenschaften der jeweiligen Asbestfaser für eine Klassifizierung große Bedeutung zu. Die Kenntnis über das jeweilige Eigenschaftsprofil macht eine zielgerichtete Verarbeitung und einen zweckmäßigen Einsatz der produzierten Erzeugnisse erst möglich. Denn letztlich determinieren die Eigenschaften der Rohasbeste die Leistungsfähigkeit der Endprodukte.

Daneben entscheidet auch die Faserlänge über die qualitative und wirtschaftliche Beurteilung des jeweiligen Rohasbests.[35] So werden die Möglichkeiten der Weiterverarbeitung wesentlich durch die Faserlänge und ihre Festigkeit bzw. die Chance, sie zu verspinnen bestimmt. Detaillierte Darlegungen über die Festigkeiten der Asbeste lassen sich an dieser Stelle jedoch nicht abstrahieren, da sie neben der Asbestsorte zudem noch von der jeweiligen Art des Vorkommens abhängig sind.[36]

Die Unterschiede zwischen den physikalischen und chemischen Eigenschaften der Asbestsorten spiegeln sich zumeist zwischen den beiden Hauptarten wider, den Serpentin- und Amphibolasbesten, wobei der Serpentinasbest (Chrysotil bzw. Weißasbest) zu einem Anteil von 90 bis 95 Prozent vorkommt, Amphibolasbeste hingegen nur mit einer Menge von 5 bis 10 Prozent. Die folgende Tabelle gibt einen Überblick über die grundsätzlichen Eigenschaftsprofile verschiedener Asbestsorten.[37]

---

34 Vgl. Asbest: Fluch und Segen, in: Spektrum der Wissenschaft, Heft 11/1997, S. 86-92; Stephen E. Kesler: Mineral Resources, Economics and the Environment, MacMillan Press, 1994; Berger, Asbest-Fibel, S. 11 f.

35 Berger, Asbest Fibel, S. 54 ff.

36 Ebd., S. 89

37 Hierüber hinausgehende tabellarische Darstellungen von Eigenschaftsmerkmalen verschiedenster Asbestarten und -sorten ist zu finden in: Industrial Minerals and Rocks, 6th Edition, published by Society for Mining, Metallurgy, and Exploration Inc. Littleton, Colorado 1994, S. 98; M.S. Baddollet: „Asbestos, A Mineral, of Unparallel Properties," Transactions, Canadian Institute of Mining & Metallurgy, 1951, Vol. 59, S. 185 ff.

Eigenschaftsmerkmal	Chrysotil (Weißasbest)	Krokydolith (Blauasbest)	Amosit (Braunasbest)
Erscheinung	feine, leichte Fasern	lange, spröde Fasern	prismatische Kristalle u. Fasern
Farbe	weiß, grau, gelblich	blau	aschgrau, braun
Fasermorphologie	hohle Röhren	dünne Stäbe	dünne Stäbe
Faserdurchmesser	20-30 nm	100-200 nm	100-200 nm
Aufbereitbarkeit (Zerfaserung)	leicht, da elastisch	schwierig, da brüchig	schwierig, da brüchig
Verspinnbarkeit (Textilien)	möglich	nicht möglich	nicht möglich
Zugfestigkeit (N/mm²)	210–560	280–420	70–140
Flexibilität	sehr gut	gut	gut
spez. Gewicht (g/cm³)	2,2–2,6	2,8–3,6	2,9–3,3
Elektrischer Widerstand (MΩcm)	0,003–0,15	0,2–0,5	bis zu 500
Säurebeständigkeit	schlecht	gut	gut
Laugenbeständigkeit	sehr gut	gut	gut
Schmelzpunkt (°C)	1.400	1.180	1.400
Thermische Eigenschaft	bei 600° Dauerbelastung brüchig		

Tabelle 2: Eigenschaftsmerkmale verschiedener Asbestsorten
[Quellen: San-Tech Gebäudemanagement GmbH, Grimma, sowie Technische Universität Bergakademie Freiberg, Fakultät für Geowissenschaften, Geotechnik und Bergbau, Institut für Mineralogie, Fachgebiet für Technische Mineralogie, Lehrmaterial Technische Mineralogie I – Füllstoffe und Fasermaterialien, 2006, S. 31]

Die in Tabelle 2 aufgezeigten Merkmalsausprägungen sind grundsätzliche Richtwerte und abhängig von der jeweiligen Lagerstätte. Denn das individuelle Eigenschaftsprofil der einzelnen Asbestgesteine ist eine Funktion der bei ihrer Bildung herrschenden geologischen, geochemischen, petrographischen und mineralogischen Umstände.[38]

1952 befand Karl Frank, Prüfingenieur der Farbwerke Hoechst, in seiner Studie über „Asbest":

„Einzigartig ist die Stellung, die der Asbest unter den Stoffen der Erde einnimmt: Er ist feuerfestes Mineral und verspinnbare Faser zugleich. Kein anderes Mineral ist faserig, keine andere Faser feuerfest."[39]

---

38 Vgl. Otto Lueger: Lexikon der gesamten Technik und ihrer Hilfswissenschaften, Erster Band, Stuttgart, Leipzig 1894, S. 463. Lueger nennt hier bereits eben jene Funktionen der bei der Asbestbildung herrschenden, oben genannten Umstände, u.a. des chemischen Aufbaus wie auch der mechanischen Eigenschaften.
39 Vgl. Karl Frank: Asbest. Zweite, umgearbeitete und erweiterte Auflage. Hamburg 1952, S. 106

Abbildungen 2:

(1) **Serpentinasbest, Chrysotil, faserig ausgebildet, auf Diabasmatrix, 26,0 x 12,0 x 6,1 cm, Fundort: Silbach, Sauerland**
[Quelle: Klaus Krause, Gelsenkirchen]

(2) **Serpentinasbest, Chrysotil, Fundort: Thetford, Quebec, Kanada**
[Quelle: unbekannt]

(3) **Serpentinasbest, Chrysotil,**
[Quelle: Enius AG, Nürnberg]

Abbildungen 3:

(1) **Amphibolasbest, Anthophyllit, 13,7 x 6,7 x 2,9 cm, Fundort: Silbach, Sauerland**
[Quelle: Klaus Krause, Gelsenkirchen]

(2) **Amphibolasbest, Anthophyllit, harte, spröde Fasern**
[Quelle: U.S. Department of the Interior, U.S. Geological Survey]

Die extreme Sonderstellung der Rohasbestfaser hinsichtlich ihrer Beschaffenheit und Filigranität im Vergleich zu anderen gebräuchlichen Fasertypen wird an dem folgenden tabellarischen Vergleich von Karl Frank beeindruckend deutlich:

Fasertyp	Faserdurchmesser in mm	Faserzahl auf einem mm	Faseroberfläche in cm²/g
Nylon	0,0075	132	3.100
Azetatkunstseide	-	-	3.800
Baumwolle	0,01	100	7.200
Seide	-	-	7.600
Wolle	0,02-00275	36-50	9.600
Viskosekunstseide	-	-	9.800
Chrysotilasbest	**0,000018–0,000029**	**34.000–56.000**	**130.000–220.000**
Menschliches Haar	0,0395	25	-
Schlackenwolle	0,00355-0,0071	141-282	-

Tabelle 3: **Vergleich zwischen Asbestfaser und anderen Fasertypen**
[Quelle: Karl Frank: Asbest, Zweite, umgearbeitete und erweiterte Auflage, Hamburg 1952, Tabelle 3, S. 32]

Die bereits erwähnte Vielfalt der Einsatzmöglichkeiten veranschaulicht eindrucksvoll Tabelle 4, obgleich hier nur auf die Hauptanwendungsgebiete fokussiert wird. Zugleich wird aber auch erkennbar, dass aufgrund der unterschiedlichen Eigenschaftsprofile nicht jede Asbestart für jede Anwendung geeignet ist.

Eigenschaftsmerkmale der Asbestfaser		Nutzungsmöglichkeit
Spinnbarkeit	parallele Elementarfibrillen, gemeinsam verschiebbar	Textilien, Reibbeläge
Große Oberfläche	Adsorptionsvermögen	Filter
Hohlräume	Absorptionsvermögen, Flüssigkeitsaufnahme,	Dichtungen, Schmiermittel, Isolier- und Dämmmaterial, Feuchtigkeitspuffer
Stabilität in Längsrichtung	hohe Zugfestigkeit	Armierfaser, (freitragende) Leichtplatten
Thermische Beständigkeit	Temperatur- und Feuerwiderstandfähigkeit Unbrennbarkeit	Feuerfestmaterialien, Brems- und Kupplungsbeläge
Chemische Beständigkeit	Resistenz gegenüber Chemikalien, widersteht Hydratation	Asbestzement
Elektrischer Isolator (im trockenen Zustand)	leitet keinen elektrischen Strom	Kabelummantelungen
Dauerhaftigkeit/ Haltbarkeit	Langzeitbeständigkeit des Eigenschaftsprofils trotz äußerer Einflüsse	*Grundlegende Voraussetzung für nahezu alle obigen Nutzungsarten*

Tabelle 4: **Nutzungsmöglichkeiten von Asbest entsprechend den Eigenschaftsmerkmalen des Gesteins**
[Quelle: Eigene Darstellung. Daten stammen aus unterschiedlichen Handbüchern.]

Die Verarbeitungs- und Anwendungsmöglichkeiten der Asbestfaser sind darüber hinausgehend noch mannigfaltiger und auch höherwertiger, wenn die Faser über eine bestimmte Länge verfügt und dadurch verspinnbar ist. Die so genannte Asbest-Spinnfaser ist – in Relation betrachtet – ein kostbar zu nennender Rohstoff. In Kanada haben nur acht Prozent des geförderten Rohasbests die Fähigkeit, als spinnfähige Faser verwendet werden zu können. In Asbestvorkommen, bei denen extrem langfaseriger Asbest auftritt, wird dieser zunächst aus dem geförderten Rohmaterial ausgeklaubt und von grob anhaftendem Gestein befreit. *Crude 1*-Fasern sind hierbei solche mit einer Länge von 19 mm und länger, *Crude 2*-Fasern weisen eine Länge von 9,5 mm bis 19 mm auf. Die Verwertung der gewonnenen Fasern liegt fast ausschließlich im textilen Bereich.

Crude	1	2	3	4	5	6	7
Längenbezeichnung	Langfaser			Mittelfaser		Kurzfaser	
Spinnerei, Weberei	>=19 mm	9,5-19 mm	+	--	--	--	--
Asbestzement	--	--	+	+	+	+	--
Brems-, Kupplungsbeläge, Floortiles, Kitte, Pressmassen	--	--	--	--	+	+	+

Tabelle 5: **Klassifizierung von Asbest in Abhängigkeit von der Faserlänge am Beispiel in Europa weit verbreiteten kanadischen Chrysotils**

[Quelle: H. Eick: Asbestzement. Herstellung und Eigenschaften, Sonderdruck aus Tiefbau 7/75, Tafel 2, S. 457]

Je nach Herkunftsregion bzw. dem Herkunftskontinent des Rohasbests sowie auch der Asbestsorte galten andere Klassifizierungssysteme. Hier ein Vergleich der Klassifizierungen zwischen kanadischem Chrysotil sowie südafrikanischem Krokydolith und Amosit: [40]

---

40 Eine umfangreiche Darstellung weiterer regionen- und sortenabhängigen Klassifizierungen ist nachzulesen unter: Industrial Minerals and Rocks, 6th Edition, published by Society for Mining, Metallury, and Exploration Inc. Littleton, Colorado 1994, S. 118 ff.

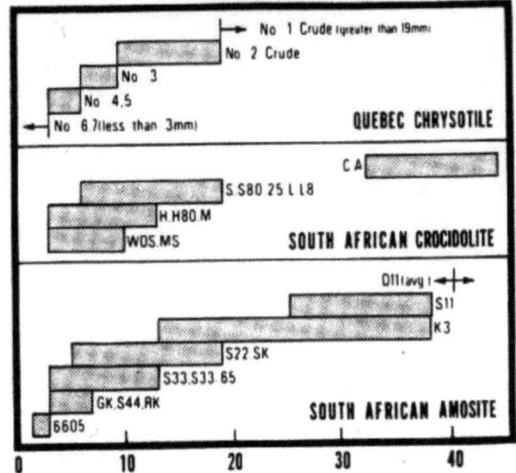

Grafik 2: Vergleich der Klassifizierung von Asbest in Abhängigkeit
von Asbestsorte und Lagerstätte

[Quelle: Mineral Facts and Problems, United States Department of Interior,
Bureau of Mines, Bulletin 671, Asbestos Fibres Lengths, 1980 Edition, S. 58]

2.1.2 Die Asbestlagerstätten

Im Jahre 1961 legte Hans Berger seine „Asbest-Fibel" vor, die – nach Meinung Jan-
Ulrich Büttners, einem durchaus kritischen Autor über Asbest in der Vormoderne –
noch heute als „die beste Gesamtdarstellung zu dem mineralogischen wie technisch-
industriellen Komplex Asbest"[41] gilt, die in deutscher Sprache bislang vorliegt. In
seinem Werk legt Berger Angaben vor, die bis heute noch weitgehend zutreffen. So
haben seine Aussagen über Asbestlagerstätten, den jeweiligen Anteil des Asbests im
Gestein, Förder- und Gewinnungsmöglichkeiten oder Transportmöglichkeiten
durchaus heute noch Bedeutung.

Während des 20. Jahrhunderts wurden insgesamt rund 175 Millionen Tonnen
Rohasbest auf der Erde gewonnen. Chrysotil war dabei mit rund 96 % aller Förder-
mengen die herausragende Asbestsorte.[42] Ausschlaggebend hierfür waren zum einen
das weitaus größere Angebot an Chrysotil gegenüber dem an Amphibolasbesten
(siehe Grafik 3), zum anderen die zugleich höhere Nachfrage nach Chrysotil aufgrund seiner besseren Verarbeitbarkeit und seinem breiteren Anwendungsspektrum.

---

41 Büttner, Asbest in der Vormoderne, S. 192
42 Vgl. Robert L.Virta: Mineral Commodity Profiles – Asbestos, U.S. Department of the Interior,
    U.S. Geological Survey, Circular 1255-KK, 2005, S. 4, Figure 4

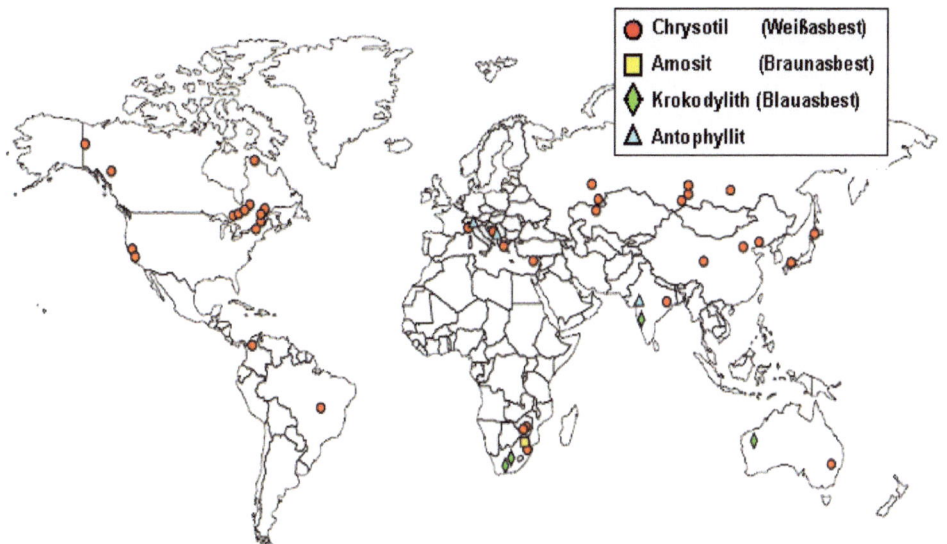

Grafik 3: Wesentliche Asbest-Lagerstätten
[Quelle: Industrial Minerals and Rocks, 6th Edition, published by Society for Mining, Metallurgy, and Exploration Inc. Littleton, Colorado 1994, S. 104 f.]

Anmerkung:
Weitere, kleinere Vorkommen von untergeordneter Bedeutung befinden sich in Argentinien, Bolivien, Venezuela, Kenia, Uganda, Madagaskar, Ägypten, Marokko, Spanien, Finnland, Türkei, Korea, Japan, Neuseeland.[43]

Den Berechnungen des amerikanischen Innenministeriums zufolge lagern in den aktuell bekannten Vorkommen der Erde noch über 200 Millionen Tonnen Asbestgestein, davon jeweils rund ein Drittel in Russland und Kanada.[44] Somit wurden bisher knapp die Hälfte der weltweit bekannten Asbestlagerstättenvorräte ausgebeutet. Differenziertere Aussagen über die aktuell bekannten Vorratsmengen entsprechend der jeweiligen Gesteins- und Faserqualität, der jeweiligen Lagerstättenvorräte und den Grad der Abbaufähigkeit sind nicht bekannt.

Jenes Gebiet Kanadas, das überaus große Mengen an Chrysotil aufweist und über ein Jahrhundert die dominierende Asbestabbauregion der Welt war, liegt im östlichen Teil von Quebec. Hier zieht sich ein Serpentingürtel von 110 km Länge und bis zu 10 km Breite von Asbestos im Westen über Thetford Mines nach East Broughton im Osten hin.[45] Die Lagerstätte wurde bereits am Anfang des 19. Jahrhunderts entdeckt.

Im Jahre 1862 stieß man auf weitere, umfangreiche Asbestlager bei Quebec, die aber in großem Umfang erst seit 1877 abgebaut wurden. Im Jahre 1900 wurden in

43 Vgl. Oliver Bowles: The Asbestos Industry, U.S. Bureau of Mines, Bulletin 552, Washington 1955, Figure 9 sowie auch Industrial Minerals and Rocks (Nonmetallics other than Fuels), American Institute of Mining, Metallurgical, and Petroleum Engineers, Inc., New York, N.Y. 1975, S. 390 f., Figure 9
44 Vgl. U.S. Geological Survey, Mineral Commodity Summaries, January 2006, S. 29
45 Vgl. Sabine Vogel: Was ist Asbest?, in: z.B. Asbest. Ein Stein des Anstoßes. Kulturelle und soziale Dimensionen eines Umweltproblems, Berlin 1991, S. 131 f.

Kanada bereits 50 Asbestgruben[46] betrieben, die schon 1906 in 14 Gesellschaften vereint waren.[47] Jens-Ulrich Büttner beschreibt in seiner Dissertation „Asbest in der Vormoderne" die Tragweite dieser rasanten wirtschaftlichen Entwicklung:

> „Alleine ein Blick auf die Förderzahlen der kanadischen Minen macht unmißverständlich klar, wie schnell die Nachfrage wuchs, wie schnell immer mehr Produkte mit und aus Asbest hergestellt wurden und wie groß die Nachfrage sein mußte. Die kanadischen, im Tagebau geförderten Rohasbeste beherrschten schnell den Weltmarkt."[48]

(1)

(2)

(3)

Abbildungen 4:

(1) Asbestmine, Black Lake, Quebec, Kanada, 1890
[Quelle: Musée minéralogique et minier de Thetford Mines]

(2) Asbestmine, Black Lake, Quebec, Kanada, 1895
[Quelle: Musée minéralogique et minier de Thetford Mines]

(3) Thetford Asbestmine, Abraumhalde, Quebec, Kanada, 1906
[Quelle: unbekannt]

---

46 Vgl. Enzyklopädie der technischen Chemie, 2. Auflage, Berlin, Wien 1906, S. 629 f.; Chemiker-Zeitung, 35. Jg., 1911, Nr. 21, S. 195. Hier ist die Rede von 19 neu entstandenen Brüchen auf kanadischem Gebiet.
47 Vgl. Chemiker-Zeitung, 30 Jg., 1906, Nr. 63, S. 768
48 Büttner: Asbest in der Vormoderne, S. 193

Auch die in der „Chemiker-Zeitung" veröffentlichten Zahlen sprechen eine deutliche Sprache. So enthält der Beitrag „Über Asbestgewinnung" in einer Ausgabe der „Chemiker-Zeitung"[49] aus dem Jahr 1909 konkrete Angaben über den nordamerikanischen Bedarf an Asbest zu Beginn des 20. Jahrhunderts, der vornehmlich von kanadischen Gesellschaften gedeckt wurde. In der wachsenden Nachfrage nach Asbestprodukten ist das Motiv für das seit der Jahrhundertwende sich entwickelnde Interesse US-amerikanischer Asbestverarbeiter an kanadischen Asbestminen zu sehen. Gleichermaßen lässt sich das Engagement britischer Unternehmen in kanadischen, australischen und vor allem afrikanischen Minen für das industriell aufstrebende Großbritannien erklären. In beiden Fällen war es Ziel, ausgehend von der Asbestverarbeitung, die Wertschöpfungskette auf den Rohstoffabbau auszuweiten und damit zugleich auch die Rohstoffversorgung abzusichern. Begünstigt wurden diese Bemühungen durch die regionale und kulturelle Nähe der USA zu Kanada einerseits sowie der kolonialen Aktivitäten Großbritanniens in Südafrika und Südrhodesien, dem heutigen Simbabwe, andererseits.

Der Erfolg nordamerikanischer und britischer Asbest verarbeitender Unternehmen, sich vertikal zu diversifizieren, wird an den Gesellschafterstrukturen der international führenden Asbestminengesellschaften deutlich. Dieses Beteiligungsgerüst blieb bis in die achtziger Jahre des 20. Jahrhunderts erhalten (siehe Grafik 4). Dementsprechend befanden sich 1980, bis auf eine Ausnahme, alle kanadischen Asbestminen im mehrheitlichen Eigentum nordamerikanischer und britischer Asbestverarbeiter. Erst in den Folgejahren lösten sich diese Verflechtungen innerhalb der amerikanischen, europäischen und afrikanischen Asbestindustrie im Zuge der in den Industrieländern sukzessiv erlassenen Asbestverbote und der damit entfallenden Absatzmärkte auf. Infolgedessen hat sich auch die Anzahl der in Kanada betriebenen Asbestgruben schrittweise reduziert. Mit der Firma „LAB Chrysotile" war 2003 nur noch ein Unternehmen auf diesem Sektor in Kanada tätig. Sie verfügte über drei Abbaustellen, welche jedoch alle unterbeschäftigt waren. Joan Kuyek berichtete in der „Mining Watch Canada Mines Alerte" im September desselben Jahres:

> „In Québec at present, with the closure of the Jeffrey Mine, there will be only two operating asbestos mines, the Black Lake and Bell Mines, both owned by LAB Chrysotile. They employ only 950 workers and export 98 % of their annual production to 50 different countries, 60 % of which are in Asia. Yesterday, the company announced the temporary closures of Black Lake and Bell Mines, in order to keep the Jeffrey Mine open".[50]

---

49 Vgl. Chemiker-Zeitung, 33. Jg., 1909, Nr. 16, S. 150
50 Vgl. Joan Kuyek: Asbestos Mining in Canada. A brief presented to the International Ban Asbestos Conference, Ottawa, September 13, 2003, S. 3

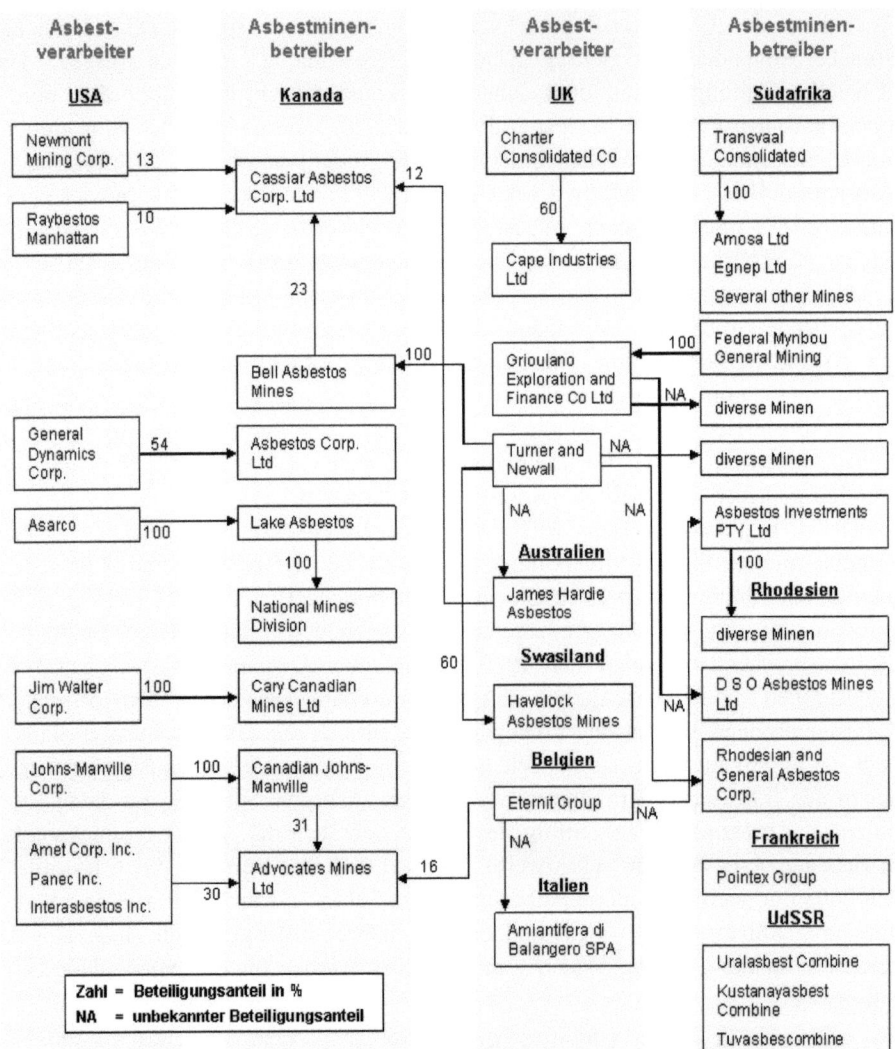

Grafik 4: **Vertikale Diversifizierung internationaler Asbestverarbeiter:**
Gesellschafterstruktur der größten Asbestminengesellschaften 1980

[Quelle: Mineral Facts and Problems, 1980 Edition, United States Department of Interior, Bureau of Mines, Bulletin 671, 1980 Edition, S. 57]

Auch die deutsche Asbest verarbeitende Industrie versuchte, analog zur britischen und US-amerikanischen Asbest verarbeitenden Industrie, sich in den 20er Jahren des 20. Jahrhunderts an kanadischen und afrikanischen Lagerstätten zu beteiligen oder ganz in deren Besitz zu gelangen, wie sie es bereits im 19. Jahrhundert in Italien versucht hatte.[51] Nachdem die deutschen Asbestverarbeiter während des Ersten Weltkrieges zu weiten Teilen aufgrund Rohstoffmangels stillgelegt waren, regenerierten sie sich nach 1918 mit Wiederaufnahme der Handelsbeziehungen überaus schnell. Bereits 1920 wurden eine Außenhandelsstelle und der „Wirtschaftsverein der

---

51   Vgl. Chemiker-Zeitung, 44. Jg., 1920, Nr. 62, S. 386

deutschen Asbestindustrie e.V." gründet. Intention dieser Initiativen war, auch in Anbetracht der jüngsten, schmerzlichen Erfahrungen, eigene Rohstoffbasen zu sichern. Der Erfolg dieser Bemühungen blieb jedoch aus. Die Wertschöpfungskette der deutschen Asbest verarbeitenden Industrie konnte nicht um die Rohstoffgewinnung erweitert werden, sondern blieb auf die Veredelung und Verarbeitung der Mineralfaser begrenzt.

2.1.3 Die Entwicklung der abgebauten und verbrauchten Mengen

Die Mengenentwicklung des zwischen 1900 und 2004 weltweit abgebauten und aufbereiteten Rohasbests ist in Grafik 5 abgebildet.

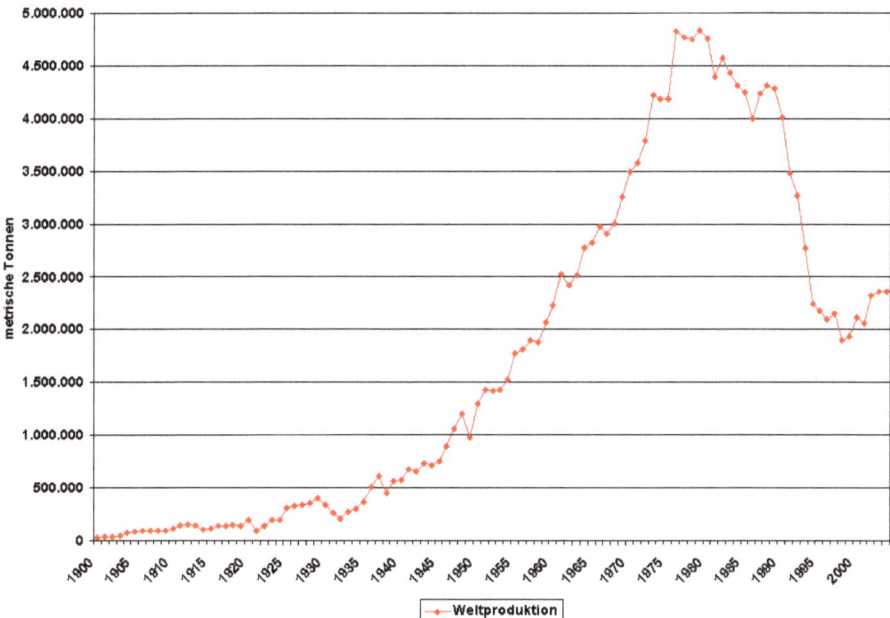

Grafik 5: Asbestproduktion weltweit 1900–2004
[Quellen: Die Einzeldaten sind entnommen aus Robert L. Virta: Worldwide Asbestos Supply and Consumption Trends from 1900 to 2000, U.S. Department of the Interior, U.S. Geological Survey, 2003, Table 4, S. 25 ff. sowie aus Robert L. Virta: 2005 Mineral Yearbook, U.S. Department of the Interior, U.S. Geological Survey, 2006, S. 8.6]

Von 31.487 Tonnen im Jahr 1900 stieg die Fördermenge in dem relativ kurzen Zeitraum bis 1913 um 357 % auf 144.042 Tonnen an. Im August 1914 brach der Erste Weltkrieg aus. Durch die damit verursachte Unterbrechung der Transportwege sackte die exportabhängige Förderung aus den nordamerikanischen Lagerstätten in den Jahren 1914/15 um circa ein Drittel ab. Weil Asbest aber in praktisch jeder Hinsicht ein für den Krieg überaus wichtiges Material war, erreichte die Rohasbestproduktion 1916, bedingt durch den Bedarf des amerikanischen und britischen

Militärs, wieder das Vorkriegsniveau. Hingegen sah sich Deutschland als ein Land ohne nennenswerte Lagerstätten von Asbest mit dem Problem konfrontiert, von Asbestimporten abgeschnitten zu sein. Aus Kanada und Südafrika kamen keine Lieferungen mehr, ebenso wenig aus Russland. In Deutschland besann man sich deshalb auf die 1908 entdeckten Asbestlagerstätten in Thüringen, die zwischen Wurzbach und Leutenberg gelegen waren.[52] Ob auch die erste deutsche Asbestgrube, die man in den 80er Jahren des 19. Jahrhunderts im hessischen Odenwald erstmalig in Betrieb genommen hatte[53], wieder genutzt wurde, ist unbekannt[54].

Nach dem Ersten Weltkrieg setze sich die weltweit stetig steigende Nachfrage nach Asbestwaren fort. Im Zuge dessen erhöhte sich die jährliche Fördermenge von rund 190.000 Tonnen im Jahr 1920 auf rund 460.000 Tonnen im Jahr 1938.

Die Weltwirtschaftskrise hinterließ zwar auch beim Einsatz von Asbest Spuren, allerdings wurde bereits 1935 wieder das Produktionsniveau von 1929 erreicht und das Mengenwachstum entwickelte sich fast ununterbrochen bis Ende der siebziger Jahre. Dies galt auch während des Zweiten Weltkrieges. Der Wegfall der privaten Nachfrage nach Asbestwaren wurde in den Kriegsjahren durch den militärischen Bedarf überkompensiert.

Nach Kriegsende war ein erheblicher Verbrauchsanstieg von Asbest zu konstatieren. Hans Berger stellt in seiner „Asbest-Fibel" für das Jahr 1950 fest, dass im Rahmen der stürmischen Nachkriegsentwicklung die Fördermenge an Asbest allein in den westlichen Produktionsländern, d.h. ohne China und die damalige Sowjetunion, die Millionengrenze überschritten habe.[55] Insgesamt weitete sich nach dem Zweiten Weltkrieg die weltweite Rohasbestproduktion binnen 30 Jahren um das Fünffache aus und erreichte mit 4,8 Millionen Tonnen in 1979 ihren historischen

---

52 Vgl. Marine-Oberbaurat Schulz: Asbest in der Kriegswirtschaft. Unter Benutzung amtlicher Quellen, in: Technik und Wirtschaft. Monatsschrift des Vereines deutscher Ingenieure, 13. Jahrgang, Berlin 1920, S. 35. Hier heißt es u.a.: „Den Mineralogen war zwar schon vor 1914 bekannt, daß Asbest auch in Deutschland vorkommt; indessen war seine Förderung und Nutzbarmachung für Deutschlands Technik und Industrie erst diesem Kriege vorbehalten. Der hauptsächlichste Fundort von Asbest, der sich für technische Zwecke eignet, liegt in Thüringen und ist der sog. Kacholdsberg im Reußer Oberlande von Klettigshammer bis Heberndorf. Die Firma F e o d o r B u r g m a n n in Dresden-Laubegast und Leuben hat während des Krieges den Abbau dieses Asbestes übernommen und ein selbständiges Bergwerkunternehmen [...] in Klettigshammer bei Wurzbach in Reuß gegründet. Später sind zwar noch verschiedene andere Fundorte aufgeschlossen worden, doch kommt ihre wirtschaftliche Bedeutung nur in beschränktem Umfange in Frage. Insbesondere hat auch die Firma Burgmann selbst bei Reichenbach im Vogtlande Gruben in Betrieb genommen, die insofern eine gewisse Bedeutung erlangten, als sie zum Strecken des Thüringer Asbestes Verwendung fanden. Dagegen führten die Schürfungen in Krötenmühle bei Bad Steben in Bayern nur zu einem sehr geringen Erfolge wegen der Schwierigkeit der Abfuhr und des geringen Vorkommens; ein gleiches trifft zu für das Vorkommen von Asbest bei Wunsiedel, Hof und München." Eine ausführliche Darstellung zu diesem Komplex findet sich in dieser Arbeit unter Abschnitt 2.2.3.1 „Die industrielle Verarbeitung von Asbest in Deutschland während des Ersten Weltkriegs"

53 Vgl. Friedrich Künkler: Zur Entwicklung der Asbestindustrie, in: Chemiker-Zeitung, Central-Organ für Chemiker, Techniker, Fabrikanten, Apotheker, Ingenieure, Jahrgang X, Nr. 45 v. 6. Juni 1886, S. 693 f.

54 Nachforschungen des Autors über den genauen Standort der Asbestgrube, die abgebauten Mengen, die Beschaffenheit des Gesteins, die Art der Aufbereitung und Verarbeitung des gewonnenen Asbests blieben erfolglos.

55 Vgl. Hans Berger: Asbest-Fibel, a.a.O., S. 9

Höhepunkt. Nur in den beiden Jahren 1949 und 1958 wurde das ansonsten kontinuierliche Mengenwachstum kurzzeitig unterbrochen.

Vergleichbar zum weltweiten Trend war auch die Entwicklung in der Bundesrepublik Deutschland. Die Jahre nach dem Zweiten Weltkrieg waren von einem geradezu rasanten Bedarfsanstieg nach asbesthaltigem Produkten und damit ansteigendem Verbrauch von Rohasbest gekennzeichnet, wobei darauf hinzuweisen ist, dass der Rohasbest nicht in Deutschland produziert, sondern importiert wurde. Die Umsatzsteigerung der bundesdeutschen Asbest verarbeitenden Industrie belief sich zwischen 1962 und 1974 auf nicht weniger als 400 Prozent[56], also eine Verfünffachung innerhalb von nur 12 Jahren.

In den achtziger und neunziger Jahren des 20. Jahrhunderts wandelten sich in den Hauptverbraucherländern die gesellschaftlichen und legislativen Rahmenbedingungen gegenüber einer bis dahin recht arglosen und mittlerweile auch vertrauten Verwendung von Asbest. Infolgedessen sank die globale Produktion Mitte der neunziger Jahre auf jährlich rund 2,2 Millionen Tonnen, was dem Produktionsniveau von 1960 entsprach. Robert L. Virta, ein renommierten Beobachter der globalen Asbest- und Asbestwarenströme, ging 1997 in Anbetracht der jüngst zurückliegenden Entwicklungen von einem sich fortsetzenden Rückgang aus:

> „Domestic asbestos consumption will continue to decrease in response to opposition to its use in consumer goods and building products. The decrease should be on the order of 2 % to 4 % per year, considerably less than the 10 % to 30 % decreases typical of the 1980's. World demand also is expected to decline because of the health and environmental issues and more recently, the economic conditions in the former Soviet Union and Southeast Asia, which have hampered production in the former and consumption in the latter."[57]

Allerdings hat sich Virtas Prognose so noch nicht erfüllt. Vielmehr stabilisierte sich die weltweite Produktion seitdem bei über 2 Millionen Tonnen pro Jahr und zog in den ersten Jahren des 21. Jahrhunderts sogar wieder leicht an.[58]

Wendet man sich der Frage zu, welchen Beitrag einzelne Abbauregionen und -länder während des 20. Jahrhunderts zum globalen Fördervolumen beitrugen, so stellt man einerseits fest, dass die Sowjetunion bzw. Russland in diesem Jahrhundert insgesamt rund 66 Millionen Tonnen (38 %) zur Gesamtproduktion beisteuerte, gefolgt von Kanada mit rund 60 Millionen Tonnen (34 %), Südafrika (rund 10 Millionen Tonnen bzw 6 %), Simbabwe (rund 8 Millionen Tonnen bzw. 5 %) und China (rund 7 Millionen Tonnen bzw. 4 %), wobei diese Relationen nur eine Aufsummierung von Vergangenheitswerten sind und sich in Zukunft in Anbetracht der aktuellen Abbauaktivitäten in Russland und China weiter verändern werden. So sind auch im Verlauf des letzten Jahrhunderts verschiedene Epochen in Bezug auf die jeweiligen Förderaktivitäten erkennbar.

---

56 Vgl. E. Peffgen: Die gummi- und asbestverarbeitende Industrie aus der Sicht der siebziger Jahre, IFO-Institut für Wirtschaftsforschung, Berlin, München 1976, S. 98

57 Vgl. Robert L. Virta: Asbestos, in: Asbestos – 1997, published by the U.S. Bureau of Mines, S. 2

58 Vgl. Robert L. Virta: 2005 Mineral Yearbook, U.S. Department of the Interior, U.S. Geological Survey, 2006, S. 8.6. Demnach schätzt Virta die weltweite Fördermenge für 2005 sogar auf 2,4 Millionen Tonnen.

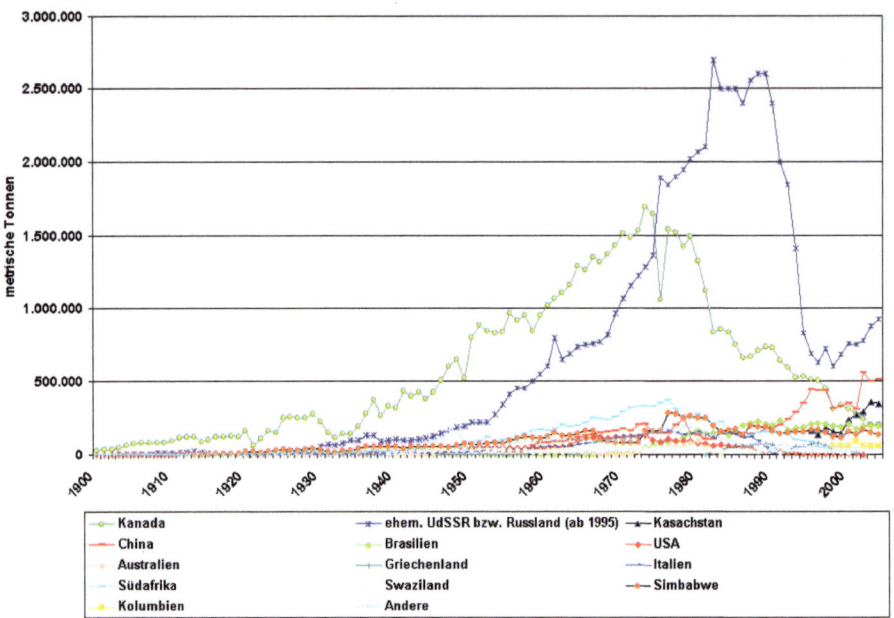

Grafik 6: Asbestproduktion nach Herkunftsland 1900–2004

[Quellen: Die Einzeldaten sind entnommen aus Robert L. Virta: Worldwide Asbestos Supply and Consumption Trends from 1900 to 2000, U.S. Department of the Interior, U.S. Geological Survey, 2003, Table 4, S. 25 ff. sowie aus Robert L. Virta: 2005 Mineral Yearbook, U.S. Department of the Interior, U.S. Geological Survey, 2006, S. 8.6]

Kanada war – mit unterschiedlichem Gewicht – von den Anfängen der industriellen Gewinnung im 19. Jahrhundert bis Mitte der siebziger Jahre des 20. Jahrhunderts der dominierende Asbestproduzent. Das weltweite Mengenwachstum bis zum Ersten Weltkrieg wurde eindeutig von kanadischen Minen getragen. Sie repräsentierten rund 85 % der damaligen Weltproduktion. Dementsprechend deckte auch Europa den größten Anteil seines Bedarfs durch Importe aus Nordamerika. Mit knapp 12 % etablierte sich Russland in diesen Jahren als zweitgrößter Produzent. Auch in den ersten Jahren nach dem Ersten Weltkrieg behauptete Kanada seine dominierende Position.

Mit dem Erschließen neuer Gruben in Südafrika und Rhodesien während der zwanziger Jahre begann sich der Marktanteil Kanadas zu reduzieren. In dieser Zeit kamen bis zu 17 % der Gesamtförderung aus dem südlichen Afrika. Die Sowjetunion wurde auf den dritten Platz verdrängt und deckte in den zwanziger Jahren nur zwischen 3 % und 7 % der Weltproduktionsmenge ab. Mutmaßlich ist dieser Rückgang auf die Folgen der russischen Revolution zurückzuführen. Der UdSSR gelang es erst ab 1930 wieder, die eigene Förderung signifikant zu steigern.

Ein Jahr vor Ausbruch des Zweiten Weltkrieges bauten zwar die kanadischen Minen immer noch den mit Abstand größten Teil des weltweit benötigten Rohasbests ab, sie erreichten aber nicht mehr den Lieferanteil früherer Jahre. Ihr Marktanteil schmolz bis 1938 sukzessive auf knapp 59 %. Die ehemalige Sowjetunion steuerte in diesem Jahr bereits rund 17 % bei; die Amphibolasbestminen in

Rhodesien brachten es auf 9 % und Südafrika auf rund 5 %. Abgesehen von kleinen Schwankungen hatte dieses Mengenverhältnis zwischen den Hauptproduzenten grundsätzlich bis in die fünfziger Jahre Bestand. Lediglich zwischen 1938 und 1943 stieg der Anteil Afrikas an der Weltproduktion wie bei vielen wichtigen Rohstoffen so auch bei Asbest von 16 % auf 27 %. Nahezu die gesamte Rüstungsgüterindustrie benötigte den Rohstoff Asbest seinerzeit zur Weiterverarbeitung.[59]

Seit den fünfziger Jahren wuchs der Marktanteil der Sowjetunion kontinuierlich. 1960 hatte sie hinter Kanada (45 %) ihre zweite Position bereits deutlich gefestigt (27 %). Südafrika (6 %) und Rhodesien (5 %) waren mit klarem Abstand auf den folgenden Plätzen. Neu hinzugekommen in den Kreis der größten Rohasbestproduzenten war China mit derweil knapp 4 %. Bemerkenswert ist auch, dass Italien trotz der in den norditalienischen Alpen begrenzten Gesteinsqualität bis Mitte der achtziger Jahre fast kontinuierlich 2 bis 3,5 % zur Weltproduktion beitrug, bis im Jahr 1991 die Förderung eingestellt wurde. Die letzte europäische Asbestmine wurde allerdings erst 1999 in Griechenland geschlossen, nachdem sie erst 1981 eröffnet wurde. Sie produzierte jährlich bis zu 80.000 Tonnen. In ihrem letzten Jahr waren es noch 50.000 Tonnen.

Zur Ablösung Kanadas als größtem Asbestproduzent kam es 1975. Mit knapp 1,9 Millionen Tonnen Rohasbest erhöhte die UdSSR 1975 ihren Anteil an der weltweiten Gewinnung auf 45 %. Kanada rutschte dadurch auf 25 % ab, gefolgt von Südafrika (8 %), Simbabwe, China und Italien (jeweils 4 %). Da sich die Gesamtmenge an gefördertem Rohasbest 1975 gegenüber 1974 nur unwesentlich veränderte, kam es somit in diesem Jahr zu einem Verdrängungswettbewerb. Die deutliche Ausweitung der sowjetischen Fördermenge ging eindeutig zu Lasten der bisher von den kanadischen Minen produzierten und exportierten Tonnagen. Obwohl zur Entwicklung des Weltmarktpreises für Asbest in diesen Jahren keine Quellen vorliegen, ist es nahe liegend, dass dieser sprunghafte Mengenzuwachs der Sowjetunion binnen eines Jahres – bei ansonsten global unveränderter Gesamtmenge – nur durch ein Angebot ihres Asbests zu einem Preisniveau deutlich unter dem Preis für kanadischen Asbest möglich war. Diese Preisgestaltung war für die damalige UdSSR in Anbetracht der damit für sie verbundenen Deviseneinnahmen wirtschaftlich gut darstellbar.[60]

Immerhin konnten die kanadischen Produzenten das anschließende Boomjahr 1976, in dem die weltweite Nachfrage um 15 % zunahm, nutzen, einen großen Teil

---

59 Vgl. Carsten Burhop: Kolonien und Entwicklungsländer in der Weltwirtschaft, Wintersemester 2005/06, Manuskript zur Vorlesungsreihe, Sitzung 4: Kolonialhandel im 2. Weltkrieg und die Entstehung von Marketing boards, Münster 2004, S. 1-7 (S. 1)

60 Vgl. Laurie Kazan-Allen: Asbestos Mine reopened by Court order, in: International Ban Asbestos Secretary, January 12, 2003. Die Preispolitik der russischen Produzenten führte auch im Jahr 2002 zu einer (im nachhinein temporären) Schließung der kanadischen Jeffrey Mine: „A fall in asbestos prices and stiff competition from producers in Russia were blamed for the September, 2002 closure. A spokesman for the Quebec Natural Resources Minister confirmed: „The situation in the asbestos market-place is not profitable.‟‟ Ein weiterer Hinweis auf die Preisaggressivität Russlands bzw. der früheren Sowjetunion sind auch die preislich günstigen Konditionen für Asbest im Rahmen des Abkommens zwischen den Staaten des Comecon. Vgl. Monika Bönisch: Kapitel aus Dresdens Asbestgeschichte, in: Feuerfest, Asbest – Zur Geschichte eines Umweltproblems, Deutsches Hygiene-Museum, Dresden 1991, S. 26

ihrer Einbuße aus dem Vorjahr wieder aufzuholen, während die sowjetischen Kombinate ihren Ausstoß stabilisierten. Auch dies ist ein Hinweis darauf, dass die vorjährige Expansion der sowjetischen Asbestindustrie ausschließlich zu Lasten der kanadischen Asbestindustrie ging. Während die sowjetischen Gruben voll ausgelastet waren und sie von dem 1976er Mengenwachstum nicht mehr profitieren konnten, verfügte die kanadische Asbestindustrie durch den vorjährigen Mengeneinbruch über ausreichend freie Kapazitäten.

Gleichwohl war für Kanada mit dem Mengeneinbruch 1975 der kontinuierliche Abstieg der kanadischen Asbestindustrie eingeläutet. In Kanada wurde von da an bis heute in jedem darauf folgenden Jahr weniger Asbest gefördert als im Jahr zuvor. Begleitet wurde diese Entwicklung von dem Umstand, dass mit der Ende der siebziger Jahre beginnenden rückläufigen Nachfrage in den USA der Hauptabsatzmarkt für kanadischen Asbest zusammenbrach. Parallel dazu gewann Brasilien als Förderland in der zweiten Hälfte dieser Dekade langsam an Bedeutung und trug erstmals 2 % zur globalen Produktion bei. Obwohl die Südamerikaner schon vor dem Zweiten Weltkrieg die Mineralfaser abbauten, erreichten sie bis dahin nie eine nennenswerte Größe auf dem Weltmarkt.

Die damit neue Rangordnung spiegelte sich 1990 in folgenden Zahlen wider: Die Marktanteile der (ehemaligen) UdSSR (60 %) und Kanadas (18 %) verhielten sich nun invers zu den ursprünglichen Relationen dieser beiden Förderländer nach dem Zweiten Weltkrieg. Das einsetzende Wachstum der beiden Volkswirtschaften China und Brasilien reflektierte sich in ihrem gestiegenen Asbestabbau (6 bzw. 5 %). Danach reihten sich Südafrika und Simbabwe ein (je 4 %).

Der Zeitraum von 1990 bis 2004 war insgesamt von politischen Umwälzungen und wirtschaftlichen Gewichtsverschiebungen geprägt, die auch auf die Förderaktivitäten der Asbest abbauenden Länder ausstrahlten. Mit dem Auseinderbrechen der Sowjetrepubliken spaltete sich mit Kasachstan ein neuer, dynamisch wachsender Asbestproduzent ab. Gleichwohl blieb Russland das größte Förderland, welches gerade in den letzten Jahren seine Mengen wieder ausweitete. Ferner prosperierten die Ökonomien Brasiliens und insbesondere Chinas und mit ihnen der Bedarf nach und die Produktion von Asbest. Zudem etablierte sich ab 1998 Kolumbien als neuer Produzent. Insofern teilten sich die 2004 produzierten 2,36 Millionen Tonnen Asbest im Wesentlichen auf sieben Länder auf:

1. Russland	39,1 %
2. China	21,6 %
3. Kasachstan	14,6 %
4. Kanada	8,4 %
5. Brasilien	8,2 %
6. Simbabwe	5,5 %
7. Kolumbien	2,5 %

Nachdem die Mengenentwicklungen auf der Produktionsseite intensiv beleuchtet wurden, wird nun der Blick auf die Asbestverbraucher und die dort im Zeitablauf zu beobachtenden Strömungen gerichtet (siehe hierzu Grafik 7).

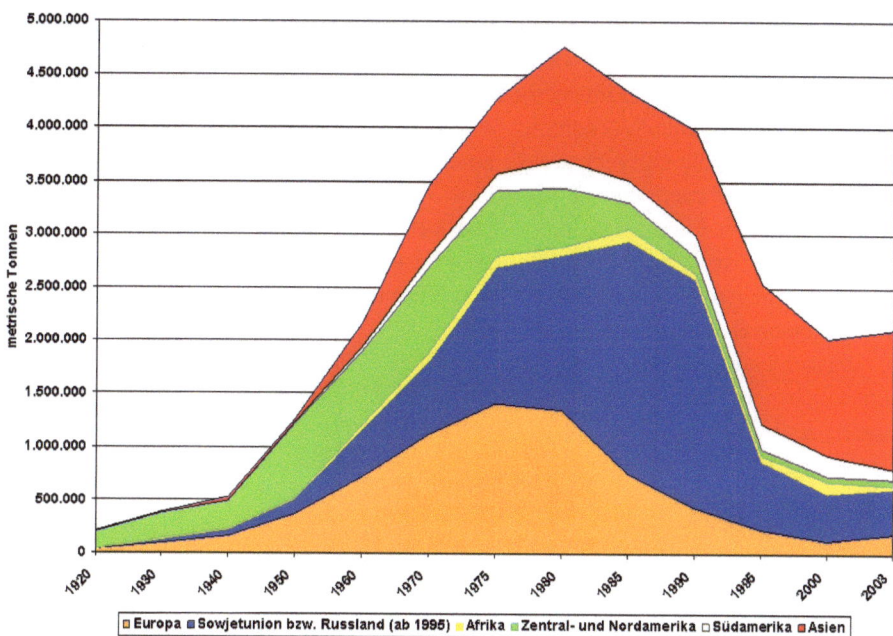

Grafik 7: Asbestverbrauch nach Regionen 1920–2003

[Quellen: Die Einzeldaten sind entnommen aus Robert L. Virta: Worldwide Asbestos Supply and Consumption Trends from 1900 to 2000, U.S. Department of the Interior, U.S. Geological Survey, 2003, Table 5, S. 28 sowie auf der Basis von Daten, die Robert L. Virta auf Anfrage dem Autor dieser Arbeit zur Verfügung gestellt hat, welche zum Teil Daten der erstgenannten Quelle korrigieren als auch ergänzen.]

Als Produzent von Rohasbest waren die Vereinigten Staaten von Amerika ohne Gewicht und relativ unbedeutend. Sie produzierten in der Spitze nur 3 % der Weltfördermenge (1973). Im Gegensatz dazu etablierten sich die USA bis weit in das 20. Jahrhundert hinein als der weitaus größte Verbraucher von Asbest. Bis 1975 wurde durchgängig über 90 % des in Zentral- und Nordamerika verbrauchten Asbests in den USA verarbeitet. Hierbei war die amerikanische Asbest verarbeitende Industrie durch ihre geographische Nähe zu dem damaligen Hauptfördergebiet Kanada sowie der häufig auch gesellschaftsrechtlichen Verknüpfung der verarbeitenden Unternehmen zu den kanadischen Minen begünstigt.[61] So behauptete sie auch nach dem Ersten Weltkrieg ihre wirtschaftliche Position auf dem Markt der Asbestprodukte und baute sie noch weiter aus.[62] Erst um 1960 verloren die USA ihre Spitzenstellung als Verbraucher an Europa, als sie nur noch knapp ein Drittel der weltweit jährlich nachgefragten Rohasbestmenge für sich nutzten. Insgesamt importierte und verbrauchte die amerikanische Volkswirtschaft bis Mitte der fünfziger Jahre jedes Jahr mindestens 45 % der gesamten Weltproduktion an (zumeist kanadischem) Asbest, in

---

61 Vgl. auch Grafik 4 dieser Arbeit „Hauptakteure / Gesellschafterstruktur der größten Asbestminengesellschaften"

62 Vgl. Chemiker-Zeitung, 48. Jg., 1924, Nr. 49, S. 255; Chemiker Zeitung, 52. Jg., 1928, Nr. 95, S. 93

den ersten Dekaden des 20. Jahrhunderts reichte der Verbrauch sogar bis an die 75 % heran.[63] So wurden auch während des Zweiten Weltkrieges zwischen 1939 und 1945 rund 50 % des insgesamt geförderten Rohasbests in den USA verarbeitet. Die Ausbeutung der eigenen Vorkommen wurde in dieser Zeit jedoch nicht bemerkenswert gesteigert. Vielmehr verfügte die amerikanische Administration für die Kriegszeit eine Ausfuhrbeschränkung für Asbest.[64] Neben dem damit verbundenen Ziel eines vorrangigen Zugriffs auf den Grundstoff für die eigenen militärischen Aktivitäten dürfte ein weiteres Motiv für diesen Schritt angesichts der grundsätzlich gesicherten eigenen Nachschubbasen die Vermeidung von potenziellen Asbestlieferungen an Kriegsgegner gewesen sein.

Deutschland importierte vor dem Zweiten Weltkrieg bis zu 30.000 Tonnen Asbest jährlich, was ca. 10 % der Weltproduktion entsprach. Bis 1939 waren Kanada und Rhodesien für Deutschland die Hauptlieferanten. Mit Ausbruch des Krieges entfielen jedoch diese Länder als Handelspartner, so dass 1940 die Asbesteinfuhren in Höhe von rund 11.000 Tonnen zu zwei Drittel aus der Sowjetunion stammten.[65] In den Folgejahren wurde Asbest zunehmend aus den besetzten Gebieten eingeführt. Demgemäß kamen neben Russland 1941 Belgien, Frankreich und die Slowakei hinzu. Im Jahr 1942 stammten die Importe vorwiegend aus den besetzten Gebieten im Osten wie auch aus Finnland, der Slowakei, Frankreich und Italien.[66]

Bereits 1950 erreichten Zentral- und Nordamerika, und dabei im Wesentlichen die USA, eine Verbrauchsmenge von jährlich 700.000 bis 800.000 Tonnen. Bis Anfang der siebziger Jahre verharrte der amerikanische Bedarf auf diesem Niveau. Damit reduzierte sich in diesem Zeitraum sukzessive der Anteil Nordamerikas am weltweiten Asbestkonsum von 55 % auf rund 20 %. Innerhalb Zentral- und Nordamerikas überflügelten ab Ende der Achtziger Jahre Kanada und Mexiko die USA hinsichtlich des jährlichen Asbestbedarfs. Diese Entwicklung hielt bis 2003 an.

Entgegen der nach dem Krieg schrittweise schwindenden Bedeutung Zentral- und Nordamerikas als Verbraucher auf dem globalen Asbestmarkt wurden in Europa in der Nachkriegszeit durchgängig rund ein Drittel der weltweiten Asbestmengen verbraucht, d.h. die von den europäischen Staaten verbrauchten Mengen stiegen beständig. Dies drückte sich in einer Vervierfachung der verarbeiteten Rohasbestmengen zwischen 1950 und 1975 aus. Der europäische Asbestbedarf stieg dementsprechend bis Mitte der siebziger Jahre auf gut 1,4 Millionen Tonnen. Von da an kehrte sich der Trend um und Europas Nachfrage sank in den nachfolgen Jahren degressiv. Auf dem nord- und zentralamerikanischen Kontinent setzte der Nachfrage-

---

63 Siehe hierzu die amerikanischen Produktions- und Importdaten bei: Robert L. Virta: Worldwide Asbestos Supply and Consumption Trends from 1900 to 2000, U.S. Department of the Interior, U.S. Geological Survey, 2003, Table 2, S. 21 und Table 4, S. 25 ff.

64 Vgl. James G. Watt: Mineral Facts and Problems, United States Department of the Interior, Bureau of Mines, Bulletin 671, Washington D.C. 1980 Edition, S. 64. Hier heißt es unter der Überschrift „Strategic Considerations": „During World War II, controls were in effect to restrict exports of asbestos needed in the military program. These controls were removed by executive order on September 10, 1945."

65 Von Robert L. Virta, Mitarbeiter des U.S. Department of the Interior, U.S. Geological Survey in Reston, VA, auf Anfrage zur Verfügung gestellte historische Verbrauchsdaten.

66 Vgl. Detlef Guyot, Asbest – Verwendung vor 1950, Verein Deutscher Revisionsingenieure e.V., Hannover 2006, S. 2 f.

rückgang allerdings bereits zwei bis drei Jahre früher ein als in Europa. Zudem reduzierte sich die in Europa verbrauchte Menge weniger zügig als in Nordamerika, was in den unterschiedlichen nationalen und damit zeitlich versetzt wirksam gewordenen Verboten begründet ist.

Der seit der Jahrtausendwende wieder zu beobachtende Anstieg des europäischen Verbrauchs ist ausschließlich auf den steigenden Bedarf der Ukraine zurückzuführen. Sie verbrauchte allein 156.000 Tonnen im Jahre 2003.

In der Sowjetunion wuchsen die jährlichen Verbrauchsmengen nach dem Ende des Zweiten Weltkrieges ebenfalls kontinuierlich. Anders als in Europa und Nordamerika gingen sie in den siebziger Jahren nicht zurück, sondern verdreifachten sich sogar zwischen 1970 und 1985 auf knapp 2,2 Millionen Tonnen und blieben bis 1990 auf diesem Niveau stabil. Demzufolge konsumierte die Sowjetunion 1990 54 % des weltweit produzierten Rohasbestes. In den Folgejahren reduzierten sich die verbrauchten Mengen in diesem Raum, bedingt durch die politischen und wirtschaftlichen Umwälzungen und eine mittlerweile in Russland langsam einsetzende Sensibilisierung gegenüber den mit Asbest verbundenen Gesundheitsrisiken. Zu berücksichtigen ist bei dieser Wertung, dass die Vergleichbarkeit der jährlichen Verbrauchszahlen nicht mehr vollständig gegeben ist, da in den Statistiken nun die Länder der Gemeinschaft unabhängiger Staaten (GUS) separat geführt werden und entsprechend regionalisierte Vergleichszahlen aus der sowjetischen Zeit nicht bekannt sind. Auf dem Gebiet Russlands wurden in den neunziger Jahren jährlich durchgängig rund 600.000 Tonnen Asbest verarbeitet. Die russischen Werte waren erst 1998 wieder rückläufig und pendelten sich bis 2003 bei rund 400.000 Tonnen pro Jahr ein, was 20 % des weltweiten Konsums entsprach.

In Asien bestand lange Zeit kein nennenswerter Bedarf nach Rohasbest. Erst in der zweiten Hälfte der fünfziger Jahre des letzten Jahrhunderts setzte eine signifikante Nachfrage nach Asbest ein. Nach einer relativ späten „Entdeckung" des Werkstoffes war die daran anschließende Entwicklung im asiatischen Raum umso dynamischer. So verfünffachte sich der Verbrauch zwischen 1960 mit rund 200.000 Tonen innerhalb von zwanzig Jahren auf über eine Million Tonnen im Jahr 1980. In den folgenden zehn Jahren bis 1990 ging der Bedarf im asiatischen Raum nur geringfügig zurück. Zu diesem Zeitpunkt betrug sein Anteil am weltweiten Verbrauch 25 %.

Die drei asiatischen Hauptverbrauchsländer waren bis 1985 in dieser Reihenfolge Japan, China und Indien. 1990 stieß Thailand zu diesem Kreis hinzu mit einem gleich hohen Verbrauch wie Indien von jeweils rund 100.000 Tonnen pro Jahr. Der Bedarf Chinas zog in den Folgejahren an und erreichte 2003 über 500.000 Tonnen pro Jahr, während sich parallel der Bedarf Japans von knapp 300.000 Tonnen in 1990 auf 23.000 Tonnen in 2003 drastisch ermäßigte. Der thailändische Verbrauch ließ den Indiens hinter sich und schnellte auf rund 190.000 Tonnen in 1996/97 hoch (zum Vergleich: Dies entspricht dem höchsten Jahresverbrauch in der Bundesrepublik Deutschland in den Jahren 1968 und 1976). Im Zuge der so genannten Asienkrise brach der Verbrauch in Thailand auf 50.000 Tonnen ein, gefolgt von einem sukzessiven Wiederanstieg auf rund 130.000 Tonnen im Jahr 2003. Auch die zur gleichen Zeit in Indien über Jahre prosperierende Wirtschaft ließ den Einsatz von Rohasbest auf 190.000 Tonnen in 2003 ansteigen. Bemerkenswert ist ferner, dass auch der Iran seit Mitte der achtziger Jahre ein durchgängig recht beachtlicher Asbestverbraucher ist. Mit hoher Wahrscheinlichkeit wurde der Großteil der verbrauchten Asbestmengen für militärische Zwecke infolge der kriegerischen Auseinandersetzungen zwischen dem Iran und dem Irak verbraucht. Die iranischen Mengen bewegten sich zwischen 20.000 Tonnen (1985) und 85.000 Tonnen (1997). In den Folgejahren entwickelten sich die vom Iran verbrauchten Asbestmengen zunächst rückläufig, schwenkten dann jedoch wieder in eine steigende Tendenz ein. (2003: 75.000 Tonnen).

Zusammen belief sich der asiatische Bedarf 2003 auf knapp 1,3 Millionen Tonnen. Das entsprach einem Anteil am globalen Verbrauch von 60 %, womit sich Asien zuletzt zum Haupteinsatzgebiet für Asbest entwickelte. Bereinigt um die Mengen, die 2003 auf die Staaten der GUS, vor allem Kasachstan, Kirgisien und Usbekistan, mit zusammen rund 250.000 Tonnen pro Jahr entfielen, ist dies eine Menge in Höhe von rund einer Million Tonnen pro Jahr. Dies entsprach der Menge, die bereits 1990 in dieser Region verbraucht wurde.

Im Verhältnis zum weltweiten Asbesteinsatz waren die in Südamerika benötigten Mengen relativ gering und betrugen nur um die Jahrtausendwende einmal 11 % des weltweiten Verbrauchs. Dieser Wert halbierte sich jedoch bis 2003 wieder. Innerhalb Südamerikas ist Brasilien mit rund 80 % der Hauptverbraucher. Auch dessen Bedarfsmengen sind in der jüngsten Vergangenheit rückläufig, obgleich Brasilien zugleich eines der Hauptförderländer von Rohasbest ist.

Abschließend ist festzustellen, dass während der letzten hundert Jahre die regionalen Schwerpunkte des Asbestverbrauchs wechselten. Waren die USA, gemessen an der absolut verbrauchten Tonnage, vom Anfang der Asbestverarbeitung bis ca. 1960 der Hauptverbraucher, hatte Europa diese Position zwischen 1960 und 1980 inne. Durch die bereits zu dieser Zeit in der westlichen Welt rückläufige Entwicklung und den parallelen Nachfrageanstieg in der Sowjetunion war diese zwischen 1980 und 1990 der mit Abstand dominierende Verbraucher. Bereits seit Ende der siebziger Jahre etablierte sich der asiatische Raum als ein weiterer bedeutender Nachfrager mit einem Bedarf von rund einer Million Tonnen pro Jahr. Seit Anfang der neunziger Jahre hat sich dann Asien, flankiert durch den geringeren Bedarf der ehemaligen UdSSR, zu der Region mit dem größten Verbrauch entwickelt.

Wie sich die zukünftige Entwicklung der insgesamt nachgefragten Mengen und die Verteilung der regionalen Nachfrage fortsetzt, ist ungewiss. Vertreter der kanadischen Asbestindustrie stellten 2001 bezüglich der Regionen, aus denen aus ihrer Sicht zukünftig die größte Nachfrage zu erwarten ist, ein Szenario auf, wonach der Lebenszyklus von Asbestzement, dem Haupteinsatzgebiet für Rohasbest, sich in Süd- und Zentralamerika (einschließlich Mexiko) gegen 2010 dem Ende zuneigen wir. In Asien wird von einer Fortsetzung des dort 1976 gestarteten Zyklus bis 2025 ausgegangen. Für die islamische Welt einschließlich der Staaten der GUS erwartet man eine spürbare Nachfrage nach Asbestzement und damit auch nach Rohasbest zwischen 2000 und 2025. Eine Wiederbelebung des von ihnen für den europäischen und nordamerikanischen Kontinent zwischen 1945 und 1995 definierten Lebenszyklus für Asbestzement wird nicht mehr gesehen.[67]

2.1.4 Die Entwicklung der Abbaumethoden

Die Möglichkeit und Rentabilität des Abbaus einer Asbest-Lagerstätte sind grundsätzlich an folgende Voraussetzungen geknüpft:

1. Die Reserven des Vorkommens müssen in ausreichender Mächtigkeit vorhanden sein.
2. Über die Form des Vorkommens muss Klarheit bestehen – was die Zugänglichkeit, die Abraumdecke und die Art des Abbaus betrifft.
3. Die Lage des vorhandenen Gesteins muss für den Abbau günstig sein, und die Herstellung der Fasern sollte mit möglichst geringem Aufwand verbunden sein, was Förder- und Transportkosten und auch Energie- und Wasser-Belieferung, sowie Arbeits- und Lebensbedingungen betrifft.
4. Der Asbestgehalt im Gestein und auch die Faserlängenverteilung muss in ausreichender Menge vertreten sein. So beträgt der Asbestanteil in Quebec/Kanada und im Ural laut Berger zwischen 4 und 10 Prozent. Die Rentabilitätsgrenze liegt etwa bei 3 Prozent Asbestanteil.[68] Es ist überdies nötig, dass die Eigenschaften des Asbests in der Asbestart, der Form des Auftretens, der Festigkeit und Zusammensetzung, der Biegsamkeit, der Härte und Möglichkeit der Aufbereitung in Fasern genau bestimmt werden können.

Asbestgestein wird bergmännisch abgebaut. Der Abbau des Steins erfolgt je nach Art des Asbestvorkommens entweder im Tagebau oder im Untertagebau jeweils durch Lockerung des Gesteins mittels Sprengung oder mit dem Einsatz von Pressluftbohrern. Der Tagebau, auch open-of-mining genannt, ist gegenüber dem Untertagebau die wirtschaftlichere Abbaumethode. In Ländern mit großem Schneefall ist diese Art des Abbaus jedoch ohne Schwierigkeiten nur im Sommer zu betreiben. Im Tagebau sind zwei Arten des Abbaus gebräuchlich: die Förderung am Berghang und der Abbau in Gruben (open pits).

---

67 Vgl. G. Bernard Coulombe: Chrysotile asbestos, Mines and Energy Ministers Conference, Quebec September 2001, S. 3
68 Berger, Asbest Fibel, S.33

Tagebau: Beispiele für eine Förderung am Berghang

(1)   (2)

Abbildungen 5:

(1)   Kanadische Mine, um 1920,
[Quelle: Asbest. Seine Fundstellen, Gewinnung, Aufbereitung, Verarbeitung und Anwendung in Industrie und Technik, herausgegeben von Becker & Haag, Berlin 1927, S. 20]

(2)   Zypern, Berghang in der Mine Troodos, 1950
[Quelle: Postkartenmotiv]

Tagebau: Beispiele für Grubenförderung [69]

(1)   (2)

Abbildungen 6:

(1)   Spiralabbau, ca. 1980, Jeffrey-Mine in Asbestos
[Quelle: Werner Catrina: Der Eternit-Report. Stephan Schmidheinys schweres Erbe, Zürich, Schwäbisch Hall 1985, S. 165]

(2)   Asbestgrube im Ural, Jahr der Aufnahme unbekannt, jedoch vor 1952
[Quelle: Karl Frank: Asbest. Zweite, umgearbeitete und erweiterte Auflage, Hamburg 1952, S. 119]

---

69   Siehe als ein weiteres Beispiel für Grubenförderung auch Abbildung 9 dieser Arbeit „Abbau von Amphibolasbest in Klettigshammer bei Wurzbach im Gebiet um den so genannten Kacholdsberg in Thüringen, 1916".

Erfordert die Lagerart des Asbestgesteins eine Förderung im Untertagebau, auch underground-mining genannt, wird für den Abbau das Anlegen horizontaler oder entsprechend geneigter Stollen oder Schächte notwendig – meistens in Verbindung mit dem room-and-pillar-Verfahren, dem Stehenlassen von Stützpfeilern.[70] Dies ist regelmäßig dann der Fall, wenn das Asbestgestein nicht als massiver, faserhaltiger Stein, sondern band- und nestförmig auftritt. Der Betrieb eines Untertagebaus ist saisonal unabhängig.

Nach dem Abbau des Asbestgesteins aus dem Fels wird es zur Aufbereitungs- und Sortieranlage transportiert. Anfang des 20. Jahrhunderts erfolgte im Rahmen eines zu dieser Zeit noch geringer automatisierten Aufbereitungsprozesses zunächst eine manuelle, grobe Trennung der Brocken in taubes und asbesthaltiges Gestein, die Handauslese des langfaserigen Rohasbests und der Transport zu den weiterverarbeitenden Anlagen.[71] Diese manuellen Arbeitsschritte konnten im Zuge der in den folgenden Jahrzehnten gesteigerten Aufnahmekapazität und Sortierleistungsfähigkeit der Aufbereitungsmaschinen entfallen. H. Eick schreibt in seinem Beitrag über „Asbestzement", dass heute eine dem technischen Fortschritt gemäße

> „[…] industrialisierte stufenweise, mechanische Aufbereitung getreten [ist], die eine gleichmäßige meist geblendete Faserqualität dem Markt zur Verfügung stellt."[72]

Der Wert von Asbestfasern ist in einem außerordentlich hohen Maße von der Länge der Faser abhängig. Bei der Aufarbeitung sollten die Asbestfasern aus diesem Grunde nicht gekürzt und möglichst schonend bearbeitet werden. Dennoch ist es notwendig, das Erz[73] wiederholt zu brechen, um die Fasern von dem Gestein zu lösen. Hierzu werden die Gesteinsbrocken stufenweise mechanisch durch Prall-

---

70　Eine Erläuterung der Abbaumethoden findet sich bei: H. Eick: Asbestzement. Herstellung und Eigenschaften, Sonderdruck aus Tiefbau 7/75, S. 456-457 (S. 456)

71　Vgl. Chemiker-Zeitung, Jg. 30, 1906, Nr. 63, S. 767

72　H. Eick, Asbestzement, S. 457

73　Vgl. Udo Neumann, Institut für Geowissenschaften, Arbeitsbereich Mineralogie und Geodynamik, der Universität Tübingen, Lehrveranstaltung „Spezielle Erzlagerstättenkunde" im SS 2002 und WS 2003:
　　Als eine zeitgemäße Definition für „Erz" formulierte Taylor 1989: „Erz ist ein Gestein, das abgebaut wurde oder wird oder das man abbauen könnte, und aus dem etwas Wertvolles extrahiert wurde oder werden könnte". Hieran schließt sich auch die Definition der „UK Institution of Mining and Metallurgy (UK)" an, wonach Erze natürlich vorkommende Mineralaggregate von wirtschaftlichem Interesse sind, aus denen durch Bearbeitung ein oder mehrere Wertbestandteile extrahiert werden können. Demzufolge gelten alle Stoffe, die bergmännisch abgebaut werden und als industrielle Rohstoffe dienen, als Erze. Mit diesen Begriffsbestimmungen erfuhr der Erzbegriff gegen Ende des 20. Jahrhunderts eine Definitionserweiterung. Denn traditionsgemäß und entsprechend der 1909 von J.F. Kemp aufgestellten Definition galt Erz als „... ein mehr oder weniger mit Gangart verwachsenes, metallhaltiges Mineral oder Mineralgemenge, das – vom Standpunkt des Bergmanns oder Aufbereiters betrachtet – mit Gewinn abgebaut, bzw. gewinnbringend weiterverarbeitet werden kann. Die Frage, ob ein Metall oder mehrere Metalle Gewinn abwerfen, scheint das einzig mögliche Kriterium zu sein, welches benutzt werden kann." Somit war der Erzbegriff lange Zeit mit dem Abbau von Metallerzen verbunden. Dementsprechend wurden Erze im allgemeinen Sprachgebrauch hauptsächlich mit metallischen Komponenten assoziiert. Die Novellierung der Definition verdrängte ebenso die ursprüngliche Unterteilung von Erzen in Erzminerale einerseits, aus denen ein Metall gewonnen wird, und Industrieminerale andererseits, die als solche industriell verwertet werden.

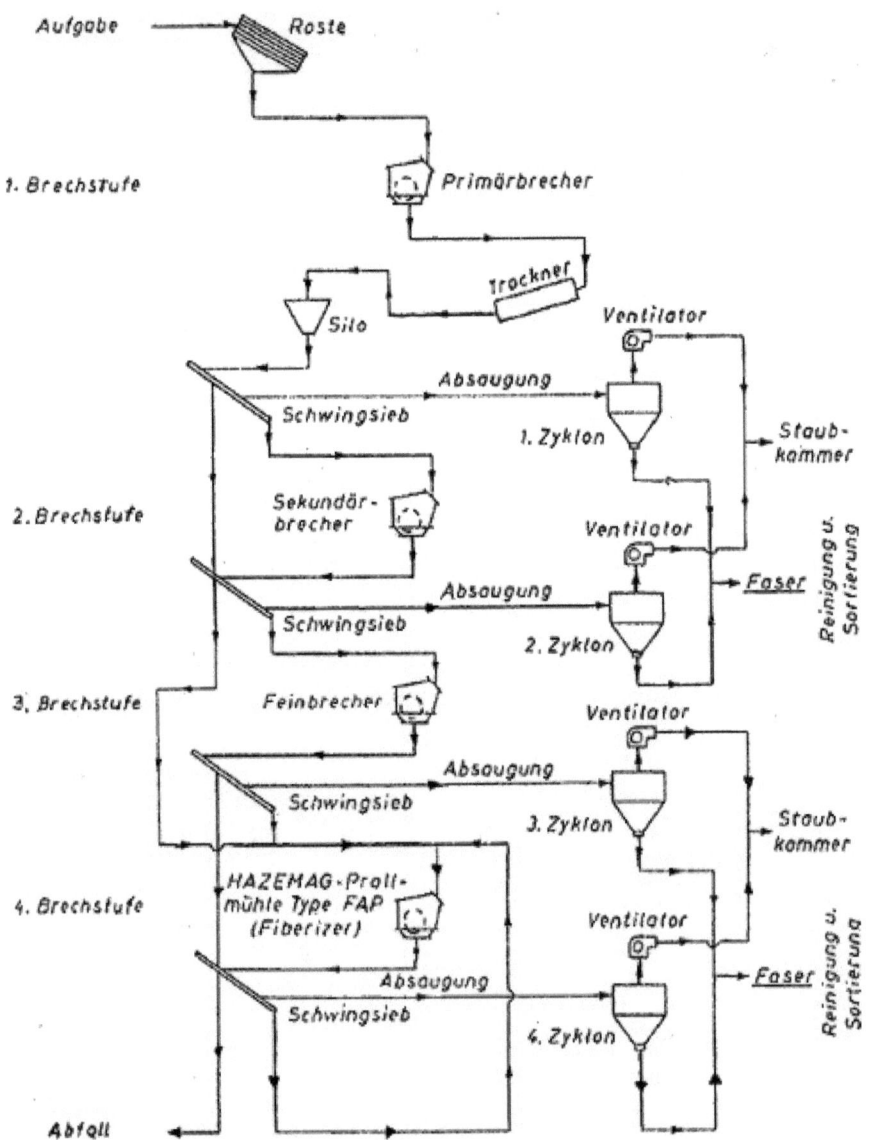

Grafik 8: Fließschema eines mechanischen Aufbereitungsprozesses, Projektierungs-
vorschlag der Firma Hazemag, 50er Jahre des 20. Jh.

[Quelle: Hazemag + EPR GmbH, Dülmen]

mühlen zerkleinert, wobei sich der Asbest wollartig aus den Erzadern herauslöst.
Nach jeder Stufe wandert das gebrochene Gestein mit der aufgelockerten Faser auf
Rüttelsieben unter Absaughauben hindurch. Die Fasern werden hierbei vom Luft-
strom extrahiert und so endgültig vom Gestein getrennt. Die abgesaugten Asbestfasern werden nach einem folgenden Reinigungs- und Blendprozess entsprechend
der Faserlänge in bis zu sieben Gruppen eingestuft, in Säcke gefüllt und als Rohfaser
verladen. Das zuvor durch das Rüttelsieb gefallene Gestein gelangt in die nächste

Brech- und Klassierstufe. Das nach der letzten Brechstufe übrig gebliebene, noch ungeöffnete Erz wird bei Erfordernis in großen Mühlen zerfasert.

Die einzelnen Aufbereitungsschritte zur Aufbereitung von Asbestgestein sind in der folgenden Grafik 8 anhand eines Fließschemas übersichtlich dargestellt. Das hier abgebildete Aufbereitungskonzept stammt aus den fünfziger Jahren des 20. Jahrhunderts und wurde von der in Dülmen (Westfalen) ansässigen Firma Hazemag entworfen. Hazemag war bereits zu damaliger Zeit ein führender Hersteller von Brech- und Aufbereitungsanlagen für mineralische Rohstoffe. Die Anlagen dieses Maschinenbauers sind auch heute noch in der Steine-Erden Industrie weit verbreitet und genießen einen guten Ruf.

Generell sind im Zeitablauf zwei Entwicklungspfade in der technischen Entwicklung der mechanischen Gewinnung und Aufbereitung von Rohasbest zu beobachten. Zum einen eine vermehrt „staubfreie" Produktion[74] zum Schutz der Arbeiter. Diese Schritte erfolgten vor dem Hintergrund einer zunehmenden Sensibilisierung für die mit der Asbestfaser verbundenen gesundheitlichen Gefahren. Zum anderen die Orientierung der mechanischen Gewinnung und Aufbereitung von Asbest an den jeweiligen technischen Weiterentwicklungen aus der Aufbereitung anderer mineralischer Massengüter. Technischer Fortschritt wurde für die Asbestgewinnung aus diesen verwandten, jedoch um ein Vielfaches volumenreicheren Industrien adaptiert. Sonderentwicklungen bei der Asbestgewinnung in den Aufbereitungsstufen Brechen, Klassieren und Entstauben sind nicht feststellbar. Ebenso sind technische Innovationen, die ihren Ursprung in dem Abbau von Asbest haben und dann auf die Gewinnungs- und Aufbereitungstechniken anderer mineralischer Rohstoffe ausstrahlten, nicht erkennbar. Die Aufbereitung von Asbestfasern unterscheidet sich von der Aufbereitung „gewöhnlicher" mineralischer Rohstoffe nur in einer rohmaterialbedingten, höheren Wiederholungsrate einzelner Arbeitsgänge. Sowohl die technologische Parallelität zum Aufbereitungsprozess anderer mineralischer Rohstoffe als auch die Beständigkeit der angewendeten industrialisierten Aufbereitungstechnologie im Zeitablauf werden im Vergleich zwischen dem in den fünfziger Jahren des 20. Jahrhunderts von der Firma Hazemag entworfenem Konzept zur Aufbereitung von Asbestgestein (Grafik 8) und dem Aufbereitungsprozesses in einer kanadischen Mine in den siebziger Jahren (Grafik 9) deutlich. Auf dem ersten Blick erscheint die Bearbeitung des Rohgesteins in der kanadischen Mine komplexer. Bei näherer Betrachtung ist jedoch festzustellen, dass sich die angewendeten Techniken nicht unterscheiden und in beiden Darstellungen grundsätzlich gleiche Aufbereitungsanlagen dargestellt sind. Die substanziellen Unterschiede beschränken sich zum einen lediglich auf die bei der kanadischen Mine doppelte Anzahl von produzierten Faserqualitäten. Zum anderen auf den bei der kanadischen Mine zusätzlichen Arbeitsgang der Öffnung der Faser am Ende des Aufbereitungsprozesses. Dies ist eine zusätzliche Wertschöpfung innerhalb des Aufbereitungsprozesses der Asbestmine, die bis in die sechziger Jahre überwiegend noch durch Asbestfaser verarbeitenden Betriebe selbst erfolgte.

---

74 Industrial Minerals and Rocks, 1994, S. 13

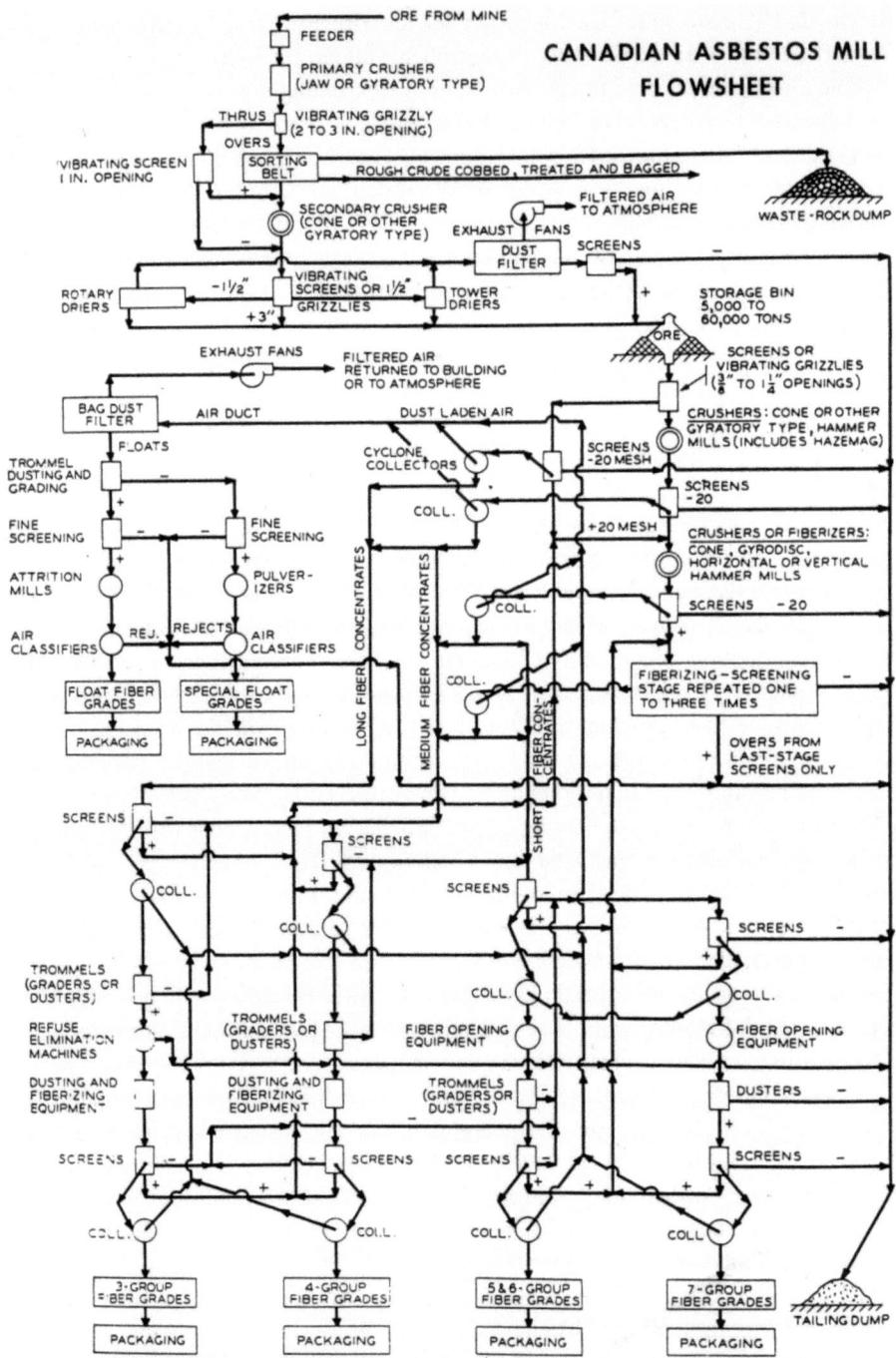

Grafik 9: Schematische Darstellung des Aufbereitungsprozesses am Beispiel einer kanadischen Mine, 70er Jahre des 20. Jh.

[Quelle: Mineral Facts and Problems, United States Department of Interior, Bureau of Mines, Bulletin 671, 1980 Edition, S. 61]

Den allerdings einzigen Sonderweg der Asbest abbauenden Industrie stellte Marine-Oberbaurat Schulz in der Entwicklung des so genannten „Deutsch-Asbestes" vor.[75] Mit dieser spezifischen Aufbereitung wurde der schlechten Qualität des Erzes Rechnung getragen. Der deutsche Asbest lag bekanntlich nicht wie an den ausländischen Fundorten in Form vom mit Asbest durchzogenen Gesteinsablagerungen vor, sondern in Form von Asbesterde. Der darin enthaltene Asbest enthielt naturgemäß neben viel Feuchtigkeit vergleichsweise starke Unreinheiten wie Kieselsteine, Lehmbatzen, Erde, Sand und dergleichen mehr. Der Abbau erfolgte im Tagebau über Grubenförderung. Große Schwierigkeiten stellten sich bei der Trennung der Asbesterde in ihre einzelnen Bestandteile heraus. Während ausländischer Asbest einfach unter den Kollergang gelegt werden konnte und die Fasern auf diese Weise voneinander getrennt wurden, war der Deutsch-Asbest für diese Verarbeitungsmethode zu faserig. So schuf man ein neues Verfahren, indem die Aufbereitung des Asbests in speziell hierfür entwickelten Trommeln und Siebmaschinen vorgenommen wurde. Jedoch hat sich der „Deutsch-Asbest" für eine nachhaltige Produktion nicht als tragfähig erwiesen, obwohl die aus ihm produzierten Asbestwaren über eine gute und wettbewerbsfähige Qualität verfügten. Ausschlaggebend waren die unverhältnismäßig großen und damit kostenintensiven Erdbewegen, die notwendig waren, um den in verstreuten Nestern lagernden Rohasbest zu gewinnen.

2.2   Die industrielle Asbestverarbeitung

Seit 1820 erschien in Leipzig die „Allgemeine Enzyclopädie der Wissenschaften und Künste", die für den jeweiligen Zeitpunkt der Veröffentlichung durchaus als Spiegel gesicherter, wissenschaftlicher Erkenntnis gelten kann.[76] Sie stand in der Tradition des 1751 in Frankreich erschienenen, mehrbändigen Werkes „Encyclopédie".[77] Zwischen 1818 und 1889 erschienen 167 Bände, ohne dass in ihnen Vorkommen, Verarbeitung und Wirkung der Asbestmineralien im Einzelnen dargestellt wurden. Ausschlaggebend hierfür waren die seinerzeit zur Verfügung stehenden, begrenzten wissenschaftlichen Erkenntnisse und Mittel. Somit ist festzustellen, dass der Beginn der industriellen Asbestverarbeitung rückblickend von ungenügenden wissenschaftlichen Kenntnissen für eine tief greifende Erforschung des Materials begleitet wurde.

---

75 Schulz, Asbest in der Kriegswirtschaft, S.35 ff.
76 Vgl. I..S. Ersch, I.G. Gruber (Hg.): Allgemeine Enzyklopädie der Wissenschaften und Künste in alphabetischer Folge, erschienen von 1818 an, 1831 vom Brockhaus-Verlag übernommen und 1889 eingestellt.
77 Vgl. Diderot, d'Alembert: Encyclopédie, ou Dictionnaire raisonné des Sciences, des Arts et des Métiers, Paris 1751

2.2.1 Die Entwicklung der industriellen Asbestverarbeitung

Die Verwendung von Asbest reicht bis in die Antike zurück. Jan Ulrich Büttner hat in seiner Arbeit „Asbest in der Vormoderne" für hinreichende Klärung der viel hundertjährigen Geschichte von Asbest gesorgt. Von den ersten Wahrnehmungen dieses Minerals im antiken Zeitalter bis ins 19. Jahrhundert stellte er die notwendigen Zusammenhänge her.[78]

Italiener waren die ersten, die Asbest systematisch verwerteten. So wurde dort ab 1808 bereits versucht, textile Asbesterzeugnisse auf maschinellem Wege herzustellen. Deshalb wird Italien noch heute als die Wiege der Asbestindustrie bezeichnet. Die Herstellung von Asbestzwirn, Asbestgewebe wie auch von Asbestpapier ging von dort aus.[79] Grundlage hierfür boten die Rohasbestlagerstätten am Mont Cenis, im Aostatal und in der Lombardei.[80] Da es sich hierbei jedoch nur um qualitativ geringwertigen Hornblendeasbest handelte, fehlten Italien trotz recht frühzeitiger Rohasbesteinfuhren aus Kanada die Voraussetzungen für eine führende Stellung in der Asbestindustrie.

Die industrielle Nutzung von Asbest wurde entscheidend vorangetrieben, als im kanadischen Quebec 1850 bzw. 1877 erhebliche Vorkommen von Chrysotil entdeckt wurden; sie waren wesentlich mächtiger und leichter abbaubar als die bislang bekannten Vorkommen in Europa.[81] Damit boten sie die notwendige Basis für eine sich vor allem in der zweiten Hälfte des 19. Jahrhunderts entwickelnde Asbestindustrie.

Friedrich Künkler schreibt in einem Beitrag zur „Chemiker-Zeitung" am 6. Juni 1886 über die Entwicklung der Asbestindustrie rückblickend in die Zeit vor 1870 und die seitdem von der amerikanischen Asbestindustrie inne gehaltenen Vormachtstellung auf diesem Sektor. Er spricht nicht ohne Anerkennung von der raschen Verbreitung nordamerikanischen Asbests auf dem europäischen Markt:

> Der Schwerpunkt der Asbest-Industrie lag von jeher vorzugsweise in Amerika, welches vor allem in jeder Hinsicht brauchbare Rohware liefert und die vollkommenste Fabrikation besitzt. [...] Dieser italienische Asbest besitzt indess qualitativ Nachteile, die ihn gegen den amerikanischen Asbest nicht concurriren lassen. Infolgedessen hat der Consum des italienischen Asbestes seinen Höhepunkt erreicht, sobald der Import Amerikas auf dem Continent erleichtert wurde und größere Dimensionen annahm, was von einem Sinken der Preise begleitet war. [...] In Amerika begegnen wir schon vor dem Jahre 1870 den ersten Anfängen zur praktischen Verwertung des Asbestes, und schon zwischen 1871 und 1873 finden wir Asbestwaaren amerikanischer Herkunft auf dem englischen Markt. Fast gleichzeitig sehen wir englische Unternehmungen zur Ausbeute der damals hinreichend bekannten italienischen Asbestlager in Action treten, wobei es sich um Gruben handelte, welche nach der zu

---

78 Büttner, Asbest in der Vormoderne
79 Vogel, Geschichte des Asbestes, S. 142
80 Vgl. Asbest. Seine Fundstellen, Gewinnung, Aufbereitung, Verarbeitung und Anwendung in Industrie und Technik, herausgegeben von Becker & Haag, Berlin 1927, S. 44
81 Vogel, Geschichte des Asbestes, S. 142

fördernden Quantität, aber nicht nach Qualität und dem Werthe des darin geborgenen Rohmateriales bekannt waren."[82]

Darüber hinaus deutet sich jene wirtschaftspolitisch und von den technischen Möglichkeiten des Werkstoffes motivierte Aufmerksamkeit von Industrie und Staat an, mit der sich die Nationen zunehmend dem Asbest zu widmen begannen.

„Die immer mehr wachsende Bedeutung der Asbest-Industrie fordert um so mehr unser Interesse, als eine specifisch deutsche Industrie bereits unter den Wirkungen und dem Erfolge des ihr von Seiten des Staates durch Einführung bestimmter Zölle gewährten Schutzes steht."[83]

Künkler verzeichnet überdies einen raschen Fortschritt in der Entwicklung der deutschen Asbestindustrie. Sie sei derart gewachsen und konkurrenzfähig geworden, dass deutsche Ware in Italien, Österreich, Russland, Frankreich und selbst in dem für damalige Verhältnisse hoch industrialisierten England abgesetzt werden kann. Die deutsche „Ware" besteht aus Pappe und auch unter Verwendung von Asbest gefertigte geflochtene Packungen, Schnur und Gewebe gehörten zu den hergestellten und vertriebenen Produkten. Durch den zunehmenden internationalen Wettbewerbsdruck fielen jedoch die Preise der gehandelten Asbestprodukte in der ersten Hälfte der 80er Jahre des 19. Jahrhunderts um 80 %. Die zu dieser Zeit insgesamt gestiegene Bedeutung von Asbestprodukten und damit einhergehende wichtige Stellung der Asbestindustrie in Deutschland wird an der 1885 für notwendig erachteten Einführung von Zöllen auf Asbestprodukte[84] deutlich.

Recht schnell verbreiteten sich die unterschiedlichsten Einsatzmöglichkeiten von Asbest. Auf einen erkennbaren Fortschritt industrieller Asbestverarbeitung weist Künkler noch eigens hin,

„[...] nämlich die Verarbeitung des Asbestes in Verbindung mit Gummi. Diese Verbindung bezweckt die Erzielung der Verwendbarkeit für Wasserdichtung wofür reiner Asbest, d.h. die Platten nicht zu verwenden waren. Dieser Mangel ist durch die Verbindung des Asbestes mit Gummi zur Herstellung von Platten gehoben, und letztere finden ein [sic] rasche Einführung und großen Absatz. In gleicher Weise wird Gummi bei Asbest-Packungen verarbeitet. Bei der Pappe wechselt Asbestfaserschicht mit Gummiplattenschicht, während bei den Packungen in der Regel Gummikerne durchgezogen sind."[85]

Im 19. Jahrhundert freilich setzte schlagartig mit Beginn der Industrialisierung auf allen Kontinenten eine umfassende Asbestförderung ein und damit auch die um sich greifende industrielle Förderung und Weiterverarbeitung von Asbest. Sehr wohl waren bereits in der ersten Hälfte des 19. Jahrhunderts Asbestlagerstätten in Europa, Russland, Afrika und auf dem amerikanischen Kontinent bekannt. Ihre Erschließung und industrielle Ausbeutung wurde aber teilweise erst bis zu fünfzig Jahre später aufgenommen. Denn erst in den letzten drei Jahrzehnten des 19. Jahrhunderts waren die für eine industrielle Weiterverarbeitung von Asbestfasern notwendigen techni-

---

82 Künkler, Entwicklung der Asbestindustrie, S. 693
83 Ebd., S. 693
84 Ebd.
85 Ebd., S. 694

schen Voraussetzungen vorhanden und vor allem wurden erst in dieser Zeit die von dem Werkstoff Asbest gebotenen Materialeigenschaften vermehrt nachgefragt. Insbesondere die Erfindung der Spinnmaschine und damit die Möglichkeit einer rationellen Bearbeitung von Asbestfasern sowie auf der Nachfrageseite die Fortschritte im Dampfmaschinenbau förderten den Aufbau industrieller Strukturen in der Verarbeitung von Asbest als auch der Wertschöpfungskette nach unten folgend in der Asbestgewinnung.[86] Eine Übersicht über die in den achtziger Jahren des 19. Jahrhunderts gängigen Asbestprodukte, die regionalen Schwerpunkte der deutschen Asbest verarbeitenden Industrie sowie die Herkunft der in damals in Deutschland verarbeiteten Asbestfasern wurde 1893 wie folgt beschrieben:

„Im letzten Jahrzehnt hat sich in Deutschland eine wirkliche Asbest-Industrie (Berlin, Dresden, Frankfurt a.M., Hannover u.s.w) entwickelt, der Tirol, Italien, die Schweiz, die Pyrenäen, der Odenwald, Sibirien, Nordamerika, Australien das Rohmaterial liefern. Man verfertigt Asbestpapier, Asbestpappe (als Sichtung für Dampfcylinder und Flantschen), Asbesthandschuhe (als Schutz gegen Säuren und elektrische Schläge) u.s.w. (vgl. Asbestpackung). Kleider von A. [Asbest, d.A.] hat man für Feuerlöschmannschaften in Vorschlag gebracht. Den Amiant ["Amiant" wurde als Synonym für Asbest verwendet. Im engeren Sinne ist es eine alternative Bezeichnung für den zu den Amphibolasbesten zählenden Aktinolith, d.A.] hat man auch zu unverbrennlichen Lampendochten und, mit Papiermasse vermengt, zu plastischen Arbeiten benutzt; bei den früheren chem. Feuerzeugen diente er zur Aufnahme der Schwefelsäure. …

Asbestpackung, bei Maschinen, speciell bei Dampfmaschinen, die zur Abdichtung von Kolbenstangen, Schieber- und Ventilstangen u.s.w. als Ausfüllung der Stoffbüchsen benutzte geflochtene Asbestmasse. Sie ist sehr beständig gegen Hitze, braucht daher nicht so oft ausgewechselt zu werden, als gewöhnliche Hanfpackung."[87]

Ende des 19. Jahrhunderts drangen auf dem Werkstoff Asbest basierende Produkte in alle Lebensbereiche vor. So fanden sie nicht nur Anwendung in produktionstechnischen industriellen Bereichen, sondern hielten auch als Hilfsmittel Einzug in den privaten Haushalt. Beispielhaft hiefür sind Dochte aus Asbestfasern für Ölbrenner und Lampen, Bügeleisengriffe oder asbesthaltige Dichtmassen zur Ofenauskleidung, auch Ofenkitt genannt.

---

86 Vgl. Burgmann Jahrbuch 1939, Neununddreißigster Jahrgang, hrsgg. von der Firma Feodor Burgmann, Dresden-Laubegast, S. 67
87 Vgl. Brockhaus' Konversations-Lexikon, Vierzehnte Auflage, Erster Band, Leipzig, Berlin und Wien 1893, S. 964 f.

Abbildung 7: An Haushalte gerichtete Direktwerbung für Ofenauskleidungen aus Asbest aus dem Jahr 1900

In dieser Werbung heißt es: „Plastische Ofenauskleidung. Erwiesenermaßen eines der meistbegehrten Haushaltsprodukte, die jemals produziert wurden. Sie wird in sauberen und bequemen Verpackungen geliefert, ist sofort gebrauchsfertig und kann leicht von jedem aufgetragen werden, bei weniger als den halben Kosten gegenüber den üblichen Ofenauskleidungen aus Stein, wohingegen es noch dauerhafter ist. Sie ist nur halb so dick wie gewöhnliche feuerfeste Steine, wodurch der für das Brennmaterial benötigte Raum belassen wird. Es ist für alle Öfen, Ausmaße und Feuerungsarten geeignet und wird in großem Umfang auch von Fabrikanten genutzt.

H.W. Johns' Asbestos, flüssige Anstriche, Asbestdächer, Dampfrohre, Dampfkesselverkleidungen, Dampfdichtungen, feuerfeste und wasserundurchlässige Verkleidungen. Zu kaufen bei John B. Wadlin, Belfast, ME."

[Quelle: unbekannt]

Die zur Jahrhundertwende entwickelten Verfahren zur industriellen Herstellung von Asbestzement[88] und die darauf einsetzende volumenreiche Produktion von Baustoffen aus Asbest wie z.B. auch Dachschindeln (siehe hierzu Abbildung 8) eröffneten den Asbestgruben bisher nicht vorhandene Absatzmärkte. Denn die zur Asbestzementproduktion benötigten kurzen Asbestfasern wurden bis dato mangels Vermarktungsmöglichkeit dem Abraum zugeführt. Damit erhöhte sich zugleich der Ausnutzungsgrad der Asbestlagerstätten. Mit der Verkaufbarkeit des bisherigen Ausschusses stieg kurzfristig die Rentabilität von Asbestminen, was wiederum dazu führte, dass weitere, bisher unverritze Lagerstätten aufgeschlossen wurden und sich die Zahl der Wettbewerber erhöhte.

So berichtete die Chemiker-Zeitung im Jahre 1911 unter der Titelzeile „Über Asbestgewinnung" über die Entwicklung der Asbestproduktion vor allem in den USA, Kanada, Russland, Südafrika und Westaustralien, aber auch über geringere Produktionen in Japan, Frankreich, Italien, Griechenland, Türkei, Korsika und Ceylon. Allein für die Vereinigten Staaten wurde notiert:

---

88   Vgl. Abschnitt 4.3.1.8 „Asbestzement" dieser Arbeit

„Die Produktion von *Asbest in den Vereinigten Staaten von Amerika* im Jahre 1909 hat nach dem Bericht des geolog. Vermessungsamtes 3085 sh. t. (von 907 186 kg.) im Wert von 62 603 Doll. betragen, gegenüber 936 t = 19 624 Doll. in den beiden vorhergehenden Jahren. Im Jahre 1905 hatte sie mit 3109 t = 42795 Doll. [Dollar, d.A.] ihre größte Höhe erreicht. Der durchschnittliche Wert stellt sich im Jahre 1909 etwas höher, da die Zunahme des wertvolleren Chrysotil-asbestes erheblich größer ist als diejenige der Amphibol-Abart. Ersterer kommt aus Vermont, letzterer aus Georgia; außerdem wurden geringe Mengen in Idaho und Wyoming gefördert. Die inländische Erzeugung machte trotz der Zunahme nur 7 % der kanadischen Einfuhr von unverarbeitetem Asbest aus. Eine hauptsächliche Verwendung findet er in der Herstellung von Deckstoffen für Gebäude und Röhren, sowie ferner von Schindeln. Bei der Fabrication von Stoffen für Automobilreifen und besonders als friction facing für Automobil-bremsen wird er mehr und mehr verwertet [...]"[89]

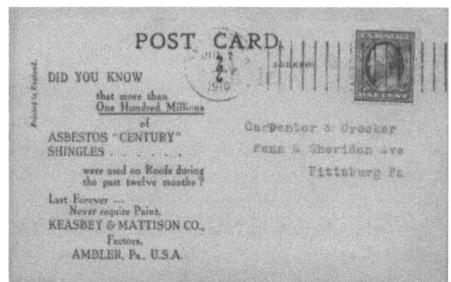 

Abbildung 8:   Direktwerbung für Dachschindeln aus Asbest aus dem Jahr 1910

Auf der Vorderseite der Postkarte heißt es: „Weißt du, dass mehr als 100 Millionen der Asbest „Jahrhundert" Schindeln während er letzten 12 Monaten auf Dächern verarbeitet wurden? Das letzte Mal für immer – nie wieder Streichen. Keasbey & Mattison Co., Kommissionär, Ambler, Pa., U.S.A"

[Quelle: unbekannt]

Auch deutsche Wissenschaftler wie die Vertreter deutscher Industrie waren in dieser Zeit der Jahrhundertwende erfreut darüber, ständig neue Erkenntnisse über die Mög-lichkeit der Kosten sparenden und damit beträchtlichen Gewinn abwerfenden indus-triellen Verarbeitung von Asbest vorzulegen, bzw. entgegen nehmen zu können. So gibt es in einer Ausgabe der „Chemiker-Zeitung" aus dem Jahre 1900 einen Beitrag „Ueber sogenannten Asbest", in dem der Leser erfuhr:

„Im Handel kommen unter der allgemein üblichen Handelsbezeichnung ‚Asbest' zwei Substanzen vor, welche in ihrer mechanischen Beschaffenheit sehr ähnlich, in mineralogischer und chemischer Beziehung aber wesentlich verschieden sind. Die eine Substanz ist das Mineral Asbest [...], es ist im Handel sehr schwer zu haben. Ganz anders verhält es sich mit der zweiten Sub-stanz, welche – leider – im Handel auch ganz allgemein als ‚Asbest' bezeichnet wird. Dieses Material wird dargestellt aus dem Mineral Chrysotil. Der Chrysotil kommt als fester, harter, feinfaseriger Stein in Schnüren im Serpentin vor, er hat gleiche chemische Zusammensetzung mit dem Serpentin und ist als

---

89   Vgl. Über Asbestgewinnung, in: Chemiker-Zeitung, Jg. 35, 1911, Nr. 21, S. 195

faseriger Serpentin zu betrachten, er kann leicht auf mechanischem Wege in einzelne Fäden zerlegt werden, welche das Aeussere des wirklichen Asbestes haben. [...] Dieses Material findet sich in der Natur in großen Massen; Faser Serpentin kommt in Schiffsladungen aus Canada. Er wird zu sehr vielen Asbest-Fabrikaten verarbeitet."[90]

Wenn sich die Wissenschaftler gelegentlich noch uneins waren über die spezifischen Bezeichnungen der mineralogischen Zusammensetzung von Asbest, herrschte jedoch Einigkeit über die Notwendigkeit seiner industriellen Verarbeitung. In fast allen Beiträgen von Fachzeitschriften, die sich mit dem Thema Asbest befassen, steht die Vielseitigkeit seiner technischen Einsatzmöglichkeiten und damit zwangsläufig seiner industriellen Verwertbarkeit im Vordergrund.

"Neben den mehr oder weniger normalen Bildungsweisen von Asbest"[91] wurden denn auch im Jahre 1900 Möglichkeiten erprobt, Asbest auf rein mechanischem Wege entstehen zu lassen. In Deutschland, auf schottischem Gebiet sowie in den Vereinigten Staaten wurden Untersuchungen angestellt, um die Entstehung asbestartiger Mineralien hinsichtlich bestimmter Verfahrensabläufe, auf Rutsch-, Verschiebungs- oder Reibungsbewegungen zu analysieren. Van der Bellen meinte dazu, dass die Hauptschwierigkeit bei dieser Methode der Asbestgewinnung in der ausreichenden Plastizität des erzeugten Materials liege:

„Bei der Begründung der Annahme, dass Asbest auf rein mechanischem Wege entstehen könne, muss [...] zuerst der Beweis geliefert werden, dass die Grundmasse genügend plastisch ist, um derartige Formgebilde zu erzeugen. Denn nur eine plastisch-elastische Masse wird sich durch andere über sie hingleitende Massen derartig verändern und zerreissen lassen, wie es für die Asbestbildung erforderlich ist. Wenn es nun gelingt, Beweise aufzufinden, dass sich noch jetzt plastische und dehnbare Magnesiasilicate vorfinden, oder wenn wir an der Grundmasse unzweifelhafte Spuren eines vorhanden gewesenen Druckes (der sich an derselben in gesetzmässiger Form äussern muss) nachweisen können, dann kann die Bildung des Asbestes auf mechanischem Wege als thatsächlich vorhanden betrachtet werden."[92]

Die Gesetzmäßigkeiten, die man auf diese Weise zu ergründen versuchte, dienten durchweg der späteren industriellen Verarbeitung asbesthaltiger Mineralien. Wenn die elastisch-plastische Masse in einer Mulde von festen, starren Wänden umgeben ist, dann wird sie den durch ihr eigenes Gewicht entstehenden Druck auch auf jeden in ihrem Bereich liegenden Fremdkörper übertragen. Solche und andere Klärungen aus der analytischen Praxis trugen in erheblichem Maße dazu bei, Asbest industriell verwertbar zu gestalten.

Wir kennen die verschiedenen Asbestsorten als vielfach verwertete Mineralrohstoffe mit besonderen technischen Eigenschaften. Sie sind nicht brennbar, sind biegsam, weisen eine hohe Reißfestigkeit senkrecht zur Faserrichtung auf und lassen

90 Vgl. C. Reidemeister: Ueber sogenannten Asbest, in: Chemiker-Zeitung, Jg. 24, 1900, Nr. 51, S. 537
91 Vgl. E. van der Bellen: Ueber die Bildung von Asbest auf mechanischem Wege, in: Chemiker-Zeitung, Jg. 24, 1900, Nr. 27, S. 284
92 Ebd., S. 284

sich in der Regel gut verspinnen. Aufgrund der guten Verspinnbarkeit, der besonderen Isolationseigenschaften und der Resistenz gegen chemische Einflüsse wird Asbest seit Jahrzehnten technisch eingesetzt. Zur Darstellung der rasanten Entwicklung industriell verarbeiteter Asbestprodukte sind hier Beginn und Entwicklung der Asbestindustrie und -wirtschaft chronologisch aufgeführt: [93]

1700/50	In Italien sind bereits erste Asbestpapiere und -pappen bekannt, jedoch kann noch nicht von einer industriellen Fertigung gesprochen werden.
1720	Entdeckung der russischen Asbestlagerstätten im Ural.
ca. 1760	Die von Peter dem Großen betriebene Verwertung blieb mangels Anwendungsgebieten ohne Erfolg.
1805	Entdeckung von Blauasbest beim Oranje, Südafrika; von Hausmann, Klaproth und Strohmeyer 1831 als Krokydolith („Wollstein") bezeichnet.
1808	Erste Anfänge der maschinellen Verarbeitung von Tremosit-Asbest des Tellina-, Susa- und Aostatals in Italien zu Asbestwaren (Asbestzwirn, -gewebe und -papier)
1828	Erstes bekanntes US-Patent für Asbest, erteilt für ein Isoliermaterial in Dampfmaschinen.
1834	Britisches Patent auf Verwendung von Asbest in Geldschränken.
1850/77	Entdeckung der Chrysotil-Vorkommen in Quebec (St. Joseph, Danville, Coleraine, Thetford Mines usw.).
1853	Britisches Patent für Fertigbauteile aus Asbest.
1855	Asbest wird erstmals als technisches Produkt auf der Weltausstellung in Paris vorgestellt.
1857/90	Der Engländer Richard Lloyd erhält das Patent für die erste Stoffbüchsenpackung (zunächst Flachdichtungen, später Packungen) auf Asbestbasis. Anfangs noch im Gemisch mit organischen Faserstoffen. Durch den Einsatz von Stoffbüchsenpackungen aus Asbest wurde im Vergleich zu bisherigen Dichtungsmitteln, wie z.B. Hanf, Baumwolle oder Gummi, die Effektivität von Dampfmaschinen gesteigert, da sie nun mit Temperaturen und Dampfdruck betrieben werden konnten, sofern nicht auf die viel teureren und komplizierteren Metalldichtungen ausgewichen wurde. Allerdings war der Durchbruch von Stoffbüchsenpackungen in Dampfmaschinen erst vollständig möglich, als um 1890 auch die bisher verwendeten Schmiermittel durch hitzeresistentere Mineralöle substituiert wurden.
1860	Der New Yorker Bauunternehmer Henry Word Johns entwickelt schwer entflammbare Dachpappe: Sandwichartige Folie aus Sackleinwand, Manila-

93 Berger, Asbest Fibel, S. 19 ff.; Robert L. Virta: Worldwide Asbestos Supply and Consumption Trends from 1900 to 2000, U.S. Department of the Interior, U.S. Geological Survey, 2003, S.20; Frank: Asbest, S. 107; James E. Alleman, Brooke T. Mossman: Asbest: Aufstieg und Fall eines WunderWerkstoffes, in: Spektrum der Wissenschaft, November 1997, S. 88 ff.; Ullmann (Hg.), Enzyklopädie der technischen Chemie, S. 611 ff.; Vogel, Geschichte des Asbestes, S. 143 ff.; Selikoff, I.J. und Lee, D.H.K., Asbestos and disease, Ney York, NY, Academic Press, 1978, S. 17 ff.; Schulz, Asbest in der Kriegswirtschaft, in: Technik und Wirtschaft, Monatsschrift des Vereins deutscher Ingenieure, 13. Jg., 1920, S. 28 ff.; Burgmann Jahrbuch 1939, S. 66; Chemiker-Zeitung, 30. Jg., 1906, Nr. 63, S. 767 ff.; Chemiker-Zeitung, 35. Jg. 1911, Nr. 21, S. 195; Künkler, Entwicklung der Asbestindustrie; Gruntschenko: Erlöse mit gefährlicher Faser; Canadian Asbestos: A global Concern, in: Mining Watch Canada, Mines Alerte, Newsletter Number 13, Summer 2003; Joan Kuyek, Asbestos Mining in Canada, S. 3

papier (aus den Blattscheiben der Faserbananen gefertigt) und einer Teer-schicht mit eingebetteten Asbestfasern.

1860	Erste Schritte zur industriellen Verwertung in England unter Verwendung von italienischem Asbest.
1866	Erste wasserglasgebundene Asbest-Formkörper zur Wärmeisolation.
1866	Beginn einer systematischen Gewinnung und textilen Verarbeitung von Tremosit-Asbest des Tellina-, Susa- und Aostatals durch die Gebrüder Furse u.a. italienische Unternehmen.
1868/69	Erstmalige praktische Anwendung von Asbest in Dachpappe und in Ver-bindung mit Zement in den USA.
1871	Gründung der Fa. Asbestwaren Louis Wertheim in Frankfurt/M., der späteren Frankfurter Asbestwaren AG. Produktion von Garnen und Stoff-büchsenpackungen, die aus gewickelten und gewebten Garnen bestanden.
1871	Gründung der „Patent Asbestos Manufacturing Co. Ltd." zur Verarbeitung von italienischem Asbest in Glasgow.
1874	Gründung der „Italo-English Pure Asbestos Co. Ltd." in London mit Fabrik bei Turin für Garne und Packungsschnüre und bei Rom für Asbestpappe.
1877/78	Beginn des industriellen Abbaus von Asbestgestein und der Gewinnung von Chrysotil durch A. Johnson in Thetford Mines, Kanada. Der Asbestgehalt im Gestein liegt in Quebec zwischen 4 und 10 %.
1878	Eröffnung der King-Mine, der späteren „Asbestos Corp. Ltd.", Kanada.[94]
1878	In diesem Jahr werden 50 t Rohasbest in Kanada gefördert.
1878	Aufnahme der industriellen Herstellung von Asbestpapier und -pappe in Waltham, Mass.,USA. Bis 1879 wurde noch italienischer Asbest verarbeitet.
1878	Gründung der Fa. Sächsische Asbestfabrik G. und A. Thoenes in Radebeul, später „G. & A. Thoenes, Sächsische Asbestfabrik Radebeul, Dresden", „VEB Dichtungswerk Radebeul", danach ein Teil des „VEB Cosid-Kautasit-Werke" und heute „Thoenes Dichtungswerk GmbH", Radebeul. Nach der Gründung 1878 wurden in Radebeul Garne und Stoffbüchsenpackungen produziert.
1878	Vorstellung von Asbest als industrieller Werkstoff auf der Weltausstellung in Paris anhand diverser Anwendungsmöglichkeiten von Asbest.
1879	Beginn der Förderung in der Jeffrey-Mine bei Asbestos, Kanada. Sie ent-wickelte sich zur größten Asbestmine der Welt.
1879	Der französische Artillerie-Offizier Valérand de Bange verwendete Asbest zum ersten Male als Dichtungsmittel in einem von ihm konstruierten Ge-schütz. Er konstruierte eine besondere plastische Dichtung aus Asbest und Fett.
1880	Verschmelzung englisch-italienischer Gesellschaften zur „United C. Ltd." mit Werken in Harefield (Middlessex), 1910 von der „Bell's United As-bestos Co. Ltd." übernommen. Es wird noch bis ins 20. Jahrhundert italieni-scher Rohasbest verarbeitet.
ca. 1880-85	Inbetriebnahme der ersten deutschen Asbestgrube im hessischen Odenwald.
1883	Die „Gummiwerke Metzelder & Co." verspinnen und verweben Asbest in München. Sie verarbeiten erstmalig Asbest und Kautschuk zu Schürzen und

---

94 Vgl. auch Grafik 4 „Hauptakteure/Gesellschafterstruktur der größten Asbestminengesell-schaften" dieser Arbeit

Arbeitskleidung zum Schutz vor Hitze und spritzendem Guss in Hütten. Später Verlagerung der Asbestaktivitäten nach Berlin. 1910 Gründung der „Metzelder Asbestwerke GmbH" und 1927 Fusion mit den „Berliner Asbestwerke W. Reinhold und Co." zu „Deutsche Asbestwerke AG". 1935 entsteht hieraus die „Deutsche Asbestwerke Georgi, Reinhold und Co.".

1884   Britisches Patent für Fertigbauteile unter Verwendung von Asbest.

1885   Russland: Beginn der systematischen Chrysotil-Gewinnung in Asbest (Bez. Bashenowo (Bashenovo), Sverdlovsk), Ural. Der Asbestgehalt im Gestein liegt zwischen 4 und 10 %.

1885   Die sieben kanadischen Asbestminen gewinnen zusammen 1.400 t Rohasbest.

1885   Britisches Patent für Asbest-Membranen zum Filtrieren von Fruchtsäften und anderen Flüssigkeiten.

1888   Gründung der „Bell's Asbestos Co. Ltd." durch J. Bell in London. In Zusammenarbeit mit den Textilspinnereien der Turner Brothers in Rochdale (Lancashire) stellen sie Garne aus kanadischem Chrysotil her. Später werden sie von der „Keasbey and Mattison Co.", USA, übernommen, die selbst 1934 in der „Turner and Newall Ltd.", Manchester, UK, aufgeht, welche wiederum die „Bell Asbestos Mines Ltd." in Kanada als Tochtergesellschaft gründet und sich damit die Rohstoffversorgung absichert als auch die eigene Wertschöpfungskette erweitert.

1890   Aufnahme der textilen Verarbeitung von Asbest in den USA und Kanada.

1891   Seitz erkennt die Adsorptionsfähigkeit von Chrysotil für hochdisperse Teilchen und Mikroorganismen und die Verwendungsmöglichkeit als Filtermaterial und vertreibt die Filter über seine Seitz-Maschinenfabrik, Bad Kreuznach, in die Getränkeindustrie.

1893   Südafrika: Gründung der „Cape Asbestos Co." durch F Oals und Beginn der Förderung von Krokydolith am Oranje in Giqualand. Noch im selben Jahr erfolgt die Verspinnung des gewonnenen Amphibolasbests durch die „Cape Asbestos Co.".

1896   Erfindung der Hochdruckdichtungsplatten unter Verwendung von Asbest und Kautschuk durch R. Klinger.

1896   Die „Feredo Ltd.", Chapel-en-le-Frith, England, stellt die ersten gewebten Bremsbänder unter Verwendung von Asbest her.

1897   In Kanada sind bereits 41 Asbestgruben in Betrieb.

1886/1906 Entdeckung und Start des Abbaus (1906) von Chrysotil in Carolina, Transvaal.

1899   In Hamburg-Wilhelmsburg werden die „Asbest- und Gummiwerke Martin Merkel" gegründet.

1899/1900 Ludwig Hatschek entwickelt in Vöcklabruck, Österreich, das Nassmaschinen-Verfahren zur Herstellung von Asbestzement und meldet dieses in Österreich und Deutschland zum Patent an.

1900   Herstellung der ersten Hochdruckdichtungsplatten durch R. Klinger in Wien. Sie werden unter dem Markennamen „Klingerit" auf den Markt gebracht.

1900   Asbestmörtel: Asbestfasern, die sich nicht vom Muttergestein lösen lassen, werden mit dem Gestein vermahlen und unter Zugabe von Kalk, Zement oder Gips und Wasser zu einem Mörtel angerührt und als Wandputz aufgetragen. Man erreicht dadurch eine gute Feuer- und Schallschutzwirkung.

1900	Finnland: Erschließung von Anthophyllit-Asbest

1900   In Kanada sind bereits 50 Aufschlüsse zum Abbau von Asbestgestein in Betrieb.

1901/04   Oesterheld entwickelt das Halbtrocken-Verfahren zur industriellen Produktion von Asbestzement. Der entsprechend dieser Methode hergestellte Baustoff wird unter dem Name „Fulgurit" vertrieben.

1903   Hatschek begründet für das nach seinem Verfahren hergestellte und dann abgebundene Produkt den Markennamen „Eternit".

1903   In den USA wird die Produktion von Druckrohren aus Asbestzement durch R.V. Mattison in Ambler aufgenommen.

1903/08   Im Zuge des steigenden Bedarfs an Rohasbest werden nun zunehmend bereits bekannte Vorkommen mittlerer Größe erschlossen bzw. industriell bewirtschaftet: 1903 in Arizona, USA, bereits entdeckt 1872; 1908 in Vermont, USA, 1824 bereits entdeckt; 1908 im Troododgebirge, Zypern.

1904   In den USA werden erstmals flache Dachschindeln aus Asbestzement produziert.

1906   Asbest wird in den USA zum ersten Mal zur Auskleidung von Bremsen genutzt.

1906   In Kanada sind in der Asbestgewinnung ca. 1.500 Mitarbeiter beschäftigt. Insgesamt 13 Gesellschaften betreiben das Geschäft in insgesamt 4 Abbauregionen. Im Thetford-District: „Johnson Asbestos Co.", „Bell Asbestos Co.", „King Bros. Asbestos Co." und „Beaver Asbestos Co.". Im Black Lake-District: „Union Asbest Co." (deutsche Gesellschafter), „Johnson Asbestos Co.", „Glasgow and Montreal Asbestos Co.", „Manhattan Asbestos Co.", „Standard Asbestos Co.", „ American Asbestos Co." und „Syracuse Asbestos Co.". Im East Broughton-District: „Quebec Asbestos Co." und „East Broughton Asbestos Co.". Im Danville-District die „Asbestos and Asbestic Co. Limited".

1906/15   Entdeckung (1906) und Gewinnung (1915) von Chrysotil in Shabani, Südrhodesien. Der Asbestgehalt im Gestein liegt bei bis zu 15 %.

1907/08   Entdeckung und Gewinnung (1908) von Chrysotil in der Gath-Mine in Mashaba, Südrhodesien. Der Asbestgehalt im Gestein liegt bei bis zu 15 %.

1907/16   Entdeckung von Chrysolit bei Penge, Transval. Beginn der Produktion duch „Cape Asbestos Co.". Bildung der Bezeichnung „Amosit" aus Asbestos Mines of South Africa (Amosa-Mine).

1909   Wegen eines Überangebotes an Rohasbest fallen in Kanada die Preise. Infolgedessen konsolidiert sich der Wettbewerb auf 10 Gesellschaften mit zusammen 19 Brüchen.

1913   Erste Druckrohre entstehen nach dem Verfahren des Italieners Mazza, Genua.

1915   Fabrikation der ersten gewebten deutschen Bremsbeläge in Coswig durch Kirbach.

1916   Gewinnung von Amphibolasbest bei Klettigshammer in Thüringen durch die Fa. Feodor Burgmann.

1918   Gründung der „Canadian Johns-Manville Co. Ltd.", Asbestos, Quebec. Mit der Jeffrey-Mine und Munro-Mine, Ontario, stellte sie 1956 50 % der kanadischen Gesamtproduktion.

1918	In den USA werden die ersten gepressten Kupplungsbeläge entwickelt, die jedoch erst 1924/25 in serielle Produktion gehen.
1920	Erste deutsche formgepresste Brems- und Kupplungsbeläge durch „Jurid" in Coswig.
1920	Die „Smith & Kanzler Corp.", Amerika, und die „J.W. Robert Ltd.", England, entwickeln mit der „Asbestospray"-Verfahren (Smith & Kanzeler) und dem „Limpet"-Verfahren (J.W. Roberts) jeweils eine Methode zur fugenlosen Auftragung von Asbestmörtel auf zu isolierende Flächen. Besonders in öffentlichen Gebäuden in den USA findet das Verfahren schnell Anwendung.
1924	Gründung der „Quebec Asbestos Corp. Ltd.", East Broughton, ab 1958 Carey Canadian Mines Ltd.
1925	Beginn der Gewinnung von Chrysotil in Balangero bei Turin, Italien. Sie entwickelt sich zum größten Asbest-Bergbau in Europa, obwohl der Asbestgehalt im Gestein nur ca. 1 % beträgt.
1926	Kanada: Gründung der „Asbestos Corp." aus neun, zum Teil seit 1878 bestehenden Gesellschaften.
1931	In England wird die Technik zum Spritzen von Asbestzement entwickelt.
1939	Beginn der Chrysotil-Gewinnung in der Havelock-Mine, Swaziland.
1939	Beginn der Krokydolith-Gewinnung in Hamersly Ranges, Westaustralien.
ab 1940	Asbestzementrohre werden in England eingesetzt.
1944	Die britische Marine besprüht die Decks und Shots von Kriegsschiffen mit einer asbesthaltigen Schutzschicht.
1945	Gründung der „Flintkote Mines Ltd." in Thetford Mines.
1973	Mit einem Verbrauch von knapp 1 Million Tonnen Asbest wird in den USA der Höhepunkt der Asbestnutzung erreicht.
1975-1980	Mit jährlich rund 1,4 Millionen Tonnen erreicht der Einsatz von Asbest in Europa (ohne Sowjetunion) seinen Höhepunkt.
1979	4,84 Millionen Tonnen Fördermenge markieren in diesem Jahre den weltweiten historischen Gipfel.
1985	Die Sowjetunion verarbeitet knapp 2,2 Millionen Tonnen Asbestfasern, soviel wie nie zuvor.
1991	In Italien wird die Gewinnung von Rohasbest eingestellt.
1998	Mit Griechenland beendet das letzte europäische Land (ohne Russland) die Asbestproduktion.
1998	Kolumbien nimmt die Rohasbestförderung auf.
2003	In Quebec, Kanada, werden noch drei Asbestminen von einer einzigen Gesellschaft, der LAB Chrysotile, betrieben. Sie beschäftigt an den drei Standorten rd. 950 Mitarbeiter.
2003	In Asien werden – bei ansteigender Tendenz – mit 1,26 Millionen Tonnen nur 10 % weniger Asbest verbraucht als es 1997 (1,39 Millionen Tonnen), dem bisherigen Allzeithoch, der Fall war.

Bis in die achtziger Jahre des 20. Jahrhunderts hinein wurde Asbest in über 3.500 unterschiedlichen industriell verarbeiteten Produkten verwandt.[95] Als Beispiel für die weit gefächerte Verwendung von asbesthaltigen Materialien mag die folgende, alphabetisch geordnete Produktpalette dienen, die zugleich ein vergleichsweise um-

---

95 Alleman, Asbest: Aufstieg und Fall, S. 90; H. Eick, Asbestzement, S. 456

fassendes Bild über das Vorhandensein von Asbest in unserem Alltag bietet, gleichwohl bei weitem keinen Anspruch auf Vollständigkeit erheben kann.

Abdichtungen von Wandöffnungen
Abluftkanäle
Abwasserrohre
Anstrichmassen
Asbestmatten
Asbestpapiere
Asbestpappen
Asbestschnüre
Asbestzement
Bitumenbahnen
Blumentöpfe und -kästen
Bodenbeläge
Brandabschottungen
Brandschutz für Stahlkonstruktionen
Brandschutzanstriche
Brandschutzklappen
Brandschutztüren
Brandschutzverkleidung
Bremsbeläge
Bügeleisengriffe
Dachplatten
Dachschindeln
Dachziegel
Deckenplatten
Dehnfugendichtungen
Dochte für Ölbrenner
Dichtungen
Elektroisolierungen

Elektroschaltkästen
Fackeln
Farben
Fassadenverkleidungen
Feuerschutzbekleidung
Filter
Flachdichtungen
Formmassen
Fugendichtungen
Fußbodenbeläge
Gasmaskenfilter
Garne
Handschuhe
Heißrauchleitungen
Heizkörperverkleidungen
Hitzeschutzverkleidung
Isoliermatten
Isolierung von Kühlbehältern
Kamintürdichtungen
Katzenstreu
Kesseltürdichtungen
Kittmassen
Korrosionsschutzanstriche
Kupplungsbeläge
Nachtspeicheröfen
Ofenkitt
Packungen
Pumpendichtungen
Rauchrohrdichtungen

Rohrabschottungen
Rohre (Trinkwasser und Abwasser)
Rohrschellen
Säureschutzmassen
Schalldämmbeschichtung
Schalldämmplatten
Schläuche
Schnüre
Schutzkleidung
Schweißunterlagen
Speichermassen für Wärmerückgewinnung
Spritzmassen
Spritzputz
Straßendeckenschichten
Textilien
Toaster (Heizdrähte)
Trennwände
Türzargenfüllungen
Ummantelung von Lüftungskanälen
Unterbodenschutz
Verstopfmassen
Vliese
Wärmeschutzplatten in Nachtspeicheröfen
Zylinderkopfdichtungen

Zusammenfassend lassen sich Asbestprodukte **hinsichtlich ihrer Endverwendung** in acht Obergruppen unterteilen:

1. Asbest-Textilprodukte
2. Asbest-Dichtungen
3. Asbestpappe und Asbestpapier
4. Asbest in Brems- und Kupplungsbelägen
5. Asbest-Kunststoffprodukte
6. Asbest-Feinfilter
7. Asbest-Spritzmassen
8. Asbestzement

Hinsichtlich der Beschaffenheit von industriell hergestellten Asbestwaren kann in zwei Kategorien unterschieden werden. Zum einen sind es fest gebundene Asbestprodukte, im Bausektor durchaus auch konstruktive Asbestzementprodukte, zum anderen schwach gebundene Asbestprodukte. Letztere haben einen deutlich höheren Asbestanteil bei einem zugleich geringeren Bindemittelanteil. Sie sondern wegen ihrer schwachen Bindung vergleichsweise leicht Asbestfasern in die Luft ab. Alterung oder auch geringe äußere Einwirkungen wie Erschütterungen, können hier bereits hinreichend sein, um Fasern freizusetzen. Bei fest gebundenen Asbestprodukten hingegen werden Fasern erst nach mechanischen Einflüssen wie etwa durch Bohren oder Brechen freigesetzt.

Fest gebundene Asbestprodukte sind u.a.:
- ebene und profilierte Platten
- Rohre
- Formstücke (vielfältige Formwaren durch Belegung von Modellen)

Diese finden bzw. fanden in folgenden Bereichen Anwendung:
- in Dach- und Fassadenbekleidungen
- in Innenbekleidungen
- im Trennwandbau
- im Lüftungskanalbau

Schwach gebundene Asbestprodukte sind u.a.:
- Spritzasbest
- Leichtbauplatten
- Schaumstoffe
- Pappen
- Kordeln und Schnüre
- Stopfmassen

Diese schwach gebundenen Produkte kamen vor allem bei Brandschutzvorkehrungen zur Anwendung; u.a. bei
- Ummantelungen von Bauteilen aus Stahl, Stahlbeton und Holz
- Innenbeschichtungen von Decken und Wänden
- Abschottungen von Öffnungen, beispielsweise Kabeldurchführungen
- Brandschutzklappen
- Ummantelungen von Lüftungskanälen, Kabelkanälen und Kabelschächten
- Feuer hemmenden Türen

Ebenso wurden diese Produkte beim Schallschutz verwendet; so zum Beispiel bei
- Beschichtungen von Wänden und Decken
- Beschichtungen von Lüftungskanälen

Für Erhaltung von Wärme und den Feuchtigkeitsschutz wurden schwach gebundene Asbestprodukte gleichfalls verwendet für
- Beschichtungen von Rohrdecken oder abgehängten Decken
- Heizkörperverkleidungen
- Einlagen in Rohrschellen
- Teile von Nachtstromspeichergeräten.[96]

---

96 Vgl. zu den Einsatzbereichen von Asbestwaren auch: Berufsgenossenschaft der Bauwirtschaft, Berlin: Abbruch und Asbest – Informationen und Arbeitshilfen für Planung und Ausschreibung, Ausgabe 1997, noch erhältlich bei der ARGE der Bau-Berufsgenossenschaften, Frankfurt, und der Tiefbau-Berufsgenossenschaft, München

2.2.2 Der Werkstoff Asbest als ein Motor des Fortschritts

In den vergangen anderthalb Jahrhunderten ermöglichte Asbest immer wieder die Überwindung jeweils bis dahin bestehender physikalischer und chemischer Grenzen. Sowohl technische Innovationen als auch Leistungssteigerungen, die völlig neue oder deutlich weiter gehende Anwendungsmöglichkeiten der jeweiligen Maschine, von Produkten oder Verfahren eröffneten, wären ohne Asbest nicht erfolgt bzw. nicht so früh möglich gewesen. Ebenso wurde eine Parallelität zwischen dem zunehmenden Einsatz von Asbest einerseits und dem Wachstum im produzierenden Gewerbe und Städtebau andererseits festgestellt.[97] War Asbest einer der Motoren des Fortschritts?

Zur Klärung dieser Frage erscheint es notwendig, einige Erläuterungen zur Entwicklungstheorie einzuflechten und hierzu eine Untersuchung von Rainer Fremdling aus dem Jahre 1985 heranzuziehen. Darin analysiert er die industrielle Entwicklung der Eisenbahnen und das damit im 19. Jahrhundert in Zusammenhang stehende deutlich messbare Wachstum der Kohlenindustrie. Seine Grundsätze können durchaus auch auf Asbest Anwendung finden bei der Frage, ob Asbest ein Motor für den Fortschritt war. Diese Hypothese liegt nahe, da eine Vielzahl von technischen Möglichkeiten erst erschlossen wurde durch den Einsatz von Asbest. So waren z.B. leistungsgesteigerte Dampfmaschinen erst durch die Verwendung von druck- und hitzebeständigen Dichtstoffen aus Asbest möglich. Ebenso wurden auch im Fahrzeug- und Antriebsbau bis dato bestehende technische Grenzen erst durch den Einsatz von Asbest bei Kupplungen und Bremsbelägen durchbrochen. Auch in Schlüsseltechnologien wie der Luft- und Raumfahrt hat Asbest bis heute eine anhaltende Bedeutung. Die Feststoffraketen des Space-Shuttle enthalten asbestimprägnierte Gummifutter. U-Boote decken ihren Sauerstoffbedarf mit Hilfe von Elektrolysezellen, die Wasser in Sauerstoff und Wasserstoff zerlegen. Bei diesem für die Besatzung der U-Boote lebenswichtigen Prozess sind aus Asbest gewebte Matten die Schlüsselkomponenten.[98] Ebenso wird immer wieder darauf hingewiesen, dass Asbest ein Material ist, welches durch seine Universalität und Kostengünstigkeit ideal zur volkswirtschaftlichen Entwicklung ganzer Länder beiträgt.[99]

Fremdling überprüft die Existenz derartiger Zusammenhänge und Interdependenzen anhand von so genannten Vorwärts- und Rückwärtskopplungseffekten. Er erläutert diese Beziehungen in seiner Analyse „Vorwärtskopplungseffekte der Eisenbahnen"[100]. Zunächst stellt er fest, dass

„ ... besonders seit Ende der fünfziger Jahre [des 19 Jhdts., d.A.] nicht so sehr Tarifsenkungen an sich Vorwärtskopplungseffekte (induzierten), sondern es war die Ausbreitung niedriger Tarife auf immer mehr Relationen, die Kohlentransport über weite Entfernungen überhaupt erst ermöglichte. Dieser Vorgang

---

97 Rantanen, Inzidenz, S. 1
98 Alleman, Asbest: Aufstieg und Fall, S.91
99 Vgl. Financial Express, The Indian Express Group v. 5.11.2001; Coulombe, Chrysotile asbestos, S. 3
100 Vgl. Rainer Fremdling: Eisenbahnen und deutsches Wirtschaftswachstum 1840–1879. Ein Beitrag zur Entwicklungstheorie und zur Theorie der Infrastruktur, 2. erweiterte Auflage, Dortmund 1985, S. 69

muß sich dann in steigendem Outputkoeffizienten (Lieferung der Eisenbahnen an den Kohlensektor im Verhältnis zum gesamten Transportaufkommen der Eisenbahnen) niedergeschlagen haben."[101]

Für die deutsche Kohleindustrie rechnet er den Gewinn neuer Absatzgebiete außerhalb der Reviere direkt und vollständig den Vorwärtskopplungseffekten der Eisenbahnen zu:

„ ... da der Kohlenmarkt dort zuvor weitgehend von englischen Kohleimporten abhängig war, ist die Eroberung dieser Absatzgebiete als Wachstum durch Importsubstitution, die dank der Innovation Eisenbahn realisiert werden konnte, zu sehen."[102]

Folgerichtig kommt Fremdling zu der Erkenntnis, dass es erst dann zu einer Ersparnis an Ressourcen und damit zum Bau beispielsweise von Kanälen[103] kommen konnte, nachdem die Eisenbahnen als Führungssektor wesentlich zur Industrialisierung Deutschlands beigetragen und dadurch die erheblich gesteigerte Nachfrage nach Verkehrsleistungen selbst verursacht hatten.[104]

Die Rückwärtskopplungseffekte der Eisenbahnen sind somit dergestalt zu betrachten, dass sie das Wachstum jener Branchen anregen, welche die für diesen Bereich erforderlichen, in einem Produktionsbetrieb eingesetzten und aus anderen Teilbereichen der Wirtschaft eingesetzten Produktionsmittel bereitstellen. So kommt Rainer Fremdling zu dem Schluss, dass die Anregung zum Wachstum und zur Modernisierung der deutschen Eisen- und Maschinenbauindustrie als Folge der prosperierenden Entwicklung der Eisenbahnen gesehen werden muss. Diese ermöglichten eine Substitution der für den Aufbau der Eisenbahnen zunächst erforderlichen Importe durch eine gesteigerte inländische Produktion.[105]

Nach dem von Fremdling entworfenen Muster kann die deutsche industrielle Revolution als Wachstumsprozess nach dem Entwicklungsmuster des so genannten „Unbalanced Growth"[106] auch mit der rasanten Entwicklung der deutschen Asbest verarbeitenden Industrie als einem primären Wachstumssektor durchaus verglichen werden. Denn vergleichbare Abläufe lassen sich auch bei der Entwicklung industriell verarbeiteten Asbests beobachten; beispielsweise in der Fähigkeit zur schnellen Adaptation ausländischer Technologien und damit zur Importsubstitution.

Im Sinne der Theorie der Vorwärtskopplung sind bezüglich des Werkstoffes Asbest gleichsam all jene Produkte zu verstehen, die mit der Voraussetzung der industriellen Verarbeitung von Asbest überhaupt erst selbst produzierbar waren. Die Antwort auf die schlichte Frage, wo überall Asbest verwendet wurde, dient hier der Verdeutlichung. Mit dem Beginn der Industrialisierung stieg beispielsweise der Bedarf nach Hitze isolierenden Dichtungsmitteln und hitzeresistenten Reibbelägen

---

101 Fremdling, Eisenbahnen, S. 70 ff.
102 Fremdling: Eisenbahnen, S. 73
103 Es ist offensichtlich, dass es in Deutschland vor der Errichtung des Eisenbahnsystems keinen
       verstärkten Kanalbau gab wie etwa in England oder den USA; abgesehen von Einzelfällen wie
       dem bayerischen Ludwigskanal zwischen Main und Donau.
104 Fremdling: Eisenbahnen, S. 74
105 Ebd., S. 74
106 Ebd., S. 83

im Maschinenbau. Auch im Zweiten Weltkrieg lag eine erhöhte Nachfrage an unbrennbarem Isolationsmaterial für Kriegsschiffe und Stahlskelettbauten vor. Aus Gründen des Brandschutzes wurde Spritzasbest für Isolationen in Gebäuden und Eisenbahnwaggons verwendet. Die Asbestzementindustrie benötigte für Anwendungsgebiete wie profilierte Wellplatten, klein- und großformatige Tafeln, die im Wohnungsbau, aber auch im Kommunal- und Wirtschaftsbau zum Einsatz kamen, erhebliche Mengen an Asbest. Der Einsatz der Mineralfaser revolutionierte das Bauen. Mit ihr wurde die industrielle Vorfertigung von Bauteilen in einem bisher nicht gekannten Ausmaß möglich. Neue Bauverfahren rationalisierten die Arbeit auf dem Bau und ermöglichten ein kostengünstigeres Bauen. Nach einer von Johannes Michatz im Jahre 2005 veröffentlichten Studie[107] hat Asbestzement als nicht brennbarer Baustoff bis Anfang der achtziger Jahre im Hochbau einen immer bedeutenderen, in einigen Segmenten des Baubereichs sogar dominierenden Platz eingenommen.

Gleiches ist nach Fremdlings Theorie für die Rückwärtskopplungseffekte gegeben: Sie bewirkten zuerst auf der Ebene vielfältiger Asbestverarbeitung den Aufbau deutscher Kapazitäten, die bisher zur flächendeckenden industriellen Verwendung von Asbest nicht bestanden. Aufgrund der immensen Nachfrage nach asbesthaltigen Produkten wurde der Aufbau deutscher Asbest verarbeitender Betriebe ausgelöst, welche die Potenziale der Technik ausschöpften und in der Folge dann funktionierende Prototypen schufen. Beleg dafür ist in Deutschland der Anstieg der Produktionsstätten von Asbestwaren zwischen 1933 und 1938 um 70 % von 35 auf 60 Betriebe. Allein bis 1936 waren es 58 Betriebe. Dieses Wachstum ging einher mit einer überproportionalen Personalaufstockung im selben Zeitraum um 130 %. Die Anzahl der Beschäftigten in diesen Betrieben wuchs von 2.681 auf 6.253 Personen an, davon in den Jahren 1937/38 um 1.430 Mitarbeiter.[108] D.h., nach erfolgter Gründung und Inbetriebnahme der Produktionsstätten wurden ihre Kapazitäten in den Folgejahren weiter ausgebaut. Der Treiber hinter dieser Entwicklung war die wachsende Nachfrage nach Asbestwaren. Auch war diese Nachfrage nicht bzw. nicht in dem Maße durch mögliche kriegsvorbereitende Maßnahmen und Investitionen geprägt, wie man vermuten könnte. Vielmehr prosperierte neben der zivilen Binnennachfrage ab 1934 auch Deutschlands Export von Asbestwaren.[109]

Unterstützt wird diese These dadurch, dass die mit Asbest in Deutschland erzielten Umsätze relativ schneller als das Bruttoinlandsprodukt (BIP) in demselben Zeitraum gestiegen sind. Für den Zeitraum 1952-1987 war dies auf der Grundlage von Daten des Statistischen Bundesamtes der Fall.[110]

107 Vgl. Johannes Michatz: Sachgerechter Umgang mit Asbestzement, Verband der Faser-Zement-industrie e.V. (Hg.), Heidelberg 2005, S. 1-8 (S. 1)
108 Guyot, Asbest – Verwendung vor 1950, S. 12 f.
109 Guyot, Asbest – Verwendung vor 1950, S. 7 ff.
110 Dem Autor wurden vom Statistischen Bundesamt auf Einzelanfrage die Werte der in der Bundesrepublik Deutschland umgesetzten Asbestwaren sowie die Werte des Bruttoinlandsproduktes (BIP) jeweils auf Jahresbasis zur Auswertung zur Verfügung gestellt.

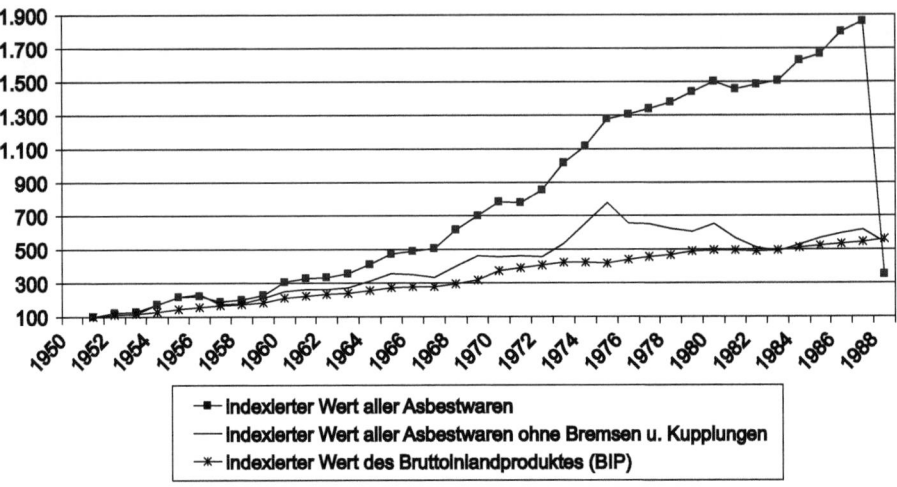

■	Indexierter Wert aller Asbestwaren
—	Indexierter Wert aller Asbestwaren ohne Bremsen u. Kupplungen
✳	Indexierter Wert des Bruttoinlandproduktes (BIP)

Grafik 10: **Vergleich zwischen der Entwicklung des Buttoinlandproduktes und der Entwicklung des Wertes der in der Bundesrepublik Deutschland von 1951-1988 produzierten Asbestwaren (1951 = Indexwert 100)**

Anmerkung:

Ab dem 1. Januar 1988 war in der Bundesrepublik Deutschland die Verwendung asbesthaltigen Brems- und Kupplungsbelägen verboten.

[Quelle: Auf Anfrage vom Statistischen Bundesamt zur Verfügung gestellte Einzeldaten, Wiesbaden 20.1.2006]

An der Wertentwicklung aller in Deutschland produzierten Asbestwaren bis 1987 ist erkennbar, dass die Asbestwarenwirtschaft in diesem Zeitabschnitt überproportional zum BIP der Bundesrepublik Deutschland beigetragen hat. Diese prosperierende Entwicklung auf dem Asbestwarensektor wurde in der wertmäßigen Betrachtung zu einem großen Teil von den asbesthaltigen Brems- und Kupplungsbelägen getrieben.[111] Der Beitrag der asbesthaltigen Reibbeläge stoppte jedoch 1988 abrupt mit ihrem Verbot. Aber auch die die Wachstumsraten der übrigen Asbestwaren, d.h. alle Asbestwaren ohne Brems- und Kupplungsbeläge, entwickelten sich bis Mitte der siebziger Jahre besser als das gesamte BIP; ab Mitte der siebziger Jahre lieferte diese Warengruppe jedoch einen negativen Beitrag zur gesamtwirtschaftlichen Entwicklung. Die Ursachen für diese Trendumkehr werden im Folgenden der Arbeit noch ausführlich erläutert.

Zwar trug die Summe aller Asbestwaren in der Bundesrepublik Deutschland überproportional zur wirtschaftlichen Entwicklung bei, aber es muss auch auf den relativ geringen Beitrag aller Asbestwaren an dem Bruttoinlandsprodukt von in der Spitze 0,13 % hingewiesen werden. Denn gemessen an ihrem monetären Wert war ihr direkter Beitrag zur volkswirtschaftlichen Gesamtleistung gering. Insofern muss kritisch hinterfragt werden, ob eine Produktgruppe mit einem relativ so geringen

---

111 Der Wert der in Deutschland produzierten asbesthaltigen Reibbeläge übertraf den für asbesthaltige Baumaterialien bei weitem, obwohl jene der breiten Öffentlichkeit viel bewusster, weil präsenter war. Allerdings flossen in den Produktbereich der asbesthaltigen Baumaterialien bis Anfang der achtziger Jahre jährlich mindestens 60 % der nach Deutschland importierten Rohasbestmengen. Vergleiche hierzu Grafik 14 „Asbestverbrauch in Deutschland (West), gesamt und davon für die Asbestzementproduktion, 1948–1987".

Wert eine Volkswirtschaft beeinflussen kann. Allerdings ist zu berücksichtigen, dass die meisten Asbestwaren nicht das eigentliche Endprodukt an sich darstellen, sondern in der Regel nur als ein Bauteil oder eine Komponente in die Produktion und Herstellung von Anlagen, Maschinen und Gebrauchsgütern mit einem unverhältnismäßig höheren Wert aufgegangen sind. Doch gerade die außergewöhnlichen technischen Eigenschaften dieser im Vergleich zum Endprodukt relativ geringwertigen Bauteile und Komponenten aus Asbest ermöglichten erst die grundsätzliche Einsatz- und Funktionsfähigkeit der Endprodukte. Daher darf der Blick nicht nur isoliert auf den Wert der Asbestwaren an sich gerichtet werden. Vielmehr muss im Zuge einer Wertung der volkswirtschaftlichen Bedeutung dieses Werkstoffes konsequenterweise der Wert der Waren herangezogen werden, die nur aufgrund der ihnen durch Asbest verliehenen Möglichkeiten nachgefragt und produziert wurden. Konkrete Daten und Erhebungen zur Quantifizierung liegen allerdings hierüber nicht vor. Betrachtet man jedoch die zuvor in dieser Arbeit auszugsweise dargestellte Übersicht der (Halb-)Produkte, in denen Asbest Eingang fand, lässt sich ansatzweise der Umfang und hohe Wert der insgesamt durch den Werkstoff Asbest bzw. die durch ihn garantierten Eigenschaftsmerkmale erlangte Wertschöpfung ermessen. Dieser qualitative Aspekt in Verbindung mit dem im Vergleich zum BIP an sich überproportionalem Wachstum belegen, dass Asbest bzw. Asbestwaren wesentlich zur volkswirtschaftlichen Entwicklung beigetragen haben.

Abschließend ist festzustellen, dass der Werkstoff Asbest in der Moderne als einer der Motoren des technischen Fortschritts und der wirtschaftlichen Entwicklung anzusehen ist.

Erst mit der Erkenntnisentwicklung über die mit Asbest verbundenen gesundheitlichen Gefahren und der im Zuge dessen einsetzenden Erforschung und Anwendung von Substituten[112] von Asbest schwand auch die Bedeutung dieses Werkstoffes für den technischen Fortschritt, zumindest in den Industrienationen. In Entwicklungs- und Schwellenländern hat Asbest als einfacher und universeller Werkstoff noch eine bedeutende Stellung.[113]

2.2.3   Asbest im Ersten Weltkrieg

2.2.3.1   Die industrielle Verarbeitung von Asbest in Deutschland während des Ersten Weltkriegs

Bereits zwei Jahre nach Ende des Ersten Weltkrieges veröffentlichte „unter Benutzung amtlicher Quellen" Marine-Oberbaurat Schulz einen mehrseitigen Beitrag unter dem Titel „Asbest in der Kriegswirtschaft". Darin schrieb er über die Verwendung von Asbest:

---

112 Vgl. Abschnitt 5.2 „Ersatzlösungen und Fortschritte – die Substitutionsphase" dieser Arbeit
113 Vgl. Abschnitt 6.2 „Das Dilemma des einfachen, universellen Werkstoffes bzw. der Industrialisierung der Entwicklungs- und Schwellenländer" dieser Arbeit

„Asbest wird verwendet: 1. in der Maschinenindustrie als Wärmeschutzstoff für Kessel, Dampfmaschinen, Motoren, Rohrleitungen usw. in Form von Asbest-Matten, Pappen, Isolierschläuchen; ferner als Packungs- und Dichtungsmaterial für Hochdruck-, Heißdampf-, Rohr-, Pumpen-, Stopfbüchsen-packungen, für Mannloch-, Hochdruck- und Heißdampf-Flansch-Dichtungen, Dichtungs-(sog. It-) Platten, Kondensatordichtungen usw. 2. In der chemischen Industrie als Kontaktmasse bei der Pulverherstellung und für Filtertücher bei den Säurefabriken (hauptsächlich Schwefel- und Salzsäure-Fabriken). 3. Bei Bauten als Bedachung für Luftschiff- und Flugzeughallen sowie als Fußboden-belag für feuergefährliche Gebäude in Form von Asbest-Schieferplatten."[114]

Für die „Kriegswirtschaft" des Deutschen Reiches stellt Schulz fest, dass die Asbest-einfuhr nach Deutschland im Jahre 1913 rund 15.000 Tonnen betragen habe. Davon wurde bereits vor dem Krieg ein großer Teil bei der Marine verbraucht – jährlich etwa 3.000 Tonnen. Nach Ansicht von Schulz waren Reichs- wie Privatwerften in der Vorkriegszeit ausnehmend gut versorgt. Bis Mitte 1916 machte sich eine Ver-knappung des Rohstoffs Asbest kaum bemerkbar, obwohl Deutschland nach Aus-bruch des Krieges weder von Kanada noch von Russland oder Südafrika Asbest-lieferungen erhielt. Aus diesem Grunde wurde sehr bald nach der Erweiterung der chemischen Fabriken für die Salpeter-, Schwefelsäure- und Chlorerzeugung, der Munitionsproduktion und dem erhöhten Bedarf an Motoren, Flugzeughallen und Maschinenteilen für U-Boote, der durch die Kriegsbeteiligung Deutschlands not-wendigerweise gestiegene Bedarf an Asbest einer „Kriegsbewirtschaftung" unter-worfen.[115]

Die zur Steigerung der industriellen Produktion und kriegswirtschaftlich aus-gerichteten Verarbeitung von Asbest für notwendig gehaltenen Einschnitt sollten dergestalt aussehen:

„1. Bestandaufnahme, Bedarfsfeststellung und Beschlagnahme des Asbestes,
2. Beschaffung und Verteilung von Beute-, Inland- und Ausland-Asbest,
3. Stillegung von Asbest-Fabriken,
4. Herstellungs-Überwachung zur Streckung der vorhandenen Bestände,
5. Einführung von Ersatzstoffen,
6. Aufnahme der Erzeugung von Deutsch-Asbest,
7. Änderung der bestehenden Materialvorschriften für Asbesterzeugnisse."[116]

Der in diesem Amtsdeutsch gewählte Begriff „Beute-Asbest" war durchaus ge-bräuchlich. Er stand für die durch den Krieg legitimierte Inanspruchnahme von „erbeutetem" Asbest. So kamen zum Beispiel im Jahre 1917 größere Posten von Asbestmaterial aus den besetzten Gebieten in Belgien und Polen zur Verteilung.[117]

Die verschärfte „Bewirtschaftung" von industriell gefördertem und für Kriegs-zwecke verwendetem Asbest ging mit einer Erfassung der in Deutschland vorhande-nen Bestände an Asbestwaren einher. Noch während der Dauer des Krieges setzten die wesentlich verschärften Bestimmungen über die Verwendung von Asbest ab

114 Schulz, Asbest in der Kriegswirtschaft, S. 28
115 Ebd., S. 29
116 Ebd., S. 30
117 Ebd., S. 31

Mitte 1916 mit einer Bestandaufnahme bei den größten Asbestfirmen und deren Verbrauchern ein. Bei Asbest war folgende rückläufige Bestandsentwicklung zu verzeichnen:

alle Angaben in Tonnen	im Oktober 1916	am 1.1.1917	Am 1.1.1918
Rohasbest	442	280	-
Asbest-Spinnfaser	373	397	75
Fäden	142	129	-
Gewebe	181	223	-
Packungen	453	424	-
Pappen	815	835	250
Wärmeschutzschnüre	146	135	-

Tabelle 6: **Bestände an Asbestroh- und -fertigwaren in Deutschland während des Ersten Weltkrieges**
[Quelle: Schulz: Asbest in der Kriegswirtschaft, Unter Benutzung amtlicher Quellen, in: Technik und Wirtschaft, Monatsschrift des Vereins deutscher Ingenieure, 13. Jg., 1920, S. 30]

Die in der Tabelle 6 genannten Asbestprodukte stellten den Hauptbedarf an Asbest für die Kriegswirtschaft dar. Von geringerer Relevanz waren die Bestände an Asbestmehl, von dem 614 Tonnen vorhanden waren, Asbestwaren mit Gummi- und Messingeinlage (123 Tonnen), Kieselgurschnüren (95 Tonnen) und Schieferasbestplatten (1543 Tonnen). Anders als in Friedenszeiten mussten auch diese Asbestprodukte auf spezifischen Meldescheinen der Kriegsrohstoff-Abteilung (K.R.A.) mitgeteilt werden.

Der Ausbruch des Krieges brachte die Notwendigkeit einer raschen und umfassenden Bedarfsfeststellung an Asbest mit sich. Dabei war die Feststellung des Bedarfs bei den unterschiedlichen Behörden mit beträchtlichen Schwierigkeiten verbunden, da der Umfang an Aufträgen für Flugzeuge, U-Boote oder Kraftwagen keineswegs feststand; der Verbrauch asbesthaltiger Betriebsstoffe wie Packungen oder Filter war erst recht erheblichen Schwankungen unterworfen. Zum Zeitpunkt der Bedarfsfeststellung ab Mitte 1916 kamen nur eine vergleichsweise geringe Anzahl von Produktionsstätten in Betracht. Demzufolge forderte die Kriegsrohstoff-Abteilung von diesen Firmen, die für die Zulieferung von asbesthaltigen Produkten sorgten, eine Schätzung ihres Asbestverbrauches vorzunehmen, die sich an den Bestellungen der vergangenen Jahre orientieren sollte. Ergebnis war, dass die Marine bis 70 Prozent an asbesthaltigen Produkten nutzte und der Rest von Eisenbahn, Heer und von nicht an die Kriegsproduktion gebundenen Betrieben verbraucht wurde. Nach Aufstellung dieser Übersicht war die Situation klarer geworden:

„Der Jahresbedarf der Staats- und Reichseisenbahnwerkstätten betrug 1916 etwa 35 000 qm Asbestfilzmäntel, etwa 55 t Asbestpappen, 25 t Asbestschnur und 10 000 qm Asbestmatten; dazu kommt noch der Bedarf bei den Lokomotivbauanstalten. In der Marine waren z.B. für den Bau eines 1500 t-Torpedobootes notwendig: etwa 3600 qm Matratzen, 35 000 m Wärmeschutzschläuche, 600 qm Asbestpappen von 10, 6 und 2 mm Stärke; dazu etwa 600 qm Drahtgewebe."[118]

Der auf diese Weise ermittelte Bedarf fand gegen Ende des Jahres 1916 seinen Niederschlag in einem Beschluss des K.R.A. in der zunächst bei ca. 30 Firmen eine Beschlagnahme angeordnet wurde. Einbezogen wurden hierbei Asbestfasern, Asbestfäden, Asbestgewebe, Trockenpackungen, Wärmeschutzschnüre und chemisch reine Asbestplatten. Ein halbes Jahr darauf begann man, Asbesterzeugnisse in Privatwerften einzuziehen. Vor allem jene Werften, die große Kriegsschiffe bauten, waren davon betroffen, da deren Weiterbau bereits wegen der zunehmenden Verknappung an Nickel für Panzermaterial überaus beschränkt war.

Freilich sollten Störungen im betrieblichen Ablauf und Verzögerungen im Bau von Torpedo- und U-Booten wegen fehlender Packungsstoffe vermieden werden. Aus diesem Grund erlaubte das K.R.A. gemeinsam mit dem Reichsmarineamt den Werften, im Durchschnitt etwa 10 Prozent der Lagerbestände selbst zu verwerten. Es sollte dadurch einem Schwund vorgebeugt wie auch ein Zwischenhandel möglichst unterbunden werden, indem den Werften verboten wurde, ihre Asbestabfälle im Handel zu verwerten.[119]

Die Beschaffung und mehr noch die Verteilung von durch Kriegshandlungen erworbenem oder gekauftem Asbest fiel in die Kompetenzen der Kautschuk- und Asbest-Abrechnungsstelle, der militärischen Beschaffungsstellen und der Repräsentanten der damals schon mächtigen Asbestindustrie, die in Gestalt eines Syndikates auftrat und ihre Interessen in dieser Weise vertrat.[120]

Die ersten Kriegserfolge der deutschen Reichswehr zeigten Wirkung. Im Verlauf des Jahres 1917 konnte umfangreiches Material an Asbestmatratzen aus den besetzten Gebieten, vor allem aus Belgien und Polen verteilt werden. Zumeist durch Enteignung, gelegentlich auch durch Ankauf gelangte man in größerem Ausmaß an Asbest und Asbesterzeugnisse, unter anderem aus den Niederlanden. An die einzelnen Asbestfirmen wurde das Material nach einem Schlüssel verteilt, welcher aufgrund der Relevanz der einzelnen Firmen für die Kriegsproduktion, der Anzahl der Arbeiter und Angestellten sowie der vorhandenen Betriebseinrichtungen exakt bestimmt wurde.

Die grundsätzliche Bedeutung „freiwilliger" Leistungen wurde in diesen Zeiten entsprechend herausgestellt: „Freiwillig" stellte die Eisenbahn- wie Marineverwaltung den Asbest verarbeitenden Betrieben größere Mengen Altasbest zur Verfügung, die durch die Zerlegung alter Lokomotiven und Kriegsschiffe gewonnen wurden, welche asbesthaltiges Material enthielten. Die Betriebe zerlegten diese Abfälle erneut in Fasern und konnten sie auf diese Weise für die industrielle Fertigung neuer Produkte nutzen. Auf Anweisung der K.R.A. wurden die so genannten blauen Asbestfasern für die chemische Industrie reserviert; die übrigen Spinn- und Pappfasern gingen jeweils zur Hälfte an die Marine und die chemische Industrie.

---

118 Ebd., S. 30
119 Ebd., S. 31 f
120 Ebd.

In Folge der als notwendig erachteten, durch den Krieg bedingten restriktiven Maßnahmen wurden ca. 100 Gummi und Asbest verarbeitende Betriebe stillgelegt. Damit konnten nur 40 Werke, unter ihnen waren es wiederum neun Firmen, die ausschließlich Asbest verarbeiteten, ihre Arbeit fortsetzen. Im Laufe des Krieges wurden weitere Betriebe stillgelegt.

Die Überwachung der Produktion war bei den Firmen, die im Zuge der kriegswirtschaftlichen Produktion beschlagnahmt worden waren, überaus streng. Die Erlaubnis, Asbest zu verarbeiten, wurde nur dann erteilt, wenn nachgewiesen werden konnte, dass Asbest zur industriellen Fertigung von folgenden militärischen Produkten dienen sollte:

– Pappen	– Schläuche
– Schieferplatten	– Platten und Formstücke
– Fäden und Garne	– Fasern
– Graphitpackungen	– Fäden und Filtertücher, die zur Säure- und Chlorherstellung gebraucht wurden
– Marinegewebe (Band und Tuch)	– Kautschukwaren unter Einschluss von Garlockpackungen und „It"-Platten
– Matratzen	

Tabelle 7: **Liste der ausschließlich für militärische Zwecke in Deutschland während des Ersten Weltkrieges zur Produktion freigegebenenAsbestwaren**
[Quelle: Schulz: Asbest in der Kriegswirtschaft, Unter Benutzung amtlicher Quellen, in: Technik und Wirtschaft. Monatsschrift des Vereins deutscher Ingenieure, 13. Jg., 1920, S. 32]

Geachtet wurde vornehmlich darauf, dass Asbest, der zur Spinnbarkeit verwertet werden konnte, nur dort eingesetzt wurde, wo er unabdingbar notwendig war. Dies galt überwiegend für die Pulverfabrikation, die in einem vergleichsweise geringen Zeitraum bereits über 150 Tonnen verspinnbaren Asbest verbraucht hatte, aber auch für Salpeterfabriken und für Produktionsstätten, in denen hochwertige Packungen und Abdichtungen für hochgespannten oder überhitzten Dampf, Gas- oder Öl-motoren hergestellt wurden.

Ferner wurden die betreffenden Betriebe auch dahingehend kontrolliert, ob die Fabrik bei Erteilung größerer militärischer Aufträge diese mit dem Anteil an Asbest, der ihr letztlich zur Verfügung stand, durchführen konnte. Ebenso war es von großer Bedeutung, dass die hergestellten Asbestprodukte einer Wiederverwendung als Asbest zugeführt werden konnten.

2.2.3.2 Die Produktion von Ersatzstoffen für Asbest in Deutschland während des Ersten Weltkriegs

Infolge des Kriegsverlaufs verfügte das Deutsche Reich nicht über die benötigten Mengen an Asbest. Deshalb wurde auf die Produktion von Ersatzstoffen ausgewichen.

Bereits bevor die ersten Beschlagnahmungen durchgeführt wurden, verwendete die Industrie in erheblichem Umfang Ersatzstoffe für Asbest. In der Hauptsache ging es um Ersatz bei Wärmeschutz- und Dichtungsstoffen, wofür man statt auf Asbestfasern auf Baumwolle, Seide oder Pflanzenwolle zurückgriff. Es wurde auch in der Gestalt auf Ersatzstoffe zurückgegriffen, indem für Mattenhüllen Kieselgur, Schlackenwolle, Glaswolle, Tierhaare oder Magnesium eingesetzt wurden oder auch Zement, Kupfer, Blei, Graphit oder Weicheisen gewählt wurde.[121] Jedoch erwies sich Asbest als nicht annähernd vollständig substituierbar für Wärmeschutz- und Dichtungszwecke, zudem war ein immenser Bedarf durch den sich ausweitenden Krieg gegeben.

Rückblickend betrachtet wäre angesichts des damaligen Mangels an Asbest die weitere Erforschung und Einführung von Asbestsubstituten sehr bedeutsam für die industrielle Entwicklung späterer Jahrzehnte gewesen, wenn es sich bei dieser frühen Phase der Erprobung nicht nur um einen durch den Zwang der Umstände bedingten Notbehelf gehandelt hätte. Ebenso muss Berücksichtigung finden, dass die technischen Möglichkeiten zur Produktion möglicher Ersatzstoffe noch nicht in dem Umfang gegeben waren, wie es für einen akzeptablen Ersatzstoff notwendig gewesen wäre. So wurden diese Ansätze der Substitution frühzeitig wieder aufgegeben und nach dem Ersten Weltkrieg zunächst nicht mehr aufgegriffen.

2.2.3.3 Die Produktion von Rohasbest in Deutschland während des Ersten Weltkriegs

Da Ersatzstoffe nicht den Mangel an Asbest auszugleichen vermochten, wandte man sich parallel neben den beschriebenen administrativen Maßnahmen zur Reservierung des wenigen Asbests für die Kriegswirtschaft dem Abbau von Rohasbest auf eigenem Territorium zu.

Allerdings bestätigten die in diese Richtung unternommenen Bemühungen, dass sich auf dem Gebiet des deutschen Reiches grundsätzlich weder aus wirtschaftlicher noch aus qualitativer Sicht abbauwürdige Vorkommen befanden.[122] Den Mineralogen war zwar durchaus schon vor 1914 bekannt, dass Asbest auch auf deutschem Gebiet vorkommt. Allerdings war bzw. ist der in Deutschland vorkommende Asbest kurzfaserig, spröde und nicht verspinnbar. Die Notwendigkeit seines Abbaus und der systematischen industriellen Verarbeitung ergab sich dennoch durch die Kriegsereignisse ab 1914. Die Firma Feodor Burgmann unternahm es, die hauptsächliche Fundstätte für asbesthaltige Mineralien innerhalb des Deutschen Reiches in Klettigshammer, Thüringen,[123] zu erschließen und baute im Tagebau so genannte „Asbesterde" ab, ein Gemisch aus Chrysotil und Hornblende (siehe Abbildung 9).

---

121 Schulz: Asbest in der Kriegswirtschaft, S. 33
122 Vgl. auch Abschnitte 2.1.2 „Die Asbestlagerstätten" und 2.1.4 „ Die Entwicklung der Abbaumethoden" dieser Arbeit.
123 Dies ist das Gebiet um den so genannten Kacholdsberg in Thüringen. Vgl. Burgmanns Jahrbuch, Dresden-Laubegast 1918, S. 134. Die Firma Burgmann gründete das selbständiges Bergwerk-Unternehmen „Deutsche Asbestgruben Feodor Burgmann" in Klettigshammer bei Wurzbach in Reuß.

Zur industriellen Verarbeitung verbrachte Burgmann den Rohstoff in sein Werk in Dresden-Leuben. So wurden beispielsweise aus dem so genannten „Deutschasbest" produzierte Pappen und Papiere bald bei Marine, Heer und der Eisenbahn verwendet. Sie wurden auch für Feldküchen und Feldbacköfen, in der elektrischen und chemischen Industrie, sofern sie für den Krieg produzierte, und letztlich auch bei der Munitions- und Nahrungsmittelherstellung verwendet. Insgesamt erzeugte Burgmann während des Krieges rd. 1.000 Tonnen Asbest und beschäftigte 600 Mitarbeiter (inklusiv Weiterverarbeitung), davon 300 in den Thüringer Gruben.[124] Der Abbau wurde von Burgmann noch nach Kriegsende bis 1923 fortgesetzt und dann eingestellt.[125] Insgesamt sind in Klettigshammer 1.930 Tonnen „Asbesterde" gefördert worden.[126]

Aufschrift auf dem Firmenschild am oberen Rand der Grube:

„Deutsche Asbest Gruben Feodor Burgmann Klettigshammer bei Wurzbach"

Abbildung 9: **Abbau von Amphibolasbest in Klettigshammer bei Wurzbach im Gebiet um den so genannten Kacholdsberg in Thüringen, 1916**
[Quelle: Dichtungswerke GmbH & Co., Wolfratshausen]

Da der „Deutschasbest" die ausländischen Qualitäten nicht ersetzen konnte, musste gewährleistet sein, dass im Zuge der „Kriegsbewirtschaftung" zumindest die Produktion von deutschem Asbest den Erfordernissen des Krieges in vollem Umfang zugeführt werden konnte:

„Nachdem das Reichsmarineamt in so weitem Umfange den deutschen Asbest an Bord seiner Schiffe eingeführt hatte, beschlagnahmte es zur Sicherstellung seiner Versorgung die gesamte Erzeugung von Burgmann einschließlich der Fertigware."[127]

---

124 Schulz, Asbest in der Kriegswirtschaft, S. 36
125 Bönisch, Kapitel aus Dresdens Asbestgeschichte, S. 22
126 Vgl. Deutsches Hygiene-Museum: Begleitband zur Ausstellung: Feuerfest, Asbest – Zur Geschichte eines Umweltproblems, Dresden 1991, S. 97
127 Schulz: Asbest in der Kriegswirtschaft, S. 39

Hieran wird deutlich, dass Asbest spätestens mit dem Ersten Weltkrieg zu einem strategischen Rohstoff avancierte. Für Monika Bönisch erlangte Asbest diesen hohen Stellenwert „schon lange vor dem Ersten Weltkrieg"[128], was jedoch von ihr nicht belegt bzw. hergeleitet wird.

Am Rande sei hier vermerkt – einer ausführlichen Betrachtung wird dieser Punkt selbstverständlich vorbehalten bleiben – dass bei allen Maßnahmen, welche zur Steigerung der Asbestproduktion dienten, zu keinem Zeitpunkt von den damals durchaus bereits bekannten Gesundheitsgefährdungen dieses Stoffes nur im Ansatz die Rede war.

Gegen Ende des Zweiten Weltkrieges sollen im Jahr 1944 noch einmal Nachforschungen angestellt worden sein, ob ein erneuter Abbau im thüringischen Klettigshammer wie bereits während des Ersten Weltkrieges möglich sei. Die Untersuchungen blieben ohne Erfolg.[129]

128 Bönisch, Kapitel aus Dresdens Asbestgeschichte, S. 22
129 Deutsches Hygiene-Museum, Begleitband, S. 97

3. Das Phasenkonzept der Technikgenese

3.1 Das Phasenkonzept nach Johannes Weyer

Es soll nun jene Programmatik stärker beleuchtet werden, welche sich mit der Konzeption der Technikgeneseforschung befasst. Zu prüfen ist, ob die Entwicklung der industriellen Produktion und Verarbeitung von Asbest mit dieser Art der Forschung analysiert werden kann. Denn die sozialen Prozesse der Technikentstehung treten bei der zu Beginn des 20. Jahrhunderts zunehmenden industriellen Nutzung von Asbest deutlich hervor. Der industrielle Einsatz von Asbest war sogar ein Beschleuniger der Industrialisierung, vermeintliche technische Grenzen wurden durch die Eigenschaften des neuen Werkstoffes verschoben.

In der Einleitung wurde bereits darauf hingewiesen: Technikgenese- wie Technikfolgenforschung werden dergestalt miteinander verknüpft, dass auf diese Weise gleichermaßen eine Soziologisierung der Technikgeschichte wie eine Historisierung der Techniksoziologie zustande kommt. Im Koordinatensystem der danach ausgerichteten wissenschaftlichen Forschung stoßen wir nahezu zwangsläufig auf theoretische und analytische Perspektiven, die bereits über eine traditionelle, an das Modell der Organisationssoziologie sich anlehnende Technikforschung hinausgehen.

In der Praxis sieht diese wissenschaftliche Entwicklung so aus, dass schon in der frühen Phase einer bestimmten industriellen Verarbeitungstechnik Schlüsselentscheidungen fallen – Entscheidungen, die für den weiteren technischen Fortschritt und vor allem für weitergehende Innovationen von nicht zu unterschätzender Bedeutung sind. Die Folgen sind bis in unsere Gegenwart hinein beobachtbar.

Johannes Weyer äußerte sich in seinem Beitrag über neue Perspektiven der Techniksoziologie wie folgt:

> „Der aus der sozialkonstruktivistischen Debatte entlehnte Begriff des ‚Closure‘[130] bündelte die Auffassung wie im Brennglas, dass eine diskursive Verständigung über die Bedeutung und Tragweite einer neuen Technik erzielt werden muss, damit ein innovatives sozio-technisches System entsteht, das sich in unterschiedlichen Anwendungskontexten bewähren kann. [...] Die Kernaussage des [...] Phasenkonzepts der Technikgenese lautet, dass soziale Netzwerke ‚Träger und Motor der Technikentwicklung sind‘, dass jedoch ‚Technikgenese als ein mehrstufiger Prozess der sozialen Konstruktion von Technik zu begreifen (ist), der von wechselnden Akteurkonstellationen getragen wird‘, deren Nutzungsvisionen im Laufe der Zeit erheblich variieren können.“[131]

Der in dieser Passage angesprochenen diskursiven Verständigung kommt nach Weyer als Voraussetzung für die Entstehung sozialer Netzwerke, die wiederum als Träger der Technikentwicklung fungieren, eine besondere Bedeutung zu. Demnach

---

130 Vgl. Trevor Pinch, Wiebe E. Bijker: The social construction of facts and artefacts. Or how the sociology of science and the sociology of technology might benefit each other, in: Wiebe E. Bijker u.a. (Hg.): The social construction of technological systems. New directions on the sociology and history of technology, Cambridge Mass., 1987, S. 17-50

131 Weyer, Innovations-Netzwerke , S. 10 f.

ist Ausgangspunkt des Phasenmodells der Technikgenese die kritische Befassung mit dem Closure-Konzept u.a. von Pinch und Bijker.[132] Auch die Arbeiten von Dierkes können in einer vergleichenden Betrachtung mit heran gezogen werden.[133]

Zudem erläutert Weyer in dem obigen Zitat, dass als Voraussetzung für das Entstehen eines innovativen sozio-technischen Systems eine Verständigung über die Bedeutung einer neuen Technik erzielt werden muss. Somit schließt sich bezogen auf den Werkstoff Asbest die Fragestellung an, ob es sich bei dem Entwicklungsprozess der vielfältigen Asbestnutzung insgesamt tatsächlich nur um eine neue Technik handelt. Oder ob vielmehr jede der vielen Nutzungsarten des Werkstoffes Asbest als eine separate, neue Technik einzustufen ist, für die im Rahmen einer historischen Analyse das Modell der Netzwerke nur isoliert und begrenzt auf jeden Einzelfall einer Nutzungsart von Asbest herangezogen werden kann.

Weyer geht weiter davon aus, dass die Schließung sozialer Aushandlungsprozesse über Technik kein einmaliger Vorgang ist. Keineswegs werden Folgewirkungen einer bestimmten, charakteristischen Technik durch deren spezifische Eigenart ein für allemal festgeschrieben. Er entwickelt seine Theorie, dass Technikgenese als ein mehrstufiger Prozess der sozialen Konstruktion von Technik betrachtet werden müsse und man vorauszusetzen habe, dass eine technische Innovation tragende Akteurkonstellationen wie auch die Nutzungsvisionen sich mehr als einmal verändern können.

„Man kann diesen Prozess als eine Abfolge sozialer Schließungen beschreiben, der sich grob und idealtypisch in die drei Phasen ‚Entstehung‘, ‚Stabilisierung‘ und ‚Durchsetzung‘ (sowie die damit verbundenen Phasenübergänge) untergliedern lässt. Wir unterstellen damit, dass Technikprojekte in den verschiedenen Phasen von unterschiedlichen sozialen Netzwerken getragen werden, in denen Akteure mit unterschiedlichen Motiven und Nutzungsvisionen agieren und interagieren – und so soziale Schließungen erreichen, die für die Technikgenese folgenreich sind. Erst diese Sequenz von Konstruktionsleistungen und prägenden Entscheidungen macht den Verlauf einer technischen Innovation nachvollziehbar.“[134]

Die drei genannten Phasen, die hier im Folgenden noch durch die Ernüchterungsphase, die Substitutionsphase, die Sanierungs- und die Entsorgungsphase ergänzt werden, umfassen Entwicklungen, die in den einzelnen Phasen spezifische Leistungen möglich machen, die zum einen aneinander anknüpfen und zum anderen die Erzeugung kontextfrei funktionierender sozio-technischer Systeme ermöglichen, die genutzt und rückwirkend kombiniert werden können, ohne dass die Logik einer sozialen Erneuerung jedes Mal wieder nachvollzogen werden muss. Eine technische

132 Pinch, The social construction of facts and artefacts, S. 17-50
133 Vgl. Meinolf Dierkes: Technikgenese als Gegenstand sozialwissenschaftlicher Forschung – erste Überlegungen, in: Verbund Sozialwissenschaftliche Technikforschung. Mitteilungen 1/1987, S. 154-170; Meinolf Dierkes: Technikgenese in organisatorischen Kontexten. Neue Entwicklungslinien sozialwissenschaftlicher Technikforschung (WZB-Paper FS II), S. 89-104; Meinolf Dierkes: Die Technisierung und ihre Folgen. Zur Biographie eines Forschungsfeldes, Berlin 1993
134 Weyer, Innovations-Netzwerke, S. 25

Innovation, die dieses Stadium der Dekontextualisierung nicht erreicht, bezeichnet Weyer als unvollständige Innovation.[135]

3.1.1   Die Entstehungsphase

Innovative Ideen und Konzepte stehen am Anfang jeder technischen Genese. Der Volkswirt Joseph Schumpeter definierte den Begriff der Innovation über die eigentliche Erfindung hinaus auch als Durchsetzung einer technischen oder organisatorischen Neuerung. Innovator ist für Schumpeter der schöpferische Unternehmer, der auf der Suche nach neuen Aktionsfeldern den Prozess der schöpferischen Zerstörung antreibt; im Gegensatz zum Arbitrageunternehmer, der lediglich vorhandene Preisunterschiede zur Gewinnerzielung ausnutzt. Ansporn für den schöpferischen Unternehmer sind die aus Innovationen resultierenden kurzfristigen Monopolstellungen am Markt, die dem innovativen Unternehmer Pionierrenten verschaffen. Pionierrenten sind monetäre oder auch geldwerte Vorteile, die durch die innovativen Verbesserungen entstehen, beispielsweise durch höhere Produktivität.[136]

Die Innovationsforschung beschäftigt sich zum einen mit dem Themenkomplex der von Innovationen verfolgten Zielsetzung, d.h. der Genese neuer Problemlösungs-Anwendungsfeld-Kombinationen. Dies können Produktinnovationen, aber auch neue Organisationsformen, neue Technologien, neue Verfahren oder neue Anwendungsgebiete sein. Zum anderen untersucht die Innovationsforschung, wie Innovationen entwickelt und verwirklicht werden können. Sie beschäftigt sich also mit Innovationsprozessen und dabei mit der Fragestellung des Übergangs des betreffenden Subjekts/Objekts vom Zustand t1 in den Zustand t2. Im Mittelpunkt der Betrachtung stehen verschiedene Formen des Innovationsprozesses, wie bewusst gesteuerte Innovationsentwicklung, sich selbstorganisierende oder informell bzw. en passant ablaufende Prozesse sowie die Möglichkeiten und Grenzen einer gezielten Gestaltung bzw. Beeinflussung.

Zunehmend gilt das Forschungsinteresse der Pfadabhängigkeit von Innovationsprozessen und deren Ergebnissen, also der Abhängigkeit gegenwärtiger Zustände von vergangenen Entscheidungen. Im Zentrum steht die Annahme, dass die Entwicklungsvergangenheit eines Produktes, einer Technologie, eines Verfahrens künftige Entwicklungsmöglichkeiten und -vorgehensweisen beeinflusst und begrenzt. Hier knüpft die These Weyers an, wonach schon in der frühen Phase einer bestimmten industriellen Verarbeitungstechnik Schlüsselentscheidungen fallen, die für den weiteren technischen Fortschritt von Bedeutung sind. Als neu benennt Weyer jene innovativen Ideen, Konzepte und Visionen, die ein sozio-technisches System bezeichnen. Dieses neue System ist in der Lage, ein bestehendes System herauszufordern und möglicherweise zu verdrängen.

Als Exempel für eine informell, vom äußeren Zufall abhängige Innovation nennt Weyer folgendes Exempel:

---

135 Ebd., S. 26
136 Vgl. Joseph Schumpeter: Theorie der wirtschaftlichen Entwicklung, Leipzig 1912; Joseph Schumpeter: Capitalism, Socialism and Democracy, New York 1942

„Beispielsweise stieß der chronisch geldknappe Computerbastler Stephen Wozniak, der sich einen INTEL-Mikroprozessor nicht leisten konnte, 1976 zufällig auf einer Computermesse auf ein Sonderangebot von MOS-Tech, das ihm die Konstruktion des ersten APPLE-Prototyps erlaubte – ein höchst folgenreicher Zufall."[137]

Im subkulturellen Milieu der privaten Bastler und aufrechten Daniel-Düsentrieb-Nachfolger nehmen Erfindergemeinschaften oftmals eine wichtige Funktion ein. Die Träger einer visionären Auffassung sind oftmals ohne die notwendigen sozialen Kontakte. Der wechselseitige Informationsfluss zwischen ihnen kann erst durch das gemeinsame Gespräch zum Tragen kommen. Die Konstellation unter den Akteuren ist in dieser frühen Phase meist noch unstrukturiert. Kommunikative Prozesse sind eher informell und zufallsbedingt. Die Teilnehmer wechseln und ihre Bereitschaft sich zu verpflichten ist denkbar gering.

Während dieser Phase wird gemeinhin eine Leistung erbracht, die in der Schaffung eines sozio-technischen Kerns besteht, die Identität der technischen Innovation begründet und über unterschiedliche Ausformungen – in konkreten Technikprojekten – auch weiterhin bestehen lässt. Weyer nennt als sozio-technischen Kern eine paradigmatische Basis-Entscheidung, die zwei miteinander verbundene Grundelemente umfasst: zum einen eine technisch-instrumentelle Konfiguration als vorgegebenes, jedoch noch keineswegs abgeschlossenes Konstruktionsprinzip, zum anderen eine soziale Konfiguration, die sich in der Form eines vorweggenommenen Arrangements von Akteuren darstellt.

So setzt sich der sozio-technische Kern des AIRBUS aus dem gemeinsamen Konzept der europäischen Gemeinschaftsproduktion eines technisch weit fortgeschrittenen Großraumflugzeuges zusammen.

Überhaupt stellt der sozio-technische Kern ein gültiges Muster zur Orientierung für die Such- und Problemlösungsstrategien der Technikkonstrukteure dar. Dieses Muster übt zwar einen gewissen Einfluss auf sie aus, normiert sie aber in keiner Weise. Zu konstatieren ist Folgendes: In dieser frühen Phase der Technikgenese werden in der Tat die Grundbedingungen für den weiteren Entwicklungsverlauf geschaffen. Der Entwicklungsprozess ist aber noch nicht beendet; weitere Phasen folgen der ersten. In ihnen müssen wiederum wesentliche Entschlüsse gefasst werden. Die ihnen immanente soziale Logik muss rekonstruiert werden können, andernfalls ergeben sich für den Prozess der Technikgenese insgesamt erhebliche Verständnisschwierigkeiten.[138]

An dieser Stelle muss erneut die Frage erörtert werden, ob das Weyer'sche Schema über seine Funktion als Ideengeber für eine an Entwicklungsphasen orientierte Strukturierung des gesamten Themenkomplexes hinaus für eine tiefere Analyse entwicklungshistorischer Erscheinungen des Werkstoffes Asbest angemessen ist. Was kann zum Beispiel den sozio-technischen Kern bei der Anwendung des Werkstoffes Asbest darstellen? Sicherlich können die herausragenden chemischen und physikalischen Eigenschaftsmerkmale des Asbestfaser als eine für alle

---

137 Weyer, Innovations-Netzwerke., S. 26
138 Weyer, Innovations-Netzwerke, S. 26 f.

Nutzungsarten von Asbest grundsätzliche gemeinsame technisch-instrumentelle Konfiguration betrachtet werden. Jedoch löst sich diese gemeinsame Basis schon dann auf, sobald eine Innovation möglicherweise auf die Nutzung der Flexibilität der mineralischen Faser abzielt und die andere auf ihren hohen Schmelzpunkt. Ebenso wird die gemeinsame Klammer einer „auf Asbest basierenden Innovation" verlassen, wenn zwar die Hitzebeständigkeit der Faser als gemeinsame technisch-instrumentelle Konfiguration definierbar ist, diese aber einerseits für verbesserte Dichtpackungen bei Dampfmaschinen genutzt werden soll und andererseits für innovative Brandschutzkleidung. Ebenso verhält es sich bezüglich der sozialen Konfiguration. Es ist nur schwer vorstellbar, dass bei der Vielzahl der auf Asbest basierenden Erfindungen und der Anzahl der betroffenen und höchst unterschiedlicher Technikbereiche sich nennenswerte fachgebietsübergreifende Arrangements von Akteuren herausbilden konnten. Demzufolge scheint das Weyer'sche Schema der Netzwerke und Akteure für eine entwicklungshistorische Analyse singulärer innovativer Ideen mit einem eng abgesteckten Anwendungsgebiet angemessen, jedoch weniger für Untersuchungen über die Entwicklung von Werkstoffen und Materialien, die die Grundlage für eine Vielzahl innovativer, heterogener Ideen bilden.

Unbeschadet dieser für diese Arbeit wichtigen methodischen These wird in den beiden folgenden Abschnitten zur Stabilisierungs- und Durchsetzungsphase der von Weyer entwickelte theoretische Unterbau seines Phasenmodells gleichwohl auch unter Einbeziehung seiner Erläuterungen zu sozialen Netzwerken skizziert. Damit wird auch das Ziel verfolgt, die Nachvollziehbarkeit der Abgrenzungen zwischen den einzelnen Entwicklungsphasen zu erhöhen.

3.1.2 Die Stabilisierungsphase

Ein Problembereich ist bestimmend für den allmählichen Übergang zur Stabilisierungsphase und damit zur Phase der systematischen Erforschung einer neuen Technik. Ein soziales Netzwerk muss geschaffen worden sein, welches das von einer Vision getragene Projekt über gewisse Anlaufschwierigkeiten hinweg unterstützt und auf diese Weise die Entwicklung von Prototypen möglich macht. Wie entstehen „soziale Netzwerke"? Weyer trifft folgende Aussage: verschiedene Akteure haben verschiedene Handlungsprogramme, die unterschiedliche Orientierungen aufweisen, aber dennoch ein gemeinsames Interesse an der Durchführung eines innovativen Technikprojekts aufbringen können.

In der Stabilisierungsphase findet demnach ein Zusammentreffen zweier Richtungen statt: der technisch-apparativen und der sozialen Komponente. Der sozio-technische Kern indessen bleibt erhalten. Ein wesentlicher Punkt ist der, dass aus der eher ungeordneten Akteurskonstellation der Entstehungsphase nun ein soziales Netzwerk entsteht, in welchem eine bestimmte Anzahl zur Strategie fähiger Akteure miteinander kommuniziert und kooperiert.

> „Die operationale und soziale Schließung des Netzwerks reduziert die Unsicherheit, schafft Erwartungssicherheit (durch die wechselseitige Abstimmung der Strategien der Beteiligten) und erlaubt so eine Konzentration auf

Schlüsselprobleme (reverse salients), was eine enorme Leistungssteigerung ermöglicht."[139]

Hinzu kommt, dass sich die so genannte informationelle Offenheit vermindert. Die Beteiligten sind in der Lage, externe Anforderungen wie etwa bestimmte Bedarfs- oder Nachfragedaten so lange nicht zu berücksichtigen, wie die Erforschung des neuen Technikpotenzials noch nicht beendet ist. Das Netzwerk schottet sich externen Störfaktoren gegenüber ab und kann auf diese Weise seine Leistungsfähigkeit entfalten. Überdies kann auf diese Weise eine Auswahl im Bereich möglicher alternativer Optionen getroffen werden.

Durch die unterschiedlichen Erfordernisse in Abstimmung und Kompromiss, die sich in sozialen Netzwerken herausbilden, entfalten sie ihre eigene Logik. Bestimmte Anschlussoperationen werden wahrscheinlicher als andere. Es entwickelt sich eine von den beteiligten Akteuren nur noch zum Teil überprüfbare Eigendynamik des Netzwerks. Diese wird dann zu einem richtungweisenden Faktor für nahezu sämtliche Such- und Problemlösungsstrategien.

Für den Prozess der Technikgenese erfüllt die Stabilisierungsphase demnach eine außerordentlich wichtige Funktion. Durch die Zusammenfügung der Handlungsstrategien verschiedenartiger Akteure entsteht ein soziales Netzwerk, welches letztlich zum Motor und Träger der Technikentwicklung wird. Mit der sozialen und operationalen Schließung des Netzwerks wird eine erhebliche Leistungssteigerung der neuen Technik erreicht. Die Potenziale der Technik werden bis ins Extrem ausgeschöpft, so dass ein funktionierender Prototyp entsteht. Eben dieser begründet sich auf dem sozio-technischen Kern, der sich in der Entstehungsphase herausgebildet hatte. Überdies lässt sich aus der großen Anzahl an Optionen, die der sozio-technische Kern erlaubt, eine Möglichkeit wählen.

Weyer geht letztlich davon aus, dass mit der Stabilisierung einer Technik ein entscheidender Schritt getan ist. Hohe Kompetenzzuwächse der Beteiligten und Effizienzverbesserungen der jeweiligen Technik sind die Kennzeichen der Stabilisierungsphase. Jedoch müssen weitere Handlungen der sozialen Konstruktion von Technik folgen, bis sie einen Zustand erreicht hat, an dem sie auch außerhalb des Trägernetzwerkes ihre Funktion erfüllt. Innovationen, die in der Stabilisierungsphase ihr Ende finden, pflegt man als unvollständige Innovationen zu bezeichnen; ein Beispiel hierfür ist die „Concorde".

3.1.3 Die Durchsetzungsphase

Üblicherweise bezeichnet man den Vorgang der Durchsetzung als Prozess der Diffusion einer ausgereiften Technik. Seine spezifische Aufgabe ist es, Märkte zu finden und auch zu schaffen, welche die Konstrukteure der neuen Techniken vernachlässigt hatten. Hierbei geht es primär um die „Konstruktion von Verwendungstexten"[140],

---

139 Ebd., S. 27
140 Vgl. Wolfgang Krohn: Innovationschancen partizipatorischer Technikgestaltung und diskursiver Konfliktregulierung, Bielefeld 1995

die in der Regel von anderen Netzwerken vollzogen wird als von jenen der Stabilisierungsphase. Zumeist pflegen diese Netzwerke auch mit völlig neuen Visionen der Nutzung zu operieren. Neue Akteure treten in Erscheinung, die neuartige Nutzungsinteressen mit sich bringen und mit neuen sozialen Netzwerken einhergehen, was zwangsläufig zur Setzung neuer industrieller Standards führen muss.

Diese Konzeption macht die Aufeinanderfolge von Konstruktions- und Vermarktungsaktivitäten mit den hieran beteiligten Netzwerken und Akteuren und den Verlauf einer technischen Innovation von der „Vision" bis zu ihrer Erfüllung erst nachvollziehbar. Die Antriebe und Zielvorstellungen der daran mitwirkenden Akteure können recht unterschiedlicher Natur sein.

Die Entwicklung eines herausragenden Designs, die Herauslösung der Technik aus dem bisherigen kontextuellen Zusammenhang und nicht zuletzt die Errichtung von Nachfragestrukturen stellen einen durchaus eigenständigen Innovationsakt dar. Erst der jeweilige Akt bildet die Voraussetzung für eine Technikentwicklung. Die Ausweitung des Nutzungsspektrums wirkt mithin bestimmend für die Herausbildung eines Industriestandards, welcher eine Entwicklung befördert, die auf eine hohe Eigendynamik schließen lässt.

Es kann konstatiert werden, dass soziale Netzwerke durch die soziale Schließung eine Situation der Unsicherheit beenden. Diese ergeben sich allerdings nicht aus den technischen oder sozialen Risiken der Verwirklichung eines innovativen Entwurfs wie noch in der Stabilisierungsphase. Vielmehr erwachsen sie im Wesentlichen aus den Risiken der Markteinführung einer neuen Technik.[141]

Nunmehr ist die folgende Situation gegeben: Die Trägernetzwerke der Stabilisierungsphase konnten die vorgenannten Voraussetzungen nicht leisten – die Anzahl der beteiligten Interessen war schlicht zu gering. Ohnehin war die operationale wie informationelle Schließung von zentraler Bedeutung für die Erforschung des neuen Technikpotenzials. Mit der nun einsetzenden Wiederherstellung des Netzwerks ist die Basis dafür bereitet, eine Reihe weiterer Belange mit zu berücksichtigen, deren Einbeziehung für die Stabilisierung und Herauslösung der Innovation aus dem kontextuellen Zusammenhang Grundbedingung ist. Jene Umbrüche, welche die operationale Schließung so genannter „weiter" Netzwerke mit sich bringen, gestalten sich durch Austauschprozesse innerhalb der Netzwerkstrukturen, die vor allem zwischen der Stufe der Stabilisierung und letztlich der Durchsetzung einer Technik liegen können. Sind diese Umbrüche vollzogen, entstehen nun neue Bedarfsstrukturen und Märkte.

Nach dieser Konzeption werden Technikgenese und -gestaltung nicht auf lineare Weise oder gar hierarchisch durch den Staat oder eine Aufsichtsinstanz gesteuert. Die Technik ist einem ständigen Entwicklungsprozess unterworfen, wirkt über komplexe Interaktionen auf die Akteure zurück und beeinflusst ihre soziale Denk- und Handlungsweise durch ein so genanntes hybrides sozio-technisches System. Johannes Weyer schreibt in seinem Beitrag in dem Band über „Technikvermittlung und Technikpopularisierung" das Folgende:

---

141 Vgl. Uli Kowol und Wolfgang Krohn: Innovationsnetzwerke. Ein Modell der Technikgenese, in: Technik und Gesellschaft 8, 1995, S. 77-105

„Der Prozess der Technikgenese kommt damit zu einem vorläufigen Ende, an dem die neue Technik nunmehr kontextfrei verfügbar ist und sich nach einer neuen Logik entwickelt, die nicht mehr von Trägernetzwerken bestimmt wird und von den Initialakteuren nicht mehr kontrolliert werden kann.“[142]

Somit gilt: Eine von kontextuellen Zusammenhängen befreite und zu nutzende Technik wird in der Regel von den unterschiedlichsten Endverbrauchern angeeignet und verwendet. Diese müssen keineswegs in der Lage sein, die soziale Erzeugungslogik der Endprodukte nachzuvollziehen. Überdies bestehen keine zwingenden Nutzungsprofile. Auch unbequeme Möglichkeiten der Anwendung sind denkbar geworden.[143]

Ein herausragendes Design der Endprodukte bietet für die neue Technik unterschiedliche Möglichkeiten an, sich weiter zu entwickeln. Diese werden in aller Regel vom Markt her bestimmt.[144]

Die außerhalb kontextueller Zusammenhänge genutzte Technik bietet zudem die Gelegenheit, die zur Verfügung stehenden Systeme zu neuen Systemen zu vereinen. Wenn diese Innovation durch ein soziales Netzwerk stabilisiert werden kann, setzt von neuem die eine entsprechende Phasenentwicklung ein.

Johannes Weyer formuliert sein Fazit dergestalt:

„Von erfolgreichen Innovationen sollte dann gesprochen werden, wenn in einem mehrstufigen Prozess der sozialen Konstruktion von Technik gesellschaftliche Lernprozesse angestoßen werden, die über die sozialen Netzwerke hinausreichen, welche ursprünglich Träger und Motor der Technikentwicklung waren. Der Prozess der Technikgenese ist mit einer einmaligen Schließung in der Frühphase einer Technik nicht beendet: es folgen vielmehr eine Reihe weiterer Konstruktionsakte, deren ‚Fluchtpunkt‘ die Dekontextualisierung einer innovativen Technik ist.“[145]

Was können wir als technologiepolitische Konsequenzen aus diesen theoretischen Überlegungen ableiten? Hier ist das Phasenmodell vorgestellt worden, welches Technikgenese als einen mehrstufigen Prozess der sozialen Konstruktion von Technik versteht. Somit können wir die Möglichkeiten der Gestaltung von Technik und von steuernden Eingriffen in den Prozess der Technikentwicklung weitaus differenzierter bestimmen. Die Gestaltung von Technik vollzieht sich demnach nicht als normative Steuerung, d.h. nicht auf eine Weise, dass zum Beispiel der Staat als übergeordneter Akteur mit staatlichem Autoritätsanspruch Ziele vorgeben würde, die von den anderen Akteuren zwangsläufig zu befolgen wären. Die Gestaltung von Technik findet weiterhin im Rahmen sozialer Netzwerke statt, in welchen die beteiligten Gruppen durch das Aushandeln und Abstimmen Ergebnisse erzielen, die für den weiteren Ablauf der Technikentwicklung bestimmend wirken.

---

142 Weyer, Innovations-Netzwerke, S. 29
143 Vgl. Ingo Braun, Bernward Joerges: Body computer management, Oder: Was ist CIB, CAIM, MSD?, Berlin 1988, in: WZB FS II, S. 88-307
144 Vgl. Michael L. Tushman, Lori Rosenkopf: Organizational determinants of technological change: Toward a sociology of technological evolution, in: Research in Organizational Behavior 14, 1992, S. 311-347
145 Weyer, Innovations-Netzwerke, S. 29 f.

3.2 Die Ausweitung des Phasenkonzepts

Weyer sieht überdies – und hier knüpft die vorliegende Arbeit an – die Notwendigkeit der Weiterentwicklung des Phasenmodells in mehrere Richtungen. Spricht er doch davon, dass es sicherlich notwendig sei, „Modifikationen im Detail und Weiterentwicklungen"[146] des Phasenkonzeptes weiter zu verfolgen. Während die Darstellung des Phasenkonzepts von Weyer mit modelltheoretischen Überlegungen zu Innovations-Netzwerken verwoben ist, entfällt dieser Blickwinkel bei der nun folgenden Erweiterung des Phasenmodells.

An die oben bereits dargestellten drei Phasen schließen sich die Ernüchterungsphase, die Substitutionsphase, die Sanierungs- sowie die Entsorgungsphase an. Sie komplettieren den Lebenszyklus einer Innovation bzw. eines Produktes oder Werkstoffes. Mit ihrer Hilfe lassen sich Ereignisse der Technikgestaltung und steuernde Eingriffe in den Prozess der Technikentwicklung präziser verfolgen und einordnen.

3.2.1 Die Ernüchterungsphase

Hier setzt nun eine neue Entwicklungsphase ein, die dem Phasenmodell der Technikgenese eine neue Dimension hinzufügt. Es ist die Phase der Ernüchterung, in der Resultate erzeugt werden, die für den Verlauf der Technikentwicklung der ursprünglichen Innovation desillusionierend und folgenreich sind.

Es vollzieht sich eine Erkenntnisentwicklung, welche die Anwendung der Technik letztlich in einem neuen Licht erscheinen lässt. Gerade wegen dieser Erkenntnisse wird von der weiteren Anwendung der Technik in der Folge Abstand genommen. Die Gründe für diese Entwicklungen können vielfältig sein, zum Beispiel gesundheits- bzw. umweltgefährdender Art.

Genauso kann eine technische Überalterung eintreten, wodurch der Nutzen der ursprünglichen Innovation eine Neubewertung erfährt. Möglich ist auch Inkompatibilität mit anderen, neuen Systemen und letztlich können auch modische Trends zur Veränderung von Anforderungsprofilen führen. Voraussetzung ist jedoch in jedem Fall, dass die gewonnenen Erkenntnisse einer breiten Öffentlichkeit bzw. einem großen Teil des Anwenderspektrums bekannt sind und nachvollzogen werden. Die Abkehr von der fraglichen Technik, dem Produkt oder dem Werkstoff kann sowohl durch gruppendynamische Prozesse ausgelöst werden, an denen der im Gegensatz zu den anderen Phasen durchaus virulente, emotionale Charakter der Ernüchterungsphase deutlich wird, als auch durch legislative Maßnahmen wie z.B. Verbote, eingeleitet oder beschleunigt werden.

Darüber hinaus ist die Ernüchterungsphase prägend für die technologische Richtung der nachfolgenden Phasen. In dieser Zeit werden, abgeleitet aus dem Leistungsprofil des jeweiligen Artefaktes, erste Mindestanforderungen formuliert, die als Messlatte für nachfolgende Substitute dienen. Ebenso kristallisieren sich hier die Schwachpunkte heraus, auf die in möglicherweise folgenden Sanierungs- und/oder

---

146 Ebd.

Entsorgungsphasen das Hauptaugenmerk gelegt wird. Damit werden hier bereits wesentliche Rahmenbedingungen für die in nachfolgenden Phasen zum Zuge kommenden Techniken gesetzt.

3.2.2 Die Substitutionsphase

An die Ernüchterung schließt sich in dem nach den Vorstellungen des Autors erweiterten Phasenmodell die so genannte Substitutionsphase an. Auslöser für die Substitution vorhandener Technik können entsprechend den Erkenntnissen aus der Ernüchterungsphase verschiedene Anlässe sein. Der Substitutionsprozess erstreckt sich in der Regel über mehrere Jahre bis er vollständig abgeschlossen ist. Im Einzelfall ist die Dauer der Phase eine Funktion des Anlasses zur Substitution sowie der Verfügbarkeit, des relativen Preises als auch der Vorteilhaftigkeit der neuen Technologie.

In der Substitutionsphase werden die Voraussetzungen für den Einsatz neuer alternativer Techniken, Produkte und Werkstoffe geschaffen. Die Phase ist gekennzeichnet durch die Suche nach Ersatzstoffen und Ersatztechniken. Vorhandene industrielle Standards bestimmen das Anforderungsprofil für Ersatzstoffe und -techniken. Zudem finden bei ihrer Entwicklung und Implementation die Art und Weise ihrer Produktion, ihre Verfügbarkeit, ihre Umweltverträglichkeit im jeweiligen Be- und Verarbeitungszustand und ihre Kompatibilität zu angrenzenden Produktionsprozessen Berücksichtigung.

Stehen umwelt- oder gesundheitsgefährdende Gründe für eine Substitution im Vordergrund, umfasst die Substitutionsphase die Entwicklung und den ersten Einsatz alternativer Stoffe oder Verfahren, die für die Umwelt bzw. Gesundheit möglichst weniger schädlich sind. Die abzulösende Technik bleibt jedoch insofern noch von Belang, da die mit ihr zuvor erzielte Leistung in der Regel als Gradmesser zur Beurteilung der Effektivität der nachfolgenden Technologie herangezogen wird und von dieser zumindest erreicht werden muss. Diese Gradmesser-Funktion wird der zu ersetzenden Technologie in der Praxis unbeschadet ihrer nachgewiesenermaßen umwelt- oder gesundheitsgefährdenden Eigenschaft zugeschrieben. Beispielhaft hierfür stehen innovative und weniger schadstoffhaltige Antriebssysteme für Kraftfahrzeuge, deren Tauglichkeit zunächst ausschließlich an den Leistungskennziffern von Fahrzeugen mit konventionellen Verbrennungsmotoren bemessen wird. Ein ähnliches Verhalten ist auch in der Abwägung zwischen dem Anbau ausschließlich biologisch erzeugter Nahrungsmittel als Alternative zu einer mit chemischen Hilfsmitteln arbeitenden Land- und Viehwirtschaft beobachtbar.

Häufiger als aus gesundheitlichen Gründen sind Substitutionsprozesse aufgrund vorteilhafter technologischer Innovationen. Beispiele für abgelöste Techniken sind: Geräte zum Abspielen von Vinylschallplatten, Schreibmaschinen, Luftschiffe, Kabinenroller oder Speichermedien wie Tonbänder, Musik-Kassetten oder Computer-Disketten. Bei Faxgeräten dauert die Substitution noch an, neigt sich jedoch dem Ende zu.

Ein Exempel für aktuell in ver- und bearbeitenden Unternehmen zu beobachtende Substitutionen basieren auf dem Einsatz Bild erkennender, computergestützter Verfahren in Verbindung mit einer darauf aufbauenden automatisierten Fertigungstechnik. Innerhalb von industriellen Produktionsprozessen werden durch diese Technik bisher manuell ausgeführte Fertigungsschritte ersetzt. Mit Hilfe computergestützte Erkennungssysteme erfolgen Auswahl- und Sortierprozesse präziser und schneller. Gleichzeitig werden mit den erfassten Daten aus den Auswahl- und Sortierprozessen die für die folgenden, ebenfalls automatisierten Fertigungsschritte anzuwendenden Produktionsparameter exakt berechnet und die nachfolgenden Bearbeitungswerkzeuge und Maschinen entsprechend adjustiert. Dieser Automatisierung der Produktion liegen als Basistechnologie Verfahren zur optisch-sensorischen Datenerfassung zugrunde. Sie fungieren als Plattform für immer neue Anwendungen in verschienartigen industriellen Fertigungen. Sukzessive halten sie in unterschiedlichen Varianten und in unterschiedlicher Komplexität Einzug in industrielle Produktionsprozesse. Sie substituieren die zumeist manuelle Steuerung und Kontrolle des Produktionsprozesses und optimieren die jeweilige industrielle Fertigung hinsichtlich Produktqualität, Fertigungsgeschwindigkeit, Ausschussrate und Personalkosten.[147]

Zugleich spaltet sich in der Substitutionsphase des zu substituierenden Produktes bzw. der zu substituierenden Technik mit jeder neuen Innovation zugleich eine neue, eigenständige Entstehungsphase ab. Mit dem Substitut beginnt ein zusätzlicher, eigenständiger Phasenzyklus.

Zu beachten ist, dass nicht in jedem Substitutionsprozess die abzulösenden Produkte und Techniken ceteris paribus durch ihre Substitute austauschbar sind. Dies ist insbesondere dann der Fall, wenn die zu substituierende Technik integraler Bestandteil eines komplexeren Systems ist, zum Beispiel Teil einer Produktionsmaschine oder fester Bestandteil einer Immobilie. Deshalb ist bei derartigen Rahmenbedingungen ein weiteres Merkmal der Substitutionsphase, dass zu dieser Zeit auch

---

147 Optisch-sensorische Datenerfassung und -verarbeitung findet in verschiedenen Ausprägungen und in unterschiedlichen industriellen Branchen zunehmend Verbreitung. Eines der ersten größeren Anwendungsgebiete war die automatische Müllsortierung. Durch den Einsatz der Technologie wurde kostenintensive manuelle Arbeit ersetzt und zusätzlicher Raumbedarf infolge der ansteigenden zu sortierenden Abfallmengen vermieden. Mittlerweile wird die Technologie auch zur schnelleren und fehlerreduzierten Klassifizierung von mineralischen Rohstoffen im Rahmen ihrer Aufbereitung eingesetzt. Ebenso werden mit ihrer Hilfe bei der industriellen Herstellung von Papiersäcken seit 2004 deutliche Fortschritte hinsichtlich Produktivität von Produktionsmaschinen und Produktqualität erreicht. Durch ihren Einsatz kann auf manuelle Endkontrollen am Ende des Produktionsprozesses nun weitgehend verzichtet werden. Die Produktqualität muss nicht mehr nachträglich manuell „erprüft" werden, sondern sie wird bereits mit Hilfe der neuen Technik „produziert". Voraussetzung hierfür war jedoch eine Abwandlung der Basistechnologie entsprechend den speziellen Anforderungen der Papiersackproduktion. Ebenso wird derweil auch in der Metall verarbeitenden Industrie bei der Werkszeugherstellung über die Kontrolle und Steuerung von Bohr- und Fräsmaschinen durch optisch-sensorische Systeme eine Maßgenauigkeit bei den Endprodukten und eine Effizienz der Bearbeitungsmaschinen erreicht, die durch manuelles Eingreifen bisher nicht erreicht werden konnten. Zum Teil werden die jeweiligen technischen Anpassungen der Basistechnologie bzw. die notwendige Kombination verschiedener Technologien patentrechtlich geschützt. All diese Beispiele sind ein Auszug aus der beruflichen Praxis des Autors und lassen sich durch weitere Anwendungsbeispiele der optisch-sensorische Datenerfassung und -verarbeitung aus anderen Industrien ergänzen.

Lösungsansätze für den Austausch der bisherigen Techniken, Produkte und Werkstoffe vorbereitet werden. Das ist notwendig, um die Chancen einer erfolgreichen Marktdurchdringung für die neue Technik zu verbessern.

3.2.3 Die Sanierungsphase

Das Durchlaufen einer Sanierungsphase ist im Rahmen des erweiterten Phasenkonzepts grundsätzlich nicht zwingend. Eine Sanierungsphase ist in der Regel nur dann angezeigt, wenn gesundheits- oder umweltgefährdende Gründe einen Austausch der alten Technik gebieten oder die auszutauschende Technik immobilen Charakter hat. Beispielhaft hierfür ist die Verwendung umwelt- oder gesundheitsgefährdender Werkstoffe und Materialien in Gebäuden sowie die technische Modernisierung von Hüttenwerken oder Chemiebetrieben, bei deren Umbau eine Sanierung des mit Hilfsmitteln und Kuppelprodukten kontaminierten Betriebsgeländes erforderlich ist. Hingegen ist grundsätzlich seltener davon auszugehen, dass der Einsatz einer neuen Technologie die Sanierung der alten Technologie oder der Umgebung, in der diese genutzt wurde, nach sich zieht. Deshalb schließt sich in der Mehrzahl aller technologischen Weiterentwicklungen an die oben beschriebene Substitutionsphase unmittelbar die Phase der Entsorgung des zu ersetzendes Produkts oder Werkstoffes unter Wegfall der Sanierungsphase an.

Ist eine Sanierungsphase jedoch angezeigt, sind bei ihrem Beginn die Substitute in Form neuer Techniken, Produkte oder Werkstoffe in der Regel voll entwickelt. Bei Neuinvestitionen haben sie bereits die ursprünglichen Lösungen verdrängt. Grundsätzlich ist indes nicht auszuschließen, dass während der Sanierungsphase die ursprünglichen Techniken, Produkte oder Werkstoffe noch weiter nachgefragt und auch angeboten werden sowie Anwendung finden. Dies ist global betrachtet sogar sehr wahrscheinlich. Denn in Abhängigkeit von der jeweils betrachteten Wirtschaftsregion kann sich dieselbe (veraltete) technische Lösung in jeweils anderen Entwicklungsphasen befinden. Die zeitliche Dauer der einzelnen Phasen kann in verschiedenen Wirtschaftsregionen von unterschiedlicher Länge sein und ist von verschiedenen Umständen abhängig. Einflussfaktoren sind der generell in der jeweiligen Gesellschaft bereits vorhandene technologische Standard, der generelle Antrieb zu einer Modernisierung, die Verfügbarkeit der Substitute, die jeweilige Kaufkraft wie auch gerade bei gesundheitsbedingten Substitutionen der allgemeine Erkenntnisgrad über eine von der aktuellen Technologie ausgehenden gesundheitlichen Gefährdung sowie nicht zuletzt die Existenz gesetzlicher Auflagen zur Sanierung und deren Art und Weise der Umsetzung.

3.2.4 Die Entsorgungsphase

Wie soeben erläutert folgt die Entsorgungsphase in Abhängigkeit von der Art der zu ersetzenden Technik entweder direkt auf die Substitutionsphase oder schließt erst an die Sanierungsphase an. Mit der anstehenden Entsorgung der nicht mehr zur

Nutzung vorgesehenen Technik stellt sich in der Entsorgungsphase das Problem der physischen Beseitigung.

Mit der zunehmenden Knappheit natürlicher Ressourcen bei gleichzeitig abnehmendem Deponieraum für zu entsorgende Produkte staute sich – zumindest in der Bundesrepublik Deutschland – in den achtziger und neunziger Jahren des 20. Jahrhunderts Handlungsbedarf auf. Vor diesem Hintergrund wurde mit der Absicht, Umweltgesichtspunkte verstärkt in die Wirtschaft einzuführen, das Kreislaufwirtschaftsgesetz (KrWG) erlassen. Das im Sommer 1994 von Bundestag und Bundesrat beschlossene Kreislaufwirtschafts- und Abfallgesetz trat am 7. Oktober 1996 in Kraft. Mit dem neuen Gesetz sollten die rechtlichen Grundlagen für die Umformung der bisherigen „Wegwerfgesellschaft" zu einer „Gesellschaft der Kreislaufwirtschaft" geschaffen werden.[148] Insbesondere sollte die überkommene Konzeption des privatrechtlichen Produzierens und des öffentlich-rechtlichen Entsorgens zugunsten einer gesamthaften Verantwortung der Wirtschaft für den Aufbau geschlossener Stoffkreisläufe revidiert werden.

Das neue KrWG, das das bisherige Abfallgesetz von 1986 ablöste, hat drei wesentliche gedankliche Ansatzpunkte, das Problem stetig wachsender Müllberge und das schwindender Ressourcen anzupacken (die Reihenfolge entspricht den vom Gesetzgeber vorgegebenen Prioritäten):

1) Abfallvermeidung: Produktion und Konsum müssen so gestaltet werden, dass dabei so wenig Abfälle wie möglich entstehen.

2) Verwertung/Recycling: Entstandene, unvermeidbare Abfälle müssen ordnungsgemäß verwertet und in den Wirtschaftskreislauf zurückgeführt werden.

3) Beseitigung: Nicht vermeidbare und nicht verwertbare Abfälle müssen umweltverträglich beseitigt werden.

Das neue Gesetz setzt bereits bei der Produktion von Gütern an und gebietet das präventive Postulat der Abfallvermeidung. Damit geht es über den eigentlichen Begriff einer Kreislaufwirtschaft hinaus. Insofern deckt Köllers plakative Charakterisierung des Wandels einer „Wegwerfgesellschaft" zu einer „Gesellschaft der Kreislaufwirtschaft" nur einen Teil der Zielsetzung des Gesetzes ab. Vielmehr wurde mit der Vorgabe, bereits zu Beginn einer Wertschöpfungskette Abfälle zu vermeiden, die Veränderung hin zu einer „ökoindustriellen Gesellschaft" legislativ eingeläutet.

Zur Umsetzung der neuen abfallrechtlichen Grundsätze beinhaltet das Gesetz mehrere wesentliche Änderungen gegenüber dem bisherigen Abfallrecht.

a) Der neue Abfallbegriff:
Das Kreislaufwirtschaftsgesetz baut auf dem Abfallbegriff der Europäischen Union auf. Danach erfasst das Gesetz nicht nur, wie bisher, „Abfälle zur Beseitigung", sondern darüber hinaus „Abfälle zur Verwertung". Unter „Abfälle zur Verwertung" versteht man „Reststoffe und Wirtschaftsgüter". Sie gehören nicht auf eine Deponie, sondern können genutzt werden. Sie werden stofflich oder energetisch verwertet.

---

148 Vgl. H. Köller: Kreislaufwirtschafts- und Abfallgesetz, Berlin 1995; W. Klett: Rechtliche und tatsächliche Aspekte von Wettbewerb und Kreislaufwirtschaft, Chip-Veranstaltung, Hattingen 1996.

Stoffliche Verwertung ist das so genannte Recycling, also die Rückgewinnung von Rohstoffen aus Abfällen. Energetische Verwertung ist die Gewinnung von Energie durch Abfälle, in der Regel durch Verbrennung.

b) Verursacherprinzip:

Um die Vermeidung und Verwertung von Abfällen erfolgreich und konsequent durchführen zu können, ist gesetzlich festgeschrieben, wer dafür verantwortlich ist. Das Kreislaufwirtschafts- und Abfallgesetz weitet somit das Verursacherprinzip aus. Damit sind Erzeuger und Besitzer von Abfällen selbst zur Vermeidung, Verwertung und Beseitigung verpflichtet. Da sie auch die Kosten dieser Maßnahmen tragen müssen, wird erreicht, dass Hersteller schon bei der Produktion und Konsumenten bereits beim Einkauf auf die Vermeidung und Verwertung von Abfällen achten (sollen), also „vom Abfall her denken". Besonders die Industrie sollte dadurch zur Herstellung abfallarmer Produkte gedrängt werden.

c) Vermeidungspflicht:

Die gesetzlich angeordnete Vermeidungspflicht, die in diesem Zusammenhang auch so genannte Produktverantwortung, bezieht sich auf zweierlei: Beim Produktions- vorgang durch die Industrie soll so wenig wie möglich Abfall entstehen und das Pro- dukt selbst soll abfallarm sein.

d) Verwertungspflicht:

Können Abfälle nicht vermieden werden, sind sie „ordnungsgemäß und schadlos", das heißt umweltverträglich, zu verwerten. Mit dem Gesetz wird klargestellt, dass nicht um jeden Preis verwertet werden darf, sondern nur, wenn die Verwertung der Umwelt zuträglich ist. Zudem muss sie für den Betroffenen technisch möglich und wirtschaftlich zumutbar sein.

e) Entsorgung:

Nach dem Kreislaufwirtschaftsgesetz ist es die grundsätzliche Pflicht der Wirtschaft (Verursacherprinzip), die erforderlichen Verwertungs- und Beseitigungsanlagen zu errichten und zu betreiben. Um der Wirtschaft die Erfüllung dieser Aufgaben zu er- leichtern, erlaubt das Gesetz die Übertragung dieser Aufgaben auf Dritte. Das Kreis- laufwirtschaftsgesetz stellt durch strenge Vorgaben jedoch sicher, dass Dritte diese Aufgaben ordnungsgemäß erfüllen. Zur Darlegung ihrer Leistungsfähigkeit müssen sie ein Abfallwirtschaftskonzept vorlegen. Darüber hinaus ist die ordnungsgemäße Aufgabenerfüllung durch eine Abfallbilanz zu dokumentieren.

f) Überwachung des Abfallrechts:

Soweit es um „Abfälle zur Beseitigung" geht, wurde das bisherige ordnungsrecht- liche Instrumentarium des Abfallgesetzes beibehalten. Die Überwachung von „Ab- fällen zur Verwertung" ist ordnungsrechtlich flexibler gestaltet. Betreiber von Ver- wertungsanlagen sind beispielsweise dann von einer behördlichen Überwachung befreit, wenn sie ein Abfallwirtschaftskonzept vorlegen. Im Übrigen wird ein Güte- siegel für Entsorgungsfachbetriebe eingeführt. Fachbetriebe, die das Gütesiegel tragen dürfen, sind vom Genehmigungsvorbehalt für die Einsammlung und Beförderung von Abfällen befreit.

g) Untergesetzliches Regelwerk

Nicht weniger als sechs Verordnungen und eine Richtlinie ermöglichen überhaupt erst die Vollziehung des Kreislaufwirtschaftsgesetzes mit seinem weiten Abfallbegriff und lösen die Überwachungsvorschriften des Abfallgesetzes aus dem Jahre 1986 ab. Das untergesetzliche Regelwerk umfasst Verordnungen, die die abfallrechtliche Überwachung neu ausgestalten und sie an Vorgaben des EU-Rechts anpassen:

– Verordnung zur Einführung des europäischen Abfallkatalogs,
– Verordnung zur Bestimmung von besonders überwachungsbedürftigen Abfällen und von überwachungsbedürftigen Abfällen zur Verwertung,
– Nachweisverordnung,
– Transportgenehmigungsverordnung,
– Verordnung über Abfallwirtschaftskonzepte und Abfallbilanzen,
– Entsorgungsfachbetriebeverordnung,
– Richtlinie für die Tätigkeit und die Anerkennung von Entsorgergemeinschaften.

Darüber hinaus enthält das untergesetzliche Regelwerk Vorschriften, nach welchen Vorgaben Abfallbesitzer von der Pflicht zur Überwachung der Abfallentsorgung befreit werden können.

Die legislative Antwort auf die Entsorgungsphase diverser Produkte und Werkstoffe setzt demnach das Gebot der Abfallvermeidung als oberstes Ziel. Zum Zwecke der Abfallvermeidung müssen Produktion und Konsum so gestaltet werden, dass dabei so wenige Abfälle wie möglich entstehen. Daneben soll die Rückführung von Abfällen zur weitgehenden Verwertung in Form von Recycling gewährleistet werden. Der dritte Punkt besagt nichts anderes, als dass nicht vermeidbare und nicht verwertbare Abfälle umweltverträglich zu beseitigen sind.

Mit dem Gesetz wurden somit ausdrücklich nicht nur allein Abfälle zum Zwecke der Beseitigung, sondern auch darüber hinaus solche zur Verwertung bestimmten Abfälle erfasst, die nicht auf einer Deponie endgelagert, sondern stofflich und energetisch genutzt werden können. Hierzu zählen auch veraltete Techniken und Produkte wie etwa so genannter „Computerschrott", der nach dem Kreislaufwirtschaftsgesetz entsprechend entsorgt zu werden hat.

Im Rahmen technik- und umweltgeschichtlicher Analysen endet mit einer vollständigen Entsorgung der jeweiligen Artefakte der mit der Entstehungsphase begonnene Lebenszyklus.

4. Die Phasen der industriellen Asbestverarbeitung I – Innovation und Umsetzung in der Praxis
(Der „Wunderwerkstoff" als eine Basis des industriellen Fortschritts)

In diesem mit Abstand umfangreichsten Kapitel der Arbeit werden drei Ziele verfolgt:

1) Darstellung der Entwicklungsgeschichte des Werkstoffes Asbest in der Moderne, seine Weiterverarbeitung bis hin zu seinem Niedergang und mit ihm der den Asbest verarbeitenden Industrie, seiner Sanierung, Entsorgung und der Entwicklung von Substituten.

2) Dokumentation, welche konkreten Entscheidungen in der jeweiligen Entwicklungsphase über den Umgang dieses letztlich als gesundheitsgefährdend erkannten Stoff in Abhängigkeit von dem jeweiligen Forschungsstand und der jeweiligen Interessenlage gefällt oder auch unterlassen wurden. Die gewonnenen Erkenntnisse und erkannten Strukturen sollen im Idealfall einen unterstützenden Beitrag für den Prozess verantwortungsvoller Risikoabschätzungen aktueller und zukünftiger Techniken leisten, bei denen das Wissen über ihre Eigenschaften und Wirkungen zwar noch unvollkommen ist, sie jedoch in der Praxis bereits eingesetzt werden (sollen).

3) Überprüfung der im vorangegangenen Kapital aufgestellten These, dass das Weyer'sche Schema der Netzwerke und Akteure sich zwar für die entwicklungshistorische Analyse singulärer innovativer Ideen mit einem eng abgesteckten Anwendungsgebiet anzubieten scheint, jedoch weniger dienlich für Untersuchungen über die historische Entwicklung von Werkstoffen und Materialien ist, die die Grundlage für eine Vielzahl innovativer, heterogener Ideen bilden. Somit lautet die Fragestellung: Können über die Strukturierung des Themas mittels der Phaseneinteilung nach der Netzwerk-Theorie soziale Prozesse der Technikentstehung und die politische Steuerung von Technik besser nachvollzogen und analysiert werden? Oder legt man damit über Strukturen ein Raster, welches nicht passt, weil diese Strukturen in der Entwicklung eines Werkstoffes zu komplex sind? Wenn wir einen soliden Beitrag zur präventiven Technikfolgenabschätzung leisten wollen, kommen wir nicht umhin, diese Fragen zu beantworten.

Als Einführung für die nachfolgenden Abschnitte ist zunächst in Grafik 11 vor dem Hintergrund der weltweiten Asbestproduktion und dem Verbrauch an Asbest in Europa während des 20. Jahrhunderts sowie dem Verbrauch des Werkstoffes Asbest in Deutschland nach dem Zweiten Weltkrieg der chronologische Ablauf der insgesamt sieben Phasen im Rahmen des Phasenmodells dargestellt. Die dort abgebildete Phaseneinteilung ist gültig für den Wirtschaftsraum der so genannten Ersten Welt. Die Gründe für die jeweils vorgenommenen Abgrenzungen werden in den nachfolgenden Abschnitten herausgestellt.

Im Gegensatz zu der Phasenentwicklung, wie wir sie in den westlichen Industriestaaten erlebt haben und erleben, gestaltet sich in den heutigen Entwicklungs- und Schwellenländern eine Phaseneinteilung zur Beschreibung des dortigen Lebenszyklus des Werkstoffes Asbest völlig anders. Erkennbar sind die

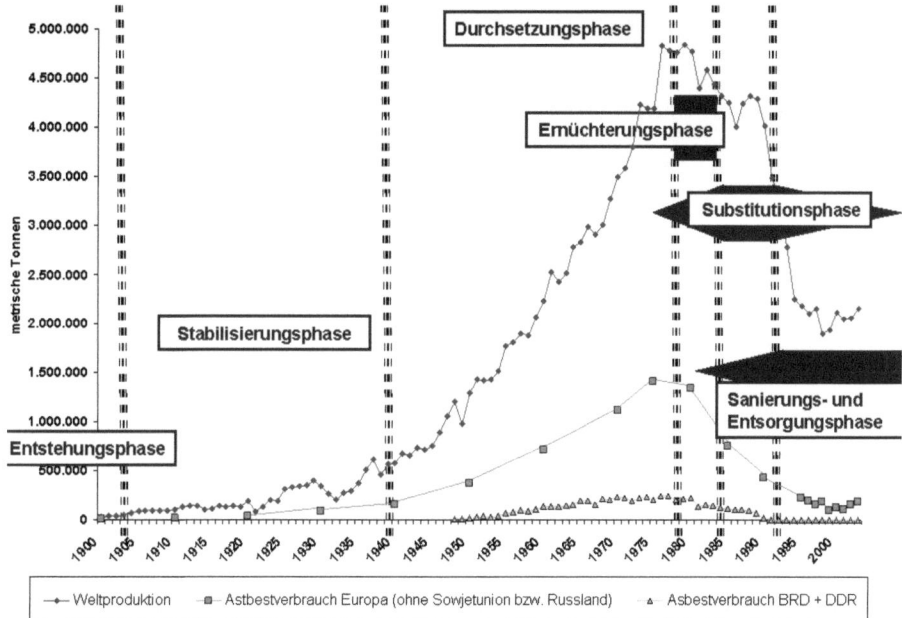

Grafik 11: Zeitliche Abgrenzung der Entwicklungsphasen des Werkstoffes Asbest

[Quellen: Die Einzeldaten für die Darstellung der Mengenentwicklung sind entnommen aus Robert L. Virta, Worldwide Asbestos Supply and Consumption Trends from 1900 to 2000, U.S. Department of the Interior, U.S. Geological Survey, 2003, Table 4, S. 25 ff. sowie auf der Basis von Daten, die Robert L. Virta auf Anfrage zur Verfügung gestellt hat, welche zum Teil Daten der erstgenannten Quelle korrigieren und ergänzen; Asbestos: World Production by Country, World total, U.S. data, in: Technische Universität Bergakademie Freiberg Fakultät für Geowissenschaften, Geotechnik und für Mineralogie, Fachgebiet für Technische Mineralogie, Lehrmaterial Technische Mineralogie I – Füllstoffe und Fasermaterialien, 2006, S. 30; Detlef Guyot: Asbest – Verwendung vor 1950, Verein Deutscher Revisionsingenieure e.V., Hannover 2006, S. 5; Auf Anfrage vom Statistischen Bundesamt zur Verfügung gestellte Einzeldaten, Wiesbaden, 12.6.2006]

regional unterschiedlichen Entwicklungen bereits ab Mitte der siebziger Jahre des 20. Jahrhunderts mit dem beginnenden Auseinanderdriften der Kurven „Welt-produktion" einerseits sowie „Asbestverbrauch in Europa" und „Asbestverbrauch in BRD + DDR" andererseits. Ausschlaggebend hierfür war und ist die Verbrauchs-entwicklung auf dem asiatischen Kontinent. In einigen aufstrebenden Staaten hat dort die Durchsetzungsphase erst in den letzten Jahren eingesetzt und Verbrauchs-prognosen[149] lassen erwarten, dass sie noch anhalten wird. Im Wesentlichen ist der Unterschied durch einen grundsätzlich späteren Start des Zyklus und eine andau-ernde Durchsetzungsphase geprägt. Zwar reduzierte sich der Asbestverbrauch in Asien zwischen 1980 und 1985 leicht, jedoch belebte sich die Nachfrage in den Folgejahren wieder und wurde in den neunziger Jahren des letzten Jahrhunderts nur kurzzeitig von der so genannten Asienkrise gedämpft. Seitdem steigt der Verbrauch in Asien wieder an. Ob und wann Asien in eine Substitutions-, Sanierungs- und Ent-sorgungsphase eintreten wird, bleibt abzuwarten. Auf diesen Aspekt wird im Verlauf

---

149 Coulombe, Chrysotile asbestos, S. 3

der Arbeit noch eingegangen. In der folgenden Grafik 12 ist die Verbrauchs-
entwicklung Asiens dargestellt, die sich konträr zur Mengenentwicklung der westlichen Staaten verhält.

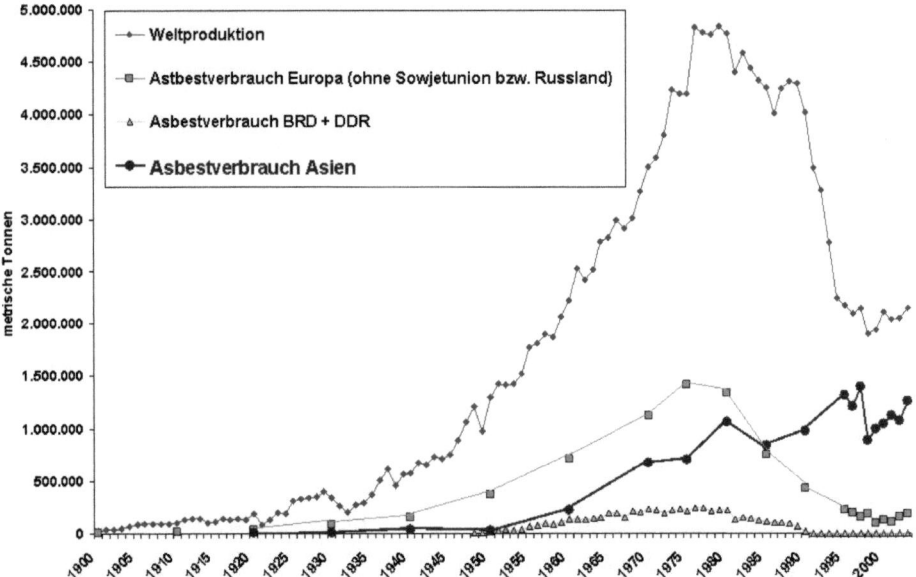

Grafik 12: Asbestverbrauch Asien

[Quellen: Die Einzeldaten für die Darstellung der Mengenentwicklung sind entnommen aus Robert
L. Virta, Worldwide Asbestos Supply and Consumption Trends from 1900 to 2000, U.S.
Department of the Interior, U.S. Geological Survey, 2003, Table 4, S. 25 ff. sowie auf der Basis von
Daten, die Robert L. Virta auf Anfrage zur Verfügung gestellt hat, welche zum Teil Daten der
erstgenannten Quelle korrigieren und ergänzen; Asbestos: World Production by Country, World
total, U.S. data, in: Technische Universität Bergakademie Freiberg Fakultät für Geowissenschaften,
Geotechnik und für Mineralogie, Fachgebiet für Technische Mineralogie, Lehrmaterial Technische
Mineralogie I – Füllstoffe und Fasermaterialien, 2006, S. 30; Detlef Guyot: Asbest – Verwendung
vor 1950, Verein Deutscher Revisionsingenieure e.V., Hannover 2006, S. 5; Auf Anfrage vom
Statistischen Bundesamt zur Verfügung gestellte Einzeldaten, Wiesbaden, 12.6.2006]

4.1 Ursprung aller Asbestinnovationen – die *Entstehungsphase* vom Beginn der Industrialisierung bis zum Anbruch des 20. Jahrhunderts

Hinsichtlich einer Überprüfung der Tauglichkeit von Netzwerk-Theorien als ergänzendes analytisches Instrument für die vorliegende Aufgabenstellung müssen die konkreten Bedingungen industrieller Asbestverarbeitung in einen relevanten Bezug gesetzt werden zu einer mit zunächst nur theoretischem Anspruch vorgetragenen Definition der Netzwerke.

Auf den ersten Blick scheint das Schlagwort „Netzwerk" geeignet, um eine Situation zu kennzeichnen, in der um das Für und Wider debattiert wird und letztlich eine wissenschaftlich haltbare Diagnose über den Wert oder Unwert eines Materials – in diesem Fall von Asbest – gestellt werden muss. Deshalb soll versucht werden, die industrielle Nutzung von Asbest der Theorie der Netzwerke gegenüber zu stellen, was insofern nicht ganz einfach zu sein scheint, da von einer einheitlichen Theorie kaum die Rede sein kann:

> „Der Netz-Diskurs präsentiert sich als dickes Knäuel heterogener Bedeutungen, einer unüberschaubaren Vielfalt von Netzwerk-Begriffen, -Theorien und Analyseansätzen."[150]

„Die Netzwerkmetapher", so schreibt Harald Wolf in seiner Abhandlung „Das Netzwerk als Signatur der Epoche?" […]

> „[…] ist en vogue, und die Gründe dafür sind vielfältig. … Die innerwissenschaftliche Karriere des Netzwerkbegriffs wird nur richtig verständlich, wenn man sich die Prädominanz neoklassischer Ökonomie in den USA und die Anstrengungen der dortigen Soziologen vor Augen führt, dem Markt/Hierarchie-Dualismus jener Ökonomie etwas entgegenzusetzen; Netzwerk wurde zum catchword für die institutionelle Einbettung ökonomischer Aktivitäten (…)."[151]

Seriöse Sozialwissenschaftler verwenden den Begriff mit Bestimmtheit vorsichtig, stets gezielt und wohlüberlegt. Renate Mayntz[152] beispielsweise stuft Netzwerke als „zentralen Ausdruck gesellschaftlicher Modernisierung"[153] ein, Ulrich Mill und Hans-Jürgen Weißbach[154] sagen die Entstehung einer „Vernetzungswirtschaft" voraus und Dirk Messner[155] entwickelt das Bild einer „Netzwerkgesellschaft". Manuel Castells[156], der 1996 über die „Network Society" geschrieben hat sieht in ihr

---

150 Wolf, Das Netzwerk, S. 96
151 Vgl. Harald Wolf: Das Netzwerk als Signatur der Epoche? Anmerkungen zu einigen neueren Beiträgen zur Gegenwartsdiagnose, in: Arbeit, Heft 2, Jg. 9, 2000, S. 95 (S. 95-104)
152 Vgl. Renate Mayntz: Policy-Netzwerke und die Logik von Verhandlungssystemen, in: Adrienne Héritier (Hg.): Policy-Analyse, Opladen 1993, S. 39-56
153 Ebd., S.41
154 Vgl. Ulrich Mill, Hans-Jürgen Weißbach: Vernetzungswirtschaft. Ursachen, Funktionsprinzipien, Funktionsprobleme, in: Thomas Malsch, Ulrich Mill (Hg.): ArBYTE. Modernisierung der Industriesoziologie?, Berlin 1992, S. 315-342
155 Vgl. Dirk Messner: Die Netzwerkgesellschaft. Wirtschaftliche Entwicklung und internationale Wettbewerbsfähigkeit als Probleme gesellschaftlicher Steuerung, Köln 1995
156 Vgl. Manuel Castells: The Rise of the Network Society, in: The Information Age, Vol. II, Cambridge/ Oxford 1996

den Übergang vom industriellen Kapitalismus zu einem solchen jener Prägung, der sich im Zeitalter des Internet nahezu zwangsläufig als „informationell" betrachtet. Renate Mayntz hingegen hält Netzwerke für einen nachgerade zentralen Ausdruck sozialer Modernisierung.[157] Zu fragen ist, wo bei beiden Autoren hier der Ansatzpunkt besteht, mit der Theorie der Netzwerke bereits bei den ersten Versuchen der Innovation industriell verarbeiteten Asbests zu beginnen. Oder bestätigt sich eher die von Hartmut Hirsch-Kreinsen aufgestellte These? Er hat in seiner umfangreichen Arbeit über die organisationssoziologische Netzwerkforschung während der letzten 15 Jahre seine kritischen Überlegungen dergestalt auf den Punkt gebracht:

Seiner Auffassung nach wird die Stellung von Netzwerken weit „überschätzt"[158], hingegen die Leistungsfähigkeit anderer Faktoren vergleichsweise unterschätzt. Das „Problemlösungspotenzial"[159] von Netzwerken sei weitaus geringer als vermutet. In Sonderheit sind es die „Koordinationsprobleme"[160] und die sich aus diesem Komplex entwickelnden und zugleich verschärfenden Widersprüche zwischen dem von Eigennutz geprägten Anspruch der Akteure und der kooperativ-solidarischen Ausrichtung des Netzwerks, die sich kaum zur Zufriedenheit lösen lassen.

Die Technikgeneseforschung basiert auf der Annahme, dass [...]

> „[...] bereits in der Frühphase einer Technik Schlüsselentscheidungen fallen, die den gesamten Prozess der Technikentwicklung (bis hin zu den manifesten Folgen in der Gegenwart) prägen."[161]

Für Weyer ist demnach Folgendes denkbar: In der frühen Phase der technischen Entwicklung wurden für die weitere Entwicklung der industriellen Verarbeitung von Asbest prägende und langfristig wirkende Schlüsselentscheidungen getroffen, die sich noch bis zu den offenkundigen Folgeerscheinungen in der jüngsten Vergangenheit und der Gegenwart als wirksam erwiesen.

Wesentlich erscheint es deshalb, möglicherweise jene Fäden herauszuarbeiten, die Netzwerke auch auf die ersten Gehversuche der industriellen Verarbeitung von Asbest anwendbar erscheinen lassen. Gibt es Berührungspunkte zwischen den auf Asbest basierenden Innovationen und sind im Nachhinein Netzwerk-Strukturen erkennbar, wie sie von Mayntz, Mill und Weißbach, Castell oder Weyer entwickelt werden? Können wir – konkret gefragt – Netzwerk-Strukturen bereits zwischen der Patentierung der ersten Stoffbüchsenpackungen (1857), dem Beginn der industriellen textilen Verarbeitung in Italien (1866) und der Aufnahme der industriellen Herstellung von Asbestpapier und -pappe in den USA (1874) vorfinden und analysieren?

Retrospektiv erfolgte der Startschuss für die Entwicklung von Asbest als einen industriell verwendeten Werkstoff im Jahr 1855 auf der Pariser Weltausstellung.

---

157 Mayntz: Policy-Netzwerke, S. 41
158 Vgl. Hartmut Hirsch-Kreinsen: Unternehmensnetzwerke – revisited, in: Zeitschrift für Soziologie 3, 2002, S. 106-124 (S. 119)
159 Ebd., S. 118
160 Ebd., S. 111
161 Vgl. Johannes Weyer et al.: Technik, die Gesellschaft schafft. Soziale Netzwerke als Ort der Technikgenese, Berlin 1997

Unzweifelhaft erfolgten auch bereits zuvor Anwendungen in kleinerem Umfang. Allerdings wurde das Material in Paris grundsätzlich und erstmals als ein technisches Produkt präsentiert. Die damit eingeläutete Entstehungsphase erstreckte sich bis zum Anfang des 20. Jahrhunderts. Während dieser Zeit wurden durch produkt- und produktionstechnische Innovationen die Grundsteine für nahezu alle in der Folgezeit maßgeblichen Einsatzrichtungen des Materials gelegt.

Die Entwicklung war zu Beginn gekennzeichnet von grundlegenden Erfindungen, die zumeist erst in den letzten Jahrzehnten des 19. Jahrhunderts in eine industrielle Fertigung mündeten. Die erste bahnbrechende Erfindung machte 1857 der Brite Richard Lloyd mit seiner Idee der Stoffbüchsenpackung auf Asbestbasis als Dichtungsmittel für Dampfmaschinen, gefolgt 1860 durch den New Yorker Bauunternehmer Henry Word Johns mit seiner Erfindung schwer entflammbarer Dachpappe. Ein weiteres Anwendungsgebiet erschloss sich sechs Jahre später mit Asbest-Formkörpern zur Wärmeisolation. Im gleichen Jahr wurde unter der Leitung der Gebrüder Furse in Norditalien erstmals in industriellen Strukturen abgebauter Tremosit-Asbest einer industriellen Textilproduktion zugeführt. In Frankfurt wurde 1871 die industrielle Produktion von Stoffbüchsenpackungen aus gewebten und gewickelten Garnen aufgenommen. Im gleichen Jahr startete in Glasgow eine Fabrik zur Verarbeitung von importierten italienischen Asbestfasern. In Rom wurde 1874 die Produktion von Asbestpappe und in den USA vier Jahre später aufgenommen. 1883 verbanden die Münchener Gummiwerke Metzelder & Co erstmalig Asbest und Kautschuk und produzierten hitzebeständige Arbeitsbekleidung. Zwei Jahre später wurde in Großbritannien das Patent zur Filtration von Flüssigkeiten durch Asbestfaser-Membrane erteilt. Im Jahr 1896 erfand R. Klinger einen neuen Verbundwerkstoff für Hochdruckdichtungsplatten auf Asbestbasis. Im selben Jahr startete die Feredo Ltd. in Großbritannien mit der ersten Produktion von Bremsbändern unter Verwendung von Asbest und führte damit als erster Hersteller die Asbestfaser in den später boomenden Markt der Brems- und Kupplungsbeläge ein, aus dem dieser Werkstoff lange Zeit nicht wegzudenken war. Den Abschluss dieser Entstehungsphase bilden um die Jahrhundertwende die Erfindungen zur Herstellung von Asbestzementplatten. Insbesondere der Österreicher Ludwig Hatscheck steht als „Tüftler" mit seinen Patentanmeldungen eines Nassverfahrens zur fabrikmäßigen Fertigung von Asbestzement im Jahr 1899 in Österreich und am 30.3.1900 in Deutschland[162] für die Entstehungsphase der industriellen Asbestverarbeitung. Oberflächlich betrachtet hat er nichts Neues erfunden. Immerhin waren die beiden Hauptkomponenten Zement und Asbestfasern längst bekannt. Sogar die Mischung der beiden Stoffe war bereits geläufig. Auch die Pappen- und Papiermaschine, deren Prinzip Hatschek für die Produktion der ersten Asbestzementplatten nutzte, waren seit langem im Einsatz. Das Bahnbrechende seiner Erfindung war die Kombination der branchenfremden Komponenten zu einer großtechnischen Lösung, mit der es mög-

---

162 Vgl. Eternit Aktiengesellschaft Berlin (Hg.): Die Asbestzementtechnologien, in: 50 Jahre Eternit Aktiengesellschaft. 75 Jahre Eternit in Deutschland, Berlin (W) 1979, S. 6. Erteilt wurde das Patent unter der österreichischen Patentnummer 5970 am 15.6.1901.

lich war, den Bedarf nach preisgünstigen, stabilen Dachplatten befriedigen zu können.[163]

Ludwig Hatschek, geb. am 9. 10. 1856 in Tieschetitz (Těšetice, Tschechische Republik), verstorben am 15.7.1914 in Linz, Oberösterreich, Erfinder und Unternehmer. Nach dem Ausscheiden aus der Linzer Brauerei seiner Familie kaufte er 1893 eine Fabrik für Asbestwaren in Vöcklabruck. 1900 gelang ihm hier die Erfindung und fabriksmäßige Herstellung von Asbestzement ("Eternit"). Von seinen Nachkommen wurde das Unternehmen ausgebaut und 1980 in die „Eternit-Werke Ludwig Hatschek AG" umgewandelt. Die Produktion von Faserzementprodukten erfolgt heute asbestfrei.

Abbildung 10: Portraitbild Ludwig Hatschek
[Quelle: Bildarchiv der Österreichischen Nationalbibliothek, Wien]

Hatschek begründete mit seiner Innovation in dieser Phase die Identität einer Technik, die bis in die heutige Zeit Bestand hat. Das Verfahren bzw. die für das Verfahren bezeichnende Konzeption der Produktionsanlagen wird auch heute noch zur Herstellung von Baustoffen aus Faserzement angewandt. Nur anstatt der Asbestfaser werden heute zur Baustoffproduktion dem Zementbrei alternative Fasern zugeschlagen.

In diesem Zusammenhang ist auch das nur ein Jahr nach Hatscheks Erfindung von Oesterheld entwickelte und zu Hatscheks Nassverfahren in Konkurrenz stehende, trockene und halbtrockene Verfahren zu erwähnen, welches jedoch in der Folgezeit in der Asbestzementindustrie nur eine geringe industrielle Bedeutung erlangte.[164]

Mit diesen zur Jahrhundertwende entwickelten erstmaligen industriellen Fertigungsmöglichkeiten von faserhaltigem Beton wurde der Grundstein für den Siegeszug des Asbestzements als Baustoff gelegt sowie darüber hinaus die entscheidende Voraussetzung für die in der Folgezeit bis in die 80er Jahre des 20. Jahrhunderts kontinuierlich ansteigende Nachfrage nach Rohasbest geschaffen. Denn es wurden weltweit ca. 50 Prozent und in Europa bis zu 80 Prozent des verarbeiteten Asbests ausschließlich in der Asbestzementindustrie verbraucht.[165] Auch heute wird noch

163 Vgl. Werner Catrina: Der Eternit-Report. Stephan Schmidheinys schweres Erbe, Zürich, Schwäbisch Hall 1985, S. 19
164 Vgl. zur Geschichte des Asbestzements auch Abschnitt 4.3.1.8 „Asbestzement" dieser Arbeit.
165 Vgl. Heinz Pösch: Asbest – Ein Grundelement der Baustoff-Industrie, Professor Dr. Georg Kotowski (herausgegeben im Auftrag des Senats der Freien Universität Berlin), Berlin (W) Basel 1965, S. 97; Fedor Valic: The Asbestos Dilemma: I. The Assessment of Risk, Andija Stampar School of Public Health, Medical Faculty of Zagreb, Zagreb, Croatia 2002, S. 153-167 (S. 2); Technische Universität Bergakademie Freiberg, Fakultät für Geowissenschaften, Geotechnik und für Mineralogie, Fachgebiet für Technische Mineralogie, Lehrmaterial Technische Mineralogie I – Füllstoffe und Fasermaterialien, 2006, S. 35; Catrina: Eternit-Report, S. 6

außerhalb der so genannten Ersten Welt die Nachfrage nach Rohasbest in erster Linie durch die Herstellung asbesthaltiger Betonerzeugnisse generiert.[166]

Zusammengefasst wurden – typisch für eine Entstehungsphase – mit den geschilderten produkt- und verfahrenstechnischen Entwicklungen zur Nutzung der Asbestfaser die Grundbedingungen für den weiteren Entwicklungsverlauf gebildet. In dieser Frühphase der Technikgenese, aus der die angeführten Produkte hervorgegangen sind, wurde die Basis für den weiteren Entwicklungsverlauf in jedem der einzelnen Anwendungsgebiete gelegt. Gleichwohl ist der Prozess der Technikkonstruktion zu diesem Zeitpunkt noch keineswegs abgeschlossen. In den auf die Phase der Entstehung noch folgenden Phasen werden wiederum Entscheidungen getroffen, die durchaus prägenden Charakter haben.

Weiter ist festzustellen, dass Netzwerk-Strukturen auf der Ebene des Werkstoffes Asbest in der Entstehungsphase nicht beobachtbar sind. Die einzelnen Entwicklungsaktivitäten zur Nutzung der Mineralfaser liegen sowohl fachlich als auch regional weit auseinander und wurden nach dem Kenntnisstand und den Recherchen des Autors separat voneinander vorangetrieben. Insofern bietet sich hier kein Ansatz für zusätzliche Einblicke. Das von Hirsch-Kleinen festgestellte eingeschränkte Problemlösungspotenzial bestätigt sich hier. In Anbetracht dieser Erkenntnis scheiden Netzwerkanalysen für den hier zu untersuchenden Themenkomplex aus und werden im Folgenden nicht weiter erörtert. Auf der Untersuchungsebene einzelner, eng umrissener Innovationen stellt sich die Situation allerdings anders dar. Hier bieten sich Netzwerkbetrachtungen als methodische Unterstützung zur Analyse historischer Strukturen wieder an; jeweils begrenzt auf ein singuläres, auf Asbest basierendes Produkt und im günstigsten Fall über alle Entwicklungsphasen des jeweiligen Lebenszyklus. Bezogen auf alle Nutzungsarten asbesthaltiger Produkte würde dies aber den Rahmen dieser Arbeit sprengen und wäre deshalb Aufgabe gesonderter Untersuchungen. Der Fokus der Forschungen wäre darauf zu richten, welcher Personenkreis oder welche Institution jeweils eine spezielle Entwicklung vorangetrieben hat, wie dabei vorgegangen wurde, von wem im Einzelfall das spezielle Produkt nachgefragt wurde, wo und wann es von wem produziert wurde und vor allem wie ein Informationsaustausch zwischen den Beteiligten erfolgte.

---

166 Vgl. Somkiat Siriruttanapruk und Sasitorn Taptagaporn, Ministry of Public Health, Thailand, Die Asbestsituation in Thailand, in: Asbestos. European Conference 2003, S. 1-6 (S. 6)

4.2 Etablierung als industrieller Werkstoff – die *Stabilisierungsphase* zwischen dem Anfang des 20. Jahrhunderts und dem Zweiten Weltkrieg

An diesem Punkt ist der Übergang vom Bastler- und Erfinderstadium zur Phase der systematischen Exploration einer neuen Technik bereits vollzogen. Visionäre Produkte sind über die „Durststrecke" des Stadiums von Prototypen hinweg bis zur Serienreife gelangt. Der Fortschritt in der Stabilisierungsphase geht zu diesem Zeitpunkt einher mit vergleichsweise hohen Kompetenzzuwächsen bei allen Beteiligten sowie mit deutlichen Verbesserungen in der Leistungsfähigkeit der technischen Anwendbarkeit von industriell verarbeiteten Asbestprodukten.

Als ein Beispiel für die Etablierung des Werkstoffes Asbest steht das von Hatschek patentierte Produktionsverfahren für den Baustoff Asbestzement. Hatschek meldete den Namen „Eternit" erstmals im Jahre 1903 als Warenzeichen für die nach seinem Verfahren produzierten Asbestschieferplatten an.[167] Das Wort „Eternit" leitet sich ab von dem lateinischen Begriff „aeternus" ("ewig" bzw. „unvergänglich"). Hatschek vermarktete seine Erfindung im Lizenzverfahren. Im Jahr 1904 erwarb die Alfred Calmon AG die Eternit-Lizenz für Deutschland. Schon 1910 wurden in insgesamt 10 Ländern, darunter neben Belgien, Schweiz, Frankreich, Italien, Großbritannien auch Russland und die USA, Eternitplatten von Lizenznehmern industriell gefertigt.[168] Allein in Österreich, so vermerkt Marine-Oberbaurat Schulz in seinem Beitrag „Asbest in der Kriegswirtschaft", wurden durch das von Hatschek eingeführte Verfahren im Jahr 1917 etwa eine Million Quadratmeter Eternitplatten pro Monat produziert.[169]

Aus den Ausführungen der Jahrbücher der Firma Feodor Burgmann, hier aus dem Jahr 1910, wird ebenfalls deutlich, wie der Werkstoff Asbest zwischenzeitlich Fuß fassen konnte. Feodor Burgmann urteilte zunächst über Eigenschaften von Asbest:

> „Der in den Handel kommende und für die Asbest-Verarbeitung bestimmte Asbest ist eine faserige Abart von Serpentin Chrysotil (von chrysos Gold und tilus Faser) genannt, welche dem echten Mineral sehr ähnlich ist, aber eine höhere Widerstandskraft gegen Feuer besitzt und auch an Stärke und Elastizität der Faser demselben weit überlegen ist. Asbest stellt zurzeit das einzige Rohprodukt dar, welches die Textil-Industrie als faseriges Spinnmaterial dem Mineralreiche entnimmt."[170]

Zum Ende seines Beitrags stellt er heraus, in welchem Umfang sich bereits eine Asbest verarbeitende Industrie etabliert hat und wie variantenreich der Werkstoff in verschiedensten Industriebereichen Anwendung fand:

---

167 Eick, Asbestzement, S. 456
168 Catrina, Eternit-Report, S. 19
169 Schulz, Asbest in der Kriegswirtschaft, S. 41
170 Vgl. F. Burgmann's Jahrbuch 1910, Elfter Jahrgang. Ein Nachschlagebuch für Fabrikanten, Betriebsbeamte, Maschinisten und Monteure, enthaltend die im Interesse stehenden Gesetze, Verordnungen, sowie praktische Abhandlungen, hrsgg. von Feodor Burgmann, Ingenieur, Dreseden-Laubegast, S. 101

„Besonders in Deutschland hat sich nun in den letzten zehn Jahren eine wirkliche Asbest-Industrie entwickelt und finden wir Fabriken in Berlin, Dresden, Frankfurt a. M., Hamburg etc. Hergestellt werden Asbestfäden, die in ganz feiner Ausführung bei der Glühstrumpf-Fabrikation zur Verwendung kommen, weiters dann aber zu Asbestschnüren, Packungen und Bändern für Dichtungszwecke an Kesseln und Dampfmaschinen, verarbeitet werden. Ferner Asbest-Gewebe, welche in Verbindung mit Gummi zu Asbest-Kautschukwaren Verbrauch finden, oder im reinen Zustande als Filtertücher, Theater-Dekorationen, Fries-Unterlagen bei Dampfmangeln und Wäscherei-Kalandern in Anwendung stehen. Aus Asbest-Gewebe fertigt man auch Kleidungsstücke, als Handschuhe gegen Säuren und elektrische Schläge, Gamaschen, Schürzen, Jacken usw. für Gießerei-Arbeiter und Feuerlöschmannschaften Weiters dient Asbest-Gewebe zu Asbestmatratzen gearbeitet, als vorzügliche Wärme-Isolierung an Schiffs- und Lokomotiv-Kesseln. Die aus geringerer Faser, speziell Fibre und Asbestspinnabfall in Verbindung mit einem bestimmten Bindemittel hergestellte Asbestpappe und Asbestpapier geben Dichtungen für Flanschen, Wand- und Decken-Verkleidungen. In Verbindung mit Portland-Cement und anderen erdigen Bestandteilen entsteht aus der losen Asbestfaser der Asbestschiefer, der als Bedachung und Fußbodenbelag sich mehr und mehr Eingang verschafft. In Vermengung mit Papiermasse wird der Asbest auch zu plastischen Arbeiten benutzt, ferner auch das Asbestmehl zu Beimengungen bei feuerfesten Anstrichen."[171]

Die ersten Jahrzehnte des 20. Jahrhunderts waren von der Entdeckung weiterer Anwendungsmöglichkeiten der neuen Technik sowie von verfahrenstechnischen Verbesserungen zur Herstellung asbesthaltiger Produkte gekennzeichnet. Dies drückt sich in Deutschland in der Vielzahl von Patenten aus, die für asbesthaltige Produkte im ersten Viertel des Jahrhunderts angemeldet wurden. So wurden zum Beispiel Patentschriften über neue Verfahren zum Mischungsverhältnis von Hochdruckdichtungsplatten verfasst. Auch traten die Asbest verarbeitenden Betriebe zunehmend mit Werbung an die Öffentlichkeit.[172] Anschaulich wird dieser für eine Stabilisierungsphase typischer Etablierungsprozesse bei einem Abgleich der Inhalte des 11. Jahrgangs des Burgmann-Jahrbuches von 1910 zu Beginn der Stabilisierungsphase mit dem 39. Jahrgang des Burgmann-Jahrbuches von 1939 als sich die Stabilisierungsphase dem Ende zuneigte.[173] Bereits 1910 war die 1884 gegründete Firma Burgmann[174] mit ihrer Zentrale in Dresden-Laubegast ein führendes Unter-

---

171 F. Burgmann's Jahrbuch 1910, S. 105 f.
172 Deutsches Hygiene-Museum: Begleitband, S. 115
173 F. Burgmann's Jahrbuch 1910; Burgmann Jahrbuch 1939
174 1884 gründete Feodor Burgmann in Dresden die „Feodor Burgmann Handelsgesellschaft in technischen Artikeln". Mit der ersten maschinell geflochtenen selbstschmierenden Stopfbuchspackung erstaunte der Firmengründer die Techniker seiner Zeit. Das junge Unternehmen entwickelte sich in den folgenden Jahrzehnten zu einem bedeutenden Dichtungshersteller. Trotz der wechselhaften Wirtschaftsverhältnisse entstand eine Reihe von Niederlassungen und Produktionsstätten im In- und Ausland. Mit dem Ende des Zweiten Weltkriegs endete auch die Ära in Dresden. Im Juli 1945 erhielt „Feodor Burgmann jr." eine neue Betriebsgenehmigung und startete in Seeleiten am Starnberger See. 1951 verlagerte er den Firmensitz nach Wolfratshausen. 1962 wurde mit der Entwicklung und Herstellung von Gleitringdichtungen begonnen, 1965 wurden Kompensatoren in das Produktspektrum aufgenommen. Die Gründungen von Tochterfirmen in den USA, Brasilien und in der Schweiz, im Jahr 1977, waren in der

nehmen in der Verarbeitung von Asbest zu Packungen und Dichtungen und nach eigenen Angaben 1910 bereits über 50.000 Kunden besaß.[175] So hält es Burgmann bereits zu dieser Zeit u.a. für notwendig, den Leser in seinem Jahrbuch eindringlich auf täuschend ähnliche Imitate seiner Produkte hinzuweisen, die aber nicht annähernd über die technische Leistungsfähigkeit der Burgmann-Produkte verfügen sollen. Das Unternehmen besaß schon 1910 neben insgesamt vier Standorten in Deutschland auch Fabriken und Büros in Lodz, Paris, Marseille, Antwerpen, Mailand, New York und Philadelphia. Generalvertreter und eigene Lager waren zudem über ganz Europa verteilt. Die Marktstellung, Reputation und der wirtschaftliche Erfolg von Burgmann wurde wenige Jahre später dadurch untermauert, dass das Unternehmen während des Ersten Weltkrieges die Rohasbestgewinnung in Deutschland unternahm und sich dabei auf seine langjährigen Erfahrungen und Kenntnisse aus dem internationalen Einkauf und der Verarbeitung von Asbest stützen konnte. In Anbetracht dieser Marktstellung des Unternehmens kann unterstellt werden, dass die in dem Jahrbuch von 1910 auf diesem Anwendungsgebiet dargestellten Produkte den Stand der damaligen Technik widerspiegeln. Von den insgesamt 174 Seiten des Jahrbuches von 1910 reichten noch 29 Seiten aus, um das aus Asbest hergestellte Produktsortiment in all seinen Details zu erläutern; untergliedert in die drei Hauptgruppen Packungen, Flanschdichtungen und Dichtungen für Dampfkessel. Zwar drehte sich auch 1939 bei Burgmann noch alles um Packungen und Dichtungen aus Asbest. Allerdings hatte sich das Produktspektrum so verbreitert und der Etablierungsprozess war so weit fortgeschritten, dass gegenüber 1910 nun 95 Seiten im gleichformatigen Jahrbuch notwendig waren, um das Produktspektrum zu präsentieren. Die Anwendungsmöglichkeiten der Asbestwaren waren ausgereifter und sichtbar auf die Bedürfnisabdeckung verschiedenster technischer Problemstellungen ausgerichtet. Für scheinbar jede Packungs- und Dichtungsproblematik wurde die technische Lösung vorgehalten. Verbunden sind die Produktdarstellungen mit Hinweisen auf die jeweiligen Einsatzgebiete und praxisrelevanten Anweisungen für den sachgerechten und leistungsverbessernden Einsatz. Am Beispiel der Entwicklung des von der Firma Burgmann entwickelten und angebotenen Produktportfolios lässt sich nachvollziehen, wie in der Stabilisierungsphase der industriellen Asbestverarbeitung durch Konzentration auf die Lösung technischer Schlüsselprobleme deutliche Leistungssteigerungen erreicht wurden. Ohne unmittelbaren und kontinuierlichen Kundenkontakt und damit die unmittelbare Kenntnis über die nachgefragten Problemlösungen wäre eine so beeindruckende und auch rasante Entwick-

---

Nachkriegszeit wieder die ersten Schritte in Richtung Internationalisierung. 1981 folgte der Bau des Werkes 2 in Eurasburg. Im Jahr 1993 übernahm Burgmann wesentliche Anteile der skandinavischen KE-Gruppe, 1998 100 % der italienischen BT-Gruppe und der Gustav Espey GmbH in Duisburg. Heute umfasst die Burgmann-Gruppe über 50 Gesellschaften und Joint Ventures weltweit. In den 120 Jahren seit Gründung prägte das Unternehmen die Entwicklung der Dichtungstechnik entscheidend mit. Seit März 2004 ist Burgmann eine von zehn operativ selbständigen Geschäftsgruppen im Freudenberg Konzern, Weinheim, und bildet zusammen mit Eagle Industry, Japan, eine weltweite Allianz (EBI) für Dichtungstechnik.

175 Da Burgmann seine Waren ausschließlich direkt an den Endabnehmer bzw. Endverbraucher vertrieb und sich beim Verkauf nicht den Organisationen von Wiederverkäufern bzw. Händlern bediente, kann unterstellt werden, dass die angegebene hohe Kundenzahl aus den firmeneigenen Aufzeichnungen entnommen wurde und damit der Wahrheit entsprochen haben kann.

lungsarbeit seitens des Marktführers Burgmann als auch der gesamten Asbest verarbeitenden Industrie nicht möglich gewesen. Nur so kann das passgenaue und auf die Kundenbedürfnisse spezialisierte Angebot erklärt werden. Burgmann bezog seine Kunden mittels Informationsaustausch über ihre sich wandelnden Bedürfnisse ein und schöpfte hierüber die Potenziale der Asbestwaren aus. Dies führte wiederum zu Kompetenzzuwächsen bei allen Beteiligten und zur Effizienzverbesserung der Asbestwaren.

Ende der dreißiger Jahre glitt die Phase der Stabilisierung wiederum allmählich in die nächste, die Durchsetzungsphase hinüber. Im Burgmann-Jahrbuch für das Jahr 1939 findet man zur industriellen Verarbeitung von Asbest unter dem Stichwort „Fabrikation" die folgenden Hinweise:

> „Die natürliche Beschaffenheit des Asbestes hat ihn zu einem der wichtigsten Rohstoffe werden lassen. In der gesamten Industrie findet man Asbestartikel in den verschiedenartigsten Formen. ... Asbest ist überall dort, wo es gilt, einen guten Schutz gegen Hitze und Kälte, Säuren und Laugen zu schaffen, und wo eine zuverlässige Abdichtung gegen hochgespannte Dämpfe zu erzielen ist, das beste Hilfsmittel, das zur Verfügung steht."[176]

Vor Beginn der Industrialisierung noch als bloße Kuriosität gewertet[177], hatte sich nun das Spektrum in einer Weise erweitert, dass die industriell hergestellten Asbest-produkte in zahlreichen Bereichen genutzt wurden. Nachdem 1855 auf der Pariser Weltausstellung die Asbestfaser noch als ein grundsätzlich technisches Produkt vor-gestellt wurde, wurden rd. 80 Jahre später auf der New Yorker Weltausstellung be-reits vielfältige, erprobte und bewährte Nutzungsmöglichkeiten der Faser heraus-gestellt.

> „In diesem Jahr [1939, d.A.] feierte die Firma Johns-Manville auf der Weltaus-stellung in New York stolz den ,Dienst des Minerals an der Menschheit'. Unter anderem ließ sie den Besuchern durch einen überlebensgroßen ,Asbestmann' den Weg zu ihrem Stand weisen und ihnen eine gründliche Belehrung über die außerordentlichen Fähigkeiten des Werkstoffes erteilen. Das Messegelände war von den Dachziegeln bis zu den unterirdischen Rohren buchstäblich mit Asbest durchsetzt."[178]

Zu dieser Zeit erreichte die Beliebtheit der Mineralfaser eine solche Dimension, dass die Nachfrage die weltweite Abbaukapazität hinter sich zu lassen drohte. Die militä-rischen Großmächte befürchteten vor dem Ausbruch des Zweiten Weltkriegs eine Abhängigkeit von Asbest-Importen, da sie nicht über hinreichende Vorräte ver-fügten.

> „Deutschland beschaffte heimlich ganze Schiffsladungen mit Asbest aus Süd-afrika, um einen ausreichenden Vorrat anzulegen. Einige Zeit argwöhnten die Alliierten, unter dem aufrüstenden nationalsozialistischen Regime sei ein chemischer Ersatzstoff entwickelt worden – eine Befürchtung, die der US-Ge-heimdienst CIA jedoch entkräften konnte."[179]

---

176 Burgmann Jahrbuch 1939, S. 72
177 Alleman, Asbest: Aufstieg und Fall, S. 87 f.
178 Ebd., S. 90
179 Ebd.

4.2.1 Die industrielle Verarbeitung von Asbest während des Zweiten Weltkriegs in Deutschland – das Beispiel Asbestzementwerk Berlin-Rudow

Die Quellenlage über die Maßnahmen, mit der während des Zweiten Weltkrieges der zunehmenden Knappheit an Asbest begegnet werden sollte, ist spärlicher als für die Maßnahmen die während des Ersten Weltkrieges ergriffen wurden. Zwischen 1939 und 1945 deckte Deutschland seinen Bedarf an Asbest überwiegend aus Minen in den besetzten Gebieten und untersuchte erst gegen Kriegsende die Möglichkeit des Wiederaufschlusses der während des Ersten Weltkrieges ausgebeuteten Asbesterdevorkommen in Thüringen.[180]

Allerdings rückten bereits drei Jahre vor Kriegsbeginn die Prüfung und die Herstellung von Ersatzstoffen und -mitteln für Asbest in den Fokus der wissenschaftlichen Forschung. Im Jahr 1936 bekundete Wilhelm Eitel, Leiter des Kaiser-Wilhelm-Instituts für Silikatforschung, in einem Brief an Hermann Göring die Bereitschaft des Instituts, im Interesse der Rohstoffversorgung an Arbeiten auf dem Gebiet der silikatischen Bodenschätze mitzuarbeiten.[181] In Kooperation mit der Glas-, Keramik- und Zementindustrie trug Eitel noch im selben Jahr für den Rohstoff- und Devisenstab eine Liste von Fragestellungen und Problemen zusammen, deren anzustrebende Lösungen darauf abzielten, die partielle Abhängigkeit der deutsche Wirtschaft von importierten Grundstoffen durch die Entwicklung von Substituten oder durch neuartigen Verfahren zur Veredelung einheimischer, minderwertiger Rohstoffe deutlich zu reduzieren. Eine der dabei aufgeworfenen Fragen lautete, ob die Herstellung von Asbestzement aus heimischen Rohstoffen möglich ist.[182]

Inwiefern mit dieser Forschungsinitiative bereits der bevorstehende Weltkrieg flankierend vorbereitet werden sollte, ist nicht belegbar. Auf jeden Fall sollte aber die Versorgung eines für die Volkswirtschaft immer wichtiger gewordenen Rohstoffes abgesichert werden. Denn die zunehmende Abhängigkeit von den Einfuhren wurde mit der nach der Machtübernahme der Nationalsozialisten im Jahr 1933 zunächst einsetzenden wirtschaftlichen Prosperität deutlich. Die Produktion und der Verkauf von Asbestzement und damit die Nachfrage nach Rohasbest florierten sowohl infolge der staatlichen Förderung der Baukonjunktur als auch wegen der ab 1935 verstärkt betriebenen Aufrüstung.

Als Marktführer für Asbestzement partizipierte von diesem Aufschwung auch der Firma Eternit. Für diese aus dem Blickwinkel des Unternehmens positive Entwicklung trug sicherlich auch der Standort des Firmensitzes bei. Noch zu Weimarer Zeiten 1929 wurde die Deutsche Asbestzement AG (DAZAG) in Berlin gegründet,

---

180 Vgl. Abschnitt 2.1.3 „Die Entwicklung der abgebauten und verbrauchten Mengen" dieser Arbeit; Guyot, Asbest – Verwendung vor 1950, S. 2 f.

181 Vgl. Wilhelm Eitel an Herrmann Göring: Brief v. 20.7.1936, Archiv der Max-Planck-Gesellschaft zur Förderung der Wissenschaften e.V., Berlin, I. Abteilung, Rep. 1A, Nr. 2891; Kristie Macrakis, Surviving the Swastika: Scientific Research in Nazi Germany, New York Oxford 1993, S. 104

182 Vgl. Wilhelm Eitel an Otto Telschow: Brief v. 11.11.1936, Archiv der Max-Planck-Gesellschaft zur Förderung der Wissenschaften e.V., Berlin, I. Abteilung, Rep. 1A, Nr. 2891

mit einem für die damaligen Verhältnisse überaus stattlichen Startkapital von 4 Millionen Reichsmark. Über die Belgische Eternit AG, an der die Schweizer Eternit AG beteiligt war, stellte die Familie Schmidheiny den größten Teil des Aktienkapitals.[183] Die Hersteller von Produkten aus industriell verarbeitetem Asbest erwarteten sich im Übrigen von der Wahl Berlins ein hervorragendes Absatzgebiet vornehmlich im mittel- und ostdeutschen Markt.[184]

Vergleichsweise zügig nahm das Unternehmen eine nahezu beherrschende Marktstellung ein und expandierte während des ökonomischen Aufschwungs ab 1935 deutlich. Von kontinuierlichem Wachstum geprägt konnte die DAZAG 1938 auf dem deutschen Markt einen Marktanteil von 54 % erreichen. Zu diesem Zeitpunkt arbeiteten rund 1.100 Beschäftigte im Berliner Eternit-Werk.[185] Die wirtschaftliche Belebung wurde jedoch durch eine immer restriktivere Devisenbewirtschaftung gehemmt, was die Beschaffung des für die Produktion notwendigen Rohstoffes Asbest aus dem Ausland, insbesondere aus Kanada, Südafrika und der Sowjetunion erschwerte und zu einem Teil auch begrenzte.[186]

Die Inhaber des größten Aktienpakets der DAZAG, die Familie Schmidheiny sahen die drohende Entwicklung auf sich zukommen. Max Schmidheiny äußerte sich im Jahr vor dem Ausbruch des Krieges:

„Als Hitler im März 1938 Österreich überrannte, sagte ich: ‚Jetzt gibt es Krieg in Europa; damit wir einmal nicht wieder ganz von vorne anfangen müssen, setzen wir einige unserer Mittel in andern geographischen Regionen ein.‘ Und so haben wir es denn auch gemacht".[187]

Durch die Devisenkontrolle wurde der Asbestimport Beschränkungen unterworfen, die in einer Weise spürbar waren, dass die zur Verfügung stehende Rohstoffmenge und nicht der Marktbedarf den Produktionsumfang bestimmte. 1938 war auch das Jahr, in welchem die DAZAG zum größten inländischen Hersteller wurde mit einer

---

183 Die Schweizer Familie Schmidheiny war als Produzent von Zement mit Ihrem Unternehmen „Holderbank" bereits langjähriger Lieferant der Schweizer Eternit-Werke als sich die Familie im Jahr 1920 an der Schweizer Eternit AG beteiligte. Die Eternit AG (Schweiz) erwarb wiederum 1922 Anteile an den Eternit-Aktivitäten in Belgien. Kurz darauf bündelte die Familie Schmidheiny ihre wachsende Zahl an Eternit-Beteiligungen in der Schweizer Holding „Amiantus AG". Zusammen mit ihren Partnern in Belgien, der Familie Emsens, die seit 1905 mit der von Alphonse Emsens erworbenen Hatschek-Lizenz das belgische Eternit-Geschäft aufgebaut hatte, etablierten sie über Eternit Belgien im Jahr 1928 die Deutsche Asbestzement AG (DAZAG) in Berlin. In den dreißiger und vierziger Jahren des 20. Jahrhunderts expandierten Eternit Schweiz und Eternit Belgien getrennt, aber eng miteinander abgestimmt außerhalb Europas. Sie beteiligten sich und gründeten weltweit Asbest verarbeitende Unternehmen sowie Asbestminen. Nach dem Zweiten Weltkrieg waren Eternit Schweiz und Eternit Belgien Weltmarktführer in ihrem Segment. Vgl. R.F. Ruers, N. Schouten: The tragedy of asbestoS. Eternit and the consequences of a hundred years of asbestos cement, translated into English by Steven P. McGiffin, Socialistische Partij (Netherlands), Rotterdam 2005, S. 7 f
184 Vgl. Henrick Stahr: Eternit: Vom Aufstieg zum Ausstieg. Die Eternit AG in Berlin-Rudow 1929-1979, in: z.B. Asbest. Ein Stein des Anstoßes. Kulturelle und soziale Dimensionen eines Umweltproblems, Berlin 1990, S. 159
185 Ebd., S. 160
186 Vgl. Eternit Aktiengesellschaft Berlin (Hg.): Die ersten 50 Jahre unseres Unternehmens, in: 50 Jahre Eternit Aktiengesellschaft. 75 Jahre Eternit in Deutschland, Berlin (W) 1979, S. 3
187 Catrina, Eternit-Report, S. 44

Jahresproduktion von 4,4 Millionen m².[188] In der Tat dehnte sich das Unternehmen in beeindruckender Weise aus – bis zum Beginn des Zweiten Weltkrieges, als ein großer Teil der vorhandenen Asbestbestände beschlagnahmt wurde. Bis Mitte 1940 verringerte sich die Anzahl der Mitarbeiter auf dann nur noch 380 Beschäftigte.

> „Ähnliches galt für die Produktion: 1940 wurde nur noch ein Sechstel des Aus-
> stoßes an Rohren und nur noch ein Fünftel der Platten, bezogen auf den jeweili-
> gen Höchststand von 1939 bzw. 1936, erreicht. Wie auch bei anderen Betrieben
> erfolgte die weitere Produktion vor allem für ‚kriegswichtige Zwecke'. An-
> stelle von Asbestzement-Erzeugnissen entstanden nun diverse Ersatzprodukte
> wie Beton-Barackenteile oder -Luftschutztüren.“[189]

Auch die Luftwaffe forderte ihren Tribut. Teile der Betriebsanlagen der DAZAG fielen zwangsweise an die „Gesellschaft für Luftfahrtbedarf mbH“ und an das Flugzeugreparaturwerk Rudow. Die Verknappung des Rohstoffs Asbest nahm immer größere Ausmaße an. Aufgrund der bereits vor dem Krieg mit der Devisenkontrolle eingeläuteten und während des Krieges zwangsläufig verfolgten Autarkiepolitik suchte deshalb die gesamte Asbest verarbeitende Industrie nach Produktionsalternativen, jedoch ohne nennenswerten Erfolg. Ihr gelang keine vollständige Substitution der Asbestfaser, auch wenn die Asbestzementhersteller offiziell teilweise andere Angaben machten:

> „Manche Unternehmen … behalfen sich mit einem gewissen Etiketten-
> schwindel: Eine Prüfung des damaligen Kaiser-Wilhelm-Institutes ergab, daß
> untersuchte Asbestersatzplatten ‚entgegen den Angaben des Herstellers'
> (Anm.: ohne Namensnennung) nur geringe Mengen künstlicher anorganischer
> Fasern, jedoch mindestens 50 % Asbest enthielten.'“[190]

So kam es im Jahr 1943 unter der Leitung des Reichsamtes für Wirtschaftsausbau, dessen Aufgabe die Koordination staatlicher, industrieller, militärischer und wissenschaftlicher Interessen war, in Zusammenarbeit mit der „Reichsstelle Kautschuk“ zu einer Tagung zum Thema „Asbest“. Die Einladungsliste umfasste die Unternehmen AEG und Degussa, den Deutschen Normenausschuss, das Heereswaffenamt, das Rüstungsministerium, diverse Fachgruppen, verschiedene Technischer Hochschulen sowie das Kaiser-Wilhelm-Institut für Silikatforschung.[191]

Noch im selben Jahr wurde die Verarbeitung von Rohasbest für zivile Zwecke endgültig verboten. Als die Rohstofflieferungen für diese Asbestwaren daraufhin

---

188 Eternit Aktiengesellschaft, Die ersten 50 Jahre, S. 3; Helmut Vetter: Baugeschichte des Eternit-Werkes Berlin Rudow, Berlin 1985 (unveröffentliches Manuskript), S. 6

189 Stahr, Eternit: Vom Aufstieg zum Ausstieg, S. 164

190 Ebd., S. 165; F. Oberlies, D. Krüger: Verfahren zur Untersuchung von asbesthaltigen Erzeugnissen, in: Wissenschaftliche Abhandlungen der deutschen Materialprüfungsanstalt, II. Folge, Heft 4, 1942, S. 31

191 Vgl. Reichsamt für Wirtschaftsausbau an Wilhelm Eitel: Brief v. 28.11.1942, Vorläufige Einladungsliste, Archiv der Max-Planck-Gesellschaft zur Förderung der Wissenschaften e.V., Berlin, I. Abteilung, Rep. 42, Nr. 680, Blatt 44-50; Heiko Stoff: Eine zentrale Arbeitsstätte mit nationalen Zielen. Wilhelm Eitel und das Kaiser-Wilhelm-Institut für Silikatforschung 1926–1945, Forschungsprogramm „Geschichte der Kaiser-Wilhelm-Gesellschaft im Nationalsozialismus, Ergebnisse 28, Rüdiger Hachtmann (Hrsg.) im Auftrag der Präsidentenkommission der Max-Planck-Gesellschaft der Wissenschaften e.V., Berlin 2005, S. 37

gänzlich versiegten, intensivierten Wissenschaftler der DAZAG ihre bereits vor dem Krieg begonnenen Versuche, taugliche Ersatzstoffe für Asbest zu entwickeln. Um eine technologisch geeignete Alternative für Asbest zu finden, experimentierten sie mit Schlackenwolle, Glaswolle, Stahlwolle, Zellulose oder Hanf in unterschiedlichsten Mischungen. Schließlich gelang es, so genannte „Durnat"-Platten zu produzieren, die aus einem Zellulosegemisch bestanden, welches mit Zement vermengt wurde. Verschiedene zementgebundene Waren wurden damit erzeugt, deren qualitative Beschaffenheit jedoch höchst unzureichend blieb und die Eigenschaften asbestbewehrter Zementprodukte bei weitem nicht erreichten. Der Anteil von Durnat betrug bereits Ende 1939 rund 4,6 % der Plattenherstellung. Kurz nach dem 1943 erlassenen Verbot wuchs der Anteil bei der DAZAG auf 100 % an.[192]

Noch im Jahre 1943 beantragte die DAZAG beim Reichsarbeitsminister auch die Zulassung zur Herstellung von Rohren unter Verwendung von „Durnat", doch kam es wegen der sich überstürzenden Kriegsereignisse nicht mehr zu dem geplanten Anlauf der Rohrproduktion.

Die grundlegenden Forschungen für dieses auf Zellulose basierendes Substitut wurden im Hause der DAZAG schon vor Kriegsbeginn gelegt. Inwieweit möglicherweise die Entwicklung von „Durnat" auf die bereits 1936 von Eitel initiierte systematische Suche nach Möglichkeiten zur Herstellung von Asbestzement aus heimischen Rohstoffen zurückgeführt werden kann, ist nicht erkennbar.

Neben den Schwierigkeiten bei der Versorgung mit Rohasbest war die Aufrechterhaltung der Asbestzementproduktion auch von einem generellen Mangel an sonstigen Roh-, Hilfs- und Betriebsstoffen bedroht. Diese Knappheit wurde von den Brüdern Schmidheiny frühzeitig antizipiert. Deshalb legten sie nach Ausbruch des Krieges neben diversen präventiven anderen Maßnahmen umfangreiche Kohlevorräte an, um eine Fortführung der Produktion garantieren zu können. Von der Schweiz aus war es ihnen möglich sowohl mit Deutschland als auch mit den Alliierten umfangreiche Geschäftsbeziehungen zu pflegen.

„ … so kauften sie Kohle von den verhassten Nazis, „saubillig" wie sich Sir Max erinnert, und betrieben gar zusammen mit den Deutschen eine Asbestmine in Jugoslawien, um den Nachschub der kostbaren Faser möglichst lange sicherzustellen. Die Bedeutung des Eternits wuchs nämlich in der Gruppe zusehends. … Auch die anderen Sektoren des Wirtschaftsimperiums produzierten dank der Vorsorge: „Weil wir Energie hatten, um unsere Zementfabriken zu betreiben, lieferten wir den Alliierten den begehrten Zement von Gibraltar bis Murmansk." Daß die Schmidheinys Strategen sind und imstande, über das Gesichtsfeld ihres Gemeindekirchturms hinauszublicken, beweist auch der Entschluss, den die Brüder Max und Ernst kurz nach dem Ausbruch des Krieges fassten: Ernst zog mit seiner Familie und seinen Mitarbeitern in die Westschweiz, Céligny im Kanton Genf, weil die Brüder mit einem Angriff der Deutschen auf die Schweiz rechneten."[193]

In Anbetracht dieser materialseitigen Vorkehrungen konnte die DAZAG trotz aller übrigen kriegsbedingten Schwierigkeiten die Produktion während der Kriegsjahre

192 Stahr, Eternit: Vom Aufstieg zum Ausstieg, S. 164
193 Catrina, Eternit-Report, S. 45

aufrecht halten. Die Anzahl deutscher Arbeitskräfte sank zwar ständig, da sie überwiegend in der Wehrmacht Dienst leisten mussten, doch standen – auch dies eine
Folge der Kriegsereignisse – ab Herbst 1940 zunehmend ausländische Arbeitnehmer, Kriegsgefangene und ab Mitte 1942 Zwangsarbeiterinnen und Zwangsarbeiter zur Verfügung. Im Jahre 1944 waren es Millionen so genannter Fremdarbeiter, die für die Erhaltung der deutschen Wirtschaft und der Rüstungsproduktion
im Gebiet des deutschen Reiches gezwungen wurden zu arbeiten. Dementsprechend
waren bei der DAZAG zu Beginn des Jahres 1941 von den insgesamt 360 in der
Produktion tätigen Mitarbeitern 290 Deutsche und 70 französische Kriegsgefangene.
Im Verlauf des Jahres kamen noch italienische Zivilarbeiter hinzu. Der Arbeits-
kräftebedarf schien damit aber noch nicht gedeckt zu sein. Bereits im Februar 1941
erläuterte die DAZAG in einem Brief ihren Beitritt zu der neu gegründeten
„Arbeitsgemeinschaft Rudow"[194], dessen Ziel es war, den Arbeitskräftebedarf der
Mitgliedsbetriebe aus ausländischen Kriegsgefangenen sicherzustellen. Vor diesem
Hintergrund hat die Arbeitsgemeinschaft von der DAZAG die in Rudow gelegenen
Grundstücke Köpenicker Straße 39, 41, 43 und 45 angepachtet, um dort ein
Gefangenenlager zu errichten. Die DAZAG willigte in dem Schreiben ausdrücklich
der beabsichtigten Nutzung der Flächen und ihrer Bebauung mit einem Gefange-
nenlager zu.[195]

Im Juni 1942 wurden erstmals rund 100 Zwangsarbeiter, zumeist Frauen aus
dem besetzten Osteuropa, im Eternit-Werk eingesetzt. 1943 arbeiteten bereits 263
ausländische Arbeitskräfte in der Fabrik, darunter 207 Frauen. Damit bestand Ende
1943 nahezu die Hälfte der Belegschaft, die sich in ihrer Gesamtheit auf 563 Personen belief, aus ausländischen Zwangsarbeitern.[196] Über die Lebensbedingungen
und die alltägliche Behandlung der Zwangsarbeiter ist wenig bekannt geworden.
Zumindest eine den Umständen entsprechende, angemessene Unterbringung schien
jedoch vorhanden gewesen zu sein. So ordnete man „ … die Errichtung von 3
Arbeitsdienst-Wohnbaracken Typ RL IV und den Bau einer Waschbaracke für die
ausländischen Arbeitskräfte (zuerst Italiener, später Ostarbeiter-Frauen)" an.[197] Hingegen liegt im Neuköllner Heimatmuseum eine Sterbeurkunde aus dem Jahr 1943
vor, die belegt, dass 1943 polnische Frauen im Lager an der Köpenicker Straße
gefangen gehalten wurden und sie mutmaßlich unter Lebensmittelmangel litten.
Denn auf der Urkunde ist als Todesursache für ein dort geborenes Kind „fieberhafte
Erkrankung, Kreislaufschwäche" angegeben – eine Formulierung, die während des
Krieges oft die wahre Todesursache des Hungertodes kaschierte.[198] Dem Bericht
einer Überlebenden zufolge haben in dem Lager über ein Dutzend Frauen ent-

---

194 Beteiligt an der „Arbeitsgemeinschaft Rudow" waren die Firmen Bauer, Daubitz, DAZAG,
   DeTeWe, DVL, Dolberg, FRW, JoFlug [vermutlich: Flugzeugwerke Johannisthal], Ganswindt,
   Germania, Graetz, Hartmann, Hempel, Krone, Metalloxyd, Neuling, Pertrix, Fachgruppe
   Kohle, Wiegandt, Wintershall.
195 Eternit. Deutsche Asbestzement Aktiengesellschaft (DAZAG), Brief v. 21.2.1941, Heimatmuseum Neukölln, Berlin, Archiv. Das von Der Arbeitsgemeinschaft Rudow an der Köpenicker Straße 39-45 errichtete Barackenlager wurde im Standesamt Neukölln am 18.1.1943
   aktenkundig.
196 Stahr, Eternit: Vom Aufstieg zum Ausstieg, S. 165
197 Vetter, Baugeschichte des Eternit-Werkes Berlin-Rudow, S. 17
198 Vgl. Christian Böhme: Kriegsgefangene bei Eternit? Tagesspiegel v. 20.7.2000, Berlin

bunden, vor allem aus Polen, aber auch aus der Ukraine; nur wenige von ihnen in einem Krankenhaus. Es gab eine Lagerkrankenschwester und anderes Personal, das die Geburten meldete. Mindestens sieben Kleinkinder verstarben im Lager.[199] Inwiefern für die Zwangsarbeiter bei der DAZAG vollständig auch das zutraf, was William L. Shirer in seinem Buch über „Aufstieg und Fall des Dritten Reiches" in dem Kapitel „Sklavenarbeit und Neuordnung" schrieb, konnte im Rahmen dieser Arbeit nicht abschließend untersucht werden:

> „Ende September 1944 schufteten etwa siebeneinhalb Millionen ausländischer Zivilpersonen für das Dritte Reich. Nahezu alle waren mit Gewalt zusammengetrieben und in Güterwagen, gewöhnlich ohne Nahrung, ohne Wasser, ohne sanitäre Einrichtungen, nach Deutschland zur Arbeit in Industrie, Landwirtschaft und Bergbau deportiert worden. Sie mußten nicht nur arbeiten, sie wurden auch gedemütigt, geschlagen, dem Hunger ausgesetzt und starben vielfach wegen mangelnder Nahrung, Bekleidung und Behausung."[200]

1936 wurde bei der DAZAG ein Werksärztlicher Dienst eingerichtet, den später auch in Zeiten des Krieges einmal pro Woche die Beschäftigten nutzen konnten. Ob er auch dem aus Zwangsarbeitern bestehenden Personal zur Verfügung stand, ist nicht verbürgt, jedoch bestehen Zweifel angesichts der bereits beschriebenen Haltung „Fremd-" und insbesondere „Ostarbeitern" gegenüber.

Von Bombenangriffen blieb auch das Berliner Werk nicht verschont; im Herbst 1943 wurde die Formerei von einer Brandbombe getroffen und brannte aus. Das Werk blieb jedoch weitgehend funktionsfähig und konnte eine eingeschränkte Produktion bis zur Besetzung am 23. April 1945 aufrecht erhalten. Nach der Beschlagnahme durch die sowjetischen Truppen begannen diese sofort mit der Demontage der Anlagen, um sie in der Sowjetunion wieder in Betrieb zu nehmen. Jedoch erreichten die nur unzureichend verpackten Eternit-Maschinen ihr Ziel nie, sondern blieben irgendwo zwischen Berlin und Moskau liegen.

---

199 Vgl. Berliner Geschichtswerkstatt (Hrsg.): Zwangsarbeit in Berlin 1940-1945. Erinnerungsberichte aus Polen, der Ukraine und Weißrußland, Erfurt 2000, S. 67 f.
200 Vgl. William L. Shirer: Aufstieg und Fall des Dritten Reiches (The rise and the fall of the third reich. A history of nazi germany.), aus dem Amerikanischen übertragen von Wilhelm und Modeste Pferdekamp, Köln, Berlin 1962, S. 864.
   Grundlegende neuere Literatur zu Zwangsarbeitern: Ulrich Herbert: Europa und der „Reichseinsatz": ausländische Zivilarbeiter, Kriegsgefangene und KZ-Häftlinge in Deutschland 1938–1945, Essen 1991; Leonore Scholze-Irrlitz, Caroline Noack: Arbeit für den Feind. Zwangsarbeiter-Alltag in Berlin und Brandenburg 1939-1945, Berlin 1998; Ulrich Herbert: Fremdarbeiter. Politik und Praxis des „Ausländer-Einsatzes" in der Kriegswirtschaft des Dritten Reiches, Bonn 1999

4.3 Universalwerkstoff des Wirtschaftswunders – die *Durchsetzungsphase* in der Zeit zwischen dem Zweiten Weltkrieg und 1980

Karl Frank konstatiert voller Befriedigung im Jahre 1952, zu einer Zeit in der die Verarbeitung von Asbest in Bezug auf alle Anwendungsbereiche als eine ausgereifte Technologie betrachtet werden kann und zugleich mit der Diffusion von Asbestwaren in alle industriellen Bereiche die Phase der Durchsetzung für den Werkstoff Asbest erreicht war:

> „Es gibt heute kein Bergwerk, keine Zeche, kein Eisenhütten- und Stahlwerk, Elektrizitäts- und Gaswerk, keine Eisenbahn- oder Schiffahrtsgesellschaft und keine chemische Fabrik in irgendeinem Industriegebiet der Erde, die nicht ein Verbrauchs- und Warenkonto unter der Rubrik ‚Asbest' hätte. Mühlen und landwirtschaftliche Betriebe, Glas- und Keramische Werke, Laboratorien, medizinische und hygienische Forschungsinstitute und Krankenhäuser, sie alle brauchen Asbest in verschiedenster Gestalt, Mischung und Verarbeitung; an vielen Stellen ist der Asbest nicht zu ersetzen.“[201]

So werden zu diesem Zeitpunkt in nahezu jedem nur denkbaren Anwendungsbereich Produkte genutzt, zu deren Herstellung ausschließlich oder zum größten Teil Asbest industriell verarbeitet wird.

> „Wir sind überzeugt, daß der Anwendungsbereich des Asbests keineswegs abgeschlossen ist. Wo Techniker und Wissenschaftler arbeiten, werden sie immer zuerst Versuche mit Asbest und Asbesterzeugnissen anstellen, wenn sie ein Material gebrauchen, das gleichzeitig gegen Elektrizität, Wärme und Schall isolieren, hitzebeständig, unverwesbar, widerstandsfähig gegen Wasser, saure und ätzende Flüssigkeiten, dabei porös, geschmeidig und spinnfähig sein soll.“[202]

Aus diesen Äußerungen geht zugleich hervor, dass in jener Zeit konkurrierende technische Ansätze zur Vermarktung von äquivalenten Produkten kaum eine Chance zur Entstehung, geschweige denn zur Stabilisierung oder gar Durchsetzung hatten. Die allgemeinen Verwendungsgebiete von Asbest und Asbesterzeugnissen werden von Frank in denkbar breiter Ausführlichkeit geschildert, [...]

> "[...] um zu zeigen, daß es kaum ein Gebiet in der Technik gibt, bei dem nicht die Möglichkeit besteht, Asbest mit Vorteil zu verwenden. Außerdem möchten wir den Technikern, Chemikern und Physikern eine Anregung geben, weitere Möglichkeiten der Verwendung zu ergründen, damit das heute schon so wichtige Material in seinem Wert immer mehr erkannt und zum Nutzen aller Menschen gebraucht wird.“[203]

In der Phase der Durchsetzung von asbesthaltigen Produkten, der Zeit nach dem Zweiten Weltkrieg bis 1980, waren diese in nahezu jedem Lebensbereich, vor allem

---

201 Frank, Asbest, S. 195
202 Ebd., S. 195
203 Ebd.

in der Bauwirtschaft fast konkurrenzlos vertreten. Universitäten bildeten Ingenieure aus, die wie selbstverständlich Asbestprodukte verwendeten; Architekten und Handwerker verhielten sich ebenso. Asbestwaren hatten sich durch die Akzeptanz der Verbraucher weltweit zu einem weitgehend unangefochtenen, wirtschaftlichen Bestandteil der Moderne entwickelt.

4.3.1 Vorteile und Anwendungen von industriell gefertigten Produkten aus und mit Asbest

Aus der Unbefangenheit, mit der industriell verarbeiteter Asbest offensiv und in nahezu jedem Lebensbereich genutzt wurde, sprechen die Überzeugung und das bedenkenlose Vertrauen in den Werkstoff. Eine allein auf technisch-wirtschaftlichen Faktoren begründete Eigendynamik brachte es mit sich, dass sich zurückblickend das gesundheitliche Risikopotenzial sukzessive erhöhte und mahnende Stimmen zunächst keine Chancen auf Gehör haben konnten. Das Vertrauen in die technologische Leistungsfähigkeit der Mineralfaser ließ keinen Raum für Zweifel.

Erleichtert wurde diese sorglose Haltung durch die objektiven und ausschließlich unter anwendungstechnischen Gesichtspunkten als vortrefflich geltenden, allgemeinen Eigenschaften des Asbests. Er galt als nicht brennbar, beständig gegen Hitze, Fäulnis und Korrosion, chemisch beständig, wies nur eine äußerst geringe elektrische Leitfähigkeit auf, ebenso eine sehr geringe Wärmeleitfähigkeit, verfügte über hohe Adsorptionsfähigkeit und feinfaserige Struktur – ein „Wunderwerkstoff"[204] par excellence. So wurden die neuartigen Nutzungsvisionen in Verbindung mit einer technisch-wirtschaftlichen Eigendynamik ständig vorangetrieben.

Einen deutlichen Eindruck von den vielfältigen, industriell verarbeitbaren Anwendungsmöglichkeiten des „Wunderwerkstoffes" Asbest vermittelte sicherlich die in Abschnitt 2.2.1 bereits aufgeführte Liste asbesthaltiger Produkte. Führen wir uns vor Augen, dass Asbest noch bis vor rund 30 Jahren weitgehend glorifiziert worden ist. Aufgrund seiner Weichheit und Flexibilität galt der feuerfeste Naturstoff als „Seide des Mineralreiches". Bereits über mehrere Jahrhunderte hinweg sind u. a. Mäntel, Tischtücher, Theatervorhänge und Brandschutzkleidung aus diesem Stoff hergestellt worden. Materialien aus Asbest, die Wärme isolierten und damit Schutz vor Brandgefahren boten, trugen nicht nur zur Energieeinsparung bei. Sie schützten Arbeiter auch vor der Hitze von Hochöfen oder anderen Wärmequellen. Mit Hilfe von industriell verarbeitetem, asbesthaltigem Material wurde z.B. der Gebrauch von leistungsfähigeren Kraftfahrzeugen und Produktionsmaschinen möglich. Die feine Struktur der Asbestfasern ließ sie als einen hervorragenden Werkstoff zur Reinigung von Atemluft erscheinen, deshalb fand sie Verwendung in Luftfiltern. Dementsprechend sollte Asbest auch in Zigarettenfiltern vor den schädlichen Auswirkungen des Tabakrauches schützen.[205] Ferner wurden Weine, Fruchtsäfte und Rohzuckerlösungen mit Asbestfiltern geklärt. In Gasmasken für Soldaten fand As-

204 Alleman, Asbest: Aufstieg und Fall , S. 86
205 Siehe hierzu auch Abschnitt 5.1.6 „Der „Kent"-Fall: Asbest und Rauchen. Ein Exkurs"

best auch im militärischen Bereich eine weitere Anwendung.[206] Weitere Verästelungen in der Anwendungsvielfalt waren die Nutzung feuerfester, asbesthaltiger Postsäcke durch die Post der Vereinigten Staaten, die Verwendung als Fäden durch Herzchirurgen oder als Poliermittel in einer Zahnpasta.[207]

Die mannigfaltigen Vorteile in den technischen Anwendungsmöglichkeiten von Asbest lösten ab den vierziger Jahren des 20. Jahrhunderts eine Asbestschwemme aus:

> „Dutzende von Erzeugnissen, die noch in der ersten Hälfte dieses Jahrhunderts auf den Markt kamen, enthielten Asbest. Feuerfeste Schiffe hatten Rümpfe aus Eternitplatten, Mischungen aus Bakelit und Asbest wurden für Knöpfe, Telephonapparate und Elektroschaltkästen verwendet. Überhaupt setzte die Kunststoffindustrie anfangs stark auf Kombinationen mit der Mineralfaser, weil diese das Syntheseprodukt verstärkte, seine Hitzebeständigkeit erhöhte und sein Gewicht verringerte. Auch nach der Entwicklung besserer Polymere blieb Asbest ein bedeutendes Bindemittel und Verstärkungsmaterial. So gehörten Fliesen aus Vinylasbest zu den meistverkauften Fußbodenbelägen."[208]

Ohne Zweifel bestand der Vorteil von Asbest vorwiegend in den überaus vielfältigen Anwendungsgebieten. Von Anstrichmassen bis zu Zylinderkopfdichtungen war in den Gebieten der industriellen Fertigung gleichsam alles vertreten. Bremsbeläge wurden fast ausschließlich mit Hilfe von asbesthaltigen Materialien produziert, wie Brandschutzklappen oder Dachziegel. Eine Folge hiervon ist, dass Schätzungen zufolge in den Vereinigten Staaten 20 % aller Gebäude Chrysotil in Schindeln, Isolierungen, Zementrohren und anderen Bauteilen enthalten.[209] In Russland verfügt jedes zweite Haus über eine Bedachung, bei deren Herstellung Asbest verwendet wurde.[210] Desgleichen wurden Eisenbahnwaggons mit Asbestplatten ausgekleidet sowie auch Fackeln oder Farben mit Asbest versetzt. Industriell verarbeiten ließ sich Asbest für Kälteplatten, für Kanalisationsrohre, für Katzenstreu wie für Raketentriebwerke und nicht zuletzt auch als Spritzasbest für die Bauindustrie.

Mit dem Einzug in nahezu alle Lebensbereiche setzte sich das Material vollständig durch. Seine Universalität, charakterisiert durch die einzigartige Verbindung von jeweils herausragenden Eigenschaften im Vergleich zu anderen Werkstoffen, machte ihn zu einem hervorstechenden Werkstoff der industrialisierten Moderne. Verantwortlich für die Ausbreitung von „Asbest-Innovationen" und deren industrielle Produktion war neben den einzigartigen technischen Eigenschaften des Werkstoffes aber auch, dass er in ausreichender Menge vorhanden war, mit einfachen und aus dem bergmännischen Abbau anderer Gesteine bekannten Verfahren abgebaut und aufbereitet werden konnte als auch relativ unkompliziert industriell weiterverarbeitbar war. Mit dieser Akkumulation an Vorteilen konnte das Mineral immer neue Anwender für sich gewinnen und sich schließlich durchsetzen.

---

206 Alleman, Asbest: Aufstieg und Fall, S. 86
207 Ebd., S. 90
208 Ebd.
209 Ebd., S. 89
210 Gruntschenko, Erlöse mit gefährlicher Faser

In den nachfolgenden Abschnitten 4.3.1.1 bis 4.3.1.8 werden die auf der Grundlage von Asbest produzierten Waren dargestellt und in acht Obergruppen entsprechend ihrer Endverwendung gemäß der oben in Kapitel 3 dieser Arbeit erfolgten Definition eingeteilt. Die damit verfolgte Intention ist, den beträchtlichen Umfang der industriellen Verwendung der Asbestfaser anhand der vielfältigen Arten ihrer Weiterverarbeitung sowie der Darstellung der Anwendungsfelder in ihrer Breite und Bedeutung aufzuzeigen. Von einer umfassenden und tiefen entwicklungsgeschichtlichen Analyse der einzelnen Anwendungen unter Zuhilfenahme des methodischen Instruments der Netzwerkanalyse wird hier aus den bereits ausführlich diskutierten Gründen abgesehen.

4.3.1.1 Asbest-Textilprodukte

Zu den ältesten Methoden der Asbestverarbeitung zählt das **Verflechten von Asbestfäden**, welches man auch als Klöppeln bezeichnet. Vor allem Schnüre wurden aus asbesthaltigem Material hergestellt.

Die textile Verarbeitungsmöglichkeit von Asbestfasern war eine vor allem während der hohen Zeit der Durchsetzungsphase gefragt Anforderung. Denn die Qualität textiler Asbestprodukte war von der Zusammensetzung der so genannten **Spinnmischungen** abhängig.[211] Verarbeitet wurden, von Ausnahmen abgesehen, Asbestarten verschiedener Herkunft, Klassen, Unterklassen (besonders was die Faserlänge angeht) und verschiedener Sorten (was die Textur betrifft). Von den sechs Asbestsorten weisen grundsätzlich lediglich Chrysotil, Krokydolith und teilweise auch Amosit die für eine textile Verarbeitung erforderlichen Voraussetzungen wie Festigkeit, Feinheit, Geschmeidigkeit und vor allem Faserlänge auf. Spröde und kurze Fasern ziehen bei der maschinellen Bearbeitung Störungen nach sich und verursachen zudem infolge des starken Herausfallens hohe Verarbeitungsverluste. Vor diesem Hintergrund besaßen Chrysotilfasern die größte Bedeutung. Unter Umständen kamen sie auch gemeinsam mit organischen Tragfasern wie Baum- oder Zellwolle und Vorgarn- oder anderen Textilabfällen zur textilen Verarbeitung. Ökonomische Aspekte wie etwa Preisschwankungen oder gelegentlich auftretende Probleme in der Beschaffung, den technischen Möglichkeiten der Fabrikation, Fasereigenschaften und den an die Endprodukte im Hinblick auf den eigentlichen Verwendungszweck gestellten Anforderungen beeinflussten ebenfalls die Zusammensetzung der Spinnmischungen. Grundsätzlich wurde aber versuch, dem Anforderungsprofil der Endprodukte, charakterisiert durch unterschiedliche thermische, chemische, mechanische oder auch elektrische Beanspruchungen, durch eine jeweilige Auswahl des Rohmaterials zu entsprechen.

---

211 Berger, Asbest-Fibel, S. 115 ff.

Der Produktionsprozess von textilen Asbestwaren erfolgte nach folgendem Ablauf:

1) Aufschließen der Asbestfasern in Kollergängen und Mischung verschiedener Sorten
2) Vorgarnherstellung durch Parallelausrichtung der Fasern und Florbildung auf Krempelsätzen
3) Garnherstellung durch Feinspinnen
4) Zwirnproduktion auf Zwirnmaschinen
5) Weiterverarbeitung der Zwirne durch Weben, Flechten oder Stricken

Als wichtigste Maschinentypen bei der textilen Asbestfaserverarbeitung wurden zur Garnherstellung Ein- oder Doppeldraht-Flügelspinnmaschinen sowie Ein- oder Doppeldraht-Ringspinnmaschinen eingesetzt.[212] Sie glichen in weiten Teilen den Spinneinrichtungen für Baumwolle und Kammgarn. Für die **Zwirnherstellung und -umspulung** wurden wiederum spezifische Flügel- oder Ringzwirnmaschinen benötigt.[213]

Abbildung 11: Ringzwirnmaschine für Asbestgarnverzwirnung um 1955, Hersteller: Hamel GmbH, Münster
[Quelle: Berger, Hans: Asbest-Fibel. Ein geschlossener Überblick über die Gewinnung, Aufbereitung, Eigenschaften, Verarbeitung und Verwendung von Asbest, Stuttgart 1961, Abb. 40, S. 125]

Die Zwirne dienten als Endprodukt zum Beispiel dem Vernähen konfektionierter Asbestschutzbekleidung für die Industrie und für die Feuerbekämpfung. Als Halbprodukt wurden die Garne oder Zwirne durch Weben, Flechten (Klöppeln) oder Stricken weiter verarbeitet. Das Verweben der Asbestzwirne war sowohl Grundlage für das Schneidern von Asbestschutzkleidung als auch Voraussetzung für die Herstellung von mehrlagigen, breiten Bremsbändern, von Asbestgurten und von einlagigen Asbest-Breitgeweben, aus denen bis zum Ende der Durchsetzungsphase in den siebziger Jahren in großem Maßstab Gewebepackungen und Kupplungsringe wurden.

---

212 Berger, Asbest-Fibel, S. 124
213 Ebd., S. 124 f.

Bei Asbestgeweben handelt es sich überwiegend um technische Gewebe, bei denen dekorative Bindungseffekte nicht erforderlich waren. Asbestgewebe wurden auch mit so genannter Leinwandbindung imprägniert. Sie bestanden aus engster Fadenverkreuzung, mit einer jedoch außerordentlich geringen Fadendichte. Diese Gewebe dienten zur Herstellung von Dochten und Kabelisolierungen, u.a. bei Haushaltsgeräten wie Bügeleisen, Toastern, Lampen oder dergleichen. Die Leinwandbindung wurde auch bei der Fabrikation von (Feuerwehr-) Schläuchen oder Treibriemen verwendet.

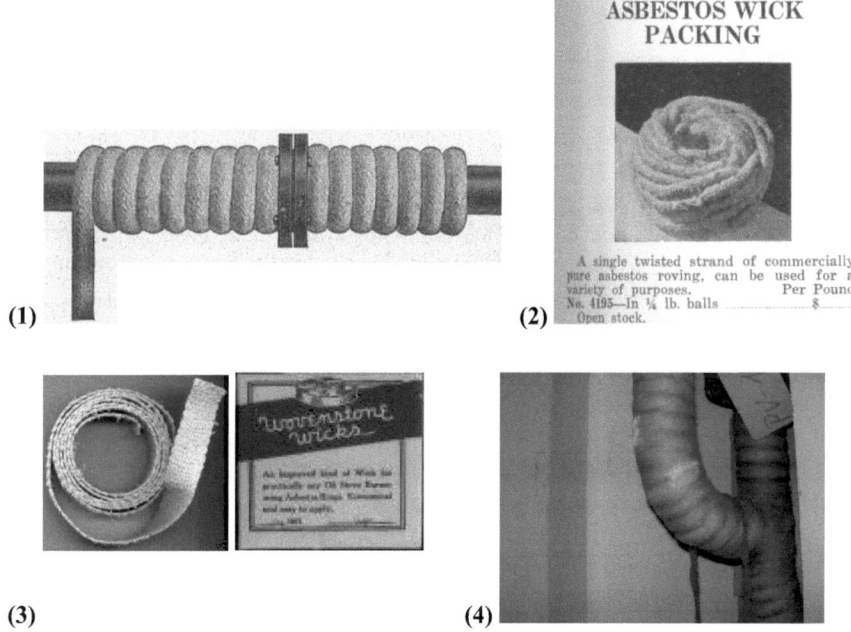

(1)

(2)

(3)

(4)

Abbildungen 12:

(1) **Asbestschnur zur Rohrisolierung, Deutschland 1939**
[Quelle: Burgmann Jahrbuch 1939, Neununddreißigster Jahrgang, hrsgg. von der Firma Feodor Burgmann, Dresden-Laubegast, S. 254]

(2) **Werbung für Asbestgarn, einsetzbar als Docht und Dichtung, USA 1940**
[Quelle: Montana Hardware Company, Catalogue No. A , USA 1940]

(3) **Asbestdocht für ölgefeuerte Öfen, USA 1947**
[Quelle: Autor]

(4) **Asbestschnüre mit über 80 % Asbestanteil (schwach gebundener Asbest), verwendet zur Isolierung einer Steigleitung, Deutschland 1971**
[Quelle: geopro GmbH, Stockach]

Die Strickerei, auch als Wirkerei bezeichnet, ist eine Produktionsmethode, die primär zur Erzeugung von Arbeitsschutzbekleidung und in geringerem Umfang auch bei der Herstellung von Kupplungsbelägen verwendet worden ist:

„Der anwendungstechnische Vorteil gestrickter Bekleidungen liegt bei der Dehnbarkeit solcher Asbesttextilien nach allen Richtungen und dem Wegfall des Vernähens und Säumens von zugeschnittenen Teilen durch Ketteln (nahtloses Konfektionieren) der Kanten und Formausschnitte. Gestrickte Kupplungsringe weisen gegenüber den aus Gewebe gefertigten Belägen den Vorteil größerer Festigkeit auf."[214]

Deutsche Patente für **gestricktes Kupplungsmaterial** waren im Übrigen bereits im Jahre 1960 über 20 Jahre alt; britische Patente weisen überdies zahlreiche Möglichkeiten der Verarbeitung von Asbest durch Stricken auf.

4.3.1.2 Asbest-Dichtungen

Über einen sehr langen Zeitraum (seit Beginn der groß angelegten, industriellen Verarbeitung von Asbest gegen Ende des 19. Jahrhunderts bis zur Mitte der siebziger Jahre des 20. Jahrhunderts) nahmen Dichtstoffe auf Asbestbasis einen breiten Raum in der Asbest verarbeitenden Produktion ein. Sie lassen sich nach verschiedenen Kategorien unterteilen, und zwar nach ihrer Form (Stopfbüchsenpackungen, Flachdichtungen), nach ihrem Aufbau (Gewebekonfektion, Geflechtart), nach ihrer stofflichen Zusammensetzung (Asbestanteil, Verbundwerkstoff, Metallanteil etc.), nach ihren Eigenschaften (Verformbarkeit, Hitzebeständigkeit, Schmierfähigkeit, Standzeit etc.) und nach ihrem Verwendungszweck (zur Abdichtung bewegter oder ruhender Maschinenteile). Wobei in der praktischen Anwendung eine Vermischung der verschiedenen Kriterien entsprechend der individuellen technischen Problemstellung zwangsläufig war und damit zugleich auch die Vielfalt dieses Anwendungsgebietes aufgezeigt wird.

Ursprünglich galt aus Kostengründen die Regel, dass Asbestdichtungen erst dann eingesetzt werden sollten, wenn Dichtungen aus organischen Stoffen ihren Zweck nicht länger erfüllen können. Rasch wachsende technische Anforderungen führten dazu, dass letztlich nahezu ausschließlich aus Chrysotil- oder Krokydolith-Garnen hergestellte Dichtungen nachgefragt und produziert wurden. Alternativen, über die später noch zu sprechen sein wird, wurden in der Regel wegen wirtschaftlicher und qualitativer Nachteile bzw. der mit Asbest verbundenen anwendungstechnischen Sicherheit fast überhaupt nicht mehr in Betracht gezogen. Folgt man der Unterteilung der Dichtungen entsprechend ihrer Form ist grundsätzlich zwischen nicht flachen Stopfbüchsenpackungen und Flachdichtungen zu unterscheiden.

Stopfbüchsenpackungen sind Dichtungen auf der Grundlage textiler Asbestprodukte. Sie fanden sowohl an ruhenden Aggregaten Verwendung, z.B. als Ringe oder Bänder an Kesseln, als auch an flexiblen Maschinenteilen, z.B. als Packungen zur Umschließung und Abdichtung für sich bewegenden Kolbenstangen, Spindeln, Wellen, Stangen etc.

---

214 Ebd., S. 131

Burgmann definierte 1910 das Anforderungsprofil für Packungen, welches sich auch in den Folgejahren[215] nicht änderte, wie folgt:

„Welche Anforderungen kann man überhaupt an eine Packung stellen?
1. Daß sie absolut dichtet.
2. Daß der Gang der Maschine ein leichter und ruhiger ist.
3. Daß die Packungen mindestens 3-4 Monate in der Stopfbüchse liegt, ohne daß neu verpackt werden muss.
4. Daß die Maschinenteile durch die Packung nicht angegriffen werden.
5. Daß keine Ölung der Kolbenstange notwendig ist."[216]

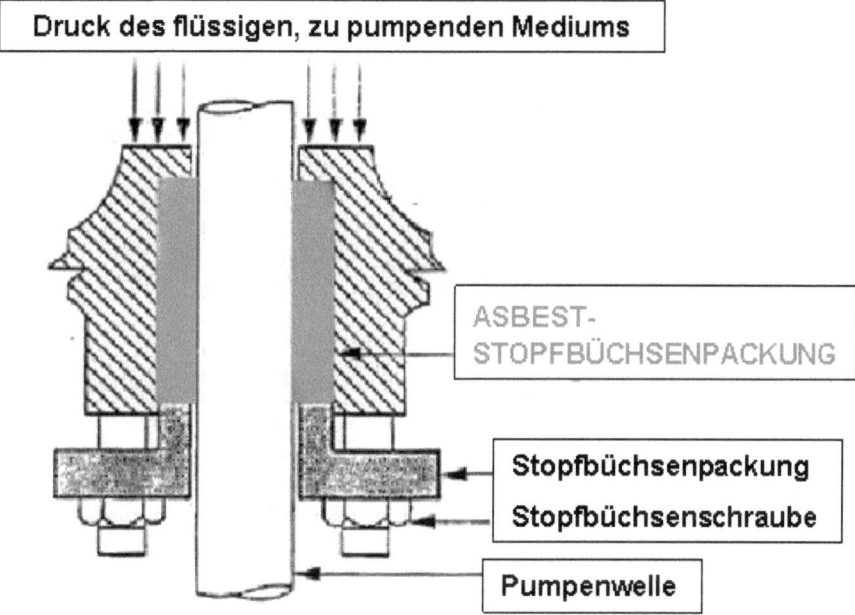

Abbildung 13: Stopfbüchse einer Pumpe mit eingelegter Stopfbüchsenpackung für bewegte Teile
[Quelle: unbekannte britische Quelle; übersetzt durch den Autor]

Viele Packungen sind zusätzlich imprägniert. Die Art und damit die Eigenschaften der Imprägnierungen richten sich nach dem Verwendungszweck des Dichtungsmaterials. So sind Paraffine für **Säurepackungen** vorgesehen und Seifen für **Lösungsmittelpackungen**. **Fettpackungen** sind in der Regel für die Abdichtung gegen Wasser, Wasserdampf, Salzlösungen, Mineralsäuren, Laugen und Kohlenwasserstoffen an ständig bewegten Teilen vorgesehen, wie z.B. als Armaturenspindeldichtungen, bei Hubbewegungen oder als Grund- oder Kammerungsringe; auch zur Abdichtung von Gasen lassen sie sich verwenden.

---

215 Burgmann Jahrbuch 1939, S. 134
216 F. Burgmann's Jahrbuch 1910, S. 138

Aus gummierten Asbest-Geweben bestehen die so genannten **Asbest-Kautschuk-Dichtungen**. Die Dichtungselemente können für bewegte oder unbewegte Maschinenelemente eingesetzt werden. Sie sind mit oder ohne Gummikern gewickelt, zu harmonikaartig gekippten Schichten gelegt oder mehrfach zu übereinander geschichteten Blöcken geschnitten, ggf. mit einem seitlichen Gummikern ausgestattet.

Auch die so genannten **Manschetten-Dichtungen** (Lippen-, V-Packungen, Lippenringe, Dach-, U-, Hut-, Topf-, Napf-Manschetten, Nutringe etc.) bestehen aus gummierten Geweben, wobei je nach Profil die Rohlinge aus gerollten, geschichteten oder gewickelten Gewebelagen aufgebaut sind. In allen Bereichen der Hydraulik werden die Gewebemanschetten vor allem bei sich bewegenden Maschinenteilen eingesetzt.

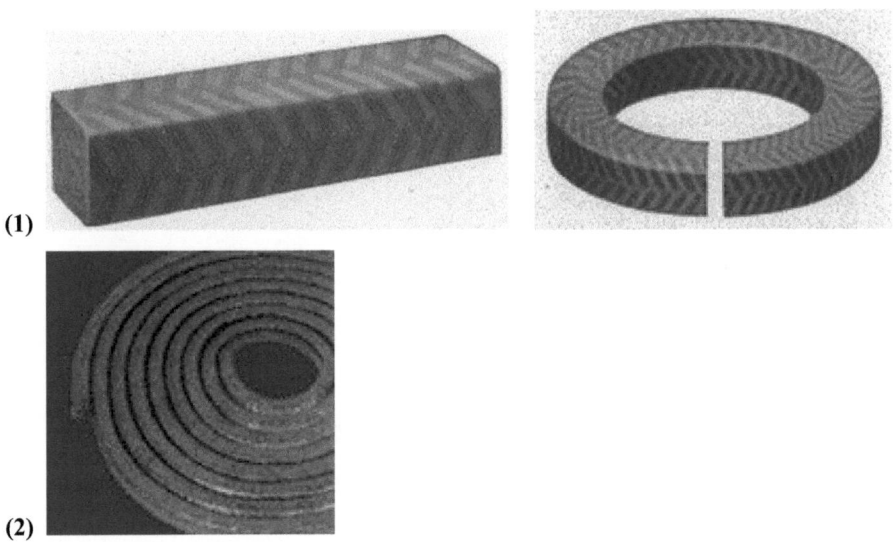

(1)

(2)

Abbildungen 14:

(1) **Stopfbüchsenpackungen zum Verpacken von Stopfbüchsen an Zylindern, Schiebern und Ventilen von Dampfmaschinen, 1939**
[Quelle: Burgmann 1939, S. 142 und S. 169]

(2) **Stopfbüchsenpackungen aus Asbest- und Kunststoffgarnen, imprägniert mit Graphit, produziert in China, weltweiter Verkauf, 2006**
[Quelle: China Ningbo GongYao Sealing Materials Co. Ltd., China]

Im Vergleich zu den überwiegend zur Abdichtung flexibler Teile eingesetzten Stopfbüchsenpackungen dienen **Flachdichtungen** ausschließlich zur Schließung lösbarer Verbindungen zwischen starren Teilen. Speziell als ringförmige Flanschdichtungen an Rohren oder Behältern, für Rohr- oder Mannlochverschlüsse, Schaugläser und ähnliches verwendet, im Übrigen auch als Zylinderkopf- oder als Auspuffdichtungen. Asbesthaltige Flachdichtungen basieren im Gegensatz zu Packungen nicht auf textilen Asbestprodukten, sondern auf Verbundstoffen, deren Rezepte einen maßgeblichen Anteil an Asbestfasern vorsahen.

Bis zum Ende des 19. Jahrhunderts bestanden vergleichbare Flachdichtungen aus Kupferdraht, Blei, drahtverstärkten Gummiplatten oder aus mit Teer imprägnierter Pappe. Jedoch hielten diese Dichtungen nur begrenzten Temperatur- und Druckbelastungen stand. Ihre Dichtleistung, z.B. im Rahmen von Dampf und Flüssigkeit führenden Anlagen, entsprach kaum noch den steigenden Maschinenleistungen hinsichtlich Druck und Temperatur. Vor diesem Hintergrund erfand 1896 der Wiener R. Klinger die ersten **Hochdruckdichtungsplatten** auf der Grundlage eines neuen Verbundstoffes. Klinger vermarktete seine Hochdruckdichtungen ab 1899 unter dem Markennamen „Klingerit". Die Wortendung ‚it' wird auf die beiden letzten Buchstaben der Hauptbestandteile Gummi und Asbest zurückgeführt. In der Folge bezeichneten andere Betriebe, die mit der Herstellung vergleichbarer Platten befasst waren, ihre Erzeugnisse ebenso mit der Buchstabenkombination „it" am Wortende, so dass jene Dichtstoffe rasch als **It-Platten** einen hohen Bekanntheitsgrad erlangten.

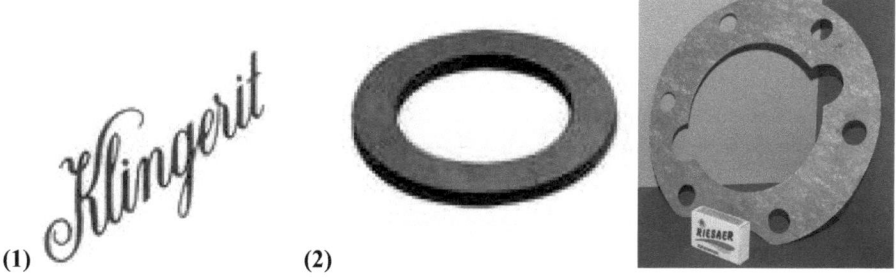

(1)   (2)

Abbildungen 15:
(1) **Logo des Markennamens „Klingerit"**
     [Quelle: Klinger GmbH, Idstein]
(2) **Aus Hochdruckdichtungsplatten konfektionierte Flachdichtungen**
     [Quellen: unbekannt]

Das asbesthaltige Verbundmaterial bestand zu überwiegendem Anteil aus gereinigten, aufgeschlossenen Chrysotilfasern. Weitere Komponenten waren Lösungen aus Kautschuk, pulverförmigen mineralischen Füllstoffen zur Ausfüllung der Faserzwischenräume, Farbpigmenten, Vulkanisationsmitteln und anderen Kautschukwirkstoffen (z.B. Alterungsschutzmitteln). Das Gemisch wurde in Knetmaschinen intensiv durchmischt; z.T. kamen speziell entwickelte It-Mischmaschinen zum Einsatz. Im nächsten Produktionsschritt schloss sich auf dem It-Plattenwalzwerk, auch It-Kalander genannt, die Plattenherstellung an.

Die aus dem Walzwerk entnommenen Platten wurden teilweise direkt verkauft, um dann vom Anwender individuell konfektioniert zu werden. Im Zuge einer zunehmend arbeitsteiligen Wirtschaft wurden aus den Platten fertige Dichtungen ausgeschnitten oder gestanzt. Es wird berichtet, dass der Prozess des Ausstanzens höhere Anforderungen an das Dichtungsmaterial stellte als der spätere Einsatz als Dichtung. Wenn sie an den Kanten nicht einrissen oder brachen, war die Qualität ausreichend.[217] Grundsätzlich war die Qualität der Platten abhängig von der Walztechnik, der Vulkanisationstemperatur, der Faserlänge und Reinheit des Asbests sowie der Zusammensetzung und Homogenität der Mischung. Die Auswahl des Plattenaufbaus und damit der Dichtung stand in Abhängigkeit des Drucks, der Temperatur, den Einbaubedingungen und der Art des abzudichtenden Aggregats.

(1)　　　　　　　　　　　　　　(2)

Abbildungen 16:

(1)　**It-Plattenwalzwerk zur Herstellung von Hochdruckdichtungsplatten, um 1960**
[Quelle: Frenzelit-Werke GmbH & Co. KG, Bad Berneck]

(2)　**Abziehen einer Hochdruckdichtungsplatte vom Walzwerk , um 1960**
[Quelle: Frenzelit-Werke GmbH & Co. KG, Bad Berneck]

Seit dem Jahre 1950 wurden in den Vereinigten Staaten in der Fa. Armstrong Cork Co. und später auch in Deutschland, hier in der Reinz-Dichtungs-Gesellschaft mbH, verschiedene **Asbestfaser-Dichtungsfolien oder -platten** erzeugt, deren Herstellung sich schon vom Grundsatz her von der Produktionsmethode der It-Platten unterscheidet. Diese Methode basierte auf einer kontinuierlichen Absaugung und Herausbildung von Faserpilzen aus wässerigen Asbest-Suspensionen auf Papiermaschinen.[218] Infolge dieses Verfahrens konnte eine höhere Homogenität und ein größerer Bindemitteleinsatz erreicht werden, wodurch sich Reißfestigkeit, Biegsamkeit, Bearbeitbarkeit und vor allem Beständigkeit gegenüber fast allen abzudichtenden Medien erhöhten. Diese Asbest-Dichtstoffe verfügten bei einer auf Dauer vorhandenen Betriebstemperaturen bis 400°C über eine Kompressibilität, die bei 70 Nm/cm² etwa 13 bis 27 Prozent und bei 350 Nm/cm² ca. 20 bis 40 Prozent betrug,

Die Weichheit der It-Platten erlaubte auch die Verwendung bei unebenen Flächen und niedrigem Anpressdruck. Durch diese Verbesserungen waren die Dichtungen nahezu universell z.B. bei Flanschdichtungen einsetzbar.

---

217 Frank, Asbest, S. 168
218 Berger, Asbest-Fibel. S. 149 f. Berger schreibt: „Die Fasern werden im ‚Holländer' mit Dispersionen von Elastomeren … oder Plasten … verschiedener Konzentration imprägniert. Wesentlich an dem Verfahren ist die neben dem mechanischen Aufschluß (‚Schlagen') verlaufende chemische Öffnung der Asbestfaserbündel mit Hilfe verschiedener Chemikalien …" Der „Holländer" ist eine Maschine in der Papier- und Pappenfabrikation, in der Zellstoff, Hadern, Holzschliff und Altpapier zerkleinert, zu Brei gemahlen, gefärbt und geleimt werden. Die Maschine ist erstmals um 1670 in Holland verwendet worden. Vgl. Der Große Brockhaus, Sechzehnte Auflage, Fünfter Band Gp – Iz, Wiesbaden 1954, S. 511; Vgl. Günter Bayerl, Karl Pichol: Papier. Produkt aus Lumpen, Holz und Wasser, Reinbek bei Hamburg 1986 (= Deutsches Museum. Kulturgeschichte der Naturwissenschaften und der Technik)

Zylinderkopfdichtungen aus Asbest waren gefragt, weil bei der Abdichtung des Zylinderkopfes gegen den Motorblock schwierige Verhältnisse vorlagen. Die Dichtung musste zugleich den Brennraum und die Durchgänge für Kühlwasser, Schmieröle, Schraubenbolzen und Ventilsteuerungsteile abdichten. Asbest konnte hier eine ganze Reihe von Dichtungsaufgaben leisten. Bei plötzlich wechselnden Innendrücken, sehr hohen und schlagartig einsetzenden Explosionsdrücken, veränderlichen und zuweilen ausnehmend hohen Betriebstemperaturen bewährte er sich. Dazu war er den unterschiedlichsten Stoffen ausgesetzt wie Kraftstoffen ganz unterschiedlicher Zusammensetzung und deren Verbrennungsgasen, heißem oder kaltem Kühlwasser mit Korrosions- und Frostschutzmitteln, heißem Öl mit und ohne geringfügige Zusätze oder auch Säuren aus Schmierstoffen. Ebenso hatte die Zylinderkopfdichtung die Funktion, hinreichende Schub- und Zugfestigkeit wie auch Kompressibilität und Dauerstandfestigkeit zu garantieren. Vor allem aber musste sie geeignet sein, sich ohne zusätzlichen Arbeits- und Materialaufwand in die entsprechenden Motoranlagen integrieren zu lassen. Auch hatte sie die Aufgabe, zur Kühlung des Zylinderkopfes beizutragen. Zudem sollte sie mit Blick auf die thermodynamischen Abläufe im Brennraum und als Abdichtung den Wärmefluss fördern; hier waren Leitfähigkeit und Wärmeausdehnung gefragt.

Bei den vielfältigen Möglichkeiten, Zylinderkopfdichtungen zu gestalten, waren im Zeitraum der Durchsetzungsphase der industriellen Asbestverarbeitung gerade in der Kraftfahrzeuge produzierenden Industrie die Weichen von vornherein auf die Verwendung asbesthaltiger Materialien gestellt. Nach Alternativen zu suchen und diese zu erproben erschien wenig sinnvoll, da mit asbesthaltigen Dichtungen eine technologisch erprobte und universelle Lösung bereit stand. Die mit Hilfe von Asbest produzierten Dichtungen erfüllten in jeder Hinsicht die Standards und mehr als das: Sie boten Zuverlässigkeit auf Jahre hinaus.

Dichtungen, die Asbest enthielten, funktionierten auch als **Spiral-Asbest-Dichtungen**. Diese setzten sich aus vorgeformten Stahlbändern zusammen, aus Streifen von Asbestpapier oder Asbest-Kautschuk-Erzeugnissen wie zum Beispiel It-Produkten. Hervorragend geeignet waren sie für besonders schmale Dichtflächen im Rohrleitungs-, Kessel-, Schiff- und Bergbau. Gerade auch die chemische Industrie hatte dafür Verwendung. In Verschlüssen an Kesselhandlöchern wurden diese Dichtungen ebenso integriert wie an Hochdruckdampfkesseln und Speisewasservorwärmern.

4.3.1.3 Asbestpappe und Asbestpapier

Der früheste erkennbare Beginn einer systematischen Gewinnung und Verarbeitung von Asbesterzeugnissen, die zur Herstellung von Pappe und Papier führten, war in Italien ab 1860 zu verzeichnen. Die ersten Versuche gingen angeblich sogar bereits auf das Jahr 1808 zurück.[219]

---

219 Frank, Asbest, S. 107

Asbestpappen dienten zur Isolierung von Wärme oder Kälte, auch zum Schutz vor Feuer. Sie wurden genutzt als Abdeckungen, Beläge, Verkleidungen, Ummantelungen für Schweißer und Schmelzschilde, als Gleitbahnen in der Glasindustrie, für Griffe und Fahrzeugteile, für Zwischenschichten an Geldschränken, Feuertüren, Schutzwände, Laborgeräte, Heizdrahtumwicklungen. Öfen und Kessel jeglicher Art wiesen Verkleidungen aus Asbestplatten auf. In Erhitzern, Trockenschränken, Brutschränken, Boilern und anderen Elektrogeräten fanden sie als Isolierstoff Anwendung.

(1) (2)

Abbildungen 17:

(1) **Werbung Asbestpappe, USA 1940**
     [Quelle: Montana Hardware Company, Catalogue No. A , USA 1940]

(2) **Werbung für Asbestpappe zur Rohrisolierung, USA 1957**
     [Quelle: Werbeblatt, Johns-Manville Company, Denver, USA 1957]

Die Einsatzgebiete von **Asbestpapier** waren nicht so breit gefächert wie die der Asbestpappe. Gleichwohl diente es u.a. auch zu Isolierungszwecken. Im Gegensatz zu Asbestpappen oder anderen Isoliermassen war es einfacher aufzubringen. Es wurde ferner verwendet als Tischdecke und zum Einschlagen von Waren, die vor Hitze, Ungeziefer und Fäulnis geschützt werden sollten. So verpackte z.B. die US-Armee im Zweiten Weltkrieg für ihre Truppen in Nordafrika Nahrungsmittel in Asbestpapier.[220]

---

220 Ebd., S. 185

J-M FIBROID ASBESTOS PAPER TAPE

Thin, fireproof asbestos papers, made from specially selected fibre. Their use is particularly adapted to the electrical field, offering protection and insulation to such units as electrical heaters and thermal operating devices.

Thickness, Inches			Approx. Lbs. Per 100 Sq. Ft.	Approx. Lin. Ft. Std. Roll 7″ Dia.	Approx. Feet 1″ Wide Per Lb.
Nominal	Minimum	Maximum			
.012	.010	.014	4.2	260	300
.016	.014	.018	6.0	195	200
.018	.016	.020	8.0	175	150
.022	.020	.024	10.0	145	120
.026	.024	.028	12.0	120	100
.029	.027	.032	14.0	110	86
.032	.030	.035	16.0	100	75
.062	.060	.067	32.0	50	37

(2)

Abbildungen 18:

(1) **Werbung für Asbestpapier als Tischunterlage, USA 1908**
[Quelle: Werbeblatt, L.W. Kerney & Co.]

(2) **Werbung für Asbestpapier zur Anwendung in elektrischen Geräten, USA 1951**
[Quelle: General Electric Corporation, Wiring Materials Power Apparatus, USA 1951]

Neben ihrem Hauptanwendungsgebiet der Isolierung wurden Asbestpappen und Asbestpapiere auch als Abdichtungsmaterial verwendet. Bei Zylinderkopfdichtungen etwa wurden sie zwischen oder als Belag auf Metallfolien eingesetzt. Als Trägermaterial von Blei-Asbest-Bodenplatten hatten sie die Funktionen zur Schwingungsdämpfung und zur Isolation von Gebäuden gegen Erschütterungen beizutragen. Aluminium-Asbest galt als Hochleistungswärmedämmstoff (sein Reflexionsvermögen betrug bis zu 70 Prozent der Sonnenwärme) und wurde auch im Kälteschutz von Flugzeugen eingesetzt.[221]

Ein weiteres Einsatzgebiet, in dem Asbestpappen und -papiere Gebrauch fanden, war ihre Verwendung als Filter- und Klärmaterial.

„Die Verwendung von kurz- oder langfaserigen Asbesten, Chrysotilen oder Amphibolasbesten, von wasserlöslichen Bestandteilen und unlöslichen Teilen befreiten oder säuregewaschenen Fasern, schwächer aufgeschlossenen (Flüssigkeiten) oder stark geöffneten Chrysotilen (Gase, Dämpfe, Aerosole), reinen Asbesten oder Gemischen von diesen mit anderen faserigen oder pulverförmigen Stoffen hängt von der jeweiligen Filteraufgabe ab.“[222]

Zur Produktion von Asbestpappen und -papiere wurde Chrysotil, Krokydolith oder ein Gemisch aus beiden Asbestarten verwendet. Hinzu kamen nur geringe Mengen von Bindemitteln. Im Bedarfsfall wurden noch anderer Faserstoffe und anorganischer pulverförmiger Füllstoffe beigefügt. Danach wurden die Komponenten in einem Holländer mit Wasser suspendiert. Mit seinen Messern homogenisierte der Holländer die Mischung und schloss zugleich die Asbestfasern auf. Die Pappen- oder Papiersuspension kam im Anschluss daran in die Rührbütte, in der sie durch Zugabe von Wasser auf eine Stoffdichte von ca. 1% weiter verdünnt wurde. Analog

---

221 Ebd.
222 Berger, Asbest Fibel, S. 160

der Herstellung von „normalem" Papier förderten Schöpfräder die „Stoffmilch" weiter und führten sie der Pappen- oder Papiermaschine zu, die aus den Einzelabschnitten Sieb-, Presspartie und Formwalze bestand. Da die Pappen und Papiere die Papiermaschine mit einem Feuchtigkeitsgehalt von ca. 65 % verließen, wurde das Wasser im nächsten Arbeitsgang mit Hilfe von Trocknern ausgetrieben. Das Zuschneiden konnte vor oder nach der Trocknung erfolgen. Zum Teil wurden die Pappen und Papiere in Abhängigkeit von der vorgesehenen Anwendung zum Schluss noch imprägniert.

Mit **Asbest-Sonder- und Mischpapieren** gelang es in den fünfziger Jahren des letzten Jahrhunderts, auf einer Papiermaschine Asbestpapier zu produzieren, das keiner Imprägnierung mehr bedurfte, das sich durch hohe Homogenität, Festigkeit und Biegsamkeit auszeichnete und sowohl für Dichtungszwecke wie auch als Wärmedämmstoff eingesetzt wurde. Wegen seiner hervorragenden, elektrisch nicht leitenden Eigenschaften wurde es zudem auch in der Elektrotechnik verwendet.

Zu den Asbest-Mischpapieren ist zu bemerken, dass hier zahlreiche Formen von Filtermaterial entwickelt wurden, so dass für die unterschiedlichsten Filterungs-Aufgaben (Wein, Bier, Most, Fruchtsäfte, Mineralwasser, saure, alkalische, bakterienhaltige Flüssigkeiten, Fette, Öle, Seren etc.) genau abgestimmte Filterschichten Verwendung fanden.

Die Qualität der Asbestpappen und -papiere wurde nach Dichte, Glühverlust, Zugfestigkeit und der Löslichkeit in Salzsäure bemessen. Asbestpappen und -papiere, die in elektrotechnischen Anlagen und Apparaten eingesetzt worden sind, mussten zudem frei von Magnetit sein.

Letztlich bedeutete auch hier die Vielfalt der Anwendungsmöglichkeiten, dass in Anbetracht des sich stetig steigernden Gebrauchs von industriell verarbeitetem Asbest und der relativ einfachen Ergänzung der Anwendungspalette gar nicht erst nach Substitutionsalternativen gesucht wurde. Vielmehr wurde aufgrund des steigenden Bekanntheitsgrades und der nachgewiesenen Praxistauglichkeit prioritär auf Problemlösungen durch Asbest fokussiert.

4.3.1.4 Asbest in Brems- und Kupplungsbelägen

Asbesthaltige Bremsbeläge, Kupplungsbeläge und Bremsbänder gewährleisteten Eigenschaften, die mit asbestfreien Reibstoffen vorerst nicht erzielt werden konnten. Unter Verwendung von Asbest hergestellte Reibmaterialien liefen bei Reibung, sei es beim Kuppeln oder Bremsen, nicht so schnell heiß. Ursächlich hierfür war die natürliche Schlüpfrigkeit der Asbestfaser, wodurch die Bremswirkung erst allmählich und sachte einsetzte. Erst bei höherem Druck verstärkte sie sich. Zugleich wurden beim Einsatz von asbesthaltigen Belägen die übrigen Komponenten der Kupplung oder Bremse mit den Bremstrommeln nur sehr langsam abgenutzt und unterlagen damit einem geringeren Verschleiß. [223]

Die Reibmaterial produzierende Industrie war nach den Produzenten von Asbestzement der insgesamt zweitgrößte Asbestverbraucher. Bevor der Asbest-

---

223 Frank, Asbest, S. 188

zement im Verlauf des letzten Jahrhunderts die führende Position einnahm, waren Reibbeläge sogar der größte Bedarfsträger. In dem Jahresbericht der Asbestos Corporation of Canada Ltd. aus dem Jahr 1924 heißt es, dass 75% der in Amerika versponnenen Asbestfasern zu Bremsbändern verarbeitet wurden. [224]

Für Brems- und Kupplungsbeläge war Chrysotil die bevorzugte Faser. Gegenüber den Amphibolasbesten hat Chrysotil ein eindeutig besseres Reibverhalten. Die wichtigste Forderung, die Hersteller und Endverbraucher an einen Reibbelag stellten, war nicht etwa die nach einem übermäßig hohen Reibwert bei der Reibpaarung Belag/Gegenmaterial und somit die z.B. in der Anwendung als Bremsbelag maximal erzielbare Verzögerung. Vielmehr lag die Priorität auf der Konstanz des Reibwertes auch unter den bei Dauerbremsungen erhöhten thermischen Beanspruchungen infolge der bei der Umwandlung der kinetischen Energie erzeugten Wärme. Die zweite wichtige an das Reibmaterial gestellte Anforderung war seine Abriebfestigkeit. Die anteilige Beifügung von Metallen in das Reibmaterial diente deshalb sowohl der Erhöhung der Festigkeit des Gewebes, der Erzeugung von Reibstoffen für spezielle Anwendungen als auch einer verbesserten Wärmebeständigkeit. Denn Asbest-Beläge, die auf Metall verzichten, fungieren als Wärmeleiter denkbar schlecht.

Asbesthaltige Bremsbeläge wurden angewendet im Straßen-, Schienen- und Luftfahrzeugbereich wie auch dem Maschinenbau und Bergbau und zwar im Wesentlichen von Ende der fünfziger bis in die achtziger Jahre. Hinzu kommt die Produktion unterschiedlichster Brems- und Kupplungssysteme wie Trommelbremsen, Scheibenbremsen, Außenbacken- und Bandbremsen wie auch Trocken- und Öllaufkupplungen. Die Form der asbesthaltigen Beläge unterschied sich bei den Bremsen im Wesentlichen in Scheibenbeläge, Bänder und Klötze sowie bei Kupplungen vor allem in Scheiben-, Konus-, oder Lamellen-Kupplungen.

Die Entwicklung im Flugzeugbau profitierte besonders von asbesthaltigen Bremsbelägen. Mit dem Anstieg der Leistungsfähigkeit von Luftfahrzeugen hinsichtlich Geschwindigkeit und Größe erhöhten sich auch die Anforderungen an die Bremsen der Flugzeuge beim Landevorgang. Diesen Kräften konnten zunächst nur asbesthaltige Bremsbeläge widerstehen. Nach Deutschland wurden noch in den Jahren 2000 bis 2003 mit rückläufiger Tendenz Asbestwaren für zivile Luftfahrzeuge mit einem Gesamtwert von zusammen ca. 1,1 Millionen Euro importiert, vornehmlich aus den USA. In den Folgejahren erfolgten keine Importe mehr. Zumindest in Deutschland werden heute für die Beläge von Flugzeugbremsen alternative Werkstoffe verwendet. [225]

Alleman und Mossman weisen in ihrem Beitrag „Asbest: Aufstieg und Fall eines Wunderwerkstoffes" aus der immerhin erst jüngsten Vergangenheit von 1997 auf den nachgerade zum Mythos gewordenen Begriff „Asbest" hin, der zumindest zu diesem Zeitpunkt in den Vereinigten Staaten noch immer gepflegt wurde, indem sie schrieben:

---

224 Asbestos Corporation of Canada Ltd., Jahresbericht 1924
225 Die Daten basieren auf Außenhandelsstatistik des Statistischen Bundesamtes. Dem Autor dieser Arbeit wurde auf seine Anfrage hin entsprechendes Datenmaterial vom Bundesamt am 20.6.2006 zur Verfügung gestellt.

„Bis heute kann man in Werkstätten überall in den USA asbesthaltige Brems-beläge für Autos kaufen, weil viele Mechaniker glauben, daß es keinen gleich-wertigen Ersatz gibt."[226]

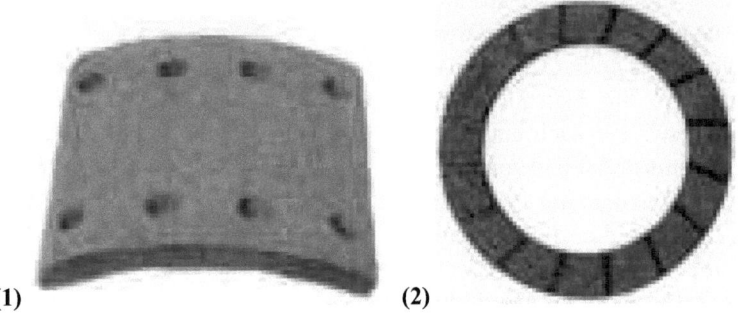

(1)   (2)

Abbildungen 19:

(1)   **Asbesthaltige Bremsbeläge**
      [Quelle: Heritage Research Center Ltd., Missoula, USA]

(2)   **Asbesthaltige Kupplungsbeläge**
      [Quelle: Heritage Research Center Ltd., Missoula, USA]

In England wurden im Jahr 1896 erstmalig Bremsbänder aus Asbestgewebe herge-stellt und 1906 erfolgte in den USA zum ersten Mal eine Auskleidung von Bremsen mit einem Asbest-Reibstoff. In der Folgezeit wurden zur Herstellung asbesthaltiger Reibmaterialien eine große Anzahl Patente erteilt.[227] Sie sind ein Spiegelbild der seitdem entwickelten Variantenvielfalt zur Produktion von Reibmaterialien. Trotz dieser Vielfalt kann grundsätzlich zwischen der Produktion gewebter und nicht ge-webter Beläge unterschieden werden.

Zur Herstellung **gewebter Reibmaterialien** wurden mehrlagige und über-wiegend aus Asbestfasern gewebte Rohbänder imprägniert. Dabei wurden sie in trockene Öle (z.B. Holzöl, Leinöl u.a.), Kunstharzen (Duroplaste z.B. wie Phenol-, Melamin-, Furanharze), Synthesekautschuk aller Art oder Bitumina (Teer, Asphalt, Pech usw.) getränkt, anschließend getrocknet und gegebenenfalls noch gehärtet. Die Produktion formgepresster, gewebter Beläge erfolgte im ersten Schritt durch Imprägnierung mit wärmehärtbaren Harzlösungen, um im zweiten Arbeitsschritt in hydraulischen Pressen unter Druck und Hitze Platten zu pressen. Abschließend wurden die Platten in die gewünschte Belagbreite geteilt und die einzelnen Beläge beigeschliffen.

Erst seit circa Mitte der dreißiger Jahre des 20. Jahrhunderts wurden **nicht ge-webte Reibbeläge** produziert. Zur ihrer Herstellung wurden neben Asbest auch andere anorganische Faserstoffe, Zellulose und pulverförmige Füll- und Verstärker-stoffe wie Kaolin, Ruß, Metalloxyde sowie bei kautschukgebundenen Reib-materialien auch Vulkanisationsmittel benutzt. Verfahrenstechnisch wurde das aus der Fabrikation von Pappe bekannte Nassvorform-Verfahren angewendet, was durch das Absaugen einer wässrigen Faser-Füllstoff-Bindemittel-Suspension bei gleich-

---

226 Alleman, Asbest: Aufstieg und Fall, S. 90
227 Berger, Asbest Fibel, S. 172

zeitiger Vorformung gekennzeichnet ist. Hierzu wurden die Komponenten der Reibbeläge zusammen mit Wasser in einem Holländer zu einer Suspension aufbereitet.
Die aus der Suspension als Platten geformten Rohlinge wurden nach dem Trocknen
analog den Platten aus gewebten Materialien weiterverarbeitet und konfektioniert.
Alternativ zu der Verarbeitung im Holländer setzte sich später das Trockenmisch-
verfahren durch. Die Mischungen wurden auf Kalandern zu Platten gewalzt und
dann formgepresst bzw. in Formen vulkanisiert. Ebenso wurden Trockenmischungen auch zur Produktion endloser Bänder in Strangpressen oder Bandwalzen weiterverarbeitet. Neben anderen waren in Verbindung mit Trockenmischungen gebräuch-
liche Verfahren die Pressmasse-Methode oder das Verfahren zur Belagerzeugung
mit Drahtgeweberücken, die so genannte „sheeter lining"-Methode, die auf dem
Prinzip der It-Plattenproduktion basierte.[228]

4.3.1.5   Asbest-Kunststoffprodukte

Eine weitere Art der industriellen Verarbeitung der Mineralfaser war die Produktion
von Asbest-Kunststoffprodukten. Bis in die achtziger Jahre des 20. Jahrhunderts
hinein wurden nahezu alle Kunststoffe, seien es Thermoplaste, Duroplaste oder
Elastomere,[229] mit allen gehandelten Asbestsorten (Chrysotil, Krokydolith oder
Amosit) in Form von Fasern, Fäden, Filzen, Geweben oder Matten kombiniert.
Überhaupt setzte die Kunststoffindustrie stark auf Kombinationen mit der Mineralfaser. Die mit den Syntheseprodukten verfolgten Ziele waren gegenüber den ausschließlich aus Kunststoff hergestellten Produkten eine höhere Hitzebeständigkeit,
ein reduziertes Gewicht und eine verbesserte (Schlag-) Festigkeit. Die Hauptanwen-
dungsprodukte von asbesthaltigen Kunststoffprodukten waren Konstruktions- und
Elektroisolierungswerkstoffe, Fußbodenbeläge und Säureschutzmassen. Entsprechend den unterschiedlichen Eigenschaften und Verwendungsmöglichkeiten von
Asbest-Kunststoffprodukten waren auch die jeweiligen industriellen Produktionsverfahren different und abhängig von der Art und Weise des Endproduktes.
    So fanden **Asbest-Pressstoffe** als ein Vorläufer der heutigen glasfaserverstärkten
Kunststoffe als Konstruktionsmaterial im Boots- und Flugzeugbau breite Verwendung. Grundlage für die Produktion dieser Asbest-Niederdruck-Schichtstoffe bildeten Krempelvliese und -matten, Hans Berger[230] nennt Produktnamen wie „Durestos"
oder „Pyrotex"[231], luftverfilzte Produkte oder Spezialpapiere ("Novabestos"). Zur
Produktion von Pressstoffen für die Elektrotechnik und zur Wärmedämmung wurde
im Gegensatz dazu das Hochdruckverfahren angewendet, bei dem Schichten aus im-
prägnierten Asbestpappen oder -geweben und nass vorgeformte Suspensionsfilze
unter hohem Druck verpresst wurden. Insbesondere bei der Herstellung von Asbest-
Hochdruck-Schichtstoffen kam es zu produkt- und verfahrenstechnischen Über-
schneidungen zu Reib- und Dichtungsmaterialen.

---

228 Ebd., S. 174 f.
229 Vgl. Otto Schwarz: Kunststoffkunde, 7. Auflage, Würzburg 2002
230 Berger, Asbest Fibel, S. 175 f.
231 Pyrotex ist ein noch heute verwendeter Produktname für mittlerweile asbestfreie Grillhand-
      schuhe und Feuerwehrschläuche.

Bereits in den zwanziger Jahren des letzten Jahrhunderts wurde in den Vereinigten Staaten mit der Produktion organisch gebundener **Asbest-Bodenbelagsplatten** begonnen. Sie wurden u.a. als **Asbest-Asphalt-Fliesen** verkauft. In den fünfziger und sechziger Jahren wurden als Bindemittel vorzugsweise Polymere von Vinyl-Verbindungen eingesetzt. Die Kunststoffe wurden mit zuvor geöffneten feinen Asbestfasern, pulverförmigen Füllstoffen und Farbpigmenten in großen Knetern vermischt, die Mischungen anschließend zu glatten Fellen oder Bändern mit einer Dicke von 3-6 mm ausgezogen, aus denen dann Fliesen geschnitten oder gestanzt wurden. Abschließend wurden sie noch poliert. Die Fliesen konnten sowohl auf dem Fußbodenestrich als auch im Rahmen von Renovierungsarbeiten auf einem beliebigen, schon vorhandenen Bodenbelag mit Hilfe eines auf Asphalt basierenden Klebers aufgebracht werden.

> „Durch ihre Festigkeit, Unbrennbarkeit, Widerstandsfähigkeit gegen Feuchtigkeit und Wasser, Pilz- und Bakterienbefall, Beständigkeit gegen Fette, Öle, Fußbodenpflege- und Reinigungsmittel, Chemikalien, Laugen, schwache Säuren, Abrieb und kalten Fluß, Vielfalt in den Farbtönen und Mustern konnten sich die Asbest-Fußbodenbelagsplatten ein weites Anwendungsgebiet im Wohnungsbau, in Kranken-, Bank-, Warenhäusern, Theatern, Schulen, Ausstellungshallen und öffentlichen Gebäuden erobern."[232]

Der Absatz an Asbest-Bodenbelagsplatten (siehe auch Abbildungen 20) belief sich In den USA im Jahr 1951 auf über 60 Millionen Quadratmeter.[233] Die Eroberung dieses Marktsegments geschah so gründlich, dass auch hier schon denkbare Alternativen zu Asbest nahezu vollständig vernachlässigt wurden.

> „Auch nach der Entwicklung besserer Polymere blieb Asbest ein bedeutendes Bindemittel und Verstärkungsmaterial. So gehörten Fliesen aus Vinylasbest zu den meistverkauften Fußbodenbelägen."[234]

Das überaus verästelte Bild der vielfältigen Anwendungsmöglichkeiten von Asbest in Verbindung mit Kunststoffen wäre nicht vollständig ohne die Erwähnung der **Asbest-Säureschutzmassen**. Hierbei handelte es sich um einen Konstruktionswerkstoff für den Einsatz in der chemischen Industrie als Säureschutzmaterial. Er wurde durch die intensive Mischung von Phenol- oder Furanharzen mit Asbest produziert. Vorzugsweise wurden hierfür Amphibolasbeste genutzt. Die Massen härteten nach ihrer Formgebung entweder ohne Anwendung von Druck und Wärme oder eben auch unter niedrigerem Druck und nur schwacher Erwärmung. Die gemäß ihrem Produktionsverfahren in vielfältigen Formen fugenlos hergestellten Endprodukte, wie Rohre, Platten, T-Stücke, Ventile, Armaturen, Säuretürme, Reaktionskessel, Lagerbehälter oder Pumpengehäuse wurden zum Zeitpunkt ihrer Produktion und noch lange danach als qualitativ hervorragend betrachtet. Sie wiesen eine außerordentlich geringe Schrumpfung auf, hatten Werte in der Biegefestigkeit bis ca. 5000 N/cm² und eine Wärmebeständigkeit bis etwa 140°C.

---

232 Berger, Asbest Fibel, S. 176
233 Frank, Asbest, S. 194
234 Alleman, Asbest: Aufstieg und Fall, S. 90

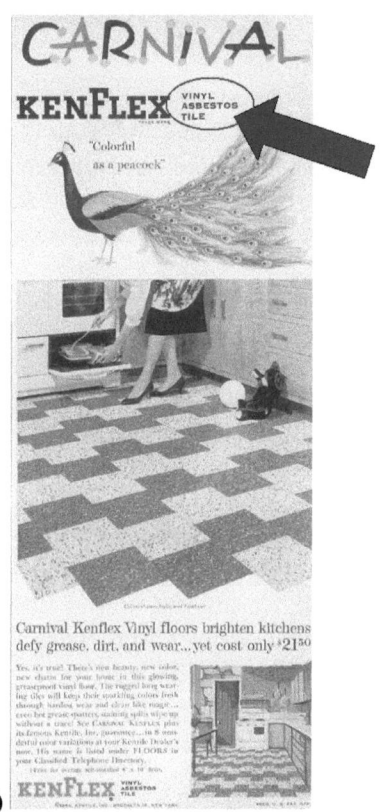

(1) **(2)**

(3)

In dem Verkaufsprospekt der Firma „The Tex-Tile" **(1)** heißt es auf Seite 2 übersetzt: „Dieser super-haltbare, unverwüstliche Bodenbelag wird bereits seit über zwanzig Jahren in amerikanischen Haushalten verlegt. Er ist aus Verschleiß trotzenden, Feuer resistenten Asbestfasern, widerstandsfähigen Asphaltbindern und farbechten Farbpigmenten hergestellt."

Abbildungen 20:

(1) **Verkaufsprospekt für Asbest-Fliesen, USA 1950**
[Quelle: The Tile-Tex Co., Inc., Asphalt Tile MFR., Chicago Heights, USA]

(2) **Werbung für"Kenflex" Vinyl-Asbest-Fliesen, USA 1955**
[Quelle: Anzeige aus einer unbekannten amerikanischen Zeitschrift]

(3) **Foto von vom Boden abgelösten Vinyl-Asbest-Fliesen, USA 1995**
[Quelle: Carolina Repair, North Carolina, USA unbekannt]

4.3.1.6 Asbest-Feinfilter

Im Jahr 1891 begann die Maschinenfabrik Seitz in Bad Kreuznach mit der Produktion und dem Verkauf von Asbestfiltern für die Getränkeindustrie. Dabei wurde die sich aus der Feinheit der Asbestfaser ergebene Fähigkeit genutzt, aus trüben Flüssigkeiten, feinste Stoffe zurückhalten zu können und Mikroben durch Adsorption und seihende Wirkung aufnehmen zu können. Diese Technik hielt zunächst in der Kellerwirtschaft bei der Weinproduktion Einzug. Im Zuge der technischen Weiterentwicklung in Form von Plattenfiltern weitete sich das Einsatzgebiet der klärenden Filtration auf Süßmost und Bier aus. In der nächsten Entwicklungsstufe war es dann ab 1915 möglich, mit Asbest-Zellulose-Filtern Wasser, Wein, Süßmost und Bier auf kaltem Wege zu entkeimen. Die Firma Seitz bot damit die ersten Bakterienfilter an, die nicht nur zur Entkeimung großer Mengen Flüssigkeit anwendbar waren, sondern grundsätzlich überall dort eingesetzt werden konnten, wo steril filtriert werden musste.[235] In den Folgejahren fanden Asbest-Feinfilter zur Entkeimung in der pharmazeutischen Industrie bei der Produktion von Seren Eingang. Der Einsatz von Asbest-Feinfiltern breitet sich in der internationalen Chemie-, Fett-, Ölindustrie und Getränkeindustrie weiter aus. So bemerkt Frank im Jahr 1952 über die Leistungsfähigkeit des Asbest-Feinfilters und seine Durchsetzung im Marktsegment für Getränkefilter:

> „Asbest wird in allen weinproduzierenden Ländern zum Klären säurehaltiger Säfte benutzt. Es gibt keinen modernen Winzer oder Weinhändler, der heute nicht seinen Wein durch Asbest filtriert, um ihm ein blankes Aussehen zu geben. Asbestfilter lassen in einem halben Tag so viel klaren Wein durchlaufen, wie die früher gebrauchten Zellulosefilter in einer Woche."[236]

4.3.1.7 Asbest-Spritzmassen

Spritzasbest ist ein Sammelbegriff für hydraulisch gebundene Isolationsmassen unter Verwendung von sehr feinen Asbestfasern. Sie dienten der Wärme- und Geräuschdämmung, wurden jedoch primär und in großem Umfang als Brandschutzmaterial verarbeitet. 1920 wurden in den USA und England separat voneinander Verfahren zum Spritzen von Asbestmörtel entwickelt. In den darauf folgenden Jahren ersetzte der Spritzasbest im Schiffsbau die teureren und umständlicher zu montierenden Asbestpapiere und fand dann zunächst in den USA zur großflächigen, fugenlosen Schall-, Kälte-, Feuer- und Wärmeisolierung mit zunehmendem Erfolg auch in öffentlichen Gebäuden Anwendung.[237] Spritzasbest zeichnete sich neben einer fugenlosen und rationellen Auftragsweise durch Homogenität, gute Haftung ohne Haltekonstruktionen auf den zu isolierenden Flächen aus Beton, Mauerwerk,

---

235 Vgl. Seitz-Werke: (Haupt-) Katalog Nr. 121, Patent-Asbest-Filter, Flaschenfüllfilter, Flaschenspülmaschinen, Pumpen aller Art, Maschinen u. Apparate für die Schaumwein-Erzeugung, Kork- und Kapselmaschinen u.a., Kreuznach 1920
236 Frank, Asbest, S. 187
237 Virta, Worldwide Asbestos Supply and Consumption Trends from 1900 to 2000, S.20

Stahl oder Glas sowie Eliminierung von Wärme- bzw. Kältebrücken und Schwundrissen aus. Er konnte in fast jeder Stärke aufgebracht werden und blieb zur Nachbearbeitung noch bis zu zwei Stunden plastisch. Die Schutzwirkung von Spritzasbest in Gebäuden bei einer dauerhaften Einwirkung von Feuer wurde Anfang der fünfziger Jahre anhand eines Versuchs dokumentiert:

„Eine Stahlbetondecke wurde mit einem Spritzasbestbelag von 25 mm Stärke versehen und einer vierstündigen anhaltenden Feuerhitze von 1000° C von innen ausgesetzt. Nach Ablauf dieser Zeit ergab sich, daß die dem Feuer abgekehrte, nicht isolierte Seite eine Temperatur von nur wenigen Graden über der Lufttemperatur aufwies. Die Stahlbetondecke, die während der Versuchsdauer mit einer gleichmäßigen Last von 952 kg/m^2 belastet war, zeigte nach Beendigung des Versuches keinerlei Beschädigung oder Veränderung. Zum Vergleich wurde eine zweite Versuchsdecke in gleicher Weise hergestellt und geprüft, nur daß die Deckenunterschicht etwa 1,3 cm dick mit Mörtelputz an Stelle der 2,5 cm dicken Spritzasbest-Schicht versehen war. Diese Decke mit Mörtelputz auf der erhitzten Seite fiel beim Brandversuch schon nach 25 Minuten Heizdauer vollkommen zusammen."[238]

Hinsichtlich der Art der Auftragung von asbesthaltigen Spritzmassen ist zwischen der amerikanischen „Asbestospray"-Methode der Smith & Kanzler Corp. und dem englischen „Limpet"-Methode der J.W. Roberts Ltd. zu unterscheiden. Grundsätzlich arbeiten beide Verfahren nach einem vergleichbaren Prinzip. Asbestfasern werden mit einem anorganischen Trockenbindemittel wie Gips oder Zellulose aufbereitet und mit Spritzpistolen unter Zugabe von zerstäubtem Wasser auf die zu isolierenden Flächen gespritzt. Der Asbestanteil reichte von wenigen Prozent bis zu knapp hundert Prozent. Es wurde zwischen dem zumeist angewandten nassen und dem trockenen Aufspritzen unterschieden. Spritzte man nass auf, was weniger gefährlich war, betrug der Anteil an Asbestfasern maximal 30 %. Bei dem trockenen Verfahren lag der Asbestanteil bei bis zu 90 %. Zudem wurde für Spritzasbest zumeist der deutlich karzinogenere Krokydolith (Blauasbest) verwendet.[239]

Spritzasbest erlebte im Zweiten Weltkrieg seine erste Bewährungsprobe. So waren alle Kriegsschiffe der US-Navy reich mit Spritzasbest isoliert.[240] Nach dem Krieg setzte sich im zivilen Sektor die großzügige Verarbeitung von Spritzasbest fort. Ausgehend von Amerika wurden Stahlträgerkonstruktionen von Hochhäusern und Industriebauten ebenso mit Spritzasbest umhüllt wie Heißwasserleitungen oder Elektrokabel. Neben seinen funktionalen Eigenschaften erlangte Spritzasbest aber auch als gestalterisches und modisches Element in öffentlichen und privaten Gebäuden als Abdeckung für Wände und Decken große Bedeutung. Letztlich entwickelte sich Spritzasbest zu einem weltweit eingesetzten Baustoff. In Deutschland erlebten asbesthaltige Spritzmassen in den siebziger Jahren ihre Hochphase. Besonders intensive Anwendung fand Spritzasbest in den USA. Aufgrund der jedoch bei der Verarbeitung hohen Staubkonzentration und seiner damit hohen

---

238 Frank, Asbest, S. 192 f.
239 Vgl. Johannes Michatz: Asbest und Gesundheit, Verband der Faser-Zementindustrie e.V. (Hg.), Berlin 1994, S. 5
240 Catrina, Eternit-Report, S. 68

gesundheitsschädlichen Wirkung für Verarbeiter von Spritzasbest als auch durch die im Laufe der Jahre durch Austrocknung und Versprödung der Isoliermassen freigesetzte Asbeststäube war Spritzasbest die erste asbesthaltige Produktgruppe, für die überhaupt ein generelles Anwendungsverbot ausgesprochen wurde (1973 in den USA; 1979 in der Bundesrepublik Deutschland).

Trotz des seit Jahrzehnten bestehenden Verbots bleibt der Baustoff Spritzasbest unverändert präsent. Einmal aufgetragen sind Spritzmassen als eine bauliche Komponente grundsätzlich ein fest mit der Immobilie verbundener Bestandteil. Bei Beschädigung, Veränderung oder Abriss der Spritzmassen kommt es infolge der Exposition der in dem Spritzasbest schwach gebundenen Asbestfasern zu einer hohen gesundheitliche Gefährdung. In extremer Form wurde dies an dem 2003 durch einen Terrorakt zum Einsturz gebrachte World Trade Center in New York deutlich. Denn auch bei der Errichtung des World Trade Centers wurden große Mengen an Spritzasbest verarbeitet. Allein der beim Zusammensturz der beiden Türme freigesetzte asbesthaltige Staub kontaminierte umliegende Häuser derart stark mit Asbestfasern, dass einige der von dem Terrorakt nicht direkt betroffenen Gebäude allein aufgrund ihrer Kontaminierung mit Asbest abgerissen werden mussten.[241]

4.3.1.8 Asbestzement

Noch bis in die siebziger Jahre hinein wurden allein in die Bundesrepublik Deutschland jährlich bis zu knapp 190.000 Tonnen Rohasbest eingeführt und davon bis zu 70 Prozent in Asbestzementprodukten verarbeitet.[242] Dieser hohe Anteil, der in die Herstellung von Asbestzementwaren floss, war exemplarisch für alle westlichen Industrienationen. Asbestzementprodukte waren somit der dominierende Bedarfsträger für Rohasbest unter allen asbesthaltigen Produkten. In den Ländern, in denen Asbest noch nicht einem Verbot unterliegt, stellt Asbestzement unverändert das mit Abstand volumenreichste Anwendungsgebiet für diese Mineralfaser dar. Aufgrund der überragenden Bedeutung dieser Asbestwarengruppe wird in diesem Abschnitt versucht, am Beispiel des Asbestzements die Entwicklung eingehender darzustellen, als es bereits bei den vorangegangenen Gruppen erfolgt ist.

Asbestzement ist ein Verbundwerkstoff aus mit Asbestfasern armiertem Zement.[243] Bei der Anmischung von Asbestzement wird Chrysotil (Weißasbest) zugeschlagen. Der Asbestfaseranteil wird dabei möglichst homogen verteilt und beträgt zwischen acht und zwölf Volumenprozent. Lediglich innerhalb dieses Konzentrationsbereiches verhalten sich die mechanischen Eigenschaften des Produktes wie Biegezug- und Schlagfestigkeiten proportional zum Fasergehalt. Höhere Faserkonzentrationen führen gewöhnlich nicht zu weiteren Festigkeitszunahmen, sondern zu niedrigeren Rohdichten und höheren Wasseraufnahmen.[244]

---

241 Vgl. Frankfurter Allgemeine Zeitung: Einigung am Ground Zero, v. 28.2.2004, S. 16
242 Vgl. Johannes Michatz: Abschätzung der Dauerimmission durch Asbest in der Außenluft, Asbest der Faserzementindustrie e.V. (Hg), Berlin 1989, S. 16
243 Eternit Aktiengesellschaft, Asbestzementtechnologien, S. 6
244 Vgl. G. Rosenbaum: Über die Festigkeitsverhältnisse beim Asbestzement, in: Zement, 1936, S. 292 ff.

Über 200 Patente wurden international auf den Gebieten der Produktion, Verarbeitung und Anwendung von Asbestzement erteilt. Das erste meldete im Jahre 1899 bzw. 1900 der als produktiver Tüftler bekannte Österreicher Ludwig Hatschek in Österreich bzw. Deutschland für das „Verfahren zur Herstellung von Kunststeinplatten aus Faserstoffen und hydraulischen Bindemitteln" an. Verzögert durch diverse Einsprüche wurde ihm das Patent für den Verbundwerkstoff Asbestzement unter Beschränkung auf das Nass-Maschinenverfahren in Deutschland endgültig am 29. Mai 1905 erteilt. Er mischte 90 % Zement und 10 % Asbestfasern mit Wasser und stellte auf einer umgebauten Maschine zur Kartonherstellung Asbestzementplatten her. Die erste Plattenmaschine baute ihm die Firma Ph. Kurtz in Hasloch[245], die sich in den nachfolgenden Jahrzehnten als ein führender Maschinenbauer in diesem Segment etablierte. Im Zuge der Produktentwicklung und Produktdiversifizierung erhöhte sich der Anteil an Asbest im Fertigprodukt in den Folgejahren auf ca. 20%, er konnte jedoch in Abhängigkeit von der jeweiligen Produktvariante auch bis zu 75% betragen.

Hatscheks Methode basiert, angelehnt an das Verfahren zur Papier- und Pappenherstellung, auf der Überlegung, Asbest und Zement mit großem Wasserüberschuss zu mischen. Der daraus entstehende Brei ist fließ- und pumpfähig und kann auf Kartonmaschinen als Formgebungsmaschine verarbeitet werden, indem das Überschusswasser wieder abgezogen wird. Der Umstand, dass in diesem Falle mit überschüssigem Wasser gearbeitet werden kann, ist auf das Vermögen der Asbestfaser zurückzuführen, Zement an ihrer Oberfläche zu binden. Dies ist eine Vorgehensweise, die bei der klassischen Beton- und Mörtelherstellung aus Zement und Zuschlagstoffen wie Sand und Kies undenkbar ist. Denn die konventionellen Zuschläge verfügen nicht über die Eigenschaft, überschüssiges Wasser zu binden und den Zement zu halten, zumal die Wasseraufnahmefähigkeit des Bindemittels Zement selbst sehr begrenzt ist.

Um bei der Produktion von Asbestzement eine hohe Homogenität der Mischung und spätere Plastizität zu erreichen, muss der Wassereinsatz möglichst hoch sein. Deshalb ist es notwendig, dass die zur Verklebung zur Verfügung stehende Asbestoberfläche entsprechend groß sein muss. Hierfür waren gerade die kleinfaserigen Asbestteile, die bis dahin bei der Rohasbestgewinnung nur Abfall waren, aufgrund ihrer in der Gesamtheit aller Faserteile großen Oberfläche besonders geeignet. Dadurch wurde die größtmögliche Oberfläche für die Verbindung der als Armierung wirkenden Asbestfasern mit dem Zement geschaffen.

Zur Produktion der nach dem Nassverfahren von Hatschek produzierten flachen Tafeln wurde der Rohasbest zunächst auf dem Kollergang gequetscht und in einem Desintegrator zerfasert. Die so geöffneten Fasern wurden anschließend in einen Holländer mit Wasser und Zement zu Brei vermengt und homogenisiert. Im nächsten Arbeitsgang wurde der Brei in einer Rührbütte mit Wasser verdünnt, bevor er dem Siebkasten der so genannten Zylinder-Rundsiebmaschine zugeführt wurde. Während der Siebzylinder in dem Stoffkasten rotierte, lief das Wasser in seinem Inneren ab und setzte sich zugleich ein Materialfilm von 0,1-0,3 mm auf dem Zylin-

---

245 Berger, Asbest Fibel, S. 164

der ab. Ein gegen den Siebzylinder gedrücktes, endlos umlaufendes Filzband nahm den Asbestzementfilm von dem Zylinder auf. Auf dem Filzband schichtete sich der Asbestzementfilm zu einem Asbestzementvlies auf. Das Vlies wurde danach so lange auf eine Formatwalze übertragen, bis es die richtige Dicke erreicht hatte und manuell von der Walze als eine Asbestzementplatte abgenommen werden konnte. Es entstand eine feuchte, noch formbare Rohplatte. Im Anschluss wurden die Platten auf einem Beschneidetisch entsprechend der gewünschten Größe konfektioniert und danach unter Druck weiter entwässert. Ausschuss und Schnittabfälle wurden über den Holländer wieder dem Produktionsprozess zugeführt.

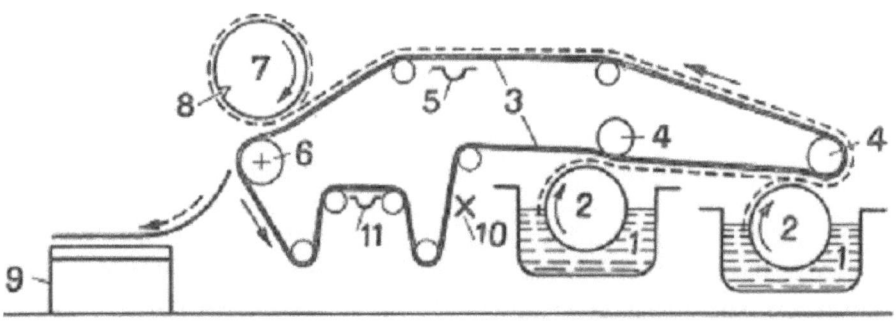

1 - Siebkästen	6 - Brustwalze
2 - Siebzylinder	7 - Formatwalze
3 - umlaufendes Filzband	8 - Nut zum Abtrennen des Vlieses
4 - Gautschwalzen	9 - Aufnahmetisch
5 / 11 - Saugkästen	10 - Schläger

Grafik 13: Funktionsschema einer Pappenmaschine zur Produktion von Asbestzementplatten mit zwei Siebkästen, um 1950
[Quelle: Kurtz Holding GmbH & Co., Kreuzwertheim/Hasloch]

 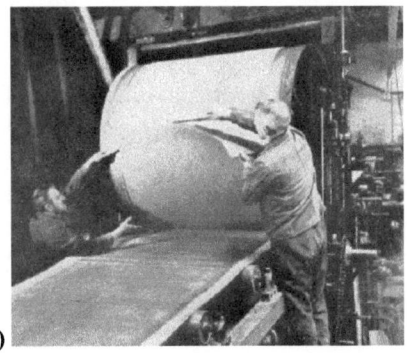

(1)   (2)

Abbildungen 21:

(1) **Holländer zur Fabrikation von Asbestzement**
     [Quelle: Frank, Karl: Asbest. 2. Auflage, Hamburg 1952, Abb. 79, S. 172]

(2) **Manuelles Abtrennen des Asbestzementvlieses von der Formatwalze**
     [Quelle: Frank, Karl: Asbest. 2. Auflage, Hamburg 1952, Abb. 80, S. 172]

Mit dem 1913 in Genua von dem Italiener Adolfo Mazza entwickelten Verfahren zur Herstellung von **Asbestzementrohren**[246] erschloss sich ein weiteres großes Anwendungsfeld für die Asbestfaser bzw. für den Baustoff Asbestzement. Verfahrenstechnisch baut der Produktionsprozess Mazzas auf das Nassverfahren Hatscheks auf:

„Während der Grundstoff für Hochbauprodukte um eine Formatwalze gewickelt wird, die damit Länge und Breite des Erzeugnisses bestimmt, geschieht dies bei der Rohrproduktion im Prinzip nach dem gleichen Verfahren um einen Rohrkern. Dieser bestimmt Länge und Durchmesser des Rohres."[247]

Nach fertigungstechnischen Verbesserungen in den zwanziger Jahren wurde eine Massenproduktion von Asbestzementrohren möglich. Insbesondere im Rahmen von Infrastrukturprojekten zur Wasserversorgung und Abwasserentsorgung fanden die Rohre großen Anklang[248] (siehe unter Abbildungen 25 die Verlegung von Asbestzementrohren).

Auch die Produktivität der nach dem Prinzip von Ludwig Hatschek arbeitenden Rundsieb- bzw. Pappenmaschinen wurde durch technologische Weiterentwicklungen sukzessive verbessert. 1930 führte Morbelli die Dampfhärtung für Faserzementprodukte ein, so kamen als weiterer Standardrohstoff reaktive Kieselsäureträger – in der Hauptsache aus Quarzmehl bestehend – hinzu. Das Dampfhärteverfahren kam in Europa bei spezifischen Asbestzementprodukten zur Anwendung und entsprach nicht der Regelfertigung.[249] Ebenso wirkte sich die erhöhte Anzahl der an der Rundsiebmaschine eingebauten Siebkästen und Siebzylinder leistungssteigernd aus. So waren diese Mitte der 70er Jahre mit drei Siebkästen ausgestattet. Ein weiteres Beispiel für die sukzessive Beschleunigung des Produktionsprozesses ist die zusätzliche Entwässerung des Asbestzementfilms mittels eines Vakuums auf dem Weg zur Formatwalze.

Mit Zufriedenheit vermerkte die Eternit AG, dass das Hatschek-Verfahren für die Plattenfertigung auch zum Ende der siebziger Jahre weltweit das ökonomisch bedeutendste Asbestzement-Herstellungsverfahren sei. Bis 1985 wurden insgesamt 600 Plattenmaschinen und 200 Rohrmaschinen nach dem Nassverfahren von Hatschek installiert.[250] Das Grundprinzip des Verfahrens nach Hatschek hat sich über die Jahrzehnte nicht verändert, jedoch heißt es mit Stolz über einen Vergleich zweier Plattenmaschinen in Rudow und Heidelberg aus den Jahren 1930 und 1978:

„Mechanisierung, Automatisierung, die Verwendung neuer Hilfs- und Betriebsstoffe, Regel- und Kontrollverfahren haben die körperliche Arbeit erheblich erleichtert, die Leistungen der Plattenmaschinen um das Fünffache, die der Rohrmaschinen sogar um das Zehnfache ansteigen lassen."[251]

---

246 Patenterteilung erfolgte am 24.12.1913, DRP 288601
247 Eternit Aktiengesellschaft, Die ersten 50 Jahre, S. 3
248 Ruers: The tragedy of asbestos, S. 6
249 Eick, Asbestzement, S. 456
250 Catrina, Eternit-Report, S. 20
251 Eternit Aktiengesellschaft, Asbestzementtechnologien, S. 6

Die beiden folgenden Bilder stellen Produktionslinien zur Plattenfertigung von 1930 und 1978 vergleichend gegenüber (Siehe Abb. 22).

Plattenfertigung 1930:

Plattenfertigung 1978:

Abbildungen 22:   Vergleich der Plattenfertigung 1930 und 1978
[Quelle: Eternit Aktiengesellschaft Berlin (Hg.): Die Asbestzementtechnologien, in: 50 Jahre Eternit Aktiengesellschaft. 75 Jahre Eternit in Deutschland, Berlin (W) 1979, S. 7]

Der Unterschied, so erwähnen die Verfasser, stecke ausschließlich in singulären Details zur Produktivitätsverbesserung. Das Grundprinzip der Produktion sei jedoch unverändert geblieben. Hierauf folgt die Feststellung, dass die Produktqualität und die hohe Wirtschaftlichkeit der Asbestzementplatten in ihrer Anwendung die Nachfrage ansteigen ließen und eine Erweiterung der Produktionskapazitäten notwendig machten. Dementsprechend beeilte man sich nach dem Krieg, ausreichende Produktions kapazitäten zu schaffen und betrieb eine absatzorientierte Produktionspolitik. So expandierte die Eternit AG jeweils möglichst in der Nähe des für ihrer Produktion benötigten und sehr frachtsensiblen Rohstoffs Zement. Neben dem Stammwerk Berlin-Rudow kam Jahre 1953 zunächst das Produktionswerk in Neuss am Rhein hinzu. Zwei Jahre später wurde das Werk in Heidelberg-Leimen errichtet, 1960 in Neuburg/Donau, 1962 in Neubeckum und ab 1970 wurde eine weitere Fabrikation von Asbestzement in Neuburg-Grünau betrieben.[252]

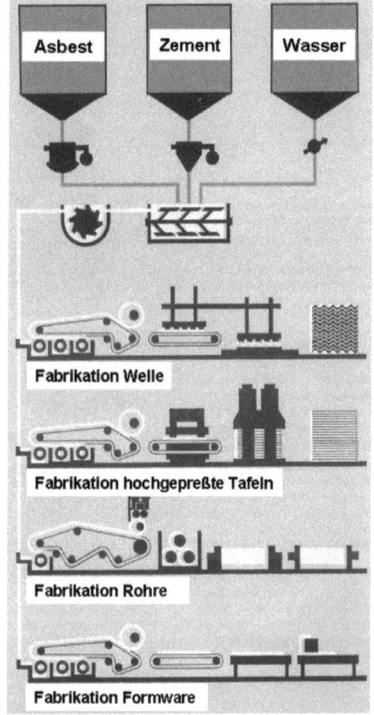

(1)

(2)

Abbildungen 23:

(1) Produktionsschema zur Herstellung von Asbestzement für Welldächer, gepressten Tafeln, Rohre und sonstiger Formware nach dem Nassverfahren von Ludwig Hatschek

[Quelle: Eternit Aktiengesellschaft Berlin (Hg.): Die Asbestzementtechnologien, in: 50 Jahre Eternit Aktiengesellschaft. 75 Jahre Eternit in Deutschland, Berlin (W) 1979, S. 6]

(2) Herstellung von Eternitplatten

[Quelle: Linus B. Fetz: Vom Asbestzement zum Faserzement, in: Eternit Schweiz. Architektur und Firmenkultur seit 1903, Katalog der Ausstellung „Eternit Schweiz. Architektur und Firmenkultur seit 1903, hrsgg. vom Institut für Geschichte und Theorie der Architektur, Departement Architektur, ETH Zürich, Zürich 2003, S. 22]

---

252 Ebd.

Die Abbildungen 23 zeigen den Mitte der siebziger Jahre angewandten Produktionsprozess zur Herstellung verschiedener Asbestzementprodukte, ausgehend von einer zentralen Mischstation, in der die Rohstoffkomponenten entsprechend der jeweiligen Rezeptur durchgemischt wurden.

Parallel zur Innovation Hatscheks entwickelte der Deutsche Adolf Oesterheld das trockene bzw. halbtrockene Verfahren zur Herstellung von Asbestzementplatten. Auf dieser technologischen Basis gründete er die „Fulgurit-Werke" in Wunstorf bei Hannover.[253] Jedoch konnte sich die Oesterheldsche Produktionsmethode nicht nachhaltig durchsetzen und fand nur wenige Nachahmer. Zur Geschichte der „Fulgurit-Werke" bieten die Publikationen des Heimatvereins Wunstorf Anschauungsmaterial.[254]

Einen weiteren Markennamen für industriell produzierte Asbestzementwaren erwähnen Carl Will, Julius Lübbren und Karl Bormann in ihrem 1960 erschienenen Beitrag „Bremen – Was die Schiffe bringen". Neben „Eternit" und „Fulgurit" wurden Asbestzementwaren auch unter der Bezeichnung „Torfit" vertrieben. Immerhin bestand 1960 mit den „Torfit-Werken" in Hemelingen bei Bremen eine bedeutende Asbestzementindustrie im damaligen Bundesgebiet.[255] In der ehemaligen DDR lautete die Markenbezeichnung für Asbestzementprodukte „Baufanit".

An dieser Stelle ist der Hinweis angebracht, dass zwar wie soeben ausgeführt neben der Bezeichnung Eternit durchaus auch andere Markennamen ihre Durchsetzungsfähigkeit bewiesen. Letztlich verselbständigte sich aber der Begriff „Eternit" in einer Weise, dass im allgemeinen Sprachgebrauch nahezu jeder asbesthaltiger Baustoff als „Eternit" oder „Eternitplatte" bezeichnet wurde, unabhängig, ob das Produkt von der Firma Eternit produziert wurde oder nicht. Vergleichbar ist diese Entwicklung mit der von Papiertaschentüchern, die, unter welchem Markennamen sie auch immer vertrieben werden, im allgemeinen Sprachgebrauch zumeist nur als „Tempo-Taschentücher" apostrophiert werden, gleiches gilt auch für „Edding" als Synonym für Markierstifte.[256] Insofern dokumentiert die umgangssprachliche Integration nicht nur die Etablierung des asbestbasierenden Baustoffes an sich als auch die mittlerweile umfassende Gegenwart von Asbestzement und damit den hohen Grad seiner Durchsetzungsfähigkeit auf dem Baustoffmarkt, sondern belegt auch die Marktdominanz der Firma Eternit in diesem Segment.

---

253 Frank, Asbest, S. 169; Schulz, Asbest in der Kriegswirtschaft, S. 41

254 Vgl. Geschichte: Beiträge des Heimatvereins Wunstorf zur Geschichte der Stadt, in: http://www.heimatverein-wunstorf.de/html/geschichte.html v. 1.6.2005

255 Vgl. Carl Will, Julius Lübbren, Karl Bormann: Bremen. Was die Schiffe bringen, Hamburg 1960, S. 169

256 Vgl. www.ermel.org./usenet/desd/marken.txt v. 14.6.2006. Hier findet sich eine Liste von Markennamen, die im allgemeinen Sprachgebrauch stellvertretend für jeweils eine ganze Produktgruppe verwendet werden.

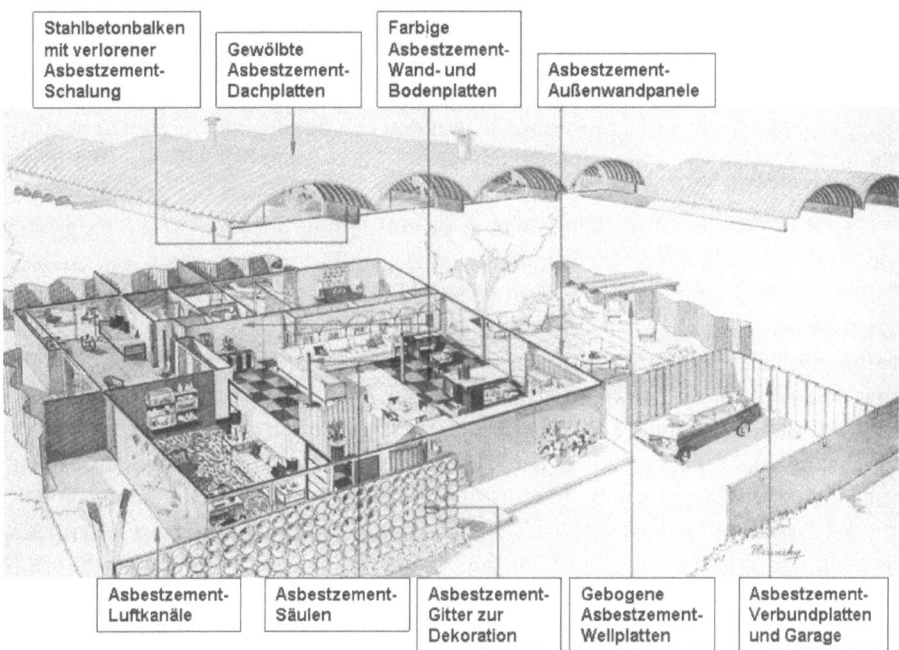

Abbildungen 24: **Darstellung universeller Einsatzmöglichkeiten von Asbestzement-waren in und an einem Wohnhaus, 1960**

[Quelle: Eternit AG, Bauwelt 26, S. 21, Sonderdruck 2004]

Die Anwendungsmöglichkeiten von auch farbig und farbkonstant herstellbarem Asbestzement waren überaus umfangreich. So wurden Wellplatten für Dächer in der Industrie, der Landwirtschaft und von Wohnhäusern produziert. Zur Produktions-reife gelangten Wandplatten für Ausfachungen von Skelettbauten, Balkonverklei-dungen, Regenrinnen, Innenwände, Belüftungsschächte oder Klimaanlagen. Auch gab es nach unterschiedlichen Verfahren (Masnani-, Dalmine- oder Hiamanit-Methode) produzierte Druckrohre, die als Trink-, Abwasser- und Gasleitungen dienten.[257]

In einer 1979 herausgegebenen Festschrift zum 75jährigen Bestehen der Eternit AG, wird ausgeführt, dass gerade in Italien ein überaus hoher Bedarf an Wasser-leitungen bestünde.[258] Dieser Umstand wie auch der, dass andererseits Eisenerz als klassischer Rohstoff für die Produktion von Rohren dort fehlte, trug entscheidend mit dazu bei, dass die Erfindung des Adolf Mazza in eine offenkundige Marktlücke mit einer nach damaligen Maßstäben hochwertigen und wirtschaftlichen Vor-gehensweise vorgestoßen ist. Andere Verfahren, wie etwa das Magnani-Verfahren oder auch das Extruder-Verfahren,[259] das der Herstellung von monolithischem Mate-

---

257 Berger, Asbest-Fibel, S. 169

258 Eternit Aktiengesellschaft, Die ersten 50 Jahre, S. 3

259 Beim Magnani-Verfahren werden geschnittene Glasfasern in der gewünschten Länge verwen-det. Diese Fasern eignen sich als Asbestersatz. Beim Extruder-Verfahren werden Kunststoffe in Form von Pulver oder Granulat in einen erwärmten Zylinder eingeführt. Der erweichte und gepresste Stoff wird dann in die gewünschte Form gebracht. Vor allem bei der Herstellung von Rohren, Kabeln oder Drähten wird diese Methode angewendet.

rial diente, blieben auf Sonderanfertigungen beschränkt. Nach dem Zweiten Weltkrieg stieg ebenfalls die Nachfrage nach handgeformten Waren aus Asbestzement an. Insofern rechnete es sich auch in diesem Bereich der Einsatz von Automatisierungstechniken zur Rationalisierung lohnintensiver Handformerei. Hierzu wurden für die Herstellung von Serienprodukten das Injektions- und das Saugpressverfahren entwickelt.[260]

Jan R. Krause wirft im Jahre 2004 in einem Beitrag über Asbest die Frage auf, was denn das Geheimnis des asbesthaltigen Baustoffs Eternit gewesen sei, das den Asbestzement so einzigartig gemacht habe und gibt als Antwort, es sei das Herstellungsprinzip gewesen.[261] Jedoch war sicherlich nicht ausschließlich das Herstellungsprinzip der einzige Erfolgsfaktor. Ohne die marktseitigen Vorteile gegenüber alternativen Baustoffen, allen voran die nahezu unbegrenzte Gestaltungsmöglichkeit bei günstigen Preisen, wäre der Siegeszug nicht denkbar gewesen.

Hinzu kommt, dass gerade in der Moderne für Asbest ein Umfeld vorlag, in dem seine industrielle Verarbeitung in großem Stil möglich war. Die Bauindustrie konnte mit Asbestzement die beispielsweise an den Brandschutz steigenden Anforderungen als auch den Wunsch nach flexiblen und rationellen Bauen in jeder Hinsicht erfüllen. Des Weiteren traf Asbest auf eine grundsätzliche Bereitschaft, mit dem technischen Know-how das zu machen, was machbar erschien. Hierzu gesellte sich in den Jahren des so genannten Deutschen Wirtschaftswunders eine durchaus als naiv zu bezeichnende Fortschrittgläubigkeit. Beispielhaft hierfür steht das von Fritz Trautmann 1953 anlässlich der Internationalen Gartenbauausstellung in Hamburg entworfene Eternit-Selbstbedienungsrestaurant; vor dem Restaurant demonstriert eine Eternit-Baum die Umwelt- verträglichkeit. Weitere Blicke in die Ausgaben der in Deutsch, Englisch und Französisch erscheinenden „Asbestzement-Revue"[262], zeigen die Vielfältigkeit der Anwendungs- und Gestaltungsmöglichkeiten mit und durch Asbestzement. Die Asbestzement-Revue wurde sowohl redaktionell als auch finanziell maßgeblich von der Asbestzementindustrie getragen und richtete sich insbesondere an Entscheidungsträger im Baugewerbe wie Architekten und Bauträger. In ihr wurden systematisch an übergreifenden Themen die Einsatzmöglichkeiten des Baustoffes vorgestellt. Sei es ein Überblick über die Möglichkeiten beim landwirtschaftlichen Bauen mit Asbestzement anhand konkreter internationaler Beispiele[263] oder die permanente Rubrik „Häuser von Architekten", in der renommierte Architekten wie Egon Eiermann als Vorbild dienten, als auch Darstellungen internationaler Kirchenbauten unter Verwendung von Asbestzement.[264]

Die Eternit AG sah seit ihrer Gründung eine wesentliche Aufgabe und auch den Schlüssel ihres Erfolges darin, in enger Zusammenarbeit mit Technischen Hochschulen und Universitäten die Forschung und Entwicklung auf dem Asbestzement-

260 Eick: Asbestzement, S. 459
261 Vgl. Jan R. Krause: Die Geschichte mit der Faser. Von der Neuerfindung eines Werkstoffes, in: Eternit, Bauwelt, Bauwelt 26/2004, S. 22
262 Vgl. Asbestzement-Revue (AC), alle Ausgaben, Zürich 1955-1980
263 Vgl. Asbestzement-Revue (AC), Ausgabe 60, Zürich Oktober 1970
264 Vgl. Asbestzement-Revue (AC), Ausgabe 21, Zürich Januar 1962

(1)

(2)

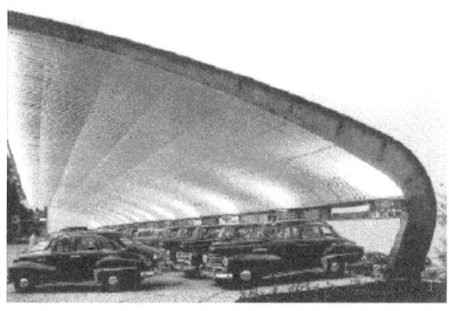

(3)

(4)

(5)

Abbildungen 25:

(1) **Verlegung von Asbestzementrohren in den 30er Jahren**
[Quelle: unbekannt]

(2) **Werbung für weiße Wasserrohre aus Asbestzement, USA 1953**
[Quelle: Werbeblatt, Johns-Manville Company, Denver, USA]

(3) **Schleppdach aus Well-Eternit für OPEL-Kraftfahrzeuge, Frankfurt a.M. 1960**
[Quelle: Eternit AG, Bauwelt 26, S. 13, Sonderdruck 2004]

(4) **Asbestzement-Schindeln als Seitenwandverkleidung**
[Quelle: Autor]

(5) **Asbestzementhaltige Fassadenplatten**
[Quelle: Wirtschaftsministerium Baden-Württemberg]

Gebiet voranzutreiben.[265] Das vortreffliche Zusammenspiel mit den Instituten der Technischen Universität Berlin wurde nach dem Zweiten Weltkrieg weiter ausgebaut. So wurden vom Institut für Wasserbau und Wasserwirtschaft unter Leitung von Professor Dr.-Ing. Press weitere Untersuchungen auf dem Rohrsektor durchgeführt. Dementsprechend gibt es eine Reihe von Unterlagen, die Auskunft über verschiedene Versuchsreihen aus dem Jahr 1965 geben.[266] Ebenfalls 1965 führte das Institut Versuche über das Verhalten von Eternit-Druckrohren unter Einschluss von Rohrverbindungen durch so genannte REKA-Kupplungen[267] durch. Dabei prüfte man die physikalischen Eigenschaften von Asbestzement-Rohren und nahm unter den verschiedensten Voraussetzungen Festigkeitsuntersuchungen vor.[268]

Die Zeit der fünfziger bis siebziger Jahre gehörte ohne Zweifel der großen internationalen Expansion von Asbestzement.

„Der Asbestzement-Bereich entwickelte sich national und international nach dem Krieg mächtig. Niederurnen produzierte beim Auftakt zur großen Expansion 800.000 Quadratmeter jährlich, in den Spitzenjahren sollte die einheimische Produktion aus Niederurnen und dem 1958 eröffneten zweiten Werk in Payerne 25mal größer werden! Lateinamerika erwies sich als ein Zukunftsmarkt mit unbegrenzt scheinendem Potential. Was in Brasilien begann, zog rasch weitere Kreise nach Venezuela und Kolumbien, wo mit Finanzen und Know-how aus der Schweiz Eternit-Werke hochgezogen wurden. Wie in Brasilien schloss man sich auch in den anderen Ländern mit lokalen Partnern zusammen: Mit von der Partie waren auch immer die Belgier, mit denen man in der Regel die Aktiengemeinschaft hielt. Wo die Schmidheiny-Beteiligung größer war, stellten die Schweizer das Management und bestimmten die Geschäftspolitik, in den andern Unternehmen die belgischen Partner. Heute ist das europäische Kapital in den lateinamerikanischen Gesellschaften in der Regel in der Minderheit: nach der Gründung des Andenpaktes in den sechziger Jahren untersagten die meisten Regierungen ausländische Majoritäten."[269]

---

265 Pösch, Asbest – Ein Grundelement, S. 97; er schreibt: „So läßt sich die Zusammenarbeit mit der Technischen Universität Berlin, der damaligen Technischen Hochschule, bis auf das Jahr 1931 zurückverfolgen. In dieser Zeit führte das Institut für Wasserbau unter Leitung von Prof. Ing. Ludin Versuche durch, um den Fließwiderstand in Eternit-Rohren zu ermitteln und gegen andere handelsübliche Rohstoffe abzuwägen. Bei bestehender Notwendigkeit sollte versucht werden, eine neue Durchflussformel für Wasser in Asbestzement-Rohren aufzustellen. Für die Nennweiten 50, 100, 150, 200 und 250 wurden Versuche an jeweils 30 cm langen und gekrümmten Rohrleitungen durchgeführt. Die Ergebnisse dieser Untersuchungen ergaben die bekannte Ludin'sche Formel."

266 Ebd., S. 98; er zählt auf:
"Gutachten über die Dichtheit von REKA-Kupplungen NW 100, ND 12,5
Gutachten über die Luftdurchlässigkeit einer Vakuumleitung
Bericht über Druckluftvermessung an Druckrohren aus Asbestzement NW 200
Bericht über Druckstoßmessungen an einer Rohrleitung aus Asbestzement NW 200
Bericht über die Dichtheit von REKA-Kupplungen bei Unterdruck- und Überdruckwechselbeanspruchungen
Bericht über die Durchführung von Verschleißversuchen an Asbestzement-Druckrohren NW 100, ND 10."

267 Als Verbindung der fast ausschließlich glatten Enden von Asbestzementrohren dienten so genannte REKA-Kupplungen in Form von Überschiebmuffen aus gleichem Material.

268 Pösch, Asbest – Ein Grundelement, S. 98

269 Catrina, Eternit-Report, S. 50 f.; Stephan Schmidheiny, geb. 1947, steht für den Erben des größten Eternit-Konzerns, der sich gegen Ende der siebziger Jahre in einem dramatischen

Neben der regionalen Diversifizierung wurde auch die Produktpalette permanent erweitert. Durch die vielfältigen Möglichkeiten zur Gestaltung von Asbestzementwaren war eine überaus breite Anwendung in sämtlichen Baubereichen gegeben. Jedoch mussten viele aus Asbestzement produzierte Formstücke noch lange Zeit in Handarbeit modelliert werden. Erst in den siebziger Jahren wurde ein weiterer Schritt hin zu einer industriellen, automatisierten Massenfertigung vollzogen. Mit dem Injizieren von Asbestzement in Formpressen oder auch mittels Ansaugen von Asbestzementbrei gelang es, weitaus ökonomischer und zudem in besserer Qualität bislang durch Handarbeit produzierte Formwaren herzustellen. Vornehmlich galt dies beispielsweise für die bereits erwähnten Abflussrohrsysteme und Formstücke für Bedachungen und Fassadengestaltungen.

Eine unablässige Anpassung an die Marktbedürfnisse ist ein weiterer Prozess der Technikerzeugung, dessen Funktion es auch ist, Märkte zu finden und zu schaffen, um die sich die Technikkonstrukteure zuvor oftmals nicht gekümmert hatten.[270] 1979 teilte die Eternit AG mit, dass etwa 30.000 verschiedene Artikel mit rund 4.700 Mitarbeitern hergestellt und über Verkaufsstellen und auch ab Werk in allen Teilen des damaligen Bundesgebietes vertrieben worden sind.

Rückblickend betrachtet neigte sich die Durchsetzungsphase des Werkstoffes Asbest im Jahre 1979, als Messungen zur Asbestfaserkonzentration an Arbeitsplätzen intensiviert wurden und die Ergebnisse und notwendigen Maßnahmen öffentlich gemacht worden waren,[271] bereits ihrem Ende zu. Gleichwohl wurde noch im selben Jahr der Umgang mit Asbest auch weiterhin unter wirtschaftlichen Vorzeichen betrachtet:

> „Asbest ist in den letzten Jahren stark im Preis gestiegen. Ursache ist die Verknappung der Vorkommen bei gleichzeitiger Zunahme des weltweiten Bedarfs von mehreren Millionen Tonnen für dieses vielseitige Mineral mit seinen hervorragenden Verwendungsmöglichkeiten."[272]

Zwar wurde auch auf die Gefährdung im Umgang mit Asbeststaub hingewiesen, doch nur mit dem Hinweis, dass sich die deutsche Asbestzementindustrie auf die gesundheitsschädlichen Auswirkungen des Asbeststaubs eingestellt und in den Jahren bis 1979 über 19 Millionen DM für staubreduzierende Maßnahmen aufgewendet habe.[273] Ergänzend weist das Unternehmen darauf hin, wie jahrzehnte-

---

Wandlungsprozess dafür entschied, in der von ihm kontrollierten Eternit-Gruppe Faserzement-Produkte unter vollständigen Verzicht auf Asbest herzustellen.
270 Weyer, Neue Perspektive, S. 28
271 Coenen, Asbest: Risikovermittlung und Präventionsansätze, S. 4 ff. Auf S. 3 heißt es hier u.a.:
    „Auf arbeitsmedizinischem Gebiet waren es – Ende der 60er/Anfang der 70er Jahre – insbesondere die Herren Professoren Valentin, Otto, Hain und Bohling, die mit den Berufsgenossenschaften die Etablierung einer begleitenden wie auch nachgehenden arbeitsmedizinischen Vorsorge vorantrieben, die anfangs rechtsverbindlich durch die Unfallverhütungsvorschrift „Gesundheitsgefährlicher mineralischer Staub (VBG 119), dann in die Unfallverhütungsvorschrift „Allgemeine Vorschriften" (VBG 1) ab 1.4.1977 übernommen und in der Unfallverhütungsvorschrift „Arbeitsmedizinische Vorsorge" (VBG 100) ab 1984 weitergeführt wurden."
272 Eternit Aktiengesellschaft, Die ersten 50 Jahre, S. 3
273 Ebd., S. 3

lange Sorge für Mitarbeiter und Arbeitsplätze den Aufbau eines weit gespannten Netzes sozialer Leistungen mitbestimmt hätten.[274]

Es gehörte sehr wahrscheinlich zu den ersten Reaktionen auf die bereits aufziehende Ernüchterungsphase, dass die Asbestzementindustrie mit Nachdruck auf die Leistungen des werksärztlichen Dienstes, der zusätzlichen Altersversorgung oder der Werksverpflegung verwies. Kostenlose Arbeitskleidung und Sicherheitsschuhe wurden als betriebliche Normalität herausgestellt. Soforthilfen bei Arbeitsunfällen, Maßnahmen der beruflichen Bildung sowie besondere Jubiläumsgeschenke oder die Gewährung von Treueprämien, Verdienstausgleiche, Zusatzurlaub für schwer behinderte Mitarbeiter wie eine große Anzahl auf den Lohn bezogener Regelungen taten ein Übriges, um die Selbstverständlichkeit eines ambitionierten und verantwortungsvollen Umgangs mit Asbest zu demonstrieren.[275]

Hierzu muss aber man auch anmerken, dass es in den siebziger Jahren in fast allen Industrieunternehmen quer durch alle Branchen üblich war, solchermaßen ein „Füllhorn sozialer Wohltaten" auszuschütten. Es war demnach keineswegs allein die Asbestindustrie, die sich mit sozialen Akzenten hervortat.

Zu dieser Zeit war dann auch die Situation gegeben, dass die Endverbraucher – aufgeklärt über die Gesundheitsgefährdung durch Asbest[276] – die Nutzung von Asbestzement verweigerten und so schließlich im Jahre 1981 die gesamte Asbestzementindustrie Unternehmen zum Umdenken und entsprechendem Handeln aufforderte.[277] In den Jahren 1983 bis 1985 begann sie mit der Produktion von asbestfreien Werkstoffen,[278] die in gleicher Weise wie der frühere, asbesthaltige Zement genutzt werden konnten. In einem 2004 erschienenen Sonderdruck der Zeitschrift „Bauwelt" wirbt die Eternit-AG mit folgenden Worten:

„Seit 100 Jahren wird Eternit in Deutschland produziert: ein Werkstoff, der einst alles versprach, weswegen Le Corbusier als junger Mann in Paris seine Zukunft darauf baute. Die Nachkriegsgeneration, verliebt ins Understatement, setzte ihn ein, wo sie nur konnte. Nach der Verteufelung der Faser: Einbruch und Neubeginn mit dem alten bewährten Namen."[279]

---

274 Ebd., S. 8

275 Ebd., S. 8; Die Eternit AG räumte seinen Mitarbeitern im Vergleich zu anderen Unternehmen umfangreiche Möglichkeiten der Beteiligung am Gesellschaftskapital ein. Die seit 1957 bei Eternit eingeführte Vermögensbildung ist 20 Jahre später durch ein drittes Angebot von Belegschaftsaktien fortgesetzt worden. Im Jahre 1979 waren etwa 31 Prozent der Mitarbeiter mit 8,2 Prozent am Grundkapital von Eternit beteiligt.

276 Hierzu wird der Autor in Abschnitt 5.1 „Krankheiten und Erkenntnisentwickung – die Ernüchterungsphase vom Anfang bis in die Mitte der achtziger Jahre" noch ausführlich Stellung nehmen.

277 Vgl. Akademie aktuell, Informationsblatt der Akademie für Natur und Umwelt des Landes Schleswig- Holstein, 5, 1999, S. 1. Unter dem Stichwort „Asbestzementindustrie" steht hier zu lesen: „Auch der Ausstieg aus der Asbestzementproduktion war eine Erfolgsgeschichte: der dringende Handlungsbedarf ergab sich aus dem Wissen um die akute Gesundheitsgefährdung durch Asbestfasern. Allein der dadurch bedingte Imageverlust führte zu einem erheblichen Handlungsdruck für die Asbest produzierenden Unternehmen. Nach Bekanntwerden der Gefahren ging die Nachfrage Anfang der 80er Jahre erheblich zurück."

278 Siehe auch Grafik 19 dieser Arbeit: „Umstellung von Asbestzementprodukten auf asbestfreie Faserzementprodukte in Deutschland".

279 Vgl. „Eternit", in: „Bauwelt 26/2004, Sonderdruck, Titelseite

Es ist festzustellen, dass vorgefertigte Bauteile in Form industriell verarbeiteter Asbestfasern es in Verbindung mit Zement und Beton einen nennenswerten Beitrag zur Industrialisierung der Bauwirtschaft leisteten. Die zunächst nur allmählich wahrgenommenen, durch gezielte Forschungen ins öffentliche Bewusstsein gerufenen Gesundheitsgefährdungen durch industriell verarbeiteten Asbest führten zu einem Asbestverbot in Deutschland. Die davon betroffenen Unternehmen mussten nach langer Gegenwehr, insbesondere aus der Asbestzementindustrie, die veränderten Rahmenbedingungen letztlich akzeptieren. Nachdem sie sich damit abgefunden hatten, handelten sie aus eigenem Interesse wieder unternehmerisch. So feierte die Firma Eternit im Jahre 2004 mit einer Jubiläumsausstellung die „Renaissance eines Klassikers"[280]. Sie rückte dabei vor allem ihren Markennamen „Eternit" als Klassiker in den Mittelpunkt und war bemüht, ihn von der Assoziation mit „Asbestzement" weiter zu lösen, indem sie eine synonyme Verbindung zwischen den Begriffen „Eternit" und „Faserzement" zu etablieren versuchte.

Die Produktion von Asbestzementprodukten, die exemplarisch und stellvertretend für die Durchsetzung des Werkstoffes Asbest steht, nahm in der Durchsetzungsphase trotz eines geringen Asbestanteils im Asbestzement von in der Regel nur 10 bis 25 Prozent die erste Stelle unter den Rohasbestverbrauchern der Welt ein.[281]

Johannes Michatz wies in seiner Schrift „Abschätzung der Dauerimmission durch Asbest in der Außenluft", die 1989 im Auftrag des Verbandes der Faserzementindustrie entstanden ist,[282] auf folgenden Umstand hin: In der alten Bundesrepublik Deutschland schwankten zwischen 1968 und 1989 die Importe und damit der Verbrauch an Asbest zwischen 150.000 und 190.000 Tonnen pro Jahr. Die Situation in der ehemaligen DDR war vergleichbar. Hier wurden im gleichen Zeitabschnitt jährlich ca. 70.000 Tonnen eingeführt.[283] Allerdings lag der Verbrauch in der DDR 1987 noch immer bei 53.000 Tonnen,[284] was der verarbeiteten Menge in der damaligen Bundesrepublik im gleichen Jahr entsprochen hat. Somit hat der Rückgang des Asbestkonsums in der DDR später eingesetzt.

Der Asbestverbrauch reduzierte sich im Zeitablauf durch fortschreitende Substitutionsmöglichkeiten. Dieser Effekt war deutlich in der Asbestzementindustrie beobachtbar. In der Bundesrepublik Deutschland nahm der Asbestbedarf dieses Industriezweiges nach 1980 überproportional ab (siehe Grafik 14). Dementsprechend lag in der zweiten Hälfte der achtziger Jahre der Anteil der Asbestzementindustrie an dem gesamten Asbestverbrauch bei nur noch rund 20 Prozent und damit deutlich unter den Werten in den vorangegangenen Jahrzehnten (bis zu 70 Prozent).

---

280 Ebd., S. 33
281 Vogel, Geschichte des Asbestes, S. 163
282 Michatz, Abschätzung der Dauerimmission, S. 16
283 Vgl. M. Mattenklott: Die retrospektive Ermittlung der Asbestfaserdosis (Faserjahre) von Arbeitnehmern, Nr. 0070, Ausgabe 11/2001, S.1 in: Aus der Arbeit des BIA. Hg.: Berufsgenossenschaftliches Institut für Arbeitschutz – BIA im Hauptverband der gewerblichen Berufsgenossenschaften (HVBG), Sankt Augustin
284 Vgl. Claudia Drechsel-Schlund, Martin Butz, Bärbel Haupt, Gerhard Drexel, Werner Plinske, Heinrich-Peter Francks: Asbestverursachte Berufskrankheiten in Deutschland – Entstehung und Prognose, hrsgg. vom Hauptverband der gewerblichen Berufsgenossenschaften (HVBG), Sankt Augustin 2002, S. 6

Grafik 14: Asbestverbrauch in Deutschland (West), gesamt und davon für die Asbest-zementproduktion, 1948–1987

[Quelle: Johannes Michatz: Abschätzung der Dauerimmission durch Asbest in der Außenluft, Asbest der Faserzementindustrie e.V. (Hg), Berlin 1989, Abbildung 4, S. 16]

Hingegen äußerte sich noch im September 2001 Bernard Coulombe, CEO (Chief Executive Officer) der Jeffrey Mine in Quebec, auf der „Mines and Energy Ministers Conference" über die weltumspannende Bedeutung und Verbreitung von Chrysotil, jenem Asbestmineral, das für die Produktion von Asbestzement benötigt wird. Er sieht Chrysotil als tragende Säule der industriellen Entwicklung an:

> „The most useful natural mineral for the industrial development of all nations of the world has been, and still is ... cement. Cement ist the material that binds rock aggregate and reinforcing steel to make concrete, the foundation material for the infrastructures of all industrial societies. ... Cement is a very indigenous material. Chrysotile asbestos and silica (a main constituent of sand) are also widely occurring industrial minerals of natural origin in the bedrock throughout the world. Chrysotile asbestos (a magnesium silicate) is found in association with ferromagnesian rocks (serpentine, peridotite, dunite and so on) in outcrops oft the earth's crust on all the continents. ... Chrysotile asbestos is very closely associated with the most useful mineral substance in the world – cement. A fibrous mineral, chrysotile binds perfectly with cement, a flat mineral; their mutual physical-chemical properties make an extremely strong natural bond. Consequently, construction materials made of asbestos cement, such as wall and roof shingles, wall panels and pipes, have become major component on the infrastructure development of all countries."[285]

---

285 Coulombe, Chrysotile asbestos, S. 1

Seit 1980, so führt er aus, seien die asiatischen Länder führend in Produktion und Verbrauch von Asbestzement, Japan würde die Liste anführen. Asien, unter Einschluss von China und dem indischen Subkontinent verbrauchen nach seinen Worten ca. 75 % vom weltweit abgebauten Asbest. Auch die 1997 ausgelöste Wirtschaftskrise im asiatischen Raum trug, wegen der geringeren finanziellen Aufwendungen, die für die Gewinnung von Asbest und dessen industrieller Verarbeitung gemacht werden mussten, zu einer verstärkten Hinwendung zu Asbest bei.[286]

Coulombe vertritt die Auffassung, dass die nordamerikanische Jeffrey-Mine die technisch am besten ausgestattete Mine der Welt ist, um die anhaltende Nachfrage nach Asbest als Zuschlagstoff für Asbestzement bedienen zu können,

„It has been in continous operation since 1879, and is one of the oldest examples of mining heritage in North America. ... Another impressive aspect is the immense proven reserve of high quality ore (200,000,000 T), which has no equal among the other six large world producers of chrysotile asbestos.“[287]

Aus dem Kontext von Coulombes Artikel geht deutlich hervor, dass es sich um einen klaren Befürworter von Asbest handelt. Er nennt Zahlen einer voraussichtlichen Entwicklung von Europa und Nordamerika, von Asien, Südamerika unter Einschluss Mexikos, von den Ländern der islamischen Welt und von den Staaten der CIS[288], die nachdenkenswert sind:

„The Jeffrey Mine's corporate vision sees chrysotile cement as a foundation pillar of industrial and agricultural development in economically developing countries – in Europe and North America from 1945 to 1995, in Asia from 1976 to 2025, in South America (including Mexico) from 1990 to 2010 and in The Islamic World and the CIS from 2000 to 2025. With this view of the future market for chrysotile asbestos and its currently responsible, safe use, the Jeffrey Mine corporation, which is controlled by its 500 or so employees, has undertaken confidently and with determination the construction of an underground mine project that will provide for the production of between 200,000 and 250,000 tonnes per year of high-quality chrysotile fibres until approximately 2025 (phase 1; phase 2 from 2020 to 2050?), as well its international positioning in the chrysotile cement products market through interests in companies manufacturing chrysotile cement materials that have good potential for profitability and local growth.“[289]

Eine ausreichende Nachfrage nach Asbest kann zumindest nach dieser Beurteilung als gesichert gelten. Sie ist aus diesem Grund von Wichtigkeit, weil sowohl viele Länder der Dritten Welt als auch aufstrebende Industriestaaten wie China sich eine kontinuierliche Weiterentwicklung ohne den günstigen Baustoff Asbestzement trotz vielfältiger Gegenpositionen nicht vorzustellen vermögen.

---

286 Ebd., S. 2
287 Ebd.
288 CIS steht für „Commonwealth of Independent States"; 1991 aus zwölf Staaten bestehende Vereinigung von Staaten wie Armenien, Moldawien, Kasachstan, Turkmenistan oder Georgien, die im deutschen Sprachbereich als GUS (Gemeinschaft unabhängiger Staaten) bekannt ist.
289 Coulombe, Chrysotile asbestos, S. 3

5. Die Phasen der industriellen Asbestverarbeitung II – Ernüchterung, Substitution, Sanierung und Entsorgung
(Die Entdeckung der Entsorgung als Aufgabe der Industriegesellschaft)

Noch einmal sei hier daran erinnert, welche Konzeption der Autor der vorliegenden Arbeit mit seiner Erweiterung des Phasenmodells um vier Phasen u.a. vorlegen möchte: Die Fragen zur Gefährlichkeit von Asbest, die ab den siebziger Jahren des letzten Jahrhunderts verstärkt auftauchten, sind bisher weniger wissenschaftlich klar konturiert beantwortet worden, sondern statt dessen mit einer Vielzahl von Vorwürfen und Gegenvorwürfen, von Argumenten für die Gefährlichkeit dieses Werkstoffes bis zur gegenteiligen Behauptung – zudem teilweise von Interessensgruppen gelenkt – gleichsam zugeschüttet worden. Deshalb wird in diesem Kapitel, ohne auf technologische Aspekte des Werkstoffes Asbest und seiner Verarbeitung weiter einzugehen, der Prozess der Ernüchterung infolge einer sukzessiven, aus verschiedenen Richtungen herrührenden Erkenntnisentwicklung nachvollzogen.

Die folgenden Sätze stehen in einem 2003 zum hundertjährigen Bestehen der Schweizer Eternit AG in Niederurnen herausgegebenen Band mit dem Titel „Eternit Schweiz, Architektur und Firmenkultur seit 1903". Sie spiegeln den Grad der Einsicht über das Gefährdungspotenzial von Asbestfasern wider, den die Asbestzementindustrie rund 20 Jahre nach dem Verbot von Asbest entwickelt hat:

> „Ein unkontrollierter Umgang mit Asbest kann zu Erkrankungen mit tödlichem Ausgang führen. Die Krankheiten werden ausgelöst durch das Einatmen von kritischen (mikroskopisch kleinen) Asbestfasern. Diese Asbestfasern kamen in den asbestverarbeitenden Industrien mit ihren zum Teil hohen Asbeststaubbelastungen vor. Infolge der langen Latenzzeit – Zeitraum zwischen Exposition und Krankheitsausbruch – von 15 bis 50 Jahren wurden und werden die Krankheiten erst spät erkannt. Aus diesem Grunde werden diese Fälle leider auch noch in diesem und im nächsten Jahrzehnt auftreten. Das Asbestproblem ist ein Arbeitsplatzproblem, und nicht ein Umweltproblem. Die gesundheitliche Belastung der Allgemeinbevölkerung ist gering. Es ist sehr unwahrscheinlich, dass Menschen durch Asbest in Gebäuden messbar gefährdet werden."[290]

Demnach erkennt mit Eternit einer der in Deutschland ehemals größten Verbraucher und Verarbeiter von Asbest die mit der Asbestfaser verbundenen gesundheitlichen Risiken noch einmal eindeutig an. Gleichwohl wird die Gefährdung aber ausdrücklich auf den Fall eines „unkontrollierten Umgangs" eingeschränkt. Allerdings muss die Firma Eternit selbst Zweifel an einem kontrollierten Umgang mit ihren Produkten gehegt haben. Ansonsten hätte gerade Eternit bereits 1976 kaum als Vorreiter bei der Substitution von Asbestfasern zur Herstellung von Asbest- bzw. dann dem so

---

290 Vgl. Linus B. Fetz: Vom Asbestzement zum Faserzement, in: Eternit Schweiz. Architektur und Firmenkultur seit 1903, Katalog der Ausstellung „Eternit Schweiz. Architektur und Firmenkultur seit 1903", hrsg. vom Institut für Geschichte und Theorie der Architektur, Departement Architektur, ETH Zürich, Zürich 2003, S. 25

genannten Faserzement als Vorreiter agiert.[291] Damit hat Eternit die international und vor allem öffentlich zunehmende Erkenntnisentwicklung aufgegriffen und in Deutschland als erstes Unternehmen präventiv auf die dann ab 1980 offenkundige Ernüchterungsphase reagiert.

Des Weiteren grenzt Eternit in dem obigen Zitat die von Asbest ausgehende Gesundheitsgefährdung als „Arbeitsplatzproblem" ab. Eine für alle Bevölkerungsteile bestehende Gefährdung wird abgewiesen.[292] Unklar bleibt hier, welcher Arbeitsplatz gemeint ist. Ist es der in der Asbestrohwarengewinnung, der Asbestwarenproduktion oder sind es Arbeitsplätze, bei denen Asbestwaren verbaut, bearbeitet oder genutzt werden oder Arbeitsplätze im Rahmen der Asbestsanierung oder -entsorgung?

Derweil pickten die Asbest verarbeitenden Unternehmen sich aus dem Kuchen der zur Verfügung stehenden Erklärungsmöglichkeiten über den Wechsel des von ihnen eingesetzten Rohstoffes die marketinggerechtesten Versionen heraus. Aus der Not wurde gewissermaßen in die Tugend geflüchtet. Dementsprechend wurden im Rahmen eines werbewirksamen Leitsatzes die im Vergleich zur Asbestfaser begrenzten Eigenschaften alternativer Fasern als Vorteil und Chance dargestellt, wonach nun zielgerichteter auf die jeweils gewünschten Anwendungen des Marktes eingegangen werden kann:

„Vom Produktdenken zum Marktdenken

Die Wende von Asbestzement zu Faserzement bedeutete auch die Wende vom Produkte- und Rohstoffdenken zum Markt- und Anwendungsdenken. Die Eternit AG verkauft heute nicht mehr Dachschiefer, Wellplatten oder Gartengefässe, sondern vielmehr Bauelemente, wie Bedachungen und Fassadenbekleidungen, sowie deren Form- und Farbgebung. Sie entwickelte sich von der Produkt- zur Systemanbieterin. Im Sinne von Philip Kotler wurde das Marketing der 4 Ps – Produkt, Preis, Promotion, physische Distribution (Place) – zum Megamarketing mit den beiden zusätzlichen Ps, Public Opinion und Political Power ausgebaut. Zielgruppe ist damit nicht mehr der Einzelkunde, sondern die Gesellschaft."[293]

Die Asbestzement-Hersteller erkannten klar die Zeichen der Zeit: Die öffentliche Meinung und die herrschende Politik erwarteten umweltfreundliche Produkte für umweltgerechte Bausysteme.

„Wollte der Markt Mitte der 80er Jahre asbestfreie, so will er heute nachhaltige Produkte. Die Anforderungen an nachhaltige Baumaterialien sind hoch: Sie sollen wenig Energie für die Herstellung benötigen und möglicht aus erneueroder recyclierbaren Ressourcen stammen. Weiter sollen sie keine Schadstoffe enthalten, eine lange Gebrauchsdauer und einen geschlossenen Stoffkreislauf aufweisen. Und selbstverständlich sollen sie zu einem günstigen Preis erhältlich sein. ... Die neuen Marketing- und Umweltstrategien sind eine neue

---

291 Zu den Aktivitäten der Firma Eternit auf dem Gebiet der Substitution vgl. Abschnitt 5.2.2 „Die Innovation des Stephan Schmidheiny – das Wagnis der vollständigen Substitution von Asbest"
292 Auf die Frage, ob und inwiefern die Konzentration von Asbestfasern in der Außenluft ein Umweltproblem darstellt, wird in Abschnitt 5.1.4 „Medizinische Erkenntnisse zu Asbest in der Öffentlichkeit" eingegangen.
293 Fetz, Vom Asbestzement zum Faserzement, S. 26

Herausforderung für die Eternit AG im zweiten Jahrhundert ihres Bestehens. Sie wird wiederum Zeit, Geld- und Überzeugungskraft benötigen."[294]

Ausschlaggebend für die Forderung nach asbestfreien Produkten und damit die Ablösung der Durchsetzungsphase durch die Ernüchterungsphase waren die einer immer breiteren Öffentlichkeit bewusst werdenden medizinischen Erkenntnisse über das mit Asbest verbunden Gefährdungspotenzial. Allerdings verlief dieser Erkenntnisprozess sehr schleppend. Es dauerte Dekaden, bis die gewonnenen Einsichten letztlich über den Nimbus der Asbestfaser obsiegten. Dieser Prozess wird im Folgenden ausführlich erörtert.

---

294 Ebd., S. 26 f.

5.1 Krankheiten und Erkenntnisentwicklung – die *Ernüchterungsphase* vom Anfang bis in die Mitte der achtziger Jahre

5.1.1 Asbestbedingte Erkrankungen

Die Phase einer sehr weit gehenden Durchdringung von industriell verarbeitetem Asbest in den unterschiedlichsten Anwendungsbereichen wurde in erster Linie und sukzessive von zunehmenden medizinischen Erkenntnissen aufgeweicht. Bekannt war die Gefährdung durch Asbeststaub bereits jahrzehntelang; sie wurde nur lange Zeit nicht in einer Weise bekannt gemacht, die gesellschaftliche Reaktionen hervorgerufen hätte. Asbest war von der Industrie okkupiert worden, die den Wert seiner industriellen Verarbeitung frühzeitig erkannt und die fast ebenso frühen Anzeichen einer möglichen Gefährdung der Gesundheit durch diesen Werkstoff aufgrund seiner relativ simpel strukturierten Verarbeitungs- und universellen Anwendungsmöglichkeiten schlicht verdrängt hatte.

Auf Dauer vermochte sich die Medizin dem Zusammenhang zwischen der Einwirkung von Asbeststaub auf den Organismus und der beruflichen Tätigkeit von Arbeitnehmern, die sich durch die Ver- und Bearbeitung des Minerals einem feinen Flugstaub aussetzten, dabei von ihnen eingeatmet wurde bzw. wird, nicht entziehen. Denn pathologische Erscheinungen waren und sind Folge der Einatmung von Asbeststaub. Als Zielorgane einer bösartigen Entartung durch Asbestfasereinwirkung beim Menschen müssen die Lunge und das Rippenfell sowie in selteneren Fällen das Bauchfell, das Perikard und der Kehlkopf gesehen werden.[295]

Durch Einatmen feinster Asbeststaubfasern kann es zu diesen drei Erkrankungsformen kommen:[296]

a) Asbestose (heute geführt als Berufskrankheit unter Listennummer BK 4103)
Asbestose ist eine durch feinstaubige Asbestfasern ausgelöste Lungenkrankheit. Asbestfasern gelten als lungengängig, wenn sie über eine Länge größer als 5 µm, einen Durchmesser kleiner 3 µm und ein Verhältnis von Länge zu Durchmesser größer als 3:1 verfügen[297]. Gelangen derartige Fasern in die Lunge, löst der Körper wie bei allen Fremdkörpern einen Mechanismus zur Abwehr aus. Die Gewebezellen wollen den Fremdkörper umhüllen, auflösen und abtransportieren. Da aber die Fasern länger als die Zellen sind, werden die Zellen bei dem Versuch die Asbestfaser zu umhüllen zerstört und sterben ab. Die Fasern dringen weiter in das Zwischengewebe

---

295 Vgl. Th. Kraus und H.J. Raithel: Frühdiagnostik asbestverursachter Erkrankungen, hrsgg. vom Hauptverband der gewerblichen Berufsgenossenschaften (HVBG), Sankt Augustin 1998
296 Drechsel-Schlund, Asbestverursachte Berufskrankheiten in Deutschland, S. 10 ff.; Matthias Bolz: Berufskrankheiten – Medizinische Aspekte menschlicher Arbeit, Universität Paderborn, Vorlesungsskript Wintersemester 2002/03, S. 22 f.; Bruckhaus: Das Problem der Verarbeitung von Asbestzement, S. 197 f.; Catrina, Eternit-Report, S. 60 ff.
297 Faserförmiger Feinstaub liegt dann vor, wenn die Fasern exakt folgende Abmessungen haben: Länge 0,005 mm – 0,3 mm bei einer Dicke von 0,003 mm; hierbei muss das Verhältnis Länge zu Dicke größer als 3:1 sein. Vgl. Technische Regeln für Gefahrstoffe (TRGS) 519: Asbest / Abbruch-, Sanierungs- oder Instandhaltungsarbeiten, Ausgabe: September 2001, zuletzt berichtigt: BArbL. Heft 1/2003, S. 4; Michatz, Sachgerechter Umgang mit Asbestzement, S.2

der Lunge vor und bilden Verhärtungen, die so genannte Fibrose, und führen zu Schrumpfung der Lunge. Der für den Sauerstoffaustausch zur Verfügung stehende Teil des Lungengewebes reduziert sich. Die betroffene Person leidet unter Kurzatmigkeit und Atemnot. In der Folge können sich Lungenentzündungen und Herzversagen anschließen. Die Schädigung des Gewebes ist irreversibel. Eine Heilung ist nicht möglich. Je länger die Expositionszeit und je höher die Faserkonzentration, desto größer ist das Risiko an Asbestose zu erkranken.

b) Lungenkrebs oder Kehlkopfkrebs in Verbindung mit Asbestose oder mit durch Asbeststaub verursachter Erkrankung des Brustfells (heute geführt als Berufskrankheit unter Listennummer BK 4104)

Wer an Asbestose leidet, unterliegt auch einem höheren Risiko einer Lungenkrebs- oder Kehlkopfkrebserkrankung. Lungen- oder auch Bronchialkrebs ist dabei die häufigste asbestbedingte Krebserkrankung. Die nadelartigen Asbestfasern durchbohren die Zellen und zerstören so die Erbgutinformationen. In der Folge kommt es bei der Zellteilung zu Veränderung der Zellen und Tumore entstehen. Wenn die der Faserexposition ausgesetzte Person zudem raucht oder lange geraucht hat, steigt das Risiko, an Lungenkrebs zu erkranken, sprunghaft an.[298]

c) Mesotheliom des Rippenfells, Bauchfells und Herzbeutels (heute geführt als Berufskrankheit unter Listennummer BK 4105)

Diese Krebserkrankung wird fast nur durch Asbestfasern verursacht und ist deshalb in der Regel bei Asbestarbeitern/innen zu beobachten. In der Allgemeinbevölkerung treten Mesotheliome nur sehr selten auf. Die Asbestfasern dringen von der Lunge aus durch die Gewebe ins Rippen- und Bauchfell sowie den Herzbeutel vor. Die Zusammenhänge zwischen Exposition und Ausbruch der Krebserkrankungen sind noch nicht vollständig geklärt. Nicht nur eine gleich bleibende ständige Belastung, sondern auch eine kurzfristige hohe Belastung kann zur Entstehung eines Mesothelioms führen. Die Krebserkrankungen führen nach ihrem Ausbruch zu einem raschen Tod.

In Deutschland liegt die Anerkennung der verschiedenen asbestbedingten Erkrankungen als Berufskrankheiten Jahrzehnte auseinander und auch die jeweiligen Definitionen veränderten sich, wie die nachfolgende Tabelle darstellt. Erstmalig fand 1936 eine asbestbedingte Erkrankung als Berufskrankheit Berücksichtigung.

Alle medizinischen Publikationen zum Thema Asbest bis in die siebziger Jahre hinein treffen im Grunde zu einer zentralen Aussage zusammen: Es wird zwischen den Zeilen als auch offen darauf hingewiesen, dass zwar durchaus ein direkter Zusammenhang zwischen der Einatmung von Asbeststaub und einer ernsthaften Erkrankung besteht. Auf der anderen Seite aber leite sich dieses Krankheitsbild allein aus der Berufsausübung des oder der Erkrankten ab. Demgemäß sei eine Erkrankung präventiv über eine verbesserte Arbeitsplatzsituation zu bekämpfen und ließe mitnichten den Gedanken an ein Verbot des betreffenden Werkstoffes aufkommen.

---

298 Zum Kumulrisiko von Asbestfaserexposition und Rauchen siehe auch Abschnitt 5.1.6 „Der „Kent"-Fall: Asbest und Rauchen. Ein Exkurs" dieser Arbeit.

Datum	Verordnungen über Berufskrankheiten
12.5.1925	Erste Verordnung über die Ausdehnung der Unfallversicherung auf Berufskrankheiten (BK) gem. Reichsgesetzblatt RGBl. I, S. 69 → die gesetzliche Unfallversicherung wurde auf BK ausgedehnt → jedoch war unter den elf genannten BK **keine** durch Asbestfasern verursachte **BK**
16.12.1936	Dritte Verordnung über die Ausdehnung der Unfallversicherung auf BK gem. Reichsgesetzblatt RGBl. I, S. 117 ff. → **Einbeziehung der „Schweren Asbeststauberkrankung (Asbestose)"** → „Schwer" bedeutet, dass die Asbestose erst anerkannt wurde, wenn das Krankheitsbild Weit fortgeschritten war und eine Minderung der Erwerbsfähigkeit von 50 % zur Folge hatte
29.1.1943	Mit der Berufskrankheitenverordnung wurden in die Liste der entschädigungspflichtigen BK aufgenommen → **„Schwere Asbeststauberkrankung (Asbestose)"** → **„Asbeststauberkrankung (Asbestose) in Verbindung mit Lungenkrebs"**
26.7.1952	Erleichterung der Anerkennungsvoraussetzungen für Asbestose
8.12.1976	Verordnung zur Änderung der Siebten Berufskrankheitenverordnung gem. BGBl. I, S. 3329 → Umstellung der BK-Liste auf die vierstellige Nomenklatur → **4103 „Asbestose"** → **4104 „Asbestose mit Lungenkrebs"** → **4105 „Durch Asbest verursachtes Mesotheliom des Rippenfells u. des Bauchfells"**
22.3.1988	Verordnung gem. BGBl. I, S. 400; Neufassung der Definition BK-Listen-Nr. 4104 → **4104 „Lungenkrebs i.V.m. Asbeststaublungenerkrankung (Asbestose) oder mit durch Asbest verursachter Erkrankung der Pleura"**
18.12.1992	Verordnung gem. BGBl. I S. 2343; erneute Neufassung der Definition BK-Listen-Nr. 4104 → **4104 „Lungenkrebs – i.V.m. Asbeststaublungenerkrankung (Asbestose)** **– i.V.m. durch Asbest verursachter Erkrankung der Pleura oder** **– bei Nachweis der Einwirkung einer kumulativen Asbestfaser-Dosis am Arbeitsplatz von mindestens 25 Faserjahren (25 x 10^6 [Fasern m³] * Jahre)."**
8.11.1993	Bekanntmachung des Bundesministeriums für Arbeit im Bundesarbeitsblatt 1/1994, S. 67; Ergänzung der Definition BK-Listen-Nr. 4105 → **4105 „Durch Asbest verursachtes Mesotheliom des Rippenfells, des Bauchfells und des Pericards"**
1.12.1997	Bekanntmachung des Bundesministeriums für Arbeit im Bundesarbeitsblatt 12/1997, S. 32; Ergänzung um Kehlkopfkrebs → **4104 „Lungenkrebs oder Kehlkopfkrebs** **– i.V.m. Asbeststaublungenerkrankung (Asbestose)** **– i.V.m. durch Asbest verursachter Erkrankung der Pleura oder** **– bei Nachweis der Einwirkung einer kumulativen Asbestfaser- Dosis am Arbeitsplatz von mindestens 25 Faserjahren (25 x 10^6 [Fasern/m³] * Jahre)."**

Tabelle 8:   **Historie der Verordnungen zu asbestverursachten Berufskrankheiten**
[Quelle: Eigene Darstellung. Daten stammen aus unterschiedlichen Veröffentlichungen.]

Wedler schreibt 1939 im Vorwort seines Beitrags über die „Klinik der Lungenasbestose", dass man in Deutschland erst seit dem Jahre 1930 auf diese Erkrankung aufmerksam zu werden begann. In England sei sie schon um etliche Jahre früher bearbeitet worden – hierauf könnten sich die deutschen Autoren stützen. Auch in den

Vereinigten Staaten, so Wedler, in Frankreich, Südafrika und Italien habe die Asbestose um diese Zeit Interesse gefunden. Nach den neuesten Kenntnissen über Asbestose verwundert es Wedler, dass sie nicht früher Beachtung gefunden habe; immerhin sei den Fabrikarbeitern, die mit Asbest in Berührung kamen, die Schädlichkeit des auftretenden Staubes durchaus bekannt gewesen. Er gibt an, sie hätten sich auf Befragen dergestalt geäußert, dass sie sich durch Tücher oder primitive Masken zu schützen versucht hätten. Auch hätten sie sich durch reichlichen Genuss von Fett und Milch eine Gegenwirkung versprochen. Ein alter Arbeiter habe ihm gesagt, seine früheren Mitarbeiter seien längst alle tot. Sie hätten alle die gleichen Krankheitserscheinungen gehabt und seien durch hartnäckige, lang andauernde Hustenanfälle auffällig geworden.[299]

Prof. E. Saupe notierte schon 1931, dass die Belästigung durch Ruß und Asbeststaub nicht unbeträchtlich zu sein scheint.[300] Nordmann beobachtete 1938 bei Todesfällen wegen Asbestose 17 Prozent an Fällen, bei denen zugleich ein Lungenkarzinom vorlag. Er gab den weiteren bedeutungsvollen Hinweis, dass die Hälfte der wegen Asbestose und Lungenkrebs verstorbenen Menschen vergleichsweise jung war. Ein Lungenkarzinom, welches in diesem Alter auftrat, war absolut unüblich. Für die 1936 als Berufskrankheit eingestufte Asbestose[301] trat er 1938 den Beweis an, dass diese Entscheidung aus seiner Sicht gerechtfertigt war: Die Asbestose musste als eine berufsbedingte Krankheitsform gewertet werden.

> „Als wesentlicher Umstand jedoch ist die auffällige Beobachtung zu werten, dass bei fast allen Krebsträgern eine ziemlich gleichmäßige Zeitspanne seit dem Beginn ihrer Tätigkeit in einer Asbestfabrik bis zu ihrem Tode an einem Lungencarcinom vergangen ist. *Nordmann* hat dafür die Durchschnittszahl von 18 Jahren errechnet [...] Nordmann und Sorge gelang es auch, im Tierversuch ein Lungencarcinom durch Asbeststaub zu erzeugen."[302]

Auch in diesen Fällen war somit der Beweis erbracht, dass industriell verarbeiteter Asbest zur Schädigung der Lungenfunktion in Form eines Lungenkarzinoms führen kann. Damit wurde Asbestose allmählich als reine Berufskrankheit angesehen, die nach medizinischer Beurteilung nur in gewerblichen Betrieben auftrat.[303]

Der 1925 von den Fabrikärzten der chemischen Industrie formulierte Satz hatte noch immer seine Gültigkeit. Demnach muss der Arzt,

> „[...] wenn er Versicherungsnehmer aus Betrieben, die der Versicherung gegen Berufskrankheiten unterstehen, behandelt, beachten [...], ihm zugleich aber auch sagen, bei welcher Beschäftigung Arbeitnehmer den versicherten Berufskrankheiten ausgesetzt sein können, und auf welche Krankheitsanzeichen er besonders sein Augemerk richten muß, um vorkommendenfalls seiner Anzeigen-

---

299 Vgl. Dr. Hans-Wilfrid Wedler: Klinik der Lungenasbestose. Klinische, statistische und röntgenologische Ergebnisse aus Reihenuntersuchungen an Asbestarbeitern über Krankheitsbild und Verlauf der Asbestose, Leipzig 1939 , S. 7 f.
300 Vgl. Prof. E. Saupe: Klinisch-röntgenologische Untersuchungen an Ofensetzern, aus dem Röntgeninstitut der Medizinischen Klinik des Stadtkrankenhauses Dresden-Johannstadt, eingegangen am 15. Juni 1931, S. 591
301 Drechsel-Schlund, Asbestverursachte Berufskrankheiten in Deutschland, S. 6; vgl. auch Tabelle 8 dieser Arbeit
302 Boemke, Asbestosis und Lungencarcinom, S. 570
303 Wedler, Klinik der Lungenasbestose, S. 7

pflicht genügen zu können, um ihn andrerseits aber vor Fehlmeldungen zu bewahren."[304]

Die Geschichte der industriellen Pathogenität und Pathologie – das geht aus den aufgezeigten Entwicklungen hervor – ist naturgemäß eine Sozialgeschichte dieser beiden Disziplinen. Ihre vielfältigen Problemstellungen sind außerordentlich, besteht doch keine nachweisbare historische Kontinuität, etwa in Form von Regelwerken oder wissenschaftlichen Schulen.[305] Der Mangel an solchen Kriterien bedingt die Definition des Gegenstands allein über die Stationen der ökonomisch-technischen Entwicklung, die Entwicklung zum Wohlfahrtsstaat einschließlich seiner gegenwärtigen Rückentwicklung, aber auch über das volkswirtschaftliche Wachstum oder die zunehmende Spezialisierung der Medizin.[306]

Um die Sozialgeschichte der Pathogenität und der Pathologie in ihren Auswirkungen vollständig erfassen zu können und die Rolle des Asbests darin auszuloten, ist eine Untersuchung notwendig, welche präventionsorientierten Arbeitsschutzmaßnahmen des frühen 20. Jahrhunderts auf den Analysen der Mediziner aufbauten. Es ist jedoch erkennbar, dass die vollzogenen Festlegungen im Verlauf des 20. Jahrhunderts sich nicht wesentlich veränderten, sondern nur in einzelnen Punkten korrigiert wurden.

5.1.2 Die Gefährlichkeit von Asbest: Erkenntnisentwicklungen

Der industrielle Abbau von Rohasbest wurde seit der Möglichkeit seiner industriellen Weiterverarbeitung mit Nachdruck betrieben. Auch die zunehmende Flut an gesetzlichen Vorschriften, Verordnungen, technischen Regeln und Normen, mit denen die öffentliche Gesetzgebung in weiten Teilen Europas seit Mitte der dreißiger Jahre den Versuch unternahm, die gesundheitsgefährdende Emission von Asbeststaub in den Asbest verarbeitenden Betrieben zu berücksichtigen, schränkte die weiter rasch ansteigende Verbreitung der Mineralfaser nicht ein. Ein Hauptgrund dafür lag in der Tatsache, dass Asbest neben der Unbrennbarkeit über eine hohe Anzahl physikalischer und chemischer Eigenschaften verfügt, die in dieser Zusammensetzung bei keinem anderen Stoff auftreten. Aufgrund dieser zahlreichen vom technischen Blickwinkel her vorteilhaften Eigenschaften ist Asbest, getrieben von einer hohen Innovationsgeschwindigkeit, letztlich in mehr als 3.500 Produkten verwendet worden. Und eben dieser durch den universell einsetzbaren Werkstoff ausgelösten, in seiner öffentlichen Wahrnehmung euphorisch und damit zugleich erdrückend anmutende Innovationsschub ist letztlich die Ursache dafür, dass schon früh als eindeutig erkannte Gefährdungen der Gesundheit durch den Umgang mit Asbest im

304 Fabrikärzte der chemischen Industrie, Was muß der Arzt wissen, Vorwort
305 Vgl. A. Labisch: Zur Sozialgeschichte der Arbeitsmedizin in der Bundesrepublik Deutschland. Eine Übersicht, in: R. Müller, D. Milles (Hg.): Beiträge zur Geschichte der Arbeiterkrankheiten und der Arbeitsmedizin in Deutschland, Bremerhaven 1984, S. 27-45; A. Labisch. R. Spree (Hg.): Medizinische Deutungsmacht im sozialen Wandel, Bonn 1989
306 Vgl. E. Lesky: Sozialmedizin. Entwicklung und Selbstverständnis, Darmstadt 1977; H.-U. Deppe, M. Regus (Hg.): Seminar: Medizin, Gesellschaft, Geschichte, Frankfurt/M 1975; Julius Moses und die Politik der Sozialhygiene in Deutschland, Gerlingen 1985

ökonomischen Zugzwang einer asbesterzeugenden und -verarbeitenden Industrie lange Zeit verharmlost worden sind. Vorsorgende Maßnahmen, welche sich zwar nicht explizit, aber u.a. auch auf Asbest beziehen, gehen in Deutschland bis auf die Gewerbeordnung von 1869 und die dortigen Arbeitsschutzvorschriften zurück.[307] Die Entwicklung der Gewerbehygiene (und von 1928 an der Arbeitsmedizin) war durch den Übergang geprägt, in welchem die ärztliche Sicht- und Handlungsweise des 19. Jahrhunderts, die durch die utilitaristisch strukturierte Ökonomie geprägt war, sich nun zu der auf wissenschaftlicher Erkenntnis basierenden Sicht- und Handlungsweise im 20. Jahrhundert hinwandte und dadurch zunehmend verändert wurde.[308] Im Wesentlichen jedoch wurde im 19. Jahrhundert Asbest durchweg nur auf sein Vorkommen, seine Verwendungsmöglichkeiten und sich bereits ankündigende industrielle Verarbeitung untersucht, wie man es beispielsweise auch in dem Text eines Vortrags von 1880 hören konnte, den ein Grubendirektor vor Mitgliedern des Vereins „Berggeist" gehalten hat. Er beschließt seine Rede mit der Erwartung, seinen Anforderungen gerecht geworden zu sein:

> „M e i n e A u f g a b e: über das Vorkommen des Rohasbestes, dessen Verarbeitung und Verwendung Notizen zu sammeln und Ihnen solche vorzutragen, habe ich, so viel ich es bis heute vermochte, zu lösen gesucht.

> Ich hoffe, m. H.! dadurch wenigstens das erreicht zu haben: dass man dem Fabrikate mit mehr Vertrauen entgegen tritt, sich dafür mehr interessieren und die vorzüglichen Eigenschaften desselben besser auszunutzen sich anschicken wird."[309]

Symptomatisch für die zögerliche Erforschung von letztlich asbestbedingten Erkrankungen war die Krankengeschichte von 30 Arbeitern einer Asbestmine und -spinnerei, die der italienische Arzt L. Scarpa zwischen 1894 und 1906 vermeintlich wegen Tuberkulose behandelte. Sie sprachen auf seine Behandlung nicht an, sondern verstarben rasch. Weitere Untersuchungen, mit denen man Asbest als Verursacher hätte identifizieren können, wurden nicht durchgeführt.[310] Hier ist im Übrigen der Hinweis angebracht, dass bei wissenschaftlichen Untersuchungen jener Zeit asbestbedingte Erkrankungen recht häufig mit Tuberkulose verwechselt wurden. In diesem Kontext gehört auch der Bericht des französischen Arztes Auribauld. Zwischen 1890 und 1895 registrierte er das Ableben von 16 Arbeitern in Asbest verarbeitenden Betrieben, publizierte dies jedoch erst im Jahre 1906.[311] Jan-

---

307 Vgl. Gewerbeordnung vom 21. Juni 1869, Fundstelle RGBl 1869, 245
   Alleman, Asbest: Aufstieg und Fall, S.91. Die Autoren verweisen darauf, dass in Großbritannien bereits 1931 Vorschriften für den industriellen Umgang mit Asbest erlassen wurden.
308 Vgl. Paul Weindling: Asbestose als Ergebnis institutioneller Entschädigung und Steuerung, in: Dietrich Milles (Hg.), Gesundheitsrisiken, Industriegesellschaft und soziale Sicherungen in der Geschichte, Schriftenreihe „Gesundheit-Arbeit-Medizin", Bd. 7, Bremerhaven 1993, S. 351
309 Vgl. Knops, Grubendirektor: Asbest, sein Vorkommen, seine Verarbeitung und seine Verwendung. Vortrag, gehalten im Verein „Berggeist" in Siegen am 19. Dezember 1880, 2. Auflage, Siegen 1881, S. 14 f.
310 Vgl. L. Scarpa: Industria dell'amianto e tuberculosi, Atti del XVII. Congresso Nazionale della Società Italiana di Medicina Interna, Rom 1908
311 Vgl. M. Auribauld: Note sur l'Hygiène et la Sécurité de l'Ouvrier dans la Filatures et tissages d'Amiante, in: Bulletin d'Inspection du Travaille 14, Paris 1906, S. 120-132

Ulrich Büttner vermerkt in seiner Dissertation über „Asbest in der Vormoderne", dass keiner der betreffenden Ärzte Leichenöffnungen zur Analyse der Krankheitsursachen durchgeführt habe.[312] Vom ersten als sicher geltenden Befund einer pathologischen Untersuchung wurde 1900 durch den englischen Arzt H. Montague Murray in der „Charing Cross Hospital Gazette" berichtet. Er untersuchte auf dem Sektionstisch einen 33 Jahre alten Arbeiter einer Asbestfabrik zunächst nach Anzeichen einer Tuberkulose, entdeckte jedoch in dem vollständig mit Asbestfasern durchsetzten Lungengewebe den sicheren Beweis einer Lungenasbestose.[313]

Der „Aerztliche Verein in Hamburg" veröffentlichte in der „Muenchener Medizinischen Wochenschrift ein Sitzungsprotokoll vom 17. März 1914, das ebenfalls keine weiteren Auswirkungen haben sollte.

„Demonstrationen:
Herr **F a h r**: Präparate und Mikrophotogramme von einem Falle von **Pneumonokoniose**. 35jähr. Arbeiterin in einer Asbestfabrik, die seit Jahren an Husten und Auswurf litt, ging nach kurzer Krankheit unter dem Zeichen einer Pleuropneumonie zugrunde. Die chronisch indurative Pneumonie liess histologisch eine grosse Zahl von Kristallen erkennen, ein seltenes Bild, wie es von M a r c h a n d und R i e s a l 1906 beschrieben wurde. F. bespricht die Beziehungen zwischen Staubinhalation und Kristallbildung und erörtert die Frage, ob die Kristalle direkt auf die Inhalation des Asbeststaubes zu beziehen sind oder ob sie als Hämoglobinabkömmlinge aufzufassen sind.

Herr F e i g e l berichtet über die dazugehörenden chemischen Untersuchungen."[314]

Ein deutlicher Verweis auf den Zusammenhang zwischen der Lungenerkrankung und der Beschäftigung in einer Asbestfabrik ist hier ohne Zweifel vorhanden. Nicht zum ersten Mal wurde dieser Zusammenhang entdeckt, doch zeigt sich an diesem Beispiel ein offenkundiges Missverhältnis zwischen dem Wissen um die Ursachen einer Krankheit und den sich im Anschluss daran im Grunde zwangsläufig ergebenden Konsequenzen. Weitere, gezielte Untersuchungen müssten angesetzt werden, um diese Erkrankung wissenschaftlich exakt zu umreißen, ihre Symptome in der Diagnose so genau wie möglich zu schildern, um sodann eine Heilung der Krankheit oder zumindest in der Therapie eine Linderung der Beschwerden zu erreichen.

„[...] die medizinischen Risiken von Asbest sind seit Anfang dieses Jahrhunderts bekannt. Die Wissensgeschichte über die gesundheitliche Gefährdung durch Asbest ist typisch dafür, daß nicht einfach das Wissen über industriellen Gefährdungen lückenhaft ist, sondern daß das vorhandene Wissen nicht effektiv genutzt und Maßnahmen durchgeführt werden. Es lohnt sich jedoch auch

---

312 Büttner, Asbest in der Vormoderne, S. 196
313 Vgl. H.M. Murray: Charing Cross Hospital Gazette 1900. Dieser Bericht ist nicht mehr zu verifizieren. Es gibt jedoch einen Bericht Murrays, der sich den Fall von 1900 stützt; Vgl. H.M. Murray: Statement, in: Departmental Committee on Compensation for Industrial Diseases: a) Minutes of Evidence, Appendix and Index, S. 127 f.; Report, London 1907, S. 14
314 Vgl. Werner: Aerztlicher Verein in Hamburg (eigener Bericht.), Sitzung vom 3. März 1914, Vorsitzender: Herr Rampel., in: Muenchener Medizinische Wochenschrift, 17. März 1914, S. 625

genauer zu prüfen, ob das Wissen von herrschenden Ideologien und sozialen Interessen so umgeformt wurde, daß der Rekurs auf medizinisches Wissen an sich als eine Bremse für umfassende Prävention funktionierte."[315]

Im Juni des Jahres 1932 wurden die wissenschaftlichen Schilderungen des Ärztlichen Vereins in Hamburg von 1914 in einer wissenschaftlichen Zeitschrift aus England nochmals hervorgehoben: „However, these descriptions attracted little attention at the time and seem to have been forgotten."[316]

Der britische Arzt Thomas Oliver greift in einem Beitrag des Jahres 1929 noch einmal den bereits im Jahr 1900 veröffentlichen Bericht auf, wonach die frühesten Anzeichen einer Lungenerkrankung bei einem Asbest-Arbeiter bekannt wurden, der 1899 im Charing Cross Hospital in London von Dr. Montague Murray behandelt wurde und im darauf folgenden Jahr verstarb.[317]

> „The man had worked in the carding room of an asbestos factory for over a decade of years and he stated that he was the last of ten men who had commenced work together in the carding room. At the autopsy his lungs were found to have undergone fibrotic changes."[318]

Präventionsmaßnahmen, die sich auch auf Asbest beziehen, wurden zu einer Zeit, in der man den Wert industriell verarbeitbaren Asbests klar erkannte und überdies zu schätzen lernte, schlicht ignoriert. Zwar tauchten durchaus Hinweise auf die Gefährlichkeit von Asbest in Fachzeitschriften und medizinischen Büchern auf, doch führten sie in keinem Falle zu ernstzunehmenden und weiterführenden Analysen einer potenziellen Gefährdung durch den Umgang mit Asbest. Beispielsweise lesen wir in der Schrift von Dr. Hans-Wilfrid Wedler aus dem Jahre 1939:

> „Im Jahre 1906 berichtete zuerst *Marchand* (mit *Risel*) vor der Deutschen Pathologischen Gesellschaft ‚über eigentümliche Pigmentkristalle in der Lunge'. Er hatte einen 20jährigen Arbeiter einer Farbenfabrik, der an einem Hydrozephalus gestorben war, seziert, und eine 40jährige Ofensetzersfrau, die einer Eklampsie erlag, seziert und bei beiden in der Lunge eigentümliche Kristallformen gefunden, die nach der Beschreibung und den Abbildungen Asbestosiskörperchen gleichen und sehr wahrscheinlich solche darstellen dürften, [...]"[319]

Hier lässt sich ein Bogen spannen zu einer aktuellen Situation der Gegenwart. Vergleicht man den damaligen Stand der medizinischen Forschung und die nur zögerliche Erörterung mit dem heutigen Stand der Erforschung der Folgen von Funkwellen auf den menschlichen Organismus im Zuge der Nutzung von Mobiltelefonen, so lassen sich durchaus Parallelen ziehen. Zunächst begeisterten in der öffentlichen Wahrnehmung das große Potenzial und die Anwendungsvielfalt, die in dem Einsatz funkgestützter Kommunikationstechnologie liegen. Dieser allgemeine Enthusiasmus

---

315 Weindling, Asbestose als Ergebnis, S. 353
316 Vgl. Roodhouse Gloyne: The Asbestos Body, in: The Lancet, June 25, 1932, S. 1351
317 Vgl. Archiv für Gewerbepathologie und Gewerbehygiene, hrsgg. von Dr. L. Teleky, Prof. Dr. H. Zangger, 1. Bd., mit 98 Textabbildungen, Berlin 1930, S. 68
318 Archiv für Gewerbepathologie und Gewerbehygiene, S. 68
319 Wedler, Klinik der Lungenasbestose, S. 16

ließ medizinische Warnungen im Zusammenhang mit der Nutzung der Technologie fast vollständig verstummen. Diese Begeisterung in der Stabilisierungs- und Durchsetzungsphase der funkgestützten Kommunikationstechnologie erdrückt über Jahre – analog zur Entwicklung des Werkstoffes Asbest – Erkenntnisse und medizinische Hypothesen über mögliche Langzeitschädigungen als Folge einer intensiven Nutzung von Mobiltelefonen. Erst langsam scheint die Öffentlichkeit bereit zu sein, sich dieser Thematik zu öffnen und in eine Diskussion über gesundheitliche Risiken bei der Nutzung von Mobiltelefonen einzutreten.[320]

5.1.3 Asbest und Arbeit

5.1.3.1 Arbeitsmedizin in den dreißiger und vierziger Jahren

Die Frage, ab wann Wissenschaftler die ersten, erkennbaren Gesundheitsrisiken zunächst beim Umgang mit Asbest bei Arbeitern verzeichnet haben, scheint nunmehr geklärt zu sein. Die Schwierigkeit, hier eine klare Linie zu ziehen, ab wann fundiertes, zusammenhängendes medizinisches Wissen vorlag, besteht u.a. darin, dass eine Vielzahl wissenschaftlicher Veröffentlichungen existieren, in denen vornehmlich britische, nordamerikanische und deutsche Wissenschaftler zumeist singuläre Analysen und Stellungnahmen zu diesem Problem niedergelegt haben. Die folgende Darlegung ist und kann keine Übersicht über die gesamte Entwicklung der Arbeitsmedizin der dreißiger und vierziger Jahre darstellen, sondern soll nur an einzelnen Beispielen die arbeitsmedizinischen Akzente zu beschreiben versuchen.

Die Entstehung einer wissenschaftlichen Disziplin, die sich als Arbeitsmedizin verstand und in der die Entwicklung einer ärztlichen Sicht- und Handlungsweise zu einer wissenschaftlich strengen Konzeption sichtbar wurde, wie wir sie bereits von Paul Weindling kennen gelernt haben, wurde zu dieser Zeit allmählich eingeläutet. Unter dieser Prämisse liegen uns ab Ende der zwanziger Jahre zahlreiche Analysen vor, die eindeutig berufsbedingten Krankheiten in Zuge der Arbeit mit oder an Asbest erkennen lassen.

An dieser Stelle muss darauf hingewiesen werden, dass es in dieser Arbeit bei einer analytischen Betrachtung der Gewinnung wissenschaftlicher Erkenntnisse in dieser frühen Zeit nahezu unmöglich erscheint, letztlich Untersuchungen des Gefährdungspotenzials des Umgangs mit industriell verarbeitetem Asbest auch bei den Endverbrauchern von Asbesterzeugnissen anzustellen, da man zu diesem Zeitpunkt die Notwendigkeit, hierzu Forschungen einzuleiten, noch nicht erkannt hatte bzw. sie aufgrund der Interdisziplinarität scheute.

---

320 Zur Diskussion über gesundheitliche Risiken aufgrund der Nutzung von Mobiltelefonen: A. Lahkohla et al, Mobile phone use and risk of glioma in 5 North European countries, in: International Journal of Cancer 2007; Christopher Schrader, Handys können Krebs auslösen, in: Süddeutsche Zeitung, München 30.1.2007; Lennart Hardell, Michael Carlberg, Kjell Hansson Mild, Pooled analysis of two case-control studies on use of cellular and cordless telephones and the risk for malignant brain tumours diagnosed in 1997-2003, in: International Archives of Occupational and Environmental Health, Berlin Heidelberg 2006

„Die gewerbepathologischen Untersuchungen durchmessen also methodisch wesensverschiedene Fachgebiete", schreibt H. Zangger aus Zürich, „wie gleichzeitig auch ganz unmittelbare und auch gesetzlich bestimmte Interessengebiete."[321]

Die zentralen Kriterien waren demnach wissenschaftliche Kausalität und juristische Verantwortlichkeit, die den Blick auf bestimmte, einzugrenzende Erkrankungen mit einer nach damaligem Verständnis eindeutigen Ursache in einer beruflichen Tätigkeit richteten.

„Im gleichen Jahr erscheint … eine „sozio-medizinische Studie über „Lungenasbestose" von Thomas Oliver (1929 erstmals in England publiziert), in der er sich über seine ersten Erfahrungen mit Asbest aus medizinischer Sicht verbreitet. Die feinen Fasern hingen an ihren Kleidern wie nicht gesponnene Baumwolle – er hatte einen ersten, eigenen Eindruck gewonnen und war seiner Ansicht nach somit vorbereitet auf kommende Ereignisse."[322]

1929 stellte Thomas Oliver endgültig fest, dass Asbest für eine Vielzahl von Verwendungszwecken vornehmlich gewerblicher Art diente, deren Gefährdungsmöglichkeit in der Zukunft anwachsen würde und somit durch geeignete Schutzmassnahmen eingegrenzt werden müssten.[323] In den Äußerungen Olivers wuchs zugleich eine gewerbehygienische Einsicht: Arbeiter in Asbestspinnereien konnten nicht mehr länger als Textilarbeiter mit einer hohen Tuberkuloserate angesehen werden, deren Beschwerden durch schwindsuchtartige Lungenkrankheiten erklärt werden konnten. Häufig wurden verschiedene Formen von Lungenfibrosen diagnostiziert, welche durch Bedingungen hervorgerufen wurden, die in der Tat mit bestimmten Tätigkeiten und Substanzen zusammenhingen. Wohlgemerkt – zu dieser Zeit wurde Asbestose in zahlreichen Beiträgen als eine besondere Art der Lungenfibrose beschrieben, die besonderer Beobachtung und Behandlung bedurfte.

Im Jahre 1931 erschien der Beitrag „Die Asbestosis der Lungen" von Erich Beintker im „Archiv für Gewerbepathologie und Gewerbehygiene",[324] in dem er zunächst den hier bereits erwähnten Artikel von Thomas Oliver heranzog und nachdrücklich bestätigte, dass die Asbestosis als „eine wohl gekennzeichnete interstitielle Pneumonie mit chronischer Bronchitis und Emphysem" zu betrachten sei.

Deutlich wird das Bestreben, im Zusammenhang mit Asbest auftretende Lungenerkrankungen gezielt als berufsbedingte Erkrankungen zu bezeichnen, denen nach Ansicht Beintkers mit geeigneten Maßnahmen entgegen getreten werden könnte. So seien in einer Asbestfabrik Westfalens in den letzten Jahren zwei Todesfälle wegen Asbeststaublunge aufgetreten. Nach ausführlicher Schilderung der industriellen Verarbeitung des Asbests gelangt er am Schluss seiner Abhandlung zu der Feststellung, an dem vorliegenden Material könne die Frage nicht entschieden

---

321 Vgl. Prof. Dr. H. Zangger, Zürich: Einführung, in: Archiv für Gewerbepathologie und Gewerbehygiene, hrsgg. von Dr. L. Teleky, Prof. Dr. H. Zangger, 1. Bd., mit 98 Textabbildungen; Berlin 1930, S. 1 f.
322 Archiv für Gewerbepathologie und Gewerbehygiene, S. 67 f.
323 Ebd., S. 69
324 Vgl. Erich Beintker: Die Asbestosis der Lungen, in: L. Teleky, H. Zangger (Hg.) Archiv für Gewerbepathologie und Gewerbehygiene, 2. Bd., mit 93 Textabbildungen, Berlin 1931, S. 354 f.

werden, welche Asbestart für die Erkrankung ursächlich gewesen sei. Die Erkrankten hätten mit zwei Asbestarten, Amphibolasbest und Serpentinasbest, gearbeitet, und beide Möglichkeiten müssten geprüft werden.[325]

Die medizinische Schrift „The Lancet" publiziert 1932 unter der Rubrik „Medicine and the Law" einen Artikel über „German Work on Pulmonary Asbestosis", der gezielt die arbeitsmedizinischen Komponenten der asbestbedingten Erkrankungen beleuchtet.[326]

In der „Deutschen Medizinischen Wochenschrift" erscheint im gleichen Jahr ein ausführlicher Beitrag „Über Asbestosis", der unterstreicht, dass es den Wissenschaftlern der frühen dreißiger Jahre zunehmend darum ging, Krankheitskategorien für juristische und bürokratische Zwecke zu erstellen.[327] Es sollten Kategorien sein, die zur Differenzierung von Krankheiten gleichsam zwangen und, wie Paul Weindling feststellt, dazu beitrugen, sozialpsychologische Strukturen auf medizinische Begriffe zu reduzieren.[328] Die Wissenschaftler Gewerbe-Med.-Rat Dr. Gerbis und Priv.-Doz. Dr. Ucko aus Berlin untersuchten 33 Arbeiter der Deutschen Asbestwerke in Teltow, die sich wegen Staubeinwirkung für gesundheitlich geschädigt hielten. Wieder wird hier darauf verwiesen, dass die Schwere der auftretenden Erkrankung vom Lebensalter anscheinend unabhängig sei, hingegen entspräche sie dem Berufsalter und der Menge des eingeatmeten Asbeststaubes. Auch hier wird eine ausschließlich berufsbedingte Erkrankung diagnostiziert.[329] Nahezu alle untersuchten Personen äußerten zwar Beschwerden, die auf eine Lungenkrankheit hindeuten konnten wie Husten und Auswurf, dazu Atemnot bei Anstrengung und nebligem Wetter. Einige klagten über Appetitmangel, ungewöhnliche Gewichtsabnahme, Stiche beim Atmen, Herzklopfen, Mattigkeit und fortschreitende Blässe, jedoch ließen Gerbis und Ucko keinen Zweifel daran aufkommen, dass es sich hier um berufsbedingte Krankheitsbilder handelte.

Das „Zentralblatt für Gewerbehygiene" druckte 1933 die Inhaltsangabe eines Beitrags über „Asbestos dust and asbestosis bodies from the lungs of an asbestos worker", in der vermerkt wird, dass sowohl die Fibrose als auch die Bildung der Asbestosekörperchen auf der kombinierten mechanischen und chemischen Einwirkung des Asbeststaubes basiert.[330]

Gemäß einer 1934 wiederum von Erich Beintker verfassten Arbeit[331], ist die Klärung über die Zusammenhänge der Schädigung durch verschiedene Asbest-Staubarten laut Beintker nur aufgrund von planmäßigen, überaus breit angelegten und ebenso langwierigen wie kostspieligen Analysen zu erreichen.

325 Ebd., S. 357
326 Vgl. „German work on Pumonary Asbestosis", in: The Lancet, July 1932, S. 92 f.
327 Vgl. Gewerbe-Med.-Rat Dr. Gerbis, Priv.-Doz. Dr. Ucko: Über Asbestosis der Lungen, in: Deutsche Medizinische Wochenschrift Nr. 8 v. 19. Februar 1932, S. 285 ff.
328 Weindling, Asbestose als Ergebnis, S. 351 f.
329 Gerbis, Über Asbestosis, S. 286
330 Vgl. Engelhardt: Inhaltsangabe des Beitrags von W.E. Cooke, J. State Med. 39, 544 (1931) „Asbestos dust and asbestosis bodies from the lungs of an asbestos worker. (Asbeststaub und Asbestosekörperchen aus der Lunge eines Asbestarbeiters.), in: Zentralblatt für Gewerbehygiene, XX. Jg., 1933, NF 10, S. 55
331 Vgl. Erich Beintker: Über die Asbestosiskörperchen. Bemerkungen zu der Arbeit von Beger, dS. Arch. Bd. 290, II.2/3, S. 527-539, in: Virchows Archiv 293, 1934

„Erst auf derart gesicherter Grundlage wird auch die Gesetzgebung weise aufbauen können, die sich gegenwärtig noch, soweit ich Einblick in die Bestimmungen verschiedener Staaten habe, überall mehr oder minder großen Schwierigkeiten gegenüber sieht."

Walter Alwens erkannte 1935, dass in Deutschland über Lungenveränderungen bei Asbestarbeitern immer noch vergleichsweise wenig bekannt und dieser Punkt überdies in der wissenschaftlichen Literatur kaum vertreten sei. Die Fülle ausländischer Literatur, vor allem im englischen und nordamerikanischen Bereich übersteige das Maß an deutschen Schriften zur Asbestose bei weitem.[332] Es stellt sich aufgrund der hier beschriebenen in Kreisen der Medizin scheinbar bestehenden fachlichen Unkenntnis die Frage, ob der Prozess der Erkenntnisentwicklung, zumindest für eine breitere medizinische Öffentlichkeit, auch durch die zu der damaligen Zeit noch nicht so weit entwickelten medizinisch-technischen Möglichkeiten gebremst wurde. Denn wie sollen mit begrenzten Diagnosemöglichkeiten asbestverursachte Erkrankungen diagnostisiert werden, die zudem nur wenigen bekannt waren?

Alwens führt weiter aus, dass bei der Asbestwarenfabrikation überall reichlich Staub entstehe; vor allem beim Mischen, Krempeln, Spinnen und Weben. Auch ist er der Auffassung, durch gewerbehygienische Maßnahmen an den Maschinen selbst, etwa durch mechanische Staubabsaugung oder durch Raumventilation und erhöhte Zufuhr frischer Luft versuche man durchaus, der Staubplage konsequent zu begegnen. Dennoch bleibt, so schreibt Alwens, eine verhältnismäßig starke Staubentwicklung übrig, die vor allem in veraltet ausgerüsteten Betrieben partiell so stark war, dass die Arbeiter sich wie in einem feinen Nebel bewegen mussten.[333]

In jedem Fall ist er der Meinung, dass hier geeignete Schutzmassnahmen für die Arbeiter eingeführt werden müssten:

„Jedenfalls muß heute gefordert werden, daß jegliche Vorbeugungsmaßnahme in den technischen Betrieben angewendet wird, wofür in erster Linie Abdichtung staubverursachender Maschinen, mechanische Staubabsaugung und ergiebige Raumventilation in Betracht kommen."[334]

Einen beträchtlichen Stellenwert hatte für ihn auch die zeitliche Länge der Tätigkeit von Arbeitern im Asbestbetrieb zum Zeitpunkt der Untersuchung. So vermerkt er, dass eine Arbeiterin von 48 Jahren, die 23 Jahre in einer Asbest verarbeitenden Fabrik tätig war, während des Krieges vier Jahre als Flechterin mit Kieselgur gearbeitet und bei dieser Tätigkeit größere Mengen asbesthaltigen Staubes mit freier Kieselsäure (Quarzsand) eingeatmet hatte. Bei ihr konnte man schließlich eine Asbestose dritten Grades durch eine röntgenologische Untersuchung feststellen. Bislang ist hier nur von Asbestose die Rede gewesen. Die im Zusammenhang mit dem Einatmen von Asbeststaub ebenfalls potenziell auftretende Rippenfell- oder Lungenkrebserkrankung wird in den zwanziger und dreißiger Jahren in aller Regel noch nicht erwähnt.

---

332 Vgl. Walter Alwens: Ueber Asbestose der Lungen, in: Münchener Medizinische Wochenschrift, 82, Jg. V. 8. November 1935, S. 1797
333 Ebd., S. 1797
334 Ebd.

Im Jahre 1936 berichtete Prof. Bohne in seinem Beitrag über Asbestose[335] ebenso nur darüber, dass die Asbestose von allen Stauberkrankungen erst in den letzten Jahren erkannt und entsprechend in allzu geringem Ausmaß erforscht worden sei. Den meisten Ärzten, so Bohne, sei Asbestose selbst in Städten mit einem Asbest verarbeitenden Betrieb nicht bekannt.[336] Nahezu ständig würde sie von den Ärzten verkannt. Bohne bedauerte diese Fehleinschätzung und bekundete mit Nachdruck, dass nur die frühzeitige Feststellung dieses Leidens den erkrankten Menschen vor Krankheit und Tod bewahren könnte. Auch er wusste infolge seiner Analysen, dass sich Asbestose als direkte Folge der Einatmung des bei der industriellen Verarbeitung von Asbest erzeugten Staubes entwickelt. Wiederum als wesentlich wird der Umstand erachtet, dass …

> „ … zur Entwicklung einer Asbestose nicht, wie vielfach angenommen wird, eine jahrelange Arbeitszeit gehört, wenn man als Asbestose nicht nur das vollausgebildete Krankheitsbild gelten lässt, sondern bereits die ersten Erscheinungen wie Kurzatmigkeit, Husten und Auswurf mit den […] Asbestkörperchen sowie die physikalischen Erscheinungen über den Lungen richtig zu werten versteht. Die Zeit bis zum ersten Auftreten der Erscheinungen hängt in erster Linie von der *Art der Arbeit* ab. Je staubreicher die Luft ist, um so früher wird man mit einer Erkrankung rechnen müssen."[337]

In der 1939 von Hans-Wilfried Wedler veröffentlichten, ausführlichen Analyse „Klinik der Lungenasbestose"[338] werden neben historischen, mineralogischen und technischen Vorbemerkungen, einer pathologischen Anatomie und Pathogenese der Asbestose in den eigenen Ergebnissen unter Abschnitt 7 „Asbestose und Karzinom (Lungenkrebs)" Erkenntnisse vorgelegt. Seine analytischen Betrachtungen schließen mit den Worten:

> „Unseres Erachtens besteht kaum ein Zweifel daran, daß der chronische Reiz, den der Asbeststaub in der Lunge ausübt, für die Entstehung eines Karzinoms maßgebend sein kann. Es scheinen hier bis zu einem gewissen Grade analoge Verhältnisse wie bei anderen ‚Berufskrebsen' vorzuliegen."[339]

Maßgebend war für Wedler die Tatsache, dass der chronische Reiz, den der Asbeststaub in der Lunge ausübt, für die Bildung von Karzinomen verantwortlich sein kann. Das Krankheitsbild der Asbestose wurde mit diesem Umstand wesentlich erweitert. Karzinome traten nicht allein bei bislang unter die als Berufskrankheit fallenden schweren Asbeststaublungenerkrankungen auf, sondern entwickelten sich vielmehr auch bei klinisch und anatomisch leichteren Asbestosen. Es sei dringend erforderlich, so formulierte Wedler, die Gesetzgebung entsprechend zu erweitern.[340]

---

335 Vgl. Bohne: Über Asbestose, in: Deutsche Medizinische Wochenschrift, 62. Jg., 1936, 1. Halbjahr, Nr. 23 v. 5. Juni 1936, S. 928
336 Ebd., S. 928. Deutsche Asbestfabriken befinden sich nach dem Bericht von Prof. Bohne in Berlin, Hamburg, Bergedorf bei Hamburg, Dortmund, Frankfurt a.M., Dresden und Hannover.
337 Ebd., S. 929
338 Vgl. Dr. Hans-Wilfrid Wedler: Klinik der Lungenasbestose. Klinische, statistische und röntgenologische Ergebnisse aus Reihenuntersuchungen an Asbestarbeitern über Krankheitsbild und Verlauf der Asbestose. Mit 88 Abbildungen im Anhang, Leipzig 1939
339 Ebd., S. 68
340 Ebd.

Hans-Wilfrid Wedler informiert seine Leser weiterhin darüber, dass in Deutschland das Vorkommen von karzinomatösen Krankheitsbildern bei Asbestose erstmals 1938 von M. Nordmann konstatiert worden sei, der dabei von dem „Berufskrebs der Arbeiter" gesprochen habe.[341]

1940 wurden dann neue Richtlinien für die Bekämpfung der Staubgefahr in Asbest verarbeitenden Betrieben erlassen, die vor allem vorsahen, dass die bei den verschiedenen Arbeitsprozessen verstärkt auftretende Staubentwicklung erheblich reduziert würde.[342]

Von einem erneuten Fall schwerer Lungenasbestosis mit ausgedehnter Krebsbildung wird im Reichsarbeitsblatt Nr. 29 berichtet.[343] Wesentlich ist hier der Umstand, dass es sich bei der festgestellten Asbestosis um eine eindeutig als Berufskrankheit bezeichnete Erkrankung der Atmungsorgane handelte. Dr. med. H. Gerbis formulierte seine Schlussbemerkungen zu einem entsprechenden Fall von Asbestose so dezidiert, dass nahezu jeder Zweifel ausgeschlossen schien.

> „Es handelt sich also in der Lunge nicht um einen primären Lungenkrebs an umschriebener Stelle, sondern um allgemeine Karzinombildung im Bereiche der schweren Asbestosis."[344]

Es war bereits mitten im Krieg, als Gerbis seine Analysen über Asbestose niederlegte und damit für die Zukunft prägende Entscheidungen über Berufsunfähigkeit durch asbestbedingte Lungenerkrankungen vornahm. Es war den Wissenschaftlern gelungen, Asbestose mit Karzinombildung als selbständiges Krankheitsbild zu beschreiben. Damit konnten Sicherheitsmaßnahmen und Entschädigungen begründet und auch durchgeführt werden. Dr. Alfred Welz veröffentlicht 1942 einen Beitrag unter dem Titel „Weitere Beobachtungen über den Berufskrebs der Asbestarbeiter".[345] 1943 wird im Titel eines Artikels von Dr. Friedrich Boemke[346] auf den direkten Zusammenhang zwischen Asbestose und einer offenkundigen Krebserkrankung verwiesen.

Die Frage, die wir uns am Schluss dieses Abschnitts stellen müssen, lautet: Haben diese vielfältigen Analysen zur Gefährlichkeit des Umgangs mit Asbest konkrete Hinweise zur allmählichen Vorbereitung der späteren Ernüchterungsphase vermittelt oder stellten sie eine Debatte dar, mit der ausschließlich die Weichen für arbeitsmedizinisch vertretbare Entschädigungsgesetze gestellt wurden oder werden sollten?

In den dreißiger Jahren führte eine Kombination wissenschaftlicher und juristischer Aspekte zu der Auffassung, dass Asbestose als eine weitgehend exakt einzu-

---

341 Vgl. Dr. Hans-Wilfrid Wedler: Über den Lungenkrebs bei Asbestose, in: Deutsches Archiv für Klinische Medizin, hrsgg. von H. Assmann, P. Martini, W. Nonnenbruch, R. Siebeck, 191. Bd., Berlin 1943, S. 191
342 Vgl. Reichsarbeitsblatt Teil III (Arbeitschutz Nr. 10), Nr. 29, 1940, S. 263 ff.
343 Ebd., S. 316
344 Ebd.
345 Vgl. Dr. Alfred Welz: Weitere Beobachtungen über den Berufskrebs der Asbestarbeiter, aus dem Pathologischen und Bakteriologischen Institut der Hauptstadt Hannover [Vorstand: Prof. Dr. med. Martin Nordmann], in: AGG 11, 1942, S. 536
346 Vgl. Dr. Friedrich Boemke: Asbestosis und Lungencarcinom, in: Bernhard Fischer-Wasels (Hg.): Frankfurter Zeitschrift für Pathologie, 57. Bd., München 1943, S. 569

grenzende Berufskrankheit zu bezeichnen sei, die naturgemäß auch zu gesetzlichen Vorschriften über Prävention und Entschädigung führen musste. Obgleich das unter diesen Gesichtspunkten gesammelte Wissen durchaus Anlass gegeben hätte, Erkenntnisse von Gefahren durch industriell verarbeiteten Asbest zu sammeln und aufzuzeigen, beschränkten sich Wissenschaftler in der Regel darauf, Zusammenhänge zwischen der Einatmung von Asbeststaub und der Entwicklung einer Asbestose möglicherweise mit der Bildung von Karzinomen festzustellen.[347] Ernsthafte Versuche von Arbeitsmedizinern, die eindeutigen Erkenntnisse über eine krebsauslösende Wirkung von Asbestfasern an die Öffentlichkeit zubringen, sind zu dieser Zeit nicht erkennbar. Die medizinischen Kompetenzträger agierten nahezu isoliert von denen, die sich mit der technischen Weiterentwicklung des Werkstoffes und seiner Promotion in der Öffentlichkeit befassten. Impulse zurück aus der Medizin in die betriebliche Praxis der Asbest verarbeitenden Unternehmen waren neben der 1936 erfolgten Aufnahme einer „Schweren Asbeststaublungenerkrankung (Asbestose)" und 1943 der Aufnahme von „Asbestose i.V.m Lungenkrebs" in den Katalog der Berufskrankheiten kaum erkennbar. Asbestose wurde auch erst bei einer Minderung der Erwerbsfähigkeit ab 50 % als Berufskrankheit anerkannt. Diese Einschränkung mutet in Anbetracht des tödlichen Krankheitsverlaufs der Asbestose sarkastisch an. Noch fragwürdiger erscheint diese Abgrenzung entsprechend dem Grad der Erwerbsfähigkeitsminderung, wenn man die damaligen medizinisch-technischen Möglichkeiten berücksichtigt, wie zum Beispiel die um 1940 noch wesentlich bescheidenere Röntgentechnik, die unabdingbar zur zuverlässigen Beurteilung eines asbestbedingten klinischen Krankheitsbildes war.

Eine nachhaltige Sensibilisierung für die Gefahren bei der Anwendung und Bearbeitung asbesthaltiger Produkte war insgesamt nicht zu beobachten. Somit wurde mit den im Rahmen der damaligen medizinisch-technischen Möglichkeiten gewonnenen Erkenntnissen der Gesundheitsgefährdung durch Asbeststaub nicht zugleich die Ernüchterungsphase eingeläutet. Folglich hatte die medizinische Erkenntnisentwicklung zum damaligen Zeitpunkt keinen Einfluss auf die Entwicklung des Werkstoffes Asbest entsprechend dem Phasenmodell ausgeübt. Zumindest bis zum Ende der vierziger Jahre sahen Wissenschaftler in aller Regel keine Veranlassung, etwa zu entscheiden, welche höchsten Asbestfaserkonzentrationen als hinnehmbar betrachtet werden können. Ein Grund dafür mag sein, dass von der Arbeitsmedizin der dreißiger und vierziger Jahre nur erwartet wurde, produktionsprozessorientierte Präventivlösungen anzubieten. Ein Experte gab die Akten an den nächsten weiter und schied danach aus dem Prozess aus. Es mangelte den Erkenntnisträgern einerseits an dem über die eigene Fachdisziplin hinausreichenden Weitblick. Zum anderen war mittels der geringen Auflagen von Fachpublikationen und auch ihrer engen Zielgruppenorientierung eine Sensibilisierung der Öffentlichkeit nahezu unmöglich. Ferner muss die Frage gestellt werden, ob die Medizin zu diesem Zeitpunkt überhaupt über die richtigen Instrumente und Methoden verfügte, um sich fundiert mit Fragen zur Faserkonzentration auseinandersetzen zu können. Auf diesen Aspekt wird im Rahmen der Diskussion über die Grenzwertermittlung noch

---

347 Weindling, Asbestose als Ergebnis S. 352 f.

eingegangen. Darüber hinaus muss grundsätzlich berücksichtigt werden, dass zumindest während des Zweiten Weltkrieges die Aufmerksamkeit für dieses Thema sicherlich begrenzt war.

5.1.3.2 Arbeitsmedizin in den fünfziger Jahren

Das weitere Wirken der Arbeitsmedizin entwickelte sich offensiver und wird von Dierks folgendermaßen beschrieben:

> „Anhand der Asbestproblematik lässt sich das verdeutlichen: Aufgegriffen hat den Stafettenstab die Arbeitsmedizin. Gegen erhebliche Widerstände haben Arbeitsmediziner die oben geschilderte krebsauslösende Wirkung von Asbestfasern in das Bewußtsein der Öffentlichkeit gehoben."[348]

Wie sah die Behandlung der Asbestproblematik in Deutschland während der fünfziger Jahre konkret aus? Spätestens ab 1949 arbeiteten Industrie und die in ihr Beschäftigten vereint am wirtschaftlichen Wiederaufbau Deutschlands. Die Nachfrage nach und das Angebot an asbesthaltigen Produkten stieg stetig an. Parallel wuchs auch die Anzahl der Beschäftigten in der Asbest verarbeitenden Industrie weit über die Beschäftigtenzahl vor dem Krieg an. Dierks vermerkt in seinem Beitrag, dass man zu Beginn der fünfziger Jahre wissenschaftliche Untersuchungen auch auf solche Arbeiter erweiterte, die asbesthaltige Produkte industriell herstellten oder einbauten. Zu diesem Zweck analysierte man nur die Asbestose, die etwa mit der Steinstaublunge und der Kohlenstaublunge von Bergarbeitern verglichen werden konnte.[349] Konsequenzen aus diesen Untersuchungen wurden jedoch nicht gezogen.

Es scheint hier ein grundsätzliches Problem vorzuliegen, welches sich vermutlich durch das damalige Wissenschaftsverständnis herleiten lässt: Wissenschaftler, die durch ihre Forschungen für ein zunehmend erkanntes Gefährdungspotenzial von Asbest nahezu zwangläufig Öffentlichkeit herstellen, haben es in falsch interpretiertem Wissenschaftsverständnis unterlassen, eben dieser Öffentlichkeit richtungweisende Informationen an die Hand zu geben. Sie haben darauf verzichtet, den weiteren Fortgang der Asbestproblematik beratend zu begleiten, was durchaus von entscheidender Bedeutung hätte sein können. Prinzipiell wären Wissenschaftler sicherlich dazu in der Lage gewesen, mit der praktischen Umsetzung ihrer Forschungsergebnisse wesentliche Beiträge zu leisten und die weitere Verwendung von industriell verarbeitetem Asbest entscheidend mit zu bestimmen.

In der Praxis sah es während der fünfziger Jahre anders aus. Infolge des selbst auferlegten Verzichts von Wissenschaftlern zur Beförderung der Debatte um die Gefahren von Asbest Wesentliches beizutragen, blieb der Prozess der Behandlung des Asbestproblems zu diesem Zeitpunkt der Asbestindustrie vorbehalten. Diese setzte in einer stetig steigenden Anzahl von Produkten Asbest ein, weil es ihrer Einschätzung nach keine unter technischen Gesichtspunkten auch nur annähernd vergleich-

---

348 Dierks, Risikokommunikation, S. 6
349 Ebd., S. 3

bare Alternative zu Asbest gab und deren Repräsentanten die Richtung einer potenziell einsetzenden Diskussion in jedem Fall noch zu steuern vermochten.

Die nach dem Krieg einsetzende Gesundheitspolitik der Adenauer-Regierung hätte in den fünfziger Jahren durchaus Gelegenheit gehabt, der Frage einer nationalen Gesundheitspolitik auch in Richtung auf Asbest nachzugehen. Bereits im Mai 1945 veröffentlichten emigrierte deutsche Ärzte, unter ihnen Felix Boenheim, Käte Frankental und Kurt Glaser, eine Petition unter dem Titel „The construction of a democratic health system in Germany", in der sie die Einstellung von Fabrikärzten in allen größeren Unternehmen forderten.[350] Diesen Vorschlag betrachteten sie als notwendig für „safeguarding of health and ability to work".[351]

Es bestanden schon konkrete Pläne zur Umsetzung dieses Vorhabens, doch das Arbeitsministerium unter der ersten Adenauer-Regierung entschied sich für einen Kompromiss, den die Parteien untereinander vereinbart hatten. Die „Werksärztliche Vereinigung", wie diese Gemeinschaft von Arbeitsmedizinern nach dem Krieg bezeichnet wurde, bestand in der Adenauer-Ära weiter, nunmehr unter dem deutlichen Einfluss der chemischen Industrie.

Die Absichten, eine wirksame Kontrolle über potenzielle Gefährdung von Arbeitern speziell in der chemischen Industrie auszuüben, scheiterte. Die Konzeptionen einer freien Marktwirtschaft verhinderten die Entwicklung einer, wie Dietrich Milles meint, kritischen und radikalen Strategie von Gesundheitspolitik,[352] die schon wesentlich früher einige der bereits bekannten medizinischen Forschungsergebnisse über die Wirkung von industriell verarbeitetem Asbest auf die Gesundheit von Menschen hätte umsetzen können.

Fritz Tarnow erklärte 1950, mittlerweile habe man als Gewissheit akzeptiert, dass [...]

> „[...] social expenses and improvements are by no means only cost factors for the economy. ... Even from a purely capitalistic and business point of view, caring for the labour force could be an economic enterprise. During the last decades, knowledge about the interrelation of social security and the well-being of the economy has been extended significantly."[353]

Die sich im Wiederaufbau befindende deutsche Gesellschaft hatte mithin noch keinen Platz für die Ausarbeitung eines Sozialplans, der 1951 unter der Kontrolle von Ludwig Preller[354] beginnen und gezielt neue Felder der Gesundheitspolitik abstecken sollte. Er wurde nunmehr nur noch als Grundlage für eine bestimmte Form sozialer Sicherheit genutzt. Vorbeugende Maßnahmen wurden diskutiert, die sich im

---

350 Vgl. S. Leibfried,. F. Tennstedt: Council for a Democratic Germany, Bremen 1981, S. 15; Dietrich Milles: 6. Industrial Hygiene: A State Obligation? Industrial Pathology as a Problem in German Social Policy, in: W.R. Lee, Eve Rosenhaft: State, Social Policy and Social Change in Germany 1880-1994, updated and revised Second Edition, Oxford New York 1997, S. 194

351 Vgl. H.U. Deppe: Industriearbeit und Medizin, Frankfurt/M 1973, S. 1973 ff.

352 Milles, 6. Industrial Hygiene, S. 195

353 Vgl. Fritz Tarnow: Soziale Sicherheit als Voraussetzung für eine gesunde Wirtschaft, in: Gewerkschaftliche Monatshefte, vol. 1, 1950, S. 17-21

354 Vgl. Ludwig Preller: Reform der sozialen Sicherung, in: Gewerkschaftliche Monatshefte, vol. 3, 1952, S. 20-27; H.G. Hockerts: Sozialpolitische Entscheidungen im Nachkriegsdeutschland. Alliierte und deutsche Sozialversicherungspolitik 1945-1957, Stuttgart 1980; K. Naujeck: Die Anfänge des sozialen Netzes 1945-1952, Köln 1984

engen Rahmen des Sozialversicherungssystems bewegten.[355] Sehr rasch wurde klar, dass es in dieser Situation kaum amtlich bestellte Ärzte gab, die sich der Aufgabe einer vollkommenen Reorganisation der sozialen Basis und neuen Definition ihrer Aufgaben verpflichtet fühlten. Stattdessen beschränkten sie sich vornehmlich auf ihre Rolle als Diener des Staates. Das Ergebnis bedeutete eine weitere Verstärkung ihrer Aktivitäten als Experten für Berufskrankheiten – eine Basis, die schon in den Anfängen der Arbeitsmedizin während der zwanziger Jahre angelegt war.

Gleichwohl begann die Arbeitsmedizin in den folgenden Jahrzehnten als ein Fach Gestalt anzunehmen, das zunehmend in den Spannungsfeldern des modernen gesellschaftlichen Lebens stand. Freilich sollte die Ernüchterungsphase in Gestalt einer Sensibilisierung der Öffentlichkeit erst zu Beginn der achtziger Jahre eintreten.

Die in der Phase der Durchsetzung nahezu überall anzutreffende Begeisterungs-fähigkeit für industriell verarbeiteten Asbest bei Produzenten und Anwendern stand dem vorläufig noch entgegen. Die etablierte arbeitsmedizinische Position wies die Lungenerkrankungen durch Asbest zwar als Berufserkrankung aus und es wurden 1952 auch die Anerkennungsvoraussetzungen für Asbestose als Berufskrankheit er-leichtert, jedoch ließ die Anerkennung der durch Asbest verursachte Krebserkran-kungen des Rippenfells und des Bauchfells (Mesotheliom) als Berufskrankheit noch bis 1976[356] auf sich warten, 38 Jahre nach ihrer ersten medizinische Beschrei-bung[357]. Auch die Anwendung der Berufskrankheitsdefinitionen bzw. Subsumierung beobachteter Erkrankungen unter die Definition der „Schweren Asbestose" und „Asbestose in Verbindung mit Lungenkrebs" schien in den fünfziger Jahren schwer zu fallen. So wurden 1950 lediglich 17 Asbestosefälle in der damaligen Bundes-republik angezeigt und nur fünf Fälle erstmals berentet.[358] Diese Zahlen blieben während des gesamten Jahrzehnts auf unverändert niedrigem Niveau und begannen erst in der zweiten Hälfte der sechziger Jahre anzusteigen.[359] Einerseits wird dies auf die immer noch begrenzten Erkenntnisfortschritte sowie Beurteilungsschwierig-keiten aufgrund noch limitierter medizinisch-technischer Möglichkeiten zur zuver-lässigen Beurteilung eines asbestbedingten-klinischen Krankheitsbildes zurückge-führt.[360] Andererseits muss auch vor dem Hintergrund der Erkenntnisse aus dem Phasenmodell in Verbindung mit einer bei Asbesterkrankungen beobachteten Latenzzeit von bis zu 50 Jahren die Frage gestellt werden, ob mit einem während der Stabilisierungsphase noch relativ geringen Verbrauch von Asbest und damit trotz individuell durchaus hoher Expositionsaussetzung nur ein vergleichbar kleiner Per-sonenkreis betroffen war, der aufgrund langer Latenzzeiten erst in den noch folgen-

---

355 Preller, Reform, S. 20-27
356 Drechsel-Schlund, Asbestverursachte Berufskrankheiten in Deutschland, S. 11; siehe auch Tabelle 8 dieser Arbeit
357 Vgl. Manfred Buck: Asbest-Immissionsbelastung durch Abwitterung, Fachkolloquium am 6. Juli 1989 in der LIS NRW, Essen, Tagungsbericht, hrsgg. von der Landesanstalt für Umwelt-schutz Baden-Württemberg, Karlsruhe 1989, S. 23
358 Von Martin Butz, Mitarbeiter des Hauptverbandes der gewerblichen Berufsgenossenschaften (HVGB), Sankt Augustin, auf Anfrage des Autors zur Verfügung gestellte historische Daten.
359 Siehe zur Entwicklung der asbestinduzierten Berufserkrankungen in Deutschland auch Grafik 16 „Prognose der asbestinduzierten Lungenkrebs- und Mesotheliomerkrankungen bis 2030" im folgenden Abschnitt 5.1.4 dieser Arbeit
360 Drechsel-Schlund, Asbestverursachte Berufskrankheiten in Deutschland, S. 9

den Jahren klinisch auffällig werden konnte und somit bei nicht intensiver Verfolgung dieser Thematik das wahre Ausmaß der Gesundheitsgefährdung lange Zeit verdeckt bleiben musste.[361]

Die Vermittlung zwischen individuellen und sozialen Ansprüchen und Verpflichtungen gehörte über lange Zeit zu den stabilen Funktionen der deutschen Sozialverfassung, die die Richtlinien der Arbeitsmedizin auch in den fünfziger Jahren bestimmten. Medizinische und juristische Aspekte mussten miteinander in Einklang gebracht werden. Dies gelang jedoch bezüglich asbestbedingter Erkrankungen nur sehr langsam. In der Sozialgeschichte stand eine Entwicklung, die auf einer historiographischen Verbindung zwischen gesellschaftlicher Risikoproduktion, der Folgenbewältigung und der Risikobewertung basierte, noch ganz am Anfang.[362]

Für die Arbeitsmedizin in den fünfziger Jahren und somit auch zugleich für die Sozialgeschichte von Interesse sind die Sozial- und Lebensgeschichten von betroffenen Personen sowie der eigentlichen und tatsächlichen Risikolagen. Konkret fragten forschungswillige Arbeitsmediziner in den fünfziger Jahren danach, ob etwa industriell produzierte Gefahren für Leben und Gesundheit, wie sie der Umgang von Produzenten und Verbrauchern mit industriell verarbeitetem Asbest zweifellos darstellte, im Rahmen der Sozialverfassung als wissenschaftlich erkannt und eingestuft werden können. So wurde in den Fünfziger Jahren ein mit völlig neuen Zuordnungen besetztes, sozialpolitisches Koordinatensystem wissenschaftlich erstellt. Denn vorher war die Frage nach Asbest-Grenzwerten im Berufs- und alltäglichen Leben wegen nicht erkannter Notwendigkeit schlicht nicht angeschnitten worden.

Mit dieser Epoche der deutschen Geschichte war in den fünfziger Jahren auch die Asbestindustrie in besonderer Weise konfrontiert – oder wäre es gewesen, wenn man mit Hilfe des neuen, wissenschaftlichen Koordinatensystems die Dimension der industriellen Pathogenität benannt hätte. Vordergründig betrachtet bestand freilich für die Asbest verarbeitende Industrie kein Anlass, dergleichen Überlegungen anzustellen. Durch reichliche Nachfrage wurde industriell verarbeiteter Asbest trotz der erkannten Gefährdungen weiterhin genutzt. Die Notwendigkeit des wirtschaftlichen Aufschwungs, der schließlich auch durch die Verwendung von industriell verarbeitetem Asbest entscheidend befördert wurde, stand nach dem Ende des Zweiten Weltkrieges über allen Bedenken.

Im Februar 1960 gaben Carl Will, Julius Lübbren und Karl Bormann im Auftrag des „Verlag(s) der Freunde des vaterländischen Schulerziehungswesens" jenes Buch heraus, in welchem diese spezifische Blauäugigkeit in Bezug auf die Möglichkeiten der Gefährdung durch Produkte der Asbest verarbeitenden Industrie so recht zum Ausdruck kommt.[363] Dort heißt es unter anderem, dass Asbest einige hervorragende Eigenschaften besitze, die ihm eine vielfältige Verwendung sichern würden.[364] Im Kapitel „Der unentbehrliche Asbest" steht als Schlussbemerkung der folgende Satz zu lesen: „Die Asbest-Einfuhr Bremens stieg von 26 t im Jahre 1936 auf 40.672 t

---

361 Siehe hiezu auch Grafik 16 „Prognose der asbestinduzierten Lungenkrebs- und Mesotheliomerkrankungen bis 2030" im folgenden Abschnitt 5.1.4 dieser Arbeit.
362 Vgl. Hamburger Stiftung für Sozialgeschichte des 20. Jahrhunderts (Hg.): Arbeitsschutz und Umweltgeschichte, Köln 1990
363 Will, Was die Schiffe bringen, S. 184
364 Ebd., S. 167

(1957)."[365] Die Autoren bedienten sich im Übrigen bei der Erstellung ihres Kapitels über Asbest des Buches von Karl Frank[366], der 1952 zur Entstehungszeit seiner Studie über „Asbest" noch völlig frei war von kritischen Anmerkungen gegenüber diesem Werkstoff und sich für die Kontinuität der Verdrängung bestens eignete.

In Bezug auf die notwendige Auseinandersetzung mit den Gefährdungen für Produzenten und Verbraucher durch industriell verarbeiteten Asbest haben Wissenschaftler und Asbest verarbeitende Industrie erheblich zur Verdrängung eines im Grunde vereinzelt bereits klar erkannten Themas beigetragen. Mögliche Anfänge der Ernüchterungsphase wurden immer wieder blockiert durch die Sorge um das Ende asbestbasierter Innovationen bzw. technisch einfacher und schneller Lösungen. Gepaart war dies mit einer Kontinuität des Verdrängens, wie auch der zu damaliger Zeit sicherlich vorhandenen Unkenntnis über die in naher Zukunft zu erwartende Erkrankungswelle. Es mangelte an einer für weite Kreise nachvollziehbaren Folgenabschätzung auf der Grundlage bereits zweifelsfreier medizinisch-wissenschaftlicher Erkenntnisse in Kombination mit den werkstoff-technologischen Entwicklungen in den fünfziger Jahren – dem Anfang der bereits ausgebildeten Durchsetzungsphase und damit des allseits bereits sichtbaren „Asbestbooms".

5.1.4   Medizinische Erkenntnisse zu Asbest in der Öffentlichkeit

Trotz aller beschriebenen Publikationen wurde die darin aus medizinischer Sicht bereits eindeutig herausgestellte Asbestproblematik nicht ihrer Bedeutung entsprechend aufgegriffen, so dass auch die national jeweils zuständigen Legislativen hieraus zunächst keine regulativen Konsequenzen ableiteten. Erkennbar fehlte es diesem Thema an medialer Beachtung, damit sich Politik und ausführende Gewalt ihr zuwendeten. Wie anders ist es zu erklären, dass die Thematik 1965 in Amerika nur deswegen erstmals über die Fachkreise hinaus Aufmerksamkeit erhielt, weil es dem Mediziner Irving Selikoff mit seiner Gabe zur wirksamen Öffentlichkeitsarbeit gelang, sie über die Medien einer breiten Allgemeinheit bekannt zu machen. Im Rahmen einer internationalen, multidisziplinären Konferenz in New York, an der erstmals gemeinsam Pathologen, Onkologen, Physiologen, Epidemiologen sowie Arbeits- und Umweltmediziner teilnahmen, präsentierte er seine Arbeit „Biological effects of asbestos"[367]. Die von Selikoff erreichte mediale Resonanz wäre sicherlich kaum möglich gewesen, wenn es nicht gelungen wäre, mit der Asbest-Thematik die für die Medien erst in ihrer Verknüpfung interessanten Phänomene „Großkonzern" und „Krebs" zu verbinden. Er erreichte somit als Erster, die ausreichend vorhandenen medizinischen Erkenntnisse über Asbestfasern mit der zunehmenden wirtschaftlichen Bedeutung des Werkstoffes in einem von nun an untrennbaren Zusammenhang darzustellen und vermittelte damit erstmals eine Ahnung über das Ausmaß der mit einem ungehemmten Asbesteinsatz einhergehenden Gesundheitsrisiken. Auf diese Weise war der Grundstein für eine von nun an in der Öffentlichkeit steigende

---

365 Ebd., S. 169
366 Frank, Asbest
367 Selikoff, Biological Effects of Asbestos

Sensibilität für das von Asbestfasern ausgehende Gefährdungspotenzial gelegt. Gleichwohl sollte es noch circa zwei Jahrzehnte andauern, bis die Erkenntnisse auch so weit vermittelt waren, dass sie sukzessive in Verbote von Asbest mündeten.

Die in Amerika fortschreitende Diskussion gelangte mit Verzögerung nach Europa. Auch das bereits Ende der sechziger Jahre in Schweden vorliegende Wissen über die Korrelation zwischen Asbestexposition und Mesotheliome fand zunächst keinen nennenswerten Widerhall. Eine fünf Jahre später folgende Untersuchung, durchgeführt vom arbeitsmedizinischen Dienst des schwedischen Baugewerbes, bekräftigte die bereits bekannte Erkenntnis. Arbeiter, die Rohre installieren und isolieren sowie als Anstreicher arbeiten, sind stärker von Mesotheliomen gefährdet. Infolgedessen wurden 1975 vom schwedischen Arbeitsschutzamt Anweisungen erlassen, die u.a. zur Folge hatten, dass sich die Importe von Rohasbest in Schweden drastisch reduzierten.[368] Sie betrugen bereits 1980 nur noch 8 % der Importmenge von 1975.[369] Schweden griff damit als erstes europäisches Land die Erkenntnisse der Arbeitsmedizin auf und überführte sie in politische Vorgaben.

In Deutschland waren Asbeststauberkrankungen bereits seit 1936 bzw. 1943 als Berufskrankheit anerkannt. Dennoch haben sie erst in den vergangenen beiden Jahrzehnten die Geschichte der Berufskrankheiten einschneidend geprägt. Die unter den Berufskrankheiten ehemals dominierenden Quarzstauberkrankungen ließen lange Zeit die Entwicklung der Asbest-Berufskrankheiten in den Hintergrund treten.

Geht man gut 40 Jahre in die Vergangenheit zurück, so standen in Deutschland im Jahr 1965 fast 100.000 Rentenbeziehern wegen einer Quarzstauberkrankung nur 391 asbestbedingte Rentenfälle[370] gegenüber. Heute finden wir eine hierzu inverse Situation vor. Noch 1965 betrug der Zuwachs an neuen Rentenfällen bei den Quarzstauberkrankungen rund 2.800 Fälle pro Jahr. Der Jahreswert reduzierte sich bis 2004 auf nur noch 414 Fälle.[371] Umgekehrt verlief die Entwicklung dagegen bei Asbesterkrankungen. Nach 50 neu anerkannten Rentenfällen im Jahr 1965 (davon 47 Fälle von Asbestose und 3 Fälle von Lungenkrebs) erhöhten sich diese im Jahr 2005 auf 1.921 neu anerkannte Fälle mit Rentenzahlung (davon 417 Personen mit Asbestose, 716 Betroffene mit Lungen- bzw Kehlkopfkrebs und 788 Fälle von Mesotheliom), was zusammen einer fast vierzigfachen Steigerung in dem vierzigjährigen Zeitraum entspricht. Zugleich wurden 2005 bei 3.743 Personen (darunter zu 57 % Fälle von Asbestose) asbestinduzierte Beruferkrankungen, die jedoch (noch) keine Rentenzahlung nach sich zogen, anerkannt.[372]

---

368 Vgl. Bericht über die schwedische Woche der fünften Europäischen Informationsrunde über Asbest, Stockholm 13.–16.6.2000, in: Doc. 12270/02 DE, Ausschuss hoher Arbeitsaufsichtsbeamter, Europäische Informationsrunde Asbest, Juni–Dezember 2000, S. 25 f.

369 Vgl. Robert L. Virta: Entwicklung der jährlichen Importmengen je Land, die dem Autor dieser Arbeit von Virta zur Verfügung gestellt wurden.

370 Von Martin Butz, Mitarbeiter des Hauptverbandes der gewerblichen Berufsgenossenschaften (HVGB), Sankt Augustin, auf Anfrage des Autors zur Verfügung gestellte historische Daten.

371 Vgl. Werner Plinske, Bärbel Haupt, Claudia Drechsel-Schlund, Martin Butz: Dokumentation des Berufskrankheiten-Geschehens in Deutschland, Daten und Fakten zu Berufskrankheiten: Erkrankungen durch anorganische Stäube, Obstruktive Atemwegserkrankungen, Hautkrankheiten, hrsgg. vom Hauptverband der gewerblichen Berufsgenossenschaften (HVBG), Sank Augustin 2006, S. 13 ff.

372 Von Martin Butz, Mitarbeiter des Hauptverbandes der gewerblichen Berufsgenossenschaften (HVGB), Sankt Augustin, auf Anfrage des Autors zur Verfügung gestellte historische Daten.

Diese bei den Berufsgenossenschaften dokumentierte Entwicklung ist kein plötzlich aufgetretenes Phänomen. Vielmehr erhöhte sich die Zahl der durch den Umgang mit Asbest verursachten Erkrankungen von Jahr zu Jahr. Sie schlägt sich in den Zahlen der zwischen 1978 und 2003 beruflich verursachten Krebserkrankungen nieder. Von 18.487 Krebsfällen in diesen 25 Jahren sind 72 % asbestverursacht. Von den betroffenen Arbeitnehmern, die einer Asbestexposition ausgesetzt waren, kamen allein 78 % aus nur vier Wirtschaftszweigen: Metallindustrie (36 %), Chemieindustrie (16 %), Bau- und Baustoffindustrie (15 %) sowie Feinkeramik- und Elektronikindustrie (11 %).[373]

Eine vergleichbare Entwicklung ist verzögert auch bei der durch Berufskrankheiten ausgelösten Mortalitätsrate zu konstatieren. Während nach Anerkennung durch die Berufsgenossenschaft 1985 1.056 quarzstaubbedingte Todesfälle zu beklagen waren, betraf es bei Asbest in diesem Jahr 172 Menschen. 2004 verstarben zwar immer noch 477 Personen, weil sie Quarzstaub ausgesetzt waren, jedoch ist die Anzahl der asbestbedingten Todesfälle auf 1.130 Fälle in Deutschland hochgeschnellt, was einem Anteil von knapp 58 % aller von den Berufsgenossenschaften registrierten Todesfälle entspricht. Im Jahr 2005 waren sogar 1.540 asbest- und berufskrankheitsbedingte Todesfälle zu verzeichnen.[374] Damit ist Asbeststaub bei den tödlich verlaufenden Berufskrankheiten heute die mit Abstand häufigste Ursache.

An die Darstellung der historischen Entwicklung asbestbedingter Erkrankungen und Todesfälle infolge eines berufbedingten Umgangs mit asbesthaltigen Produkten schließt sich die Frage des zukünftig zu erwartenden Entwicklungsverlaufs an. Dieser grundsätzliche Trend wird sich unter Berücksichtigung der Latenzzeiten hinsichtlich der zu erwartenden Todesfälle in den nächsten Jahren voraussichtlich fortsetzen. Als Indiz hierfür können die von den Versicherten eingereichten Verdachtsanzeigen herangezogen werden, von denen erfahrungsgemäß bei beiden Erkrankungen circa ein Viertel anerkannt und positiv beschieden werden. Bei den deutschen Berufsgenossenschaften wurden 2004 insgesamt 1.623 Verdachtsanzeigen hinsichtlich einer Quarzstauberkrankung eingereicht; die asbestbezogene Anzeigen beliefen sich im gleichen Jahr auf 7.082 Meldungen. Dieser strukturelle Veränderungsprozess wirkt sich auch monetär auf die Sozialsysteme aus. Ein Drittel aller von den Berufsgenossenschaften getragenen Heilbehandlungskosten und ein Viertel aller Rentenleistungen an Versicherte und Hinterbliebene haben – mit jeweils steigender Tendenz – bereits heute asbestverursachte Erkrankungen zur Grundlage. Die Aufwendungen für beide Leistungsarten beliefen sich zusammen allein im Jahr 2004 auf über 336 Millionen Euro.[375]

---

373 Vgl. Martin Butz: Dokumentation des Berufskrankheiten-Geschehens in Deutschland, Beruflich verursachte Krebserkrankungen, Eine Darstellung der im Zeitraum 1978 bis 2003 anerkannten Berufskrankheiten, 8. überarbeitete und ergänzte Auflage, hrsgg. vom Hauptverband der gewerblichen Berufsgenossenschaften (HVBG), Sankt Augustin 2005, S. 22 f., Tabelle 5 „Beruflich verursachte Krebserkrankungen 1978 bis 2003 nach dem verursachten Arbeitsstoff" und Tabelle 6 „Beruflich verursachte Krebserkrankungen 1978 bis 2003 nach dem Wirtschaftszweig"

374 Von Martin Butz, Mitarbeiter des Hauptverbandes der gewerblichen Berufsgenossenschaften (HVGB), Sankt Augustin, auf Anfrage zur Verfügung gestellte historische Daten.

375 Plinske, Dokumentation des Berufskrankheiten-Geschehens, S. 13 ff.

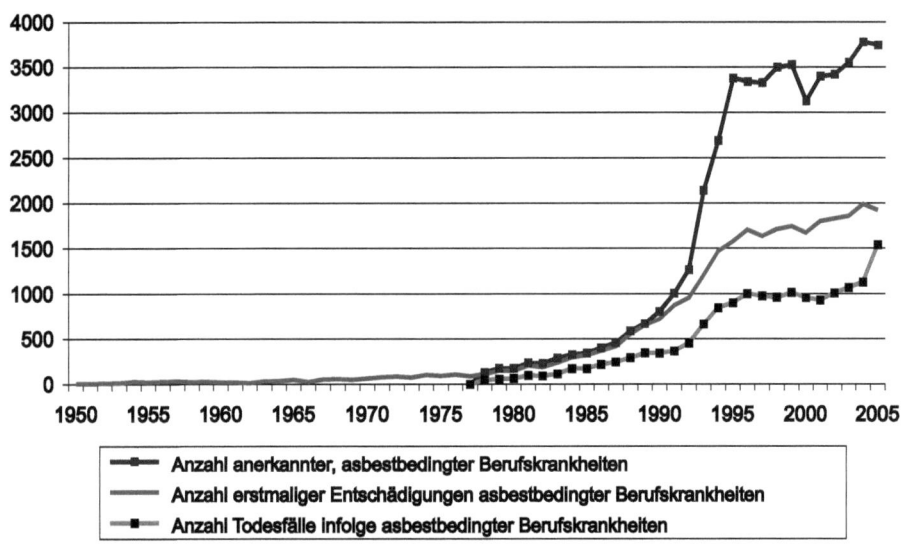

Grafik 15: Entwicklung der asbestinduzierten Berufserkrankungen in Deutschland

Anmerkungen:
– In der Grafik sind die Werte für die Berufskrankheiten Asbestose (4103), Lungen- und Kehlkopf-krebs, Asbest (4104) und Mesotheliom (4105) kumuliert dargestellt. Die berufskrankheits-bezogenen Einzelwerte liegen dem Autor vor.
– Anerkannte Berufskrankheiten und Todesfälle werden erst ab 1978 statistisch erfasst und können daher nicht abgebildet werden.
– Nach Angabe von Martin Butz hat sich bei dem Abgleich der erstmaligen Rentenent-schädigungsfälle mit den Todesfällen gezeigt, dass keine Vollständigkeit besteht. Eine Korrektur ist für 2007 zu erwarten. Diese geringfügige Einschränkung beeinträchtigt jedoch nach Ansicht des Autors nicht die Aussagefähigkeit der vorliegenden Daten.
[Quelle: Von Martin Butz, Mitarbeiter des Hauptverbandes der gewerblichen Berufsgenos-senschaften (HVGB), Sankt Augustin, auf Anfrage des Autors zur Verfügung gestellte historische Daten.]

Aber ab wann zeigen die in den vergangenen Jahren sukzessiv erlassenen Asbest-verbote, auf die in den folgenden Abschnitten der Arbeit noch näher eingegangen wird, Wirkung und führen zu einem Rückgang der Erkrankungen und Todesfälle?

Zumindest für den Bereich der Asbestoseerkrankungen, die im Vergleich zu asbestinduzierten Mesotheliom- und Lungenkrebserkrankungen in weitaus geringe-rem Umfang tödlich verlaufen, scheinen sich zaghafte Verbesserungen der Situation abzuzeichnen. Für Schweden, Spanien, Großbritannien und Frankreich wurde vom Europäischen Ausschuss hoher Arbeitsaufsichtsbeamter im Jahr 2000 ein Rückgang neuer Asbestosefälle beobachtet und dies auf eine deutliche Reduktion intensiver Asbestexposition zurückgeführt.[376] Für Deutschland ist dieser Trend zum Teil zu bestätigen. Nach dem exponentiellen Anstieg jährlich neu anerkannter Asbestose-fälle bis 1995 ging ab 1996 in Deutschland wie in den anderen europäischen Ländern auch die Anzahl der Fälle zurück, erreichte dann aber in den ersten Jahren

---

376 Vgl. Ausschuss hoher Arbeitsaufsichtsbeamter, Europäische Informationsrunde Asbest, Doc. 12270/02 DE, Juni – Dezember 2000, S. 3

des 21. Jahrhunderts mit über 2.000 betroffenen Personen pro Jahr nahezu wieder das Niveau von 1995.[377]

Philipe Huré, Leiter der Abteilung für chemische und biologische Risiken der französischen Landesanstalt für Forschung und Arbeitsschutz, legte sich 2004 für die Industrieländer Deutschland, Frankreich und USA auf folgende Prognosen fest, wobei er von einem dortigen Höhepunkt asbestbedingter Todesfälle um das Jahr 2020 ausging und danach ein Abklingen erwartete:[378]

Deutschland:
- Insgesamt werden zwischen 2005 und 2020 ca. 20.000 Todesfälle zu beklagen sein (2004 waren es 1.130 Verstorbene).
- Die Aufwendungen der Berufsgenossenschaften werden in diesem Zeitraum mehrere Milliarden Euro betragen.

Frankreich:
- Bis zum Jahr 2020 wird die Zahl der Todesfälle von heute ca. 3.000 pro Jahr weiter ansteigen.
- Die erforderlichen Aufwendungen für die Versorgung der Asbestopfer werden bis 2020 auf 27 bis 37 Milliarden Euro geschätzt.

USA:
- Aktuell versterben ca. 10.000 Menschen pro Jahr infolge Asbesteinwirkung. Dieser Jahreswert wird bis 2020 um ca. 30-35 % anwachsen.
- Ca. 50.000 Personen erheben derzeit pro Jahr Klage wegen asbestinduzierter Erkrankung gegen Arbeitgeber oder Hersteller. Dieser Trend wird aller Voraussicht nach anhalten. (In den USA sind Ansprüche direkt an die Unternehmen zu richten, da eine dem europäischen Sozialsystem vergleichbare Einrichtung nicht existiert.)
- Die Gesamtsumme der zu erwartenden Forderungen kann auf insgesamt 200 bis 265 Milliarden US-Dollar ansteigen (bis 2000 waren es ca. 50 Milliarden US-Dollar).

Für Entwicklungsländer wird der Höhepunkt asbestbedingter Mortalität für den Zeitraum zwischen 2030 und 2050 prognostiziert, da sich die Verarbeitung und Verwendung von Asbest gegen Ende des 20. Jahrhunderts zunehmend in diese Regionen verlagert hat.[379]

Grundlage für derartige Abschätzungen sind Einwirkungsbeginn und Einwirkungsdauer der Asbestfaserexposition in Verbindung mit beobachteten Latenzzeiten der einzelnen Asbesterkrankungen. So lag in Deutschland der Schwerpunkt des Einwirkungsbeginns für die seit 1980 anerkannten asbestinduzierten Berufskrankheiten vor Beginn der fünfziger bis Ende der sechziger Jahre. Rund zwei Drittel aller

377 Von Martin Butz, Mitarbeiter des Hauptverbandes der gewerblichen Berufsgenossenschaften (HVGB), Sankt Augustin, auf Anfrage des Autors zur Verfügung gestellte historische Daten.
378 Vgl. Philippe Huré: Erkrankungen der Atemwege stehen in Verbindung zu Produkten wie Asbest: Reichen die präventiven Maßnahmen aus?, Bericht anlässlich der 28. Generalversammlung der ISSA (International Social Security Association), Peking 2004, S. 7
379 Rantanen, Inzidenz, S. 14

1980 bis 2000 gemeldeten Fälle haben zu dieser Zeit ihre entsprechende Tätigkeit begonnen[380], also in der ersten Hälfte der Durchsetzungsphase.

Die Einwirkungsdauer an den Arbeitsplätzen weist eine breitere Streuung auf. Allerdings sind Schwerpunkte der Einwirkzeit bei 5–10 Jahren und 10–15 Jahren erkennbar. Ebenfalls eine Streuung der Daten ist hinsichtlich des Eintritts der Erkrankung zu beobachten. Dessen ungeachtet bleibt jedoch das mittlere Eintrittsalter seit längerem mit 64 bis 65 Jahren recht stabil. Dagegen ist seit 1980 eine Verlängerung der Latenzzeiten zu verzeichnen. Sie stieg von knapp unter 30 Jahren auf mittlerweile circa 39 Jahre bei allen Asbesterkrankungen an. Die Gründe für diese Ausweitung der Latenzzeit sind nicht direkt erkennbar. Mutmaßlich haben jedoch hierzu sukzessiv eingeführte Schutzmaßnahmen zur Verringerung der Asbestfaserexposition an Arbeitsplätzen als auch die Tatsache, dass Arbeitnehmer erst mit einem zunehmend höheren Lebensalter einer Spitzenexposition ausgesetzt waren, geführt. Denn je früher ein Organismus die Fasern aufnimmt und je länger die Exposition andauert, desto höher ist das Erkrankungsrisiko.[381]

Vor dem Hintergrund des skizzierten Datenkranzes erwartet der Hauptverband der gewerblichen Berufsgenossenschaften (HVGB) für Deutschland entsprechend der von ihm im Jahr 2002 herausgegebenen Studie den Höchstwert neuer, asbestbedingter Berufserkrankungen noch deutlich vor dem Jahr 2010.[382]

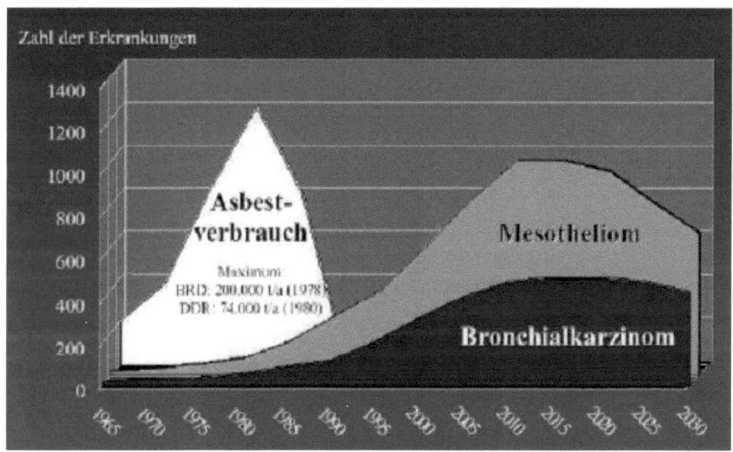

Grafik 16: Prognose der asbestinduzierten Lungenkrebs- und Mesotheliomerkrankungen in Deutschland bis 2030
[Quelle: N. Kralj: Vorlesung Arbeitsmedizin, Universität Wuppertal, Sommersemester 2005]

380 Drechsel-Schlund, Asbestverursachte Berufskrankheiten in Deutschland, S. 40 ff.
381 Vgl. Michael Axmann, Katharina Stroh: Asbest, in: Bayerisches Landesamt für Umweltschutz, BayLfU – PS1 / Umweltberatung Bayern, München 2004, S. 1-12 (S. 7)
382 Drechsel-Schlund, Asbestverursachte Berufskrankheiten in Deutschland, S. 45 ff.

Eine 2005 von Kralj veröffentliche Prognose kommt zu vergleichbaren Schlussfolgerungen wie die Abschätzung des HVGB, sieht aber das Maximum der Neuerkrankungen nach 2010 (siehe Grafik 16). Demnach liegt der Höhepunkt der zu erwartenden asbestinduzierten Krebserkrankungen in der Zeit 2010 bis 2015. Kralj setzt dabei die Entwicklung des Asbestverbrauchs in Deutschland zu den zu erwartenden Lungenkrebs- und Mesotheliomerkrankungen in Beziehung. Seine Prognose bezieht jedoch nicht, anders als bei der Studie des HVGB, alle asbestbedingten Erkrankungen ein. Er nimmt keine Einschätzung hinsichtlich der zu erwartenden Asbestosefälle vor, die demgegenüber in der Beurteilung des HVGB mitberücksichtigt wurden.

Für die USA wird ausgehend von einer hohen Expositionsrate in den sechziger und siebziger Jahren ein Ansteigen asbestbedingter Todesfälle bis ca. 2016 erwartet. Erst danach wird der Trend rückläufig sein. Die folgende Grafik 17 schließt entgegen der Darstellung von Kralj Asbestose in ihre Betrachtung mit ein, lässt aber Lungenkrebs (Brochialkarzinom) außen vor. Grundsätzlich dürfte die Aussagekraft beider Darstellung davon nicht beeinträchtigt sein, da die mittleren Latenzzeiten aller Asbesterkrankungen sich deutlich angenähert haben und vergleichbar sind. Im Übrigen wird von den Autoren der Grafik ergänzend die Anzahl der allein an asbestinduziertem Lungenkrebs Verstorbenen für 2002 mit 4.800 angegeben.

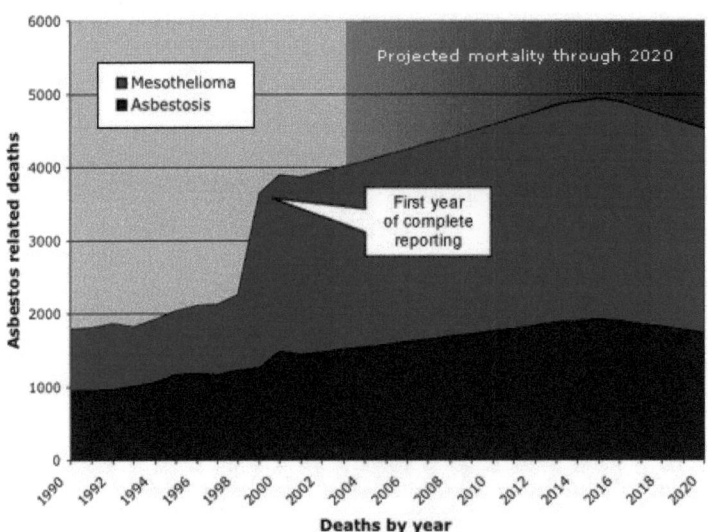

Grafik 17: Prognose der asbestinduzierten Lungenkrebs- und Asbestose-erkrankungen in den USA bis 2020
[Quelle: Environmental Working Group (EWG), Washington, DC, USA]

Alle zitierten Prognosen erwarten im Grunde das gleiche Szenario, wonach die Folgen der breiten Anwendung von Asbest in den letzten 50 Jahren noch längerfristig zu tragen sein werden. Auch wenn die Höchstwerte erreicht sein werden, wird das Abflachen der Krankheits- und Todesfälle in den Industriestaaten noch Jahrzehnte andauern. In Ländern der Dritten Welt bzw. den aktuellen und zukünftigen Hauptverbrauchsländern wird dieser Prozess noch langfristiger sein. Asbest durchlebt im Rahmen seines dortigen Lebenszyklus, getrieben durch ein rasantes Wirtschaftswachstum und die damit einhergehende Aufbruchsstimmung in der Bevölkerung, erst die Phase der Durchsetzung. Es mag sein, dass im Zuge der in der Ersten Welt bereits vorliegenden Erkenntnisse in Verbindung mit der zunehmenden Globalisierung von Informationen und trotz des in Ländern der Dritten Welt generell geringeren Bildungsgrades und der damit verbundenen schwierigeren Erkenntnisvermittlung die Phase der Ernüchterung zügiger erreicht wird als es in Europa und Nordamerika der Fall war. Gleichwohl muss davon ausgegangen werden, dass in den Entwicklungs- und Schwellenländern Asiens der Höhepunkt des Asbesteinsatzes und damit der Asbestexposition als Basis für die dann erst in 20 bis 50 Jahren zu erwartenden Erkrankungen noch nicht erreicht ist.

Die Industriegesellschaft steht seit Beginn der siebziger Jahre – und im Grunde noch immer – vor folgendem Problem: Fasern im Allgemeinen und Asbestfasern von über fünf Mikrometern Länge und kleiner als drei Mikrometern Durchmesser und einem Verhältnis von größer als 3:1 im Besonderen können, als Atemluft inhaliert, neben Asbestose auch Lungen- und Kehlkopfkrebs sowie Herzbeutel-, Rippenfell-, Bauchfellkrebs (Mesotheliom) auslösen. Bekannt wurden all diese Zusammenhänge bereits zum Ende der fünfziger Jahre. Zunächst wurde vermutet, zur Auslösung der Erkrankungen sei eine bestimmte größere Dosis von Fasern der relevanten Dimensionen erforderlich; eben weil Krankheitsfälle nur unter solchen Arbeitnehmern registriert wurden, die während ihrer mehrjährigen Arbeitszeit einer starken Exposition von Millionen Fasern je Kubikmeter Atemluft ausgesetzt waren. Einen weiteren Einfluss auf die Kanzerogenität der Mineralfaser haben aber auch die konkreten Maße der Faser, wobei diese Abmessungen unter die oben zitierte Definition für lungengängige Partikel fallen. Anschaulich wird dies an den beiden folgenden Diagrammen. Demnach ist die Wahrscheinlichkeit, dass die Faser eine Krebserkrankung auslösen kann, umso höher, je kleiner der Faserdurchmesser und auch desto länger die Faser ist.

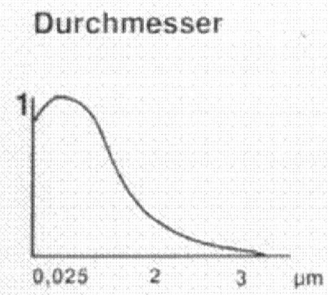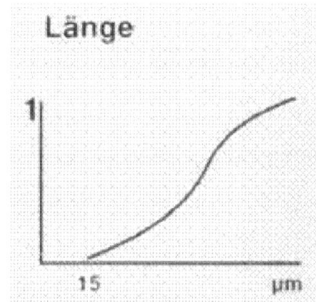

Grafik 18: Kanzerogenität in Abhängigkeit von den Fasermaßen
[Quelle: N. Kralj: Vorlesung Arbeitsmedizin, Universität Wuppertal, Sommersemester 2005]

Seit 1979 wurde außerdem beobachtet, dass asbestfaserinduzierte Karzinombildungen auch bei Personen vorkommen, die mitnichten zu der durch Asbeststaub besonders exponierten Gruppe gehören, sondern zur normal belasteten Bevölkerung zu zählen sind.[383] Inwiefern tatsächlich weite Bevölkerungskreise einer Gefährdung durch Asbestfasern unterliegen, wird unterschiedlich beurteilt. Während sich Philippe Huré drastisch ausdrückt und alle Lebensbereiche einbezieht,

> „Hunderttausende von Krebstoten sind in den kommenden Jahrzehnten zu erwarten, insbesondere nach Kontakten bei der Arbeit, aber auch zu Hause oder in der sonstigen Umwelt."[384],

weist Dierks zwar ebenfalls darauf hin, dass theoretisch schon eine einzige inhalierte Faser von relevanter Größe Krebs verursachen kann. Auch Fedor Valic vertritt im Übrigen die Auffassung, dass sämtliche Asbestarten, wenn sie eingeatmet werden, Krankheiten verursachen können.[385] Dierks stellt aber auch heraus, dass selbst bei einer lebenslangen Exposition von 1.000 Fasern/m^3 das Risiko eines Todes durch asbestinduziertes Mesotheliom $1,2 \times 10^{-6}$ betrage. Dem stünden unter anderem folgende deutlich höhere Risiken gegenüber, mit denen Menschen im Alltag rechnen müssen:[386]

Flugzeugabsturz	1 bis 6×10^{-6}
Blitzschlag	$3,7 \times 10^{-6}$
Eisenbahnunfälle	$4,6 \times 10^{-6}$
Ertrinken (5 bis 14jährige)	$27,0 \times 10^{-6}$
Verkehrsunfälle 5 bis 14jähriger Fußgänger	$32,0 \times 10^{-6}$
Kraftfahrzeugunfälle insgesamt	$230,0 \times 10^{-6}$
Rauchen	$1200,0 \times 10^{-6}$

Unterstützung fand die von ihm vorgenommene Relativierung bereits 1985 bei Commins. Er hat das Risiko von **Asbestfeinstaub in der Umwelt** mit verschiedenen gesellschaftlich akzeptierten Risiken anhand des Krebsrisikos verglichen, dem jeweils 100.000 Personen während ihres Lebens unterliegen:[387]

Rauchen	8.800
Trinken (1 Bier/Tag)	150
Luftverunreinigung, USA	110
Natürliche Radioaktive Strahlung (Meeresniveau)	110
Kosmische Strahlung bei häufigen Flugreisen	110
Passivrauchen	75
Röntgendiagnostik, USA	75
Natürliche Strahlenbelastung in Ziegelbauten	35
Trinkwasser, Miami und New Orleans	7
1 Steak/Woche gegrillt	3
Umweltrisko durch Asbest, Nichtraucher, 1985	1

---

383 Vgl. Kvetoslav R. Spurny: Asbest in der deutschen Umwelt, in: z.B. Asbest. Ein Stein des Anstoßes. Kulturelle und soziale Dimensionen eines Umweltproblems, Berlin 1991, S. 30 ff.
384 Huré, Erkrankungen der Atemwege, S. 1
385 Valic, Asbestos Dilemma, I. Assessment of Risk, S. 155
386 Dierks, Risikokommunikation, S. 2 ff.
387 Vgl. B.T. Commins: The significance of asbestos and other mineral fibres in environmental ambient air, scientific and technical report STR 2, Maidenhead 1985, S. 46 ff.

Ein Jahr nach der Veröffentlichung von Commins kommen Weil und Hughes zu vergleichbaren Schlüssen. Sie relativieren das Asbestrisiko für die Allgemeinbevölkerung anhand eines Vergleiches, wonach sie das Todesfallrisiko infolge eines Flugzeugunfalls, wie später Dierks, mit 6×10^{-6} beziffern, während sie das Risiko, an den Folgen einer in Schulen vorhandenen Asbestfaserexposition zu versterben, lediglich zwischen 5×10^{-9} und $9,3 \times 10^{-8}$ veranschlagen[388], was um den Faktor 65 bis 1.200 niedriger ist.

Generell muss bei jeder Gegenüberstellung von Risiken und deren gegenseitiger Abwägung auch die individuelle Bereitschaft der Risikoinkaufnahme beachtet werden. In der Regel werden von Betroffenen unfreiwillig zu tragende Risiken gravierender erlebt und bewertet als freiwillig eingegangene und selber beeinflussbare Risiken. Insofern mögen die vergleichenden Darstellungen von Commins, Weil und Hughes sowie Dierks objektiv eindeutig sein, allerdings stellen sie aus eigenem Antrieb und bewusst in Kauf genommene Risiken fremdbestimmten Gefahren gegenüber. Im Gegensatz zu den freiwillig eingegangenen Gefahren besteht bei den fremdbestimmten Risiken keine Möglichkeit der Wahl, sich gegen sie zu entscheiden und sie dadurch zu vermeiden.

Näheren Aufschluss darüber, in welchem Umfang eine objektive Gefahr von Asbestfaserexposition für die „normale" Bevölkerung ausgeht und wie groß die Differenz zu arbeitsplatzbedingter Asbestexposition ist, kann eine Betrachtung der Entwicklung der Faserkonzentration im Zeitablauf und im Vergleich verschiedener Umgebungen geben. Ausgangspunkt dieser Betrachtung soll die Entwicklung der Expositionswerte an Arbeitsplätzen sein.[389]

Seit Mitte der fünfziger Jahre hat sich entsprechend den berufsgenossenschaftlich erhobenen Daten in den alten Bundesländern die Faserkonzentration bei Tätigkeiten mit zu erwartender Asbestexposition von 100 Millionen Fasern/m^3 und auf ca. 700.000 bis 800.000 Fasern/m^3 im Jahre 1990 reduziert. Wurden bei Tätigkeiten mit Asbestexposition über die in dem jeweiligen Betrieb oder Arbeitsbereich bereits installierten (Staub-) Schutzmaßnahmen hinaus weitere individuelle Schutzmaßnahmen getroffen, hat bzw. hatte dies eine reduzierte Faserexposition zur Folge. Beim Tragen von geeignetem Atemschutz sowie bei durchgehender Feuchtbearbeitung ist von maximal 10 % der genannten Expositionswerte auszugehen. Es fällt besonders auf, dass nahezu unabhängig von der Art des asbesthaltigen Produktes und der untersuchten Betriebsart die größten Fortschritte in der Reduktion der Expositionswerte in der zweiten Hälfte der sechziger Jahre erfolgten. Dieses Phänomen legt die Vermutung nahe, dass den Beteiligten bereits zu dieser Zeit vermehrt der gesundheitsbedrohende Charakter von Asbest bewusst war und man in Form einer kontrollierteren Verarbeitung und Verwendung darauf reagierte. Zu

---

388 Vgl. H. Weil, J.M. Hughes, in: Am. Rev. Public Health 7, 171, 1986; zitiert nach Mossman, Asbestos, S.299.

389 Vgl. H.-D. Bauer, H. Blome, O. Blome, H. Gelsdorf, G. Heidermanns, R. Jordan, H. Karsten, E. Kempf, D. Kieser, M. Mattenklott, W. Pfeiffer, I. Schmidt, J. Schneider, J. Schürmann, J. Schwalb, F. Sohnle, G. Sonnenschein, M. Stückrath: „Faserjahre", Berufsgenossenschaftliche Hinweise zur Ermittlung der kumulativen Asbestfaserstaub-Dosis am Arbeitsplatz, BK-Report 1/97, hrsgg. vom Hauptverband der gewerblichen Berufsgenossenschaften (HVBG), 3., ergänzte und aktualisierte Auflage, Sankt Augustin 1996, S. 72 ff.

einem Einschwenken in die Ernüchterungsphase mochte diese Erkenntnis aber noch nicht reichen.

Für die ehemalige DDR liegen Expositionswerte in der Arbeitsumgebung ab 1975 vor.[390] Auch sie reduzierten sich kontinuierlich, blieben jedoch über den Werten in den alten Bundesländern und waren Ende der achtziger Jahre mit ca. 2 Million Fasern/m^3 mehr als doppelt so hoch als im Westen Deutschlands zur gleichen Zeit. Erklärbar wird die zu diesem Zeitpunkt höhere Belastung mit den unterschiedlichen Technologien und Schutzmaßnahmen.

Welcher Grad der Asbestfaserexposition lässt sich im Vergleich dazu in der Außenwelt beobachten, d.h. in der Außenluft ohne direkten Einfluss eines asbestfaserbelasteten Arbeitsplatzes? Dieser Frage sind zwischen 1984 und 1989 sowohl der Technische Überwachungsverein in Berlin[391], das Fraunhofer-Institut für Umweltchemie und Ökötoxilogie[392], das schweizerische Bundesamt für Umweltschutz[393], die Landesanstalt für Immissionsschutz Nordrhein-Westfalen[394] sowie die WHO[395] nachgegangen. Alle untersuchenden Stellen stützen sich ihren Abgaben zufolge jeweils auf eine ausreichende Anzahl an Messergebnissen.

Grundsätzlich ist aus allen Messergebnissen, die in Tabelle 9 zusammenfassend dargestellt sind, abzuleiten, dass die Expositionsbelastung mit Asbestfasern im Außenbereich um das über 5.000fache geringer ist als zu gleicher Zeit im Umfeld einer Produktion und Verarbeitung asbesthaltiger Produkte. Unter Berücksichtigung, dass die Nachweisgrenze für eine Asbestfaserbelastung zwischen 50-100 Fasern/m^3 liegt, sind kaum größere Unterschiede in Abhängigkeit von der jeweiligen Umgebung auszumachen. Selbst vom Menschen relativ unberührte Reinluftgebiete verfügen über unterschiedliche, vor allem natürliche Asbestfaserbelastungen, die zum Teil über den Werten von Ballungsgebieten liegen können. So beträgt der im Reinluftgebiet des Harzes vom Fraunhofer-Institut gemessene Mittelwert 177 Fasern/m^3.[396] Damit befindet er sich sowohl über den Werten anderer Reinluftgebiete (< 100 Fasern/m^3) als auch oberhalb den in städtischer und industrieller Umgebungen gemessenen Konzentrationen.

Lediglich der von der Landesanstalt für Immissionsschutz Nordrhein-Westfalen veröffentliche Messwert aus der Umgebung industrieller Emittenten ragt mit 330 Fasern/m^3 heraus. Allerdings handelt es sich hierbei nicht um einen Mittelwert, sondern um einen 90 %-Wert aus der gesamten Messreihe, also nahe dem gemessenen Maximalwert. Hier liegt die Vermutung nahe, dass asbesthaltige Produkte mit schwacher Fasereinbindung in der Umgebung Anwendung fanden.

---

390 Vgl. W. Müglich, H. Ziem, B. Beck: Asbest an Arbeitsplätzen in der DDR, BIA-Report 3/95, hrsgg. vom Hauptverband der gewerblichen Berufsgenossenschaften (HVBG), Sankt Augustin 1995, S. 52 ff.

391 Michatz, Abschätzung der Dauerimmission, S. 4 f und S. 12 ff.

392 Vgl. H. Marsfeld, K. Spurny: Asbest-Immissionsmessungen in Niedersachsen 1985/86, Fraunhofer-Institut für Umweltchemie und Ökötoxilogie, Schmalenberg-Grafschaft 1987

393 Vgl. Christian Heierli, Rudolf Weber: Messungen von Asbestfasern bei Asbestzementdächern, hrsgg. vom Bundesamt für Umwelt, Wald und Landschaft (BUWAL), Bern 2005, S. 17 ff.

394 Buck, Asbest-Immissionsbelastung durch Abwitterung, S. 25 ff.

395 Vgl. WHO: Air quality guidelines for Europe, WHO Regional Publications, European Series No. 23, Copenhagen, WHO Regional Office for Europe, 1987, S. 14 ff. und S. 184 ff.

396 Marsfeld, Asbest-Immissionsmessungen, S. 10

Dem entsprechen auch die Ergebnisse einer Messreihe in Niedersachsen aus den Jahren 1986 und 1987. Mit Hilfe des elektronenmikroskopischen Verfahrens wurden im Laufe eines Jahres Immissionen von Asbest und anderen Mineralfasern in der Außenluft in der Nähe von Emittenten gemessen. Die Ergebnisse zeigten, dass die faserigen Stäube hauptsächlich aus drei Quellen ermittelt wurden: Asbestindustrie, Kraftwagen und verwitterte Asbestzementprodukte.[397]

Das Bayerische Landesamt für Umweltschutz versuchte 1990, die von umweltbedingter Asbestbelastung für den Menschen ausgehende Gefahr zu quantifizieren. Unter der Annahme einer gleichförmigen Faserkonzentration von 200 Fasern pro m^3 schätzte es für die alten Bundesländer zwischen 10 und 100 Todesfälle pro Jahr, die auf die umweltimmanente Asbestfaserbelastung zurückzuführen sein könnten.[398]

Die Messergebnisse der oben erwähnten untersuchenden Ämter und Organisationen stellen sich zusammengefasst wie folgt dar:

Außenbereich	Mittelwert Fasern/m^3
Umgebung mit Asbestzementverwendung	87
Hannover, Verkehrskreuzung	90
Natürliche Asbestvorkommen	96
Verschiedene Reinluftgebiete	< 100
Ballungsgebiet mit erhöhter Verkehrsdichte	100 (90 %-Wert) *
Berlin, Wert über 1 Jahr	111
Messung an der windabgewandten Seite eines unbeschichteten, 20 Jahre Alten Asbestzementdaches	127
Umgebung Asbest verarbeitender Betriebe	134
Umgebung Asbest verarbeitender Betriebe	135
Umgebung mit Asbestzementverwendung (Wohngebiet in Braunschweig)	139
Umgebung mit Asbestzementverwendung	140 (90 %-Wert) *
Reinluftgebiet Harz	177
Stadtbevölkerung (hohe Belastung)	200
Umgebung industrieller Emittenten	330 (90 %-Wert) *

* Der 90 %-Wert entspricht jenem Boabachtungswert, bei dem mindestes 90 % aller an diesem Standort erfolgten Messungen kleiner oder gleich diesem Wert sind.

Tabelle 9: **Asbestfaserexposition im Außenbereich verschiedener Emissionsquellen 1984-1989**

[Quellen: Michatz, Abschätzung der Dauerimmission, Berlin 1989, S. 4 f und S. 12 ff.; Marsfeld: Asbest-Immissionsmessungen in Niedersachsen 1985/86, Schmalenberg-Grafschaft 1987, S. 10; Heierli, Messungen von Asbestfasern bei Asbestzementdächern, Bern 2005, S. 17 ff.; Buck, Asbest-Immissionsbelastung durch Abwitterung, Karlsruhe 1989, S. 25 ff.; WHO: Air quality guidelines for Europe, Copenhagen 1987, S. 14 ff. und S. 184 ff.]

---

397 Vgl. H. Marsfeld, K. Spurny, F. Jaekel, H. Opiela, J. Schörmann, G. Weiss, W. Althaus, C. Boose, F.-J. Wulbeck: Asbestos fiber measurements in the vicinity of emittents, in: Journal of aerosol science, Vol.18, 1987, No.6, S. 627-630

398 Axmann, Asbest, S. 7

Nach Erkenntnissen über Expositionswerte an Arbeitsplätzen und der „normalen" Außenumgebung liegt die Frage nahe, wie es sich mit der Faserexposition in Innenräumen verhält. Denn gerade schwach gebundene Asbestprodukte wurden häufig zu Isolierungs-, Füll- und Gestaltungszwecken eingesetzt, insbesondere in öffentlichen Gebäuden. Eine entsprechende Studie liegt hierzu aus dem Jahr 1984 vor:

Innenbereich	90 %-Wert * Fasern/m³
Sporthallen – Nacht	700
Sporthallen – Turnen	800
Sporthallen – Handballspiel	1.700
Schulen – sonstige Innenräume	600
Schulen – Treppenhäuser	1.300
Schulen – Klassenräume	2.000
Schulen – Flure	15.000
Hallenbäder	8.000

* Der 90 %-Wert entspricht jenem Boabachtungswert, bei dem mindestes 90 % aller an diesem Standort erfolgten Messungen kleiner oder gleich diesem Wert sind.

Tabelle 10:   Asbestfaserexposition im Innenbereich von Gebäuden 1984
[Quelle: H. Marfels, K. Spurny, J. Schoermann, H. Opiela, G. Weiss, W. Althaus, C. Boose: Asbestfasermessungen in Rundsporthallen, Schwimmhallen und Schulzentren in der Bundesrepublik Deutschland, in: Staub, Reinhaltung der Luft 44, 1984, Nr.12, S. 512-514]

Bei den dokumentierten Messwerten im Innenbereich handelt es sich mit den 90 %-Werte nahezu um den jeweiligen Maximalwert. Obgleich dies bei der Interpretation der Datenreihe zu berücksichtigen ist, liegt in Innenräumen gegenüber dem Außenbereich mit einer um bis zu 150fach höhere Asbestfaserkonzentration eine deutlich höhere Belastung vor. Im Vergleich zu asbestfaserexponierten Arbeitsplätzen sind die Messewerte in den Innenräumen öffentlicher Gebäude um das 50–60fache geringer.

Ab wann ist eine Faserkonzentration nun für den menschlichen Organismus gefährlich? Müssen nur Grenzwerte für den beruflichen Umgang mit Asbestprodukten festgeschrieben werden oder sind auch Grenzwerte für eine Exposition in Innenräumen erforderlich? Die hierüber in den achtziger und neunziger Jahren geführte Diskussion verlor zum Teil auch unter Sachverständigen an Objektivität. Ein gutes Beispiel mag die Überschrift eines Abschnitts aus dem bereits erwähnten Beitrag des Mediziners Hans-Joachim Woitowitz sein.[399] In diesem 1990 publizierten Beitrag bezeichnet er Asbest als gefährliches Krebsgift für die Arbeitnehmer in der Bundesrepublik Deutschland. Allein die Terminologie eines „gefährlichen Krebsgiftes" gibt einen Hinweis darauf, dass die Ernüchterungsphase des Werkstoffes Asbest auch im Expertenkreis durch emotionale Züge geprägt war.

Spätestens zum Beginn der 90er Jahre wurde weitgehende Öffentlichkeit über die potenziellen und tatsächlichen Gefährdungen durch Asbest hergestellt. In kurzer Zeitfolge erschienen in den unterschiedlichsten Publikationen, sowohl in Fachzeitschriften als auch in Tageszeitungen und Nachrichtenmagazinen Artikel, die mehr oder weniger differenziert und seriös die Problematik aufgriffen.

---

399 Woitowitz, Bewertung des Gefahrstoffes Asbest, S. 21

So erschien 1992 in „Der Sicherheitsingenieur" der Artikel „Vom ‚Wunderstoff' zum Krebsgift"[400]. Im arbeitsmedizinischen Zentralblatt wurden 1990 über die Gefahren der Asbestfaser hinaus „Gesundheitliche Risiken durch künstliche Mineralfasern"[401] beleuchtet. Das Nachrichtenmagazin „Der Spiegel" publizierte bereits 1988 einen Artikel unter der Überschrift „Flockt wie Schnee – Bauexperten geben bundesweit Asbestalarm"[402], und setzte seine Berichterstattung über die mit Asbest verbundenen Gefahren 1990 unter der Überschrift „Zum totlachen"[403] fort. Auch in den Folgejahren griff der „Der Spiegel" immer wieder verschiedene Aspekte der Thematik auf.[404]

Die Ernüchterung schien inmitten der Bevölkerung angekommen zu sein. Nunmehr stellt sich die Frage, ob die Asbest-Diskussion wieder die Bahnen einer rationalen Diskussion erreichte. Denn zum Teil hatte sich die Diskussion über Asbest verselbständigt. Es wurde selten zwischen den Faserbelastungen am Arbeitsplatz, die es zu verhindern galt, den Asbestfaserexpositionen in Innenräumen aufgrund schwach gebundener asbesthaltiger Produkte, für die zunächst Orientierungshilfen zur Einschätzung ihrer Kanzerogenität gefunden und anschließende Sanierungsstrategien gesucht werden mussten, sowie der Asbestfaserbelastung in der Außenwelt unterschieden. Eine Rückkopplung zur Arbeitsmedizin und Berücksichtigung der dortigen Erkenntnisse war kaum noch beobachtbar.

Die Arbeitsmedizin hatte gegen Ende der zwanziger Jahre die Asbestproblematik aufgenommen und die oben geschilderte, letztlich krebsauslösende Wirkung von Asbestfasern ein Stück weit im Expertenkreis öffentlich gemacht. War bis in die siebziger Jahre eine sachgerechte mediale Aufmerksamkeit gegenüber Gefahren der industriellen Produktion sowie der Ver- und Bearbeitung von Asbest, den vielfältigen, technischen, sozialen und politischen Verflechtungen nicht gegeben, okkupierten nun die Massenmedien das Thema vollständig. Es verging kaum ein Monat, in dem nicht die Schließung einer öffentlichen Einrichtung werbewirksam und Aufmerksamkeit heischend verkündet wurde. Diese Aktivitäten wurden zumeist mit der Fürsorge der Politik um das allgemeine Wohl verbunden und begründet. Im Gegenzug unterlagen aber Politik und Exekutive auch dem Druck und der Erwartungshaltung der häufig undifferenziert informierten Bevölkerung. Wie weit in der Risikobeurteilung die Ansichten auseinanderdrifteten, umschreibt Dierks mit seiner Feststellung:

„Erhebliche Mittel wurden eingesetzt, um ein vergleichsweise kleines Risiko noch weiter zu mindern."[405]

---

400 Vgl. Gerd Albracht: Vom „Wunderstoff" zum Krebsgift, in: Der Sicherheitsingenieur, 1992, S. 20-28

401 Vgl. N.C. Wagea, K. Ruppe, G. Lorenz: Gesundheitliche Risiken durch künstliche Mineralfasern – Übersicht", in: Zbl. Arbeitsmedizin 40, 1990, S. 101-111

402 Vgl. Flockt wie Schnee – Bauexperten geben bundesweit Asbestalarm. Der Faserstaub zersetzt sich in tausenden von Gebäuden zu krebserzeugendem Staub, in: Der Spiegel, Nr. 12, 1988, S. 52, 55, 58

403 Vgl. Reinhold Konstanty: Zum totlachen, in: Der Spiegel, Nr. 28, 1990, S. 10

404 Zuletzt im Jahre 2006 mit dem Artikel „Der späte Tod". Vgl. Markus Verbeet, Marc Widmann: Der späte Tod, in: Der Spiegel, Nr. 45, 2006, S. 40-42

405 Dierks, Risikokommunikation, S. 8

Beispielhaft für diesen Eifer führt er eine 1990 in das Berliner Abgeordnetenhaus eingebrachte Vorlage an. Die Senatsverwaltung für Bau- und Wohnungswesen stellte entsprechend der bereits zuvor herbeigeführten Beschlusslage des Abgeordnetenhauses zusammen, welche Mittel zur Sanierung von asbesthaltigen Baustoffen einzusetzen wären. Die Summe belief sich auf rund 1,5 Milliarden Euro[406] zuzüglich eines Personalbedarfs von 3.600 Personen, um das über das ganze Stadtgebiet verstreute Sanierungsvolumen abwickeln zu können. Letztlich wurde über die Vorlage in Anbetracht der gewaltigen Finanzmittel nie entschieden. Hätte man ihr zugestimmt, wäre die Finanzierung fraglich gewesen. Hätte man die Vorlage abgewiesen, wäre dies einer abschwächenden Neubewertung der Asbestproblematik gleichgekommen.

Diese zum Teil übereilten und auch hysterische Züge annehmenden Reaktionen sind auf das Fehlen eindeutiger Entscheidungskriterien zurückzuführen. Wurde im Zuge der Erkenntnisentwicklung und Diskussion überhaupt ein Leitsystem für Entscheidungsfindungen etabliert? Wurden Grenzwerte festgelegt, die Orientierung bei der Gefahrenabschätzung geben und damit eine möglichst objektive Basis für alle weiteren Entscheidungen wie auch über die der Sanierung öffentlicher Einrichtungen bilden?

5.1.5 Die Grenzwertdiskussion und die Entwicklung der Verbote

In den fünfziger und sechziger Jahren erfolgten in Deutschland erste Versuche, Unternehmen Orientierungsmöglichkeiten zur Abschätzung einer Asbestfasergefährdung an Arbeitsplätzen anzubieten. Hierbei taten sich die Herren Walter, Mitarbeiter des Staubforschungsinstitutes des Hauptverbandes der Berufsgenossenschaften, und Kesting, technischer Aufsichtsbeamter bei der Textil- und Bekleidungs-Berufsgenossenschaft, hervor.[407] Ausgehend von einer gegebenen Gesamtexposition an Teilchen in der Arbeitsumgebung definierten sie unverbindliche Richtwerte für eine hinnehmbare Asbestfaserkonzentration. Ihr Modell basiert auf dem Grundgedanken, dass eine höhere Asbestfaserexposition vertretbar ist, je geringer die Gesamtkonzentration an Teilchen in der Luft ist.

Gesamtkonzentration C_g (Teilchenzahl/m^3)	Asbestfaserkonzentration C_f Fasern/m^3
400.000.000	10.000.000
300.000.000	30.000.000
200.000.000	40.000.000

Tabelle 11: Richtwerte Asbestfaserkonzentration bis 1961
[Quelle: H.-D. Bauer, H. Blome, O. Blome, H. Gelsdorf, G. Heidermanns, R. Jordan, H. Karsten, E. Kempf, D. Kieser, M. Mattenklott, W. Pfeiffer, I. Schmidt, J. Schneider, J. Schürmann, J. Schwalb, F. Sohnle, G. Sonnenschein, M. Stückrath: „Faserjahre", Berufsgenossenschaftliche Hinweise zur Ermittlung der kumulativen Asbestfaserstaub-Dosis am Arbeitsplatz, BK-Report 1/97, hrsgg. vom Hauptverband der gewerblichen Berufsgenossenschaften (HVBG), 3., ergänzte und aktualisierte Auflage, Sankt Augustin 1996, S. 41]

---

406 Umrechnung erfolgte zum Wechselkurs vom 1.1.2002
407 Coenen, Asbest: Risikovermittlung und Präventionsansätze, S. 4

Die Auseinandersetzung, ob und vor allem in welchem Ausmaß Asbestfasern schädlich sind, war untrennbar auch mit der Frage über die Möglichkeiten und die Methodik der Faserzählung verbunden. Mit der Erfindung des Raster-Elektronenmikroskops in den fünfziger Jahren waren gegenüber dem Lichtmikroskop völlig neue Möglichkeiten gegeben. Lichtmikroskope leisten eine nur maximal 600fache Vergrößerung und erfassen damit in erster Linie Fasern von derartiger Größe, welche nach heutigem Kenntnisstand überwiegend ungefährlich sind. So konzentrierte man sich in Anbetracht der begrenzten Möglichkeiten der zur Verfügung stehenden Technik bis dahin vornehmlich auf die Erfassung des Gewichts der Fasern pro Kubikzentimeter bzw. Kubikmeter und ließ das entscheidende Kriterium der Fasergröße außerhalb der Betrachtung. Wie irreführend eine Orientierung am Gesamtgewicht der Fasern sein kann, wird deutlich, wenn man das mögliche Messergebnis einiger weniger großer und damit auch schwerer Fasern mit dem Gewicht vieler kleiner lungengängiger Fasern abgleicht und zugleich die Kanzerogenität beider Proben beurteilt. Insofern wies die Richtwertsystematik von Walter und Kesting in die richtige Richtung. Mit ihr war zwar keine Aussage über die Größe der beurteilten Fasern verbunden, allerdings löste sich ihr Modell völlig von der leicht trügerischen Betrachtung des kumulierten Fasergewichts der vorhandenen Exposition.

Erst die fortschreitende Messtechnik ermöglichte, Länge und Geometrie der Faser zu berücksichtigen. Da die neue Technik jedoch sehr kostenintensiv war und sie auch heute nur in spezialisierten Laboren Anwendung findet, unterstützte sie zwar die Grundlagenforschung und war damit ein entscheidener Schrittmacher für kontinuierlich nach unten revidierte Grenzwerte, aber für den täglichen Einsatz und vor allem für die regelmäßige Überwachung der Einhaltung von Grenzwerten an Arbeitsplätzen hatte sie keine Relevanz.

Prinzipiell ist bei der Beurteilung von Richtwertfestsetzungen für Asbestfaserkonzentrationen die von Hans Joachim Woitowitz in seinem Beitrag „Die Bewertung des Gefahrstoffes Asbest aus arbeits- und sozialmedizinischer Sicht" formulierte Erkenntnis zu berücksichtigen:

> „Dies ist der erste zentrale Punkt [...], daß es für erwiesenermaßen krebserzeugende Stoffe nach dem gegenwärtigen Stand der Wissenschaft keine Schwellendosis gibt, also keinen Konzentrationsgrenzwert, unterhalb dessen man eine Unbedenklichkeit, eine Freizeichnung von der krebserzeugenden Wirkung annehmen kann, wenn dieser Konzentrationswert eine bestimmte Zeit einwirkt. Vielmehr wird mit dem Modell der linearen Dosis-Häufigkeitsbeziehung ohne Schwellenwert für die Wahrscheinlichkeit des Auftretens einer tödlichen Tumorerkrankung eine lineare Abhängigkeit im Verhältnis zur Höhe des Produktes aus Konzentration und Zeitdauer der Gefährdung angenommen. Das heißt, je geringer dieses Produkt ist, desto geringer ist auch das Tumorrisiko."[408]

Insofern kommt jede Richtwertfestlegung einer subjektiven Risikoeinschätzung gleich, die im besten Fall unter Beachtung neuester wissenschaftlicher Erkenntnisse möglichst nahe an die anscheinende Wirkungsschwelle des kanzerogenen Stoffes

---

408 Woitowitz: Bewertung des Gefahrstoffes Asbest, S. 17 f.

heranzureichen versucht. Vor diesem Hintergrund kann der erste Ansatz von Walter und Kesting als Versuch betrachtet werden, der in der Medizin bereits seit langem bekannten krebserregenden Wirkung von Asbestfasern Rechnung zu tragen. Inwiefern Walter und Kesting bei der Richtwertdefinition auch medizinische Erkenntnisse über mögliche Wirkungsschwellen einfließen ließen bzw. vor Festlegung der ersten Orientierungshilfe ein intensiver Diskurs mit Arbeitsmedizinern erfolgte, ist nicht bekannt.

Der nächste Schritt erfolgte 1961. Kesting ergänzte das vorliegende Modell in seinem Beurteilungsvorschlag um die Asbestbewertungszahl F (F = Faserkonzentration pro m^3). Ziel war es, mit der Asbestbewertungszahl F unterschiedliche Gefährdungsklassen zu beschreiben. Die einzelnen Gefährdungsklassen wurden wie folgt definiert:[409]

Klasse I	F < 20	ungefährlich
Klasse II	F 20-60	bedingt gefährlich
Klasse III	F > 60	gefährlich

F ist das Ergebnis des Produkts der bereits bekannten Faserkonzentrationswerte bzw. des Rechenvorgangs $(C_g/1.000.000)*(C_f/1.000.000)$. Angewendet auf das in Tabelle 11 dargestellte Basismodell von Kesting und Walter führt dies zu folgenden Asbestbewertungszahlen:

Gesamtkonzentration C_g (Teilchenzahl/m^3)	Asbestfaserkonzentration C_f (Fasern/m^3)	**Asbestbewewertungszahl F (Faserkonzentration/m^3)**
400.000.000	10.000.000	**40**
300.000.000	30.000.000	**90**
200.000.000	40.000.000	**80**

Tabelle 12: Ursprüngliche Richtwerte nach Kesting und Walter, ab 1961 ergänzt um die Asbestbewertungszahl F

[Quelle: Autor]

Coenen würdigt 1997 die Verknüpfung des Asbestfaseranteils mit der generellen Teilchenkonzentration durch Kesting zur Beurteilung der Asbeststaubexposition „ ... noch aus heutiger Sicht vom Grundsatz her als ungemein „modern" ..."[410]. Ob „ungemein „modern" „ die richtigen Vokabeln zur Charakterisierung dieses erweiterten Ansatzes sind, ist sicherlich diskussionswürdig. Jedenfalls wurde mit ihm eine Systematik eingeführt, die einen Vergleich unterschiedlicher Gefahrenbereiche erleichterte und damit auch das Ergebnis von Verbesserungsmaßnahmen mess- und vergleichbar machte, obgleich sich an der Expositionsbelastung zunächst nichts veränderte. Letztlich ist auch der durch einfache Multiplikation entstandene Faserkonzentrationswert F willkürlich und reiht sich somit in die Kette subjektiver Richt- bzw. Grenzwertfestsetzungen ein. Genauso ist die Frage aufzuwerfen, warum zur

---

409 Bauer u.a., „Faserjahre", S. 41
410 Coenen, Asbest: Risikovermittlung und Präventionsansätze, S. 4

Ermittlung dieses künstlichen Wertes die beiden Faktoren gleichwertig sein sollen und nicht einer unterschiedlichen Gewichtung unterliegen.

In den Folgejahren wurde die Asbestbewertungszahl F zur Beschreibung der Faserkonzentration als Messlatte zur Beurteilung von Arbeitsplätzen von dem ursprünglichen Richtwert 60 auf 20 abgesenkt. Allerdings wurde mit der Asbestbewertungszahl überwiegend nur innerhalb der Organisation der Berufsgenossenschaften gearbeitet.[411]

In der Bundesrepublik Deutschland erfolgte dann 1973 die erste Grenzwertfestsetzung. Die Senatskommission zur Prüfung gesundheitsschädlicher Arbeitsstoffe der Deutschen Forschungsgemeinschaft (DFG) führte die Technische Richtwertkonzentration ein (TRK-Werte). Damit wurden obere Grenzwerte für die Faserkonzentration am Arbeitsplatz festgelegt.[412] Sie sahen für Chrysotilasbest maximal 0,15 mg Asbestfeinstaub/m^3 vor bzw. für asbesthaltigen Feinstaub mit einem Asbestgehalt unter 3,75 Gewichtsprozente einem Maximalwert von 4 mg/m^3. Mit der Verknüpfung von Werten über eine zulässige Asbestmenge mit Werten zur Feinstaubkonzentration sollte über das bis dahin schon berücksichtigte und auf Asbestose abzielende fibrogene Risiko hinaus auch dem kanzerogenen Risiko vermehrt Rechnung getragen werden. In der Asbesttextilindustrie konnte zur Evaluierung der Arbeitsplätze auch eine Asbestbewertungszahl von maximal 6 herangezogen werden. Die TRK-Werte waren ab 1973 zunächst als Jahresmittelwerte ausgelegt. Ab 1985 bezogen sie sich auf Schichtmittelwerte, was zwar regelmäßige Messungen tatsächlicher Werte erforderte, jedoch zu einer höheren Transparenz der Daten führte und infolge eine kontinuierlichen Datenverfolgung letztlich betriebsindividuelle Gegenmaßnahmen eingeleitet werden konnten, die sowohl große Schwankungen in der Faserbelastung unterbanden als das jeweilige Expositionsniveau absenkten. Aus diesem Grund ist die Einführung der TRK-Werte bezogen auf Schichtmittelwerte als ein entscheidender Schritt auf dem Weg zu einer wirksamen Eindämmung der Faserexposition zu werten.

---

411 Bauer u.a., „Faserjahre", S. 41. In diesem Zusammenhang wird hier in dem Report des HVBG nur von „internen Aufstellungen" und „internen Grenzwert" gesprochen.

412 Vgl. Ulrich Schenk: Die Produktion von Asbestzement und ihre Umstellung auf eine asbestfreie Technologie oder wie die Industrie ein Problem gelöst hat, in: z.B. Asbest, a.a.O., S. 180. Hier heißt es: „Erstmals wurde 1973 eine Höchstgrenze für zulässige Feinstaubkonzentrationen aufgestellt. Mittlerweile ist der sogenannte TRK-Wert (TRK = Technische Richtkonzentration) für Weißasbest auf 0,25 Fasern pro cm^3 (Anm.: 250.000 Fasern pro m^3) abgesenkt worden. Eine Überprüfung von insgesamt 467 staubbelasteten Arbeitsplätzen in allen Faserzementwerken der Bundesrepublik im Jahre 1988 hat ergeben, daß über 90% der Arbeitsplätze einen Wert von unter 0,1 Fasern pro cm^3 (Anm.: 100.000 Fasern pro m^3) Luft aufweisen. Der heute [1991! d.A.] in der Bundesrepublik erreichte technische Stand zur Minimierung von Feinstaubrisiken am Arbeitsplatz gilt auch international als wegweisend und verdeutlicht die gleichzeitig mit dem gewachsenen medizinischen Erkenntnisstand eingeleiteten Maßnahmen zum Arbeitsschutz."

		Jahresmittelwert (ab 1973)				Schichtmittelwert (ab 1985)		
		1973	1976	1979 Neu-anlagen	1979 bis 1982 im übrigen	1985	1990	1995
Chrysotil	AFS	0,15	0,1	0,05	0.1	0,05	—	—
	F	—	2.000.000	1.000.000	2.000.000	1.000.000	250.000	—
	FS	4,0	4,0	2,0	4,0	2,0	—	—
Amosit	AFS	—	0,1	0,05	0,1	0,025	—	—
	F	—	2.000.000	1.000.000	2.000.000	500.000	—	—
	FS	—	4,0	2,0	2,0	2,0	—	—
Krokydolith	AFS	—	—	0,05	0,1	0,025	—	—
	F	—	—	1.000.000	2.000.000	500.000	—	—
	FS	—	—	2,0	2,0	2,0	—	—

AFS = Asbestfeinstaub (mg/m^3); **FS** = asbesthaltiger Feinstaub (mg/m^3);
F = Faserkonzentration (F/m^3)

Tabelle 13: **Chronologische Entwicklung der für Arbeitsplätze geltenden Grenzwerte der Technischen Richtwertkonzentration**
[Quelle: Klaus Rödelsperger, Jürgen Gerhard: Asbest: Mineralogie – Eigenschaften, Verwedung. Asbest-Handbuch, Bielefeld 1991]

Die in Tabelle 13 dargestellte chronologische Entwicklung der Grenzwerte für die Arbeitsplatzumgebung lässt eine im Zeitablauf kontinuierliche Absenkung der maximal als tolerierbar definierten Werte erkennen. Ebenso wird durch die 1973 noch auf das Gesamtgewicht der Fasern abgestellten Werte erkennbar, dass das zur damaligen Zeit erst seit gut 15 Jahre verfügbare Raster-Elektronenmikroskop möglicherweise über wissenschaftliche Relevanz verfügte, allerdings in der praktischen Anwendung bis dato keine Bedeutung hatte. Erst 1976 wird ergänzend ein Faserkonzentrationswert eingeführt. An der Chronologie der Daten wird die Bemühung deutlich, sich schrittweise an einen wie auch immer vertretbaren niedrigeren Grenzwert heranzutasten. Des Weiteren ist ab 1976 der Versuch ablesbar, eine differenzierte Vorgehensweise in Abhängigkeit von der Kanzerogenität der jeweiligen Asbestart zu verfolgen. In der Konsequenz lag ab 1990 nur noch ein Wert für Chrysotil vor, da zwischenzeitlich die Verwendung von Amosit- und Krokydolithfasern verboten war.

Parallel zu der Entwicklung der TRK-Werte wurden, vergleichbar dem differenzierten Aufbau der TRK-Werte, schrittweise Einschränkungen für das Inverkehrbringen, die Herstellung oder die Verwendung asbesthaltiger Produkte erlassen, beginnend mit dem Ersten Nachtrag zur Unfallverhütungsvorschrift „Gesundheits-gefährlicher mineralischer Staub" (VGB 119) vom 1. Oktober 1979.[413]

Ein Kernproblem war und ist, dass die Vorraussetzung für eine wirksame Sensibilisierung der Öffentlichkeit, welche in den siebziger Jahren einsetzte, eine simple, plausible und allseits nachvollziehbare Darstellung der Problematik voraussetzte, welche möglichst auf verlässlichen Grenzwerten für eine maximal tolerierbare Asbestfaserkonzentrationen basieren sollte. Dieser Kommunikationsweg bleibt jedoch verschlossen, da wie bei anderen krebserregenden Stoffen auch für Asbest keine verbindliche Wirkungsschwelle angegeben werden kann. Bei derartigen Stoffen ist davon auszugehen, dass auch kleinste Mengen eine Schädigung nach sich ziehen können. Bei wiederholtem Kontakt summieren sich die irreversiblen Schädigungen und führen schließlich in Abhängigkeit von Gesamtdosis, Expositionsdauer und individuellem Alter zur Tumorbildung. Letztlich können Grenzwerte das Risiko einer Krebserkrankung nur vermindern, allerdings nicht ausschließen. Die Gefahr, an den Folgen einer Asbestbelastung zu sterben, ist abhängig von der Intensität der Asbestbelastung. Dies gilt grundsätzlich auch für umweltimmanente Asbestbelastungen außerhalb der Arbeitswelt selbst dann, wenn sie gering sind. In dieser Situation steht auch die staatliche Exekutive vor einem offenkundigen Dilemma. Wie will sie darüber befinden, welche höchsten Faserkonzentrationen noch hingenommen werden können?

Zur Klärung der Situation beauftragte die Bundesregierung das Bundesgesundheitsamt Anfang 1981, in der Frage des Gesundheitsrisikos durch Asbestfeinstaub eine Beurteilung vorzunehmen. Daraufhin legte das Amt noch im Oktober eine quantitative Risikoabschätzung vor.[414] Das Bundesgesundheitsamt ging bei seiner Abschätzungen primär von den an Arbeitsplätzen festgestellten Korrelationen zwischen dem jeweils beobachteten Ausmaß der Asbestfeinstaubexposition einerseits und den Asbesterkrankungen andererseits aus. Diese Erkenntnisse wurden ceteris paribus linear auf die in der Umwelt festgestellten Asbestimmissionen extrapoliert. Danach ergab sich für die am stärksten gefährdete Gruppe der männlichen Raucher bei zusätzlicher lebenslanger ständiger Belastung mit z.B. 1.000 Fasern/m^3 mit einer Länge von über 5 µm eine zusätzliche jährliche Sterblichkeit von 0,2 je 100.000 Einwohner, die zu etwa gleichen Teilen ihre Ursache in Mesotheliomen und Lungenkrebs hätte. Der Variationsbereich der Schätzung erstreckte sich von 0,06 bis 0,5 je 100.000 Einwohner.

In einer weiteren Ausarbeitung kam das Bundesgesundheitsamt im Oktober 1983 zu folgendem Ergebnis:

> „Unter Zugrundelegung äußerst vorsichtig getätigter Annahmen und Berechnungen haben unsere diesbezüglichen Abschätzungen ergeben, dass das durch kontinuierliche (24-stündige) Asbestfaserbelastung über das ganze Leben von z.B. 1000 Fasern pro Kubikmeter hervorgerufene Krebsrisiko demjenigen Krebsrisiko größenordnungsmäßig vergleichbar ist, dass z.B. durch die nach

---

413 Eine ausführliche Chronologie der in Deutschland ab 1979 zu Asbest erlassenen Vorschriften und Regelwerke findet sich bei: Bauer u.a., „Faserjahre", Tabelle 3.4, S. 46 ff.

414 Vgl. Bundesgesundheitsamt: Gesundheitliche Risiken von Asbest – Eine Stellungnahme des Bundesgesundheitsamtes, BGA-Bericht 4-/81, Teil 1/5-1/15

dem Vorsorgeprinzip auf minimales Risiko reduzierte Strahlendosis von 30 mrem/a hervorgerufen wird oder durch das Rauchen von zwei Zigaretten pro Monat."[415]

Die Bundesbehörde sah ferner in der dargestellten Umweltsituation allein keinen Anlass für übereilte und Angst auslösende Reaktionen, sondern trat mit Blick auf das Vorsorgeprinzip und die unbekannte Gefahr eventueller Wechselwirkungen mit anderen Schadstoffen für eine Minimierung des Risikos durch Verringerung der Exposition ein. Dies erfolgte dann auch in Form der Absenkung der TRK-Werte und den bereits erwähnten sukzessiven Asbestverboten.

In seiner Stellungnahme argumentierte das Bundesgesundheitsamt mit einer Faserkonzentration von 1.000 Fasern/m^3 in der Umwelt. Dieser Wert diente dem Amt zwar nur als Grundannahme im Rahmen seiner Berechnung, jedoch entwickelte sich in der Öffentlichkeit hieraus ein allgemein anerkannter und verwendeter Richtwert, zumal der Wert von offizieller Seite in die Diskussion gebracht wurde. Er setzte sich in den Folgejahren als Grenzwert zur Beurteilung einer Sanierungsnotwendigkeit von Gebäuden bzw. Innenräumen durch, ohne dass er über einen bundesweit rechtlich verbindlichen Charakter verfügte. Folglich existiert auch für den Fall der Sanierung von Innenräumen bzw. der Entfernung von Asbest kein für einen sanierten Raum einzuhaltender maximaler Wert der Faserkonzentration, sondern es wird nur ein Zielwert von 500 Fasern/m^3 angestrebt.[416]

Den rechtlichen Rahmen für die Verankerung entsprechender Grenzwerte bieten die Landesbauordnungen, welche in der Zuständigkeit der jeweiligen Landesregierung liegen. Hier tat sich das Land Berlin hervor und erließ sechs Jahre nach der die Diskussion prägenden Veröffentlichung durch das Bundesgesundheitsamt Vorschriften, nach denen eine Sanierung asbesthaltiger Bausubstanzen unter bestimmten Voraussetzungen zwingend sei. Voraussetzung für eine vorzunehmende Sanierung war nach der Berliner Bauordnung, dass schwach gebundene Asbestprodukte vorhanden sind oder mehr als 1.000 Fasern/m^3 in den Innenräumen festgestellt werden und als „konkrete Gefahr im Sinne der §§ 3 und 77 der Bauordnung für Berlin"[417] gewertet wurden. In diesem Fall – und nur dann – war es möglich, nach § 77 (2) der Bauordnung von den Inhabern rechtmäßig bestehender Anlagen die Anpassung eben dieser Baulichkeiten zu fordern, wenn dies zur Herstellung der öffentlichen Sicherheit und Ordnung beitrug und insbesondere für die Erhaltung von Leben und Gesundheit notwendig war. Hinsichtlich der Berliner Schulen wurde der selbst gesetzte Grenzwert halbiert und eine maximal zulässige Faserkonzentration von 500 Fasern/m^3 festgelegt.[418]

Dieser selbst gesetzte, juristisch hergeleitete Grenzwert von 1.000 Fasern/m^3 wird freilich von Bedenken des Naturwissenschaftlers eingeholt. Wie will man erklären, dass für einen Juristen ein gemessener Bestandteil von 1.001 Asbest-

---

415 Vgl. Bundesgesundheitsamt: Gesundheitsgefahren durch Asbest und andere faserige Feinstäube in der Umwelt, Bundesgesundheitsblatt 26, Heft 10, 1983
416 Axmann, Asbest, S. 6
417 Vgl. Ausführungsvorschriften über die Einführung technischer Baubestimmungen – Asbestrichtlinien – vom 12. September 1989. Amtsblatt für Berlin Teil I 39, 1989, Nr. 56
418 Dierks, Risikokommunikation, S. 4

fasern/m^3 in Gebäuden eine akute Gesundheitsgefährdung der Bewohner oder Mitarbeiter bedeutet, während 999 Fasern/m^3 keine konkrete Belastung für den Juristen darstellen? Ferner bleibt die grundsätzliche Beurteilung offen, ob eine Überschreitung des Grenzwertes von 1.000 Fasern/m^3 überhaupt die öffentlichen Sicherheit und Ordnung gefährdet.

Wie der Berliner Senat diese von ihm selbst erlassene Bauordnung bereits ein Jahr nach Inkrafttreten aus Kostengründen wiederum selbst ignorierte, wurde bereits in Abschnitt 5.1.4 ausgeführt. Mit seinem Verhalten erbrachte der Berliner Senat letztlich zwei Nachweise. Zum einen, dass ganze Volksvertretungen in dieser komplexen Frage übereilt handelten und sich die im Zuge dessen getroffenen Entscheidungen nicht konsequent verfolgen lassen. Zum anderen aber auch, dass ein Grenzwert von 1.000 Fasern/m^3 für Innenräume, unabhängig davon, ob er wissenschaftlich vertretbar ist oder nicht, als Grundlage für umfassende Sanierungsentscheidung wirtschaftlich nicht umsetzbar ist.

Trotz des seit Ende 1983 nach der Publikation des Bundesgesundheitsamtes gemeinhin angewendeten Wertes von 1.000 Fasern/m^3 für den allgemeinen Lebensbereich wurden an Arbeitsplätzen die maximal zulässige durchschnittliche Asbestfaserexposition pro Schicht noch 1985 mit 1.000.000 Faser/m^3 für Chrysotil bzw. ab 1990 noch mit 250.000 Faser/ m^3 festgesetzt (siehe oben Tabelle 13). Beide Werte übersteigen die von offizieller Seite in die Diskussion für die Innenraumumgebung eingebrachte und sich als Richtwert etablierte Größe um ein Vielfaches. Die Überlegung dahinter ist, dass sich in der Arbeitsplatzumgebung grundsätzlich nur gesunde Arbeitnehmer für eine begrenzte Zeit aufhalten und Risikogruppen wie Kranke oder Kinder bei der Beurteilung keine Berücksichtigung finden. Dagegen legt man bei der Beurteilung von Innenräumen zugrunde, dass Menschen einen großen Teil ihres Lebens dort verbringen und auch Kinder aufgrund ihres jungen Alters und ihrer noch längeren Lebensdauer einem grundsätzlich erhöhten Risiko ausgesetzt sind.

Wie bereits dargelegt, entwickelten sich außerhalb der Arbeitsplatzumgebung keine verbindlichen Grenzwerte. Gleichwohl sollte der fortschreitenden Erkenntnisentwicklung über die gesundheitsbeeinträchtigenden Risiken beim Umgang mit Asbest außerhalb der Berufswelt Rechnung getragen werden. Deshalb wurden 1980 – ähnlich wie Jahre später auch für Zigaretten gültig – in der Bundesrepublik Deutschland Vorschriften zur speziellen Kennzeichnung krebserregender bzw. asbesthaltiger Stoffe erlassen. Demzufolge musste asbesthaltigen Stoffen, bei deren Umgang Feinstaub auftreten konnte, eine entsprechende Mitteilung beigefügt sein sowie die Bezeichnung der Gruppe, der der gesundheitsgefährdende Stoff gemäß Anhang II Nr. 1.1.1 der Arbeitsstoffverordnung vom 29. Juli 1980 zuzuordnen ist. Nach dieser bis zum 31. Dezember 1982 geltenden Vorschrift war Asbest, wenn beim Umgang mit ihm Feinstaub auftreten kann, wie folgt eingestuft:

Gruppe I	(sehr stark gefährdend)	nicht für Asbest relevant
Gruppe II	(stark gefährdend)	≥ 1 Gewichts-%
Gruppe III	(gefährdend)	$< 1 - 0,1$ Gewichts-%

Auffallend ist, dass die sowohl für den beruflichen als auch nicht-beruflichen Bereich gültige Arbeitsstoffverordnung hier als ausschließliches Beurteilungskriterium für die Gefahrgruppeneinstufung das Gewicht der Asbestfasern ansetzt, die bei einem Umgang mit dem Produkt möglicherweise als Feinstaub freigesetzt werden. Dies ist umso bemerkenswerter, da doch die Senatskommission der Deutschen Forschungsgemeinschaft bereits 1976 Grenzwerte für die Faserkonzentration an Arbeitsplätzen festgesetzt hatte (siehe oben Tabelle 13). Darüber hinaus bedeutete es sogar einen Rückschritt gegenüber der Methodik des nun fast zwanzig Jahre alten und oben erläuterten Gefährdungsklassenmodells von Kesting. Möglicherweise ist dieses in der Arbeitsstoffverordnung für die Gefahrgruppeneinstufung herangezogene simple, aber als untauglich anzusehendes Kriterium als ein Tribut an die zu dieser Zeit von der Öffentlichkeit geforderte „schnelle und übersichtliche" Orientierung für den Umgang mit Asbest zu betrachten. Oder es war im Vorfeld schlicht nicht abschätzbar, wie viele Fasern bei einem Umgang mit dem asbesthaltigen Produkt durch den Anwender freigesetzt werden, so dass man lediglich auf das Fasergewicht zurückgriff, um überhaupt eine Lösung anzubieten und damit Aktivität nachzuweisen.

Mit Beginn des Jahres 1983 mussten asbesthaltige Stoffe und Zubereitungen zusätzlich folgendermaßen gezeichnet werden:
- Kennzeichnung einschließlich Stoffbezeichnung oder Bestandteile der Stoffkomposition sowie der Aufschrift „Kann Krebs erzeugen",
- Bezeichnung der Gefahrengruppe gemäß Arbeitsstoffverordnung,
- zusätzliche Angabe „Asbesthaltig, bei unsachgemäßer Bearbeitung kann gesundheitsgefährdender Feinstaub entstehen",

Basierend auf der Gefahrstoffverordnung vom 26. August 1986 waren asbesthaltige Produkte ab dem 1. Oktober 1986 dann mit diesem auf europäischer Ebene einheitlich gestaltetem Emblem zu versehen:

Abbildung 26:
Offiziell geforderte Kennzeichnung für asbesthaltiger Stoffe (1986-1993), deutsche Version

[Quelle: Autor]

Die Zweite Änderungsverordnung vom 1. Mai 1990 führte zur Umstufung von Asbest in die Gefährdungsgruppe I (sehr stark gefährdend) der Liste der Krebs erzeugenden Stoffe. Zusammen mit der Dritten Änderungsverordnung vom 15. Juni 1993, in der die Anforderungen an sachkundige Personen präzisiert wurden, wurden die Bedingungen zum Schutz von Arbeitnehmern bei Umgang mit Asbest weiter verschärft. Bis dann mit der erneuten Novellierung der Gefahrstoffverordnung vom 1. November 1993 sehr weitgehend ein Herstellungs- und Verwendungsverbot implementiert wurde.[419] Für die noch bestehenden Ausnahmen wurden zudem die Vorgaben für die Gefährdungsmerkmale verschärft. Neben Buchstaben „a" (siehe Abbildung 26) waren nun weitere standardisierte Erläuterungen beizufügen, die die Gefährlichkeit des Stoffes ergänzend unterstreichen sollten. Ebenso wurden die Vorgaben zur Ersatzstoffprüfung präzisiert.

Richtet man den Blick bezüglich der Grenzwertdiskussion auf die internationale Ebene, wird das Bild der verfolgten Lösungsansätze über den Umgang mit Asbest verwirrend. Grundsätzlich ist festzustellen, dass Grenzwerte, sofern sie erlassen wurden, nach den vorliegenden Erkenntnissen ausschließlich für den Bereich von Arbeitsplätzen erlassen wurden. Eine Vorstellung über die international heterogene Herangehensweise an diese Thematik sowie die Beachtung von Grenzwerten vermittelt 1985 Werner Catrina, als sich die Ernüchterungsphase bereits dem Ende neigt:

"In Thailand beispielsweise erlaubt der Staat zehnmal höhere Konzentrationen als in Norwegen; viele Länder, darunter überraschenderweise Südafrika, kennen noch keine vom Staat verordneten Limiten! Wo Grenzwerte vorgeschrieben sind, liegt die staatliche Überwachung der Betriebe oft im argen. Dies gilt vor allem für Entwicklungs- und Schwellenländer; jedoch auch in den Industriestaaten ist die Zahl der staatlichen Kontrollen in der Regel minim [sic!]. Die gesamte Verantwortung liegt somit meist bei den Unternehmen, oft international tätigen Multis [Multis = Großkonzerne, d.A.]. Wenig überraschend, daß die ILO [International Labour Organization, d.A.] in ihrem Asbest-Bericht zuhanden der Generalversammlung den multinationalen Unternehmen attestiert, dass bei ihnen die Chancen für Staubschutz-Maßnahmen besser seien als bei rein lokalen Betrieben in Entwicklungsländern."[420]

Diese global uneinheitliche Behandlung des Asbestproblems wurde zehn Jahre später immer noch allgemein und auch von Vertretern der Asbestindustrie bemängelt. Sie forderten eine global einheitliche Asbestpolitik, da ansonsten ungleiche Rahmenbedingungen unter den internationalen Wettbewerbern vorliegen würden. In einem Beitrag, der überschrieben ist mit „The Globalization of Prevention and Control" findet der Vorsitzende der „Brazilian Asbestos Association" (ABRA) deutliche Worte darüber, dass der unterschiedliche Stellenwert von gesundheitlicher Gefährdung zwischen Industrienationen und Entwicklungsländern nicht haltbar sei:

„In order to remain competitive in our rapidly evolving global economy, companies must ensure that regardless of the country of origin or use, their products meet international standards. Today, such standards imply much more than traditional government norms for product safety. In the marketplace and in the

---

419 Vgl. Gefahrstoffverordnung (GefStoffV), BGBl. I, 1993, S. 1782
420 Catrina, Eternit-Report, S. 198

regulatory arena, quality is judged not only in terms of product safety and performance, but also in terms of environmental impact and industrial hygiene standards. Increasingly, the ability of a primary or secondary manufacturer to achieve these implicit and explicit environmental and industrial hygiene standards is critical to its success or failure in the highly competitive global economy."[421]

Die wirtschaftliche Globalisierung, so meint Rangé, hat auch zu einer Globalisierung von Umweltorganisationen geführt, die nicht auf die Wahrnehmung nationaler Belange beschränkt sind. Auf diese Weise, so formuliert er, habe es die ABRA in Zusammenarbeit mit diesen Gruppen erreicht, eine „controlled-use-philosphy" zu entwickeln, deren Ziel darin besteht, über den nationalen Rahmen hinaus an substituierbaren und vor allem umsetzbaren Lösungen für das Asbestproblem zu arbeiten.

Letztlich bilden sich hier am Ende der Erkenntnisentwicklung über das Gefahrenpotenzial des Werkstoffes Asbest zwei Linien hinsichtlich der weiteren Vorgehensweise heraus. Auf der einen Seite strebt die Asbestindustrie ein hohes Maß an Planungssicherheit an, um ihr in Verruf geratenes Produkt weiter am Markt halten zu können. Hierzu propagiert sie die Philosophie einer kontrollierten Nutzung von Asbest, die den konzeptionellen Rahmen für möglichst globale Standards bilden soll. Damit wäre aus ihrer Sicht nicht nur eine ausreichende Antwort auf die mit der Gewinnung, Verarbeitung und der Anwendung von Asbest und asbesthaltigen Produkten verbundenen gesundheitlichen Risiken gefunden, sondern ihr bliebe – und das bleibt unausgesprochen – bei einer globalen Anwendung der „Controlled Use" Philosophie auch der weltweite Absatzmarkt erhalten, was im Falle von alternativen Asbestverboten nicht gegeben wäre.

Auf der anderen Seite bleibt das Ziel, den Grenzwert für die weitere Verwendung von Asbest auf „null" zu setzen, nämlich ein Verbot der weiteren Verwendung von Asbestfasern zu erreichen. Diese Forderung resultiert aus der Erkenntnis, dass es keinen objektiv richtigen Grenzwert oberhalb von „null" für Asbeststaub geben kann, der eine gesundheitliche Gefährdung weder für die Arbeitsumgebung noch für alle anderen Lebensbereiche ausschließt. Um die Dimension dieses Dilemmas in der Zukunft nicht noch weiter anwachsen zu lassen, wurde die Forderung nach einem gänzlichen Verbot der Nutzung der Mineralfaser immer lauter. Asbeststaub könne nicht vollständig beherrscht werden, weshalb eine Untersagung der Produktion und Vermarktung die logische Konsequenz dieser Nicht-Beherrschung sei.

Beispielhaft für diesen Richtungsstreit ist die diesbezügliche Entwicklung in den USA. Im Jahr 1989 verhängte die U.S. Environmental Protection Agency (EPA) den so genannten „Asbestos Ban and Phase-out Rule", der in der Praxis jeglichen Gebrauch von Asbest in den USA verbot. Die EPA handelte dabei auf der Grundlage des Toxic Substances Control Act (TSCA)[422]. Die Asbestindustrie focht das

---

421 Vgl. Jacques Rangé: The Globalization of Prevention and Control, in: The Asbestos Institute Newsletter. Responsible Management of a Natural Resource, Edition 1995-1

422 Die Environmental Protection Agency (EPA) handelte auf der Grundlage des Toxic Substances Control Act (TSCA) von 1976 (U.S.C. Bd. 15, Ziffer 2601-2692). Bis dahin betrafen die Regelungen zur Wasser- und Luftreinhaltung in erster Linie die bei Produktionsprozessen anfallenden Abfallstoffe. Nach diesen Regelungen lag die Aufgabe einer Festlegung von Schutz-

Verbot der EPA an. Infolgedessen hob 1991 das Fünfte Berufungsgericht in New Orleans in einem Grundsatzverfahren die Entscheidung der EPA wieder auf.[423] Insgesamt gelangte das Gericht zu dem Schluss, die EPA habe keine Belege einschließlich Risikodaten vorgelegt, die ausreichten, um ihr Asbest-Verbot zu begründen. Das Gericht stellte grundsätzlich fest, die Umweltschutzbehörde habe nicht

- die am wenigsten belastende Regelung erlassen, um ihr Ziel einer Reduzierung des Risikos zu erreichen,
- nicht nachgewiesen, dass für die ordnungspolitische Maßnahme eine ausreichende Grundlage vorhanden sei, und
- die Vorteile der Beschränkung nicht gegen die Kosten für die Industrie abgewogen.

Im Detail stützte das Gericht seine Entscheidung auf die noch ungeklärte Frage, ob die anstelle von Asbest verwendeten Substitute nicht auch gesundheitsschädlich seien. Das Gericht kritisierte die EPA ferner für die Nachlässigkeit, nicht das mit der Verwendung von asbestfreien Automobil-Bremsen ansteigende Risiko für die Verkehrsteilnehmer festgestellt zu haben.

In seiner Urteilsbegründung vertrat das Gericht weiter die Auffassung, „die Regelung der EPA kann keinen Bestand haben, wenn irgendeine andere Regelung denkbar ist, mit der ein nach Maßgabe des TSCA akzeptables Risikoniveau erreicht würde" und dass „die EPA in ihrem Eifer, jegliche Asbestprodukte zu verbieten, die Kostenseite der TSCA-Gleichung im Grunde außer Acht gelassen hat". Ein derart scharfer gerichtlicher Verweis erstickte weitere Bemühungen der EPA um Inanspruchnahme ihrer Befugnis im Keim. Der EPA wurde damit die Möglichkeit zur Heranziehung des TSCA zum Erlass von Beschränkungen für Problemchemikalien nahezu entzogen. Die juristische Beurteilung dieser Frage hat sich in den USA seitdem nicht mehr geändert und beschreibt den Status quo.

Einige wenige asbesthaltige Produkte waren von der Gerichtsentscheidung nicht berührt und für sie galt das Verbot fort. Allerdings wurden die für die Asbestindustrie sehr wichtigen volumenträchtigen Asbestprodukte wieder freigegeben: Asbestzement-Dacheindeckungen, Asbestzement-Platten (flach und Welle), Asbestzement-Rohre, Kleidung, Rohrummantelungen, Dachfilz, Vinyl-Asbest Bodenplatten, Pappen, Kupplungsbeläge, Reibungsmaterial, Bremsklötze für Scheiben- und Trommelbremsen, Dichtungen und Auskleidungsmaterialien. Vor allem mit den Asbestzementprodukten war das Hauptverarbeitungssegment für Rohasbest wieder von dem Verbot entbunden. Vor allem eröffnete sich der Asbestindustrie die Möglichkeit, Asbest-(zement)produkte in Ländern mit aufstrebenden Volkswirtschaften und steigendem Bedarf an einfachen Baumaterialen unter Verweis auf das nicht mehr vorhandene Verbot in den USA mit nun aus neutralen Quellen stammenden

---

normen sowie die Beweislast zu Risiken grundsätzlich bei der Environmental Protection Agency Mit dem TSCA dagegen wurden Entscheidungen zur Produktion und Verwendung erstmals einer staatlichen Kontrolle unterworfen, die sich auf die Art der Chemikalien auswirkte, die produziert werden durften, sowie deren Verwendung einschränkte.

423 Vgl. Fifth Circuit Court of Appeals: Corrosion proof fittings, 1947 F2d 1201, New Orleans 1991

Argumenten zu ihren Gunsten zu bewerben. Als Absatzmarkt für Rohasbest hatten die USA für die (kanadische) Asbestindustrie bereits seit mehreren Jahren an Attraktivität verloren und eine Renaissance von asbesthaltigen Produkten war ausgeschlossen. Der Bedarf an Rohasbest für den amerikanischen Endverbraucher hatte seit der zweiten Hälfte der siebziger Jahre einen drastischen Einbruch erlebt. Der Abstieg setzte schon über zehn Jahre vor dem von der Umweltschutzbehörde EPA ausgesprochenen Bann ein. Bereits 1985, d.h. vier Jahre vor dem kurzzeitigen Verbot verbrauchten die USA weniger als 20 % ihres historischen Höchstverbrauches.[424] Vor dem Hintergrund dieser langjährigen Entwicklung hatten das Verbot wie auch das Revisionsurteil für den amerikanischen Asbestmarkt nur begrenzte Bedeutung, denn die amerikanischen Verbraucher hatten de facto als Folge der von ihnen erlebten Ernüchterungsphase längst für sich selbst ein Verbot ausgesprochen und danach gehandelt. Das Verbraucherverhalten der amerikanischen Bevölkerung beschreiben die beiden Amerikaner Alleman und Mossman 1997 in der Art, dass in den USA das politische und öffentliche Klima gegenüber dem Werkstoff „nach wie vor von vehementer Ablehnung geprägt ist".[425]

Im Gegensatz zu dem Revisionsgericht in New Orleans verfügte die Kommission der Europäischen Gemeinschaft im selben Jahr (1991) ein Verbot jeglicher Vermarktung und der Nutzung aller Amphibolfasern und aller Produkte, die sie enthalten.[426] Chrysotil, das 90-95 % des weltweiten Asbestgeschehens ausmachte, war hiervon nicht erfasst. Hierzu konnte sich die Brüsseler Behörde noch nicht durchringen.

Als im Laufe der neunziger Jahre die europäischen Staaten auf nationaler Ebene sukzessive weiter gehende Verbote erließen und auch ein möglicher Beschluss der Europäischen Kommission über ein vollständiges Asbestverbot bereits diskutiert wurde, sah die kanadische Asbestindustrie ihre Interessen massiv gefährdet und sich zum Handeln gezwungen. Sollten die bestehenden Verbote Bestand haben bzw. auf die gesamte Europäische Gemeinschaft ausgeweitet werden, wär dies beispielgebend für weite Teile der Welt. Damit wäre der seitens der Asbestindustrie verfolgte selbstverpflichtende Ansatz des „Controlled Use"[427], der kein Verbot, sondern im

---

424 Von Robert L. Virta, Mitarbeiter des U.S. Department of the Interior, U.S. Geological Survey in Reston, VA, auf Anfrage des Autors zur Verfügung gestellte historische Verbrauchsdaten.
425 Alleman, Asbest: Aufstieg und Fall, S. 91
426 Vgl. EU Commission Directive 91/659/EEC. Official Journal L.363.31/12/1991, S. 36-38
427 Die Selbstverpflichtung des „Controlled Use" wurde initiiert von dem 1984 gegründeten Chrysotile Institute, 1200, McGill College, Suite 1640, Montreal, Quebec, Canada H3B 4G7, und lautet:"The signatories agree to implement, on a voluntary basis, the present responsible-use policy, by the following means:
a. Where not already achieved, introduce appropriate preventive and control measures in their respective factories, within a period of no more than 2 years, in order to comply with a threshold limit value for chrysotile asbestos of 1 fibre/cc.
b. Refrain from the use of amosite and crocidolite asbestos.
c. Agree not to resell chrysotile asbestos fibre from their respective factory stocks to third parties.
d. Encourage the government to ratify ILO Convention 162 and transpose the principles into the national regulations.
e. Apply the Environmental Charter and Management Guide of the Asbestos International Association (AIA) on a full product life cycle basis.

Kern als Mindeststandard lediglich die nationale Ratifizierung und Achtung der am 24. Juni 1986 von der Internationalen Arbeitsorganisation (ILO) beschlossenen und am 16. Juni 1989 in Kraft getretenen Konvention Nr. 162[428] vorsah und vorsieht, als ausreichend angesehene globale Antwort für die Behandlung von Asbest zumindest in Europa gescheitert. Um diese auf dem europäischen Kontinent in Richtung von Verboten laufende Entwicklung noch zu stoppen, reichte der kanadische Staat im Namen seiner heimischen Asbestindustrie 1998 Klage bei der Welthandelsorganisation (WTO) ein. Die Klage richtete sich stellvertretend gegen den Erlass Frankreichs, welches 1996 ein mit wenigen Ausnahmen versehenes Asbestverbot ausgesprochen hatte und auch das in Kanada geförderte Chrysotil einschloss. Als Klagebegründung wurde angeführt, dass das Verbot ein Hemmnis für den freien Handel darstelle. Die WTO wies in der Berufungsinstanz die Klage Kanadas gegen das französische Asbestverbot ab. Sie hielt ein solches Verbot für vereinbar mit den im Handel geltenden internationalen Regeln und bestätigt aus ihrer Sicht die gesundheitsgefährdende Wirkung von Chrysotil.[429]

Während das 2001 abgewiesene Verfahren noch lief, erließ die Kommission der Europäischen Gemeinschaften 1999 eine weitere Bestimmung, die ein generelles Asbestverbot ab dem 1. Januar 2005 vorsah.[430]

„ ... the commission enacted a Directive prohibiting the use of all asbestos types in the EU member-states by the year 2005. Thus in two parts of the Western world developed an unusual situation of conflicting regulatory approach to the use of asbestos, as issue loaded with scientific controversies for years."[431]

---

f. Provide individual company reports to appropriate government authorities on an annual basis, indicating compliance of their respective factories or progress made in coming into compliance with pertinent nationalregulations.

g. To cooperate with the national chrysotile association, by making available data, on a confidential basis, to permit the preparation of a comprehensive annual report on the chrysotile asbestos industries, for submission to government authorities.

This report will provide an overview of the industry and include data related to asbestos consumption, the number of workers employed, the level of airborne concentrations of chrysotile in factories for different categories of workers, progress made in implementing appropriate preventive and control programs, etc.

This Industry Voluntary Agreement will be effective from the date of signing and will remain in effect until it is replaced by a new agreement by the parties signatory to this agreement."

428 Das Übereinkommen über Sicherheit und Verwendung von Asbest, Konvention 162 der Internationalen Arbeitsorganisation (International Labour Organization, ILO), gibt nur Hinweise über die zu schaffende Sicherheit bei der Verwendung von Asbest und sieht kein Verbot der Verwendung von Asbest vor. Aus diesem Grund konnten sich auch die Asbest fördernden Länder dem Abkommen anschließen. Die Konvention wurde von insgesamt 28 Staaten ratifiziert: Belgien (ratifiziert 1996), Bolivien (1990), Bosnien-Herzegowina (1993), Brasilien (1990), Chile (1994), Deutschland (1993), Ecuador (1990), Finnland (1988), Guatemala (1989), Japan (2005), Kamerun (1989), Kanada (1988), Kolumbien (2001), Kroatien (1991), Mazedonien (1991), Niederlande (1999), Norwegen (1992), Portugal (1999), Russland (2000), Schweden (1987), Schweiz (1992), Serbien (2000), Slowenien (1992), Spanien (1990), Uganda (1990), Uruguay (1995), Zimbabwe (2003), Zypern (1992).

429 Vgl. Ludwig Gramlich: Das französische Asbestverbot vor der WTO, Institut für Wirtschaftsrecht, Juristische Fakultät der Martin-Luther-Universität Halle-Wittenberg, Arbeitspapiere aus dem Institut für Wirtschaftsrecht; Heft 5, 2002

430 Vgl. EU Commission Directive 1999/77EC. Official Journal L.207.06/08/1999, S. 18-20

431 Valic, Asbestos Dilemma, I. Assessment of Risk, S.153

Was bleibt, ist das offensichtliche Auseinanderdriften zweier Kontinente der westlichen Welt in Fragen der Gefährdungsabschätzung, dem Umgang damit sowie in der politischen Einstufung der Gefahren.

Der Umstand, dass die Europäische Union mit Wirkung zum 1. Januar 2005 die Förderung und den Gebrauch sämtlicher Asbestarten in ihrem Wirkungskreis verbot, stellte einen Meilenstein auf dem europäischen Weg dar. Während die Europäische Union sich auf das schrittweise vollzogene Totalverbot der als gefährlich betrachteten Faser verließ, beschritten die Vereinigten Staaten den Weg des „Controlled Use", wie er auch von der „International Labour Organization" in der so genannten „Convention 162" dargestellt ist.[432] Das Motiv der Arbeitnehmervertreter für einen Weg des kontrollierten Einsatzes von Asbest war vornehmlich in ihrem Bestreben nach Arbeitsplatzsicherung zu sehen, wie es auch in dem 1985 veröffentlichen Umweltprogramm des Deutschen Gewerkschaftsbundes „Umweltschutz und qualitatives Wachstum" zum Ausdruck kommt.[433]

Die von Asbest ausgehenden Risiken und deren Handhabung sind heute zumindest in den Ländern der Europäischen Union unbestritten. Doch die Entwicklung hin zu dieser letztlich gemeinsamen Erkenntnis erstreckte sich über rund 30 Jahre und gestaltete sich sehr unterschiedlich. Auf dem Weg dorthin differierten die Staaten Europas in erster Linie in den folgenden Merkmalen:

– Höhe der gesetzten Grenzwerte,
– Einschätzung, ob von unterschiedlichen Asbestsorten unterschiedliche Risiken ausgehen,
– Zeitpunkt, zu dem die einzelnen Staaten regulativ tätig wurden,
– bei der zumeist sukzessiven Vorgehensweise der jeweils erlassene Verbotsumfang.

Sofern Grenzwerte zur maximalen Faserkonzentration am Arbeitsplatz festgesetzt waren, lagen sie im Vergleich zwischen den Nationen zum gleichen Zeitpunkt bis zum sechsfachen auseinander. So setzte zum Beispiel Griechenland das Limit der Faserexpostion bei einer Million Fasern/m^3, während Österreich zur gleichen Zeit 150.000 Fasern/m^3 als höchstens tolerierbar erachtete. Ein Teil der Staaten folgte in der Debatte der Einschätzung, dass Amphibolasbeste über ein höheres Gefahrenpotenzial verfügen als Chrysotil. Sie setzten deshalb in den siebziger und achtziger Jahren niedrigere Schwellenwerte für den Umgang mit Amphibolasbesten, welche in der Regel höchstens die Hälfte der zulässigen Faseranzahl ausmachten, als sie für Chrysotil angesetzt wurden.[434] Wiederum andere Länder stellten einheitliche, von der Fasersorte unabhängige Grenzwerte auf. Der Frage, ob Chrysotil weniger gefährlich ist als andere Asbestarten, haben eine Fülle von Autoren nachgespürt und die Beschaffenheit der einzelnen Asbestarten aufzulösen versucht. Valic nennt allein acht verschiedene Autoren, die jeweils kontroverse Ansichten zu dieser Frage-

---

432 Vgl. International Labour Organization (ILO): Asbestos Recommendation, No. 172, Genua ILO, 1986
433 Vgl. DGB-Bundesvorstand: Umweltschutz und qualitatives Wachstum, Düsseldorf 1985
434 Valic, Asbestos Dilemma, I. Assessment of Risk, Tabelle 2, S. 152

stellung einnehmen.[435] Die EU-Kommission entschloss sich 1991, Amphibolfasern völlig zu verbieten.

Die skandinavischen Länder zeigten sich relativ früh als besonders restriktiv und übernahmen innerhalb Europas eine Vorreiterrolle bezüglich der Verhängung von Verboten. Bis 1986 hatten sich Schweden, Dänemark, Island und Norwegen entsprechend aufgestellt. Hingegen konnte in Frankreich zwar unter scharfen Kontrollen, jedoch noch jahrelang und quasi ohne Einschränkung Asbest verwendet werden. Ähnlich stellte sich die Situation in Belgien dar, das sich erst 1998 zu einem Bann durchringen konnte.

Mit der ausklingenden Durchsetzungsphase und dem Beginn der Ernüchterungsphase geriet auch auf Seiten der deutschen Asbestzementindustrie einiges in Bewegung. Sie erkannte, dass ihre Geschäftsgrundlage in den Grundfesten gefährdet war und versuchte, hierauf entsprechend zu reagieren. Im Herbst 1981 suchte der Wirtschaftsverband Asbestzement e.V. das Gespräch mit der Bundesregierung, vertreten durch den Bundesminister des Inneren. Ziel des Vorstoßes war eine bundeseinheitliche Lösung der Asbestzement-Thematik auf der Basis von Freiwilligkeit.[436] Es sollte ein Kompromiss gefunden werden, der ein drohendes Asbestverbot ausschließt bzw. hinausschiebt, im Gegenzug aber die Asbestzementindustrie verpflichtet, ihren in der Diskussion stehenden Zuschlagstoff zu substituieren und ihr somit eine Übergangszeit zur Konversion ihrer Produkte und Erhalt der technischen Produkteigenschaften zugesteht und damit ein plötzlich drohender Entzug ihrer Geschäftsgrundlage durch ein staatlich verhängtes Verbot vermieden wird.

Im Februar 1982 erreichte die Branche ihr Ziel und die fünf im Wirtschaftsverband zusammengeschlossenen deutschen Hersteller von Asbestzement verpflichteten sich zu folgenden Maßnahmen[437]:

- Absenkung des Asbestgehalts in den Asbestzement-Produkten um 30-50 % in den nächsten 3–5 Jahren, beginnend 1982 mit jährlichem Bericht an die Bundesregierung über den Substitutionsfortschritt,
- 95 % aller Produkte werden ab 1. Juli 1982 vorkonfektioniert, d.h. es entfällt eine Asbeststaub freisetzende Bearbeitung an der Baustelle,
- Die Asbestzementindustrie unterstützt den ausschließlichen Einsatz staubarmer Bearbeitungsgeräte in der Weiterverarbeitung,
- Die Vermarktung von Hochbauprodukten erfolgt ausschließlich nur noch über den Fachhandel, wodurch eine fachgerechte Bearbeitung und ein Schutz des Normalverbrauchers erreicht werden sollen,
- 80–85 % aller für den Hochbau bestimmten Produkte bzw. 95 % aller für den Tiefbau bestimmten Produkte (vor allem Rohre) sollen beschichtet sein, um einer späteren Faserexposition vorzubeugen.

Aufgrund der ersten außerhalb Deutschlands verhängten Asbestverbote und den in verschiedenen Staaten Europas und auch in Deutschland begonnenen Erörterungen über vergleichbare Maßnahmen erhöhte sich der Druck noch einmal. Deshalb wurde das 1982er Branchenabkommen im März 1984 um einen entscheidenden Punkt er-

---

435 Vgl. Fedor Valic: Asbestos Dilemma, I. Assessment of Risk, a.a.O., S. 158
436 Michatz, Asbest und Gesundheit, S. 19
437 Ebd., S. 19 f.

gänzt. Über die bereits angestrebte Reduzierung des Asbestfaseranteils hinaus verpflichtete sich die Asbestzementindustrie, spätestens bis Ende 1990 sämtliche Produkte für den Hochbau frei von Asbest herzustellen. Beide Abkommen wurden eingehalten.[438] Insbesondere die Erfüllung der wichtigen 1984er Verpflichtung wurde dem mittlerweile zuständigen Ministerium für Umweltschutz und Reaktorsicherheit im Herbst 1990 mitgeteilt. Für die in der 1984er Selbstverpflichtung ausgesparten Tiefbauprodukte wurde 1988 ergänzend zugesagt, diese bis Ende 1993 asbestfrei zu produzieren, was ebenso eingehalten wurde.[439] Allerdings ist diesem letzten Schritt nur noch ein kosmetischer Charakter zuzuordnen, da nach §15 der am 23. Oktober 1993 erlassenen Gefahrstoffverordnung ein mit nur wenigen Ausnahmen generelles Herstellungs- und Verwendungsverbot von Asbest und asbesthaltiger Produkte fortan in Deutschland galt. Eine Ausnahme bei diesem Verbot bilden Abbruch-, Sanierungs- und Instandhaltungsarbeiten an bestehenden Anlagen, Einrichtungen und Geräten, soweit das Freiwerden von Asbestfaserstaub unvermeidbar ist. Auch äußerlich versuchte sich die deutsche Asbestzementindustrie von ihrem namensgebenden Zuschlagstoff zu distanzieren, indem sie ihre Wirtschaftvereinigung 1984, ungefähr zeitgleich mit ihrer Selbstobligation zur nahezu vollständigen Substitution, in „Verband der Faserzement-Industrie e.V." umbenannte.

Im Nachhinein betrachtet beschritt die deutsche Asbestzementindustrie einen „dritten Weg" zwischen der letztlich auf Verbot ausgerichteten europäischen Herangehensweise und dem Modell des „Controlled Use" der Rohasbestindustrie. Sie verschaffte sich die notwendige Zeit zur Konversion ihrer Produkttechnologie mit Maßnahmen, die einen kontrollierten bzw. im Vergleich zur bisherigen Handhabung einen kontrollierteren Einsatz von asbesthaltigen Produkten ermöglichte wie Vorkonfektionierung, zusätzliche Außenbeschichtung, Vermarktung nur noch über Fachhandel und nicht mehr via Baumärkte und Forcierung staubärmerer Bearbeitungsgeräte. Somit nutzten die deutschen Asbestzementproduzenten das „Controlled Use"-Vehikel für einen Übergang in die asbestfreie Zeit, ohne dabei ihre Unternehmungen aufgeben zu müssen. Die Faserzementindustrie hat in ihrer rückblickenden Wertung nach eigener Einschätzung

> „… ein Beispiel gegeben, wie Maßstäbe im Sinne eines kombinierten Arbeits-, Gesundheits- und Umweltschutzes auch ohne staatliche Ge- und Verbote wirksam werden können."[440]

Inwieweit diesem Urteil zugestimmt werden kann, ist abhängig von einer individuellen Risikoabwägung zwischen den Gütern Gesundheit und Umwelt auf der einen und Arbeitsplatz und wirtschaftliche Existenz auf der anderen Seite. Sicherlich ist es positiv zu werten, dass die betroffene Industrie die Substituierung aktiv mitgestaltet hat und die vereinbarten Ziele erreicht wurden. Gleichwohl bleiben in der Nachbetrachtung zwei Fragenbereiche offen:

1) Warum ging die deutsche Asbestzementindustrie erst in die Offensive, als für sie antizipierbar war, dass der öffentliche Druck letztlich in ein totales Verbot

---

438 Dierks, Risikokommunikation, S. 6
439 Michatz, Asbest und Gesundheit, S. 20
440 Ebd.

münden würde? Dies, obwohl unzweifelhafte medizinische Erkenntnisse, wenn auch nicht vollständig über die Wirkungsweisen, so doch über die Auswirkungen von Asbestfasern auf den menschlichen Organismus bereits seit langem eindeutig bekannt waren und es sowohl die Fürsorge gegenüber den eigenen Mitarbeitern als auch die gesellschaftliche Verantwortung eines jeden geboten hätte, frühzeitiger gegenzusteuern?

2) Waren tatsächlich mehr als acht Jahre notwendig, beginnend Februar 1982 bis Herbst 1990, d.h. bis wenige Monate vor dem Verbot der Hauptprodukte der Asbestzementindustrie, um eine vollständige Verbannung von Asbestfasern aus Hochbauprodukten zu erreichen oder hätte auch weniger Zeit ausgereicht?

Nach der obigen Darstellung über den in Deutschland beschrittenen Weg kehren wir zurück zu dem heterogenen Bild, welches sich seit den siebziger Jahren in Europa auf diesem Sektor entfaltete. Trotz der Vielfalt ist bezeichnend, dass alle in der Europäischen Gemeinschaft erlassenen nationalen Verbote, mit den Ausnahmen Spanien und Luxemburg, Gesetzeskraft hatten, bevor die EU ihren Erlass über ein totales Verbot 1999 verabschiedete, der darüber hinaus erst ab 2005 wirken sollte. Insofern sind die Regelungen zu Asbest ein untypisches Beispiel in der europäischen Rechtsgeschichte für den Ablauf der Rechtsharmonisierung innerhalb der Gemeinschaft.

In der folgenden Chronologie ist die internationale Entwicklung der Asbest-Verbote wie auch in detaillierter Form die Verbotsentwicklung in der Bundesrepublik Deutschland dargestellt:[441]

1964   In Schweden besteht bereits zu diesem Zeitpunkt eine weniger strenge Anweisung, die Verwendung von Asbest einzudämmen. Sie blieb aber erfolglos.

1973   Verbot von Spritzasbest in den USA.

1975   In Schweden besteht die Anweisung, ungefährliche oder weniger gefährliche Asbestsubstitute einzusetzen.

1976-1978 Schweden verbietet diverse asbesthaltige Bauprodukte.

1979   Die Bundesrepublik **Deutschland** und die Schweiz untersagen Herstellung und Verwendung asbesthaltiger Spritzisolierungen.

1981   In **Deutschland** ist die Herstellung und Verwendung von asbesthaltigen Bodenbelägen untersagt.

1982   Selbstverpflichtung der deutschen Asbestzementindustrie, den Asbestgehalt in ihren Produkten weitgehend zu reduzieren (30–50 % binnen der nächsten 3–5 Jahre).

---

441 Vgl. Laurie, Kazan-Allen: National Asbestos Bans, in: International Ban Asbestos Secretariat, November 12, 2006; Verband der Faserzement-Industrie e.V.: Kein Umweltrisiko durch eingebaute Asbestzement-Produkte, Informationsblatt, Berlin, Erscheinungsjahr unbekannt, mutmaßlich 1993/1994; Fedor Valic: The Asbestos Dilemma: II. The Ban, Andrija Stampar School of Public Health, Medical Faculty, University of Zagreb, Zagreb, Croatia, 2002, S. 203; Bericht der Health and Saftey Executive, Europäische Informationsrunde über Asbest (Prävention asbestbedingter Risiken), Edinburgh, UK: 7.-10. November 2000, in: Doc. 12270/02 DE, Ausschuss hoher Arbeitsaufsichtsbeamter, Europäische Informationsrunde Asbest, Juni–Dezember 2000, S. 46 ff.; Bauer u.a., „Faserjahre", Berufsgenossenschaftliche Hinweise zur Ermittlung, S. 41 ff.; Alleman, Asbest: Aufstieg und Fall, S. 91; Michatz, Sachgerechter Umgang mit Asbestzement, S.3; Michatz, Asbest und Gesundheit, S. 6

In **Deutschland** ist die Verwendung von Asbestzementleichtbauplatten mit einem Raumgewicht < 1,0 g/cm^3, Isoliermaterialien und Dämmstoffen, Filtern (ausgenommen für Getränke und Arzneimittel), Anstrichstoffen, Kitten, Klebstoffen, Mörtel- und Spachtelmassen, Boden- und Straßenbelägen verboten.

1983 In Island wird Asbest verboten (mit Ausnahmen); das Verbot wird 1996 ergänzt.

Großbritannien verbietet Import, Verwendung, Verarbeitung und Vermarktung von Amphibolasbest.

1984 Norwegen untersagt (mit Ausnahmen) alle Arten von Asbest und überarbeitet dieses Verbot 1991.

In **Deutschland** wird die Selbstverpflichtung aus 1982 ergänzt: Bis Ende 1990 sollen sämtliche Produkte für den Hochbau frei von Asbest hergestellt werden. Zudem wird die weitere Verwendung von Asbest in Nachtspeicheröfen verboten.

1985 El Salvador verbietet als erstes Land im amerikanischen Einflussbereich Asbest.

1986 Dänemark verbietet Chrysotil-Asbest (mit Ausnahmen).

Schweden verhängt das erste einer Serie von Verboten für Chrysotil.

Deutschland: Verbot von Krokydolith (Blauasbest) sowie Verbot der Herstellung (Verwendungsverbot bereits 1982) von Asbestzementleichtbauplatten mit einem Raumgewicht < 1,0 g/cm^3, Isoliermaterialien und Dämmstoffen, Filtern und Filterhilfsmitteln (ausgenommen für Fein- und Entkeimungsfiltration bei Getränke- und Arzneimittelherstellung), Anstrichstoffen, Kitten, Klebstoffen, Mörtel- und Spachtelmassen, Boden- und Straßenbelägen. Generelles Verbot des Herstellens, Verwendens und Inverkehrbringens asbesthaltigen Spielzeugs, Fertigerzeugnissen in Pulverform, die im Einzelhandel öffentlich verkauft werden, von Raucherartikeln und katalytischen Sieben; bzw. bei vor dem 1. Oktober 1988 hergestellten, verwendeten oder in Verkehr gebrachten Stoffen gilt dies ab dem 1. Januar 1991.

1987 Großbritannien weitet sein Asbestverbot für Amphibolasbest auf einige Chrysotil-Anwendungen aus.

1988 Ungarn verbietet Amphibolasbeste.

Deutschland untersagt die Verwendung asbesthaltiger Brems- und Kupplungsbeläge sowie von Hitzeschutzbekleidung mit Ausnahme von Schutzkleidung beim Hantieren mitfeuerflüssigen Massen für Temperaturen über 1.000°C.

In Ergänzung ihrer Selbsterklärungen aus den Jahren 1982 und 1984 sagt die **deutsche** Asbestzementindustrie eine bis 1993 abgeschlossene Asbestsubstitution auch für Tiefbauprodukte zu.

1989 Die Schweiz untersagt Amphibolasbeste und Chrysotil (mit einigen Ausnahmen).

Die amerikanische Umweltschutzbehörde erlässt einen Bann auf Asbest.

1990 Österreich verbietet mit einigen Ausnahmen Chrysotil.

In **Deutschland** werden Rohre aus Asbestzement verboten.

1991 In den Vereinigten Staaten erfolgt die Aufhebung des Asbestverbotes durch Gerichtsurteil.

Die Europäische Union verbietet den Verkauf und die Verwendung von Amphibolfasern und amphibolfaserhaltigen Produkten.

Die Niederlande verhängen das erste einer Serie von Verboten für verschiedene Anwendungsgebiete von Chrysotil.

Deutschland untersagt die Herstellung (ab 1992 die Verwendung) von großformatigen Platten und Wellplatten für den Hochbau, Scheibenbremsbeläge für schienengebundene Fahrzeuge und Kabelummantelungen zur Elektroisolation.

1992   Finnland verhängt ein Verbot (mit Ausnahmen) für Chrysotil, das 1993 in Kraft tritt

Italien verhängt ein Verbot für Chrysotil (mit einigen Ausnahmen bis 1994)

1993   **Deutschland** verhängt ein generelles Verbot von Asbest. Ausnahmen sind a) Schutzkleidung für das Hantieren mit feuerflüssigen Massen für Temperaturen über 1.000° C; Herstellungsverbot ab 1.1.1994 und Untersagung des Inverkehrbringens und Verwendens ab 1.1.1995, b) die Herstellung und das Verwenden chrysotilhaltiger Diaphragmen für Elektrolyseprozesse; Herstellungs- und Verwendungsverbot ab 1.1.1999 und Untersagung des Inverkehrbringens ab 1.1.2000, c) die Herstellung und das Verwenden chrysotilhaltiger Diaphragmen für die Chloralkalielektrolyse in bestehenden Anlagen einschließlich der zu ihrer Herstellung benötigten asbesthaltigen Rohstoffe. Ein generelles Verbot ist ab 1.1.2011 wirksam.

Kroatien verhängt ein Verbot für Amphibolasbeste.

1995   Japan verhängt ein Verbot für Amphibolasbeste.

Kuwait verhängt ein Verbot für alle Arten von Asbest.

1996   Frankreich verhängt ein Verbot (mit Ausnahmen) für Chrysotil.

Slowenien verhängt ein Verbot für Asbestzement-Produkte.

1997   Polen spricht ein vollständiges Asbestverbot aus.

Monaco verbietet die Verwendung von Asbest in allen Baustoffen.

1998   Belgien verhängt ein Verbot (mit Ausnahmen) für Chrysotil.

Saudi Arabien verhängt ein Verbot für Asbest.

Litauens Gesetzgebung sieht erste Einschränkungen des Asbestverbrauchs vor; ein endgültiges Verbot soll später erfolgen.

1999   Großbritannien verhängt ein Verbot (mit geringfügigen Ausnahmen) für Chrysotil.

Die EU spricht am 26. Juli 1999 ein Verbot für Asbest mit Wirkung ab dem 1.1.2005 aus; es handelt sich hierbei um die Erweiterung des 1991 erfolgten Verbots von Amphibolasbest.

2000/2001 Argentinien verbietet Amphibolasbest.

Die Region Brasila (Brasilien) verhängt ein generelles Asbestverbot; diesem Beispiel folgen andere brasilianische Städte.

2001   Lettland verhängt ein Asbestverbot; mit Ausnahme von Asbestprodukten, die schon installiert worden sind; diese müssen gekennzeichnet werden.

Chile verhängt ein Verbot für Asbest.

Argentinien weitet sein Verbot auf alle Asbestsorten aus.

Die Welthandelsorganisation (WTO) weist in der Berufungsinstanz die Klage Kanadas gegen das französische Chrysotilverbot ab. Sie hält ein solches Verbot für vereinbar mit den im Handel geltenden Regeln, weil sie Chrysotil als gesundheitsgefährdend einstuft.

2002	Spanien und Luxemburg verhängen ein Verbot für Asbest; Amphibolasbeste waren bereits durch frühere EU-Direktiven verboten.
	Die Slowakische Republik setzt die ab 2005 wirksame Regelung der EU national um.
	Neuseeland verhängt ein Verbot der Einfuhr von Rohasbest. Der Import von Asbest enthaltenden Produkten ist hierbei nicht eingeschlossen.
2003	Australien verzichtet auf Asbest mit einigen Ausnahmen hauptsächlich im Verteidigungsbereich.
2004	Südafrika verkündet ein Auslaufen der Nutzung von Chrysotil über die nächsten 3 bis 5 Jahre.
	Honduras spricht – mit einigen Ausnahmen – ein Asbestverbot aus.
	Japan bannt den weiteren Einsatz von Chrysotil in Gebäuden und als Reibmaterial. Dies unterbindet ca. 90% des japanischen Konsums an Chrysotil.
2005	Das Asbestverbot der EU tritt in Kraft. Damit ist in insgesamt 35 Ländern die Verwendung von Asbest verboten.
	Kroatien und Ungarn beabsichtigen ein Verbot von Chrysotil.
	Japan kündigt ein vollständiges Verbot von Asbest binnen der nächsten 3 Jahre an.
	Ägypten verbietet den Import und die Verarbeitung aller Asbestsorten und -produkte.
2006	Jordanien verhängt ein vollständiges Verbot von Asbest.
	Kroatien verbietet den Einsatz von Asbest, revidiert jedoch diese Position sechs Wochen später für Exportware.
2007	Neukaledonien untersagt den Produktion, den Import und den Verkauf von Asbest.
2009	Südafrika: Gewinnung von Rohasbest und Verkauf von asbesthaltigen Produkten wird illegal

Für die Bundesrepublik Deutschland schlug sich die sukzessive Verhängung von Asbestverboten auch in der Importstatistik nieder. Im Jahr 1990 wurden nur noch 15.692 t Rohasbest eingeführt. Im Jahr darauf verringerte sich die Tonnage auf 4.431 t; 1995 waren es lediglich nur noch 98 t sowie 189 t im Jahr 2000 und 69 t in 2004.[442] Somit ist in Deutschland der Verbrauch an Asbest zur Fertigung industrieller Produkte quasi auf Null gesunken. Asbesthaltige Waren werden nur noch in sehr begrenzten und fest umrissenen Bereichen, beispielsweise in der Raumfahrt oder im U-Boot Bau als Komponenten für Elektrolysezellen, die Wasser in Sauerstoff und Wasserstoff trennen, verwendet. Im industriellen Bereich findet die Faser noch Anwendung im Rahmen des Diagraphma-Verfahrens zur Produktion von Chlor. Rund 20 % der Chlorproduktion in Europa und 70 % in den USA erfolgen noch unter Verwendung von Asbest.[443]

---

442 Vgl. Statistisches Bundesamt (Hg.), Fachserie 7: Außenhandel, Reihe 2 nach Waren und Ländern, Stuttgart, 1991-2001, jeweils für das vorhergehende Jahr gültig sowie auf Anfrage dem Autor vom Statistischen Bundesamt zur Verfügung gestellte ergänzende Detaildaten, Wiesbaden, 12.6.2006

443 Die Anwendungsgebiete sind primär die NaCl Elektrolyseprodukte Chlor, Natronlauge und Wasserstoff, sowie der beiden Folgechemikalien Chlorbleichlauge und Salzsäure. Der Einsatz und die Verwendung dieser Produkte sind überaus umfangreich und vielschichtig.

5.1.6 Der „Kent"-Fall: Asbest und Rauchen. Ein Exkurs

„Asbestos in a cigarette filter? It's sounds as ludicrous as dioxin sandwich."[444] So schreibt der Journalist Justin Catanoso 1993 in der Zeitschrift „Washington Monthly".

Zwischen 1952 und 1956 produzierte die P. Lorillard Company rund 13 Milliarden Kent-Filter-Zigaretten, die in ihren Filtern Asbestfasern enthielten. Die Filter wurden von Hollingsworth & Vose Co. produziert und zugeliefert.

In den Vereinigten Staaten wurde bereits in den fünfziger Jahren mehr und mehr vor der deutlichen Bedrohung durch die Inhalation von Tabakrauch gewarnt. Die Tabakgesellschaften versahen ihre Zigaretten eiligst mit Filtern, um der Öffentlichkeit zu demonstrieren, dass man dieses Problem erkannt habe. Mit Stolz vermeldete der viertgrößte Tabakkonzern der Vereinigten Staaten im „Journal of the American Medical Association", dass ihr neu entwickelter „Micronite"-Filter[445] Teer und Nikotin beträchtlich reduzieren würde.[446] Hierauf konzentrierte sich auch die Werbebotschaft Lorillards bei der Markteinführung des neuen Produkts. In der Werbung wurde das Rückhaltevermögen ihres „Micronite"-Filters gegenüber der Menge an Nikotin und Teer, die von Filtern aus Zellulose und Baumwolle aufgefangen werden, verglichen (siehe Abbildung 27). Damit ging das Tabakunternehmen gezielt auf die den Verbrauchern bereits zunehmend bewusste Tatsache ein, dass Rauchen gesundheitsschädlich ist, und bot mit dem neuen Zigarettenfilter vordergründig eine Lösung für das Problem.[447]

Nachdem die Zigarette mit dem Hinweis in den Markt eingeführt worden war, mit ihr könne die gesundheitliche Gefährdung des Rauchens reduziert werden, stellte die Firma Lollilard nach rund zwei Jahren fest, dass eine nicht unerhebliche Asbestexposition beim Rauchen der Zigarette entstand. Untersuchungen mit dem Elektronenmikroskop, die von Lorillard 1954 in Auftrag gegeben wurden, bestätigten, dass Raucher von Kent-Zigaretten einer konstanten Asbestexposition ausgesetzt waren. Die Lorillard-Company zog daraus jedoch 18 Monate lang keinerlei Konsequenzen.[448]

Lorillard war mitnichten bereit, die Wahrheit über die „Micronite-Filter" zu offenbaren, obwohl längst bekannt war, dass die Exposition von Asbest zur beschleunigten Entwicklung von Lungenerkrankungen beitragen konnte. Vielmehr passte sie ihre Werbestrategie den neuen internen Erkenntnissen an. Im Mittelpunkt der Werbeaussage standen nicht mehr die im Vergleich zu anderen Zigaretten

---

444 Vgl. Justin Catanoso: Asbestos plant – smokers charge cigarette's asbestos cigarette filter caused cancer, in: Washington monthly Jan.-Febr. 1993
445 „Micronite" ist ein eingetragener Markenname der P. Lorillard Company
446 Catanoso, Asbestos plant
447 Vgl. William E. Longo, Mark W. Rigler, John Slade: Crocidolite Asbestos Fibers in Smoke from Original Kent Cigarettes, Cancer Research 55: 2232-2235, 1995: „This design was used from the introduction of the brand into test markets in March 1952 through at least May 1956. In all, an estimated 11,7 billion cigarettes (585 million packs) were sold in the United States using this design with advertising that emphasized the „health protection" supposedly provided by the filter."
448 Catanoso, Asbestos plant

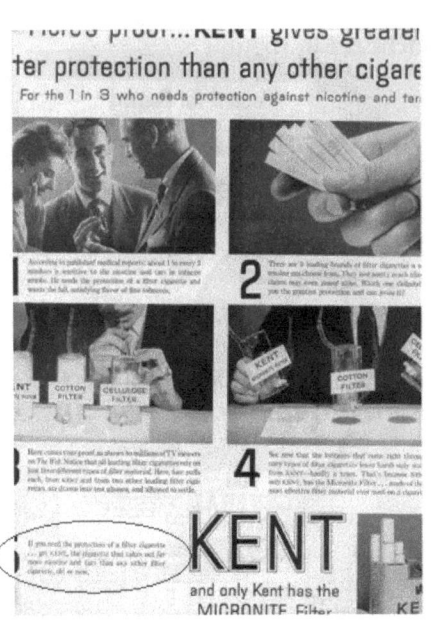

In der mit einem wissenschaftlichen Anschein aufgemachten Werbung wird die Wirkung des Kent-Filters denen eines Baumwoll- sowie eines Zellulosefilters gegenübergestellt. Zum Abschluss heißt es in der Werbung (siehe rote Umrandung links unten in der Abbildung):

„Wenn Sie den Schutz einer Filterzigarette wünschen … nehmen Sie Kent, die Zigarette die *weitaus* mehr Nikotin und Teer herausfiltert als *irgendeine* andere Filterzigarette, ob alt oder neu.“

Abbildung 27:   Werbung zur Markteinführung der Kent Zigarette mit „Micronite"-Filter, USA 1952

[Quelle: Anzeige aus dem Holiday Magazine, USA, 1952]

In dieser Werbung heißt es:

„Entdecke mit Deiner ersten Schachtel, warum Kent so unterschiedlich ist. Nur mit Kent hast Du den exklusiven Micronite Filter – den hochwertigen Qualitätsfilter – der Filter, der jede Spur von Härte herausnimmt. Mit der ersten Kent, die Du rauchst, wirst Du einen sauberen, frischeren Geschmack bemerken. Und Kent nach Kent, dieser Geschmack bleibt sauber und frisch. Was ein paar Extra-Pennies für einen unschätzbaren Unterschied ausmachen. Verdienst Du nicht auch Kent?“

Abbildung 28:   Werbung für die Kent Zigarette mit „Micronite"-Filter, USA 1955

[Quelle: Anzeige aus einer unbekannten amerikanischen Zeitschrift, 1955]

gesundheitsfreundlichen Eigenschaften des Filters, sondern die Kernbotschaft war jetzt der „saubere, frische Geschmack", der mit dem Micronite-Filter erzielt wird. Von nun an wurden nicht mehr Nikotin und Teer herausgenommen, stattdessen war es nun „jede Spur von Härte", die man als Verbraucher nicht mehr schmecken sollte.

Die Anzahl der asbestbelasteten Kent-Zigaretten stieg noch einmal um vier Milliarden. Während die Originalversion mit dem Micronite-Filter noch auf dem Markt war, erreichte die Kent-Zigarette einen Marktanteil von 0,72 %. Das beste Verkaufsjahr war 1954, als diese Marke auf einen Anteil von 1,1 % des Marktes anstieg. Allein in diesem Jahr wurden 550.000 Packungen an jedem Tag verkauft.[449] Erst im Jahr 1956 wurden die „Asbest-Zigaretten" vom Markt zurückgezogen. Das Einatmen von Krokydolith durch das Rauchen dieser Zigarette hat vermutlich noch über Jahrzehnte hinweg einer großen Anzahl von Menschen Gesundheit und Leben gekostet.

Die Originalversion des Micronite-Filters enthielt von 1952 an bis zur Mitte des Jahres 1956 Krokydolith[450]. Die Zigaretten ungeöffneter Packungen aus diesem Zeitabschnitt wurden 1995 untersucht.

> „One filter contained approximately 10 mg of crocidolite. Crocidolite structures were found in the mainstream smoke from the first two puffs of each cigarette smoked. At the observed rates of asbestos release a person smoking a pack of these cigarettes each day would take in more than 132 million crocidolite structures longer than 5 pm in 1 year. These observations suggest that people who smoked the original version of this cigarette should be warned of their possible substantial exposure to crocidolite during the 1950s."[451]

Der Micronite-Filter von Lorillard verschlimmerte die Situation nur: „Tiny, shard-like asbestos fibers broke loose from the filter and were sucked into Kent smokers' lungs carrying particles of tars and nicotine."[452]

Mit den Ergebnissen ihrer Studie quantifizieren Longo, Rigler und Slade die mit dem Rauchen der Kent-Zigarette verbundene Asbestexposition.

> „The number of structures observed in mainstream smoke in the present study is substantial. Extrapolating the observed average structure count to smoking 1 pack/day for 1 year, there would be 1,24 billion structures in the first 2 puffs of 7,300 cigarettes, and 132 million of these structures would be longer than 5 µm. Some authors have suggested that asbestos structures longer than 5 µm have a greater carcinogenic potential than do structures less than 5 µm (…). Although a large number of fibers entered the smoke stream, only a small fraction of the total amount of crocidolite in the filter was released. We estimate that the average number of structures observed in the first two puffs represents less than 0.001 % of the crocidolite in a single original Micronite filter."[453]

---

449 Longo, Crocidolite Fibers, S. 9
450 Krokydolith gehört der Gruppe der Amphibolasbeste, die nachweislich in erhöhtem Maße Mesiotheliome verursachen.
451 Longo, Crocidolite Fibers, S. 1
452 Catanoso, Asbestos plant
453 Longo, Crocidolite Fibers, S. 7 f

Bereits Anfang der fünfziger Jahre hatte Richard Doll[454] auf den Verdacht eines erhöhten Lungenkrebsrisikos bei Asbestarbeitern hingewiesen sowie zuvor auch schon auf den Zusammenhang von Rauchen und Lungenkrebs.[455] Anders als bei der Asbestose können Mesotheliome und Bronchialkarzinome schon durch geringe Mengen an Asbest entstehen. Diese Krebsarten entstehen partiell nach 30 bis 40 Jahre dauernden Inkubationszeiten; die Beschleunigung ihrer Entstehung kann durch Rauchen erheblich gefördert werden. In Expertenkreisen war man sich darüber im Klaren, dass die Inhalation von Tabakrauch im Zusammenwirken mit Asbestfasern das Risiko, an Krebs zu erkranken, deutlich erhöht. Die mangelnde Bereitschaft der verantwortlichen Mediziner für die Sensibilisierung der Öffentlichkeit Sorge zu tragen, war auch im Amerika der fünfziger Jahre ausschlaggebend für die fehlende Reaktion der Öffentlichkeit.

Erst in den folgenden Jahren änderte sich die Situation allmählich. Die amerikanische National Academy of Sciences ermittelte Daten zur kumulierten Risikosituation von Tabakrauch und Asbestfaserexposition. Ausgehend von der Beobachtung, dass die Wahrscheinlichkeit eines Rauchers zehnmal höher ist an Lungenkrebs zu erkranken als ein Nichtraucher, erhöht sich die Chance eines rauchenden Asbestarbeiters gegenüber einem nicht an einem asbestfaserreichen Arbeitsplatz arbeitenden Nichtraucher auf das Fünfzigfache, an Lungenkrebs zu sterben. Ein weiterer Anstieg der Faserkonzentration würde das Krebsrisiko noch vergrößern. Epidemiologische Daten deuten auf einen linearen Zusammenhang hin; ein Grenzwert der Faserkonzentration, unter dem kein zusätzliches Risiko für einen Raucher mehr ausgeht, ist jedoch nicht erkennbar.[456]

Ein inzwischen gewachsenes Gesundheits- und Umweltbewusstsein führte dazu, dass die Öffentlichkeit aufmerksam registrierte, was sich ab dem 17. April 2000 in San Francisco zutrug. Der Anwalt der Kläger schilderte den Fall zweier Kinder, deren Mutter im entsprechenden Zeitraum von 1953 bis 1956 Kent-Zigaretten mit Asbestfilter geraucht hatte. Nach Auffassung der Anwälte erkrankte die Frau wegen dieses Zigarettengenusses an einem bösartigen Rippenfellkrebs im Bauchbereich und verstarb deshalb am 29. 12. 1997. Im Jahre 2000 fand der Prozess statt, der die mesotheliomfördernde Wirkung der Krokydolithfasern bewertete, wie sie von Lorillard in ihrem Zigarettenfilter verwendet wurden. Die Jury befand die Lorillard Tobacco Company für schuldig, unangemessen nachlässig mit der Verantwortung für ihre Produkte umgegangen zu sein und sprach den Kindern der an Krebs verstorbenen Frau als Schadenersatz über eine Million Dollar zu. Der Sachverhalt war für die Jury überaus klar:

> „Evidence at trial demonstrated that defendant Lorillard Tobacco Company knew or should have known of the dangers associated with asbestos before 1952 when it first made and sold Kent Micronite asbestos filtered cigarettes.

---

454 Richard Doll: Mortality from lung cancer in asbestos workers, in: British journal of industrial medicine, Nr. 12, London 1955, S. 81-86

455 Fetz: Vom Asbestzement, S. 25

456 Vgl. Lester Breslow: Free Executive Summary of Asbestiform Fibers: Nonoccupational Health Risks, US National Academy of Sciences, Committee on Nonoccupational Health Risks of Asbestiform Fibers, Board on Toxicology and Environmental Health Hazards, National Research Council, National Academy Press, Washington (DC), 1984, S. 10

Thereafter, despite such knowledge, Lorillard Tobacco Company (by and through its predecessor P. Lorillard Tobacco Company) continued to manufacture, market and sell Kent Micronite asbestos filtered cigarettes until at least May of 1956, when a new filter was substituted. Throughout this period Lorillard never advised or warned consumers that its Kent cigarette filters contained crocidolite asbestos, the most potent carcinogen of the various asbestos fiber types. Despite independent testing conducted at the request of Lorillard in 1954, which demonstrated fiber release from Kent cigarette filters, the company continued to manufacture and sell its product, without recall, for another two years. Between 1952-1956 Lorillard sold 13 billion Kent Micronite asbestos filtered cigarettes."[457]

Es ist auch für den wissenschaftlichen Betrachter nicht ohne Reiz, dass gerade in den Vereinigten Staaten, wo Nichtrauchen seit Jahren eine gezielte Gesundheitspolitik darstellt und als Folge dieser Haltung in vielen Städten des Landes in der Öffentlichkeit nicht mehr geraucht werden darf, einmal ohne Wissen der Verbraucher mit Asbest versetzte Zigarettenfilter angeboten wurden.

Die Inhalation von Tabakrauch bei bestehender oder bestandener Asbesteinwirkung erhöht das Krebsrisiko immens. Dies erscheint eine aus epidemiologischen Untersuchen gesicherte Feststellung, auch wenn letzte Erkenntnisse über das Zusammenwirken von Asbest einerseits und Tabakrauch andererseits noch fehlen.[458]

5.1.7 Strategische Dimensionen

Obwohl die Ernüchterung über Asbest grundsätzlich in allen Industrienationen gegeben ist, führen vereinzelt zu beobachtende Beweggründe dazu, dass an dem Werkstoff Asbest festgehalten wird. Zumeist handelt es sich dabei um nationale, strategische Motive wirtschaftlichen als auch militärischen Ursprungs.

Wie bereits ausführlich ausgeführt, kam dem Mineral schon während des Ersten Weltkriegs eine bedeutende militärtechnische Bedeutung zu. Asbest behielt in den Folgejahren diesen hohen Stellenwert. So trug es unter anderem auch zur Finanzierung der Russischen Revolution bei.[459] Nach dem Sieg der Kommunisten im russischen Bürgerkrieg eilte der junge Armand Hammer, Sohn des New Yorker Arztes Julius Hammer und Mitbegründer der amerikanischen Kommunistischen Partei, mit einer Hilfssendung von Arzneimitteln und medizinischem Gerät in die junge Sowjetrepublik. Er wurde von Lenin empfangen, der ihm empfahl, sich anstelle von Hilfssendungen mit gemeinsamen Wirtschaftsunternehmen zu befassen, und ihm gegen Zahlung eine Konzession das Monopol für den Export von Asbest aus der Region

---

457 Vgl. The San Francisco Chronicle: Jury Awards $ 1,048,100.00 in Kent Micronite Asbestos Cigarette Filter Case v. 8.5.2000; Campbell, Rachel: Battling Big Tobacco, in: Legal Assistant Today, Santa Ana, California, 2004. Hier wird von der ersten gerichtlich festgesetzten Entschädigung berichtet, die aufgrund einer Mesotheliomerkrankung infolge des Rauchens von Kent-Zigaretten im Jahr 1995 in Höhe von 700.000 Dollar verfügt wurde.

458 Drechsel-Schlund, Asbestverursachte Berufskrankheiten in Deutschland, S. 57

459 Vgl. Manfred Berger, Norbert Lossau, Susanne Schmidt-Alck, Ranga Yogeshwar: Asbest-Report. Vom Wunderstoff zur Altlast, Jean Pütz (Hg.), Köln 1989, S. 80

Ekatarinenburg erteilte. Damit war der Grundstein für die weitere, umfangreiche sowjetisch-amerikanische Geschäftskarriere von Hammer gelegt.

Die Bedeutung von Asbest im Rahmen kriegerischer Auseinandersetzungen wurde dann 1939 offen unter der Überschrift „Asbest im Dienste der amerikanischen Landesverteidigung" in der Chemiker Zeitung diskutiert.

> „Es ist ein Zeichen der Zeit, daß die uns von einer gütigen Natur geschenkten Stoffe nicht unter dem Gesichtswinkel dessen betrachtet werden, was sie für das W o h l der Menschheit bedeuten, sondern man stellt zugleich die Frage, ob sie auch für den g e g e n t e i l i g e n   Z w e c k in ausreichender Menge zur Verfügung stehen. [...] Über dieses Thema äußerte sich jüngst O l i v e r   B o w l e s[460]. Er wirft mit Bezug darauf, daß Asbest bei motorisierten Transportmitteln für Kupplungen, Bremsen usw. und mancherlei sonstige Gebrauchszwecke ein unentbehrlicher Werkstoff sei, die Frage auf, ob mit den im Lande vorhandenen Rohstofflagern Amerikas Selbstversorgung im Notfalle – d.h. Kriegsfalle – gewährleistet sei."[461]

In diesem Zusammenhang möchte der Autor bemerken, dass die Verwendung von Asbest für Kriegszwecke bis zum heutigen Tage der Geheimhaltung unterworfen ist. So sind kaum Quellen über Asbesteinsatz und -bewirtschaftung im Zweiten Weltkrieg verfügbar.[462] Die Amerikanische Administration verhängte während des Zweiten Weltkrieges ein Exportverbot für Asbest, welches am 10. September 1945 wieder aufgehoben wurde, jedoch während des Korea-Krieges wieder auflebte. Wer Asbest aus den USA exportieren wollte, benötigte zu dieser Zeit eine offizielle Ausfuhrlizenz. Diese Beschränkung wurde 1953/54 sukzessive aufgehoben. Diese Lockerung galt zunächst lediglich für nicht spinnbare Asbestfaserqualitäten, die militärisch von untergeordneter Bedeutung waren bzw. sind, danach auch für diese. Ein Export in kommunistische Länder ist von den USA aus bis heute nur mit vorheriger Genehmigung möglich.[463] Mit diesen Maßnahmen wurde sowohl die Absicherung der Eigenversorgung als auch die Schwächung eines Gegners verfolgt.

Hiervon war auch die ehemalige DDR betroffen, die ihre Bedarfsmenge ausschließlich aus der Sowjetunion erhielt. Aufgrund der damit für die DDR begrenzten Ressourcen stufte sie den Werkstoff Asbest für sich offiziell als einen „strategischen Rohstoff" ein.[464] Diese Knappheit an Rohasbest – und nicht Gesundheits- oder Umweltschutzmotive – bewegte die DDR bereits in den fünfziger Jahren zu Untersuchungen über Möglichkeiten der Asbestsubstitution in erster Linie für den Ersatz

---

460 Vgl. Oliver Bowles: Asbestos – a Strategic Mineral. Has the United States adequate sources of supply?, in: Mining and Metallurgy, Oktober 1938, S. 442

461 Vgl. A. Sch.: Asbest im Dienste der amerikanischen Landesverteidigung, in: Chemiker-Zeitung, Jg. 63, 1939, Nr. 47 v. 14.6.1939, S. 419

462 Lediglich die bereits zitierte Quelle „Guyot, Asbest – Verwendung vor 1950" gibt Einblick in die Mengenströme und Verwendungsarten von Asbest in Deutschland während des Zweiten Weltkrieges, wonach der Bedarf Deutschlands an Rohasbest in erster Linie aus Gruben in den besetzten Gebieten gedeckt wurde. Gegen Ende des Krieges sollen im Jahr 1944 noch einmal Nachforschungen angestellt worden sein, ob ein erneuter Abbau im thüringischen Klettigshammer, wie bereits während des Ersten Weltkrieges, möglich sei. Die Untersuchungen blieben erfolglos; Deutsches Hygiene-Museum, Begleitband, S. 97

463 Watt: Mineral Facts and Problems, S. 64

464 Bönisch, Kapitel aus Dresdens Asbestgeschichte, S. 22; Deutsches Hygiene-Museum, Begleitband, S. 97

von Asbest im Asbestzement.[465] Die Forschungen konzentrierten sich im Raum Dresden, dem Ballungsgebiet der Asbest verarbeitenden Industrie vor dem Zweiten Weltkrieg.

Die Asbestverwendung war immer von Pragmatismus und Einfachheit in Produktion und Anwendung geprägt und war bzw. ist aus diesem Grunde gerade für die industrielle Produktion und Anwendung in Kriegszeiten von hohem Interesse. In der Tat galt Asbest als ein essentieller Rohstoff, der in der Durchsetzungsphase strategische, globale Bedeutung erlangte. Auch heute noch ist Chrysotil, das als weicheres und weniger gefährliches Asbestmineral als Amphibol gilt, für eine Reihe von Schlüsseltechnologien unentbehrlich, wie das bereits genannte Beispiel seiner Bedeutung für das „Space-Shuttle" zeigt. Dies führte 2002 sogar dazu, dass in Aussicht auf einen möglichen Asbestlieferauftrag im Rahmen des Space-Shuttle Programms die beabsichtigte Schließung der kanadischen Jeffrey Mine verschoben wurde.[466] Die US-Regierung, so berichten Alleman und Mossman 1997 in ihrem Beitrag, unterhält Lager von Chrysotil, da es für die Luft- und Raumfahrttechnik und U-Boottechnik unentbehrlich ist.[467] Hiervon berichtet 1998 auch Robert L. Virta.[468] In der amerikanischen U-Boot-Flotte würde noch immer Asbest verwendet werden, um deren Einsatzfähigkeit zu sichern. Spezifische Anlagen zur Herstellung des lebenswichtigen Sauerstoffs sind notwendig, bei denen aus Asbest gewebte Matten eine Schlüsselkomponente der Elektrolysezellen sind, welche Wasser in Sauerstoff und Wasserstoff zerlegen.[469]

Die Asbestfaser hatte und hat nicht nur militärstrategische Bedeutung. Darüber hinaus war und ist sie weiterhin ein Instrument der Wirtschaftspolitik. Bereits 1886 bezeichnet Friedrich Künkler die damalige nationale Asbest verarbeitende Industrie als „specifisch deutsche Industrie". Sie genoss staatliche Protektion über entsprechend erlassene Einfuhrzölle auf importierte Asbestwaren.[470] Auch aktuell wird sich noch fiskalpolitischer Instrumente bedient, um über die Förderung von Asbestprodukten staatliche Interessen zu verfolgen. So erhebt Indien auf Baumaterialien aus Asbest nur 8 % Steuern, wohingegen es bei Stahl 15 % sind. Nahe liegender Grund für diese Steuerpolitik ist die Tatsache, dass in immerhin fünf indischen Bundesstaaten Rohasbest abgebaut wird. Insgesamt waren 1995 dort 60.000 Menschen im Abbau des Gesteins und 100.000 Menschen in seiner Weiterverarbeitung beschäftigt, deren Erwerbsgrundlage es abzusichern galt.[471] Noch beeindruckender sind diese hohen Beschäftigtenzahlen vor dem Hintergrund, dass Indien im Jahr 1995 lediglich 23.844 Tonnen Asbest selbst förderte und weitere 91.909 Tonnen importierte, die zusammen der Weiterverarbeitung zugeführt

---

465 Vgl. Gerhard Kühne, Christoph Richter: Arbeit zur Entwicklung von Ersatzstoffen für Asbestzement an der Technischen Universität Dresden, in: Feuerfest, Asbest – Zur Geschichte eines Umweltproblems, Deutsches Hygiene-Museum, Dresden 1991, S. 75

466 Kuyek: Asbestos Mining in Canada, S. 3

467 Alleman, Asbest: Aufstieg und Fall, S. 91

468 Vgl. Robert L.Virta:Asbestos, in: Asbestos – 1998, published by the U.S. Bureau of Mines, S. 1

469 Alleman, Asbest: Aufstieg und Fall, S. 91

470 Künkler, Entwicklung der Asbestindustrie, S. 693

471 Vgl. Sunil Mukhopadhyay: Greens wait verdict to choke off silent killer, in: The Financial Express, The Indian Express Group, November 5, 2001

wurden.[472] Die in den Zahlenrelationen zum Ausdruck kommende Personalintensität lässt den geringen Automatisierungs- und Mechanisierungsgrad der indischen Asbestindustrie erahnen, zugleich aber auch den Stand der Arbeitsschutzmaßnahmen vermuten.

Auch das Wiedererstarken der Asbestproduktion auf dem Gebiet der ehemaligen Sowjetunion wird aufgrund vergleichbarer Motive gefördert. Zum einen sind es Beschäftigungsgründe, zum anderen sind es volkswirtschaftliche und monetäre Gründe. Denn 50 % ihrer Gesamtproduktion von derzeit immerhin wieder über 1,2 Millionen Tonnen pro Jahr exportieren Russland und Kasachstan, wofür sie Devisen erhalten.[473] Durch die damit verbundenen Außenhandelsgewinne stützt Asbest indirekt die gesamtwirtschaftliche Entwicklung der beiden Staaten.

Weitere Beweggründe, die vor allem in Entwicklungs- und Schwellenländern die mit Asbest verbundenen Gefahren regelmäßig in den Hintergrund treten lassen, sind seine Vorteile als nachgewiesenermaßen qualitativ hochwertiger und günstiger Baustoff.[474] Ein Verzicht auf solche wirtschaftlichen Vorteile droht diese Länder bei ihren Aufbaubemühungen kurzfristig ins Hintertreffen geraten lassen.

Ein Beispiel dafür, wie Asbest wider medizinische Erkenntnisse hartnäckig auch noch von Industrieländern als Instrument zur Durchsetzung nationaler Ziele eingesetzt wird, zeigt Kanada bzw. die Region Quebec. Wenig nachvollziehbar sind die heftigen Attacken der Ende der 90er Jahre sehr überschaubaren kanadischen Asbest-Bergbauindustrie gegen das Asbestverbot der Europäischen Union, während in Kanada selbst die Regeln für den Umgang mit Asbest strikter sind als in den fünf größten Verbrauchsländern.[475] „LAB Chrysotile" als einzig verbliebenes Abbauunternehmen beschäftigte zu dieser Zeit weniger als 1.000 Mitarbeiter[476]. Das sind absolut zwar viele Betroffene, jedoch ist auf dem ersten Blick unverständlich, warum der kanadische Staat in dieser Sache seine Reputation aufs Spiel setzt. Noch weniger Verständnis verbleibt, wenn zusätzlich berücksichtigt wird, dass zu dem Zeitpunkt, als seitens Kanada gegen das EU-Verbotsverfahren geklagt (und später verloren) wurde, der Bundesstaat Quebec sogar zu 70 % für ein an „LAB Chrysotile" ausgereichtes Darlehen in Höhe von 65 Millionen Kanadischen Dollar bürgte[477]. Das deutet im Übrigen darauf hin, dass die Mine aus eigener Kraft nicht überlebensfähig gewesen wäre. Dieses insgesamt wenig rationale Verhalten der Behörden macht nur Sinn, wenn man der Interpretation von Gopal Krishna folgt. Danach instrumentalisiert der Bundesstaat Quebec hier den innerhalb Kanadas ausschließlich auf seinem Territorium angesiedelten Asbestabbau für seine separatistischen Zwecke.[478] Ergänzend für diese These spricht die Tatsache, dass die erste

---

472 Vgl. Robert L. Virta: Worldwide Asbestos Supply and Consumption Trends from 1900 to 2000, U.S. Department of the Interior, U.S. Geological Survey, 2003, Appendix A, World Asbestos Production, Trade, and Consumption from 1920 to 2000, S. 49
473 Gruntschenko, Erlöse mit gefährlicher Faser
474 Industrial Minerals and Rocks, 6th Edition, S. 21
475 Vgl. British Asbestos Newsletter, The White Lung Association (Hg.), compiled by Laurie Kazan-Allen, Issue 35, Summer 1999, S. 4.
476 Im Jahr 2002 waren es in dem Unternehmen nur noch 350 direkt Beschäftigte und 500 indirekt von den Bergbauaktivitäten abhängige Arbeitnehmer; Kazan-Allen, Asbestos Mine
477 Kuyek: Asbestos Mining in Canada, S. 2 f.
478 Vgl. Gopal Krishna: Killer Asbestos, in: IMC India, 29.4.2002

Klageschrift Kanadas in Französisch verfasst war, Kanadas zweiter Amtssprache, jedoch die Erste in Quebec.

Ferner gab und gibt es noch immer industrielle Anwendungen von Asbest, selbst mit Konsequenzen für allgemeine Lebensbereiche. In den USA werden rund drei Viertel des zum Bleichen, Reinigen und Desinfizieren verwendeten Chlors industriell nach dem so genannten Diagraphma-Verfahren produziert. Für die den Namen des Verfahrens stellende, flüssigkeitsdurchlässige Scheidewand ist bislang Asbest der einzige Werkstoff, der sich hierfür eignet.

"[…] in Europa beträgt der Anteil dieses Verfahrens an der Chlorproduktion allerdings lediglich 24 und im weltweiten Durchschnitt 43 Prozent. Mithin besteht eine nicht geringe Wahrscheinlichkeit, daß das elementarste Lebensmittel – Trinkwasser – mit Chlor aus dem Diagraphma-Verfahren entkeimt und auf dem Weg zu den Haushalten durch Asbestzementrohre gepumpt worden ist."[479]

Festzustellen ist, dass Asbest aus unterschiedlichen Beweggründen eine strategische Bedeutung zugeschrieben wurde und zum Teil noch wird. Neben der anhaltenden Nachfrage nach Asbest in den Entwicklungs- und Schwellenländern werden auch strategische Motive künftig dazu beitragen, dass Asbest uns noch über längere Zeit als aktiv angewendeter Werkstoff erhalten bleibt.

Zugleich drängt sich in diesem Zusammenhang unweigerlich die Frage auf, über welche hohe strategische Bedeutung vor diesem Hintergrund ein vollständiges Substitut für Asbest verfügen würde und welche Wertschöpfung damit für die Volkswirtschaft verbunden wäre, die auf diesem Gebiet die technologische Führerschaft inne hat.

---

479 Alleman, Asbest: Aufstieg und Fall, S. 91 f.

5.2 Ersatzlösungen und Fortschritte – die *Substitutionsphase*

Warum ist die Substitution von Asbest ein notwendiger Prozess? Die Gründe hierfür sind mannigfaltig und wurden im Wesentlichen bereits herausgearbeitet. Ohne Prioritätensetzung ist und sind es die
- sich sukzessiven durchsetzenden Verbote der Herstellung, des Inverkehrbringens und der Verwendung von Asbest und asbesthaltiger Produkte,
- mit dem Werkstoff Asbest verbundene gesundheitliche Problematik,
- im Zuge von Gesundheitsschädigungen zunehmend erhobene Haftungsansprüche gegenüber Produzenten und Verarbeiter von Asbest, insbesondere in den USA,[480]
- strategische Bedeutung für Politik und Militärwesen, über Werkstoffe mit Eigenschaftsmerkmalen von Asbest zu verfügen,
- ökonomischen Vorteile in dem Fall, dass ein Marktteilnehmer als erster Ersatzstoffe für Asbest bzw. asbestfreie Produkte wettbewerbsfähig, d.h. vorteilhaft in technologischer und ökonomischer Hinsicht herstellen und anbieten kann,
- grundsätzlich begrenzten Lagerstättenvorräte an Rohasbest.

Auf die Endlichkeit der bekannten Lagerstättenvorräte wird immer wieder hingewiesen. Bereits Hans Berger versuchte 1961 die noch in der Erde lagernde Menge abzuschätzen.[481] Die von ihm damals ermittelte Gesamtmenge von 150 Millionen Tonnen wurde seitdem zwar verbraucht, jedoch wurden in der Zwischenzeit weitere Lagerstätten bekannt. Das amerikanische Innenministerium spricht 1980 im Rahmen einer globalen Analyse der Lagerstättensituation von einer vorhandenen Knappheit, die in Verbindung mit dem für die Zukunft antizipierten Bedarf zu einer vollständigen Ausbeutung der Vorräte führen wird. Deshalb sei eine beschleunigte Forschung nach Ersatzfasern notwendig.[482] Diese grundlegende Einschätzung zur Vorratssituation vertraten 1997 ebenfalls Alleman und Mossman: „Die griechischen Asbestminen waren schon im Altertum erschöpft, und die gegenwärtig bekannten Vorkommen gehen gleichfalls zur Neige."[483] Auch Haefner[484] nennt 1998 Asbest in seiner Vorlesung über „Natürliche Reserven" mit an erster Stelle der nicht erneuerbaren Ressourcen, die nach seiner Auffassung Produkte der Lithosphäre sind, eine Form der Aufbereitung benötigen, die gelegentlich komplexe Formen annimmt, für den Welthandel bestimmt sind und heute zumeist im so genannten Einwegverfahren genutzt werden und somit nicht für Recycling zur Verfügung stehen.

> „Etwa 100 Mineralien sind Handelsgüter, besonders wichtig sind 20 Metalle und 18 Nichtmetalle, darunter u.a. Asbest, Ton, Zement, Graphit, Edelsteine, Salz, Wolfram, Eisen, etc. 20 Minerale machen 90 % des Wertes der heute

480 Vgl. Robert L.Virta: Asbestos – Geology, mineralogy, mining, and uses, U.S. Department of the Interior, U.S. Geological Survey, Open-File Report 02-149, 2002, S. 11; Virta, Mineral Commodity Profiles – Asbestos, S. 4
481 Berger: Asbest-Fibel, S. 33
482 Watt, Mineral Facts and Problems, S. 64
483 Alleman, Asbest: Aufstieg und Fall, S. 92
484 Vgl. H. Haefner: Natürliche Ressourcen. Potential und Begrenzung, Sommersemester 1998, Universität Zürich 1998, S. 1-20

bekannten Reserven aus und diese sind auf 5 Länder verteilt: USA, ehem. UdSSR; Australien, Kanada, Südafrika. In den letzten 80 Jahren ergab sich eine Verbrauchzunahme um den Faktor 12, seit 1950 wurden weltweit mehr Minerale verbraucht als alle Jahre zuvor, den Hauptanteil hatten dabei Nordamerika, Westeuropa und Japan ..."[485]

Zu den drei Hauptkategorien nicht erneuerbarer Ressourcen zählen für Haefner jene, die durch die Nutzung verbraucht werden wie etwa Öl oder Kohle, Mineralien, die theoretisch regenerierbar sind und solche, die wie Glas und Metalle recycelt werden können.[486] Asbestfasern können, mit Ausnahme bei textilen Anwendungen, nicht recycelt werden, weil ansonsten die Fasern bei der Trennung von dem jeweiligen Verbundprodukt zerstört würden. Asbest nimmt insofern eine Sonderrolle ein, als er grundsätzlich weder recycelt noch regeneriert werden kann, sondern fachgerecht entsorgt werden muss und damit als nutzbarer Werkstoff endlich ist.

In Abhängigkeit von den bekannten Vorräten und den jeweils prognostizierten zukünftigen Verbräuchen schwankte seit 1961 die kalkulierte Reichweite der noch verfügbaren Rohstoffmenge erheblich. Anfang der achtziger Jahre, also dem Beginn der Substitutionsphase, lag die perspektivische Reichweite der bekannten Vorräte bei nur noch 30–40 Jahren, was für Bemühungen um eine zügige Ersatzlösung sprach.

Trotz der knapp 40 Millionen Tonnen, die danach zwischen 1981 und 1990 international verbraucht wurden, schätzt das U.S. Bureau of Mines im Jahr 1990 den globalen Vorrat aufgrund neu entdeckter Vorkommen auf 110–143 Millionen Tonnen.[487] Aktuell wurde diese Zahl von der amerikanischen Administration erneut nach oben auf über 200 Millionen Tonnen korrigiert.[488] Hiervon entfallen jeweils circa ein Drittel auf die ehemalige Sowjetunion (32,5 %) und Kanada (37,4 %).[489]

Natürlich ist damit zu rechnen, dass möglicherweise auch die Vorkommen an Asbest bei weiterer Ausbeutung einmal erschöpft sein werden. Jedoch sind die natürlichen Vorräte im Verhältnis zur Ressourcennutzung doch in einer bestimmten Weise unerschöpflich, zumindest deutlich streckbar. Sie können auf absehbare Sicht durch eine konstante Erhöhung von Forschungsausgaben und entsprechender Förderung im Grunde jederzeit – von kurzfristigen Verknappungen abgesehen – an die ökonomische Entwicklung angepasst werden. Die Verfügbarkeit von Rohstoffen wie Asbest ist deshalb für die absehbare Zukunft kaum als ein ernsthaft wachstumshemmendes Problem anzusehen.[490] Diese Einschätzung von Alfred Endres wird von Lothar Lißner gestützt. Er konstatierte in seinem Beitrag „Substitution ist möglich!", die Substitutionsgeschichte gehöre „wohl zu den bekanntesten Erfolgsstorys für

485 Ebd., S. 17
486 Ebd., S. 16
487 Vgl. Robert L.Virta: Mineral Commodity Summaries, U.S. Bureau of Mines, 1990, S. 24 f. sowie auch T.F. Anstett, K.E. Porter: Asbestos availability – Market economy countries, U.S. Bureau of Mines Information, Circular 9036, 1985
488 Vgl. U.S. Geological Survey, Mineral Commodity Summaries, January 2006, S. 29
489 Technische Universität Bergakademie Freiberg, Lehrmaterial Technische Mineralogie I, S. 29
490 Vgl. Alfred Endres, Immo Querner: Die Ökonomie natürlicher Ressourcen. Eine Einführung, Darmstadt 1993, S. 9 ff.

Substitution"[491]. Nach seiner Ansicht ist der Substitutionsprozess von Asbest durch mittlerweile bekannte und erprobte Kriterien und Verfahren zur humantoxikologischen und zur ökotoxikologischen Stoffbewertung zur Überprüfung geeigneter Substitute deutlich erleichtert. Allerdings sind es eine ganze Reihe von Faktoren, die hierbei zusammenwirken: ein beträchtlicher zeitlicher und finanzieller Aufwand, die Übertragbarkeit der Testergebnisse mit Labor-Organismen auf andere Arten und reale Ökosysteme, die Variabilität der Lebensphasen und Bevölkerungsgruppen, ein synergetisches respektive antagonistisches Zusammenwirken mehrerer Chemikalien, wie die Voraussage von Langzeitwirkungen. In der Realität muss man indessen die Resultate der Ökotoxikologie in Bezug auf Asbest mit Abstrichen versehen. Die wissenschaftliche Überprüfung und nachfolgende Nutzung der Asbestsubstitute ist nur ein vergleichsweise kleiner Bereich in der Erforschung von Gefahrstoffen im Allgemeinen. Zu den wesentlichen Ergebnissen der Stoffbewertung zählt im Übrigen die Erkenntnis, dass die Wirkungen einer ganzen Reihe von Stoffen kaum bekannt und dass zudem viele Altstoffe überdies noch lange nicht in ihren ökotoxikologischen Langzeitwirkungen analysiert sind. Das zentrale Anliegen muss es sein, aus dieser Bestandsaufnahme Konsequenzen zu ziehen, die die potenziellen Unsicherheitsfaktoren in angemessener Form mit einbeziehen.

5.2.1 Der Substitutionsprozess

Systematische und umfangreiche Anstrengungen zur Substitution von Asbestfasern begannen erst vor rund 30 Jahren. Mehr als 3.000 Ersatzstoffe wurden seither geschaffen. Zwar gab es in Perioden temporärer Knappheit an Asbestfasern wie im Kriegsfall immer wieder Ansätze zur Entwicklung und zum Einsatz von Substituten. War jedoch der zeitweilige Versorgungsengpass überwunden, ließen auch die Forschungen nach Ersatzstoffen nach.

Dieser Prozess war bereits während des Ersten Weltkrieges mit dem Einsatz alternativer Wärmeschutz- und Dichtungsstoffe und der Beendigung aller Substitutionsbemühungen nach Kriegsende gut beobachtbar.[492] Das nächste Mal wurde am Vorabend des Zeiten Weltkriegs eine neue Knappheit an Rohasbest bzw. eine zunehmende Abhängigkeit von Importen antizipiert und deshalb erneut die Frage nach Ersatzstoffen für Asbest erhoben. Zuerst wurde sie im Jahr 1936 von dem sich selbst der nationalsozialistischen Idee verpflichtet fühlenden Kaiser-Wilhelm-Institut für Silikatforschung mit Frage der Herstellung von Asbestzement aus in Deutschland vorhandenen Rohstoffen aufgeworfenen.[493] Oliver Bowles, Mitarbeiter der amerikanischen Regierungsbehörde U.S. Bureau of Mines, äußerte sich im Jahr 1938 aus Sicht der USA skeptisch, ob im Notfall die Selbstversorgung gewährleistet wäre. Er verwies auf die im Kriegsfall zu erwartenden Verknappung von langfaseri-

---

491 Vgl. Lothar Lißner: Risikomanagement. Substitution ist möglich!, in: Europäische Agentur für Sicherheit und Gesundheitsschutz am Arbeitsplatz, Issue 6 of Magazine, Dangerous Substances – Handle with care, 2003

492 Vgl. Abschnitt 2.2.3.2 „Die Produktion von Ersatzstoffen für Asbest in Deutschland während des Ersten Weltkriegs" dieser Arbeit

493 Stoff: Eine zentrale Arbeitsstätte mit nationalen Zielen, S. 4 ff.

gem, spinnbarem Rohasbest für die amerikanische Volkswirtschaft, welcher für die Produktion gewebter Bremsbänder, Brems- und Kupplungsbeläge, Isolierpackungen und feuerfesten Textilien notwendig ist, als auch auf die ungünstigen Voraussetzungen für den Aufschluss inländischer Vorkommen. Die Chancen für eine synthetische Herstellung von Asbest beurteilte er als „weiter entfernt als die Synthese von Diamanten".[494] In diesem Zusammenhang erwähnte Bowles Forschungen in Deutschland, bei denen 1934 im Labor Hornblendeasbest nachgestellt worden sein soll. Die Eigenschaftsmerkmale des produzierten Materials sollen jedoch den Anforderungen der Praxis nicht entsprochen haben. Nach diesen wenig aussichtsreichen Ansätzen für ein synthetisch hergestelltes Substitut sah Bowles den einzigen gangbaren Weg zur Substitution von Asbest in Ersatzstoffen, die bereits in der Natur vorhanden sind und nicht gesondert erfunden werden müssten. Hierzu verwies er auf Mineralwollen, vorzugsweise Glaswolle, als geeigneten Ersatzstoff zur Wärmeisolation. Ergänzend wurde in der Chemiker-Zeitung im Jahr 1939 auf Erfahrungen hingewiesen, nach denen neben Glaswolle auch so genannte Schlackenwolle „mit gutem Erfolg an die Stelle von Asbest treten könne".[495] Hiermit wurde sehr wahrscheinlich die Versuchsreihe angesprochen, die letztlich zur Entwicklung von „Durnat" als vorübergehender Ersatzstoff bei der Asbestzementproduktion der DAZAG während des Zweiten Weltkrieges führte.

Weitere Informationen aus dieser Zeit über Forschung, Entwicklung und gegebenenfalls Herstellung von Ersatzstoffen liegen dem Autor nicht vor. Sofern in dieser Epoche doch entsprechende Forschungen unternommen und sie aus Geheimhaltungsgründen während des Krieges nicht publiziert wurden, können sie zu keinem verwertbaren Ergebnis geführt haben. Denn auch in den Jahren unmittelbar nach dem Zweiten Weltkrieg wurden keine neuen, nachhaltigen Substitute bekannt, die zuvor unter Verschluss gehalten wurden. Vielmehr schloss sich an den Zweiten Weltkrieg die Durchsetzungsphase des originalen Werkstoffes Asbest an, die wenig Raum für die Entwicklung von Substituten bot. Dementsprechend wurden die in den fünfziger Jahren durch das 1954 gegründete Institut für Holz- und Faserbaustoffe an der Technischen Universität Dresden unter der Führung von Herbert Flemming begonnenen Forschungen nach Asbestsubstituten bzw. asbestzementfreien Baustoffen nicht konsequent fortgeführt.

Insofern waren alle bis dahin erfolgten Versuche zur Erforschung und nachhaltigen Anwendung von Ersatzstoffen nicht in der Lage, die Substitutionsphase für den Werkstoff Asbest einzuläuten. Erst in den siebziger Jahren griff das Institut für Bauelemente und Faserbaustoffe in Leipzig in Zusammenarbeit mit Asbestzementwerken in Porschendorf und Magdeburg die Dresdner Forschungsergebnisse aus den fünfziger Jahren wieder auf und führte sie weiter.[496] Ob die Motivation für diesen neuen Forschungsansatz in der DDR entgegen allen bis dahin national und international beobachteten Ansätzen zur Erforschung eines Ersatzstoffes, diesmal nicht aus Gründen der Knappheit, sondern aus Gesundheitsüberlegungen oder auch

---

494 Bowles: Asbestos – a Strategic Mineral, S. 442
495 Sch., Asbest im Dienste der amerikanischen Landesverteidigung, S. 419
496 Vgl. Gerhard Kühne, Christoph Richter: Arbeit zur Entwicklung von Ersatzstoffen ..., a.a.O.,
    S. 75 ff

aus ökonomischen Gründen herrührte, ist nicht eindeutig erkennbar. Allerdings war die Erkenntnisentwicklung über die gesundheitsbeeinträchtigenden Folgen eingeatmeter Asbestfaser in der ehemaligen DDR spätestens 1974 vollständig und abgeschlossen,[497] so dass dieses Wissen als ein zumindest wahrscheinlicher Impuls für die wieder erstarkten Bemühungen um einen Ersatzstoff gelten kann.

In den westlichen Industrienationen war das Durchlaufen der Ernüchterungsphase als notwendige Voraussetzung für den Beginn einer Substitutionsphase deutlicher erkennbar. Das 1973 erlassene Verbot von Spritzasbest in den USA und die 1975 in Schweden verhängte gesetzliche Anweisung, nur noch ungefährliche oder weniger gefährliche Substitute anstatt Asbest einzusetzen, können international als Einstieg in die Substitutionsphase gesehen werden. Von da an wurde der Substitutionsprozess nicht mehr unterbrochen. Er wurde im westlichen Europa getragen von der Erkenntnisentwicklung der breiten Öffentlichkeit während der Ernüchterungsphase und den daraufhin sukzessiv erlassenen Verboten. Dadurch war für die Asbest verarbeitenden Unternehmen in den westlichen Industrienationen sowohl ein Rückgang der Nachfrage nach ihren Produkten als auch durch die staatlichen Verbote eine künstlich herbeigeführte Knappheit ihres wichtigsten Rohstoffes absehbar. Diese sich nun abzeichnende Entwicklung war noch drastischer und vor allem nachhaltiger als die aus der Vergangenheit bekannten temporären Knappheitssituationen, die zu einem allenfalls zeitlich begrenzten Einsatz von Ersatzstoffen zwangen.

Als erstes Unternehmen erkannte die Eternit AG die Tragweite dieser Entwicklung und handelte unter der Führung von Stephan Schmidheiny. Belächelt von Wettbewerbern startete die Eternit AG 1976 ein umfangreiches Forschungsprogramm mit dem Ziel der vollständigen Konversion ihrer Asbestzementwaren auf Ersatzstoffe.[498] Diese Initiative erfolgte just zu einer Zeit, als in der britischen Literatur von Rückschlägen bei der Produktion von glasfaserverstärktem Betonprodukten berichtet wurde:[499] Glasfasern waren im Gegensatz zur Asbestfaser nicht hohl und verfügten dadurch nicht über die gewünschte Drainagefunktion. Ebenso ließ ihre Festigkeit mit der Zeit nach. Zudem zeichnete sich die Glasfaserproduktion durch einen kostenintensiveren Produktionsprozess aus, der zu viermal höheren Preisen für die Glasfaser führte als die entsprechend benötigte Asbestfaser kostete.

Einige Monate nach der 1979 in Deutschland verhängten Untersagung asbesthaltiger Spritzisolierungen veröffentlicht das Bundesministerium für Forschung und Technologie einen Forschungsbericht über die „Industriellen Möglichkeiten und Ergebnisse des Asbestersatzes in Asbestzement-Produkten". Verfasst wurde der Bericht jedoch von Mitarbeitern der Eternit AG, Hauptabteilung Chemie.[500] Erstaunlich ist die gleich zu Beginn des Berichts in der Einleitung getroffene Aussage, dass sich

497 Vgl. Max Anspach: Die urbane Gefährdung durch Asbest. Untersuchungen der Dresdner Silikoseerhebungsstelle von 1959 bis 1972, in: Feuerfest, Asbest – Zur Geschichte eines Umweltproblems, Deutsches Hygiene-Museum, Dresden 1991, S. 56

498 Siehe hierzu ausführlich Abschnitt 5.2.2 „Die Innovation des Stephan Schmidheiny – das Wagnis der vollständigen Substitution von Asbest" dieser Arbeit

499 Vgl. Industrial Minerals: Asbestos Alternatives, Nr. 109, London 1976, S. 45-47

500 Vgl. Bundesministerium für Forschung und Technologie: Industrielle Möglichkeiten und Ergebnisse des Asbestersatzes in Asbestzement-Produkten, Forschungsbericht Nr. T 79-122, 1979

mit „zunehmender Verknappung der Rohstoffreserven" die Suche nach alternativen Fasertypen verstärkt. Dieses Argument der Ressourcenknappheit wird im gesamten Forschungsbericht als einziges für die verstärkten Forschungsanstrengungen nach Asbestfasersubstituten angeführt. Ihm kann nur ein vorgeschobener Charakter zugeschrieben werden, da sich die globalen Rohstoffreserven an Asbest zu keiner Zeit bedrohlich verknappten. Der wahre Grund für die intensivierten Bemühungen zur Asbestsubstitution im Allgemeinen und die bereits seit drei Jahren bei Eternit hausintern laufende Initiative wegen der unzweifelhaft mit Asbest einhergehende Gefährdung im Besonderen bleibt hier aber nicht nur völlig unerwähnt, sondern wird durch eine sachlich falsche Begründung ersetzt. Entweder wurde eine derartige öffentliche Aussage seitens des Unternehmens aus juristischen Gründen vermieden, da sie als Eingeständnis gegen die Eternit AG hätte verwendet werden können, oder es erschien dem Unternehmen zu dieser Zeit aus marktpolitischen Gründen noch nicht für opportun, sich offen über die Schädlichkeit von Asbestfasern zu äußern. Denn 1979 enthielt das Produktportfolio des Unternehmens noch kein einziges asbestfaserfreies Produkt (siehe hierzu auch Grafik 19 im folgenden Abschnitt 5.2.2). Die Asbest verarbeitende Industrie, die bis dahin Asbest gefördert und vertrieben hat, konnte die Vielfalt ihrer Asbest enthaltenden Produkte schwerlich selbst in Frage stellen.[501] Sie hätte mit der Argumentation einer Gesundheitsgefährdung durch Asbestfasern indirekt ihre gesamte, noch aktuelle Angebotspalette als gesundheitsgefährdend bezeichnet. Zugleich ist die im Bericht falsche bzw. fehlende Angabe des wahren Grundes für die Substitutionsbemühungen auch ein Indiz dafür, dass das Forschungsministerium keinen inhaltlichen oder redaktionellen Einfluss auf den Bericht genommen hat. Dies ist umso erstaunlicher, da bereits mit einem ersten, konkreten Verbot auf die erkannte Gefahr reagiert wurde und es das Anliegen der Exekutive war, auf die fortgeschrittene Erkenntnisentwicklung über die umweltbeeinträchtigende Wirkung von Asbeststaub fortgesetzt und tiefgreifender zu reagieren.

Schwerpunkt des Reports sind die Ergebnisse einer Versuchsreihe, die sich unter industriellen Produktionsbedingungen, d.h. nach dem Nassverfahren von Hatschek, bei (Teil-)Substitution der Asbestfaser ergeben haben. Die mit der Asbestfaser verglichenen Ersatzfasern sind aus Polyäthylen, Polyester, Polyamid, Polypropylen, Gesteinswolle, Holzschliff, Sulfatzellulose, Glas, Textilglas, Keramik sowie verschiedene Kombinationsmischungen hieraus. Der Bericht kommt zu dem Schluss, dass keines der Substitutionsprodukte „die Qualität von Asbestzement auch nur annähernd erreicht." Diese Aussage wird sowohl für einen 50 %igen Ersatz des üblichen Asbesteinsatzes, einen über 50 % hinausgehenden Ersatzstoffanteil als auch für die Kombination verschiedener Fasertypen getroffen. Insbesondere stellt sich das Kriterium der Biegezugfestigkeit als technologische Herausforderung dar. Trotz dieses ernüchternden Ergebnisses scheinen die Forscher von Eternit Ansätze für eine

---

501 Vgl. Ginzky, Winter, Hansjürgens: Die Praxis der Chemikalienregelung im internationalen Vergleich, 1999, S. 203-282. Hier wird ein Eindruck über die im Zuge der Chemikalienregelung diskutierten Fragen auf der Basis von Interviews mit allen Beteiligten vermittelt. Dabei lassen sich in der Argumentation der Chemieindustrie Parallelen zur Argumentation der Asbestindustrie in den siebziger und achtziger Jahren des 20. Jahrhunderts erkennen.

erfolgreiche Substitutionsmöglichkeit zu kennen bzw. scheinen an eine in dem Forschungsbericht nicht aufgezeigte Lösung des Problems zu glauben. Denn es heißt mit etwas Optimismus, „dass der Totalersatz von Asbest in Asbestzementprodukten mit herkömmlichen oder auch verbesserten technischen Voraussetzungen eines Asbestzementbetriebes noch [!] nicht möglich ist."[502] Dieser Optimismus der Eternit AG wurde mutmaßlich von den 1979 längst laufenden Studien über die Entwicklung neuer Fasertypen mit den Chemieunternehmen Hoechst und Kuraray genährt (siehe hierzu ausführlicher den folgenden Abschnitt 5.2.2), die aber in dem Bericht nicht erwähnt sind. In die Versuchsreihe fanden nur bekannte Stoffe Eingang. Neue, synthetische Verbindungen wurden nicht berücksichtigt.

Es ist nicht auszuschließen, dass der Marktführer von Asbestzement mit dem von ihm verfassten Forschungsbericht gezielt in verschiedene politische Richtungen manipulieren wollte und damit den Report zur Durchsetzung seiner Interessen instrumentalisiert hat. Ausgehend von der Conclusio des Berichts, dass mit den bekannten und verfügbaren Ersatzstoffen keine erfolgreiche Substitution möglich ist, wurden einerseits die Wettbewerber Eternits und der gemeinsame Wirtschaftverband Asbest e.V. in der Verteidigung des Status quo hinsichtlich eines auch zukünftig aus objektiven, technischen Gründen notwendigen Einsatzes von Asbestfasern bestärkt. Zudem wog Eternit mit dem Fazit des Berichts in technologischer Hinsicht seine Wettbewerber in Sicherheit und verschafft sich damit einen Wettbewerbsvorteil. Denn die Eternit AG forschte längst mit anderen, viel versprechenden Ersatzstoffen. Andererseits publiziert das Bundesministerium für Forschung und Technologie mit dem Bericht ganz offiziell einen ernüchternden Stand der Technik über die Substitutionsmöglichkeiten der Asbestfaser im Asbestzement, was wiederum dem Bundesinnenministerium bei anstehenden Verbotsdiskussionen die Argumentation für ein zügiges Asbestverbot in dem Produktbereich der Eternit AG erschwert.

Ob dieser Bericht auch zwei Jahre später noch Gewicht hatte, als der Wirtschaftverband Asbest e.V. 1981 die Initiative ergriff und Gespräche über eine Selbstverpflichtung mit dem Bundesinnenministerium führte, ist nicht nachvollziehbar. Allerdings ist es beeindruckend, dass es in der ursprünglichen Selbstverpflichtung aus dem Jahr 1982 gelang, nur einen teilweisen Ersatz von Asbest zu vereinbaren. Erst 1984 wurde die Vereinbarung auf einen vollständigen Verzicht von Asbestfasern ausgedehnt.

Ein Beispiel für die erfolgreiche Arbeit der Asbest verarbeitenden Industrie auf dem politischen Parkett belegt der Wirtschaftsverband Asbest e.V. bereits in seinem Geschäftsbericht von 1979:

„In harten Auseinandersetzungen um tragfähige Kompromisse ist es gelungen, im Entwurf eines Gesetzes zum Schutz vor gefährlichen Stoffen (Chemikaliengesetz), Verpackungs- und Kennzeichnungsregeln auf den Rohstoff Asbest [und damit keine Kennzeichnung asbesthaltiger Produkte, d.A.] zu begrenzen." Und weiter heißt es: „Ganz besonders schwierige Verhandlungen sind durch den Entwurf einer neuen Arbeitsstoffverordnung ausgelöst worden. Denn das Bundesministerium für Arbeit und Sozialordnung hatte unter dem Eindruck angeblich hoher Dunkelziffern von Asbestfolgekrankheiten … Asbest ur-

---

502 Bundesministerium für Forschung und Technologie, Industrielle Möglichkeiten, S. 30

sprünglich in die Risikogruppe I (sehr stark gefährdend) aufgenommen. Das konnte ebenso verhindert werden wie eine Beschränkung der Arbeitszeit von exponierten Arbeitnehmern auf 35 Wochenstunden oder die Kennzeichnung asbesthaltiger Produkte mit dem negativen Hinweis ‚krebserregend'."[503]

Grundsätzlich wurde für Asbestzementwaren ein höherer Schutz seitens der Asbestwaren-Lobby durchgesetzt als generell für Asbestwaren. Denn in den nicht den Asbestzement betreffenden Bereichen ging die Substitution weitaus zügiger vonstatten. Es liegt die Vermutung nahe, dass die Lobbyarbeit der Asbest verarbeitenden Unternehmen außerhalb der Asbestzementindustrie aufgrund ihrer heterogenen Produkt- und Branchenausrichtung sowie ihrer atomisierten Anbieterstruktur nicht so erfolgreich und schlagkräftig war wie die des Wirtschaftsverbandes Asbestzement e.V. Denn schon 1982 wurde die Verwendung und ab 1986 auch die Herstellung von Isoliermaterialien und Dämmstoffen, Filtern (ausgenommen für Getränke und Arzneimittel), Anstrichstoffen, Kitten, Klebstoffen, Mörtel- und Spachtelmassen, Boden- und Straßenbelägen verboten. Gleiches galt zwar auch für Asbestzementleichtbauplatten mit einem Raumgewicht von unter 1,0 g/cm^3. Sie waren für die Asbestzementindustrie aber nur von untergeordneter wirtschaftlicher Bedeutung. Vielmehr ist zu konstatieren, dass mit diesen in viele kleine volkswirtschaftliche Nischen wirkenden Verboten der Substitutionsprozess Anfang der achtziger Jahre für viele Unternehmen nun spürbar eingeläutet wurde. Im Gegensatz dazu betrafen die zuvor ausgesprochenen Untersagungen für Spritzisolierungen (1979) und Bodenbeläge (1981) nur geringe Teile der Wirtschaft. Der Konversionsprozess in den nun betroffenen Anwendungsbereichen wurde von der Bundesanstalt für Arbeitsschutz und Unfallforschung[504] aktiv begleitet. Die Behörde publizierte im Jahr 1982 parallel zum Verwendungsverbot einen Ersatzstoffkatalog für alle unter dieses Verbot fallenden asbestfaserhaltigen Produkte.[505] Der Katalog beinhaltet Informationen und Hinweise zu bereits rund 300 Ersatzprodukten und deren Bezugsquellen bzw. Herstellern.[506] Die jeweils aufgeführten Eigenschaften und technischen Daten erlauben dem Nutzer eine Grundbeurteilung über die spezifische Einsetzbarkeit des Alternativproduktes. In der Einleitung des Kataloges wird ausdrücklich auf die in dieser Übersicht nicht enthaltenen Auskünfte über asbestfreie Bau-

---

503 Vgl. Wirtschaftsverband Asbest e.V., Geschäftsbericht, Frankfurt 1979, S. 22

504 Seit dem 1. Juli 1996 ist die Bundesanstalt für Arbeitsschutz und Unfallforschung umbenannt in Bundesanstalt für Arbeitsschutz und Arbeitsmedizin (BAuA) mit unverändertem Sitz in Dortmund.

505 Vgl. Bundesanstalt für Arbeitsschutz und Unfallforschung: Ersatzstoffkatalog für Asbest, Nr. 8 Schriftenreihe Gefährliche Arbeitsstoffe, Dortmund 1982

506 In der ehemaligen DDR lag bereits 1981 in zweiter Auflage ein Katalog über Substitutionsmöglichkeiten für asbesthaltige Produkte vor. Vgl. Arbeitshygieneinspektion des Rates des Bezirkes Schwerin: Asbestkatalog. Asbesthaltige Produkte und Substitutionsmöglichkeiten, 2. überarbeitete Auflage, Schwerin 1981. Der Katalog soll eine Übersicht über sämtlichen industriellen Anwendungsbereiche von Asbest mit den jeweiligen Herstellerbetrieben beinhalten sowie einen Artikel über Substitutionsmöglichkeiten von Asbest für einzelne Anwendungsgebiete. Diese Quelle lag dem Autor dieser Arbeit zur Auswertung jedoch nicht vollständig vor. Insofern war kein Abgleich mit dem Ersatzstofffstoffkatalog der Bundesanstalt für Arbeitsschutz und Unfallforschung möglich. Ziel wäre es gewesen, festzustellen, ob in den beiden Teilen Deutschlands ein vergleichbarer Stand in der Asbestsubstitution vorlag oder ob es Unterschiede gab und wenn ja, in welcher Art und Weise.

materialien hingewiesen. Hieraus solle der Leser jedoch nicht den Schluss ziehen, dass diese nicht angeboten würden.[507] Aussagen über eine gesundheitliche Beurteilung der aufgeführten Produkte bei Herstellung, Verarbeitung und langfristigen Einsatz finden sich in dem Ersatzstoffkatalog nicht. Das 1982 verhängte Verbot hat dazu geführt, dass entweder Ersatzstoffe entwickelt werden mussten oder weniger gefährliche Stoffe für den gleichen technischen Zweck eingesetzt wurden. Auf diese Weise entstand bereits im Jahre 1985 in vergleichsweise kurzer Zeit ein mehrbändiger Asbestersatzstoffkatalog.[508]

Der Substitutionsprozess verlief dennoch keineswegs reibungslos. Während einige Unternehmen sich auf die veränderte Situation recht zügig einstellten, die damit auch verbundenen Chancen erkannten und nach Ersatzstoffen forschten und diese einsetzten, wurden diese Initiativen branchenintern intensiv bekämpft. Neben den Widerständen, denen sich Stephan Schmidheiny bei seinem Vorstoß konfrontiert sah, steht exemplarisch für den brancheninternen Richtungsstreit der Fall der Firma Garlock GmbH, einem Hersteller von Dichtungen aus Düsseldorf. Im August 1981 schaltete Garlock Anzeigen mit der Überschrift: „Das asbestfreie Dichtungsprogramm ist da!" Auf Antrag des Wirtschaftsverbandes Asbest e.V. wurde dem Unternehmen vom Landgericht Hamburg auf dem Weg einer einstweiligen Verfügung die Werbung mittels dieser Anzeige im geschäftlichen Verkehr unter Androhung eines Ordnungsgeldes von 500.000 DM untersagt.[509] Zur Verdeutlichung dieser absurden Entscheidung: Dieser Streit wurde nur ein Jahr vor der Veröffentlichung eines Ersatzstoffkataloges durch eine Bundesbehörde ausgetragen, in dem unter anderem explizit Bezugsquellen für asbestfreie Dichtungen aufgeführt wurden.

Der letztlich erfolgreiche Antrag des Wirtschaftsverbandes Asbest e.V. vor dem Landgericht Hamburg kann durchaus verhandlungstaktisch motiviert gewesen sein. Denn der mit dem Wirtschaftverband Asbest e.V. befreundete[510] Wirtschaftsverband Asbestzement e.V. stand unmittelbar vor Gesprächen mit dem Bundesinnenministerium, in welchen er anstrebte, ein Asbestverbot abzuwenden und für eine über mehrere Jahre laufende Selbstverpflichtung zur sukzessiven Ablösung von Asbest zu argumentieren. Wie sollte drei Monate später eine diesbezügliche Argumentation noch plausibel erscheinen, wenn zeitgleich Asbest verarbeitende Betriebe öffentlich bekunden, dass sie über die erforderlichen Ersatzstoffe verfügen, diese anbieten und die Substitution für ihr Produktprogramm bereits abgeschlossen sei? Schließlich hatte der zuständige Ressortleiter, Bundesinnenminister Gerhart Baum, schon am 19. Januar 1981 im Rahmen einer Pressekonferenz ein totales Asbestverbot gefordert.

---

507 Bundesanstalt für Arbeitsschutz und Unfallforschung, Ersatzstoffkatalog, einleitende Hinweise zum Inhalt und zur Handhabung
508 Vgl. Eva Poeschel, Alfons Köhling, G. Schettler: Asbestersatzstoffkatalog. Faser- und Füllstoffe, 1985; ... Wärmeisolation/Schallschutz, 1985 ... Filtration, 1985, ... Reibbeläge, 1985, ... Elektroisolation, 1985, ... Dichtungen, 1985
509 Vgl.: Jean Pütz (Hg.): Asbest-Report. Vom Wunderstoff zur Altlast. Risiko, Chancen und Gefahren, Köln 1989, S. 89
510 Wirtschaftsverband Asbest e.V., Geschäftsbericht, S. 24. Hier heißt es: „Die Anti-Asbestkampagne, die in zahlreichen Presseveröffentlichungen und Fernsehfilmen ihren Niederschlag gefunden hat, und die Auseinandersetzungen mit den vorstehend beschriebenen Gesetzentwürfen haben zu einer noch engeren und arbeitsteiligeren Zusammenarbeit mit dem Wirtschaftsverband Asbestzement geführt."

Von einer voll entfalteten Phase der Substitution konnte in der Bundesrepublik erst Mitte der achtziger Jahre gesprochen werden. In diesen Jahren wurde, wie wir im Folgenden noch sehen werden, das Gros der Asbestzementprodukte, für die in der Spitze 70 % des insgesamt in Deutschland eingeführten Rohasbests verbraucht wurden[511], auf asbestfreie Zusätze umgestellt. Ihren Abschluss fand die Substitutionsphase in Deutschland schließlich 1993 mit dem nahezu vollständigen Asbestverbot. Die wichtigste Erkenntnis war, dass entgegen vielfachen Beteuerungen zuvor, industrielle Produktion ohne nachhaltige Einschränkungen auch ohne Verwendung des Werkstoffes Asbest möglich ist. Es wurde nicht bekannt, dass eine Maschine oder ein Fahrzeug mit nun asbestfreien Teilen nicht mehr sicher betrieben werden konnte, weil nötige Ersatz- oder Verschleißteile nicht verfügbar waren. Gleichermaßen war auf dem Bausektor kein Engpass an qualitativ angemessenen Baustoffen beobachtbar, weil keine Asbestfasern zur Armierung der Betonwaren mehr zur Verfügung standen. Rückblickend sind nach immerhin fünfzehn Jahren keine Bauschäden bekannt, die auf Asbest substituierende Baumaterialien zurückzuführen sind. Auch die ehemalige Asbestzementindustrie äußerte sich hierzu 1994 eindeutig:

> „Ungeachtet dieser zeitaufwendigen, mehrere Entwicklungsstufen umfassenden Prozesse, die zur Wahrung der Sicherheitsstandards der Anwender erforderlich waren, ist der Ersatz von Asbest durch neue Fasern in Hochbauprodukten heute bereits abgeschlossen."[512]

Ebenso ist nach Abschluss des Substitutionsprozesses festzustellen, dass die zuvor im Zuge eines Substitutionsprozesses befürchteten wirtschaftlichen Konsequenzen ausblieben. Diese Befürchtung war während der Durchsetzungsphase das entscheidende Motiv für die defensiven Reaktionen der Asbestindustrie auf die langsam wachsende Erkenntnisentwicklung über die gesundheitsschädigende Wirkung von Asbestfasern. Wirtschaftliche Überlegungen waren zu Beginn der achtziger Jahre das entscheidende Motiv hinter allen angeführten technologischen Argumenten und mündeten in zeitlich sehr gestreckte und weit in die Zukunft reichende Selbstverpflichtungen des Asbestzementverbandes zur Ablösung des etablierten Werkstoffes. Dementsprechend erläutert der Wirtschaftverband Asbest e.V. 1979 in seinem Geschäftsbericht:

> „Seitdem … fast pausenlos im Einsatz, um die jeweils zuständigen Ministerien, Gewerbeaufsichten oder Berufsgenossenschaften davon zu überzeugen, dass Verbote oder kategorische Substitutionsgebote nach den in Deutschland vorliegenden epidemiologischen Erfahrungen der TRK-Werte (Technische Richtkonzentration) nicht erforderlich, für unsere Volkswirtschaft schädlich und für die Asbestindustrie existenzbedrohend ist."[513]

Unterstützung fanden die Unternehmen Ende der siebziger Jahre bei der Gewerkschaft IG Chemie. Zusammen mit den Betriebsräten der Asbest verarbeitenden Be-

---

511 Siehe hierzu Grafik 14 dieser Arbeit „Asbestverbrauch in Deutschland (West), gesamt und davon für die Asbestzementproduktion, 1948–1987"
512 Michatz, Asbest und Gesundheit, S. 18
513 Wirtschaftsverband Asbest e.V., Geschäftsbericht, S. 24

triebe wiesen sie auf den drohenden Arbeitsplatzverlust im Fall eines Asbestverbotes hin.[514]

Nach Einschätzung von Rolf Packroff[515] von der Bundesanstalt für Arbeitsschutz und Arbeitsmedizin, deren Vorgängerbehörde den ersten Ersatzstoffkatalog veröffentlichte, konnten deutsche Hersteller von Asbestersatzprodukten für sich sogar einen internationalen Wettbewerbsvorteil generieren. Im Vergleich zu Anbietern aus anderen Nationen bot sich ihnen relativ früh die Möglichkeit, sich auf eine veränderte Situation einzustellen und die damit für sie verbundenen Chancen zu nutzen. Mit der Erforschung, Entwicklung und Produktion von Ersatzstoffen spalten sich entsprechend dem hier dargelegten, erweiterten Phasenmodell neue Produkte mit einem jeweils eigenen Phasenzyklus ab. Aus der Substitutionsphase von Asbest verzweigen daher die Entstehungsphasen verschiedener Ersatzstoffe.

In diesem Zusammenhang erscheint es untersuchenswert, ob alle Unternehmen der ehemals Asbest verarbeitenden Industrie ihre zuvor asbesthaltigen Produkte derart in asbestfreie Waren überführen konnten, dass sie damit ihre Unternehmen sichern und fortsetzen konnten. Zumindest für die Eternit AG als Marktführer und Vorreiter in ihrem Marktsegment kann diese Frage bejaht werden. Gleichwohl hatte das Unternehmen im Verlauf der Ernüchterungsphase und den Folgejahren noch lange unter seinem seit Jahren synonym für Asbest stehenden Firmennamen zu leiden.

5.2.2 Die Innovationen des Stephan Schmidheiny – das Wagnis und die Notwendigkeit der vollständigen Substitution von Asbest

An dieser Stelle soll die in der Tat als innovativ zu bezeichnende Initiative eines der wesentlichen Produzenten von Asbestzement heraus gestellt werden – jene von Stephan Schmidheiny, dem Erben der über Tochterunternehmen international tätigen Schweizer Eternit AG. Die schweizerische Eternit-Gruppe verfügte zu dieser Zeit, Mitte der siebziger Jahre des vergangenen Jahrhunderts, über Beteiligungen an insgesamt 70 Asbestzementwerken in 32 Ländern und war damals einer der weltweit größten Einzelverbraucher von Asbest.[516] Nachdem Schmidheiny 1975 im Alter von 28 Jahren als Delegierter des Verwaltungsrates die Leitung der Eternit AG (Schweiz) übernommen hatte, ergriff er bereits im Folgejahr als erster unter den führenden Asbestzementproduzenten die Initiative, um mittelfristig in den von ihm geleiteten Unternehmen die Armierungsfaser Asbest komplett durch unbedenkliche Fasern zu ersetzen.

Welche konkreten Motive standen für den Unternehmer hinter der Entscheidung, einen über Jahrzehnte hinweg erfolgreichen Zuschlagstoff vollständig zu substituieren? Seit Mitte der sechziger Jahre waren die Gefährdungsmöglichkeiten durch die

---

514 Berger, Asbest-Report, S. 84; Die IG Metall und der Deutsche Gewerkschaftsbund führten zur gleichen Zeit eine Anti-Asbest-Kampagne.

515 Vgl. Rolf Packroff: Asbest – vom Wundermaterial zu gefährlichen Altlast, Bundesanstalt für Arbeitsschutz und Arbeitsmedizin, Dortmund 2001

516 Vgl. Ulrich Müller-Herold, Arnim von Gleich: Leitbilder geben die Richtung an – Leitplanken minimieren die Risiken, in: Neue Züricher Zeitung v. 18.11.2006, Zürich

Freisetzung und das Einatmen von Asbest, zwar in geringem Umfang, aber dennoch öffentlich geworden. Vor allem die Spritzasbest verarbeitenden Unternehmen, die ihre Arbeiter hohen Konzentrationen des besonders gefährlichen Asbestfeinstaubes aussetzten, wurden heftig attackiert. Stephan Schmidheiny erkannte, dass in dem von ihm produzierten Baustoff die besonders gefährliche Mineralfaser im Zement eingebunden war, jedoch Asbestzement nicht von den negativen Begleiterscheinungen der allgemeinen Asbest-Debatte verschont bleiben würde:

> „Auch in Eternitfabriken erkrankten Mitarbeiter an Asbestose und Krebs. Die Eternithersteller ignorierten jedoch lange Zeit die Debatte, verdrängten das Problem und verketzerten die ‚Gegner‘."[517]

Ein Zusammenwirken von Politik, dem Einfluss der Medien und nicht zuletzt den sich daraus genährten hysterischen Erscheinungen würde sein Industrieunternehmen, das im Zenit seines Erfolges stand, zum Erliegen bringen können. Er nahm die Warnungen von Selikoff, mit dem er persönlichen Kontakt hatte, die Auffassung des Club of Rome[518], und die asbestpolitische Entwicklung in Schweden und den USA ernst. Deshalb entschloss sich Stephan Schmidheiny, präventiv zu handeln. Er erkannte die sich gegen Asbest verstärkende Grundstimmung und entschied für sein Haus, die bisherige Abwehrhaltung der Asbest verarbeitenden Unternehmen aufzugeben und perspektivisch auf die Mineralfaser Asbest gänzlich verzichten zu wollen. Um diesen Schritt tatsächlich vollziehen zu können, mangelte es an einsatzfähigen Ersatzstoffen für die Asbestfaser. Zur Erforschung adäquater Substitute legte er deshalb ein breit angelegtes Innovationsprogramm unter dem hausintern Namen „Neue Technologie" (NT) auf. Dieses Programm beruhte zum Teil auf neu entwickelten Chemiefasern, zum Teil aber auch regional vorzufindenden Rohstoffen in den einzelnen Ländern, welche die bislang als unverzichtbar geltende Faser Asbest substituieren sollten. Gegen hartnäckigen, auch internen Widerstand gelang es Schmidheiny, sein NT-Programm zu konstituieren und damit unvermittelt im wichtigsten europäischen Markt höchste Aktualität zu gewinnen. 1978 zum 75-jährigen Firmenjubiläum gab Stephan Schmidheiny – nun als Verwaltungsratspräsident der Eternit AG – seinen Entschluss bekannt, im Rahmen der Neuen Technologie zukünftig auf die Produktion asbesthaltiger Materialien verzichten zu wollen.[519] In einem Zeitraum von nur vier Jahren gelang es der Eternit AG, in ihren Laboratorien neue Fasermischungen bis zur Produktionsreife zu entwickeln. Mitte der achtziger Jahre konnte die Hälfte der Produktion asbestfrei ausgeliefert werden.

Die folgende Grafik 19 zeigt, dass der Marktführer Eternit als erster Asbestzementproduzent auf dem deutschen Markt seine Produktpalette sukzessive auf asbestfreie Einsatzstoffe konvertierte; trotzdem aber bis zum Asbestverbot 1991 weiterhin drei asbestfaserhaltige Produkte anbot. Mit dem Substitutionsprozess

---

517 Catrina, Eternit-Report, Rückseite des Buches
518 Vgl. Dennis Meadows, Donella H. Meadows, Erich Zahn, Peter Milling: Die Grenzen des Wachstums. Club of Rome. Bericht des Club of Rome zur Lage der Menschheit, Stuttgart 1972, S. 80. Asbest wird hier zusammen mit Blei und Quecksilber als ein langlebiger, weltweit verbreiteter Schadstoff bezeichnet.
519 Vgl. Eternit: Geschichte, in: http://www.eternit.ch/index.php?id=17&type=1&l v. 24.1.2006

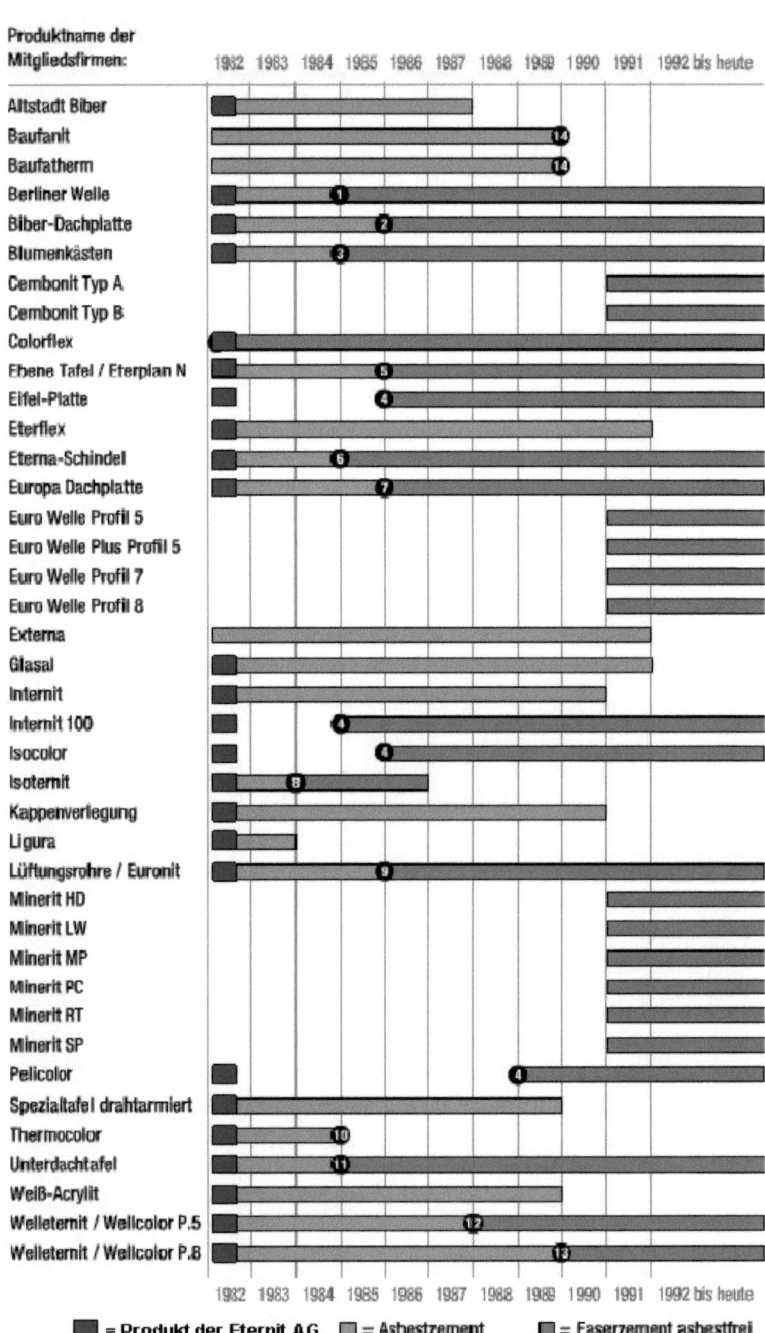

**Grafik 19: Umstellung von Asbestzementprodukten auf asbestfreie Faserzement-
produkte in Deutschland**

[Quellen: Verband der Faserzement-Industrie e.V., ergänzt um Angaben des Autors, welche
Produkte von der Eternit AG angeboten wurden]

erweiterte sich das Produktprogramm auch um neue Produktvarianten, die zuvor nicht zum Portefeuille gehörten, wie zum Beispiel die vollständig durchgefärbte Fassadenschindel in Natursteinfarbe oder die in der Oberfläche strukturierten Dachplatten.

Während Eternit in den achtziger Jahren neue asbestfreie Produkte einführte bzw. ehemals asbesthaltige Waren unter derselben Produktbezeichnung asbestfrei weiter führte, reizten die Wettbewerbsunternehmen den Stichtag des Asbestverbots nahezu vollständig aus und warteten bis dahin mit der Umstellung auf asbestfreie Faserzementprodukte (siehe Grafik 19). Diese Kritik bringt auch Liane Bruckhaus vor und schließt dabei die Eternit AG nicht aus. Nach ihrer Einschätzung wurde das Branchenabkommen von der Asbestindustrie als „Freibrief" interpretiert, um bis zum letztmöglichen Zeitpunkt noch asbesthaltige Produkte produzieren zu können.[520]

Der geäußerten Kritik über die Länge des Zeitraums, den die Asbestzementindustrie für den Wandel benötigte, wird die Notwendigkeit von umfangreichen Testphasen für neue Produkte entgegengehalten, da zum Beispiel die Eternit AG eine Garantie von 10 Jahren auf ihre Produkte gibt, die zumeist als langlebige Investitionsgüter Verwendung finden.[521] Auch Ulrich Schenk[522] beschreibt den zeitintensiven Aufwand zur Überprüfung des Langzeitverhaltens, der trotz Zeitraffer-Versuchen notwendig und durch die Entwicklung neuer Prüfgrundlagen und -verfahren geprägt war. Darüber hinaus repräsentierte die Prüfung eines Ersatzproduktes nur einen Baustein eines insgesamt fünfstufigen Forschungs- und Entwicklungsprozesses der Ersatzstoffsuche:

1. Faserforschung und -entwicklung
2. Verfahrenstechnische Forschung
3. Umsetzung in der industriellen Produktion
4. Anwendungstechnik
5. Langzeitverhalten

Die Darstellung dieses vor einer erfolgreichen Substitution liegenden Forschungsaufwands dürfte als brauchbares Argument der Asbestzementindustrie bei den 1981/82 mit dem Bundesinnenministerium geführten Verhandlungen hinsichtlich der zeitlichen Ausgestaltung der angebotenen Selbstverpflichtung gedient haben. Wird jedoch berücksichtigt, dass zumindest die Eternit AG als größtes Mitglied des Verbandes bereits seit Jahren intensive Faserforschung betrieb, von ihr 1979 in dem Forschungsbericht des Bundesministeriums für Forschung und Technologie bewusst ein zu diesem Zeitpunkt veralteter Wissensstand beschrieben wurde und ihr schon im Jahr 1982 der entscheidende Durchbruch mit der Dolanit-Faser gelang, liegt die Vermutung nahe, dass der Substitutionsprozess tatsächlich verschleppt wurde und die vollständige Substitution von Asbestfasern im Faserzement hätte zügiger erfolgen können. Vor diesem Hintergrund sollte auch die von Schenk als „freimütige

520 Bruckhaus, Problem der Verarbeitung von Asbestzement, S. 202
521 Fetz, Vom Asbestzement, S. 26
522 Schenk, Die Produktion von Asbestzement, S. 185

Informationspolitik" und „Partner der Gesellschaft" beschriebene Öffentlichkeitsarbeit der Eternit AG in den achtziger Jahren differenziert betrachtet werden.[523]

Losgelöst von diesen unternehmenspolitischen Aspekten bedeutete die Ablösung der Asbestfaser in technologischer Hinsicht gleichwohl eine immense Herausforderung. War während des Ersten und Zweiten Weltkrieges der Zwang zur Substitution noch auf eine Zeitperiode begrenzt, musste nun eine Lösung gefunden werden, die auf Dauer angelegt war.

> „Als 1946 die ersten sehnlichst erwarteten Asbestlieferungen aus Kanada eintrafen, war man hinsichtlich Asbestersatz um einige Erfahrungen reicher. Es war den Firmentechnikern [von Eternit, d.A.] gelungen, mit Zellulose armierte Platten herzustellen, die allerdings zum größten Teil im Innenausbau Verwendung fanden; für das extreme Schweizer Wetter mit vielen Niederschlägen, kalten Wintern und Hitzeperioden im Sommer erwiesen sich die gefundenen Mischungen als untauglich."[524]

Bis das Innovationsprogramm der Eternitwerke mit Nachdruck in die Praxis umgesetzt wurde, behalf man sich mit alternativen Fasern, jedoch nahezu ausschließlich für Betonelemente des Innenausbaus. Gleichwohl war das Bestreben, ein dem Asbest gleichwertiges Material zu finden, zum Scheitern verurteilt. Die im November 1976 von Schmidheiny ins Leben gerufene Task-Force hatte deshalb den Auftrag, Asbest durch andere Fasern zu ersetzten. Für diese Forschungsaufgabe wurde in der Schweiz die Ametex AG gegründet. Die wissenschaftliche Leitung der Ametex wurde 1980 dem ungarisch-schweizerischen Chemiker Josef Studinka übertragen. Er hatte zuvor unter anderem an der Entwicklung von Hochleistungsfasern für Autoreifen gearbeitet. In der Ametex wurde zunächst nach einer Faser geforscht, die über gleichwertige oder bessere Eigenschaften als Asbest verfügen sollte, allerdings bei der Produktion und Bearbeitung keinen Feinstaub entwickeln durfte. Bald zeigte sich, dass keine Faser allein diese Anforderungen erfüllen konnte. Deshalb wurde die Suchrichtung in eine Mischung von Fasern gelenkt und über 200 Fasern und Fasermischungen wurden getestet. Aus den Ergebnissen erkannte man die Notwendigkeit, in der Entwicklung neuer Fasern mit der chemischen Industrie zusammen zu arbeiten.[525]

Studinka stieß auf die Möglichkeiten der Polyvinylalkoholfaser, die im Fernen Osten für den Bekleidungssektor entwickelt worden, in Europa aber noch weitgehend unbekannt war. In Kooperation mit dem japanischen Unternehmen Kuraray wurde eine organisch-synthetische Faser mit dem Markennamen „Kuralon" auf der Basis von Polyvinylalkohol entwickelt. Parallel wurde in Zusammenarbeit mit der deutschen Hoechst AG die Entwicklung einer organisch-synthetischen Faser auf der Basis von Polyacrylnitril mit der Bezeichnung „Dolanit" abgeschlossen (siehe Abbildungen 29). Dabei war neben den materialtechnischen Eigenschaften der Fasern die gesundheitliche Unbedenklichkeit von erheblicher Bedeutung. Aufnahmen mit einem Rasterelektronen-Mikroskop machten deutlich, dass sich die Struktur der Fasern grundsätzlich von der des Asbests unterscheidet. Vor allem waren die Fasern

523 Ebd., S. 186
524 Catrina: Der Eternit-Report, S. 115
525 Fetz: Vom Asbestzement, S. 25

wesentlich größer und hatten wegen der besonderen übermolekularen Struktur keine Neigung, sich in die lungengängigen Fibrillen aufzuspalten. Dadurch wird auch in der Nachbearbeitung gesundheitsschädlicher Feinstaub vermieden.[526] Catrina spricht davon, dass in der gegen Ende der siebziger Jahre bereits „hochsensibilisierten BRD"[527] Dolanit den strengen Bestimmungen entsprechen würde. In der Tat wiesen diese neu entwickelten Fasern nach dem damaligen Stand der Forschung keine spezifischen Risiken auf. Ihre Fasergeometrie weicht vollständig von jener der Asbestfasern ab.

(1)   **(2)**

Abbildungen 29:

(1)   **Dolanitfasern, DOLANIT Type 10 mit 6 mm Länge**
      [Quelle: Aufnahme durch den Autor, Fasern stammen von der Dolan GmbH, Kelheim]

(2)   **Betonarmierung mit Dolanit**
      [Quelle: Eternit AG, Berlin]

1992 wurde die Umweltverträglichkeit dieser Kunstfasern und der im Faserzement ebenfalls mitverwendeten Fasern aus Zellstoff und Zellulose von dem Institut für Umwelthygiene an der Düsseldorfer Heinrich-Heine-Universität bestätigt. Die bei der Herstellung und Bearbeitung von Faserzementprodukten aus diesen Materialien möglichen Staubfreisetzungen wurden als nicht gesundheitsgefährdend eingestuft.[528]

    Bemerkenswert ist, dass Eternit bereits 1976, also direkt zu Beginn seines NT-Programms eine Zusammenarbeit mit Kuraray einging.[529] Daraus lässt sich ableiten, dass Eternit die 1979 im Forschungsbericht der Bundesregierung dokumentierten Versuchsergebnisse bereits 1976 vorlagen. Eternit wäre zu diesem frühen Zeitpunkt kaum eine Forschungsgemeinschaft zur Entwicklung neuer Fasern eingegangen, wenn nicht Gewissheit über die Aussichtlosigkeit der Verwendung vorhandener Ersatzstoffe geherrscht hätte.

---

526 Michatz, Asbest und Gesundheit, S. 18; Catrina, Eternit-Report, S. 119
527 Catrina, Eternit-Report, S. 119
528 Vgl. M. Rosenbruch, K.H. Friedrichs, H.-W. Schlipköter: Zur gesundheitlichen Bedeutung der zur Herstellung von Faserzement verwendeten Asbestfasern, Zentralblatt für Arbeitsmedizin, Bd. 42, Nr. 9, Heidelberg 1992, S. 355-362
529 Vgl. Isao Sakuragi (Kuraray Co.): Development of PVA Fibre for Construction, in: Techtextil, September 1998, S. 31

Eternit startete erstmals 1983 in der Schweiz mit der Produktion von mit Kuralon armierten Dachschindeln.[530] 1997 betrug die jährliche Produktion von Kuralon 10.000 Tonnen. Im Verhältnis zum Asbestfaserverbrauch ist es eine geringe Menge, jedoch begann mit seiner Erfindung die Entstehungsphase eines neuen Werkstoffes, genauso wie mit der Dolanit-Faser.

Die zusammen mit Hoechst zwischen 1977 und 1982 entwickelte Dolanit-Faser setzte sich letztlich stärker durch. Die Bezeichnung der Faser ist aus dem textilen Markennamen „Dolan" und der von Eternit übernommenen Endsilbe „it" hergeleitet. Sie kam 1984 erstmals zum industriellen Einsatz bei gleich mehreren Produkten (siehe oben Grafik 19). Jedoch stellte sich im Nachhinein heraus, dass die ersten Typen der Dolanit-Fasern nach einigen Jahren zu Qualitätseinbußen bei den End-produkten führten. Zusammen mit Rezepturumstellungen in der Produktion und einer groß angelegten Rückholaktion wurde das aus den ersten Jahren der Umstellung stammende und noch beim Kunden lagernde Material ausgetauscht. Mittlerweile wird die Faser auch bei Reibbelägen eingesetzt. Bei großflächigen Belägen, wie sie beispielsweise bei Lastkraftwagen oder Eisenbahnen eingesetzt werden, kann Dolanit den gesamten Faserbedarf abdecken. Bei hochbelasteten kleinflächigen Belägen, wie zum Beispiel Scheibenbremsbelägen, wird Dolanit in Mischung mit Aramidfasern eingesetzt.

Aus deutschem Blickwinkel erfolgten die Forschungen nach einem Substitut unter großem öffentlichen und politischen, aber vor allem unter hohem wirtschaftlichen Druck. Denn die Deutsche Eternit AG befand sich Anfang der achtziger Jahre, also vor der 1984/1985 erfolgten Konversion ihres Produktprogramms auf asbestfreie Produkte, am Rande des Konkurses. Die in den Jahren 1981 und 1982 erwirtschafteten Verluste hatten sämtliche Reserven aus der erfolgreichen Nachkriegszeit aufgezehrt und mit 1.150 Mitarbeitern musste rund ein Drittel der Belegschaft entlassen werden. Hinzu kamen die „Altlasten", die das Unternehmen zu bewältigen hatte. Für die Rücknahme und Entsorgung ihrer Asbestzementwaren musste u.a. bilanzielle Vorsorge in Form von Rückstellungen in beachtlicher Höhe getroffen werden, wodurch das Eigenkapital der Gesellschaft stark angriffen wurde. Es war aber nicht nur der Substitutionsprozess, der das Unternehmen in Bedrängnis brachte, sondern die Lasten der jahrzehntelangen mit der Verwendung von Asbest aufgetürmten Risiken.

Ohne die erfolgreiche Entwicklungsarbeit in der Schweizer Ametex AG wäre in den Folgejahren ein Zusammenbruch der Eternit AG in Deutschland unabwendbar gewesen.531 Letztlich gelang es der Eternit-Gruppe mit den auf der Basis von Polyvinylalkohol (Kuralon) und Polyacrylnitril (Dolanit) entwickelten Fasern Gesundheitsgefahren deutlich abzusenken und zugleich den Unternehmenserfolg und die verbliebenen Arbeitsplätze zu erhalten. Damit wurde der Zielkonflikt zwischen Umwelthygiene und Arbeitsschutz einerseits und Unternehmenserfolg und Arbeitsplatzerhalt andererseits beigelegt.

530 Vgl. T. Horikoshi, A. Ogawa , T. Saito, H. Hoshiro: Properties of polyvinylalcohol fibre as reinforcing materials für cementitious composites, Tokio 2005, S. 5
531 Müller-Herold: Leitbilder geben die Richtung an – Leitplanken minimieren die Risiken

Im Jahr 1989 trennte sich Stephan Schmidheiny von seinem gesamten Aktien-
kapital an der Schweizer Eternit AG.[532] Er verkauft alle Anteile an seinen Bruder
Thomas Schmidheiny, der innerhalb der Familie über die Anteile an Eternit Belgien
verfügte. Die Schweizer Eternit AG wurde 1996 als Konzerngesellschaft in die
mehrheitlich von der Familie Schmidheiny beherrschten Holderbank AG, die heute
unter „Holcim" firmiert, integriert. Stephan Schmidheiny ist heute als Unternehmer
in der Holz-, Baustoff- und Bergbauindustrie überwiegend in Südamerika tätig.

5.2.3 Die Ersatzstoffsuche

Die Autoren über Asbestsubstitute und deren Einsatz sind sich darüber einig, dass
die Asbestfaser wegen ihrer vielfältigen Eigenschaften und der daraus resultierenden
Verwendungsmöglichkeiten einmalig ist.[533] Eine derart umfangreiche, synchrone
Abdeckung verschiedener technischer Eigenschaften wird von keinem anderen
Material erreicht. Alle im Zuge der Substitution der Asbestfaser entwickelten Ersatzstoffe erreichten vergleichbare technische Eigenschaften bisher nur für Teil-
bereiche des von der Asbestfaser abgedeckten Eigenschaftsspektrums. Sie können
das Eigenschaftsprofil der Asbestfaser nicht in seiner Gänze abdecken. Aus diesem
Grunde gelten über Asbest auch die Sätze eines lexikalischen Beitrags:

> „ ... kaum ein anderer Stoff ist so vielfältig einsetzbar. Es gibt daher nicht den
> einen Asbestersatz, sondern mehrere Ersatzstoffe. Da bei Asbest die Faserform
> das entscheidende Produktmerkmal ist, müssen auch die Ersatzstoffe faser-
> förmig sein. Zunächst verwendet man anorganische Faserstoffe wie beispiels-
> weise textile und nichttextile Glasfasern (Glaswolle, Gesteinswolle, keramische
> Wolle, Kohlenstofffasern oder Metallwolle). Weiterhin werden organische
> Faserstoffe wie Polyacrylnitril, Polyolefine oder Polyamidfasern als Asbest-
> ersatz eingesetzt. Schließlich werden als Ersatz für Asbest in Faserzement-
> produkten Polyacrylnitril- [z.B. Dolanit, d.A] und Polyvinylalkohol-Fasern
> [z.B. Kuralon, d.A.] verwendet."[534]

Tatsächlich stellte sich die Frage, ob die Universalität der Asbestfaser erforderlich
war und unbedingt auch bei der Ersatzstoffentwicklung anzustreben ist. So hat die
im Asbestzement geschätzte hohe Biegezugfestigkeit der Asbestfaser bei der Verwendung in Reibbelägen keine Bedeutung. Genauso ist die herausragende Hitzebeständigkeit des Minerals kein Merkmal des zur Filtration von Flüssigkeiten an das
Filtermaterial gestellten Anforderungsprofils. Gleichermaßen ist die Eigenschaft
einer hohen chemischen Beständigkeit der Asbestfaser nicht bei Brandschutz-
produkten gefragt. Für die Baustoffindustrie mussten Stoffe entwickelt werden, die
dazu bestimmt sind, aufgesprüht oder ausgespritzt zu werden. Es bedarf entsprechender Fertigerzeugnisse in Pulverform, die über den Handel in geeigneten

---

532 Vgl. Eternit: Geschichte, in: http://www.eternit.ch/index.php?id=17&type=1&1 v. 24.1.2006
533 Deutsches Hygiene-Museum, Begleitband, S. 199; vgl. ÖkoPlus AG – Fachhandelsverbund für
    ökologisches Bauen und Wohnen: Asbestersatz, in: Umweltlexikon, Frankfurt 1993
534 Vgl. Asbestersatz, in: baumarkt.de-Lexikon, 2005, in: http://www.baumarkt.de/lexikon/
    Asbestersatz.htm, v. 29.8.2005

Gebinden verkaufbar sind. Diese Liste der einzelfallabhängigen Eigenschaftsprofile lässt sich für alle der über 3.000 ehemals asbesthaltigen Produkte aufstellen. Ein wie die originäre Faser ebenfalls universell einsetzbarer Ersatzstoff hätte zwar den Substitutionsprozess vereinfacht und beschleunigt, jedoch war – abgesehen davon, dass ein derartiger universeller Werkstoff nicht gefunden wurde – eine Bündelung aller Eigenschaften von Asbest auch nicht notwendig, da keine An- und Verwendung von Asbest bekannt ist, bei der tatsächlich alle Materialeigenschaften von Asbest gefordert sind. Dementsprechend müssen die Ersatzfasern nicht zwingend das vollständige Eigenschaftsprofil des Originals abbilden, sondern es ist ausreichend, wenn sie die für die jeweilige An- und Verwendungsart notwendigen Eigenschaftsmerkmale erfüllen, was jeweils lediglich nur einem Teilbereich des gesamten Leistungsspektrums der Asbestfaser entspricht. Dieser konzeptionelle Ansatz wurde, beginnend in den siebziger Jahren des 20. Jahrhunderts, bei Entwicklung von Ersatzstoffen verfolgt, nachdem erkennbar wurde, dass ein universelles Substitut sich als vorerst unwahrscheinlich herausstellte und zeitgleich der gesellschaftliche Druck zur Ablösung der Asbestfaser anwuchs. Unterstützt wurde dieser produkt- und problemlösungsbezogene Ansatz durch folgende Rahmenbedingungen.

Der Bedarf nach Ersatzstoffen für Asbestfasern entwickelte sich nicht global einheitlich und die Notwendigkeit zur Substitution war nicht stichtagsbezogen, sondern baute sich über einen längeren Zeitraum auf. Es existierte auch keine zentrale Einrichtung zur Forschung nach Asbestsubstituten, die eine Ersatzstoffsuche möglicherweise zielgerichteter koordiniert hätte und mit den dafür notwendigen finanziellen Mitteln ausgestattet gewesen wäre. Vielmehr zeichneten sich die Prozesse der Ersatzstoffsuche durch ein branchenbezogenes, anwendungsorientiertes und damit differenziertes Vorgehen aus. Als Ursache für diese Entwicklung lassen sich vier Dimensionen ausmachen. Es sind im einzelnen die regionale Relevanz, die zeitliche Staffelung, die Art und Weise staatlicher Reglementierung sowie das von der Substitution jeweils betroffene Endprodukt.

Der Prozess der Asbestfasersubstitution startete in den westlichen Industrienationen. Bis heute hat er bei weitem nicht alle Regionen der Welt erfasst. In Entwicklungs- und Schwellenländern wie auch in Teilen Osteuropas ist das Asbestthema zumeist noch von untergeordneter Relevanz. Insofern war die Substitution von Asbest zu jeder Zeit nur ein regional begrenztes Thema.

Die zweite Dimension ist durch unterschiedliche Prozesse der Erkenntnisentwicklung und damit auch durch den in verschiedenen Ländern eines Wirtschafts- und Kulturraumes zu unterschiedlichen Zeiten gestarteten und in einzelnen Ländern unterschiedlich schnellen Substitutionsprozess gekennzeichnet (siehe zum Beispiel im Vergleich die Erkenntnisentwicklung in Dänemark und den Niederlanden oder zwischen Schweden und Großbritannien).

Die Konzepte, mit denen den umweltbeeinflussenden Folgen der Asbestnutzung begegnet wurde, waren ebenso heterogen und bestimmten die dritte Dimension. Die meisten Staaten, die regelnd eingriffen, erließen Verbote. Andere Staaten, voran die USA, setzten auf das Prinzip des „Controlled Use" und die Kraft der gesellschaftlichen Erkenntnisentwicklung und der damit einhergehenden Erwartung der Verhaltensänderung in der Nutzung von Asbest. Es kommt hinzu, dass Staaten, die mit

Verboten gearbeitet haben, diese untereinander zeitlich differenziert und in sich zeitlich sukzessiv und jeweils beschränkt auf einzelne Asbestarten oder asbesthaltige Produktgruppen erließen.

Die vierte Dimension, die einen produkt- und problemlösungsbezogenen Ansatz bei der individuellen Ersatzstoffsuche forcierte, war die beachtliche Produktvielfalt, in der Asbest zum Einsatz kam. Einerseits erkannten bereits im Markt vertretene Unternehmen für ihre Nische die Notwendigkeit zur Eigeninitiative auf der Suche und der An- bzw. Verwendung asbestfreier Werkstoffe, um weiterhin im Markt präsent zu bleiben oder ihren Marktanteil auszubauen, um letztlich ihre Existenz zu sichern oder sogar auf eine breitere Basis zu stellen. Hierfür stehen beispielhaft das innovative Verhalten des deutschen Dichtungsproduzenten Garlock, der jedoch wie ausgeführt anfangs vor dem Landgericht Hamburg scheiterte, als auch das NT-Programm der Firma Eternit. Andererseits versprachen sich neu in den Markt drängende Unternehmen mit dem Angebot von Ersatzstoffen und alternativen Produkten die Erschließung von für sie neuen Marktsegmenten. Exemplarisch dafür sind die Aktivitäten der Firmen Hoechst und Kuraray als neue Unternehmen in diesem von ihnen bisher nicht bedientem Segment. Auch in den USA wurde in den siebziger Jahren der Eintritt bisher neuer Unternehmen in die verschiedenen Marktsegmente der Asbestfaserverarbeitung beobachtet.[535]

Entsprechend dem produkt- und problemlösungsbezogenen Ansatz der individuellen Ersatzstoffsuche zeigt Tabelle 14 auf, welche Anforderungsprofile für Ersatzstoffe in Abhängigkeit von dem Einsatzgebiet der Asbestfaser entwickelt wurden. Dabei werden die zuvor in Tabelle 4 dargestellten Eigenschaftsmerkmale der Asbestfaser aufgegriffen und auf das konkret für eine Asbestanwendung tatsächlich notwendige Eigenschaftsprofil hin überprüft. Exemplarisch erfolgt dies an den Überlegungen, die im Zusammenhang mit der Ersatzstoffsuche hinsichtlich des volumengrößten Haupteinsatzgebiets von Asbest, dem Asbestzement, unternommen wurden.

Grundsätzlich sind die beiden aus Deutschland und den USA stammenden Profile vergleichbar. Als bemerkenswert ist festzuhalten, dass der 1980 von einer amerikanischen Behörde verfasste Anforderungskatalog neben allen technologischen Aspekten explizit auch die wirtschaftliche Wettbewerbsfähigkeit des Substituts im Vergleich zum Original hervorhebt. Diese für eine Behörde im europäischen Kulturkreis weniger übliche marktwirtschaftliche Betrachtungsweise ergänzt die amerikanische Administration durch die einleitende Feststellung:

„There is a great interest among present and potential manufacturers of both organic and inorganic fibres in acquiring some portions of the asbestos market. … There are several synthetic inorganic fibres available commercially, and more are becoming available each year. Most efforts seem to be aimed at the thermal insulation, which constitutes only a small portion of the asbestos market"[536]

---

535 Watt, Mineral Facts and Problems, S. 64
536 Ebd., S. 64

Eigenschaftsmerkmale der Asbestfaser		Anforderungsprofil für Substitute – im Vergleich zu der Leistungsfähigkeit der Asbestfaser	
		Asbestzement / D (siehe unten Anmerkungen)	Generell / USA (siehe unten Anmerkungen)
Spinnbarkeit	parallele Elementarfibrillen, gemeinsam verschiebbar	---	---
Große Oberfläche	Adsorptionsvermögen	Grundanforderung	---
Hohlräume	Absorptionsvermögen, Flüssigkeitsaufnahme,	---	---
Stabilität in Längsrichtung	hohe Zugfestigkeit	Grundanforderung	Grundanforderung
Thermische Beständigkeit	Temperatur- und Feuer-widerstandsfähigkeit, Un-brennbarkeit	spezifisch bedingt[1]	---
Chemische Beständigkeit	Resistenz gegenüber Chemikalien, widersteht Hydratation	Grundanforderung	Grundanforderung
Elektrischer Isolator (im trockenen Zustand)	leitet keinen elektrischen Strom	---	---
Dauerhaftigkeit / Haltbarkeit	Langzeitbeständigkeit des Eigenschaftsprofils trotz Äußerer Einflüsse	Grundanforderung	Grundanforderung
Umweltverträglichkeit		*Grundanforderung*	*Grundanforderung*
Wirtschaftlichkeit		---	*vergleichbare Kosten wie Asbest*

[1] für Brandschutzprodukte

Tabelle 14: Anforderungsprofil für Asbestfasersubstitute am Beispiel von Asbestzement

Anmerkungen:

„Asbestzement / D": Das für den Einsatz von Ersatzfasern in Asbestzement skizzierte Anforderungs-profil wurde 1994 nach abgeschlossener Substitution der Asbestfaser im Baustoffbereich und mit Blick auf den deutschen Markt seitens des Verbandes der Faser-Zementindustrie e.V. formuliert.[537]

„Generell / USA": Das beschriebene Substitutsprofil wurde 1980 in den USA als Mindestanforderung für einen Ersatzstoff definiert. Nur mit dieser Merkmalsstruktur hätte der Ersatzstoff eine Möglichkeit, einen substanziellen Anteil am Asbestmarkt zu erlangen. Gleichwohl erscheint hier in Anbetracht der herausgestellten Substitutsanforderungen, ohne dass es explizit erwähnt wird, vornehmlich auf den Asbest- bzw. Faserzementmarkt reflektiert zu werden. Ein weiterer deutlicher Hinweis hierauf ist, dass in der Quelle erläuternd von „cement products" die Rede ist.[538]

[Quellen: Johannes Michatz: Asbest und Gesundheit, Verband der Faser-Zementindustrie e.V. (Hg.), Berlin 1994, S. 17; James G. Watt: Mineral Facts and Problems, United States Department of the Interior, Bureau of Mines, Bulletin 671, Washington D.C. 1980 Edition, S. 64; Tabelle 4 dieser Arbeit]

Diese Ausführungen deuten darauf hin, dass in den USA bereits parallel zu den Sub-stitutionsanstrengungen in Europa – möglicherweise sogar früher –[539] Ersatzstoffe in den Markt eingeführt wurden. Das ist umso erstaunlicher, da in den Vereinigten Staaten bis auf Spritzasbest kein weiteres Verbot der Verwendung von Asbest zu

---

537 Michatz, Asbest und Gesundheit, S. 17
538 Watt, Facts and Problems, S. 64
539 Industrial Minerals, Asbestos Alternatives, S. 45-47. Hier wird 1976 von Rückschlägen bei Versuchen mit Ersatzstoffen gesprochen.

dieser Zeit ausgesprochen war und auch später nicht nachhaltig Bestand hatte. Anscheinend war hier der öffentliche Druck die treibende und entscheidende Kraft für den eingeleiteten Substitutionsprozess, denn in dem Bericht der dem Innenministerium angegliederten Behörde heißt es weiter:

„The environmental problems with asbestos keep reminding people of the market and its present vulnerability."[540]

Bei der Suche nach einem Substitut zur Produktion von Asbestzement stellte sich bei Versuchen mit herkömmlichen Werkstoffen als widersprüchliche Zielsetzung insbesondere die Kombination zwischen der notwendigen Zugfestigkeit der Faser und der Schlagfestigkeit bzw. Haltbarkeit des Endproduktes heraus. Bekannte anorganische, synthetische Fasern, oder auch künstliche Mineralfasern aus Glas, Mineralien oder Keramik ließen keinen Ansatz für eine befriedigende Lösung als Ersatzstoff im Asbestzement erkennen.[541] Vor diesem Hintergrund und zur Auflösung dieses Widerspruchs richtete zum Beispiel auch Eternit die Forschungsrichtung seines NT-Programms auf die Entwicklung von aussichtsreicheren organisch-synthetischen Fasern aus.

Entsprechend den verschiedenen technologischen Anforderungsprofilen sowie den erforderlichen Ausprägungen der einzelnen Anforderungsparameter etablierten sich in der Folgezeit verschiedene Werkstoffe als Ersatz für Asbest:

SUBSTITUTE für ASBESTFASERN				
anorganisch **synthetische** Fasern	anorganische **natürliche** Fasern	organisch **synthetische** Fasern	organische **natürliche** Fasern	**Nichtfaserige Füllstoffe**
z.B. Fasern aus: - Glas-, Stein- und Schlackenwolle - Keramik - Kohlenstoff (künstliche Mineralfasern)	z.B. Fasern aus: - Wollastonit - Attapulgit - Sepiolith	z.B. Fasern aus: - Polyacrylnitril (PAN), z.B. Duralit - Polyvivylalkohol (PVA), z.B. Kuralon - Polypropylen (PP) - Polyolefine - Polyamidfasern - Vinylal u. Aramid	z.B. Fasern aus: - Baumwolle - Flachs u. Hanf - Baumwolle - Zellulose	z.B.: - Glimmer - Kieselgur - Talk

Tabelle 15: **Alternative Werkstoffe für Asbestfasern**
[Quelle: Technische Universität Bergakademie Freiberg, Fakultät für Geowissenschaften, Geotechnik und Bergbau, Institut für Mineralogie, Fachgebiet für Technische Mineralogie, Lehrmaterial Technische Mineralogie I – Füllstoffe und Fasermaterialien, 2006, S. 44]

Diese in Tabelle 15 entsprechend ihrer chemischen Beschaffenheit sortierten Substitute sind einem Werkzeugkasten vergleichbar. Passend zum jeweiligen Einsatzgebiet der zu substituierenden Asbestfaser findet sich hier der entsprechende Ersatzwerkstoff. Dieser Überlegung folgend sind in Tabelle 16 die jeweiligen Substitutsarten mit dem jeweils möglichen Anwendungsgebiet verknüpft.

540 Watt, Mineral Facts and Problems, S. 64
541 Bundesministerium für Forschung und Technologie, Industrielle Möglichkeiten, S. 20 ff; Watt, Mineral Facts and Problems, S. 64.

Festzuhalten ist, dass bei der Entwicklung und Erprobung von Substituten für Asbest das Problem nicht darin bestand, einen einzigen Stoff als Asbestersatz zu entwickeln und zu erproben, sondern der Vielfalt von Einsatzmöglichkeiten von Asbest entsprechend jeweils einen spezifischen Werkstoff zu entwickeln, der genau für diese Art des Einsatzes bestimmt ist. Bereits im Jahre 1985 umfasste der Asbestersatzstoffkatalog über die im Handel verfügbaren Substitute für Asbest und asbesthaltige Produkte zehn Bände.[542]

ANWENDUNG	SUBSTITUT				
	anorganisch synthetische Fasern	anorganische natürliche Fasern	organisch synthetische Fasern	organische natürliche Fasern	Nichtfaserige Füllstoffe
Arbeitsschutz	Hitzeschutz-Kleidung	Hitzeschutz-handschuhe	Sonstige Textilien		
Brandschutz	Brandschutz-Platten/-matten	Spritzmassen, Isolierputze	Plastische Massen, Kitte, Anstriche, Spachtel-massen	Pappen, Schnüre, Vliese	Löschdecken, Vorhänge
Wärme- und Schallisolation	Platten und Matten	Spritzmassen	Hohlraum-, Fugenver-füllung	Formteile	Textile Erzeugnisse
Elektroisolatoren	Kabel	Isolierstoffe	Formmassen (Duroplaste)	Haushalts-geräte	
Dichtungen	Flachdichtung (statisch)	Packung (dynamisch)	Zylinderkopf-dichtung	Heißgas-dictung	Kompen-satoren
Filtrationen	Flüssigfiltration, Fein- und Sterilfiltration	Gasfiltration, Lüftung, Prozessluftent-staubung	Atemfilter	Diagra-phmen, Seperatoren	
Reibbeläge	Scheibenbrems-Beläge	Trommelbrems-Beläge	Bremsklotz-Sohlen	Bremsbeläge für Industrie-Anwendun-gen	Kupplungs-beläge
Baustoffe (in erster Linie Asbestzement)	Ebene Platten	Wellplatten	Tiefbaurohre	Rohre für Lüftung, Abgas, Ent-wässerung	Garten-gestaltung
Chem. Produkte	Anstrichstoffe, Spachtel-massen	Klebstoffe, Dichtungs-massen	Produkte mit Teer- oder Bitumen-matrix	Formmassen mit Kunst-harzmatrix (Duroplaste)	Formmassen mit Kunst-stoffmatrix (Thermo-plaste)

Tabelle 16: **Alternative Werkstoffe für Asbestfasern in Abhängigkeit von dem jeweiligen Anwendungsgebiet**

[Quelle: Die Darstellung basiert auf Angaben der Technischen Universität Bergakademie Freiberg, Fakultät für Geowissenschaften, Geotechnik und Bergbau, Institut für Mineralogie, Fachgebiet für Technische Mineralogie, Lehrmaterial Technische Mineralogie I – Füllstoffe und Fasermaterialien, 2006, S. 48]

---

542 Vgl. Hauptverband der gewerblichen Berufsgenossenschaften (HVBG), Asbestersatzstoff-Katalog: Erhebung über im Handel verfügbare Substitute für Asbest und asbesthaltige Produkte (10 Bände), St. Augustin 1985

Die mit der Asbestfaser verbundene Gesundheitsgefährdung war der entscheidende Grund für die Herstellungs- und Anwendungsverbote von Asbest. Mit den weitaus meisten Ersatzstoffen wurde das Ausmaß der gesundheitlichen Gefährdung beträchtlich abgesenkt. Ihre karzinogene Wirkung ist erheblich geringer und ihre Verweildauer im menschlichen Körper wesentlich kürzer als bei Asbest. Jedoch bestehen auch bei diesen Ersatzfasern Bedenken. Fedor Valic hat vermutlich bis auf weiteres noch Recht, wenn er im letzten Absatz seines ersten Beitrags aus dem Jahr 2002 „The Asbestos Dilemma/ The Assessment of Risk" schreibt:

> „At this point in time, however, there are few materials of known toxicity Carcinogenic and at least equal technological performance. There is a potential for the development of such materials, but their toxicological properties have not been evaluated sufficiently."[543]

Anschaulich wird diese Problematik anhand der recht frühzeitig als Ersatzstoff im Dämm- und Isolierbereich verwendeten künstlichen Mineralfasern (anorganisch-synthetische Fasern) wie Stein-, Schlacken-, Glas- oder keramische Wolle. Künstliche Mineralfasern sind glasige, d.h. amorphe oder kristalline Fasern, die aus geschmolzenen mineralischen Rohstoffen erzeugt werden. Anschließend werden sie mit Kunstharzen und anderen Bindemitteln zu Matten verklebt und danach geschnitten. Sie kamen insbesondere zur Wärme- und Schallisolierung zum Einsatz. Zunächst galten künstliche Mineralfasern als ungefährlich. Ab Anfang der achtziger Jahre wurde bei künstlichen Mineralfasern, die bis dahin gewöhnlich ohne Atemschutz geschnitten wurden, krebserregendes Potenzial vermutet, was anhand von Tierversuchen nachgewiesen wurde. 1998 wurden eindeutige Daten veröffentlicht: Den auf der Basis von tierexperimentellen Daten extrapolierten Risikoabschätzungen wurden epidemiologisch vorliegende Daten zu Asbestfaserexpositionen gegenübergestellt. Übertragen auf den Menschen führten sie zu dem Ergebnis, dass mit der Exposition von Keramikfasern ein um über zehn mal höheres Tumorrisiko verbunden ist als mit Asbestfasern; bei „üblichen künstlichen Mineralfasern" ist es gegenüber Asbestfasern immer noch mehr als doppelt so hoch. In allen Fällen wurde eine lebenslange Exposition mit 500.000 Fasern/m^3 unterstellt.[544] Mineralfasern sind zwar relativ dick und spalten sich entgegen der Asbestfaser nicht der Länge nach auf, durch mechanische Einflüsse muss jedoch mit der Freisetzung lungengängiger Bestandteile gerechnet werden. Der mengenmäßige Anteil kritischer Fasern lag zum Beispiel bei Steinwolle bei durchschnittlich 8 Prozent. Zudem enthielten fast alle eingesetzten Bindemittel Formaldehyd. Die Europäische Union stufte Mineralwolle grundsätzlich in die karzinogene Kategorie 3 (krebsverdächtig) und keramische Fasern in Kategorie 2 (krebserzeugend) ein. Zu einer Untersagung der künstlichen Mineralfasern konnte sie sich jedoch bis heute nicht durchringen. Demgegenüber verbot die Bundesrepublik Deutschland mit Wirkung vom 1. Juni 2000 in einem

---

543 Valic, The Asbestos Dilemma, I. Assessment of Risk, S. 166 f.
544 Vgl. Hauptverband der gewerblichen Berufsgenossenschaften (HVGB): BIA-Report 4/98, Symposium „Grenzwerte für chemische Einwirkungen an Arbeitsplätzen", veranstaltet am 5. und 6. Februar 1998 in der berufsgenossenschaftlichen Akademie für Arbeitssicherheit und Verwaltung, Hennef, Sankt Augustin 1998, S.42 f.

nationalen Alleingang die Herstellung, das Inverkehrbringen und Verwenden von Mineralfasern als Dämmstoffe im Hochbau.[545]

Vor dem Hintergrund dieser Erkenntnisentwicklung erfolgte eine Substitution des Substituts. Als neue industriell hergestellte Ersatzstoffe zur Dämmung und Isolierung im Hochbau etablierten sich Blähton, Kunststoffe und Zellulosefasern. Jedoch sind diese Ersatzstoffe mit zum Teil erheblichen Einschränkungen verbunden, wodurch sie das geforderte Eigenschaftsprofil nicht unter jeder Einsatzbedingung erfüllen können. Zum Beispiel begünstigen sie das Wachstum von Pilzen und Insekten und können durch ihre Brennbarkeit neue Gefahren mit sich bringen. Zufriedenstellende Ergebnisse sind für die unbrennbaren Perlite aus Vulkangestein zu nennen, die überdies einem Recyclingverfahren zugeführt werden können.

Mit Blick auf weitere Anwendungsgebiete außerhalb des Hochbaus wurden in den neunziger Jahren künstliche Mineralfasern mit einem günstigeren Abmessungsverhältnis und infolge veränderter chemischer Zusammensetzungen mit einer geringeren Biobeständigkeit, d.h. einer schnelleren Auflösung der Fasern im menschlichen Körper, entwickelt. So wurde ebenfalls damit begonnen, Fasern ausreichend lang, als so genannte „Endlosfasern" zu produzieren, so dass sie nicht mehr eingeatmet werden konnten.[546] Die deutschen Hersteller von Dämmstoffen versuchten durch freiwillige Selbstbindung einen bundesweit einheitlichen Arbeits- und Verbraucherschutz zu garantieren, indem sie sich in einer RAL-Gütegemeinschaft[547] zusammen fanden.

Das in Deutschland bestehende Verwendungsverbot für die organisch-synthetischen Substitute der ersten Generation war wichtig und zeigte, dass aus den Erfahrungen mit dem Umgang der Asbestfaser gelernt wurde. Die Erkenntnisse aus der Asbestfaserforschung und das Wissen über das mit seinem Umgang verbundene

---

545 Hierbei ist zwischen „alten" Mineralwolleprodukten, die nur eine geringe Biolöslichkeit aufweisen, und „neuen" Mineralwolleprodukten, deren Faserfeinstäube sich im Körper rasch auflösen, zu unterscheiden. Seit Juni 2000 gilt in Deutschland ein Verbot des Herstellens, des Inverkehrbringens und des Verwendens von Mineralwolle-Dämmstoffen mit geringer Biolöslichkeit. Durch diese Entwicklungen kommen beim Neueinbau heute nur noch Mineralwolle-Dämmstoffe zum Einsatz, deren Faserstäube als nicht krebsverdächtig eingestuft wird.

546 Vgl. Wolfgang Maes: Elektrosmog – Wohngifte – Pilze, Stuttgart 1999, S. 250 ff.; Bundesministerium für Arbeit und Sozialordnung, Pressestelle, Berlin 26. Mai 2000; Rolf Packroff: Die Entwicklung biolöslicher Fasern zur Substitution von Asbest und Krebs erzeugenden Künstlichen Mineralfasern, in: Umgang mit Gefahrstoffen: Eine Herausforderung für die europäische Politik, Ergebnisse der Abschlussveranstaltung der Europäischen Woche für Sicherheit und Gesundheitsschutz bei der Arbeit 2003, Bilbao/Spanien 24.11.2003, in: Forum, Europäische Agentur für Sicherheit und Gesundheitsschutz am Arbeitsplatz, Ausgabe 12/2003, S. 2

547 RAL Deutsches Institut für Gütesicherung und Kennzeichnung e.V., Sankt Augustin. In der Selbstdarstellung des Vereins heißt es: „Als gemeinsame Initiative gründeten die Privatwirtschaft und die damalige Regierung der demokratischen Weimarer Republik 1925 den Reichs-Ausschuss für Lieferbedingungen (RAL). Seine Aufgabe bestand ursprünglich in der Vereinheitlichung präziser technischer Lieferbedingungen mit dem Ziel der Rationalisierung. Heute ist RAL die anerkannte Kompetenz für verlässliche Kennzeichnung von Produkten und Dienstleistungen. ... Den Blauen Engel – den Klassiker des produktbezogenen Umweltschutzes – kennt man bereits seit 1978. RAL ist die alleinige Vergabestelle für dieses Umweltzeichen. Bisher haben wir den „Blauen Engel" über 12.000mal verliehen. ... RAL vergibt auch das seit 1992 bestehende Europäische Umweltzeichen (Euro Margerite) in der Bundesrepublik Deutschland. Mit diesem Zeichen können interessierte Hersteller auf umweltfreundliche Produkte innerhalb der Europäischen Gemeinschaft hinweisen."

Gefahrenpotenzial haben, zumindest in Deutschland, zu einem zügigen Verbot der Verwendung im Hochbau geführt und damit eine Limitierung des hiervon ausgehenden Gesundheitsrisikos bewirkt. Das bereits durch die vor der Untersagung erfolgte An- und Verwendung der künstlichen Mineralfasern bestehende gesundheitliche Gefahrenpotenzial, das sich im Zuge von Instandsetzungs- oder Abbrucharbeiten entfaltet, konnte damit jedoch nicht mehr eliminiert werden; entsprechende Schutzmaßnahmen sind dabei in jedem Fall zu beachten. Im Endeffekt haben die künstlichen Mineralfasern auf dem deutschen Markt in relativ kurzer Zeit alle Phasen des hier in dieser Arbeit diskutierten Phasenmodells durchlaufen. Anstatt eines rund 150 Jahre andauernden Phasendurchlaufs wie bei der Asbestfaser absolvierte der Ersatzstoff der künstlichen Mineralfasern diesen Prozess binnen circa 20 Jahren.

Auch hinsichtlich der Europäischen Gesetzgebung könnte sich eine Parallele zwischen der Behandlung der Asbestproblematik und der künstlicher Mineralfasern abzeichnen. Wie bei Asbest hat auch bei künstlichen Mineralfasern die Risikobegrenzung mit Verboten auf nationaler Ebene begonnen. Hinsichtlich der Asbestfaser mündete es rund 20 Jahre nach den ersten nationalen Vorstößen in einer gemeinschaftsweiten Untersagung des Werkstoffes. Ob sich die Parallele auch für künstliche Mineralfasern bis zu einem europaweiten Verbot fortsetzt, bleibt abzuwarten. Eventuell reichen zumindest für Europa die Erkenntnisentwicklung aus der Asbestproblematik und die daraus während der Ernüchterungsphase in der breiten Öffentlichkeit entstandene Aufmerksamkeit gegenüber Asbest aus, dass für künstliche Mineralfasern kein explizites Verbot erforderlich ist, sondern allein die öffentliche Sensibilität die Nachfrage nach mineralfaserhaltigen Produkten gering hält. Vergleichbar ist dies dem Verhalten der amerikanischen Verbraucher gegenüber Asbest, die diesen Werkstoff auch ohne umfangreiche staatliche Verbote aus ihrem Leben verbannt haben.

5.2.4   Folgenabschätzung von Substituten

Seit rund 150 Jahren wird Asbest industriell verarbeitet und seit den 20er Jahren des 20. Jahrhunderts kennt man die gesundheitsschädlichen Folgen eines unbedachten Umgangs mit dem Werkstoff. Dessen ungeachtet erreichte der Verbrauch an Asbest erst 1979 mit knapp 5 Millionen t pro Jahr seinen Höhepunkt. Und erst seit rund 25 Jahren begann die Erkenntnis der Notwendigkeit von Substitution Raum zu greifen. Mehr als 3.000 unterschiedliche Ersatzstoffe wurden seither entwickelt; bei den meisten Ersatzstoffen ist das Gefährdungspotenzial wesentlich niedriger als es von Asbestfasern ausgeht, wenngleich es nicht gänzlich ausgeschlossen werden konnte. Noch immer bestehen beträchtliche Bedenken gegenüber einigen Substituten, selbst wenn ihre krebserregende Wirkung als geringer bezeichnet wird und ihre Verweildauer im menschlichen Körper kürzer ist als die von Asbestfasern.

Ein weiterer Bereich neben den oben bereits beschriebenen künstlichen Mineralfasern, in dem durch eine veränderte Kenntnislage die Substitution eines Substituts erforderlich wurde und dieser Prozess noch anhält, sind Bremsbeläge für Kraftfahrzeuge. Nachdem bis 1988 Bremsbeläge in Deutschland Asbestfasern enthielten, wurden sie durch eine Kombination verschiedener Stoffe ersetzt. Hierzu gehörten auch die Krebs erregenden Stoffe Blei und das (Halb-)Metall Antimon. Neben der Verwendung in Bremsbelägen findet Antimon auch als Flammenhemmstoff bei Kunststoffen Anwendung sowie bei zahlreichen anderen Verwendungszwecken in der Industrie, unter anderem in Bleilegierungen zur Härtung von Autobatterien oder Geschosskugeln als auch bei der Herstellung von PET-Flaschen. Im Fall antimonhaltiger Bremsbeläge reibt sich bei jedem Bremsvorgang ein kleiner Teil des Werkstoffes ab und wird an die Umwelt emittiert. Nach Erkenntnissen aus dem Jahr 2002 werden auf diese Weise in Deutschland pro Jahr zwischen 6.000 und 8.000 Tonnen Antimonstaub freigesetzt, wovon mindestens 25 % lungengängig sind. Diese Erkenntnisse korrigieren Untersuchungsergebnisse aus dem Jahr 1973 grundlegend. Damals wurde von einem lungengängigen Anteil von nur rund 3 % ausgegangen, was der späteren Nutzung von Antimon als Ersatz für Asbest ein ganz anderes Risikoprofil verlieh. Einigen Automobilproduzenten wie „BMW" und „Fiat" war diese Gefährdung bekannt. Sie äußerten ihre Absicht, zukünftig auf Alternativen auszuweichen. Andere, wie „Ford", gaben an, dass nach ihren Erkenntnissen der eingesetzte Werkstoff „für Mensch, Tier und Natur unbedenklich ist".[548] Erst jüngst wurde noch auf die globale Verschmutzung der Erdatmosphäre mit Antimon hingewiesen und in diesem Zusammenhang von Antimon als einem dem Blei vergleichbaren globalen Schadstoff gesprochen.[549]

Die Tatsache eines zu Beginn der Substitutionsphase zunächst unzureichenden Verständnisses der Wirkungsmechanismen der ursprünglich als Ersatzstoffe für Asbestfasern verwendeten Substitute auf den menschlichen Organismus zeigte einen Forschungsbereich auf, der im Zuge der Substitution von Asbest zunehmend an Bedeutung gewann. Es sind die Wirkungen chemischer Stoffe und deren Eigenschaften. Denn Stoffeigenschaften oder auch deren Kombination waren und sind nicht vollständig abschätzbar. Hierunter fallen Beurteilungen über die Persistenz (wenn bestimmte Stoffe biologisch und chemisch schwer abzubauen sind), Mobilität (wenn Stoffe flüchtig, wasserlöslich oder staubend auftreten) und Bioakkumulation (wenn es zu Anreicherungen in der Nahrungskette kommt). Die Substitution von Asbest schritt voran, in der Bewertung von Wirkungsbeziehungen waren und sind jedoch noch beträchtliche Aufgaben zu leisten und Defizite aufzuarbeiten. Als ideale Grundanforderung für den Einsatz eines Ersatzstoffes lässt sich formulieren, dass er zumindest bei umweltoffenem Einsatz oder bei der Verwendung durch nicht eigens spezifisch geschulte Anwender kein Gesundheitsrisiko aufweisen darf. Die europäischen Richtlinien sprechen diesbezüglich eine moderatere Sprache. Hier wird die These vertreten, dass die beste Methode zur Verminderung der von Gefahrstoffen ausgehenden Risiken die Substitution durch einen Stoff darstellt, der weniger krankheitserregend ist. Mit Blick auf Asbestsubstitute wurde diese Handlungsmaxime der Europäischen Gemeinschaft in der Praxis exemplarisch an der Nicht-Untersagung

---

548 Vgl. Jürgen Stellpflug: Ausgebremst, in: Öko-Test, Test Bremsbeläge, Heft Januar 2002
549 Vgl. Michael Krachler: Globale Verschmutzung der Erdatmosphäre steigt, in: Pressemitteilung der Ruprecht-Karls-Universität Heidelberg, Institut für Umwelt-Geochemie, 11. November 2005

von künstlichen Mineralfasern und lediglich deren Einstufung in krebsverdächtige und krebserzeugende Kategorien deutlich.

Neue Chemikalien – damit auch solche, die an Stelle von Asbest in den entsprechenden Produkten verarbeitet wurden – müssen seit Anfang der 80er Jahre einem komplizierten Prüfverfahren unterzogen werden. Stoffe, die aber schon vor dem Jahr 1981 auf dem Markt waren (so genannte Altstoffe), unterliegen diesen Anforderungen keineswegs.[550]

> „Heute, zwanzig Jahre später, werden in der EU noch immer über 30.000 so genannte ‚Altstoffe‘ in Mengen von mehr als 1 t/a hergestellt und vertrieben, mehr als 80 % davon sind unzureichend untersucht. ... ‚Alte Stoffe‘ stellen mehr als 95 % des Marktes, nur etwa 5 % entfallen auf neu angemeldete, gut untersuchte Stoffe. ...“[551]

Die Produktion von Chemikalien muss sich im europäischen Rahmen bereits einer Fülle von gesetzlichen Regelungen unterziehen. Mit diesen administrativen Normen eröffnet sich ein Spannungsfeld. Einerseits soll durch weitere Vorschriften das Wachstum der chemischen Industrie nicht behindert werden, andererseits sollen eine Kontrollfunktion implementiert werden und umfassende Daten zur Risikoprävention verfügbar sein. Möglicherweise erweist sich das so genannte Reach-System[552] als ein praktibler Schritt zu einer besseren Folgeabschätzung. Für die Unternehmer bedeutet dieses Dokumentationssystem wesentliche Neuerungen und zusätzlichen Aufwand. Torben Jepsen von Dänischen Arbeitgeberverband sieht folgende Gefahren:

> „Der den Arbeitgebern vorgelegte vorläufige Gesetzentwurf enthält Maßnahmen, die sehr kostspielig sein werden und mit viel Bürokratie verbunden sind. Welche Form REACH schließlich annehmen wird, Hersteller und Importeure werden wahrscheinlich verschiedene Arten von Chemikalien vom Markt nehmen. Bei diesen wird es sich vermutlich nicht um die gefährlichsten Stoffe handeln, sondern eher um jene, die in zu geringen Mengen vertrieben werden, um die zusätzlichen Kosten ausgleichen zu können. Eine derartige Situation könnte nachgelagerten Herstellern und Verwendern in kleinen Unternehmen in Europa ernste Probleme bereiten.“[553]

---

550 Vgl. Andreas Ahrens, Arnim von Gleich, Lothar Lißner: Forschungsprojekte: Substitution gefährlicher Stoffe. Gestaltungsoptionen für handlungsfähige Innovationssysteme zur erfolgreichen Substitution gefährlicher Stoffe (SubChem), in: UWSF – Z Umweltchem Ökotox 14 (3), Landsberg, Ft. Worth (USA), Tkyo (Japan), Mumbai, India, Seoul, Korea 2002, S. 165-169 (S. 165)

551 Ebd.

552 Hans-Horst Konkolewsky: Umgang mit Gefahrstoffen, Europäische Agentur für Sicherheit und Gesundheitsschutz am Arbeitsplatz, Amt für amtliche Veröffentlichungen der Europäischen Gemeinschaften, Luxemburg 2003, S.1: Zu den Zielen des Reach-Systems (Registrierung, Bewertung und Zulassung von Chemikalien) zählt die Erarbeitung zuverlässiger Daten für die Risikobewertung.

553 Vgl. Torben Jespen: Die Sicht der Arbeitgeber: Für einen kontrollierten Einsatz von Chemikalien bei der Arbeit, in: Umgang mit Gefahrstoffen, Europäische Agentur für Sicherheit und Gesundheitsschutz am Arbeitsplatz, Amt für amtliche Veröffentlichungen der Europäischen Gemeinschaften, Luxemburg 2003, S. 9

Die Probleme in der Praxis stellen sich vergleichbar so dar: Der Gebrauch von Chemikalien am Arbeitsplatz bedeutet eine deutliche Bedrohung für die Gesundheit vieler Arbeitnehmer in unterschiedlichen Wirtschaftszweigen. 14 % aller Arbeitnehmer in der Europäischen Gemeinschaft kommen mit Gefahrstoffen in Kontakt. Das offizielle Verzeichnis der auf dem Markt vorhandenen chemischen Stoffe vermerkt mehr als 100.000 Chemikalien, von denen mehr als 30.000 eine Produktionsmenge von mehr als 1 t aufweisen. In sämtlichen Wirtschaftszweigen der Arbeitswelt, angefangen von der Landwirtschaft über die Bauindustrie bis hin zu allgemeinen Industrie- und Dienstleistungsbereichen werden Chemikalien in beträchtlichen Mengen verwendet. Was hat diese Situation konkret mit der Verwendung von Asbestsubstituten zu tun? Die Herstellung von Chemikalien ist laufend erweitert worden – analog zu der Verwendungsvielfalt von Asbest. Die unterschiedlichsten chemischen Zusammensetzungen wurden und werden als Komponenten zur industriellen Produktion von Substituten verwendet: Kunststoffe, Farben, Chemikalien für die Elektronikindustrie, zur Lebensmittelbe- und –verarbeitung oder in erheblichem Umfang für das Baugewerbe. Hierbei wird auch auf die so genannten Altstoffe zurückgegriffen, deren Untersuchungsstand verbesserungsbedürftig ist.

Es war nicht erkennbar, dass in der chemischen Industrie ein aus sich selbst heraus initiierter Paradigmenwechsel anstand. Ansonsten wäre der unternehmensseitige Widerstand gegen das Reach-System nicht so massiv. Die in diesem Abschnitt beschriebenen Schwierigkeiten im Zusammenhang mit der Substitution von Asbest bestehen nach wie vor und haben noch immer ihre einander widerstreitenden Wurzeln in der Flut von gesetzlichen Verordnungen und Bestimmungen und der Notwendigkeit, diese auf eine praktikable Weise auch umsetzen zu können. Zwar beginnt die Chemische Industrie damit, ihre Produzenten- und Produktverantwortung ernster zu nehmen als bisher. Jene Programme, die von der Chemieindustrie aufgelegt wurden, wie etwa „Responsible Care" oder „Product Stewardship" sind ein Schritt in die richtige Richtung, reichen aber keinesfalls aus und sind vor allem zu langwierig.[554] Sie sind in Ansatz und Zielrichtung vergleichbar mit dem von der Asbestindustrie propagierten „Controlled Use". Gegenwärtig bestehen in Deutschland rund 100 freiwillige Vereinbarungen und Selbstverpflichtungen der produzierenden Industrie, die zwar vom Umweltbundesamt durchaus gelobt werden, von kritischen Betrachtern jedoch als eher unwirksam bezeichnet werden.[555]

Wie weit ist nun die chemische Industrie damit gediehen, neue, veränderte Technologien in schadstoffarme und ökonomisch vertretbare Asbestsubstitute umzusetzen? Tatsache ist, dass die weltweite Produktion von Chemikalien von ca. 1.000.000 t im Jahr 1930 auf gegenwärtig ca. 400.000.000 t gestiegen ist. Der europäische Markt verfügt heute über rund 100.000 eingetragener Stoffe; die chemische Industrie der Europäischen Union ist die größte der Welt.[556] Nicht unerwähnt bleiben soll hier, dass sie unmittelbar etwa 1,7 Millionen Menschen beschäftigt und

---

554 Ahrens, Forschungsprojekte, S. 165 f.
555 Vgl. Umweltbundesamt: Pressemitteilung Nr. 32/99, 1999, welches das Instrument der Selbstverpflichtung deutlich befürwortet; scharfe Kritik wird geübt vom Zentrum für Europäische Wirtschaftsforschung, K. Rennings et al., Mannheim 1996
556 Konkolewsky, Umgang mit Gefahrstoffen, S. 4

weitere 3 Millionen Arbeitsplätze mittelbar von ihr abhängen. Neben einigen führenden globalen Unternehmen umfasst sie in Europa rund 36.000 kleine und mittlere Unternehmen (KMU). Allein diese KMU repräsentieren 96 % aller Unternehmen in der europäischen Chemieindustrie.[557] Die genannten Zahlen lassen erahnen, dass die Exposition von gefährlichen Chemikalien ein ernsthaftes Problem der chemischen Industrie darstellte und dies auch heute noch der Fall ist, insbesondere da gerade Chemikalien die Grundlage für Asbestsubstitute bilden. In der aktuellen Rechtslage gilt, dass Substitution zur Risikominderung in der Hierarchie der Schutzmaßnahmen zum Schutz der Arbeitnehmer an erster Stelle steht; ihr wird in den gesetzlichen Vorschriften eine hohe Priorität zugemessen.

Die Regierung der Bundesrepublik Deutschland war sich zeitgleich mit dem von ihr verhängten Verbot künstlicher Mineralfasern über die grundsätzlich hohe Aktualität sowie politische und gesellschaftliche Relevanz des Komplexes Umwelt und Gesundheit im Klaren. Denn schließlich hat sie im Jahr 2000 der Risikokommission in einem Erlass den Auftrag erteilt, Vorschläge zur Neustrukturierung der Risikobewertung im gesundheitlichen Umweltschutz vorzulegen und dort feste Standards vorzugeben.[558] Im Februar 2001 veröffentlichte die EU-Kommission in ihrem Weißbuch „Strategie für eine künftige Chemikalienpolitik"[559] Vorschläge für Grundprinzipien im künftigen Umgang mit chemischen Stoffen. Von nun an sollten Vorsorge und Substitution gefährlicher Stoffe maßgebend sein. Zudem bekräftigte der Umweltministerrat, dass die Innovationsanstrengungen sämtlicher beteiligter Seiten zur Entwicklung neuer Chemikalien und alternativer Techniken erheblich intensiviert werden müssen. Kommission und Ministerrat wollten damit zugleich weitgehende Marktbeschränkungen für besonders gefährliche Stoffe erreichen. In Anbetracht der Tatsache, dass ein generelles Verbot für Einfuhr und Verarbeitung von Asbest für die Europäische Union dann im Januar 2005 ausgesprochen wurde, erschien dieser vier Jahre zuvor gesetzte Schritt besonders wichtig zu sein.

Ein weiterer Bereich der Forschung hat sich den Erfolgsbedingungen für die Substitution von Gefahrstoffen zu widmen, unter denen Asbest nach wie vor eine wesentliche Rolle einnimmt. Hierbei geht es vorwiegend um die Handlungsfähigkeit von Innovationssystemen, um Faktoren, die sie hemmen oder deutlich fördern. Das Hauptziel dieser Forschungsrichtung sollte es letztlich sein, über ein Wissen zu verfügen, mit dessen Hilfe in Zukunft Möglichkeiten und vor allem Erweiterungen des Ausbaus der Substitution von Gefahrstoffen geprüft und entschieden werden können.

So kann zwar die Substitution von Asbest aus produkttechnischer Sicht heute eindeutig als abgeschlossen betrachtet werden. Aus Sicht einer möglichen Umweltgefährdung ist und wird der Substitutionsprozess voraussichtlich kaum vollständig abzuschließen sein. Hier reiht sich die Asbestsubstitution in die grundsätzliche

---

557 Ebd.
558 Vgl. Bundesministerium für Gesundheit und das Bundesministerium für Umwelt, Naturschutz und Reaktorsicherheit: Erlass zur Errichtung einer gemeinsamen ad hoc-Kommission, Neuordnung der Verfahren und Strukturen der Risikobewertung und Standardsetzung im gesundheitlichen Umweltschutz der Bundesrepublik Deutschland, Bonn 2000
559 Vgl. Kommission der Europäischen Gemeinschaften: Weißbuch – Strategie für eine zukünftige Chemikalienpolitik, Brüssel 2001

Problematik der Risikogesellschaft und einer mit Unsicherheiten behafteten Folgenabschätzung von Technik ein.

5.2.5   Fortschritt ohne den Werkstoff Asbest

Der Werkstoff Asbest war bis zum Ende seiner Durchsetzungsphase einer der
Motoren des Fortschritts.[560] Es stellt sich die Frage, ob mit der Notwendigkeit zur
Substitution die zum industriellen Einsatz gekommenen Ersatzstoffe Impulse für
weiteren Fortschritt geben konnten bzw. die volkswirtschaftliche Entwicklung unter
dem Wegfall des Werkstoffes Asbest litt. Im Gegensatz zur Blütezeit des Asbests
sind heute in Deutschland keine wirtschaftlichen Aktivitäten mehr an die Produktion
oder den Einsatz asbesthaltiger Materialien gebunden. Vor diesem Hintergrund und
mit der Erfahrung einer produkttechnisch bereits erfolgreich abgeschlossenen
Asbestsubstitution ist die Feststellung Manfred Binders zutreffend:

> „Eine Reduktion des Asbestverbrauchs wird sich deshalb rechnerisch in einer
> Erhöhung der volkswirtschaftlichen ‚Asbestproduktivität' niederschlagen, die
> desto höher ausfällt, je schneller die Wirtschaft wächst, ohne daß dies in nen-
> nenswertem Umfang Innovationen erforderte: Schließlich benötigen die
> meisten wachsenden Wirtschaftsbereiche überhaupt kein Asbest, müssen ihre
> ‚Asbestproduktivität' also nicht steigern, wenn sie höheres Wachstum mit
> gleich bleibendem, nämlich fehlenden Verbrauch verbinden wollen."[561]

In der Tat werden dergleichen Überlegungen dann relevant, wenn Produktionsin-
oder Produktionsoutputs, wie etwa der allgemeine Energieverbrauch oder die Verwendung asbesthaltiger Materialien nicht mehr länger akzeptierbare Gesundheits-
schäden hervorrufen. Das wirtschaftliche Wachstum kann aber letztlich auch auf der
Entwicklung und anschließenden Produktion von Asbestsubstitutionen beruhen,
welche wiederum die Produktivität steigernde Innovationen bedeuten. Darüber hinaus ist zu berücksichtigen, dass das Wirtschaftswachstum der so genannten Ersten
Welt durch die zunehmende absolute und relative Bedeutung des tertiären Sektors
gegenüber dem sekundären Sektor geprägt ist. Die volkswirtschaftliche Entwicklung
hängt in wachsendem Maße von erbrachten Dienstleistungen ab. Mit der dadurch
einhergehenden rückläufigen Bedeutung der Industrie für die volkswirtschaftliche
Gesamtleistung reduziert sich für die westlichen Volkswirtschaften auch das Gewicht und der Einfluss von Asbest bzw. seinen Ersatzstoffen.

Nach dem langsamen Abschied vom Asbest seit den achtziger Jahren des 20.
Jahrhunderts bis heute ist auch in den militärisch-industriellen Komplexen der
Industriestaaten die Zustimmung zu Asbest einer eher aufgeschlossenen Haltung gegenüber den vorhandenen und noch zu entwickelnden Asbestsubstituten
gewichen.[562] Im Zuge dessen senkte auch die amerikanische Armee ihren strate-

---

560 Siehe hierzu Abschnitt 2.2.2 „Der Werkstoff Asbest als Motor des Fortschritts" dieser Arbeit.

561 Vgl. Manfred Binder: Wachstum, Strukturwandel und Umweltschutz, Forschungsstelle für
    Umweltpolitik (FFU), Freie Universität Berlin / Fachbereich Politik- und Sozialwissenschaften
    / Otto-Suhr-Institut für Politikwissenschaft, FFU-Report 99-5, Berlin 1999, S. 1-48, (S. 15)

562 Vgl. W. Malenbaum: Material Requirements in the United States and Abroad in the Year 2000,
    Philadephia, P.A. 1973; Martin Jänicke, Manfred Binder: „Dirty Industries": Wandlungsmuster

gischen Vorratsbestand an Chrysotil seit 1977 sukzessive[563] und gab ihn 2001 vollständig auf[564]. Hatten sich mit dem Ende des Kalten Krieges die Anstrengungen der Rüstungsforschung unter den Industrienationen verringert, änderte sich dies sehr bald wieder. Auch in Europa sind Wissenschaftler auf dem Gebiet der Rüstungsindustrie wieder aktiv geworden. Militärische Forschung, die bisher auf EU-Ebene nicht gefördert wird, kommt sowohl im neuen Grünbuch zur Raumfahrt als auch in den Überlegungen zu Interventionstruppen zur Sprache. Viele entscheidende Durchbrüche in den verschiedensten Bereichen von Wissenschaft und Technik gehen auf militärische Forschung zurück, die sich auch auf die Gebiete der Asbestsubstitution erstreckte, so unter anderem im Flugzeugbau. Am Beispiel des industriellen Einsatzes von Ersatzstoffen für Asbest im Flugzeugbau soll im Folgenden die Mannigfaltigkeit ihrer Anwendungsmöglichkeiten und auch der damit einhergehende Fortschritt aufgezeigt werden.

Die Entwicklung wie die Fertigung von Bauteilen aus faserverstärkten Kunststoffen ist ein weithin gelungenes Beispiel für den Einsatz von Asbestsubstituten im Flugzeugbereich, sowohl was die Notwendigkeit ihrer Verwendung angeht als auch die Kriterien für ihre gesundheitliche Verträglichkeit und ihre verbesserte Nutzbarkeit für den Aufgabenbereich, in dem sie eingesetzt werden. Hier haben Asbestsubstitute einen Leistungssprung von beträchtlichen Dimensionen erreicht, dessen Innovationsschub anhält. Eine Fülle von Harzsystemen wird beispielsweise besonders im Segelflugzeugbau eingesetzt; so werden u.a. als Zuschlagstoffe Baumwollflocken (Micro-Zellulose) verwendet. Ihre Beimengung verwandelt das Harz in eine zähe Masse mit hervorragenden Klebeeigenschaften und wird überwiegend zum Ein- und Verkleben von Bauteilen wie Spanten und zum Ausbilden von Hohlkehlen an scharfen Ecken gebraucht.

Auch Aerosil hat im Flugzeugbau Einzug gehalten und fand seine Anwendung als Dichtungsmasse in Ballasttanks. Aerosil ist ein amorphes Siliziumdioxid und auch als Fließhilfsmittel im Lebensmittelbereich zugelassen. Für die Staubform gilt in Deutschland ein MAK-Wert[565] von 4 mg/m³. Eine Schutzmaske mit Partikelfilter sollte dann in jedem Fall getragen werden.[566] Mit Baumwollflocken vermischt ergibt sich daraus ein in der Luftfahrt zugelassener Holzleim mit vortrefflichen Klebeeigenschaften.

Asbestsubstitute nahmen und nehmen als Fasern eine große Bedeutung ein; sie sind als wesentlicher Bestandteil von Faserverbundwerkstoffen für die eigentliche Festigkeit verantwortlich. Bekanntlich bestehen Substitute von Fasern aus einer Vielzahl, in unterschiedlichen Herstellungsprozessen gewonnener, feinster Fäden, den so genannten Filamenten. Sie werden in vielfacher Form verarbeitet. Bei ihrer Entwicklung hat die militärische Forschung Maßstäbe gesetzt, die sich auch für die

im Industrieländervergleich, in: Lutz Mez, Martin Jänicke (Hg.): Sektorale Umweltpolitik. Analysen im Industrieländervergleich, Berlin 1997, S. 187-214

563 Watt, Mineral Facts and Problems, S. 65

564 Virta, U.S. Department of the Interior, U.S. Geological Survey Mineral Commodity Summaries 2002, S. 26 f.

565 MAK = Maximale Arbeitsplatzkonzentration

566 Vgl. Akademische Fliegergruppe an der Universität Karlsruhe e.V.: Wissenswertes über Faserverbundwerkstoffe (Spatzls Harzlehrgang), Karlsruhe 2005, S. 1-15 (S. 4)

zivile Luftfahrt ausgezahlt haben. So entwickelten sich folgende Faserverbundwerkstoffe:

Rovings: Dies sind einlagige, nicht versponnene Fasern mit einem Durchmesser von ca. 1,0 mm. Besonders wesentlich bei der Verwendung von Rovings ist, dass sie aufgrund ihrer Beschaffenheit maschinell mit Harz getränkt werden können. In der Hauptsache werden sie in Holmgurten und Verstärkungen eingesetzt.

Gelege: Sie bilden eine Zwischenstufe zwischen losen Rovings und Geweben, denn sie bestehen aus durch dünne Glasfäden zusammen gehaltenen Rovings in einer oder mehreren Lagen. Der Vorteil bei einlagigem Gelege ist, dass es im Handlaminierverfahren leichter verarbeitet und positioniert werden kann als lose Rovings. Mehrere Lagen können durch die einzelnen Fasern geradlinig eingebaut werden und müssen nicht, wie bei Gewebe, durch die Verwebung gewellt integriert werden. Damit wird eine erheblich größere Festigkeit erreicht. Mehrschichtige Gelege finden nur bei fast ebenen Bauteilen Anwendung (z.B. bei Fahrwerkskästen).

Gewebe: Hierbei handelt es sich um verwobene Faserbündel. Diese Gewebe bilden den Hauptanteil der im Flugzeugbau verarbeiteten Fasern. Sie sind vielseitig einsetzbar und im Handlaminierverfahren gut mit Harz zu tränken. Gewebe sind in der Lage, sich je nach Webart (Leinwand, Köper oder HD-Spezialbindung) hervorragend an Wölbungen anzupassen. Demzufolge setzt man sie u.a. in Rumpf- und Flügelschalen ein.

Prepregs: So bezeichnet man schon von Seiten des Herstellerwerks mit Spezialharz getränkte Gelege und Gewebe. Durch diesen maschinellen Vorgang sind durchweg wesentlich bessere Werte zu erreichen.[567]

Die Substitute für Asbestfasern haben freilich noch immer einen, an anderer Stelle dieser Arbeit bereits erwähnten Nachteil. Der beim Schleifen von Faserverbundwerkstoffen entstehende Staub enthält kleinste Filament-Partikel, die ähnlich der Asbestfaser unter Umständen Krebs erregen können. Dies ist ein weiterer Nachweis, dass trotz anwendungs- und produkttechnisch erfolgreicher Ersatzstoffe die Phase der Substitution hinsichtlich einer vollständigen Umweltsicherheit noch nicht abgeschlossen ist.

Dementsprechend bedarf auch die Verwendung von Asbestsubstituten bei der Konstruktion von Flugzeugen besonderer Voraussetzungen. So dürfen nicht nur die Arbeitskräfte, die mit ihnen Umgang pflegen, gesundheitlich nicht gefährdet sein; die eingesetzten Fasersubstitute müssen auch den hohen sicherheitstechnischen Anforderungen genügen. Deshalb verfügt man in der Flugzeugindustrie über spezifische maschinelle Verfahren, die eine besonders schonende Aufbereitung der Fasersubstitute ermöglichen. Ein Beispiel hierfür stellen die erheblichen Mengen an Rovingfasern dar, die vornehmlich beim Holmgurtbau benötigt werden. Um diese beträchtlichen Kapazitäten überhaupt in der zur Verfügung stehenden Zeit be-

---

567 Akademische Fliegergruppe, Wissenswertes über Faserverbundwerkstoffe, S. 6

handeln zu können, wird eine so genannte Rovingziehmaschine verwendet. Die Rovingfasern werden zunächst in einem Harzbad über mehrere Rollen geleitet und somit satt getränkt. Im Anschluss wird der Strang durch eine oder mehrere Abstreif-düsen gezogen, deren Durchmesser so abgestimmt ist, dass das gewünschte Faser-Harzverhältnis genau erreicht wird. Auch wird beim gleichzeitigen Tränken mehrerer Rovings die erforderliche Zugkraft sehr groß, so dass in diesem Fall eine Seilwinde eingesetzt werden muss. Bei Serienherstellern sind noch andere Maschinen im Einsatz, die auch Gewebe tränken können.

Am Beispiel des Flugzeugbaus sollte hier verdeutlich werden, welche vielfältige Anwendungsmöglichkeiten Asbestsubstitute haben. Ihre (Weiter-) Entwicklung kann jedoch keineswegs als abgeschlossen gelten. Zusammenfassend ist festzu-halten, dass die Praxis der Substitution von Gefahrstoffen wie Asbest sich nicht auf fertige Produkte und den jeweils erreichten Status quo verlassen kann. Vielmehr müssen ständig neue Varianten entwickeln werden. Sofern diese Varianten trotz Neuentwicklung noch über Gebühr Schadstoffe aufweisen, darf das nur als Zwi-schenschritt auf dem Weg zu einem „sichereren" Substitut angesehen werden. Jorma Rantanen geht in seiner Wertung sogar so weit, dass er die meisten Ersatzlösungen für Asbest als praktischer, sicherer und haltbarer als die asbesthaltigen Originale be-trachtet. Nach seiner Einschätzung ist der Werkstoff Asbest nicht so optimal wie er früher immer eingestuft wurde:

> „… denn er [der Asbest, d.A.] ist nicht festgebunden, er ist staubig, sperrig und
> eher unpraktisch. Mit der Substitution von Asbest in Bremsbelägen, Isolierun-
> gen sowie Zementprodukten für Dach- und Bodenbelägen waren keinerlei
> schwerwiegende technische oder wirtschaftliche Probleme verbunden. … . As-
> best kann sowohl unter Berücksichtigung technischer wie auch wirtschaftlicher
> Aspekte in jedem Land problemlos ersetzt werden; …"[568]

Der anhand von Ersatzstoffentwicklung und -einsatz im Flugzeugbau aufgezeigte Fortschritt ist beeindruckend. Untersuchenswert ist vor diesem Hintergrund, ob auch in anderen Industriezweigen vergleichbare Entwicklungsschübe als Folge des Sub-stitutionsprozesses von Asbest zu beobachten waren. Wenn dies nicht der Fall sein sollte, ließe sich die Hypothese aufstellen, dass die beobachteten Ersatzstoffentwick-lungen in diesem Industriezweig nur durch staatliche Subventionen in die militäri-schen als auch zivile Luftfahrt möglich waren.

Unabhängig von der Fragestellung über Subventionen schließt sich die weitere Nachfrage an, wie und auf welche Weise sich Ersatzstoffe im Rahmen ihres eigenen Phasenzyklus entwickelten und ob und wie sie als Innovation Eingang in andere Industriezweige fanden, zumal es sich beim Flugzeugbau um einen als Hochtechno-logie oder auch Schlüsselindustrie bezeichneten Sektor handelt, von dem in der Regel technologische Impulse in andere industrielle Fertigungen ausgehen.

---

568 Rantanen, Inzidenz, S. 13

5.2.6 Die Probleme der Substitution

Produkte des täglichen Bedarfs sind oftmals Beispiele für die einstige Verwendung von Asbest bzw. für eine zwischenzeitlich erfolgte Substitution, etwa in den Bereichen von Kunststoffen, Farben, Fotochemikalien, Farbstoffe, Pestizide, Chemikalien für die Elektroindustrie oder Baustoffen. Nahezu jeder Wirtschaftszweig setzte einstmals Asbest bzw. asbesthaltige Produkte im Rahmen seines Produktions- oder Wertschöpfungsprozesses ein und benötigte nun schadstoffarme Substitute für den gleichen Zweck. Die folgende Liste dient dem Überblick über die verschiedenen Branchen, in denen Asbestsubstitute notwendig waren:
– Baugewerbe
– Herstellung von Chemikalien und chemischen Produkten
– Herstellung, Wartung und Reparatur von Kraftfahrzeugen und Motorrädern
– Herstellung anderer Transportmittel (mit Ausnahme von Autos)
– Textilherstellung
– Herstellung von nichtmetallischen Mineralprodukten
– Elektrizitäts-, Gas-, Dampf- und Wasserversorgung
– Schifffahrt
– Herstellung von Gummi- und Kunststoffprodukten
– Erdöl- und Erdgasgewinnung
– Herstellung von Metallerzeugnissen
– Abwasser- und Abfallentsorgung, Reinigungs- und ähnliche Tätigkeiten

Die Probleme beim Einsatz von Asbestsubstituten können zumeist nur individuell und auf den jeweiligen Anwendungsfall bezogen gelöst werden. Zum Teil erwies sich die Suche nach einem Ersatzstoff als ein nur langfristig anzulegender Prozess. Die Entwicklung wurde und wird von einer ganzen Reihe unterschiedlicher Akteure, Rahmenbedingungen als auch von Unkenntnis über die Wirkmechanismen bisher kaum untersuchter Materialien beeinflusst. Es bedurfte einer Vorgehensweise, die hohe Effektivität in Bezug auf eingesetzte Zeit und dem Einsatz finanzieller Mittel erforderte (siehe das Projekt „Neue Technologie" der Eternit AG). Vor diesem Hintergrund wurden umweltgefährdende Arbeitsstoffe kaum vor Markteinführung des Substituts vom Markt genommen, sofern nicht ein kurzfristig staatlich verhängtes Verbot oder öffentlicher Druck dazu nötigte. In Europa waren derartig kurzfristige Verbote oder öffentlicher Druck jedoch nicht beobachtbar. Die Ankündigungszeit beabsichtigter Untersagungen erstreckte sich zumeist über mehrere Jahre.

Im Übrigen ist Substitution nicht nur wegen des Einsatzes wenig erforschter Chemikalien ein ernstzunehmendes Problem. Neue Materialien, neu entwickelte Produkte wie auch neue Arbeitsprozesse schaffen neue Herausforderungen. Als Beispiel dafür mag das Recycling von Katalysatoren aus Fahrzeugen dienen. Hier geht es um die Wiedergewinnung wertvoller Metalle nach einem Verfahren, welches vor zehn Jahren noch völlig unbekannt war. Während dieses Recycling-Prozesses kommen Arbeitnehmer mit den Keramikfasern des Katalysators in Kontakt. Diese Fasern werden nun als karzinogen eingestuft.

Die Schwierigkeit bei der Verwendung von Asbestsubstituten besteht auch darin, dass der Grad der Gefährdung durch Substitute nicht eindeutig festgelegt werden konnte und kann. Die Kontrolle der Exposition von Arbeitnehmern und Endverbrauchern gegenüber Abfallprodukten aus Asbestsubstituten stellt ein nicht unerhebliches Problem dar. Zu diesem Zweck ist eine intensive Kontrolle der Exposition von Arbeitnehmern bei der Verarbeitung mit Hilfe von Asbestsubstituten hergestellter Produkte notwendig. Insbesondere bei der mechanischen Bearbeitung von Substituten beim Trennen oder Schleifen entstanden und entstehen häufig Feinstäube, denen der Arbeitnehmer in der Nähe der Gefahrenquelle ausgesetzt war und ist, die zwar nach bisherigem Erkenntnisstand ein gegenüber Asbestfeinstaub deutlich abgesenktes Gesundheitsrisiko aufweisen, jedoch weiterhin vorhanden und gesundheitsschädlich sind.

Überdies ist festzustellen, dass die zunehmende Verunsicherung beim Umgang mit Chemikalien, welche in vielfältiger Weise den Asbest ersetzen mussten, gerade in den siebziger und achtziger Jahren bei den Unternehmern eine wesentliche Rolle spielte, die zur Herstellung ihrer Produkte auf Asbest angewiesen waren und nun mit den vielfältigsten Substituten umzugehen hatten. Das Eigenschaftsprofil der von den Unternehmen an Stelle von Asbest eingesetzten unterschiedlichen Substitute war den Unternehmen zumeist unbekannt. Naturgemäß wollten sie mehr über diese Materialien erfahren und holten ausführliche Informationen über die Wirkungen bestimmter chemischer Inhaltstoffe der Produkte ein. Grundlage hierfür waren Empfehlungen der Europäischen Agentur für Sicherheit und Gesundheitsschutz am Arbeitsplatz[569], die vorgeschlagen hatte, dass die Hersteller bestimmter chemischer Stoffe aufgefordert werden, klare Informationen über diese Materialien zu liefern, damit der Problembereich von Asbestsubstituten eindeutig abgegrenzt werden kann.

Für diesen Zweck mussten folgende Angaben registriert werden:
- das Unternehmen,
- die chemischen Stoffe, die verwendet werden,
- die Art der Verarbeitung dieser Stoffe, unter denen noch immer gefährliche Produkte sind, die dem Endverbraucher Schaden zufügen können.

Des Weiteren wurden Angaben erhoben, die folgende Felder betreffen:
- die Namen der Produkte (oder Synonyme),
- Identifikationsnummern,
- Arbeitsplatzgrenzwerte,
- EU-Einstufungen usw.

Die wesentlichen Punkte für die Zubereitung chemischer Produkte waren:
- die Zusammensetzung,
- die Verwendungskategorien (technische Funktion und Industriezweig),
- die Mengen (produziert, importiert, exportiert).

---

569 Konkolewsky, Umgang mit Gefahrstoffen, S. 1–40

In jedem Jahr wurden in Europa mehr als 5.000 Produkte neu angemeldet, etwa 3.000 vorhandene Produktdatensätze wurden jährlich überarbeitet oder wieder verworfen.[570]

Die für Folgenabschätzungen und zur Gesundheitsprävention notwendigen Anforderungen an Überwachung und Dokumentation, welche aktuell durch das Reach-System noch einmal ausgedehnt werden, stellen zugleich aber auch ein bürokratisches Hindernis bei der Entwicklung und Produktion von Ersatzstoffen dar. In der deutschen Gefahrenstoffverordnung (Gef-StoffV § 16) gibt es zwar das generelle Substitutionsgebot, das durch konkrete Regelungen für den Umgang mit Ersatzstoffen ergänzt wird, deren Umsetzung in der Praxis jedoch kaum überprüft werden kann. Beispielsweise können Bodenbelagsbaustellen nicht durch einen Kran als Baustelle erkannt werden, sondern lediglich ein kleineres Baustellenfahrzeug, manchmal sogar nur ein PKW vor dem Objekt zu finden ist, werden diese Baustellen kaum auf Einhaltung der Regeln kontrolliert.[571] Die Unternehmen waren und sind letztlich für die Umsetzung der „Gefahrstoffverordnung", welche seit dem 1. Oktober 1986 die entsprechenden berufsgenossenschaftlichen Regeln ablöste, verantwortlich.[572] Demgemäß sind die Unternehmen für die Einhaltung der darin veröffentlichten Verbotsliste verantwortlich. Ebenso müssen sie die Dokumentation pflegen, die Auskunft gibt, welche Hersteller, Importeure und Händler bei der Herstellung und Vermarktung bestimmter Stoffe, Erzeugnisse und Gegenstände beteiligt sind.[573] Eine so umfassende Verantwortung erforderte zwangsläufig das Vermögen, eine sachgerechte und qualifizierte Auswahl der zu untersuchenden Stoffe für eine Ersatzstoffprüfung treffen zu können. Diese fundierten, fachlichen Kenntnisse waren und sind aber bei kleineren Betriebsgrößen kaum bzw. nur unter großen Anstrengungen vorzuhalten.

Wie sieht die Regelungslage neben dem bestehenden Reach-System gegenwärtig aus? Gewerbeaufsichtsämter und Berufsgenossenschaften sind keinesfalls im Stande, das in § 16 der Gefahrenstoff-Verordnung enthaltene Substitutionsgebot und die daraus resultierenden Vorschriften wirksam und vor allem flächendeckend umzusetzen. Leitlinien und spezifische Regelungen sind in ihrer Größenordnung viel zu weit reichend, als dass sie auch mit einer (politisch ohnehin nicht durchsetzbaren) Aufstockung der Aufsichts- und Kontrollkapazitäten durchzusetzen wären. Die Kontrolltätigkeit ist also auf die vorher bereits geleistete Arbeit der Hersteller angewiesen und wird wesentlich durch die anhaltend sensibilisierten Anwender und Verbraucher getragen.

Auch muss man sich darüber im Klaren sein, dass der Informationsfluss bei der Substitusentwicklung gegenüber einem Routine-Verarbeitungsprozess, bei dem der

---

570 Ebd., S. 30
571 Vgl. die TRGS-600er-Reihe (Technische Regeln für Gefahrenstoffe). Die technischen Regeln für Gefahrstoffe der 600er-Reihe befassen sich mit Ersatzstoffen, Ersatzverfahren und Verwendungsbeschränkungen. Vgl. Reinhold Rühl: Technische Regeln für Gefahrstoffe (TRGS) zu Ersatzstoffen, in: Gefahrstoffsubstitution und Innovationsfähigkeit, Erfolgreicher Auftakt des Projektes SubChem, Gestaltungsoptionen für handlungsfähige Innovationssysteme zur erfolgreichen Substitution gefährlicher Stoffe, Hamburg 2001, S.80-91
572 Vgl. Vgl. Technische Regel für Gefahrstoffe (TRGS) 440, BMAS/AGS, 1996, Anlage III
573 Vgl. Technische Regel für Gefahrstoffe (TRGS) 440, Verbotsliste, in: BMAS/AGS, 1996, Anlage III

universelle Werkstoff Asbest auf die bisher übliche Weise eingeflossen ist, beträchtlich erhöht werden muss. Eine Fülle von Bedingungen und Auswirkungen muss berücksichtigt werden, die für eine Innovation letztlich notwendig sind; so zum Beispiel Detaildaten von Produktlieferanten, Anforderungen von Gewerbeaufsicht und Umweltamt müssen erfüllt sein, etwa Brandgefährdung, Entsorgung oder das Recycling betreffend. Sämtliche Punkte müssen parallel zu einer innovativen Substitution von Asbest mit partiell recht aufwendigen Recherchen einer Klärung zugeführt werden. Selbst die Kenntnis der Folgen einer Asbestexposition darf nicht darüber hinweg täuschen, dass wissenschaftliche und technische Daten über Ersatzstoffe mit einem realistischen Informationsniveau verknüpft werden müssen, welches auch für den Endverbraucher verständlich ist.

Ein weiteres sehr praktisches Problem bei der Gestaltung des Substitutionsprozesses ergibt sich aus zeitlich bzw. regional differenzierten Verboten. Besonders treten sie hervor, wenn innerhalb eines ineinander verzahnten Wirtschaftsraums eine unterschiedliche Asbestpolitik betrieben wird und mögliche Preisunterschiede zwischen asbesthaltigen Produkten und ihren Substituten zu einer Verzerrung des Wettbewerbs führen. Beispielhaft hierfür sind die Länder Südafrika und Zimbabwe. Asbest verarbeitende Betriebe in Südafrika, in erster Linie Asbestzementproduzenten, bereiteten sich auf das ab 2009 in ihrem Land gültige Asbestverbot bereits ab 2002 aktiv vor, investierten in die Verarbeitung von alternativen Fasern und brachten die daraus gefertigten Waren sukzessive auf den Markt. Dabei wurden sie von den Asbestzementimporten aus Zimbabwe preislich unterboten. Zum einen war und ist für Zimbabwe ein Verbot der Asbestfaser noch nicht absehbar und somit unternahmen die dortigen Produzenten keine Konversion ihrer Produktion. Zum anderen stiegen die Produktionskosten für die südafrikanischen Produzenten infolge der Umstellung. Aufgrund dieses Kosten- und dann auch Preisgefälles sanken die Margen und die abgesetzten Mengen der südafrikanischen Produzenten.[574] Auch innerhalb Europas wurden die Verbote von Asbest zeitlich und inhaltlich abweichend voneinander verhängt. Wirtschaftliche Verwerfungen wie sie aus dem südlichen Afrika berichtet werden, sind allerdings in Europa nicht bekannt geworden. Ursächlich hierfür können zwei Gründe sein. In allen Ländern Europas konnten die Asbestwarenproduzenten, anders als es in Zimbabwe der Fall war, spätestens im Laufe der Ernüchterungsphase antizipieren, dass ein Verbot des von ihnen verarbeiteten Rohstoffes auf sie zukommen wird. Nur die Frage des Zeitpunkts war national unterschiedlich. Vor diesem Hintergrund hätte es wenig Sinn gemacht, noch besondere Anstrengungen in den Aufbau von Exportbeziehungen mit Asbestwaren zu investieren.[575] Vielmehr bündelten die Unternehmen ihre Kräfte zur

574 Vgl. Abdul Milazi: Zim asbestos hurts SA firm, in: Fiancial Mail, Rosebank, Südafrika, 2. April 2004
575 Ergänzend ist zu berücksichtigen, dass grenzüberschreitende Handelsbeziehungen durch eine noch nicht vorhandene Gemeinschaftswährung erschwert waren. Ferner waren die Chancen für einen Export dadurch begrenzt, dass die Asbestzementwaren über ein hohes spezifisches Gewicht verfügten, volumenreich waren und damit sehr frachtsensible bzw. transportkostenintensive Güter darstellten. Insofern waren sie grundsätzlich räumlich nur begrenzt handelbar. Erschwert wurde ein Expotgeschäft auch durch die zum Teil stark voneinander abweichenden nationalen Baunormen.

Eruierung von Produktionsalternativen und damit zur langfristigen Absicherung ihres Geschäftes, anstatt noch in einem sterbenden Produktsegment zu expandieren. Selbst bei einer temporären preislichen Unterbietung von asbestfaserfreien Produkten durch asbesthaltige Produkte wäre in Europa der Absatzerfolg asbesthaltiger Waren zu Beginn der Substitutionsphase aufgrund des im Zuge der Ernüchterungsphase mittlerweile aufgeklärten Verbrauchers und seiner daraus resultierenden Kaufzurückhaltung für asbesthaltige Produkte sehr bescheiden gewesen. Somit lässt sich im Abgleich des Substitutionsprozesses zwischen Europa und Südafrika feststellen, dass das Problembewusstsein der Verbraucher und Anwender den Substitutionsprozess stützen oder auch beeinträchtigen kann.

5.3 Lokale Beseitigungen – die *Sanierungsphase*

In Deutschland wurde bereits Ende der siebziger, Anfang der achtziger Jahre mit der Verhängung erster Herstellungs- und Verwendungsverbote für Asbest und für einzelne asbesthaltige Produkte erkannt, dass Asbeststaubgefährdung nicht nur auf Produktion und Verwendung beschränkt ist, sondern zunehmend beim Abbrechen und Beseitigen von Asbest und asbesthaltigen Materialien auftreten wird. Die Bearbeitung von asbestfaserhaltigen Produkten, zu der zwangsläufig auch deren Sanierung gehört, kann bei unsachgemäßem Vorgehen größere Fasermengen freisetzen (siehe Abbildungen 30). Aus diesem Grund sind mit Blick auf durchzuführende Sanierungsmaßnahmen Arbeitsverfahren kritisch zu beurteilen, bei denen Asbestzement zerbrochen, zerschlagen oder durch bestimmte Arbeitsvorgänge mechanisch bearbeitet wird wie durch Bohren, Sägen, Schleifen, Fräsen oder Dampfstrahlen.

(1) **(2)**

Abbildungen 30:

(1) **Asbestfaserexposition bei der Bearbeitung von Asbestzementwellplatten**
[Quelle: Berufsgenossenschaftliches Institut im Hauptverband der gewerblichen Berufsgenossenschaften, Berlin]

(2) **Asbestsanierung einer Dachkonstruktion**
[Quelle: Dachziegelwerk Nelskamp GmbH, Schermbeck]

Da asbesthaltige Produkte in nahezu allen Lebensbereichen Anwendung fanden, sei es im industriellen Umfeld, in gewerblich oder privat genutzten Gebäuden oder als Gegenstände, die der täglichen Nutzung unterlagen, erschien eine vollständige Sanierung bei möglichst geringer Faserexposition ein sehr anspruchsvolles Ziel.

Zum Schutz der mit der Sanierung von Asbest beschäftigten Personen wurden deshalb 1982 aus dem Kreis der Berufsgenossenschaften erstmals „Sicherheitsregeln für das Entfernen von Asbest" erarbeitet.[576] Insofern kann um diesen Zeitpunkt der Beginn der Sanierungsphase angesetzt werden, obgleich zu dieser Zeit sowohl die Ernüchterungsphase noch anhielt und auch ernsthafte Substitutionsbemühungen aufgrund der noch nicht sehr umfangreichen Verbote erst wenige Jahre zuvor eingesetzt hatten. Somit überschnitten sich in der Entwicklungsgeschichte des Werkstoffes As-

---

576 Vgl. Norddeutsche Metall-Berufsgenossenschaft, Hannover: Entfernen von Asbest, Ausgabe 1.82

best während der ersten Hälfte der achtziger Jahre des 20. Jahrhunderts die Phasen der Ernüchterung, der Substitution, der Sanierung und auch der Entsorgung wie noch im Folgenden Abschnitt 5.4 gezeigt wird.[577]

In dem Maße, in dem die Ernüchterung fortschritt und Herstellungs- und Verwendungsverbote ausgesprochen wurden, erhöhte sich einerseits, wie bereits in dieser Arbeit herausgestellt, der Druck zur Substitution. Andererseits hatte die Demontage asbesthaltiger Stoffe im Rahmen von Sanierungsarbeiten zusätzliche Asbestfaserexpositionen zur Folge. Die Dynamik der Sanierungsphase, getrieben von dem Ziel einer vollständige Sanierung bei zugleich möglichst geringer Faserexposition, sowie auch die Komplexität der Problematik wird an der im Folgenden geschilderten Evolution der Vorschriften zum Umgang mit Asbest und asbesthaltigen Gefahrstoffen deutlich.

Im August 1988 wurde in Ergänzung zur ersten Änderungsverordnung der Gefahrstoffverordnung erstmals eine entsprechende Technische Regel für Gefahrstoffe, die TRGS 517, erarbeitet und veröffentlicht. Sie regelte sowohl das Herstellen und Verwenden als auch den Abbruch von Asbest und löste die „Sicherheitsregeln für das Entfernen von Asbest" aus dem Jahr 1982 ab. Die Technische Regel 517 definierte besondere Schutzmaßnahmen für den Umgang mit Asbest und asbesthaltigen Gefahrstoffen. Sie fixierte die sicherheitstechnischen, arbeitsmedizinischen, hygienischen und arbeitswissenschaftlichen Anforderungen. Grundsätzlich orientieren sich alle Technischen Regeln für Gefahrstoffe am jeweils aktuellen Erkenntnisstand. Demgemäß wurde mit der Zweiten Verordnung zur Änderung der Gefahrstoffverordnung zum 1. Mai 1990 die TRGS 517 erstmals überarbeitet und dem Stand der Technik angepasst. Dies betraf sowohl die Handhabung neuer Produkte als auch die Behandlung von zum Ausbau vorgesehenen asbesthaltigen Produkten. Zwar war die Anzahl der verbotenen Produktgruppen asbesthaltiger Waren mittlerweile angestiegen, gleichwohl durften andere Asbestprodukte weiter verwendet werden, wenn auch nur in begrenztem Umfang und nur noch für einen absehbar befristeten Zeitraum. Vergleichbar dem Prinzip kommunizierender Röhren stieg mit den sich ausweitenden Verboten der Bedarf an Handlungsmaximen hinsichtlich Schutzmaßnahmen für Abbruch-, Sanierungs- oder Instandhaltungsarbeiten. Deshalb wurden kurz darauf im September 1990 zusätzliche Regelungen erlassen. Die Schutzmaßnahmen für „Abbruch-, Sanierungs- oder Instandhaltungsarbeiten" wurden aus der TRGS 517 herausgelöst und unter Berücksichtigung der überarbeiteten Gefahrstoffverordnung in der TRGS 519 zusammengefasst, während für den Umgang beim „Herstellen und Verwenden" von Asbest und asbesthaltiger Gefahrstoffe die TRGS 517 bestehen blieb.

Mit der Dritten Änderungsverordnung zur Gefahrstoffverordnung zum 1. Juni 1991 war es erneut notwendig, die beiden Technischen Regeln zu überarbeiten. Dementsprechend erschien eine Novelle der TRGS 519 zum 1. September 1991. Eine angepasste Bestimmung der TRGS 517 für das „Herstellen und Verwenden" war zum 1. Februar 1992 verfügbar.

---

577 Siehe zur Überschneidung der Phasen auch Grafik 11 „Zeitliche Abgrenzung der Entwicklungsphasen des Werkstoffes Asbest" in Abschnitt 4 „Die Phasen der industriellen Asbestverarbeitung I – Innovation und Umsetzung in der Praxis" dieser Arbeit.

Mit der Neufassung der TRGS 519 wurde für Abbruch-, Sanierungs- oder Instandhaltungsarbeiten auch der TRK-Wert[578] aufgehoben. Im Ausschuss für Gefahrstoffe, der für die inhaltliche Ausgestaltung der Technischen Regeln verantwortlich war und ist, wurde die Auffassung vertreten, dass bei Abbruch-, Sanierungs- oder Instandhaltungsarbeiten regelmäßig mit Spitzenbelastungen zu rechnen ist und deshalb kein Grenzwert angegeben werden kann. Für den Umgang mit Asbest am Arbeitsplatz im Sinne der TRGS 517 galt für die einzige noch nicht verbotene Asbestsorte Chrysotil jedoch weiterhin der Grenzwert von 250.000 Fasern/m^3.[579] Infolge der zum 1. November 1993 in die Gefahrstoffverordnung integrierten, fast vollständigen Untersagung der Herstellung und Verwendung von Asbest war es konsequent, im April 1995 die TRGS 517 und damit den für den Geltungsbereich dieser Technischen Regel noch bestehenden Grenzwert für Chrysotil aufzuheben. Seit dieser Zeit besteht für den Umgang mit Asbest kein Grenzwert mehr. Auch die TRGS 519 „Asbest – Abbruch- und Sanierungs- oder Instandhaltungsarbeiten" wurde 1995 novelliert.[580] Entsprechend dem fortschreitenden Stand der Technik erfolgten in den Folgejahren weitere regelmäßige Anpassungen dieser Technischen Regel.

Die TRGS 519 ist zwar auf die Sanierung aller asbesthaltigen Produkte ausgerichtet, im Vordergrund der folgenden Ausführungen steht jedoch die Sanierung von Asbestprodukten, die als Baustoffe verwendet wurden. Während bei asbesthaltigen Baustoffen, bei denen die Faser fest eingebunden ist, mit einer Faserfreisetzung nur bei grober äußerer Einwirkung zu rechnen ist, liegt eine deutlich höhere Gefahr der Faserfreisetzung bei nur schwach gebundenen Asbestfasern vor, so beispielhaft bei diversen asbestfaserhaltigen bauchemischen Produkten, asbesthaltigen Spritzbelägen auf Trägern, Stützen und Streben aus Stahl oder Beton. Überdies waren und sind schwach gebundene Asbestfasern noch zu finden auf Fassadenelementen, Zwischenböden abgehängter Decken, Verschalungen, an elektrischen Anlagen, Leitungen, Liftschächten, Brandabschottungen, im Inneren von Lüftungskanälen wie in Füllmaterial von Brandschutztüren und Brandschutzklappen. Ferner können schwach gebundene Fasern in Asbestgeweben (inkl. Schnüren) als Dichtungsmaterial von Türen, Klappen und Flanschen sowie rauchdichten Türen und Toren auftreten sowie als Füllmaterial in Dehnfugen sowie Kabel- und Rohrdurch-

---

578 Technische Richtwertkonzentration, eingeführt 1973 von der Senatskommission zur Prüfung gesundheitsschädlicher Arbeitsstoffe der Deutschen Forschungsgemeinschaft (DFG); siehe auch Abschnitt 5.4.6 „Die Grenzwertdiskussion und die Entwicklung der Verbote" dieser Arbeit

579 Siehe auch Tabelle 13 dieser Arbeit „Chronologische Entwicklung der für Arbeitsplätze geltenden Grenzwerte der Technischen Richtwertkonzentration".

580 Bezüglich der Sanierung von künstlichen Mineralfasern mit geringer Biolöslichkeit, die krebserzeugende Faserstäube freisetzen können und in Deutschland einem Herstellungs-, Inverkehrbringens- und Verwendungsverbot unterliegen, wie beispielsweise Mineralwolle-Dämmstoffe, sind bei Abbruch-, Sanierungs- und Instandsetzungsarbeiten Maßnahmen des Arbeits- und Gesundheitsschutzes zu ergreifen, die beim Umgang mit Faserprodukten notwendig sind. Diese sind in der Technischen Regel für Gefahrstoffe (TRGS) 521 „Faserstäube" zusammengefasst. Empfehlungen zur Erteilung von Ausnahmegenehmigungen gemäß § 15a AbS. 1 GefStoffV für den Umgang mit asbesthaltigen mineralischen Rohstoffen und Erzeugnissen in Steinbrüchen regelt die Technische Regel für Gefahrstoffe (TRGS) 954: Asbest / Abbruch-, Sanierungs- oder Instandhaltungsarbeiten.

führungen. Asbesthaltige Gipse und Putze, die Asbestfasern nur schwach binden, kommen als Isolationsputze für Brandabschnitte vor und bei Reparaturstellen von Spritzbelägen, bei Rohrleitungsisolationen oder -verbundstoff (Asbestfasern in Mörtelschicht) und in Liftschächten oder Liftmotorenräumen. Asbestleichtbauplatten, mit einem produktbedingt nur geringem Bindemittelanteil, treten bei Brandschutzverkleidungen, bei Trägern, Stützen und Streben aus Stahl, Beton oder Holz, bei Brandschutztüren, Heizkörpernischen, bei abgehängten Deckenflächen, Wandplatten und Treppenuntersichten auf. Zudem sind sie bei Einhausungen in der Raumlufttechnik (Ventilatoren), bei Be- und Entlüftungskanälen, Brandschutzklappen wie bei Abdeckungen von Kabelkanälen, Kabeltrassen und Kabelschächten anzutreffen. Platteneinlagen in Liftkabinen gehören ebenso zu Produkten mit geringer Faserbindung wie Auskleidungen von Nachtstromspeicheröfen oder im Bereich von Heizkesseln verwendete Platten. Aufgrund dieser weiten Verbreitung kam schwach bindenden, asbestfaserhaltigen Produkten eine besondere Aufmerksamkeit zu.

Es wurde bereits erörtert, dass im Gegensatz zur Arbeitsplatzumgebung für den „normalen" Lebensraum von Menschen kein verbindlicher Grenzwert für ein noch akzeptables Limit an Faserkonzentration entwickelt wurde und auch nicht entwickelt werden konnte.[581] Vor diesem Hintergrund stellt sich umso mehr die Frage, was die Kriterien für eine Entscheidung über Sanierung asbesthaltiger Produkte sind. Der Batelle Institut e.V. kam 1978 im Auftrag des Umweltbundesamtes im Rahmen eines Forschungsberichtes zu dem Ergebnis, dass schwach gebundene Asbestprodukte in Innenräumen unbedingt zu sanieren sind.[582] Lediglich der Zeitpunkt der durchzuführenden Arbeiten wäre disponibel und abhängig von den jeweiligen Umständen.

In der Analyse des Batelle Instituts wurde Spritzasbest als eine reale Bedrohung eingestuft und als Hauptquelle für Faserstoffe in Innenräumen identifiziert. In den folgenden Jahren (1989 und 1992) wurden Richtlinien für die Bewertung und Sanierung schwach gebundener Asbestprodukte in Gebäuden, so genannte Asbest-Richtlinien, formuliert.[583] Mit ihrer Hilfe und der eines Bewertungsschemas konnte die Entscheidung über die Sanierungsbedürftigkeit eines Asbestproduktes in struktu-

---

581 Siehe hierzu Abschnitt 5.1.5 „Die Grenzwertdiskussion und die Entwicklung der Verbote" dieser Arbeit.

582 Vgl. Batelle Institut e.V.: Analyse der Asbestindustrie, in: Umweltbundesamt, Forschungsbericht 78-10403 624, Berlin 1978; Malik Tesch, Nicolai Martens: Asbestsanierung von Gebäuden, Optimierung der Belüftung im Schwarzbereich, in: Sicherheitsingenieur, Heft 9/2004, S.12-19, S. 12. Demnach wurde dieser grundlegenden Einschätzung auch bezüglich des ehemaligen Palastes der Republik in Berlin gefolgt. Das Gebäude wurde am 19. September 1990 auf Empfehlung des Leiters der Bezirkshygieneinspektion für die öffentliche Nutzung geschlossen. Ausschlaggebend war hierfür die Tatsache, dass bei der Erbauung des Gebäudes circa 4.500 bis 5.000 Tonnen Spritzasbest, also schwach gebundene Asbestfasern, mit einem Anteil von über 700 Tonnen Rohasbest verarbeitet wurden. Neben der Diskussion um die Nutzungsmöglichkeiten nach einer erfolgten Sanierung, wurde der Abriss des Gebäudes letztlich auch mir Blick auf die Höhe der ansonsten anfallenden Sanierungskosten beschlossen.

583 Vgl. Berufsgenossenschaft der Bauwirtschaft, Berlin: Richtlinien und Erläuterungen für die Bewertung und Sanierung schwach gebundener Asbestprodukte in Gebäuden, Ausgabe 5.89, erhältlich noch bei der ARGE der Bau-Berufsgenossenschaften, Frankfurt, und der Tiefbau-Berufsgenossenschaft, München.

rierter Form herbeigeführt werden. Zur Entscheidungsfindung wurde das Bewertungsschema so angelegt, dass das mögliche Asbestfaserfreisetzungspotenzial eines jeden verwendeten Produktes ermittelt wurde. Als Kriterien im Rahmen der Abschätzung des Potenzials der Faserfreisetzung wurden deshalb festgelegt:

1. Art der Asbestverwendung
2. Asbestart
3. Struktur und Oberfläche des Asbestproduktes
4. Oberflächenzustand des Asbestproduktes
5. Beeinträchtigung des Asbestproduktes von außen
6. Nutzung des durch das Asbestprodukt beeinträchtigten Raumes
7. Lage des Asbestproduktes im Bezug auf den untersuchten Raum

Im Zuge der Beurteilung werden entsprechend der individuellen Sachlage zu jedem Kriterium Bewertungspunkte vergeben. Für die genaue Zustandsbeschreibung der untersuchten Materialien sind zumeist Probenahmen von dem asbesthaltigen Material erforderlich. Hierbei muss mit äußerster Vorsicht vorgegangen werden, um ein Freiwerden von Asbestfasern zu vermeiden. Für die anschließende Diagnose des fraglichen Stoffes steht eine Methode zur Verfügung, die irrtümliche Bewertungen nahezu ausschließt.

„Die Ermittlung asbesthaltiger Werkstoffe und die sichere Diagnose der verschiedenen Asbest-Varietäten kann rationell, schnell und sicher mit dem Polarisationsmikroskop durchgeführt werden. Anhand von optischen und strukturellen Kriterien, zusammengestellt in einem Fluss-Schema, können die Asbeste zunächst von künstlichen Fasern (Steinwolle, Keramikfasern) unterschieden werden. Für die technisch wichtigsten Asbestvarietäten ist im Anschluss eine eindeutige Zuordnung auf optischem Wege möglich." [584]

Auch die Art der Raumnutzung ist bei einer Abwägung über die Sanierungsnotwendigkeit von Bedeutung. Hierbei gilt es ins Kalkül zu ziehen, ob der Raum regelmäßig von Kindern, Jugendlichen oder Sportlern genutzt, zeitweilig oder nur vergleichsweise selten in Gebrauch genommen wird. Aus der Summe der vergebenen Bewertungspunkte wird dann die Dringlichkeit der Sanierung abgeleitet. Im Ergebnis werden drei Dringlichkeitskategorien unterschieden. Es sind: „dringend erforderlich", „mittelfristig erforderlich" und „langfristig erforderlich". Da es sich hier um die Beurteilung von schwach gebundenen Asbestfaserprodukten handelt, die grundsätzlich zu sanieren sind, scheidet mögliche Kategorie „nicht erforderlich" von vornherein aus. Die Bewertung eines Einzelfalls sollte immer von Asbestsachverständigen durchgeführt werden.

Ergänzende Messungen zur Faserkonzentration in der Raumluft sind entgegen den in der Populärliteratur häufig im Zusammenhang mit Asbestsanierungen als Entscheidungskennziffer angeführten Faserkonzentrationswerten für die grundsätzliche Entscheidung über eine Sanierung ohne Relevanz. Messwerte fließen deshalb nicht

---

584 Vgl. K.P. Burgath, M. Mohr: Asbeste und ihre Diagnose. Projektbeitrag zum Projekt: Methoden- und Verfahrensentwicklungen, Bundesanstalt für Geowissenschaften und Rohstoffe, 2000, S. 1-6 (S. 2); M. Mattenklott: Identifizierung von Asbestfasern in Stäuben, Pulvern und Pudern mineralischer Rohstoffe. Teil 1, in: Grundlagen, Kriterienkatalog. Gefahrstoffe – Reinhaltung Luft, 58, 1998, Nr. 1, S. 15-22

in die grundsätzliche Entscheidung ein, weil Messungen immer nur einen augenblicklichen Zustand wiedergeben. Unvorhersehbare Schwankungen der Faserkonzentration, beispielsweise durch Luftbewegungen im Raum, können dabei nicht oder nur sehr ungenau erfasst und berücksichtigt werden.

Messungen der Faserkonzentration können vor der Sanierung jedoch dazu dienen, die Existenz oder das Fehlen gegenwärtig hoher Konzentrationen im Gebäude nachzuweisen und damit gegebenenfalls die Dringlichkeit einer Sanierung bestärken sowie auch gemäß TRGS 519 den notwendigen Schutzumfang im Rahmen der Sanierungsarbeiten festzulegen. Der bei diesen Arbeiten herzustellende Schutzumfang richtet sich nach den in der Technischen Regel festgehaltenen drei Klassifizierungen. Dies sind zum einen „Arbeiten geringer Exposition", die bei Asbestfaserkonzentrationen im Sanierungsbereich von unter 15.000 Fasern/m^3 gegeben sind. Zum anderen „Arbeiten geringen Umfangs" bei Konzentrationen bis 150.000 Fasern/m^3 und Beschäftigung von maximal zwei Arbeitskräften und höchstens vier Stunden Arbeitszeit für die gesamte Sanierung sowie drittens „Umfangreiche Arbeiten", was alles erfasst, was nicht unter die beiden vorgenannten Kategorien zu subsumieren ist.

Der Beweggrund, überhaupt die Sanierungsdringlichkeit ermitteln zu lassen, leitet sich aus den jeweiligen Landesbauordnungen ab, wonach der Eigentümer generell für den ordnungsgemäßen Zustand seiner Immobilie verantwortlich ist. Im konkreten Fall ist der Eigentümer zur Feststellung verpflichtet, ob schwach gebundene Asbestprodukte in seinem Gebäude vorhanden sind. Ist dies der Fall, so ist der Eigentümer bereits seit Einführung der ersten Sanierungsvorschriften mit einer sehr komplexen rechtlichen Materie konfrontiert. Nachdem die Dringlichkeit einer Sanierung unter Hinzuziehen von Spezialisten festgestellt wurde, muss ein Antrag auf Baugenehmigung gestellt werden. Anschließend ist ein Sanierungskonzept[585] zu erstellen, welches entsprechend den geltenden Bestimmungen ein geschlossenes System ausweisen muss, vom Beginn der Arbeiten bis zur Entsorgung der Abfälle. Überdies dürfen Sanierungsarbeiten nur von speziell dafür ausgerüsteten und geschulten Firmen, die über einen behördlich anerkannten Sachkundenachweis verfügen müssen, durchgeführt werden. Die Komplexität des Verfahrens erhöht sich zudem deutlich durch die Fülle von Vorschriften und Gesetzen, die es im Rahmen einer Sanierung zu beachten gilt: Landesbauordnungen, Arbeitsschutzrecht, Gefahrstoffverordnung, Unfallverhütungsvorschrift, Immissionsschutzrecht und Abfallrecht. Vor dem Beginn von Abbruch- und Sanierungsarbeiten baulicher Anlagen, auch vor der Entsorgung asbesthaltiger Materialien aus Gebäuden, Geräten, Fahrzeugen und Schiffen muss der zuständigen Behörde ein detaillierter Arbeitsplan vorgelegt werden. Dieser hat Art und voraussichtliche Dauer der Arbeiten zu enthalten, die genaue Bestimmung des Ortes und der Ausführung der Arbeiten, ausführliche Angaben über die vorgesehene Arbeitsweise und die beabsichtigten Schutzmassnahmen. Mindestens 14 Tage vor Beginn der Arbeiten muss der Bauherr

---

585 Vgl. Berufsgenossenschaft der Bauwirtschaft, Berlin: Abbruch und Asbest – Informationen und Arbeitshilfen für Planung und Ausschreibung, Ausgabe 1997, erhältlich noch bei der ARGE der Bau-Berufsgenossenschaften, Frankfurt, und der Tiefbau-Berufsgenossenschaft, München

bzw. die von ihm beauftragten Unternehmen der Gewerbeaufsicht das Sanierungs- und Entsorgungskonzept präsentieren, in dem folgende Angaben enthalten sein müssen:

„1. die Stoffidentität, die Eigenschaften und die Menge des asbesthaltigen Gefahrstoffes,

2. eine Beschreibung des Arbeitsverfahrens,

3. die getroffenen Schutzmaßnahmen und, falls vorgesehen, Art und Qualität der zu verwendenden Schutzausrüstung,

4. soweit erforderlich, das Ergebnis der Ermittlung nach § 36 Abs. 1 GefStoffV und begründende Angaben, warum keine Substitution nach § 15 abs. 2 GefStoffV möglich ist,

5. die Zahl der Arbeitnehmer, die mit dem asbesthaltigen Gefahrstoff umgehen,

6. Art und Ausmaß der Exposition durch den asbesthaltigen Gefahrstoff, insbesondere Messergebnisse oder Ermittlungen nach Nummer 2.10 Abs. 7 und 8, soweit sie vorliegen,

7. das Verfahren und der Ort der Abfallentsorgung."[586]

Insgesamt soll mit dem Sanierungs- und Entsorgungskonzept eine Symbiose aus Maßnahmen zur Erhaltung der menschlichen Gesundheit der an der Sanierung beteiligten Personen, dem Bedürfnis, wieder eine intakte Umwelt zu gestalten und dem Ziel einer nachhaltigen Entsorgung der asbesthaltigen Gefahrstoffe erreicht werden.

Welche Arbeitsverfahren kommen bei Sanierungsmaßnahmen zum Einsatz? Zum Zweck einer dauerhaften Sanierung wurden drei grundsätzliche Methoden entwickelt, welche als einzige zugelassen sind:[587]

1. Entfernen des asbesthaltigen Materials

2. Beschichtung asbesthaltigen Materials mit geeigneten Substituten

3. Räumliche Trennung

Bei der Auswahl der jeweils optimalen Sanierungsmethode unter den drei genannten Verfahren sind die Dringlichkeit der Sanierung, der bautechnische Zustand sowie eine eventuelle Änderung bauphysikalischer Eigenschaften zu berücksichtigen. Daneben muss die Struktur der Oberfläche bei der Wahl des Sanierungsverfahrens beachtet werden. Ist eine aufgelockerte Faserstruktur vorhanden oder eine feste Faserstruktur ohne oder mit nicht hinreichend dichter Oberflächenbeschichtung, muss die Sanierung auf unterschiedliche Weise bewerkstelligt werden. Auch eine beschichtete oder dichte Oberfläche ist angemessen zu berücksichtigen. Beschädigungen der Oberfläche müssen festgestellt werden, weil starke, leichte oder überhaupt keine Beschädigungen jeweils eine andere Art der Sanierungsarbeit erfordern. Ebenso muss die Beeinträchtigung des betroffenen Gebäudes genauestens untersucht

---

586 Vgl. Technische Regeln für Gefahrstoffe, 3.2 Anzeige

587 Vgl. zu den Sanierungsmethoden: Umweltministerium Bayern: Asbestzementprodukte, München 1992, S. 1-2 (S.1); Malik Tesch: Asbestsanierung – Auswirkungen der Belüftung auf die Faseraufbereitung im Schwarzbereich, Dissertation am Institut für Bergbaukunde I, RWTH Aachen 2004, S. 42 ff. Tesch erläutert darüber hinaus zwei weitere Spezialverfahren der Entfernung. Es sind das Verfahren mittels Hochdruckreiniger, S. 47, und das Spezialverfahren für steinkohlepechhaltige Beschichtungen, S. 48. Weitere Ausführungen bezüglich der Methodik des Entfernens von asbesthaltigen Materialien: Bericht der Health and Saftey Executive, S. 51 f.

werden. Sind Beschädigungen durch direkte Zugänglichkeit möglich? Wurde die Oberfläche manuell oder mechanisch bearbeitet? Von außen kommende Erschütterungen können bei den Alternativen der Sanierungsarbeit ebenso eine Rolle spielen wie starke klimatische Wechsel. Auch sind Luftbewegungen oder Abrieb bei unsachgemäßem Betrieb gelegentlich von Bedeutung. Nicht zuletzt ist die Lage des potenziellen Asbestprodukts von Bedeutung. Hier ist es wichtig, ob sich das Produkt unmittelbar im Raum befindet, ob das Lüftungssystem damit verkleidet ist oder ob es sich hinter einer abgehängten oder undichten Decke oder Bekleidung befindet. Asbestprodukte können sich unter einer staubdichten Abdeckung oder Beschichtung verbergen oder auch außerhalb dichter Lüftungskanäle liegen. Schließlich ist abzuwägen, welche Sanierungsmethode unter Wahrung des Sanierungsziels und den lokalen Bedingungen die geringste Faserexposition erwarten lässt?

Dem Entfernen des Asbestproduktes (1. Methode) wurde bisher häufig der Vorzug gegeben, da es als einzige der zugelassenen Methoden eine endgültige Problemlösung darstellt. Das Abtragen des asbesthaltigen Materials kann im Nass- und Trockenverfahren erfolgen. Beim Nassverfahren wird der asbesthaltige Stoff befeuchtet bevor er vom Untergrund abgelöst bzw. abgesaugt oder von Hand in geeignete Behälter verpackt wird. Nach dem Ablösen des Asbestproduktes bleiben gewöhnlich noch Faserreste zurück. Diese gilt es zu binden und zu versiegeln, was zum Beispiel durch einen deckenden Anstrich erfolgt. Bei der Entfernung schwach gebundener Asbestfasern ist eine erhebliche Staubentwicklung nicht auszuschließen. Das gilt sowohl für das Nass- als auch für das Trockenverfahren. Deshalb muss der zur Sanierung vorgesehene Arbeitsbereich sorgfältig abgeschottet sein und es sind entsprechende technische und personelle Arbeitsschutzmaßnahmen zu treffen. Für den Umfang der vorzusehenden Schutzmaßnahmen maßgeblich waren die „Sicherheitsregeln für das Entfernen von Asbest" der Berufsgenossenschaften bzw. ab 1988 die TRGS 517 bzw. ab 1990 die TRGS 519.

Bei der Beschichtung asbesthaltigen Materials mit geeigneten Substituten (2. Methode) wird zur Verfestigung des Asbestproduktes flüssiger Kunststoff im so genannten „Airless-Spritzverfahren" aufgetragen. Ziel ist, dass der Kunststoff möglichst tief in das Asbestprodukt eindringt, um nach Aushärtung eine möglichst durchgängige Verfestigung zu erreichen. Das verfestigte Material bildet einen tragfähigen Untergrund für eine Deckbeschichtung. Diese besteht entweder aus Kunststoff, Mörtel oder Dämmputz. Dadurch soll eine Faserfreisetzung an die Raumluft unterbunden werden.

Bei der räumlichen Trennung (3. Methode) wird mit Hilfe von Bauteilen eine staubdichte Separation zwischen Asbestprodukt und Lebensraum geschaffen. Besondere Aufmerksamkeit ist dabei auf die Dichtigkeit aller Anschlüsse und Fugen zu legen.

Die Wirksamkeit einer Sanierung wird nach Abschluss der Arbeiten durch verschiedene Messungen der Asbestfaserkonzentration kontrolliert. Der Zielwert für die Sanierung von Innenraumbelastungen beträgt 500 Fasern/m^3 und dient der Erfolgskontrolle bei Asbestsanierungen, andernfalls sind Nacharbeiten erforderlich.

Im Anschluss daran sind erneut Kontrollmessungen durchzuführen. Abfall, der Asbest enthält, muss sachgerecht abtransportiert und entsorgt werden.[588]

Für die Arbeitsverfahren gilt das so genannte Minimierungsgebot. Demnach müssen die einzelnen Schritte der Sanierung unter allen Umständen so durchgeführt werden, dass möglichst keine Asbestfasern während der Sanierungsmaßnahme und nach Abschluss der Maßnahmen frei werden können, soweit dies nach dem jeweiligen Stand der Technik möglich ist. Da die Beschädigung von Asbest-Produkten zur Freisetzung von Fasern führt, muss die Sanierungsbaustelle in Gebäuden staubdicht von der Umgebung abgeschottet werden. Der Innenbereich muss während der Arbeiten unter Unterdruck gehalten werden. Die Arbeitsbereiche dürfen nur über Schleusensysteme betreten und verlassen werden. Das Sanierungsergebnis lässt sich mithin für jeden Einzelfall durch angemessene Ermittlungen und Messungen nachweisen. Das Problem besteht vielmehr darin:

„Dabei sind aber vorsorglich so lange Schutzmaßnahmen im Sinne des ‚worst case' zu treffen, bis der vollständige Nachweis erbracht ist. Ein praktisches Hindernis besteht dabei jedoch darin, dass Asbestfasermessungen mit einem sehr hohen technischen und zeitlichen Aufwand verbunden sind, so dass Messergebnisse erst mit entsprechender Verzögerung und möglicherweise erst nach Abschluss der ASI-Arbeiten [Abbruch-, Sanierungs- oder Instandhaltungsarbeiten, d.A.] vorliegen."[589]

Vom Bundesgesundheitsamt in Berlin wird ein Richtwert für die Umwelt als Dauerbelastung (24h/lebenslang) von 100 F/m^3 genannt[590], bei der eine Gefährdung der Bevölkerung nicht gegeben sein soll:[591]

„Immissionsbelastungen in Umgebung von Asbestzement Plattenanwendungen 50-140 F/m^3 (Fasern pro Kubikmeter) d.h. diese Werte liegen im Bereich der Nachweisgrenzen von Asbest in der Umwelt. Immissionsbelastung in Reinluftgebieten < 100 F/m^3"[592]

Das Minimierungsgebot gilt selbstverständlich auch für den Schutz der mit der Durchführung der Sanierungsmaßnahmen betrauten Arbeiter. Dementsprechend müssen von ihnen staubdichte Schutzkleidung und Atemschutzmasken getragen werden sowie Einrichtungen vorhanden sein, die dem Schutz wie die Dekontaminierung der im Gefahrenbereich tätigen Arbeitnehmer dienen. Welche Maßnahmen das ausführende Unternehmen konkret treffen muss, um potenzielle Gefahren im Umgang mit asbesthaltigem Material von seinen Arbeitnehmern abzuwenden, hat es letztlich selbst zu entscheiden; auch mit Blick auf Gefährdung durch andere auftretende Gefahrstoffe, etwa künstliche Mineralfasern oder Dieselmotoren-

---

588 Siehe Abschnitt 5.4 „Sondermüll statt „Wunderwerkstoff" – die Entsorgungsphase" dieser Arbeit.

589 Vgl. H. Kleine, H. Blome: Verfahren mit geringer Exposition bei Abbruch-, Sanierungs- und Instandhaltungsarbeiten, in: Ergo-Med 3/2004, S. 82-86 (S. 83)

590 Vgl. Bundesgesundheitsamt: Zur Beurteilung der Krebsgefahren durch Asbest, BGA Schrift 2/1984

591 Michatz, Sachgerechter Umgang mit Asbestzement, S. 2

592 Michatz, Sachgerechter Umgang mit Asbestzement, S. 2

emissionen. In jedem Fall ist ihm ein umfangreicher Katalog potenzieller Maßnahmen vorgegeben.

Die personellen Anforderungen an eine Entsorgung sind hoch gesteckt. So darf für den Umgang mit asbesthaltigen Abfällen nur sachkundiges Personal eingesetzt werden, welches angemessen geschult und nach den Bestimmungen der Gefahrstoffverordnung ausgebildet ist. In Anbetracht des bei umfangreichen Sanierungsarbeiten bestehenden Gefährdungspotenzials sind all diese Schutzvorkehrungen als eine selbstverständliche und zwingende Notwendigkeit anzusehen, wie sie vergleichbar auch bei anderen lebensgefährlichen beruflichen Tätigkeiten einzuhalten sind, auch wenn dies im Berufsalltag für die betroffenen Personen mit großen Umständen verbunden ist. Monika Bönisch wertet die Belastung der unmittelbar in der Asbestsanierung tätigen Personen wie folgt:

> „Doch selbst da, wo Asbest beseitigt wird, tun sich weitere beunruhigende Überlegungen auf, versetzt man sich nur einen Moment in die neuen ‚Asbestarbeitsplätze' im Sanierungsbereich. Ohne die Gefährdung der Asbestarbeiter in der Industrie schmälern zu wollen, gibt es dort wenigstens die Berechenbarkeit der Faserfreisetzung durch den gleich bleibenden Produktionsablauf. Bei den Gebäudesanierungen hingegen ist die Faserfreisetzung immer unberechenbar. Das hat zur Folge, dass hier wirklich strengste Sicherheitsvorschriften gefordert und bei seriösen Firmen auch eingehalten werden. Nur, was bedeutet das konkret für die Sanierungsfacharbeiter, die für ein paar Mark pro Stunde diese Vorschriften im wahrsten Sinne des Wortes auszubaden haben? Mindestens fünfmal am Tag duschen, Kleider an, Kleider aus, nur um sein Brötchen in der Pause zu essen oder mal frische Luft zu atmen, und das Tag für Tag, nicht nur eine Woche, einen Monat lang, sondern ein ganzes Jahr oder mehr. ... Aber kann man deshalb die Beseitigung des Asbest aus den Innenräumen vertagen oder gar als Verschwendung von Steuergeldern hinstellen?"[593]

Mit dem Umfang der notwendigerweise einzuleitenden Sicherheitsvorkehrungen wird nachvollziehbar, in welchem Ausmaß die Beseitigung von Asbest zeitlichen und materiellen Aufwand erfordert, der letztlich vom Eigentümer des Sanierungsobjektes zu begleichen ist. Eine sachgemäße Sanierung und anschließende Entsorgung von Asbest stellt einen erheblichen Kostenfaktor dar. Monika Bönisch ist auf ihre rhetorische Frage hin zuzustimmen, dass deswegen die Sanierung von Innenräumen nicht verschoben werden darf. Die Frage, in welcher Weise Asbest ökonomisch angemessen aus dem Lebensraum verbracht werden kann, ohne die menschliche Gesundheit auf Dauer irreparabel zu beschädigen, muss in diesem Kontext neu formuliert und entsprechend beantwortet werden. Auch vor diesem Hintergrund werden die oben vorgestellten Sanierungsverfahren kontinuierlich weiterentwickelt. Zielsetzung ist dabei, mit Hilfe technisch verbesserter Verfahren

---

593 Vgl. Monika Bönisch: Der lange Abschied vom Asbest, in: z.B. Asbest. Ein Stein des Anstoßes. Kulturelle und soziale Dimensionen eines Umweltproblems, Berlin 1991, S. 206 f.

die mit einer Asbestsanierung verbundenen Umweltgefahren abzusenken als auch die mit einer Sanierungsmaßnahme verursachten Kosten zu reduzieren.[594]

Denn es ist vor allem der monetäre Aufwand, weshalb Eigentümer einer Asbestsanierung auszuweichen versuchten, sie auch heute noch scheuen oder unter Umgehung einzelner Vorschriften versuchen, hohe Kostenbelastungen zu vermeiden, aber dennoch die Sanierung vorzunehmen. Exemplarisch für ein Zurückweichen vor Sanierungsmaßnahmen in Anbetracht von Kostenabschätzungen in beträchtlicher Höhe steht das bereits dargestellte inkonsequente Verhalten des Berliner Senats und Abgeordnetenhauses.[595]

Welche beachtlichen Kosten bei einer Asbestsanierung tatsächlich anfallen können, wird an dem 2002/2003 sanierten, nahe Paris im Geschäftsviertel „La Defense" stehenden 34stöckigen Bürogebäude „Tour Aurore", in dem rund 1.000 Beschäftigte ihre Büros hatten, eindrucksvoll veranschaulicht. Um die insgesamt ca. 300 Tonnen asbestkontaminiertes Material aus dem in den siebziger Jahren erbauten Bürohaus zu entfernen, waren rund 80 Arbeiter und drei Ingenieure über 12 Monate tätig. Allein für die reine Asbestentfernung einschließlich der dafür notwendigen Baustellenlogistik mussten 10 Millionen Euro aufgewendet werden. Inklusiv der nach der Asbestentfernung notwenigen Modernisierung kostete die Maßnahmen 51 Millionen Euro oder circa 1.500 Euro pro Quadratmeter Nutzfläche.[596] Das ist ein Quadratmeterpreis, der den Baukosten für einen vergleichbaren Neubau entspricht.

Vor dem Hintergrund dieser Zahlen ist nachvollziehbar, warum sich die Sanierungsphase grundsätzlich noch über Jahrzehnte hinziehen wird. Denn in der Praxis ist sehr häufig zu beobachten, dass bei Vorhandensein schwach gebundener Asbestprodukte alles getan wird, eine sachkundige und damit offizielle Beurteilung des Sanierungsgebots zunächst hinauszuzögern oder gar ganz zu vermeiden, um mit Blick auf die kostenträchtige Sanierungsmaßnahmen nicht unter Zugzwang zu geraten. Sollte doch eine Beurteilung der Sanierungsdringlichkeit vorgenommen worden sein, wird bei einem Beurteilungsergebnis, wonach eine Sanierung „nur" als mittel- oder langfristig erforderlich angesehen wird, versucht, die Sanierung ebenfalls aus Kostengründen möglichst lange hinauszuzögern. In vielen Fällen wird von den handelnden Personen zwar die Notwendigkeit von Sanierungsmaßnahmen eingesehen und persönlich befürwortet, jedoch sehen sie sich – wie das Berliner Abgeordnetenhaus – aufgrund der auf sie zukommenden Kosten und in Anbetracht finanzieller Zwänge und Engpässe zur einer Umsetzung nicht im Stande. Es gibt aus-

---

594 Tesch, Asbestsanierung von Gebäuden, S. 14; Stefan Möllerherm, Malik Tesch, Tilman Olbrich: Genauer hingeschaut: Asbestsanierung in Gebäuden, in: AIR-mail, Hauszeitung Air – Aachener Institute für Rohstofftechnik, RWTH Aachen, Nr. 12, Mai 2004, S. 4

595 Siehe hierzu die Ausführungen in Abschnitt 5.1.4 „Medizinische Erkenntnisse zu Asbest in der Öffentlichkeit" dieser Arbeit.

596 Vgl Tesch, Asbestsanierung von Gebäuden, S. 14. Ein weiteres Beispiel für eine kostenintensive Sanierung stellt ein Brüsseler Bürogebäude dar, das nach Abschluss der Sanierungsmaßnahmen im Jahr 1997 von der EU-Kommission genutzt wurde: vgl. Gebäudepolitik und Verwaltung der Infrastruktur, in: Gesamtbericht 1997, Offizielle Dokumente der EU, Europäische Kommission, Generalsekretariat, Tz. 1190. In dem Bericht heißt es: „In Brüssel hat die Kommission mit der Belegung des renovierten Charlemagne-Gebäudes begonnen und ein Vereinbarungsprotokoll mit dem belgischen Staat und der SA Berlaymont 2000 über den Erwerb des Berlaymont-Gebäudes nach seiner nach strengen Gesundheits- und Umweltschutznormen durchzuführenden Asbestsanierung und Renovierung unterzeichnet."

reichend Beispiele dafür, dass nicht spezifisch für die Sanierung von Asbest ausgestattete Firmen mit nicht dafür ausgebildeten Mitarbeitern durch entsprechende Preisangebote auf dem Gebiet der Asbestsanierung tätig sind und zum Zuge kommen. So wurden bei einer aus Kostengründen von einem fachfremden und weniger sachkundigen Unternehmen durchgeführten Demontage asbesthaltiger Baumaterialien unvertretbare Faserkonzentrationen gemessen, die im Bereich des Emissionsniveaus lagen, welche zum Beispiel bei einer Bearbeitung asbesthaltiger Wellplatten mit Trennschneidern zu erwarten ist.[597]

Um diese wirtschaftlichen Hürden für dringend gebotene und fachgerechte Sanierungen abzusenken, ist eine Intensivierung der Forschung nach kostengünstigeren Sanierungsmethoden notwendig. Nur wenn eine Asbestsanierung in einer für die breite Masse der Eigentümer bezahlbaren Größenordnung möglich ist, kann der vorhandene und in seinem Umfang nur erahnbare Sanierungsstau merklich abgebaut und das bereits vorhandene Gefährdungspotenzial reduziert werden. Dies betrifft überwiegend den gewerblichen industriellen Bereich, weil hier im Gegensatz zum privaten Hausbau in weitaus größerem Umfang auf schwach gebundene asbesthaltige Produkte zurückgegriffen wurde (zum Beispiel Spritzasbest zur Ummantelung von Eisenträgern und als Brandschutz oder Leichtbauplatten in Lüftungssystemen und als Deckenverkleidungen).

Es besteht Handlungsbedarf, da im Fall nicht erfolgender Sanierungen schwach gebundener Asbestfasern im Zeitablauf das Risiko der altersbedingten Faserfreisetzung ansteigt. Einer Schätzung zufolge sind allein in den alten Bundesländern rund 200.000 Gebäude auf Asbest zu untersuchen, um zunächst die gebotene Dringlichkeit einer Sanierung zu ermitteln. Auf 30 Milliarden Euro werden allein die auf das Gebiet der alten Bundesländer zukommenden Sanierungskosten beziffert.[598]

Die bisher erörterte Sanierungsnotwendigkeit betraf vorrangig Produkte mit schwach gebundenen Asbestfasern. Galt die Notwendigkeit zur Sanierung auch für asbesthaltige Erzeugnisse, in denen die Asbestfasern fest eingebunden waren? Diese Frage zielt in erster Linie auf Asbestzementprodukte wie Dachplatten und Fassadenelementen als Element- oder Wellplatten ab. Auch waren die Innenseiten von Dachkonstruktionen häufig asbesthaltig. Bauteile, die Asbest aufweisen konnten, waren überdies Rohre, Kabelkanäle, Lüftungskanäle und Elektroschränke; auch die Verkleidung von Brandschutztüren war oftmals davon betroffen. Das Bayerische Landesamt für Umweltschutz hat versucht, die Mengen an verbautem Asbestzement zu quantifizieren:

„Die vorhandene Fläche Asbestzement im Hochbau beträgt in den alten Bundesländern etwa 900 Mio. m^2, davon etwa 300 Mio. m^2 unbeschichteter Platten. Für die neuen Bundesländer wird die Fläche der Asbestzementplatten (meist unbeschichtet) auf etwa 500 Mio. m^2 geschätzt.“[599]

---

597 Die geschilderten Umstände und Sachverhalte sind konkrete, persönliche Erfahrungen, die der Autor im Rahmen seiner langjährigen beruflichen Tätigkeit in verschiedenen Regionen der Bundesrepublik Deutschland gesammelt hat.

598 Vgl. ÖkoPlus AG: Asbestsanierung, S.1-2, S.1, in: http://www.oekoplus.oekoserve.net/fp/archiv/RUBBbauenwohnen/Asbestsanierung.php v. 15.10.2005

599 Axmann, Asbest, in: Bayerisches Landesamt für Umweltschutz, S. 5

(1)　　　　　　　　　　(2)

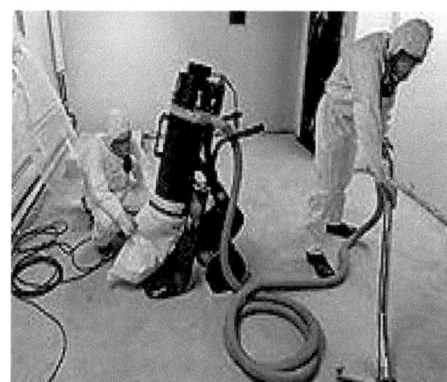

(3)

Abbildungen 31:

(1) Entfernung von Spritzasbest
[Quelle: Proklima GmbH, Nürnberg]

(2) Entfernung von Spritzasbest an einem Stahlträger
[Quelle: AIR-mail, Hauszeitung Air-Aachener Institute für Rohstofftechnik, RWTH Aachen, Nr. 12, Mai 2004, S. 4]

(3) Aufsaugen von Asbestfasern, die sich mehrere Tage nach dem Abtragen schwach gebundener asbesthaltiger Produkte abgesetzt haben
[Quelle: unbekannt]

Grundsätzlich bestand und besteht für asbesthaltige Produkte, in denen die Asbestfaser fest eingebunden ist, kein Sanierungsgebot. Allerdings scheint in der Sanierungsphase die diesbezügliche Diskussion weniger differenziert geführt worden zu sein. Der für die Sanierungsnotwendigkeit entscheidende Typus der Faserbindung (fest oder schwach gebunden) ging für die breite Allgemeinheit und insbesondere für die Eigentümer von Anlagen und Gebäuden in der sich bezüglich einer Asbestsanierung mittlerweile herausgebildeten juristischen und verfahrenstechnischen Komplexität unter. Hinzu kommt, dass auch die zum Teil hysterischen Facetten der Ernüchterungsphase nachwirkten und eine objektive Sortierung der Fakten in der ohnehin schon vielschichtigen Vorschriftenlage erschwerten. Komplettiert wurde die entstandene Verwirrung und Verunsicherung durch die im Fall einer Sanierung auf den Eigentümer zukommenden antizipierten hohen finanziellen Belastungen. Diese Orientierungslosigkeit hat den Verband der Faserindustrie bereits in der ersten Hälfte der neunziger Jahre[600] sowie dann noch einmal in deutlicherer Formulierung 1998 zu jeweils einem Informationsblatt veranlasst. Die Kernaussagen der 1998er Information kamen in den Zwischenüberschriften des Blattes zum Ausdruck und lauteten:[601] „Kein Sanierungsgebot für eingebaute Asbestzement-Produkte", „Bei Abbruch und Reparaturarbeiten Arbeitsschutz-Vorschriften beachten" und „Ausge-baute Asbestzement-Produkte sind kein Sondermüll!". Im Text des Informations-blattes wurde ferner ausdrücklich darauf hingewiesen, dass auch für unbeschichtete Asbestzementprodukte kein Sanierungsgebot besteht.[602] Die diesbezüglich auf dem Markt zur Bindung von Asbestfasern angebotenen Beschichtungen würden allenfalls der optischen Verbesserung dienen. Auch in der Schweiz schien die Sachlage, welche asbestfaserhaltigen Produkte zu sanieren sind und welche nicht, lange diffus zu sein. Deshalb sah sich 1999 die Eternit AG (Schweiz) veranlasst, ein vergleich-bares Informationsblatt herauszugeben.[603]

Die Motive der Asbest- bzw. nun Faserzementindustrie für diese Aufklärungs-initiative während der Sanierungsphase sind nahe liegend. Einerseits galt es, als An-bieter von nun alternativen Faserzementprodukten, keinen Schatten aus der unter-nehmerischen Vergangenheit auf das neue asbestfaserfreie Produktprogramm fallen zu lassen. Es sollte klar herausgestellt werden, dass man auch in der Vergangenheit keine sanierungsbedürftigen Produkte verkauft hat. Des Weiteren war es Ziel, die Kunden in geraffter Form mit durchaus sachgerechten Informationen zu versorgen, diese damit zu beruhigen und möglichen Schadensersatzforderungen bereits im An-satz mit Verweis auf gesetzes- und vorschriftenbasierenden Fakten zu begegnen. Denn im Gefolge der Ernüchterungs- und Sanierungsphase zeichnete sich eine an Bedeutung zunehmende Haftungsproblematik ab. Diese schien und scheint aufgrund der unterschiedlichen Rechtsnormen weniger bedrohlich für diejenigen Unter-nehmen, die ausschließlich auf dem deutschen Markt ihre Waren vertrieben haben, als für exportorientierte Unternehmen. So erwartet die international tätige Wirt-schaftsprüfungs- und Steuerberatungsgesellschaft PricewaterhouseCoopers (PWC) in den nächsten Jahrzehnten in Europa eine Klagewelle mit Forderungen in Milliardenhöhe.[604] Diese Entwicklung dürfte zwar im Wesentlichen auf die ehe-maligen Produzenten von Produkten schwach gebundener Asbestfasern bzw. deren Produkthaftpflichtversicherer zukommen. Gleichwohl wird sich die ehemalige

---

600 Verband der Faserzement-Industrie e.V.: Kein Umweltrisiko durch eingebaute Asbestzement-Produkte

601 Vgl. Verband der Faserzement-Industrie e.V.: Kein Sanierungsgebot für eingebaute Asbest-zement-Produkte, Informationsblatt, Berlin 25. Mai 1998.

602 Nicht zulässig ist jedoch das Reinigen von unbeschichteten Asbestzementprodukten wie zum Beispiel Dachflächen, da im Zuge des Reinigungsprozesses Asbestfasern freigesetzt werden können.

603 Vgl. Eternit AG: Müssen Asbestzement-Produkte ersetzt werden?, Linus B. Fetz, Abteilung Öffentlichkeitsarbeit und Umwelt, Nierderurnen, Schweiz, April 1999

604 Vgl. Wirtschaftswoche: Wachsendes Risiko, Heft 48, 18. November 2004, S. 182

Asbestzementindustrie davon nicht ganz frei machen können, zumal auch sie entsprechende Produkte in ihrem Programm hatte.

Unter denjenigen Unternehmen, die sich bisher der Vielzahl von Anwendungsmöglichkeiten des Asbests angenommen haben, fanden und finden sich noch zweifellos einige Unternehmen, die sich auch der Sanierung von asbesthaltigen Gebäuden zugewendet haben. Allerdings ist der Kreis der Unternehmen, die nun die Sanierungsphase innerhalb des Lebenszyklus des Werkstoffes Asbest gestalten, im Vergleich zu den vorangegangenen Phasen und auch zu der teilweise parallel verlaufenden Substitutionsphase ein grundsätzlich anderer geworden. Es waren und sind nun im Wesentlichen:

- Bauunternehmungen, die aufgrund der Komplexität der Materie zumeist vornehmlich auf Asbestsanierung ausgerichtet sind und auch über einen entsprechenden Sachkundenachweis verfügen (müssen),
- Ingenieurbüros und Architekten, die auf die Konzepterstellung, Planung und Überwachung von Sanierungsmaßnahmen spezialisiert sind,
- Forschungseinrichtungen, zum Beispiel an Universitäten, die Möglichkeiten verbesserter Sanierungsmethoden untersuchen,
- Labore zur Untersuchung von Materialproben und für Luftmessungen,
- verschiedene Behörden wie Gewerbeaufsichten, Baubehörden, Umweltämter,
- Produzenten von Ausrüstungsgegenständen zur räumlichen Abschottung des Sanierungsareals sowie von persönlichen Schutzausrüstungen,
- Produzenten von Produkten zur Aufnahme und Bewahrung von asbesthaltigen Produkten,
- Produzenten von Erzeugnissen, mit denen schwach gebundene Asbestfasern im Zuge der Sanierung gebunden werden können,
- der Ausschuss für Gefahrstoffe,
- Schulungseinrichtungen zur Vermittlung von spezifischer Sachkunde.

In der Phase der Sanierung hat sich mit dem bereits erwähnten Sanierungsstau im gewerblichen und industriellen Bereich, dessen Ursachen neben dem Respekt vor der Komplexität des Verfahrens insbesondere in den mit einer Sanierung verbundenen hohen Kosten zu suchen sind, ein ernsthaftes Risikopotenzial aufgebaut. Der Sanierungsstau und das damit verbundene Risiko werden sich letztlich nur durch Entwicklung und Introduktion neuer, kostengünstiger Sanierungsverfahren auflösen.

Allerdings hat sich in der Sanierungsphase ein weiteres erhebliches Unsicherheitspotenzial im Umgang mit Asbest herauskristallisiert. Es sind die Heimwerker, die ihre Wohnung oder ihr Einfamilienhaus in Eigenarbeit sanieren.

Sicherlich wurde und wird die Gefahr von Teilen der Bevölkerung erkannt und sie versuchen bei der Sanierung aus ihrer Sicht ein Höchstmaß an Vorsicht walten zu lassen. Gleichwohl weicht das Gros der Betroffenen erfahrungsgemäß auf kostengünstigere, wenn auch dann nicht regelgerechte Varianten der Sanierung aus. Es gibt aber auch Heimwerker, die im Rahmen ihrer Sanierungsbemühungen das Risiko bewusst ignorieren und sich leichtfertig hohen Asbestfaserexpositionen aussetzen und wiederum andere, die ihr Haus umbauen oder sanieren ohne Kenntnis darüber

Abbildungen 32: **Im Privatbereich: Unsachgemäße Entfernung einer asbesthaltigen Deckenverkleidung mit schwach gebundenen Asbestfasern**

[Quelle: Carolina Repair, North Carolina, USA]

zu haben, dass sie mit asbesthaltigen Stoffen hantieren und sich dabei unbewusst einer gesundheitlichen Gefährdung aussetzen. Trotz dieser Fehlverhalten ist grundsätzlich zu befürworten, dass private Arbeiten im eigenen Haus zulässig sind und keiner Anzeige oder behördlichen Genehmigung bedürfen. Dies trägt zur Vermeidung von Bürokratie bei und ist damit eine wichtige Voraussetzung, dass Sanierungen im Privatbereich überhaupt angegangen werden. Auch fiskalisch wird eine Asbestsanierung unterstützt. Aufwendungen für die Asbestsanierung eines Wohnhauses finden zumindest in Deutschland als außergewöhnliche Belastungen steuerlich Berücksichtigung, wenn durch ein vor Beginn der Maßnahme erstelltes amtliches Gutachten nachgewiesen ist, dass eine Sanierung zur Beseitigung einer konkreten Gesundheitsgefährdung infolge der Freisetzung von Asbestfasern erforderlich ist.[605]

Da bei Sanierungsarbeiten im privaten Bereich bewusst auf behördliche Kontrollen verzichtet wird, ist es umso wichtiger, den Sanierungsprozess mit intensiver, präventiver Aufklärung zu begleiten. Dennoch sind mit dem Ziel der Vermeidung von Asbeststaubfreisetzungen und zum Selbstschutz die entsprechenden Abschnitte der TRGS 519 einzuhalten. Nur so kann dem oben skizzierten bewussten und unbewussten Fehlverhalten entgegengetreten werden. Die Umweltberatung Bayern des Bayerischen Landesamtes für Umweltschutz versuchte dies in einem Merkblatt unter anderem mit der folgenden Erläuterung:

„Wenn der Verdacht besteht, dass z.B. ein Bodenbelag, eine Dichtung oder ein anderer Gegenstand (z.B. Welleternitdach, Blumenkasten) aus Asbest bestehen könnte, ist im Zweifelsfall eine Analyse durch ein anerkanntes Labor erforderlich. Wenn nicht bekannt ist, ob es sich um Asbest handelt, sollte man vom ungünstigsten Fall ausgehen und das Material wie Asbest behandeln. Bei der Probenahme sollte man sehr vorsichtig vorgehen, um unnötiges Freisetzen von Fasern zu vermeiden. Dabei sind die folgenden Bestimmungen einzuhalten:
…"[606]

---

605 Vgl. Urteil des Bundesfinanzhofes (BFH) vom 9. August 2001, BFH III R 6/01, Bundessteuerblatt 2002 II S.240

606 Axmann, Asbest, in: Bayerisches Landesamt für Umweltschutz, S. 8

Bei diesen Erläuterungen stellt sich allerdings die Frage, ob das Amt bei seiner Aufklärungsarbeit die richtigen Schwerpunkte setzt. Anstatt auf die mit hohem Risiko behafteten schwach gebundenen Asbestprodukte abzuheben und zu deren Behandlung eine praxisorientierte Anleitung zu geben, rät es, Dichtungen und Blumenkästen im Zweifel zur weiteren Untersuchung in (kostenpflichtige) Labore zu geben![607] Derartige Hinweise, die nicht auf das Wesentliche fokussieren, sondern in der Relation zur Gesamtproblematik vergleichbar unbedeutende Sachverhalte in den Vordergrund rücken, sind nicht dazu geeignet, das Umweltproblem Asbest wirksam und effizient anzugehen. Vielmehr tragen sie dazu bei, von dringlicheren Risikopotenzialen abzulenken und die Sanierungsphase noch über viele Jahrzehnte zu strecken.

---

607 Deutlich pragmatischere Erläuterungen zum Umgang mit zu sanierenden Asbestzementprodukten in fester und schwach gebundener Form in privaten Haushalten stellt das Land Brandenburg bereits 1995 zur Verfügung: vgl. Land Brandenburg: Sicheres Arbeiten in Haus und Garten – Achtung, Baumaterial aus Asbestzement!, Landesinstitut für Arbeitsschutz und Arbeitsmedizin, Potsdam 1995

5.4 Sondermüll statt „Wunderwerkstoff" – die *Entsorgungsphase*

Der Beginn der Entsorgungsphase ist grundsätzlich zusammen mit dem Beginn der Sanierungsphase 1982 zu sehen, als erstmals „Sicherheitsregeln für das Entfernen von Asbest" erarbeitet wurden. Denn asbesthaltige Produkte mussten, wenn sie im Zuge einer Sanierungsmaßname entfernt wurden, auch entsorgt werden. Somit stand die Entsorgung von asbestfaserhaltigem Abfall an, was einen eigenständigen Prozess im Rahmen des Phasenmodells darstellt. Es wird deutlich werden, dass die Entsorgung im Gegensatz zu den vorangegangenen Phasen durch andere Rahmenbedingungen determiniert ist, die verwendeten Techniken völlig andere sind und auch der Kreis der Beteiligten ein anderer ist.

Bemerkenswerterweise schien „Entsorgung" jedoch zunächst kein Thema zu sein. Alle dem Autor bekannten Quellen aus den achtziger Jahren setzen sich zwar mit den Prozessen der Sanierung auseinander, sparen aber die Beseitigung des dabei anfallenden Abfalls in ihren Betrachtungen aus. Dies lässt nur den Schluss zu, dass in den achtziger Jahren entweder keine nennenswerten Mengen an asbesthaltigen Produkten entfernt wurden oder der bei möglicherweise sogar unter Einhaltung der bestehenden Sicherheitsregeln durchgeführten Sanierungen angefallene Asbestabfall „einfach" dem normalen Hausmüll zugeführt wurde. Weil das Sanierungsziel erreicht war, nämlich die Entfernung von Asbest aus dem unmittelbaren Lebensraum, wurde möglicherweise einer tatsächlich sachgerechten Entsorgung von Asbest zunächst keine weitere Beachtung geschenkt. Allem Anschein nach wurde die Frage einer sachgerechten Entsorgung auch mit Einführung der TGRS 517 im Jahr 1988 nicht akut. Selbst nach 1990, als erstmals Regeln über den Umgang von zum Ausbau vorgesehenen asbesthaltigen Produkten in die TRGS 517 aufgenommen wurden, wurde offensichtlich nicht an eine den Sanierungsregeln entsprechende Entsorgung gedacht. In diesem Zusammenhang ist ergänzend die Frage von Interesse, auf welche Weise sich die Asbest verarbeitenden Unternehmen über Jahrzehnte hinweg sich ihres Produktionsausschusses und ihrer nicht verwertbaren Asbestfaserreste entledigt haben.

Erst 1993 mit dem Verbot der Nutzung von Asbest trat in Deutschland eine große Verunsicherung ein. Schlagartig begann die Suche nach Entsorgungsmöglichkeiten, allerdings herrschte bei den meisten Deponienbetreibern Ratlosigkeit. Sie durften Asbest nicht annehmen, weil dieser Stoff nicht in ihrem Entsorgungskatalog stand. Infolgedessen wurde Ensorgungskapazität für asbesthaltigen Abfall zu einem knappen Gut und die Entsorgungspreise für asbesthaltiges Material stiegen in kurzer Zeit auf das sechs- bis zehnfache des bis dahin üblichen Deponiepreises an. Diese Margen weckten das Interesse der sich mit Aufbereitung beschäftigenden Unternehmen. Unter Hochdruck arbeiteten Experten an der technologischen Realisierung vier unterschiedlicher Behandlungsarten von Asbestabfällen. Es waren einerseits das Einbindungsverfahren, bei dem das asbesthaltige Material lediglich so behandelt wurde, dass das Risiko weiterer Faserexposition möglich eindämmt wurde sowie andererseits verschiedene Ansätze zur Zerstörung der Asbestfaser. Das mit einer Zerstörung der Faserstruktur verfolgte Ziel war, die gewonnenen Stoffe anschließend gefahrlos und ohne weitere Sicherheitsvorkehrungen deponieren zu können oder sie Weiterverwertungsmöglichkeiten zuzuführen. Die zur Faserzerstörung verfolgten unterschiedlichen technologischen Ansätze waren die mechanische Zerkleinerung, das thermische und das chemische Verfahren.

Mit dem mechanischen Zerkleinerungsverfahren erhoffte man sich, durch Vermahlung der Fasern auf unter 1 μm Faserlänge eine Größe zu erreichen, bei der eine Gefährdung für den menschlichen Organismus ausgeschlossen werden konnte. Mit reinem Asbest funktionierte das Verfahren. Jedoch unter Praxisbedingungen, d.h. bei Verarbeitung der bei der Asbestentsorgung anfallenden inhomogenen Abfallgemische, konnten die Mühlen die an sie gestellte Aufgabe nicht bewältigten.

Das thermische Verfahren (Verglasung) zielte darauf ab, den Asbest auf Temperaturen oberhalb seines Umwandlungspunktes zu bringen und damit ein anderes nichtfaseriges Material zu erzeugen. Denn bei Temperaturen von etwa 1.400°C wandelt sich Asbest in Olivin und dessen Modifikationen um. Bei noch höheren Temperaturen sublimiert Asbest. Zur Eruierung der Möglichkeiten einer thermischen Behandlung wurden Glasofenkonstrukteure und Drehrohrofenbetreiber hinzugezogen. Doch für die Glasofenbauer war es ebenfalls nicht möglich, mit der Inhomogenität des angelieferten Abfalls zurechtzukommen. Der gemischte Abfall führte zur Entstehung nicht vorhersehbarer Mineralien und zerstörte damit die Öfen. Eine andere Technologie, mit der sehr hohe Temperaturen erreicht wurden, sind Drehrohröfen wie sie zum Beispiel von der Zementindustrie genutzt werden. Diese Technik arbeitet sogar mit höheren Temperaturen als heutige Müllverbrennungsanlagen und ist zum Beispiel auch in der Lage, Dioxine zu kracken. Die mit asbesthaltigen Abfällen durchgeführten Versuche verliefen sehr viel versprechend. Ein kontinuierlicher Betrieb der Öfen wurde im Test erreicht. Jedoch sahen sich die Genehmigungsbehörden für diese neue Nutzungsart nicht in der Lage, eine Betriebsgenehmigung zu erteilen bzw. nur unter der unerfüllbaren Auflage, in der Abluft einen Fasergehalt von „Null" zu erreichen, was technisch nicht zu garantieren war und zur Einstellung der Versuche führte. Trotz des damaligen Scheiterns des thermischen Ansatzes war diese Variante – im Nachhinein betrachtet – als aussichtreichste einzustufen. Die großen Vorteile dieser Methode waren, dass man mit ihr die Inhomogenität des Materials bewältigen konnte, die Asbestfasern nach der Behandlung zerstört waren und auch die Kosten in einem vertretbaren Rahmen blieben. Später wurde der Ansatz noch einmal aufgegriffen. Die ursprüngliche Ablehnung des Verfahrens konnte aufgrund neuer technischer Möglichkeiten und einer damit verbesserten Umsetzung später wieder negiert werden.

Als wenig tauglich erwies sich das chemische Verfahren (Kracken durch Flusssäure). Es baute auf der Nutzung fluoridhaltiger Säuren auf. Nach einer Neutralisation entstehen als Rückstände Kalziumfluorid, Metalloxide, Hydroxide wie auch silikatische Verbindungen. Für die Verwertung der asbestfreien Behandlungsrückstände wäre eine Verwendung als Zuschlagstoff bei Zementbausteinen, als Flussmittel bei Schmelzprozessen oder als Sekundärrohstoff für die Flusssäureherstellung in Betracht gekommen. Letztlich scheiterte auch dieser Ansatz an der Inhomogenität des asbesthaltigen Abfalls.

Das so genannte Einbindungsverfahren sah vor, den asbestfaserhaltigen Abfall komplett in Zement oder andere Bindemittel einzuarbeiten, anschließend den Bindemittelbrei in Fässer zu füllen und diese möglichst Untertage zu deponieren. Vorteilhaft war an dieser Entsorgungsmöglichkeit, dass auf diese Weise alle asbesthaltigen Abfälle, unabhängig von ihrer Heterogenität behandelt werden konnten. Ebenso hätte dieser Weg kurzfristig beschritten werden können. Nachteilig waren die mit damit verbundenen hohen Kosten und der Umstand, dass Asbest damit nicht vernichtet, sondern nur dauerhaft eingelagert gewesen wäre.

Die Darstellung dieser Methoden zur Entsorgung des Asbests zeigen, wie darum gerungen wurde, ein beiden Polen gerecht werdendes Umfeld zu schaffen: Umwelt und Mensch einerseits, Wirtschaftlichkeit anderseits. Eine absolute Befreiung der Luft von Asbestfasern konnte nicht erreicht werden und stand und steht zudem auch in keinem sinnvollen Verhältnis zu dem technischen und finanziellen Aufwand, der hierfür erforderlich wäre. Vor diesem Hintergrund gab dann das Ministeriums für Umwelt, Raumordnung und Landwirtschaft zwei Jahre nach Verhängung des bundesweiten Asbestverbotes mit Runderlass vom 24. November 1995 das von der „Länderarbeitsgemeinschaft Abfall" und unter Mitwirkung des Umweltbundesamtes erarbeitete LAGA-Merkblatt[608] heraus. Es sollte ein bundeseinheitliches Vorgehen beim Umgang mit asbesthaltigen Abfällen bei Ausbau, Beförderung, Behandlung, Zwischenlagerung und Ablagerung nach dem Stand der Technik gewährleisten. Es bezog auch den Umgang mit asbesthaltigen Abfällen im Rahmen der Entsorgung asbesthaltiger Geräte und Bauteile sowie der Zerlegung asbesthaltiger Elektro-Speicherheizgeräte und anderer asbesthaltiger Produkte mit dem Ziel der Verwertung einzelner Gerätebestandteile ein. Mit dem Merkblatt wurde die Lücke geschlossen, die nach Einführung der TRGS 517 bzw. 519 entstanden war und sich in der Praxis nach Abschluss der Sanierungsmaßnahme am Sanierungsobjekt mit der ungeklärten Frage der Abfallentsorgung auftat. Die Verknüpfung zu Abbruch- und Sanierungsmaßnahmen wurde dadurch geschaffen, dass im Anschluss an die Veröffentlichung des LAGA-Merkblattes seine Beachtung ausdrücklich unter Punkt 13 (3) der TRGS 519 als auch unter den Nummer 4.2.1 und 4.2.4 der Technischen Anleitung (TA) Siedlungsabfall verbindlich vorgeschrieben wurde.

Analog dem bereits bei Sanierungsmaßnahmen geltenden Gebot zur Minimierung von Faserfreisetzungen schreibt auch das LAGA-Merkblatt das Minimierungsgebot hinsichtlich der Faserexposition als Leitsatz für Maßnahmen im Rahmen der Abfallaufnahme, des Transports und der Ablagerung auf einer Deponie vor. In seinem Anhang legt das Merkblatt sehr detailliert in Abhängigkeit von der Art und dem Zustand des asbesthaltigen Abfalls fest, wie er zu behandeln, zu transportieren und zu entsorgen ist. Die folgenden Tabellen verdeutlichen die grundsätzliche Sys-

---

608 LAGA, Merkblatt, Entsorgung asbesthaltiger Abfälle, erstellt von der Länderarbeitsgemeinschaft Abfall (LAGA) unter Mitwirkung des Umweltbundesamtes, vom 6. September 1995, RdErl. des Ministeriums für Umwelt, Raumordnung und Landwirtschaft v. 24.11.1995 – IV A 4 – 541.3.12, in der Fassung vom 20. Februar 2001, aktualisiert aufgrund der Abfallverzeichnis-Verordnung vom 10. Dezember 2001. Die LAGA ist ein Arbeitsgremium der Umweltministerkonferenz. Gegründet wurde sie am 2. Juli 1963. Ihre Zielsetzung ist die Sicherstellung eines möglichst ländereinheitlichen Vollzugs des Abfallrechts in der Bundesrepublik Deutschland.

tematik, nach der erstmals 1995 die Entsorgung von asbesthaltigen Abfällen in Deutschland geregelt wurde. Es wurde dabei nach fest gebundenen, asbesthaltigen Abfällen (organisch/anorganisch), schwach gebundenen, asbesthaltigen Abfällen sowie asbesthaltigen Geräten und Bauteilen unterschieden. In den Tabellen sind ausdrücklich nicht alle Aspekte erfasst, die das Merkblatt aufführte, sondern sie wurden zur Reduzierung der Komplexität auf die wesentlichen Angaben beschränkt.

Fest gebundene, überwiegend *anorganische* asbesthaltige Abfälle		Behandlung Transport	Entsorgung
Asbestzement	Platten(eben und gewellt), Rohre, Fassaden- u. Dach-platten, Bruchstücke	Wenn stapelbar: -Palettenstapel in Folie einschlagen oder Big-Bags verpacken Wenn nicht stapelbar: - Big-Bags Transport in bedeckten Fahrzeugen oder Container	- Endlagerung auf Monodeponien der Klassen I oder II - Zwischenlagerung auf Monobereichen von Alt-deponien (z.B. Hausmüll-deponien); Annahme von Kleinmengen an speziellen Annahmestellen
Asbesthaltige Reibbeläge	Brems- und Kupplungs-beläge	Verpackung in stabilen Behältnissen (z.B. Kunst-stoffsäcke)	

Fest gebundene, überwiegend *organische* asbesthaltige Abfälle		Behandlung Transport	Entsorgung
Mit Asbestfasern kontaminierte Materialien	Kleinteile und Geräte aus der Asbest-sanierung, Teppich-böden, Textilien Folien, Dämmstoffe	- Reinigung mit dem Ziel der asbestfreien Ver-wertung bzw. Entsorgung - Verpackung in stabilen Behältnissen (z.B. Kunststoffsäcke) Transport in bedeckten Fahrzeugen oder Container	Thermische Behandlung Wenn thermische Behandlung nicht möglich: - Endlagerung auf Monodeponien der Klassen I oder II - Zwischenlagerung auf Monobereichen von Altdeponien (z.B. Hausmülldeponien); Annahme von Kleinmengen an speziellen Annahmestellen
Asbesthaltige bauchemische Produkte	Diverse Kitte, Spachtel- u. Verguss-massen, Dichtungs- und Formmassen, Klebstoffe, Farben	Verpackung in stabilen Behältnissen (z.B. Kunststoffsäcke)	

Schwach gebundene asbesthaltige Abfälle		Behandlung Transport	Entsorgung
Spritzasbest	Spritzasbest aus Gebäude und Anlagen-sanierung	-Verfestigung mit hydrau-lischen Bindemitteln vor-zugsweise am Anfallort und eingeschlagener Folie - Ggf. Behandlung mit dem Ziel Faserzerstörung	Nach Verfestigung oder Faser-zerstörung: - Endlagerung auf Monodeponien der Klassen I oder II; - Zwischenlagerung auf Monobereichen von Alt-deponien (z.B. Hausmüll-deponien); Annahme von Kleinmengen an speziellen Annahmestellen
Asbesthaltige Stäube	Stäube aus Filter-anlagen, Rohasbest, asbesthaltige Materia-lien aus Geräten und Bauteilen	Transport in bedeckten Fahrzeugen oder Container, Gefahrgut-verordnung Straße (GGVS) beachten	

Asbesthaltige Leichtbau-, Feuer- und Brand- schutzplatten	Asbesthaltige Leichtbau-, Feuer- und Brandschutzplatten	Oberflächenbehandlung von Plattenoberflächen und Bruchkanten, ggf. Kanten mit Folie umkle- ben; nach Behandlung in Big-Bags palettieren oder sammeln	Für nicht verfestigte Abfälle ist Entsorgungsnachweis zu führen

Asbesthaltige *Geräte und Bauteile*		Behandlung Transport	Entsorgung
Geräte und Bauteile mit asbesthaltigen Materialien	Elektro-Speicher- geräte, Elektr. Schalt- einrichtungen, Brand- schutzklappen, Brand- schutztüren und -tore, Heizkessel, Trocken-, Härte- und Glühöfen, Kleingeräte, Rohrflansche, Ventile	Geräte und Bauteile auf dem Transport zur Zer- legungsanlage staubdicht verpacken; Behandlung ausgebauter Materialien gemäß den Vorgaben für schwach gebundene asbesthaltige Abfälle	- Ausbau der asbesthaltigen Materialien in zugelassenen Zerlegungsanlagen; ggf. auch am Aufstellungsort - Asbestbehaftete Bauteile reinigen und dem Recycling zuführen, - Annahme von Kleingeräten wie Haartrockner, Toaster usw. durch entsorgungs- pflichtige Körperschaften

Tabellen 17: Darstellung der Regelungssystematik und Handlungsmaxinen zur Ent-sorgung asbesthaltiger Stoffe in Deutschland ab 1995
[Quelle: LAGA, Merkblatt, Entsorgung asbesthaltiger Abfälle, erstellt von der Länderarbeits-gemeinschaft Abfall (LAGA) unter Mitwirkung des Umweltbundesamtes, vom 6. September 1995, RdErl. des Ministeriums für Umwelt, Raumordnung und Landwirtschaft v. 24.11.1995 – IV A 4 – 541.3.12]

Das LAGA-Merkblatt sah 1995 eindeutig eine chemische, mechanische oder thermi-sche Behandlung zur Veränderung und Zerstörung der Asbestfaser vor. Damit gab die Länderarbeitsgemeinschaft bereits einer ordnungsgemäßen, schadlosen und da-mit umweltverträglichen Verwertung den Vorzug vor einer Deponierung, auch wenn die Möglichkeiten ihrer Umsetzung zum Zeitpunkt des Inkrafttretens des LAGA-Merkblattes, wie bereits dargestellt, aufgrund technologischer Hürden noch begrenzt waren. Der Ursprung für diesen zukunftsorientierten Ansatz des Merkblattes ist in seiner zeitlichen Nähe zur Einführung des Kreislaufwirtschafts- und Abfall-gesetzes[609] zu suchen. Mit dem LAGA-Merkblatt wurde 1995 derselbe konzep-tionelle Ansatz und Grundgedanke verfolgt, wie er im Jahr zuvor vom Bundestag und Bundesrat beschlossenen und am 7. Oktober 1996 in Kraft getretenen Kreis-laufwirtschafts- und Abfallgesetz für alle Abfälle festgeschrieben wurde, wonach eine Verwertung einer Beseitigung vorzuziehen ist. Insofern kann Asbest bzw. die Regeln über den Umgang mit ihm im Entsorgungsfall als Vorläufer des erst ca. ein Jahr später rechtskräftig gewordenen Kreislaufwirtschafts- und Abfallgesetzes betrachtet werden. Ob die im Zuge der im Vorfeld der Veröffentlichung des LAGA-Merkblattes für asbesthaltige Abfälle erfolgten Erörterungen zwischen der Länder-arbeitsgemeinschaft Abfall und dem Umweltbundesamt über Konzept und Inhalt des Merkblattes sogar Inhalt und Ausgestaltung des Kreislaufwirtschaft- und Abfall-gesetzes beeinflussten, es zwischen beiden Vorhaben einen Abstimmungsprozess

---

609 Für ausführliche Erläuterungen zum Kreislaufwirtschafts- und Abfallgesetz siehe Abschnitt 4.4.4 „Sondermüll statt „Wunderwerkstoff" – die Entsorgungsphase" dieser Arbeit

gab oder das Gesetz gar durch die Diskussionen über das LAGA-Merkblatt initiiert wurden, ist nicht nachvollziehbar.

Nach 1995 wurde das LAGA-Merkblatt entsprechend dem Stand der Technik weiterentwickelt und regelmäßig angepasst. Leider nahm damit auch die Komplexität der Regularien zu, vor allem die Vielfalt der Entscheidungen, Richtlinien, Verordnungen und Gesetze, in die die Entsorgung von asbesthaltigen Materialien eingebettet ist. So nehmen heute lediglich die in dem aktuellen Merkblatt unter „Mitgeltende Regelungen und Hinweise" aufgeführten Verweise ins Abfallrecht, Immissionsschutzrecht, Chemikalienrecht, Baurecht bzw. Bauordnungen der Länder, Gefahrgutrecht, EG-Recht und Wasserrecht mittlerweile einen Raum von zweieinhalb Seiten ein.[610]

Zum 1. Januar 2002 wurde das Europäische Abfallverzeichnis gültig und bezeichnete Asbestzement als besonders überwachungsbedürftig im Sinne des Kreislaufwirtschafts- und Abfallgesetzes.[611] Grundsätzlich müssen asbesthaltige Abfälle bei speziellen Sammelstellen abgegeben werden. Ab wann ein asbesthaltiger Abfall als gefährlich und damit besonders überwachungsbedürftig eingestuft wird, hängt vom Gewichtsanteil des Asbests ab:

– über 10 % Gewichtsanteil: gefährlich und daher besonders überwachungs-bedürftig, Entsorgung bei speziellen Sammelstellen
– unter 10 % Gewichtsanteil: gelten als unbelastet und können daher als nicht asbesthaltiger Abfall entsorgt werden.[612]

Die Entsorgungskonzeption wurde in den Folgejahren weiter ergänzt. Demnach gelten für asbesthaltige Abfälle aus gewerblichen oder sonstigen wirtschaftlichen Unternehmen beispielsweise neben den Pflichten zur Nachweisführung nach der Nachweisverordnung (§ 25, 26 NachwV) für asbesthaltige Abfälle, die nicht besonders überwachungsbedürftig sind, nach § 41 Abs. 1 Satz 2 Abs. 3 Nr. 1 Kreislaufwirtschafts- und Abfallgesetz noch besondere Pflichten, die den Nachweis der vorgesehenen Entsorgung mit Hilfe des vereinfachten Entsorgungsnachweises (§ 25, 26 NachwV) betreffen. Öffentlich-rechtliche Entsorgungsträger und die nach § 19 Kreislaufwirtschafts- und Abfallgesetz konzeptpflichtigen Abfallerzeuger haben auch die Entsorgung asbesthaltiger Abfälle zu berücksichtigen. Hierbei muss insbesondere auf Folgendes geachtet werden:

– aktuell bestehende Menge zu entsorgender asbesthaltiger Abfälle,
– vorhandene Entsorgungsstruktur,
– Prognose der künftig zu entsorgenden asbesthaltigen Abfälle,
– Maßnahmen zur Gewährleistung der Entsorgungssicherheit wie der Behandlungskapazitäten und der Deponiekapazitäten.

Neben diesen gerade auszugsweise dargestellten, sukzessiv ergänzten und recht komplexen Verästelungen ziehen sich die folgenden Prinzipien für die Behandlung, den Transport und die Ablagerung wie ein roter Faden durch die Regularien.

---

610 LAGA, Merkblatt, 10. Dezember 2001
611 Vgl. Verordnung über das Europäische Abfallverzeichnis vom 10. Dezember 2001, BGBl I 2001, S. 3379
612 Axmann, Asbest, in: Bayerisches Landesamt für Umweltschutz, S. 10

Behandlung von asbesthaltigem Abfall:
Generell sind alle fest gebundenen Materialien in stabilen, verschließbaren Behältnissen (Kunststoffsäcke, Big-Bags o.ä) zu verpacken. Schwach gebundene Stoffe sind mit Bindemitteln zu verfestigen (Spritzasbest) bzw. in reißfesten, verschließbaren Behältnissen (Kunststoffsäcke, Big-Bags o.ä) zu sammeln.
Transport von asbesthaltigem Abfall:
Beim Transport asbestfaserhaltiger Stoffe ist grundsätzlich darauf zu achten, dass diese gut verpackt und abgedeckt sind.
Ablagerung von asbesthaltigem Abfall:

Besonderen Wert legen die gesetzlichen Bestimmungen auf den Hinweis, dass eine Entsorgung auf Sonderabfalldeponien nicht erforderlich ist. Vor der Entsorgung ist ein Entsorgungsnachweis zu führen. Nach der Entsorgung muss der Verbleib zur Kontrolle dokumentiert sein. Im Fall einer Ablagerung ist als Entsorgungsort eine Endlagerung in Monodeponien der Deponieklassen I und II, d.h. für verunreinigte mineralische Abfälle, vorgesehen (siehe unten Abbildungen 33). Überdies gilt die Regelung, dass eine gesonderte Endlagerung auch in abgegrenzten Bereichen von hierfür geeigneten und zugelassenen Altdeponien zulässig sein kann. Diese Monobereiche sind von den übrigen Bereichen der Deponie eindeutig abzugrenzen und für die endgültige Ablagerung auszuweisen. In den Lage- und Bestandsplänen muss erkennbar sein, dass einer potenziellen Exposition von Asbestfasern durch künftige Baumaßnahmen noch zusätzlich gegengesteuert werden kann. Zur Zwischenlagerung kommen auch Monobereiche von Hausmülldeponien in Frage. Ansonsten darf nur asbesthaltiges Abfallmaterial angeliefert werden, welches soweit behandelt wurde, dass beim Entladen wie beim Einbau der Abfälle keine Exposition von Asbestfasern auftritt. Sollte angeliefertes, asbesthaltiges Abfallmaterial zuvor nicht behandelt worden sein, darf unter keinen Umständen eine Zurückweisung erfolgen. In diesem Fall ist eine Behandlung auf Kosten des Anlieferers durch den Deponiebetreiber vorzunehmen. Überdies ist untersagt, asbesthaltige Abfälle außerhalb der dafür vorgesehenen Deponien etwa für Geländeauffüllungen zu verwenden und abzulagern. Auch für das Betreiben der Deponien dürfen bestimmungsgemäß – wie für sämtliche anderen mit der Entsorgung von Asbest befassten Firmen – nur sachkundige Mitarbeiter eingesetzt werden, die angemessen geschult und im Umgang mit Gefahrstoffen ständig weitergebildet werden. Der Betreiber einer für die Entsorgung von Asbest ausgerichteten Deponie muss für sein Deponiepersonal Mehrwegschutzkleidung und Atemschutzmasken bereitstellen, die als Filtergeräte mit Partikelfilter der Klasse P 2 genau vorschrieben sind. Sie sind ständig in gebrauchsfähigem und hygienisch einwandfreiem Zustand zu erhalten. Für den Betrieb einer Ablagerungsstätte muss eine Genehmigung nach den Vorschriften des Bundesimmissionsschutzgesetzes (BImSchG) eingeholt werden. Hier wird bestimmt, dass die Lagerung prinzipiell vor den Einflüssen der Witterung und vor mechanischen Beanspruchungen geschützt zu sein hat. Aus diesem Grunde muss sie in geeigneten Transportbehältern und entsprechenden Verpackungen erfolgen; etwa vorhandene Verpackungen dürfen keinesfalls entfernt werden.

(1)   (2)

Abbildungen 33:   Asbestdeponie Caaschwitz, 1999
[Quelle: TU Berlin, Institut für Angewandte Geowissenschaften, Fachgebiet Lagerstättenforschung]

Es wurde bereits hervorgehoben, dass schon das erste LAGA-Merkblatt eine chemische, mechanische oder thermische Behandlung zur Veränderung und Zerstörung der Asbestfaser vorsah. Diese Zerstörungsalternativen sind als Alternative zur Deponierung unter Punkt 6 des LAGA-Merkblattes aufgeführt. Allerdings finden sich die technischen Varianten zur Zerstörung der Faserstruktur neben dem Einbindungsverfahren in der dem Merkblatt anliegenden konkreten Handlungs-anweisung selbst wiederum nur sehr spärlich wieder:

„– ggf. Behandlung mit Verfahren der Faserzerstörung bei Spritzasbest – Thermische Behandlung von mit Asbestfasern kontaminierten Materialien, die nicht gereinigt werden können, um einer asbestfreien Verwertung oder Entsorgung zugeführt werden zu können."

Die Verfestigung von Spritzasbest sollte möglichst direkt am Ort des Sanierungsobjektes erfolgen. Durch diese Maßnahme wird eine weitere unkontrollierte Freisetzung der Faser unterbunden. Eine Entsorgung bzw. Deponierung entsprechend fest gebundenem Material schließt sich für den verfestigten Stoff danach an. Würde es jedoch gelingen, die im Spritzasbest enthaltenen Fasern zu zerstören und den Spritzasbest damit nicht verfestigen zu müssen, hätte das Vorteile, die 1999 noch einmal von Gock herausgestellt werden.[613] Er berichtet, dass vor dem Hintergrund einer Kostenreduzierung und einer einfachen Prozessführung angeblich ein mechanisches Behandlungsverfahren mittels Schwingmahlung für Asbest- und Mineralfaserprodukte entwickelt wird. Grundlage sei die Umwandlung von Asbestfasern durch intensive mechanische Beanspruchung, wobei einerseits Partikelgrößenverkleinerungen und andererseits Festkörperreaktionen hervorgerufen werden, welche die Faserstruktur beseitigen. Aufgrund der Verwertbarkeit des Recyclingproduktes als Baustoffzuschlag entstünden keine zu deponierenden Produkte. Da der überwiegende Teil der zu behandelnden Asbestprodukte zementgebunden ist, fiele nach deren mechanischer Behandlung ein feines zementartiges Pulver mit hydraulischen Eigenschaften und hohen Druckfestigkeitswerten an. Eine Wiederverwertung dieses Materials als Zuschlagstoff in der Baustoffindustrie sei daher geeignet. Auf die nega-

---

613 Vgl. E. Gock: Behandlung asbesthaltiger Materialien, in: Umweltforschung in Clausthal, Beiträge zum Tag der Forschung, 18. November 1999, S. 97-99

tiven Erfahrungen mit dem Mahlverfahren aus der ersten Hälfte der neunziger Jahre, nämlich die schlechte Verarbeitung inhomogenen Abfalls, geht Gock leider nicht ein. Es ist nicht bekannt, ob das von ihm beschriebene und angekündigte Verfahren der Schwingmahlung von Asbestabfall in die Praxis umgesetzt wurde. Ebenso liegen keine Informationen vor, ob überhaupt von aus Abbruch- oder Sanierungsmaßnahmen stammende asbesthaltige Abfälle in nennenswerten Mengen vermahlen wurden.

In der Folgezeit wurde insbesondere an der Fortentwicklung des thermischen Verfahrens gearbeitet. So wurde in Frankreich ein so genanntes Plasma-Schmelzverfahren entwickelt, was sich jedoch als zu teuer herausstellte.[614] In Deutschland wurden in den vergangenen Jahren erste Anlagen zur thermischen Behandlung mittels eines Drehrohrofens im industriellen Maßstab errichtet. In ihnen werden bereits größere Mengen Asbestzementabfälle verarbeitet.[615] Wie die vergleichenden Abbildungen 34 anschaulich zeigen, verschmelzen aufgrund der hohen Hitze die einzelnen Asbestfasern miteinander und sind damit nicht mehr lungengängig.

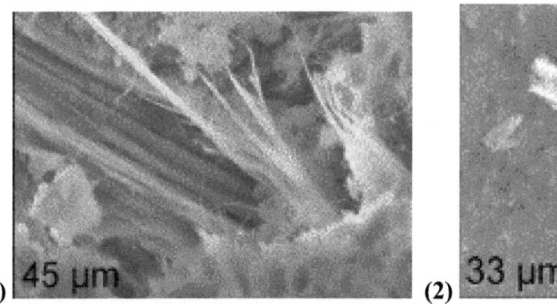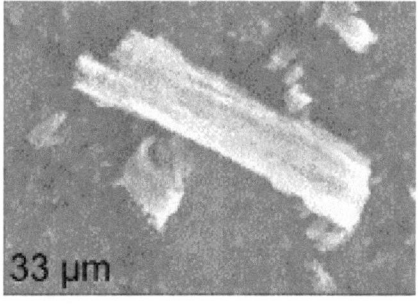

Abbildungen 34: Thermische Behandlung von Asbestabfällen

(1) Chrysotilfasern aus unbehandeltem Asbestzement

(2) Durch thermische Behandlung vollständig umgewandelte Chrysotilfasern

[Quelle: M. Mattenklott: Analyse thermisch behandelten Asbestzements, Bild 2, S. 481, in: Grundlagen, Kriterienkatalog. Gefahrstoffe – Reinhaltung Luft, 64, 2004, Nr. 11/12, S. 480-484]

Inwiefern eine Weiterverwertung der mittels thermischer Behandlung neu gewonnenen Stoffe in hydraulisch gebundenen Deponiebaustoffen, Tragschichten und Formsteinen oder zur Herstellung von Mauerziegeln und Splittmastixasphalt technisch und wirtschaftlich möglich ist, bleibt abzuwarten.[616] Zumindest wird mit dem aktuellen Stand der thermischen Bearbeitung erreicht, dass durch die Veränderung der Asbestfaserstruktur keine besondere Entsorgung mehr vonnöten ist und auch die damit latent weiter bestehende Umweltgefährdung bezogen auf diese Abfallmengen

---

614 Vgl. Stewart Campbell, James Skilling, June Cairns: Asbest: Die Situation in den verschiedenen Ländern – eine Übersicht, in: Asbestos European Conference 2003, S. 1-14; Europäische Informationsrunde Asbest: Juni – Dezember 2000, in: Doc. 12270/02 DE, S. 1-78

615 Michatz, Sachgerechter Umgang mit Asbestzement, S. 5; M. Mattenklott: Analyse thermisch behandelten Asbestzements, in: Grundlagen, Kriterienkatalog. Gefahrstoffe – Reinhaltung Luft, 64, 2004, Nr. 11/12, S. 480-484

616 Vgl. zur technologischen Beurteilung der gewonnenen Stoffe H.-P. Justen, G. Strübel: Verwertungskonzepte für thermische Reaktionsprodukte asbesthaltiger Massen, in: Oberhessische Naturwissenschaftliche Zeitschrift, Band 60, 1998/2000

gebannt ist. Aus diesem Grund ist die jüngste Entwicklung als ein Meilenstein in der Entsorgungsphase von Asbest zu werten. Dies gilt umso mehr, da die neue Technologie auch für Asbestzementabfälle geeignet ist und damit den mit Abstand umfangreichsten Asbestfaserverbraucher erfasst, welcher schon allein aufgrund seines Volumens große Deponiemengen verschlingen würde. Der thermischen Verwertung für den Abfallstoff Asbestzement steht allerdings noch keine rechtliche Verordnung gegenüber. Das LAGA-Merkblatt sieht für Asbestzementabfälle bisher nur die Deponierung vor. Eine zeitnahe Anpassung des Regelwerks an die jüngste technologische Entwicklung ist wahrscheinlich.

Bereits im Rahmen der Sanierungsphase war beobachtbar, dass die zum Einsatz kommenden technischen Verfahren weiter entwickelt werden. Ein Ende ihrer technologischen Entwicklung ist aus heutiger Sicht nicht absehbar, zumal die Sanierungsphase noch eine nicht abschätzbare Zeit andauern wird. Dieser Prozess der technologischen Fortentwicklung ist Bestandteil einer jeden Phase des Phasenmodells; so auch der Entsorgungsphase.[617] Die Entwicklung im Bereich der thermischen Bearbeitung von Asbestabfällen ist ein Beleg hierfür. Allerdings differenzieren sich Sanierungs- und Entsorgungsphase von den früheren Phasen hinsichtlich der ökonomischen Rahmenbedingungen, unter denen sie ablaufen. Im Unterschied zu den vorangegangenen Phasen sind sie nicht durch einen tendenziell freien Wettbewerb gezeichnet, sondern sie sind in ihrer Entfaltungsfreiheit eingeschränkt und von einem umfangreichen Vorschriftenwesen geprägt, reguliert und in ihm eingebettet. Trotz aller Kritik an diesem Vorschriftenwesen[618] ist dieses dennoch so ausgestaltet und entwicklungsfähig, dass es bewusst Raum für die Nutzung neuer Technologien bietet und auch soweit entwicklungs- und integrationsfähig ist, neue, zum Regelungsziel kompatible Technologien in ihr Regelwerk explizit aufzunehmen zu können.

Genauso wie das Vorschriftenwesen die technologische Entwicklungsrichtung beeinflusste, bestimmte es entscheidend den Kreis der beteiligten Institutionen und Unternehmen. Gegenüber den früheren Phasen im Rahmen des Phasenmodells haben die Beteiligten in der Entsorgungsphase in weiten Teilen gewechselt. Neu hinzugekommen sind Entsorgungsdienstleister, Deponiebetreiber, Verpackungsmittelhersteller, Transporteure, Experten für diverser Aufbereitungsverfahren und wiederum andere Behördenvertreter. Im Gegenzug sind u.a. Bauunternehmen aus der Sanierung, Architekten und Messingenieure aus dem Kreis der Beteiligten ausgeschieden.

---

617 Lediglich die Ernüchterungsphase bildet hier eine Besonderheit. Sie ist weniger durch technologische Aspekte und Technikentwicklung geprägt als vielmehr durch gesellschaftliche Einflüsse, die auf dem Werkstoff, das Produkt oder das Verfahren wirken. Gleichwohl ist die Ernüchterungsphase prägend für die technologische Richtung der nachfolgenden Phasen. Denn in dieser Zeit werden, abgeleitet aus dem Leistungsprofil des jeweiligen Artefaktes, Mindeststandards formuliert, die als Messlatte für nachfolgende Substitute dienen. Ebenso kristallisieren sich hier die Schwachpunkte heraus, auf die in einer möglicherweise folgenden Sanierungs- und/oder Entsorgungsphase das Hauptaugenmerk gelegt wird, wodurch in der Ernüchterungsphase bereits wesentliche Rahmenbedingungen für die in den nachfolgenden Phasen zum Zuge kommenden Techniken gesetzt werden.

618 In erster Linie sind die Technischen Regeln für Gefahrstoffe und das LAGA-Merkblatt gemeint, aber auch alle darauf aufbauenden und implizierten Verordnungen und Verfügungen.

Rückblickend auf die noch junge Geschichte der Entsorgungsphase ist zu resümieren, dass, als das Problem erkannt war, alle vom Staat gesetzten Vorschriften und Reglementierungen sich am Gefährdungspotenzial der unterschiedlichen asbesthaltigen Abfälle orientierten und darauf abzielten, eine Freisetzung von Asbestfasern bei der Abfallaufnahme, der Beförderung und der Ablagerung auf einer Deponie oder bei der sonst vorgenommenen Entsorgung so gering wie möglich zu halten. Dem Prinzip, wonach Abfallvermeidung der Verwertung und die wiederum der Abfallbeseitigung vorzuziehen sind, wurde konsequent gefolgt. Der Anfall an asbestkontaminierten Abfällen sollte durch getrennte Erfassung asbesthaltiger Bauteile weitgehend verhindert werden. Einer zukünftigen Verwertung asbesthaltigen Abfalls wurden von Beginn an Optionen eingeräumt. Allerdings erhebt sich die Frage, ob die ökonomische Seite der Entsorgung von Asbest noch in einem glaubwürdigen Zusammenhang mit dem geschaffenen Vorschriftenkatalog für asbesthaltige Gefahrstoffe steht. Ohne Zweifel sind Prüfungs- und Entscheidungsgrundlagen bei der Zuordnung von asbesthaltigen Abfällen zu Abfallschlüsseln und Entsorgungswegen wie auch die Überwachung der Entsorgung asbesthaltiger Abfälle, die Zulassung von Anlagen zur Entsorgung derselben und die Aufstellung von Abfallwirtschaftsplänen notwendig. Für sich betrachtet mag jede Regelung zur Sanierung und Entsorgung sinnvoll sein. Im Zusammenspiel stellen sie im Grunde einen Behinderungskatalog für eben diese Zwecke dar; zweifellos ein Ergebnis der partiell hysterischen Reaktion aus der Erkenntnisentwicklung und einer emotional geprägten Ernüchterungsphase. In seiner Gesamtheit ist das Vorschriftenwesen zur Entsorgung – gleiches gilt auch für das Vorschriftenwesen zur Sanierung von asbesthaltigen Produkten – in Anwendung, Umsetzung und konsequenter Durchsetzungsfähigkeit kaum operational und zudem äußerst kostenintensiv. Jeder Unternehmer wie zum Beispiel Dachdecker, Architekt, Bauunternehmer oder Innenraumsanierer, aber auch jeder Bauherr ist zum Beispiel von den Pflichten des LAGA-Merkblattes befreit, wenn er sich für den Abtransport und die Entsorgung asbesthaltigen Abfalls eines gewerbsmäßig arbeitenden Entsorgungsunternehmens bedient. Damit ist das Problem einer zügigen Sanierung und Vernichtung von Asbest aber nicht gelöst. Denn die Kosten für Sanierung und Entsorgung und damit für die Anwendung und Ausführung der Vorschriften hat letztlich der Eigentümer des zu sanierenden Objektes zu tragen, der in der überwiegenden Zahl der Fälle auch der Entscheider darüber ist, ob eine Sanierungs- und Entsorgungsmaßnahme überhaupt durchgeführt oder sie unterlassen wird. Somit lautet die anspruchsvolle Aufgabenstellung, ein Regelwerk zu entwickeln, welches unter weitgehender Einhaltung des Minimierungsgebotes bezüglich einer Faserexposition und der Befolgung der vom Kreislaufwirtschafts- und Abfallgesetz gesetzten Prioritäten die kostenmäßige Belastung einer Sanierung und Entsorgung von asbesthaltigen Stoffen fördert und nicht blockiert.

Nach der gelegentlich recht aufgeregt anmutenden Sorge über die von Exposition von Asbestfasern ausgehende Gefahr gegen Ende der siebziger und vor allem in den achtziger Jahren war es im Rahmen der Erörterung dieser Phase interessant festzustellen, welches geringe Interesse der Entsorgung von Asbest zunächst entgegengebracht wurde. Erst 1995, zwei Jahre nach Verhängung des vollständigen, bundesweiten Asbestverbotes, wurde von der Länderarbeitsgemeinschaft Abfall das

LAGA-Merkblatt herausgegeben. Das Merkblatt kann als Vorläufer des Kreislaufwirtschafts- und Abfallgesetz betrachtet werden, da in dem Merkblatt bereits das Prinzip „Verwertung und Recycling vor Beseitigung" verankert war; und zwar bevor das Kreislaufwirtschafts- und Abfallgesetz Rechtskraft erlangte. Zugleich wurde mit dem Merkblatt die Lücke ausgefüllt, die nach Einführung der TRGS 517 bzw. 519 entstanden war und sich in der Praxis nach Abschluss der Sanierungsmaßnahme am Sanierungsobjekt mit der ungeklärten Frage der Abfallentsorgung auftat.

Es wurde bereits festgestellt, dass Sanierung und Entsorgung zeitlich befristete Aktivitäten darstellen. Wenn der vorhandene Asbest endgültig saniert und entsorgt ist, ist die Funktion dieser beiden Phasen aufgehoben. Dringend erscheint es geboten, die überbordende Anzahl unterschiedlicher Vorschriften, Leitlinien, Anforderungen, Zuordnungen und Bestimmungen auf ein vertretbares Maß zu reduzieren. Nur auf diese Weise ist es möglich, das letzte Kapitel des industriell verarbeiteten Asbests in der Geschichte der Moderne, der als Mineral und als Werkstoff Höhen erlebt und Tiefen durchlitten hat, wieder in den unaufgeregten Mittelpunkt einer Aufmerksamkeit zu stellen, den dieses irgendwann abzuschließende Kapitel letztlich verdient.

6. Die drei Dilemmata des Asbests

Der Werkstoff Asbest hat ein dermaßen divergierendes Eigenschaftsprofil, dass die Formulierung einer grundsätzlichen Handlungsmaxime für den Umgang mit ihm auf verschiedene Dilemmata stößt. Asbest verfügt über herausragende technische Eigenschaften und ist daher zur Lösung technischer Probleme prädestiniert. In lungengängiger Form kann er die Gesundheit schädigen, gar tödlich wirken. Als Zuschlagstoff verleiht er Baumaterialien eine Vorteilhaftigkeit, wie sie lange Zeit kaum von anderen Materialien erreicht wurde. Versucht man, das Mineral durch andere Werkstoffe zu ersetzen, erlangte man lange Zeit nur schwer die Leistungsfähigkeit des Originals; seine Universalität blieb bis heute jedenfalls unerreicht. Die sozialen Sicherungssysteme der Industriestaaten, in denen Asbest in der Vergangenheit intensiv eingesetzt wurde, haben heute hohe Aufwendungen infolge asbestinduzierter Erkrankungen zu tragen. Die monetären Verpflichtungen werden auf absehbare Zeit weiter steigen und jährlich mehrere Milliarden Euro verschlingen. Durch Asbest konnten bisher bestehende Grenzen technischer Anlagen und Verfahren hinsichtlich ihrer Belastbarkeit und Leistung überwunden werden. Sie trugen maßgeblich zum Fortschritt und damit zum Wohlstand der Industrienationen bei. Heutige Entwicklungs- und Schwellenländer sollen aber auf diesen kostengünstigen Wachstumsmotor verzichten und stattdessen auf zum Teil teurere Substitute ausweichen. Ein Leben ohne Asbest ist, zumindest in industriell entwickelten Gesellschaften, nachweislich möglich, erfordert aber umfangreiches und spezialisiertes Know-how über Substitute. In Entwicklungsländern ist dieses Know-how kaum verfügbar; simple, schnelle Lösungen sind eher gefragt.

Vor diesem diskrepanten Hintergrund ist über drei Dilemmata des Asbests zu reden: Das Dilemma der Grenzwerte, das Dilemma der Industrialisierung der Entwicklungs- und Schwellenländer und nicht zuletzt das Dilemma der Substitute. Die jeweiligen Aspekte und Facetten der Dilemmata tauchten bereits an unterschiedlichen Stellen dieser Arbeit im Zuge der Phasendiskussion auf. Eine ausgiebige Betrachtung im Rahmen des jeweils vorrangig erörterten Kontextes bot sich an diesen Stellen jedoch nicht an, zumal dann auch nur eine partielle Diskussion möglich gewesen wäre, die einen Gesamtblick auf die Thematik der Dilemmata verwehrt hätte. Eine zusammenfassende Darlegung erfolgt deshalb in den folgenden Abschnitten.

6.1 Das Dilemma der Grenzwerte

Es ist festzuhalten, dass es bislang keine objektiven Schwellen- oder Grenzwerte gibt, mit denen sich unbedenkliche von bedenklichen Asbestkonzentrationen unterscheiden lassen. Noch immer stehen Wissenschaftler, die sich auf verlässliche Grenzwerte einer erlaubten Exposition von Asbest berufen wollen, vor einem nahezu unlösbaren Problem. Aufgrund der kanzerogenen Wirkung von Asbestfasern erscheint eine Festsetzung von toxikologisch begründeten Grenzwerten für die Asbestfaserkonzentration in der Luft nicht möglich.

Selbst die Außenluftkonzentrationen in Reinluftgebieten können naturbedingt über 100 Fasern/m³ betragen. Ist dies ein Grund für eine durchaus weiter vertretbare Belastung durch Fasern in der Umwelt? Oder darf keine weitere Faser toleriert werden, weil sie bereits Krebs auslösen kann? Die Komplexität dieser Frage wird zudem dadurch erhöht, dass Lungenkrebs auch durch andere Einflüsse ausgelöst werden kann als allein durch Asbestfasern. Außerdem liegt in Verbindung mit anderen Risikofaktoren wie zum Beispiel Rauchen ein kumuliertes Risiko vor. Die Kenntnislage über Interdependenzen und Wirkungsmechanismen, die eine individuelle Risikosituation klar einschätzbar machen, ist allerdings unzureichend. Die Unsicherheiten hierüber markieren einen Teil des grenzwertbezogenen Dilemmas.

Es wurde in dieser Arbeit ausgeführt, dass in der westlichen Welt gegenwärtig zwei Strömungen bestehen, sich mit der erkannten Asbestproblematik auseinanderzusetzen. Die Haltung der US-amerikanischen Regierung und die der Rohasbest fördernden Industrie einerseits sowie die von der Europäischen Union erlassenen Richtlinien andererseits. Amerika entschied sich für den Weg eines „Controlled Use" und hält ihn auch heute noch für eine ausreichende Lösung. Die europäischen Regierungen setzten auf ein schrittweise vollzogenes Totalverbot von Asbest. In diesem offenkundigen Widerspruch spiegelt sich das Dilemma der in den USA und der Europäischen Union unterschiedlich beschrittenen Wege ohne erkennbare Chance einer zumindest partiellen Auflösung wider, wenn nicht einer dieser Wege zugunsten des anderen aufgegeben werden sollte.

Im Falle des „Controlled Use" werden die einleitend gestellten Fragen dahingehend beantwortet, dass weitere Fasern in der Umwelt tolerabel sind. Denn eine Nutzung von Asbest ohne zusätzliche Faserexposition ist nicht möglich. Welche Grenzwerte sind unter der Rahmenbedingung einer kontrollierten Verwendung einzuhalten? In den USA wurde diese Frage nicht beantwortet. Grenzwerte wurden keine erlassen.[619] Als ein wirksames Regulativ zur reduzierten Nutzung von Asbest hat sich in den USA vielmehr das Rechtssystem erwiesen. Aus Furcht vor Schadensersatzansprüchen wurde zunehmend auf das Inverkehrbringen asbesthaltiger Produkte verzichtet.

---

619 Von der „American Conference of Governmental Industrial Hygienists (ACGIH), Cincinnati, Ohio, USA, ursprünglich einer Vereinigung von öffentlichen Institutionen in den USA, die sich aber zwischenzeitlich auch anderen Organisationen sowie Unternehmen als Mitgliedern geöffnet hat, werden aktuell im zeitgewichteten Durchschnitt 2.000.000/m³ als Richtwert für Asbestfaserkonzentration am Arbeitsplatz empfohlen, dem die meisten Arbeiter ausgesetzt sein können ohne negative Auswirkungen zu erleiden.

Da aber die Rechtsysteme international unterschiedlich sind und sie nicht überall als selbständiges Regulativ fungieren, bleibt die Frage, wie unter der Rahmenbedingung einer weiteren Nutzung von Asbest ein Ansatz zur Bestimmung eines Schwellenwertes aussehen kann? Entgegen der in den siebziger und achtziger Jahren im Rahmen der Grenzwertfestsetzung unterstellten Prämissen darf dabei nicht zwischen Exposition am Arbeitsplatz und in der sonstigen Lebensumgebung unterschieden werden. Für beide Umgebungen müssen gleiche Werte gelten. Schließlich verbringt ein durchschnittlicher Arbeitnehmer rund 20 % seiner Lebenszeit zwischen seinem zwanzigsten und fünfundsechzigsten Lebensjahr an seinem Arbeitsplatz. Dieser Zeitanteil ist als beträchtlich und keineswegs als so gering einzustufen – wie in der Vergangenheit in Europa argumentiert wurde –, dass er eine um ein Vielfaches höhere Faserbelastung rechtfertigen würde als zum Beispiel den 1983 vom Bundesamt für Umweltschutz ausschließlich für den normalen Lebensraum ins Gespräch gebrachten Wert von 1.000 Fasern/m^3. Die Schwierigkeiten, die sich im Anschluss an diese Grundsatzentscheidung anschließen, unterscheiden sich nicht von denen, auf die man bei dem Versuch einer Grenzwertfindung stößt, wie sie auch im Fall eines generellen Asbestverbots entsprechend dem europäischen Weg nötig sind und im Folgenden beschrieben werden.

Ist die Entscheidung für ein Verbot der weiteren Verwendung von Asbest gefallen, verbleibt trotzdem die Aufgabe einer Grenzwertfindung, sofern zuvor im nennenswerten Umfang asbesthaltige Produkte verwendet wurden. Gerade mit einem Verbot der weiteren Verwendung positioniert man sich eindeutig und resolut hinsichtlich des erkannten Gefahrenpotenzials. Den damit selbst gesetzten Standards folgend, müssten konsequenterweise auch Regeln für die aufgrund der bereits in der Vergangenheit erfolgten, aber in die Zukunft wirkenden Nutzung von Asbest dauerhaft geschaffene Gefahrenquellen zur Verfügung stehen. Der Korridor dieser zu treffenden Regelungen kann sich bewegen zwischen der ersatzlosen Beseitigung aller vorhandenen asbesthaltigen Anlagen und Einrichtungen und zu fixierenden Schwellenwerten, ab wann eine Beseitigung bzw. Sanierung zu erfolgen hat. Der deutsche Gesetzgeber hat sich über sein in die Zukunft gerichtetes Verwendungsverbot hinaus nicht weiter positioniert. Weder wurde die Beseitigung vorhandenen Asbests verbindlich festgelegt, noch wurden entsprechende Schwellenwerte fixiert. Es wird für den Fall, dass schwach gebundene asbesthaltige Produkte vorliegen, lediglich eine Einstufung der Dringlichkeit der Sanierungsnotwendigkeit auf Veranlassung des Eigentümers des möglicherweise zu sanierenden Objektes vorgenommen. Würde der Gesetzgeber hierüber hinausgehend fixe Grenzwerte als Entscheidungsgrundlage für eine Sanierung einführen, stieße er auf weitere Aspekte, die bezeichnend für das Dilemma der Grenzwerte sind.

Zum einen zwingt eine im Vorfeld getroffene Entscheidung eines gänzlichen Verbots der zukünftigen Verwendung von Asbest auch zu ergänzenden Vorschriften mit restriktivem Schwellenwert für längst vorhandene Asbestfaserbelastungen. Ein dementsprechend niedriger Schwellenwert würde einen immensen Sanierungsbedarf offenbaren mit entsprechend einhergehenden monetären Aufwendungen. Diese könnten in den meisten Fällen weder Privatpersonen noch öffentliche Träger bestreiten. Zudem müssten derartige Vorschriften – analog zu dem bestehenden

Verbot – mit Sanktionen für den Fall ihrer Nichteinhaltung unterlegt sein. Deren Durchsetzung wäre aber kaum realistisch. Beispielhaft wird hier auf die im Zuge dieser Arbeit bereits beschriebenen Posse des Berliner Senats verwiesen, der den Ausweg einer von ihm selbst weich formulierten Grenzwertfestsetzung nutzte, um die nicht finanzierbaren Aufwendungen für eine seinen eigenen Ansprüchen genügende Asbestsanierung zu vermeiden.

Zum anderen kann ein zum Schutz der Gesundheit festgelegter Grenzwert nur subjektiv sein, da der menschliche Organismus kein nach fixen, uniformen Parametern funktionierendes System ist. Deshalb kann es keinen objektiven Wert geben, ab wann jeder Körper geschädigt wird. Aus diesem Grund wird bei jeder Auseinandersetzung über eine aus der Nichteinhaltung eines Grenzwertes folgende Sanktion immer ausreichend Spielraum für Diskussionen verbleiben, ob der gewählte Grenzwert unter den jeweils gegebenen Bedingungen tatsächlich ansetzbar ist.

Grenzwerte für Faserkonzentrationen wurden bisher nicht aufgrund wissenschaftlich abgesicherter Erkenntnisse gesetzt, sondern in einem Prozess der Annäherung und im Grunde ohne hinreichende wissenschaftliche Stützung bestimmt. Da es hierzu an belastbaren Fakten mangelte, verselbständigte sich in der Ernüchterungsphase die Diskussion über das Asbestproblem. Diese Entwicklung hat dazu geführt, dass zwischen den ernsthaften, wissenschaftlich gestützten Warnungen und der tatsächlichen Reaktion darauf, der auch Dierks gelegentlich „zweifellos hysterische Züge"[620] unterstellt, eine beachtliche Schere klafft. Dieses Problem ist durchaus ernst zu nehmen und beschreibt eine weitere Facette des hier erörterten Dilemmas. So nimmt die Frankfurter Allgemeine Sonntagszeitung im Frühjahr des Jahres 2005 – ohne den Begriff „Asbest" zu zitieren – den „Aufreger Umwelt" zum Anlass, sich über „Waldsterben, BSE, Smog" unter der Titelzeile „Feinstaub – Geschichte einer ganz normalen Hysterie"[621], zu äußern. Unter Feinstaub ist auch, ohne dass sein Name explizit genannt wird, Asbest zu subsumieren.[622]

> „Hier soll nichts verharmlost werden. Feinstaub ist gefährlich, Feinstaub ist krebserregend, Feinstaub sorgt dafür, daß alleine in Deutschland 65 000 Menschen pro Jahr früher sterben. ... Das hysterische Muster ist immer das gleiche. Die Aufregung über die Umwelt bietet seit vielen Jahren dafür beste Anschauung. Als Themen wie Waldsterben und Smog aus heiterem Himmel zur öffentlichen Aufmerksamkeit kamen, wurden sie stets lautstark erörtert. Stets wurde auch davor gewarnt, nur ja nicht hysterisch zu werden. Und nach einiger Zeit verschwand alles wieder sang- und klanglos. Als wäre nichts gewesen. ... Droht der Feinstaub-Diskussion ein ähnliches Schicksal?"[623]

---

620 Dierks, Risikokommunikation, S. 8
621 Vgl. Thimo Heeg: Aufreger Umwelt. Waldsterben, BSE, Smog. Die Ökokrisen kommen und gehen. Was wird aus dem Dieselruß werden?", in: Frankfurter Allgemeine Sonntagszeitung, 3. April 2005, Nr. 13
622 Michatz, Abschätzung der Dauerimmission durch Asbest in der Außenluft, S. 3. Michatz führt hierzu aus, dass sich die „hier aufgeführten Studien ... im wesentlichen der VDI-Richtlinie 3492 ‚Messen anorganischer faserförmiger Partikel in der Außenluft (bedienen) ... Diese Richtlinie regelt Probenahme und Auswertung zur Bestimmung von Feinstaub, da die Gesundheitsrisiken, die von Asbest ausgehen können, im ursächlichen Zusammenhang mit dem Feinstaub des Asbestes stehen.
623 Heeg, Aufreger Umwelt

Während das Thema Asbest im Laufe seiner Ernüchterungsphase in häufig über-zeichneten Zügen und vielfach auch in sachlich zweifelhafter Aufbereitung medial über mehrer Jahre hinweg diskutiert wurde, geht die Öffentlichkeit heute bereits er-fahren und abgeklärt mit den zumeist nur noch kurzzeitigen „Aufregern" um. Der ganzseitige Artikel beschreibt eine zunehmend verbreitete Haltung, die jegliche Kritik von vornherein als „hysterisch" abtun möchte und es sorgfältig vermeidet, zwischen berechtigter Sorge um Leben und Gesundheit und hypertrophen Panik-attacken zu differenzieren. Das festgestellte geringe Interesse an der für den Lebens-raum des Menschen wichtigen Sanierung und Entsorgung von asbesthaltigen Pro-dukten und asbesthaltigem Abfall ist in diesem konkreten Fall genauso wichtig wie die Erkenntnis über die Gefährlichkeit des Werkstoffes. Vor der Sanierung und Ent-sorgung anzuhalten, würde alle vorangegangen Bemühungen nutzlos werden lassen. Es ist fast die Haltung eines allgemeinen Schulterzuckens entstanden, so dass man mit Heeg im Schlusssatz seines Beitrags konform geht: „Inzwischen flaut die Auf-regung wieder ab. Nach gerade zwei Wochen. Die Themen-Konjunkturwellen werden immer kürzer. Und die nächste Hysterie wartet."[624]

Gleichwohl ist der Umstand, dass bis heute keine einheitliche, wissenschaftlich zuverlässige Orientierung für eine Exposition von Asbest vorliegt, weitgehend auf das Versagen der wissenschaftlichen Forschung zurückzuführen. Dieser Mangel an Orientierung hat zu solchen Haltungen beigetragen, wie sie Thiemo Heeg beschreibt. Es ist nach Meinung des Autors nach wie vor Aufgabe der wissenschaft-lichen Forschung, vermehrte Anstrengungen zu leisten, zur Gefährdungsbewertung eines Werkstoffes wie Asbest für Industrienationen und Entwicklungsländer zumin-dest solide und überprüfbare Orientierungswerte vorzulegen. Gerade der in Ent-wicklungsländern derzeit wieder ansteigende Asbestverbrauch weist auf die mehr als dringliche Notwendigkeit hin, durch wissenschaftlich so weitgehend wie möglich abgesicherte Werte eine fundierte Basis für klare Handlungsmaximen über den Ein-satz von Asbest bereit zu stellen. Es wird gewiss nicht einfach sein Orientierungs-werte zu bestimmen, mit denen sich die weiterhin Asbest fördernden und Asbest verarbeitenden Nationen unter Berücksichtigung der von ihnen selbst an ihre wirt-schaftliche Leistungskraft gestellten Anforderungen arrangieren können, aber es ist nicht unmöglich. Der Weg über zunächst vertretbare Orientierungswerte erscheint ein akzeptabler Pfad unter Berücksichtigung aller Interessen und unter Beachtung dessen, was kurzfristig machbar und umsetzbar ist.[625] Dierks vergleicht die Ver-suche unseres Umgangs mit diesem Werkstoff mit einer Verkehrssituation und kommt zu der Schlussfolgerung: „Unfallschwerpunkte im Straßennetz sind zu ent-schärfen – der Kraftfahrzeugverkehr läßt sich nicht abschaffen."[626]

---

624 Ebd.; vgl. zu dieser Erscheinung als Diskussionsband: Frank Uekötter, Jens Hohensee (Hrsg.): Wird Kassandra heiser? Die Geschichte falscher Ökoalarme, Stuttgart 2004
625 Zu den Grenzen der Machbarkeit und Umsetzbarkeit in Entwicklungsländern siehe auch den anschließenden Abschnitt 6.2 „Das Dilemma des einfachen, universellen Werkstoffes bzw. der Industrialisierung der Entwicklungs- und schwellenländer" dieser Arbeit.
626 Dierks, Risikokommunikation, S. 9

6.2 Das Dilemma des einfachen, universellen Werkstoffes bzw. der Industrialisierung der Entwicklungs- und Schwellenländer

Anhand der in der Arbeit diskutierten Statistik über den globalen Verbrauch von Asbest ist ein deutlicher Trend erkennbar. Die fünf größten Verbraucher von Asbest sind zumeist aufstrebende Schwellenländer. Es sind in dieser Reihenfolge China, Russland, Indien, Ukraine und Thailand. Sie verarbeiteten 2003 mit zusammen knapp 1,6 Millionen Tonnen drei Viertel der 2003 weltweit insgesamt verbrauchten Rohasbestmengen. Damit stieg ihr gemeinsamer Bedarf seit dem Jahr 2000 beständig.[627] Diese Staaten wollen in jedem Fall durch die industrielle Verwendung von Asbest nicht die Chance einer beschleunigten Wachstums versäumen.

Die Regierungen jener Länder stehen vor dem Dilemma, dass mit dem Werkstoff Asbest ihrer Wirtschaft und ihrer Bevölkerung zwar ein relativ kostengünstiger und überdies höchst vielseitiger Motor für Aufbau und Industrialisierung zur Verfügung steht, den sie nicht ungenutzt lassen wollen. Schließlich nutzten die beiden industriell vollständig erschlossenen Regionen der Europäischen Union und Nordamerikas in der Vergangenheit diesen Vorteil selbst in großem Maße und profitierten während der durchlebten Entstehungs-, Stabilisierungs- und Durchsetzungsphase von den Vorteilen des Werkstoffes. Gleichzeitig aber beginnt mit der intensiven Nutzung dieses Minerals in jedem Land eine gesundheitliche Zeitbombe zu ticken.[628]

Ist dieses Dilemma in den Entwicklungs- und Schwellenländern bekannt bzw. wird es als ein solches empfunden? Es muss beachtet werden, in welchem Ausmaß in diesen Ländern die Öffentlichkeit gegen den nach europäischer Einschätzung gesundheitlich als notwendig erkannten Verzicht auf die weitere Nutzung dieses Werkstoffes informiert ist. Ergänzend stellt sich die Frage, ob die Regierungen der Entwicklungs- und Schwellenländer und die der Asbest fördernden und verarbeitenden Unternehmen überhaupt ein konkretes Interesse daran haben, die Vertiefung solcher Einsichten zu unterstützen und die Sensibilisierung der Bevölkerung in Bezug auf Asbest zu erweitern. Die Sozialsysteme in den betroffenen Staaten decken entgegen den Absicherungssystemen der europäischen Sozialstaaten[629] grundsätzlich nur ein Minimum ab, so dass auf sie keine nennenswerten Kosten infolge asbestinduzierter

---

627 Von Robert L. Virta, Mitarbeiter des U.S. Department of the Interior, U.S. Geological Survey in Reston, VA, auf Anfrage zur Verfügung gestellte historische Verbrauchsdaten.

628 Siriruttanapruk, Asbestsituation in Thailand: Die thailändischen Behördenvertreter berichten über einen Grenzwert für die Faserexposition am Arbeitsplatz nach thailändischem Arbeitsgesetz von 5.000.000 Fasern/m^3 und in den Jahren 2000/2001 in Betrieben gemessenen Konzentrationswerten von bis zu 43.000.000 Fasern/m^3. Zur Situation über Einsatz von Asbest in Lateinamerika vgl. Rey Romeo: Zähes Ringen mit Asbest, in: akzente, aus der Arbeit der gtz, D 13139 F, Deutsche Gesellschaft für Technische Zusammenarbeit (GTZ) mbH, Eschborn 2002, S. 36-39

629 Vgl. Diether Döring: Der verlorene Charme des Sozialstaats, in: Frankfurter Allgemeine Zeitung, 5.8.2006, S.13. Döring stellt heraus, dass sämtliche westlichen Staaten der Europäischen Union Sozialstaaten sind.

Abbildung 35: Asbestabbau in Indien, 2004
[Quelle: Autor]

Erkrankungen zukommen werden und von daher kein monetärer Druck auf dem jeweiligen staatlichen Sozialsystem lastet.[630]

Vor allem muss bei einer Beurteilung des hier erörterten Dilemmas eine möglicherweise von den Vorstellungen der westlichen Welt abweichende gesellschaftliche Werteskala berücksichtigt werden, womit sich das aus der westlichen Sicht bestehende Dilemma selbst auflöst bzw. erst gar nicht entsteht. Vornehmlich werden in den heutigen Hauptverbrauchsländern bei der Gewinnung und Verarbeitung von Asbestfasern einfache Arbeiter und Arbeiterinnen eingesetzt, die zum Beispiel in Indien zumeist den untersten Kasten angehören (siehe Abbildung 35) oder in China, einem Land, in dem die Achtung der Menschenrechte nach westlichem Verständnis nicht gegeben ist, vielfach aus einem Heer von Tagelöhnern rekrutiert werden und denen alle in ihren Ländern keine besondere soziale Fürsorge und kein nennenswertes Interesse entgegen gebracht wird. Dies geht einher mit einem generell nicht sehr stark ausgeprägten Umweltbewusstsein in Entwicklungs- und Schwellenländern.[631] Als eine wesentliche Ursache für diese mangelnde Sensibilität hinsichtlich Umwelt und Gesundheit sind auch ein generell niedriges Bildungsniveau und ein damit einhergehender geringer Kenntnisstand über Gefahrenpotenziale zu sehen.

Darüber hinaus muss bei einer Verwendung von Asbest grundsätzlich eine individuelle Risikoabschätzung zwischen den Gütern Gesundheit und Umwelt einerseits sowie Arbeitsplatz, wirtschaftliche Existenz bzw. bei einer makroökonomischen Betrachtung der wirtschaftlichen Prosperität andererseits getroffen werden. Selbst eine vollständige Informationsbasis vorausgesetzt, kommt die Risiko-

---

630 Auch in den USA sind die staatlichen Sozialsysteme nicht durch Aufwendungen infolge asbestinduzierter Erkrankungen betroffen. Eine durch Asbestfasern erkrankte Person hat die Möglichkeit, über eine Zivilklage Schadensersatz gegenüber seinem Arbeitgeber bzw. als Verbraucher gegenüber dem Hersteller bzw. der Gesellschaft, die das asbesthaltige Produkt in Umlauf gebracht hat, geltend zu machen. Hat jedoch ein Arbeitnehmer während seiner aktiven Zeit z.B. bereits eine entsprechende Staub- oder Erschwerniszulage erhalten, sind darüber hinausgehende Ansprüche nach dem amerikanischen Rechtssystem nicht mehr möglich. (d.A.)

631 Vgl. Britta Petersen: Cola-Streit entzweit Indien, in: Die Welt, 12.8.2006, S. 14

beurteilung unter anderen Wertesystemen zu einem abweichenden Ergebnis, als es zum Beispiel im Kulturkreis der Europäischen Union der Fall ist. Dies gilt sowohl für staatliche Institutionen als auch für das einzelne Individuum, das über sein anders ausgerichtetes Wertesystem hinaus aufgrund seiner möglicherweise bedürftigen Lage ohnehin nur eine Entscheidung unter dem Druck einer kurzfristigen Existenzsicherung treffen kann.

Der Unterschied zwischen den hoch entwickelten Industrienationen und den Entwicklungs- und Schwellenländern in der Behandlung des Asbestproblems liegt klar auf der Hand. Die einen haben das Gefährdungspotenzial von Asbest mittlerweile erkannt und können sich letztlich aufgrund ihrer hoch entwickelten technologischen Voraussetzungen auch gelegentliche Rückschläge bei der Erprobung von Asbestsubstituten leisten. Die anderen wissen zwar auch um die Gefährlichkeit dieses Minerals, halten es aber dennoch nicht für nötig, sich den zudem widersprüchlichen Aussagen der Industrienationen zu diesem Thema anzuschließen. Diese Nationen sehen vor allem den im letzten Jahrhundert u.a. durch Asbest erreichten Fortschritt und Wohlstand der Industrieländer, dessen Niveau sie ebenfalls möglichst schnell erreichen wollen und dieses Ziel mit einer sehr hohen Priorität verfolgen.

All jene Punkte erleichterten und erleichtern es den Regierungen wie Unternehmen in Entwicklungs- und Schwellenländern, die Aufmerksamkeit der Öffentlichkeit nur höchst zögerlich für Asbest und dessen Gefährdungspotenzial zu sensibilisieren. Die Öffentlichkeit ist, wie die Erfahrungen in den zurück liegenden Jahrzehnten in den westlichen Industrieländern zeigen, durchaus zu mobilisieren, jedoch auf eine langwierige Weise. Sie verlangt von den Initiatoren einer aufklärenden Öffentlichkeitsarbeit Durchhaltevermögen und setzt daneben demokratische Strukturen, gepaart mit der nötigen Meinungsfreiheit voraus.

Den Industriestaaten, die mit der Bestimmung ihrer eigenen Positionen gegenüber dem Asbest während der letzten Jahre ein eher halbherziges und zögerliches Beispiel gegeben haben, steht mit Sicherheit noch eine sehr schwere Zeit bevor. Ihre Argumentation ist nur begrenzt glaubwürdig. Sie haben Asbest selbst intensiv über eine Zeitraum von über 100 Jahren als einen Motor für ihre industrielle Entwicklung genutzt, sich dann lange Zeit schwer getan, Verbote zu erlassen und fordern nun zum Schutz der menschlichen Gesundheit und der Umwelt entsprechende Schritte gegen eine weitere Nutzung des Werkstoffes in anderen Regionen. Die Hauptschwierigkeit für die Länder der Europäischen Union wie für die Vereinigten Staaten besteht darin, dass beide gegenwärtig noch im Unklaren darüber sind, wie Entwicklungs- und Schwellenländern bzw. den dort agierenden Unternehmen die Einsicht in die Notwendigkeit eines Asbestverbotes bzw. eines eng kontrollierten Umgangs nahe gebracht werden kann. Die Aufgabe der Industrienationen Europas und der Vereinigten Staaten wäre in der Tat, die verantwortlichen Kräfte der gegenwärtig im Aufschwung befindlichen Schwellenländer für ein Asbestverbot oder zumindest eine drastische Einschränkung industriell verarbeiteten Asbests zu interessieren. Ohne zuverlässige Orientierungswerte, die eine tolerierbare Exposition von Asbest zumindest in Annäherungswerten darstellen, stößt eine solche Absicht freilich auf beträchtliche Schwierigkeiten.

In welcher Weise in jüngster Vergangenheit an Asbest festgehalten wurde, macht eine Begebenheit aus dem Jahre 2002 deutlich, zu welcher der damalige Präsident der kanadischen Jeffrey Mine, Bernard Coulombe, sich wie folgt äußerte, als die Abbauarbeiten an der Mine aufgrund mangelnder Wirtschaftlichkeit eingestellt wurden: „The mine is not closing but production is stopped. We don't think production will restart for a few years."[632] Ein Sprecher des Ministers für die „Quebec National Resources" bestätigte die Auffassung, dass das Unternehmen nicht mehr profitabel arbeitete. Laurie Kazan-Allen schilderte die weiteren Ereignisse:

> „A spokesman for the Quebec Natural Resources Minister confirmed: ‚The situation in the asbestos market-place is not profitable.' When the company's application for a C\$ 8 million (\$ 5 million) hand-out from the provincial government was rejected, the company filed for protection under Canada's Companies Creditors Arrangement Act. Three hundred and fifty jobs were lost in the Quebec mining town of Asbestos and a further five hundred job losses were predicted downstream."[633]

Unter diesen rechtlichen Rahmenbedingungen billigte Pierre Fournier, Richter am Superior Court, einen Plan zur Wiedereröffnung der Mine für einen Zeitraum von vier Monaten. Die Lieferungen nach Asien wurden wieder aufgenommen:

> „When the objections were dismissed by the Judge, the union announced it would appeal. Within hours of this ruling being issued, former Jeffrey President Bernard Coulombe set off for Asia to reassure the mine's four biggest customers. Before leaving Canada, he said: ‚Our customers have been concerned because nothing could be done without an agreement … We were nervous because of the legal objections to reopening the facility.' Coulombe was adamant that the delivery of 40.000 tonnes of asbestos fiber from the mine's stockpile would begin within days of the mine reopening."[634]

632 Vgl. Laurie Kazan-Allen: Asbestos Mine reopened by Court order, in: International Ban Asbestos Secretary, January 12, 2003
633 Ebd.
634 Ebd.

6.3 Das Dilemma der Substitute

Bei der Substitution von Gefahrstoffen ist mit vielen Hindernissen zu rechnen. Es muss belegt werden, dass ein Substitut den Gefahrstoff funktionsäquivalent ersetzen kann und dass der Ersatzstoff in allen relevanten Verarbeitungs- und Anwendungsfeldern tatsächlich weniger gefährlich ist. Dementsprechend sollte die Asbestfaser aufgrund ihrer Kanzerogenität möglichst vollständig ersetzt werden. In ihren technischen Möglichkeiten zwar begrenzt, für die jeweils spezielle Anwendung aber ausreichend, wurden Ersatzstoffe entwickelt und industriell eingesetzt. Zum Teil eröffneten sie in technologischer Hinsicht auch völlig neue Perspektiven wie zum Beispiel im Flugzeugbau. Jedoch ist nicht in jedem Fall zweifelsfrei belegbar, dass ein Ersatzstoff weniger schädlich als Asbest ist. In der Praxis wurde dieses Dilemma erstmalig in den Vereinigten Staaten aufgezeigt. Zunächst wurde durch die Umweltschutzbehörde ein Verbot von Asbest ausgesprochen, dieses wiederum durch ein Gerichtsurteil aufgehoben. Ein wesentlicher Kritikpunkt für die Revision war die ungeklärte Risikolage der Substitute. In Anbetracht dieses Substitut-Dilemmas wurde seitdem in den USA und in anderen Staaten der Ansatz des „Controlled Use" anstatt des Verbotes der Asbestfaser verfolgt.[635] Ausschlaggebend für die unterschiedliche Wertung der Sachverhalte ist die abweichende Beurteilung des vorhandenen Wissens über die jeweilige Gefährlichkeit des Originals und des Ersatzstoffes. In der Praxis können idealtypischen Wissensanforderungen selten alle erfüllt werden. Diese Wissenslücken werden in den Auseinandersetzungen über die Substitution von Gefahrstoffen – wie auch an dem geschilderten Beispiel erkennbar ist – durchaus argumentativ genutzt, und zwar für und auch gegen eine Substitution. Auf der einen Seite wird der Ersatz eines Stoffes mit dem Hinweis gefordert, dass er noch nicht genügend überprüft sei. Andererseits wird die Substitution eines Stoffes mit dem Hinweis blockiert, dass die Gefährlichkeit des Originals noch gar nicht hinreichend bewiesen ist und erst recht nicht die geringere Gefährlichkeit des Substituts.

35 Länder haben bisher den Abbau, die Verarbeitung und den Gebrauch von Asbest verboten. Dennoch werden noch über zwei Millionen Tonnen Asbest in jedem Jahr verbraucht, vor allem in den Schwellenländern. In Deutschland wurden über einen längeren Zeitraum künstliche Mineralfasern, die zunächst vornehmlich als Asbestsubstitute verwendet wurden, als nicht gefährlich für den Menschen betrachtet. 1980 sind sie jedoch von der MAK-Kommission[636] bei einem Faserdurchmesser von unter 1 Mikrometer als Stoffe mit dem begründeten Verdacht einer Krebs erzeugenden Wirkung eingestuft worden. 1993 wurde erstmals ein Grenzwert für künstliche Mineralfasern (TRK-Wert) in der Luft in Arbeitsbereichen verbindlich. Nach der EU-Richtlinie zur Einstufung künstlicher Mineralfasern gilt Mineralwolle als

---

635 Fedor Valic: The Asbestos Dilemma: II. The Ban, S. 203
Die USA ratifizierten zwar nicht die Konvention 162 der Internationalen Arbeitsorganisation, allerdings gleichen die dort getroffenen Festlegungen sowohl den Handlungsempfehlungen der U.S. Environmental Protection Agency (EPA) für den Umgang mit asbesthaltigen Produkten als auch dem Toxic Substances Control Act (TSCA) der USA.

636 Senatskommission zur Prüfung gesundheitsschädlicher Arbeitsstoffe der Deutschen Forschungsgemeinschaft (DFG)

karzinogene Kategorie 3 (krebsverdächtig) und hautreizend. Keramische Fasern werden in die Kategorie 2 (krebserzeugend) und ebenfalls als hautreizend eingestuft. Nach dem gegenwärtigen Stand der Erkenntnisse[637] gelten lungengängige (einatembare) künstliche Mineralfasern als frei von Krebsverdacht, wenn der Kanzerogenitätsindex KI[638] kleiner oder gleich 40 ist und die Faserhalbwertszeit maximal 40 Tage beträgt. Nach den geltenden Vorschriften sind Schutzmaßnahmen wegen des Verdachts auf Krebs erregende Wirkung in jedem Fall zu ergreifen, wenn der TRK-Wert einen Bereich von 500.000 Fasern/m^3 übersteigt. Grundsätzlich ist zwar zu erwarten, dass mit der Verwendung von Ersatzstoffen eine deutlich reduzierte Anzahl an Erkrankungsfällen einhergeht. Dennoch mussten, wie zum Beispiel für künstlichen Mineralfasern oder Antimon geschehen, als Substitute vorgesehene Stoffe aus Gründen des Gesundheitsschutzes selbst wieder substituiert werden. Unvollständiges Wissen und Unsicherheiten über den Erfolg bzw. die Effekte von Innovationen stellen insbesondere für die Substitution von Gefahrstoffen ein nennenswertes Hindernis dar.[639] Sie können mit finanziellen, technischen, gesundheitlichen und umwelthygienischen Risiken verbunden sein. Neben den bereits ausgeführten Beispielen für fehlgeleitete Gefahrstoff-Substitutionen am Beispiel Asbest lassen sich mit Fluorchlorkohlenwasserstoffen (FCKW) und Polychlorierten Biphenylen (PCB) als vermeintlich sichere Ersatzstoffe für brennbare, explosionsgefährliche und zum Teil toxische Stoffe weitere Beispiele für eine bloße Risikoverlagerung oder gar Risikoerhöhung durch Ersatzstoffe anführen. Damit ist zugleich einer der drei folgenden Aspekte angesprochen, die das Dilemma der Substitute kennzeichnen:

– Es besteht das Problem unsicherer Folgenabschätzung hinsichtlich der Verwendung von Substituten. Nicht alle Wirkungen der Ersatzstoffe auf die Umwelt lassen sich vollständig und in Ihrer Nachhaltigkeit voraussagen. Die zur Herstellung der Substitute verwendeten Stoffe waren und sind in ihren Eigenschaften nicht ausreichend erforscht bzw. können auch noch nicht ausreichend erforscht sein, wobei sich hier die Frage aufdrängt, bei welcher Kriterienausprägung ein Kenntnisstand als „ausreichend" einzustufen wäre. Daraus leitet sich die Unsicherheit ab, ob das fragliche Substitut tatsächlich über ein geringeres Gefahrenpotenzial verfügt als der zu ersetzende Stoff. Ebenso muss versucht werden, bei Änderungen in der Technologie Ersatzstoffe herzustellen und zu bearbeiten sowie auch die damit verbundenen neuen, dadurch hervorgerufenen Problemlagen abzuschätzen. Selbst dann, wenn dasselbe Produkt eingesetzt wird, sind die Auswirkungen neuer Methoden im Voraus zu bedenken.

– Eine Definition zumutbarer Belastungsgrenzen kann in der Regel nur approximativ und willkürlich erfolgen. Zumeist kann zu ihrer Bestimmung nicht auf entsprechende Erfahrungen und Messreihen zurückgegriffen werden. Sofern

---

637 Vgl. Anhang V Nr. 7 der Gefahrstoffverordnung (GefStoffV)

638 Der Kanzerogenitätsindex KI berechnet sich für die jeweils zu bewertende Faser aus der Differenz der Summe der Massegehalte der Oxide von Natrium, Kalium, Bor, Calcium, Magnesium, Barium und des doppelten Massegehaltes von Aluminiumoxid. Der Produzent oder das einführende Unternehmen muss für das jeweils zum Verbrauch bestimmte Erzeugnis aus künstlichen Mineralfasern den Kanzerogenitätsindex KI bestimmen und diesen über das Sicherheitsdatenblatt nach § 14 GefStoffV dem Anwender mitteilen.

639 Müller-Herold: Leitbilder geben die Richtung an – Leitplanken minimieren die Risiken

kanzerogenes Potenzial festgestellt wurde und jedes Risiko einer Gesundheitsgefährdung ausgeschlossen werden soll, kann es keinen Grenzwert größer als Null geben, was letztlich ein Verbot eines möglicherweise von produkttechnischer Seite in Frage kommenden Ersatzstoffes nach sich ziehen muss bzw. müsste.

– Die Entwicklung von Ersatzstoffen ist häufig ein langwieriges und durch Fokussierung auf eine spezielle Anwendung auch ein zum Teil individuelles Forschungsprojekt. Hieraus kann sich ein Mangel an Alternativen für einzelne Anwendungen ergeben. Dies vor allem dann, wenn sich der gefundene Ersatz in technologischer oder gesundheitlicher Hinsicht als suboptimal erweist.

7. Zusammenfassung

„Asbest in der Moderne" – das ist die Geschichte eines Minerals, das als Werkstoff einen Siegeszug um die Welt antrat, in seiner Endphase äußerst kritisch betrachtet und letztlich zu einem Material geworden ist, das in den meisten Industrienationen der westlichen Welt nunmehr mit großem Aufwand saniert und entsorgt wird. Die Strukturierung und Aufbereitung des Themas ist angelehnt an das „Phasenkonzept der Technikgenese" von Johannes Weyer. Diese Konzeption, bestehend aus der Entstehungsphase, der Stabilisierungsphase und der Durchsetzungsphase wurde um vier wesentliche Phasen erweitert: Die Ernüchterungsphase, welche in die Substitutionsphase übergeht; die darauf folgende Sanierungsphase sowie abschließend die Entsorgungsphase.

Die Geschichte des Asbests und seiner verschiedenen Phasen in der Moderne ist durch eine tief greifende Umstrukturierung der Gesellschaft begleitet. Von Beginn des 20. Jahrhunderts an bis in unsere Tage ist unser gesellschaftliches Umfeld durch einschneidende politische, wirtschaftliche, geistes- und naturwissenschaftliche Entwicklungen gekennzeichnet. Auch die kontinuierliche Weiterentwicklung der industriellen Verarbeitung von Asbest seit Mitte des 19. Jahrhunderts hat dazu beigetragen, einer Gesellschaft wie der unsrigen ein neues Gesicht zu geben; ein Gesicht, das sie ohne die zahlreichen, ausschließlich auf Asbest basierenden Innovationen nicht haben würde. Die Anzahl der asbesthaltigen Produkte und durch die Eigenschaften der Asbestfaser möglich gewordenen Verfahren wurde nahezu unüberschaubar. Viele der modernen Techniken und ihrer Produkte sind heute als Bedrohung unserer Zivilisation in das allgemeine Bewusstsein getreten. Die erwiesenermaßen Krankheiten erzeugende Exposition von Asbestfasern hat sich als Preis und Schattenseite des Fortschritts herausgestellt. Fest steht, dass ein Werkstoff, der die Moderne im Positiven wie im Negativen so spürbar geprägt hat wie das Mineral Asbest weder mit einer Eindeutigkeit gewertet werden kann, wie sie ihm bis in die siebziger Jahre des letzten Jahrhunderts entgegen gebracht wurde, noch mit einer ebenso eindeutigen gegensätzlichen Haltung wie sie ab den achtziger Jahren anzutreffen war.

Wir können diagnostizieren, dass die industrielle Asbestverarbeitung gerade in Deutschland seit der Wende vom 19. zum 20. Jahrhundert einen raschen Aufschwung genommen hat. Erst viel später entwickelte sich Asbest zu einem äußerst anschaulichen Beispiel für die These von Ulrich Beck und Wolfgang Bonß, dass gemäß der Zweiten Moderne nichts mit Gewissheit antizipiert werden kann. Vieles ist unvorhersehbar! Mithin ist die Entwicklung von Asbest eine stete Mahnung zur kritischen Hinterfragung sämtlicher vergleichbarer Innovationen und Entwicklungen.

Um am Beispiel der Geschichte der industriellen Nutzung von Asbest einen Beitrag zur präventiv ausgerichteten Technikfolgenforschung leisten zu können, wird in der vorliegenden Arbeit eine zumeist anzutreffende funktionale und partikulare Betrachtungsweise mit Hilfe des Phasenmodells durch eine übergreifende Sicht ersetzt. Mit einem so veränderten Blickwinkel auf den Werkstoff Asbest kann der Umgang mit der Faser rückblickend analysiert und letztlich angemessen beurteilt werden. Im tatsächlichen entwicklungsgeschichtlichen Verlauf erweisen sich die Übergänge der Phasen als fließend und im Vergleich mit den Industrienationen verläuft der Phasenzyklus international asynchron. Dennoch bewährt sich das Phasenmodell als ein geeignetes Ordnungsinstrument. Mit dem Ansatz gelingt es, sowohl die Entwicklungsrichtungen der Weiterverarbeitung bis hin zum Niedergang dieses Werkstoffes und der ihn verarbeitenden Industrie, seiner Sanierung, Entsorgung und der Entwicklung von Substituten jeweils isoliert zu untersuchen, dennoch aber die Interdepenzen zwischen den einzelnen Phasen mit zu berücksichtigen. Ebenfalls lässt sich dabei in den vier letzten Phasen herausarbeiten, welche konkreten Entscheidungen im generellen Umgang mit Asbest in Abhängigkeit von dem jeweiligen Erkenntnisstand und der jeweiligen Interessenlage getroffen und auch unterlassen wurden.

Am Beispiel Asbest erfolgt eine neue Strukturierung des Innovationsprozesses. Auch hierbei leistet das Phasenkonzept von Weyer als Ausgangsbasis gute Dienste. Mit der Erweiterung des Weyer'schen Ordnungsprinzips um die Phasen der Ernüchterung, Substitution, Sanierung und Entsorgung wird mit dieser Arbeit eine grundlegende Struktur unserer Industriegesellschaft erfasst, die in Teilaspekten zwar häufig angesprochen, bislang aber in der historischen Darstellung nicht als Bestandteil des Lebenszyklus von Technologien, Innovationen, Werkstoffen und Produkten präsent ist. Demzufolge wird, im Gegensatz zur herkömmlichen Innovations- und Technikgeschichtsschreibung, auf diese maßgebliche Epoche im Rahmen der Geschichte des Werkstoffes Asbest ausführlich eingegangen. Dies sollte bei der Aufarbeitung einer Werkstoff- bzw. Produktgeschichte grundsätzlich Aufgabe sein. Nicht zuletzt durch die gesetzgeberische Maßnahme des Kreislaufwirtschafts- und Abfallgesetztes wurde deutlich, dass die Entsorgung von Artefakten Bestandteil der Technik- und Umweltgeschichte ist. Letztlich wurde mit dem Kreislaufwirtschafts- und Abfallgesetz die Veränderung der Industriegesellschaft hin zu einer „öko-industriellen Gesellschaft" nachvollzogen und in Gesetzesform gegossen. Bezogen auf den Werkstoff Asbest kann festgestellt werden, dass er wesentlichen Anteil zu den Erkenntnissen beigetragen hat, die zu diesem System geführt haben.

Im Zuge der Untersuchung wird außerdem belegt, dass der Weyer'sche Ansatz kein geeignetes methodisches Instrument zur entwicklungsgeschichtlichen Analyse eines Werkstoffes wie Asbest ist. Entscheidend für die in diesem Fall mangelnde Eignung ist hier, ausgehend von dem weit gefächerten Eigenschaftsprofil der Asbestfaser, die große Anzahl unterschiedlicher Anwendungen und Asbestprodukte. Zwischen derart weit verzweigten und vielschichtigen Anwendungsrichtungen existieren auf der Ebene des verwendeten Roh- bzw. Werkstoffes keine im Nachhinein erkennbaren historischen Netzwerke, die mit Hilfe des Weyer'schen Netzwerkansatzes analysiert werden könnten.

Auf der Ebene einzelner Innovationen scheinen dagegen sehr wohl Netzwerke vorhanden gewesen zu sein. Untersuchungen zu derartigen historischen Erscheinungen zur Erforschung der Genese jeder einzelnen der zahlreichen Innovationen unter Anwendung des Weyer'schen Ansatzes der Netzwerke sind denkbar, werden in dieser Arbeit jedoch nicht angegangen. Betrachtungen dazu, wer jeweils aus welchem Beweggrund welche Entwicklung vorangetrieben hat, wie dabei vorgegangen wurde, wie jeweils und zwischen welchen Institutionen bzw. innerhalb welcher im

Nachhinein möglicherweise erkannten Netzwerke eine Wissensaustausch erfolgte, wären weit über den gesteckten Rahmen dieser Arbeit hinausgegangen.

Im Verlauf dieser Arbeit wird gezeigt, dass die gesundheitlichen Asbestrisiken wegen ihres zeitlich verzögerten Auftretens nur unter Schwierigkeiten zu erkennen waren. Gleichwohl stammen erste Informationen über Gesundheitsgefährdungen chronischer Art schon aus der Zeit vor rund 100 Jahren. In den dreißiger und vierziger Jahren des 20. Jahrhunderts entstand eine wissenschaftliche Disziplin, die verstärkt, auch in Beziehung auf Asbest, arbeitsmedizinische Aspekte betonte und in eingehenden Analysen eindeutig berufsbedingte Krankheiten in Verbindung mit Asbest feststellte. Dennoch waren die vielfältigen Impulse von der Medizin in die betriebliche Praxis Asbest verarbeitender Unternehmen nur geringfügig ausgeprägt. Festzustellen ist, dass ernstzunehmende Versuche von Arbeitsmedizinern jener Jahre, die Öffentlichkeit über die vorliegenden Resultate einer karzinogenen Wirkung von Asbestfasern zu unterrichten, unterblieben.

Während der fünfziger Jahre wurde das Vorgehen der Arbeitsmediziner deutlich offensiver, wenngleich die Asbestproblematik in Deutschland durch den massiv vorangetriebenen wirtschaftlichen Wiederaufbau erneut in den Hintergrund rückte. Wissenschaftler verzichteten in dieser Situation darauf, zur Diskussion um die Gefahren von Asbest wesentliche Erkenntnisse beizutragen und überließen die Behandlung des Problems der Asbestindustrie. Seit dem Beginn der siebziger Jahre steht die moderne Industriegesellschaft vor dieser Schwierigkeit: Durch die Publikation wissenschaftlicher Resultate und ihrer Wiedergabe durch die Medien trat eine zugleich informierte und verunsicherte Öffentlichkeit nun in die Phase der Ernüchterung ein, die überaus emotionale Züge trug. Nicht zu verleugnen war die Tatsache, dass das Einatmen von Asbestfasern langfristig Asbestose, Lungenkrebs wie auch Mesotheliome verursachen kann.

Entgegen den zwar zahlreichen, aber doch lange Zeit nur singulär vorgebrachten Hinweisen auf schwerwiegende gesundheitliche Gefährdungen, konnte sich der Werkstoff auf eine Reihe von Interessengruppen stützen. Viele der Asbest produzierenden und verarbeitenden Betriebe, Arbeitnehmervertreter sowie Asbestprodukte einsetzende Privatpersonen, Bauherren und Industriebetriebe als auch das Militärwesen und staatlich geförderte Hochtechnologiebereiche wie Luft- und Raumfahrt verkannten, unterschätzten oder ignorierten bis in die siebziger und achtziger Jahre des vergangenen Jahrhunderts das Gefährdungspotenzial durch eingeatmete Asbestfasern.

So dezidiert die Erkenntnisse über das Gefahrenpotenzial der Mineralfaser bis zum Eintritt der Ernüchterungsphase auch waren, sie hatten keinen Einfluss auf den Abbau und die vielfältigen industriellen Verarbeitungsarten von Asbest. Jorma Rantanen, Mitglied der International „Commission on Occupational Health" in Finnland zeichnete in einem Beitrag zur „European Conference 2003" ein ernüchterndes Bild der aus seiner Sicht äußerst unbefriedigenden Haltung gegenüber den Gefahren dieses Werkstoffes.

„Die ersten umfassenden Maßnahmen zur Kontrolle der Verwendung wurden in den meisten Ländern vor rund 30 Jahren eingeführt, aber erst in den 80-er und 90-er Jahren vollständig umgesetzt. Von den ersten Forschungserkenntnissen über schwere gesundheitsschädliche Auswirkungen des Stoffes bis zu einer wirksamen Regelungs- und Kontrollpolitik sind zwischen 30 und 50 Jahre verstrichen. Obwohl die fibrogene Wirkung bereits 1902 bekannt war, vergingen noch 85 Jahre, bis die Internationale Arbeitsorganisation in der Lage war, das Internationale Übereinkommen über Sicherheit bei der Verwendung von Asbest ... anzunehmen."[640]

Nur 15 % aller Länder, in denen rund ein Zehntel der Weltbevölkerung lebt, hatten bis 2003 die Vereinbarung ratifiziert. Somit verfügten rund 85 % der Weltbevölkerung über keine ratifizierten Übereinkünfte. Mit dem 2005 in Kraft getretenen Asbestverbot der Europäischen Gemeinschaft hat sich der Anteil der immer noch ungeschützten Bevölkerung auf ca. 80 % abgesenkt.

Vor dem Hintergrund dieser Daten erklärt sich trotz der praktisch nicht mehr vorhandenen Nachfrage der Industrienationen nach Asbest der global noch immer hohe Asbestverbrauch. Mit über zwei Millionen Jahrestonnen, d.h. rund 0,4 kg/Kopf der Weltbevölkerung liegt die weltweite Produktion heute zwar 60 % unter seinem historischen Höchstwert, jedoch auf demselben Stand wie im Jahre 1960. Die sieben Produzenten Russland (39 %), China (22 %), Kasachstan (15 %), Kanada (8 %), Brasilien (8 %), Simbabwe (6 %) und Kolumbien (2 %) fördern bis auf wenige Mengen den gesamten Rohasbest. Hauptverbraucher sind Asien (48 %), Russland (20 %), Südamerika (11 %) und einige osteuropäischen Transformationsländer.

Abbaumengen und Verbrauch von industriell genutztem Asbest wuchsen in der ersten Hälfte des 20. Jahrhunderts kontinuierlich. Nach dem Zweiten Weltkrieg bis etwa 1975 stieg der Verbrauch von Asbest sogar exponentiell. Die vorgelegten Forschungsergebnisse über durch Asbest verursachte Krankheitsbilder während der dreißiger und vierziger Jahre hatten keinen Einfluss auf die Produktions- und Verbrauchskurve. Die ersten Länder begannen erst in den siebziger Jahren zu reagieren, so Schweden und die Vereinigten Staaten. In den USA gelang es in den sechziger Jahren dem Mediziner Irvine Selikoff als erstem durch die Verknüpfung der Vokabeln „Großkonzern" und „Krebs" das mediale Interesse zu wecken und damit die von Asbestfasern ausgehende gesundheitliche Gefährdung nachhaltig in die Öffentlichkeit zu tragen.

Die industrielle Asbestgewinnung ist von Beginn an von großen Unternehmen und von den Regierungen der jeweils betroffenen Nationalstaaten aus wirtschaftspolitischen und strategischen Gründen gezielt unterstützt worden. Asbestlagerstätten wurden ausfindig gemacht, verschiedene Arten von Asbest entdeckt, die Entwicklung der abgebauten Mengen erhöhte sich kontinuierlich. Durch die Innovation des Asbestzements wurden kurze Asbestfasern, die bis dahin nicht verwertbar waren, weil nicht verspinnbar, zu einem werthaltigen Wirtschaftsgut. Im Sog des Erfolgsproduktes Asbestzement schwoll die Nachfrage nach Asbest zusätzlich an, was wiederum den Aufschluss weiterer Vorkommen nach sich zog.

Insbesondere Asbestzement nahm als nicht brennbarer und durch die Asbestfaserarmierung gestalt- und modellierbarer Baustoff bis zum Beginn der achtziger Jahre des letzten Jahrhunderts einen bedeutenden Platz im Hoch- und Tiefbau

---

640 Rantanen, Inzidenz, S. 1

ein. Er wurde in der Bauwirtschaft auf vielfältige Weise eingesetzt, so zum Beispiel bei Dacheindeckungen, Fertigteilkonstruktionen, Innenausbau, im Fassadenbau oder beim rationellen Bau kommunaler und privater Ver- und Entsorgungssysteme. Zudem etablierte sich die Mineralfaser weltweit als elementarer Teil von zementgebundenen Spritzmassen. Spritzasbest war als günstiger und wirksamer Dämm- und Brandschutz für die in Skelettbauweise konstruierten und funktional ausgerichteten Gewerbe- und Industriebauten nicht mehr wegzudenken. Allerdings sollten sich gerade diese im Spritzasbest nur schwach gebundenen Asbestfasern in der Zukunft als eines der größten asbestinduzierten Umweltprobleme herausstellen. Die ökonomische Bedeutung von Spritzasbest sowie von Asbestzement als armierter und zugleich formbarer Baustoff waren wegen ihrer problemlosen Herstellung und Verarbeitung freilich ohne Beispiel und können als klassisches Muster dafür dienen, wie rasch industriell verarbeiteter Asbest in Verbindung mit einem hydraulischen Bindemittel nicht nur einen nennenswerten Beitrag zur Industrialisierung der Bauwirtschaft leistete, sondern geradezu einen Boom förderte, der gegenwärtig noch in weiten Teilen der Welt anhält.

Darüber hinaus aber war Asbest ein maßgeblicher Werkstoff des gesamten Industrialisierungsprozesses. Dies äußerte sich darin, dass durch den Einsatz einer großen Anzahl asbesthaltiger Produkte die Leistung industrieller Fertigungsmaschinen und Produktionsanlagen entscheidend gesteigert werden konnte. So gelang es durch den Einsatz von Asbestprodukten bis dahin als technologische Grenzen betrachtete Limiten zu durchstoßen. Damit trug der Werkstoff Asbest wesentlich zur raschen Ausbreitung industrieller Fertigung bei. Die Bereitschaft zur Aufnahme ausländischer Technologien gerade in Deutschland begünstigte die Entwicklung industriell verarbeiteten Asbests. Ebenso bewirkte die international gute Verfügbarkeit des Rohmaterials den Aufbau deutscher Kapazitäten, die bisher zur flächendeckenden industriellen Verwendung von Asbest nicht existiert hatten. Eine sich auch mit Hilfe der technischen Eigenschaften von Asbest ständig weiterentwickelnde Technologie schuf eine deutlich gesteigerte Nachfrage nach Produkten, die aus Asbest hergestellt waren. Es konnte nachgewiesen werden, dass die Asbestfaser bzw. asbesthaltige Produkte überproportional zum Wirtschaftswachstum beigetragen haben. Mit Recht kann somit gesagt werden, dass dieser Werkstoff ein Stimulans- und Beschleunigungsfaktor für den Aufbau der modernen Industriegesellschaft gewesen ist.

Am Beispiel der industriellen Asbestverarbeitung wird im Verlauf dieser Arbeit die systematische Weiterentwicklung Asbest verarbeitender Techniken und Anwendungen aufgezeigt. Die deutlichen Fortschritte in der Stabilisierungsphase machten einen raschen Wechsel in die Durchsetzungsphase möglich. Dieser Übergang wurde durch den kostengünstigen Abbau des grundsätzlich in ausreichender Menge vorhandenen Minerals, die vergleichsweise einfache, industrielle Aufbereitung und Verarbeitung des Materials und die offenkundig nahezu universelle Anwendungsmöglichkeit des Werkstoffes Asbest möglich und vorwärts getrieben.

In vielen industriellen Sektoren waren in der Phase der Durchsetzung asbesthaltige Produkte als Verschleißgüter nahezu konkurrenzlos vertreten. Bildungsinstitutionen wie Universitäten sorgten für Ingenieurnachwuchs, der seinerseits wiederum Asbestprodukte in Umlauf brachte. Architekten wie Handwerker bedienten sich ihrer gleichermaßen. Aufgrund seiner relativ einfach strukturierten Verarbeitungs- und nachgerade universellen Anwendungsmöglichkeiten und daraus resultierenden weiten Akzeptanz bei Anwendern und Verbrauchern leistete die Asbestfaser einen nennenswerten technologischen und ökonomischen Beitrag zur Moderne.

Die Gesundheitsfrage wurde anfangs aufgrund begrenzter wissenschaftlicher Diagnosemöglichkeiten, später vornehmlich in Anbetracht der Vorteilhaftigkeit des Werkstoffes, immer wieder in den Hintergrund gedrängt. Nachdem allerdings die Medien und damit die Öffentlichkeit für die Problematik der Gesundheitsgefährdung gewonnen werden konnten, war es der Industrie nicht länger möglich, die mit der Mineralfaser verbundene gesundheitliche Gefährdung zu verdrängen. Auch die in der Phase der Durchsetzung ausgebaute, strategische und globale Bedeutung des Werkstoffes vermochte nicht länger darüber hinweg täuschen, dass eine über Jahrzehnte hinweg etablierte asbestfreundliche Einstellung grundlegend überprüft werden musste.

Der Absturz schien zunächst so tief zu sein, wie der bejubelte Aufstieg hoch war. Um den Dekadenwechsel zwischen den siebziger und achtziger Jahren des 20. Jahrhunderts setzte eine deutliche Ernüchterungsphase ein, in der die Gefährlichkeit von Asbest mit neuen und neuesten Erkenntnisentwicklungen belegt wurde. Das Ende der Verwendung von Asbest erfolgte jedoch keinesfalls als übergreifende Ad-hoc-Entscheidung diverser nationaler Regierungen. Zu unterschiedlichen Zeitpunkten begannen nationale Regierungen damit, aus den aus wissenschaftlichen Analysen gewonnenen Einblicken Konsequenzen zu ziehen. Sukzessive verhängten sie im Zeitablauf immer enger gefasste Schutzmaßnahmen für den Umgang mit Asbest und asbesthaltigen Produkten. Dementsprechend wurden Grenzwerte zur maximal vertretbaren Faserexposition an Arbeitsplätzen mit international großen Unterschieden immer wieder nach unten korrigiert. Die chaotische Situation unterschiedlicher Grenzwerte ist ursächlich verknüpft mit einer zeitlich versetzten Erkenntnisbereitschaft in verschiedenen Staaten, Verbänden, starken Interessenvertretungen, dem jeweiligen Rechts- und Wertesystem und dem Grad der Demokratisierung. Nachdem in den Industrienationen schließlich das Repertoire der sich anbietenden Schutz- und Vorsorgemaßnahmen verbraucht war, verblieb nur noch das Totalverbot; zunächst sukzessive auf nationaler Ebene, anschließend europaweit.

Die Ernüchterungsphase der industriellen Asbestverarbeitung ist keinesfalls global zu verstehen, sondern hat sich in den verschiedensten geographischen Bereichen der Welt höchst unterschiedlich entwickelt. In Asien, Russland und auch Südamerika ist Ernüchterung kaum wahrzunehmen. So gibt es in Brasilien, das grundsätzlich zwar technisch ebenso weit entwickelt ist wie beispielsweise die Vereinigten Staaten oder die westeuropäischen Nationen, aber nach wie vor über ein sehr großes soziales Ungleichgewicht verfügt, rund 3.000 asbesthaltige Erzeugnisse. Überwiegend werden sie in Asbestzement, Brems- und Kupplungsbelägen, in der Textilindustrie wie auch in Produkten der Kunststoff-, Chemie- und Möbelindustrie verwendet. In Brasilien wurde Asbest seit etwa 1930 in erheblichem Umfang eingesetzt; der eigentliche Aufschwung dieses Werkstoffes begann dort jedoch erst in den

60-er und 70-er Jahren des vergangenen Jahrhunderts. 1985 interessierten sich brasilianische Behörden erstmals für gesundheitliche Gefährdungen, die in Asbest produzierenden und verarbeitenden Betrieben offenkundig geworden waren. Jedoch hingen staatliche Stellen in Brasilien von der Bereitschaft der Unternehmen ab, für den Einsatz von Standardausrüstungen zur Überwachung der Luftreinheit zu sorgen.[641]

Ein weiterer Beleg für die internationale Heterogenität in der Beurteilung der Asbestthematik waren und sind die differenzierten Positionen zu dem nach langem Ringen 1986 zustande gekommenen Kommunique der „International Labour Organization" (ILO). Bisher haben nur 28 Länder das Übereinkommen Nr. 162 sowie der Empfehlung Nr. 172 der ILO ratifiziert. Die Übereinkunft ist bei weitem nicht mit einem Bekenntnis zum Verbot des Werkstoffes gleichzusetzen. Es regelt nicht mehr als Mindeststandards für den Umgang mit Asbest und hat lediglich den Charakter einer Willenserklärung. Einem Verstoß gegen das Abkommen folgt keine Sanktionierung. Allein aus diesem Grund vermochten beispielsweise auch die Produzentenländer Russland und Kanada diese Übereinkommen zu ratifizieren. Aus Marketingsicht war dies ein geschickter Schachzug zur Unterstützung ihrer Asbestgruben. Mit der Unterzeichnung räumen die Produzenten zwar offen ein, dass Asbest ein risikobehafteter Stoff ist, können aber zugleich jedem, der ein Verbot fordert, mit Verweis auf die ILO erwidern, dass die Gefahr gebannt ist, wenn man kontrolliert mit Asbest entsprechend den Empfehlungen der ILO umgeht.

In Anbetracht der großen Anzahl von Staaten, die nicht bereit sind, die Mindeststandards im Umgang mit Asbest auch nur als Willensbekundung zu akzeptieren, wäre es naiv, anzunehmen, dass Asbest in absehbarer Zeit weltweit verboten wird. Deshalb muss man sich in ein Dilemma begeben und sich mit Grenzwerten einer maximal zulässigen Faserbelastung als Zwischenschritt auf dem Weg zu einem Verbot auseinandersetzen, um Regierungen wie Asbestproduzenten klare Handlungsmaximen für den Umgang mit Asbest vermitteln zu können. Dieser Weg ist selbst dann zu gehen, wenn man der Überzeugung sein sollte, dass jede Faserbelastung, die über die der naturgegebenen Faserexposition hinausgeht, schon zuviel ist, weil theoretisch schon eine Faser die Ursache für ein Karzinom sein kann. Eine dogmatische Verfechtung dieses extremen Ansatzes wäre jedoch nicht zielführend, da ansonsten eine globale Reduzierung der Faserexposition, in Anbetracht einer nach wie vor bestehenden Nachfrage nach Asbest in Höhe von über 2 Millionen Tonnen pro Jahr, nicht erreichbar erscheint.

Das Mineral hat als industriell verarbeiteter Werkstoff eine weite Wegstrecke zurückgelegt: Von der Entstehungsphase über die Stabilisierungsphase in einer mit ungeheurer Geschwindigkeit aufstrebenden Entwicklung zur Durchsetzungsphase. Freilich folgten danach ab Mitte der siebziger Jahre des 20. Jahrhunderts die Ernüchterungsphase, als Wissenschaft und partiell auch die Asbest verarbeitende Industrie allmählich erkannten, dass Asbestfasern längerfristig eine schädliche Wirkung auf den menschlichen Körper haben. Dennoch sind die Bestrebungen, Asbest in geeigneter Weise zu substituieren, noch keineswegs bei Größenordnungen ange-

---

641 Vgl. Fernanda Giannasi, Paulo Gilvane Lopes Pena: Asbest in Brasilien, in: Asbestos. European Conference 2003, S. 1-6 (S 1 f.)

kommen, die als zufrieden stellend betrachtet werden dürfen. Zwar können die Industrienationen in dieser Rolle als Vorreiter gelten, aber der Unterschied zwischen ihnen und den Entwicklungs- und Schwellenländern tritt klar zutage: Das Gefährdungspotenzial von Asbest ist von hoch industrialisierten Staaten klar erkannt worden. Von ihnen wurde der Nachweis erbracht, dass eine Volkswirtschaft auch ohne die Asbestfaser auskommt und mit den ihr heute, anders als im 19. und weiten Zeitabschnitten des 20. Jahrhunderts zur Verfügung stehenden technologischen Kenntnissen und Fähigkeiten weiterer Fortschritt generieren und wachsen kann. Die anderen Nationen sind zwar auch seit langem über die gesundheitliche Gefährdung durch Asbest informiert, halten einen Anschluss an den Weg der Asbestsubstitute jedoch für nicht opportun. Hier stehen die Regierungen jener Staaten vor dem folgenden Dilemma: Der Werkstoff Asbest ist, trotz aller gesundheitlichen Vorbehalte, ein außerordentlich kostengünstiger, ohne große Vorbildung der Beschäftigten verarbeitbarer und, wie die Geschichte zeigte, nicht zu unterschätzender Beschleuniger des dortigen Fortschritts, den sie in jedem Fall auch für ihre Länder nutzen wollen.

Prinzipiell gab und gibt es keinen plausiblen und belastbaren Grund, der gegen eine Substitution von Asbest spricht. Er hat seine strategische Bedeutung im politischen und militärischen Bereich schrittweise eingebüßt. Das Militär hatte aus der in Krisenzeiten temporären Knappheit gelernt und im letzten Quartal des 20. Jahrhunderts fast vollständig auf den Werkstoff verzichtet. In politischer Hinsicht mag Asbest noch in dem einen oder anderen Abbauland über regionale Bedeutung verfügen, mit der fehlenden militärischen Relevanz schwand jedoch auch seine geopolitische Bedeutung. Vielmehr überwiegen die Vorteile einer konsequenten Substitution. Zum einen wird die Aussicht auf weniger umweltschädigende Werkstoffe mit allen positiven Auswirkungen auf Gesundheit und auf die Minderbelastung der Sozialsysteme gefördert, zum anderen die Chance auf eine wirtschaftliche Vorreiterfunktion desjenigen, der als erster wettbewerbsfähige Substitute präsentieren kann.

Trotz dieser einschlägigen Argumente gestaltete sich der Substitutionsprozess in Deutschland mühselig und verwirrend. In Vorbereitung auf die angekündigten Verbote bewiesen kleine Asbest verarbeitende Branchen außerhalb der Asbestzementindustrie in ihren Nischen ein hohes Maß an Flexibilität. Sie stellten sich auf die veränderten Rahmenbedingungen zügig ein und tüftelten an einem zeitlich auf die Gesetzesänderung abgestimmten Einsatz von Ersatzstoffen entsprechend den individuellen Anforderungen der Endprodukte.

Eine andere Fraktion der Asbest verarbeitenden Industrie zeigte jedoch großes Beharrungsvermögen. Eine „Systemträgheit", das Verharren in eingefahrenen Bahnen, stellten eine Innovationshemmnis dar. Besonders deutlich wurde dies an dem Einzelfall, bei dem die Werbung eines rührigen ehemals Asbest verarbeitenden Unternehmens, das seine Produktpalette bereits auf asbestfreie Komponenten konvertiert hatte, seitens des Wirtschaftsverbandes Asbest e.V. gerichtlich und mit Erfolg auf Unterlassung der Werbung bekämpft wurde. Des Weiteren kann in dieser Arbeit auch eine klare Verzögerungstaktik der deutschen Asbestzementindustrie nachgewiesen werden. Die gegenüber der Bundesregierung abgegebene Selbstverpflichtung der Asbestzementindustrie zur Substitution hätte durchaus früher umgesetzt werden können. Der Forschungsstand zur Ersatzstoffsuche war weiter als er gegenüber der Bundesregierung bekannt gegeben wurde. Auch auf Arbeitnehmerseite war das Bild gespalten. Die Führungen der Gewerkschaften plädierten für ein schnelles Verbot; die Arbeitnehmervertreter vor Ort und Vertreter der für die Asbestzementindustrie zuständigen IG Chemie kämpften für moderatere Lösungen, obwohl gerade die Gesundheit ihrer Arbeitnehmer nachweislich gefährdet war.

Die von mehreren Seiten verfolgte Hinhaltetaktik hätte vermieden werden können, wenn die gesundheitlichen Risiken der Asbestfaser frühzeitiger ernst genommen und die Suche nach Substituten rechtzeitig aufgenommen worden wäre. Letztlich kann diese Unterlassung als ein klares Zeugnis für eine ungenügende und selbstgefällige Unternehmensführung der Branchenunternehmen gewertet werden. Dies umso mehr, weil die für alle Beteiligten erkennbaren absehbaren Veränderungen das eigene Geschäftskonzept in den Grundfesten zu treffen drohten und somit unternehmerischer Handlungsbedarf und nicht Blockadepolitik gefordert war. Was allerdings als Fehlverhalten noch schwerer wiegt ist der Umstand, dass mit der weiteren Vermarktung der Asbestfaser die Gesundheit von Menschen über einen langen Zeitraum wissentlich durch die Unternehmensleitungen gefährdet und damit bewusst gegen ethische Grundsätze verstoßen wurde. Diese Beschuldigung ist haltbar, denn die Anzeichen für sich verändernde Rahmenbedingungen waren für alle, die mit Asbest hantierten, bereits Jahre vorher deutlich sichtbar. Reagiert wurde auf die Signale jedoch nur von dem damals jungen Stephan Schmidheiny. Zehn Jahre nach den Veröffentlichungen von Irvine Selikoff gab er gegen internen Widerstand den Startschuss für die hausinterne Ersatzstoffforschung. Somit erwies sich die einsetzende öffentliche Skandalisierung von Asbest als stärkster Innovationstreiber.

Allerdings agierte auch die Eternit AG, ungeachtet der von ihr erfolgreich vollzogenen Substitution, insgesamt halbherzig. Ansonsten hätte sie als unangefochtener Marktführer und dominierendes Unternehmen der Asbestzementindustrie sowie in Anbetracht ihres bereits erreichten Forschungsstandes die Hinhaltetaktik ihres Industrieverbandes nicht toleriert. Zudem hat sie durch den Verzicht auf eine schnellere Einführung asbestfreier Produkte eine Chance verwirkt, ihren vorhandenen technologischen Vorsprung in eine verbesserte Marktstellung umzumünzen.

Bis heute konnte kein Ersatzstoff für Asbest entwickelt werden, der das gesamte Eigenschaftsprofil der Mineralfaser abdeckt. Deshalb richtete sich die Ersatzstoffforschung bei ihrer Suche an dem Anforderungsprofil des jeweiligen Anwendungsgebietes aus. Die notwendigen Merkmale für Asbestsubstitute sind zwangsläufig so verschiedenartig, wie die Anwendungsbereiche der Asbestfaser es waren. Ein gemeinsames Merkmal für Asbestsubstitute war allerdings, dass die Substitute in ihrer Produktion, Verarbeitung und Verwendung weitaus weniger gesundheitsschädlich sind als asbesthaltige Materialien. Dementsprechend sind nahezu alle Ersatzstoffe aus heutiger Sicht weniger risikobehaftet als die Asbestfaser. Am Beispiel der künstlichen Mineralfasern (vornehmlich als Substitut für Dämmstoffe vorgesehen) und von Antimon (als Ersatzstoff von Reibbelägen) wurde jedoch deutlich, dass die präventiven Risikoabschätzungen in diesen beiden Fällen nicht zutreffend waren. Die ursprünglich unterstellte Umweltverträglichkeit stellte sich einige Jahre nach ihrem ersten industriellen Einsatz aufgrund verbesserter Erkenntnisse als nicht gegeben heraus. Positiv ist die Erfahrung zu bewerten, dass zumindest in Deutschland die Lehren aus dem zögerlichen Umgang mit Asbest gezogen wurden. Für die Bundesrepublik wurde im nationalen Alleingang ein entsprechendes Verbot für lungengängige künstliche Mineralfasern verhängt. Reaktionen hinsichtlich Antimon stehen noch aus. Zugleich wird an diesen Fällen das Dilemma der Substitute erkennbar. Ihre Eigenschaften und Wirkungen können von der Wissenschaft zum Zeitpunkt ihres beginnenden industriellen Einsatzes noch nicht so weit erforscht sein, dass eine abschließende Risikoeinschätzung über Folgewirkungen vorgenommen werden kann. Hieraus lässt sich die Schlussfolgerung einer permanent zu erfolgenden Risikoabschätzung von neuen Stoffen, Produkten und Verfahren unter Anwendung und im Abgleich mit dem jeweils verbesserten wissenschaftlichen Erkenntnisstand ziehen.

Im Übrigen ist derzeit nicht erkennbar, dass ein Ersatzstoff wieder über eine so dominierende Rolle verfügen wird wie sie die Asbestfaser inne hatte, solange dieser Werkstoff nicht sämtlichen, durch Asbest befriedigten Bedürfnisse nachkommen kann. Rund 3.000 Ersatzstoffe sind an Stelle von Asbest geschaffen worden und bei sehr vielen ist die Gesundheitsgefährdung erheblich geringer als zuvor. Mit der steigenden Anzahl der Ersatzstoffe und aufgrund ihrer nicht vorhandenen universellen Einsetzbarkeit reduziert bzw. dividiert sich zugleich das mit der Asbestfaser zuvor bestehende Gesamtrisikopotenzial. Lediglich die Anzahl der vorzunehmenden Risikoabschätzungen und der damit verbundene Aufwand steigen mit der Einführung von Ersatzstoffen erheblich. Ein an Bedeutung zunehmender Risikobereich ist die Exposition von Chemikalien, die bei der Produktion und Verwendung einer Vielzahl von Asbestsubstituten benötigt werden bzw. als Kuppelprodukt anfallen. Sie stellen ein ernstzunehmendes Problem der chemischen Industrie dar.

In der Bundesrepublik Deutschland wurde das nahezu vollständige Verbot von Asbest 1993 erlassen. Nach der Umsetzung des EU-weiten Verbots aus dem Jahre 1999, das im Jahre 2005 in Kraft getreten ist, haben insgesamt 35 Länder Asbest weltweit verboten. Hierzu ist jedoch anzumerken, dass sich dieses Verbot nicht auf den Umgang mit in Gebäuden und Anlagen bereits eingebautem Asbest bezieht. Das Asbestverbot wirkt nur auf die Verwendung von neuem Asbest. Das damit vollzogene Ende der Verwendung von Asbest bedeutete somit nicht immer auch das Ende der Exposition.

Die Beteiligten, die sich seit 1993 mit der Sanierung und Entsorgung von Asbest befassen, üben eine endliche Aufgabe aus. Die rechtlichen Rahmenbedingungen für eine sachgerechte Erfüllung dieser Aufgaben lagen in Deutschland allerdings erst 1995, also zwei Jahre nach Verhängung des generellen, bundesweiten Asbestverbotes, vollständig mit dem von der Länderarbeitsgemeinschaft Abfall in Zusammenarbeit mit dem Umweltbundesamt ausgearbeiteten und herausgegeben LAGA-Merkblatt vor. Das für asbesthaltigen Abfall erlassene Merkblatt ist Vorläufer des seit 1996 rechtskräftigen Kreislaufwirtschafts- und Abfallgesetzes. Denn in dem Merkblatt ist das Prinzip „Verwertung und Recycling vor Beseitigung" bereits der Leitgedanke, den wir später im Gesetz wiederfinden. Ebenso wurde mit dem Merkblatt schließlich die Lücke ausgefüllt, die 1988 bzw. 1990 nach Einführung der auf die Sanierung abzielenden Technischen Regeln für Gefahrstoffe TRGS 517 bzw. 519 als Nachfolger der 1982er „Sicherheitsregeln für das Entfernen von Asbest" entstanden war und sich in der Praxis nach Abschluss der Sanierungsmaßnahme am Sanierungsobjekt mit der ungeklärten Frage der Abfallentsorgung stellte.

In der vorliegenden Arbeit wird ferner ein Überblick über die beabsichtigten Entsorgungswege vermittelt, die nach Meinung des Autors dieser Arbeit zwar auf eine anzustrebende Art der Entsorgung von asbesthaltigem Abfall abzielen, in der Umsetzbarkeit sich dagegen als überaus schwerfällig erweisen. Aufgrund ihrer komplexen Ausgestaltung und kostentreibenden Vorgaben wirken sie sogar kontraproduktiv und behindern letztlich eine zügige Umsetzung von Sanierungsmaßnahmen. An dieser Stelle kann und muss noch gehandelt werden. Ebenso bieten die Verfahren zur Sanierung und zur Zerstörung der Faser im Rahmen der Entsorgung bzw. Verwertung noch erkennbar technologisches Potenzial zur Weiterentwicklung.

Im Verlauf dieser Arbeit wird die Entdeckung und rasante Weiterentwicklung von Asbest in der industriellen Verarbeitung geschildert, die das Zeitalter der Moderne entscheidend geprägt hat. Am Ende seiner industriellen Verarbeitung und Nutzung angelangt, bedarf es heute in der westlichen Welt keiner erweiterten Diskussion mehr darüber, dass vor allem schwach gebundener Asbest, dort wo er existiert, eine ständige und erhebliche Gefahrenquelle für die menschliche Gesundheit darstellt. Das Asbestverbot, europaweit ausgesprochen, ist sicher zu Recht ergangen. Die einzelnen Phasen des Asbests sind unter Einschluss der Ernüchterungs- und Substitutionsphase dargestellt; sie sind ergänzt um die Phase der Sanierung und jener der Entsorgung, die beide beschreiben, wie sehr man zumindest in Deutschland darum bemüht war und ist, dieses Problem zu lösen. Die Art der Problemlösung wurde hierzulande gewiss von besten Intentionen geleitet, führte aber letztlich zu einer Überbürokratisierung der Sanierung und Entsorgung von Asbest.

8. Schlussbemerkung

Noch ist jener Punkt nicht erreicht, an dem mit Fug und Recht zu sagen wäre, dass Asbest endgültig einer rein historischen Betrachtungsweise unterworfen werden kann. Gegenwärtig haben wir eine Situation, in der Asbest seit dem 1. Januar 2005 europaweit verboten ist. Die vielfältige und auf den ersten und zweiten Blick erfolgreiche Verwendung dieses Werkstoffes in der industriellen Verarbeitung zahlreicher Produkte, brachte es mit sich, dass Industrie und Öffentlichkeit den gesundheitlichen Risiken von Asbest kaum Beachtung schenkten. Erst ab Ende der siebziger, Anfang der achtziger Jahre begann eine breit gefächerte Debatte über die gesundheitlichen Auswirkungen von Asbest, die letztlich zu einem in den Industriestaaten anerkannten Konsens führten: Asbest wurde weitgehend geächtet.

In der Entwicklung der Industriegeschichte der letzten 150 Jahre kann Asbest mit Sicherheit als einer „der" Werkstoffe des 19. und 20. Jahrhunderts bezeichnet werden, begleitet von zunächst durchweg positiv erscheinenden Befunden. Asbest war in der industriellen Fertigung einer Vielzahl von Produkten zu einem scheinbar unverzichtbaren Bestandteil des täglichen Lebens geworden. In der Moderne konnte sich die industrielle Nutzung des Asbests in geradezu außerordentlicher Weise entfalten und prägte auf diese Weise auch nachhaltig die Industriegesellschaft. Auf der anderen Seite standen die recht frühzeitigen Warnungen von Wissenschaftlern vor den unausweichlichen Folgen des Einatmens von Asbestfasern, die sie als karzinogen diagnostizierten. Als Berufskrankheiten wurden durch Asbest ausgelöste Erkrankungsformen schon in den dreißiger Jahren erkannt, jedoch hierüber nur im Rahmen von Fachzirkeln publiziert.

Wissenschaftler haben in der Tat den Versuch unternommen, dem durch die rasche Industrialisierung verursachten Wandel von Lebensstilen und täglichen Konsumgewohnheiten gerecht zu werden: Ein breiter Konsens über die ethischen Grundlagen nachhaltigen Handelns musste gefunden werden. Asbest, dies steht außer Frage, hat im Zuge seiner vielgestaltigen industrieller Verarbeitung zugleich auch die sozialen Gegebenheiten deutlich strukturiert.

Der Werkstoff Asbest war ein unverzichtbarer Bestandteil der modernen Industriegesellschaft, ohne den sie so nicht hätte werden können, was und wie sie geworden ist. Die Entwicklung der industriellen Revolution hätte ohne Asbest nicht jenen raschen und in die Zukunft weisenden Weg genommen, den sie mit seiner Unterstützung eingeschlagen hat. Exemplarisch sei hier nur auf die durch Asbest mögliche Leistungssteigerung der Dampfmaschine verwiesen, wodurch sich eine Fülle neuer, bisher nicht realisierbarer technischer und industrieller Möglichkeiten eröffnete. Finden durch diese Feststellung all jene Asbestopfer, die zum Teil schon gestorben sind oder noch heute unter den Nachwirkungen leiden, ihre vollständige Berücksichtigung und Würdigung? Diese Frage ist mit „Nein" zu beantworten. Zum einen können nicht das Leben und die Gesundheit von Menschen gegen Fortschritte in der technischen und wirtschaftlichen Entwicklung aufgerechnet werden. Zum anderen hatten sowohl die Entscheider über den Einsatz von Asbest als auch die Betroffenen selbst aufgrund mangelnder wissenschaftlicher Erkenntnisse, sehr langen Inkubationszeiten und auch infolge mangelhafter Kommunikation erster gesicherter Erkenntnisse lange Zeit kein Wissen über die mit der Bearbeitung und Verwendung von Asbest verbundenen Gefahren. Letztlich haben die Betroffenen den Preis dafür gezahlt, dass bestehende gesundheitliche Risiken an vielen Arbeitsplätzen und privaten Haushalten erst durch den Einsatz von Asbest erheblich verringert werden konnten. Indirekt haben sie mit ihrem Einsatz das Leben und die Gesundheit anderer geschont.

Der Weg des Asbestminerals ist trotz seiner offenkundig durch das Einatmen von Asbestfasern zu potenziell tödlichen Krebserkrankungen führenden Wirkungen kein Irrweg gewesen, sondern eine letztlich korrigierbare Entwicklung, deren Notwendigkeit zur Korrektur man freilich zu spät erkannt hat. An jenen im Verlauf der Debatte um Pro und Contra über Asbest entstandenen Meinungsverschiedenheiten, an der durch Misstrauen vergifteten Atmosphäre und vor allem am Verlust der Glaubwürdigkeit tragen die Asbestproduzenten und die Unternehmen, die den gewonnenen Rohasbest industriell verarbeiteten, eine offenkundige Verantwortung.

Wer heute den Begriff Asbest ausspricht, muss sich darüber im Klaren sein, dass er damit eine Faser benennt, die in industriell bearbeitetem Zustand bei Freisetzung und Einatmung dem Menschen Schaden zufügen kann und aus diesem Grunde mit Nachdruck substituiert werden muss. Darüber aber sollte auch Klarheit herrschen: Ohne das Mineral Asbest, das nach den Worten von Werner Carina ohne Zweifel „ein Vorläufer, ein Exempel und ein Modellfall"[642] ist, hätte die industrielle Entwicklung nicht diesen raschen und konsequenten Verlauf genommen. Wir sollten diesen Modellfall zum Anlass nehmen, in jedem Einzelfall einer Innovation einen von Verantwortung geprägten ausgewogenen Weg der Risikoabschätzung zu finden. Diese Risikoabschätzung darf nicht nach der industriellen Umsetzung der Innovation enden, sondern muss als permanenter, kritischer und konstruktiver Prozess die jeweilige Innovation und deren Ableger begleiten. Inwiefern die für diese Aufgabe notwendigen wissenschaftlichen Kapazitäten in der Grundlagenforschung ausreichend sind oder angepasst werden müssen, gilt es zu überprüfen.

Die in den vergangenen Jahrzehnten geführte, kontroverse Diskussion über Asbest hat die dringliche Forderung nach der richtigen Handhabung dieses Stoffes bis zur endgültigen Entsorgung deutlich gemacht. Eine sachliche, nach wissenschaftlichen Grundsätzen geführte industriegeschichtliche Debatte wird diesen markanten Werkstoff des 19. und 20. Jahrhunderts im 21. Jahrhundert derart verorten, dass die Asbestfaser endlich jenseits aller Emotionalisierung ihren in positiver wie in negativer Hinsicht verdienten Platz in der Geschichte der Industrialisierung sowie bei der Prägung der Ersten und Zweiten Moderne erhält.

---

642 Catrina, Eternit-Report, S. 235

Literaturverzeichnis

In der nachfolgenden Übersicht werden die in der Untersuchung verwendeten Quellen getrennt nach den Quellenarten „Literatur", „Internetquellen" und „Schriftverkehr des Autors" dargestellt.

Literatur

Ahrens, Andreas, von Gleich, Arnim, Lißner, Lothar: Forschungsprojekte: Substitution gefährlicher Stoffe. Gestaltungsoptionen für handlungsfähige Innovationssysteme zur erfolgreichen Substitution gefährlicher Stoffe (SubChem), in: UWSF – Z Umweltchem Ökotox 14 (3), Landsberg, Ft. Worth (USA), Tokyo (Japan), Mumbai, India, Seoul, Korea 2002, S. 165-169 (S. 165)

Akademie aktuell, Informationsblatt der Akademie für Natur und Umwelt des Landes Schleswig-Holstein, 5, 1999

Akademische Fliegergruppe an der Universität Karlsruhe e.V.: Wissenswertes über Faserverbundwerkstoffe (Spatzls Harzlehrgang), Karlsruhe 2005, S. 1-15 (S. 4)

Albracht, Gerd: Vom ‚Wunderstoff' zum Krebsgift, in: Der Sicherheitsingenieur, 1992, S. 20-28

Alwens, Walter: Ueber Asbestose der Lungen, in: Münchener Medizinische Wochenschrift, 82, Jg. V. 8. November 1935, S. 1797

Anspach, Max: Die urbane Gefährdung durch Asbest. Untersuchungen der Dresdner Silikoseerhebungsstelle von 1959 bis 1972, in: Feuerfest, Asbest – Zur Geschichte eines Umweltproblems, Deutsches Hygiene-Museum, Dresden 1991, S. 43-57

Anstett, T.F.; Porter, K.E., Asbestos availability – Market economy countries, U.S. Bureau of Mines Information, Circular 9036, 1985

Ausführungsvorschriften über die Einführung technischer Baubestimmungen – Asbestrichtlinien – vom 12, September 1989. Amtsblatt für Berlin Teil I 39, 1989, Nr. 56

Auribauld, M.: Note sur l'Hygiène et la Sécurité des Ouvriers dans la Filatures et tissages d'Amiante, in: Bulletin d'Inspection du Travaille 14, Paris 1906

Ausschuss hoher Arbeitsaufsichtsbeamter, Europäische Informationsrunde Asbest, Doc. 12270/02 DE, Juni – Dezember 2000

Alleman, James E., Mossman, Brooke T.: Asbest: Aufstieg und Fall eines Wunderwerkstoffes, in: Spektrum der Wissenschaft, November 1997

Asbestos Corporation of Canada Ltd., Jahresbericht 1924

Asbestzement-Revue (AC), Zürich 1955-1980

Asbestzement-Revue (AC), Ausgabe 21, Zürich Januar 1962

Asbestzement-Revue (AC), Ausgabe 60, Zürich Oktober 1970

Assheuer, Thomas: Die „zweite Moderne": Wie Soziologen alte Fragen neu drapieren. Im Prinzip ohne Hoffnung, in: Die Zeit – Politik, 18. Juli 1997

Axmann, Michael; Stroh; Katharina: Asbest, in: Bayerisches Landesamt für Umweltschutz, in: BayLfU – PS1 / Umweltberatung Bayern, München 2004, S. 1-12

Baddollet, M.S., „Asbestos, A Mineral, of Unparallel Properties," Transactions, Canadian Institute of Mining & Metallurgy , 1951, Vol. 59, 1951, S. 185-189

Batelle Institut e.V.: Analyse der Asbestindustrie, in: Umweltbundesamt, Forschungsbericht 78-10403 624, Berlin 1978

Bauer, H.-D.; Blome, H.; Blome, O.; Gelsdorf, H.; Heidermanns, G.; Jordan, R.; Karsten, H.; Kempf, E.; Kieser, D.; Mattenklott, M.; Pfeiffer, W.; Schmidt, I.; Schneider, J.; Schürmann, J.; Schwalb, J.; Sohnle, F.; Sonnenschein, G.;

Stückrath, M.: „Faserjahre", Berufsgenossenschaftliche Hinweise zur Ermittlung der kumulativen Asbestfaserstaub-Dosis am Arbeitsplatz, BK-Report 1/97, hrsgg. vom Hauptverband der gewerblichen Berufsgenossenschaften (HVBG), 3., ergänzte und aktualisierte Auflage, Sankt Augustin 1996

Bauwelt 26/2004, Sonderdruck

Bayerl, Günter; Pichol, Karl: Papier. Produkt aus Lumpen, Holz und Wasser, Reinbek bei Hamburg 1986 (= Deutsches Museum. Kulturgeschichte der Naturwissenschaften und der Technik)

Beck, Ulrich: Risikogesellschaft. Auf dem Weg in eine andere Moderne, Frankfurt/M 1986

Beck, Ulrich; Bonß, Wolfgang (Hg.): Die Modernisierung der Moderne, Frankfurt/M 2001

Beck, Ulrich; Giddens, Anthony, Cash, Scott: Reflexive Modernisierung. Eine Kontroverse, Frankfurt/M 1996

Beintker, Erich: Die Asbestosis der Lungen, in: L. Teleky und H. Zangger (Hg.): Archiv für Gewerbepathologie und Gewerbehygiene, 2. Bd., Berlin 1931, S. 354 f.

Beintker, Erich: Über die Asbestosiskörperchen. Bemerkungen zu der Arbeit von Beger, ds. Arch. Bd. 290, II.2/3, S. 527-539, in: Virchows Archiv 293, 1934

Berger, Hans: Asbest-Fibel. Ein geschlossener Überblick über die Gewinnung, Aufbereitung, Eigenschaften, Verarbeitung und Verwendung von Asbest, Stuttgart 1961

Berger, Manfred; Lossau, Norbert; Schmidt-Alck, Susanne; Yogeshwar, Ranga: Asbest-Report. Vom Wunderstoff zur Altlast, Jean Pütz (Hg.), Köln 1989

Bericht über die schwedische Woche der fünften Europäischen Informationsrunde über Asbest, Stockholm 13.-16.6.2000, in: Doc. 12270/02 DE, Ausschuss hoher Arbeitsaufsichtsbeamter, Europäische Informationsrunde Asbest, Juni – Dezember 2000

Bericht der Health and Saftey Executive, Europäische informationsrunde über Asbest (Prävention asbestbedingter Risiken), Edinburgh, UK: 7.-10. November 2000, in: Doc. 12270/02 DE, Ausschuss hoher Arbeitsaufsichtsbeamter, Europäische Informationsrunde Asbest, Juni – Dezember 2000

Berliner Geschichtswerkstatt (Hrsg.): Zwangsarbeit in Berlin 1940-1945. Erinnerungsberichte aus Polen, der Ukraine und Weißrußland, Erfurt 2000

Berufsgenossenschaft der Bauwirtschaft, Berlin: Richtlinien und Erläuterungen für die Bewertung und Sanierung schwach gebundener Asbestprodukte in Gebäuden, Ausgabe 5.89, erhältlich noch bei der ARGE der Bau-Berufsgenossenschaften, Frankfurt, und der Tiefbau-Berufsgenossenschaft, München

Berufsgenossenschaft der Bauwirtschaft, Berlin: Abbruch und Asbest – Informationen und Arbeitshilfen für Planung und Ausschreibung, Ausgabe 1997, erhältlich noch bei der ARGE der Bau-Berufsgenossenschaften, Frankfurt, und der Tiefbau-Berufsgenossenschaft, München

Binder, Manfred: Wachstum, Strukturwandel und Umweltschutz, Forschungsstelle für Umweltpolitik (FFU), Freie Universität Berlin/Fachbereich Politik- und Sozialwissenschaften/Otto-Suhr-Institut für Politikwissenschaft, FFU-Report 99-5, Berlin 1999, S. 1-48

Boemke, Friedrich: Asbestosis und Lungencarcinom, in: Bernhard Fischer-Wasels (Hrsg.): Frankfurter Zeitschrift für Pathologie, 57. Bd., München 1943

Böhme, Christian: Kriegsgefangene bei Eternit? Tagesspiegel v. 20.7.2000, Berlin

Bönisch, Monika: Der lange Abschied von Asbest, in: z.B. Asbest. Ein Stein des Anstoßes. Kulturelle und soziale Dimensionen eines Umweltproblems, Berlin 1991, S. 203-212

Bönisch, Monika: Kapitel aus Dresdens Asbestgeschichte, in: Feuerfest, Asbest – Zur Geschichte eines Umweltproblems, Deutsches Hygiene-Museum, Dresden 1991, S. 20-28

Bohne: Über Asbestose, in: Deutsche Medizinische Wochenschrift, 62. Jg., 1936, 1. Halbjahr, Nr. 23 v. 5. Juni 1936, S. 928

Bollenbeck, Georg: Bildung und Kultur. Glanz und Elend eines deutschen Deutungsmusters, Frankfurt/M, Leipzig 1994

Bolz, Matthias: Berufskrankheiten – Medizinische Aspekte menschlicher Arbeit, Universität Paderborn, Vorlesungsskript Wintersemester 2002/03

Bowles, Oliver: Asbestos – a Strategic Mineral. Has the United States adequate sources of supply?, in: Mining and Metallurg, Oktober 1938

Bowles, Oliver: The Asbestos Industry, U.S. Bureau of Mines, Bulletin 552, Washington 1955

Braun, Ingo, Joerges Bernward: Body computer management, Oder: Was ist CIB, CAIM, MSD?, Berlin 1988, in: WZB FS II, S. 88-307

Breslow, Lester: Free Executive Summary of Asbestiform Fibers: Nonoccupational Health Risks, US National Academy of Sciences, Committee on Non-occupational Health Risks of Asbestiform Fibers, Board on Toxicology and Environmental Health Hazards, National Research Council, National Academy Press, Washington (DC) 1984, S. 10

British Asbestos Newsletter, The White Lung Association (Hrsg.), compiled by Laurie Kazan-Allen, Issue 35, Summer 1999

Brockhaus' Konversations-Lexikon, Vierzehnte Auflage, Erster Band, Leipzig, Berlin und Wien 1893, S. 964 f.

Der Große **Brockhaus**, Sechzehnte Auflage, Fünfter Band Gp – Iz, Wiesbaden 1954, S. 511

Bruckhaus, Liane: Das Problem der Verarbeitung von Asbestzement, in: z.B. Asbest. Ein Stein des Anstoßes. Kulturelle und soziale Dimensionen eines Umweltproblems, Berlin 1991, S. 197-202

Buck, Manfred: Asbest-Immissionsbelastung durch Abwitterung, Fachkolloquium am 6. Juli 1989 in der LIS NRW, Essen, Tagungsbericht, hrsgg. von der Landesanstalt für Umweltschutz Baden-Württemberg, Karlsruhe 1989

Büttner, Jan-Ulrich: Asbest in der Vormoderne. Vom Mythos zur Wissenschaft, Münster u.a. 2004 (= Cottbuser Studien zur Geschichte von Technik, Arbeit und Umwelt, Bd. 24, hrsgg. von Günter Bayerl)

Bundesanstalt für Arbeitsschutz und Unfallforschung, Ersatzstoffkatalog für Asbest, Nr. 8 Schriftenreihe Gefährliche Arbeitsstoffe, Dortmund 1982

Urteil des **Bundesfinanzhofes** (BFH) vom 9. August 2001, BFH III R 6/01, Bundessteuerblatt 2002 II S.240

Bundesgesundheitsamt: Zur Beurteilung der Krebsgefahren durch Asbest, BGA Schrift 2/1984

Bundesgesundheitsamt: Gesundheitliche Risiken von Asbest – Eine Stellungnahme des Bundesgesundheitsamtes, BGA-Bericht 4-/81, Teil 1/5-1/15

Bundesgesundheitsamt: Gesundheitsgefahren durch Asbest und andere faserige Feinstäube in der Umwelt. Bundesgesundheitsblatt 26, Heft 10, 1983

Bundesministerium für Arbeit und Sozialordnung, Pressestelle, Berlin 26. Mai 2000

Bundesministerium für Forschung und Technologie: Industrielle Möglichkeiten und Ergebnisse des Asbestersatzes in Asbestzement-Produkten, Forschungsbericht Nr. T 79-122, 1979

Bundesministerium für Gesundheit und das Bundesministerium für Umwelt, Naturschutz und Reaktorsicherheit: Erlass zur Errichtung einer gemeinsamen ad hoc-Kommission, Neuordnung der Verfahren und Strukturen der Risikobewertung und

Standardsetzung im gesundheitlichen Umweltschutz der Bundesrepublik Deutschland, Bonn 2000

Burgath, K.P., Mohr, M.: Asbeste und ihre Diagnose. Projektbeitrag zum Projekt: Methoden- und Verfahrensentwicklungen, Bundesanstalt für Geowissenschaften und Rohstoffe, 2000

Burgmann Jahrbuch 1939, Neununddreißigster Jahrgang, hrsgg. von der Firma Feodor Burgmann, Dresden-Laubegast

Burgmanns Jahrbuch 1918, Achtzehnter Jahrgang, hrsgg. von der Firma Feodor Burgmann, Dresden-Laubegast

F. **Burgmann's** Jahrbuch 1910, Elfter Jahrgang. Ein Nachschlagebuch für Fabrikanten, Betriebsbeamte, Maschinisten und Monteure, enthaltend die im Interesse stehenden Gesetze, Verordnungen, sowie praktische Abhandlungen, hrsgg. von Feodor Burgmann, Ingenieur, Dresden-Laubegast

Burhop, Carsten: Kolonien und Entwicklungsländer in der Weltwirtschaft, Wintersemester 2005/06, Manuskript zur Vorlesungsreihe, Sitzung 4: Kolonialhandel im 2. Weltkrieg und die Entstehung von Marketingboards, Münster 2004, S. 1-7 (S. 1)

Butz, Martin: Dokumentation des Berufskrankheiten-Geschehens in Deutschland, Beruflich verursachte Krebserkrankungen, Eine Darstellung der im Zeitraum 1978 bis 2003 anerkannten Berufskrankheiten, 8. überarbeitete und ergänzte Auflage, hrsgg. vom Hauptverband der gewerblichen Berufsgenossenschaften (HVBG), Sankt Augustin 2005

Campbell, Rachel: Battling Big Tobacco, in: Legal Assistant Today, Santa Ana, California, 2004

Campbell, Stewart, Skilling, James, Cairns, June: Asbest: Die Situation in den verschiedenen Ländern – eine Übersicht, in: Asbestos European Conference 2003, S. 1-14

Castells, Manuel: The Rise of the Network Society, in: The Information Age, Vol. II, Cambridge/Oxford 1996

Castells, Manuel: The Power of Identity, The Information Age, Vol. I, Cambridge/Oxford 1997

Castells, Manuel: End of Millenium, The Information Age Vol. III, Cambridge/Oxford 1997

Catanoso, Justin: Asbestos plant – smokers charge cigarette's asbestos cigarette filter caused cancer, in: Washington monthly Jan.–Febr. 1993

Catrina, Werner: Der Eternit-Report. Stephan Schmidheinys schweres Erbe, Zürich, Schwäbisch Hall 1985

Chemiker-Zeitung, Central-Organ für Chemiker, Techniker, Fabrikanten, Apotheker, Ingenieure, Jahrgang X, 1886, Nr. 45

Chemiker-Zeitung, Central-Organ für Chemiker, Techniker, Fabrikanten, Apotheker, Ingenieure, 24. Jg., 1900, Nr. 51

Chemiker-Zeitung, Central-Organ für Chemiker, Techniker, Fabrikanten, Apotheker, Ingenieure, 30. Jg., 1906, Nr. 63

Chemiker-Zeitung, Central-Organ für Chemiker, Techniker, Fabrikanten, Apotheker, Ingenieure, 33. Jg., 1909, Nr. 16

Chemiker-Zeitung, Central-Organ für Chemiker, Techniker, Fabrikanten, Apotheker, Ingenieure, 35. Jg. 1911, Nr. 21

Chemiker-Zeitung, Central-Organ für Chemiker, Techniker, Fabrikanten, Apotheker, Ingenieure, 44. Jg. 1920, Nr. 62

Chemiker-Zeitung, Central-Organ für Chemiker, Techniker, Fabrikanten, Apotheker, Ingenieure, 48. Jg. 1924, Nr. 49

Chemiker-Zeitung, Central-Organ für Chemiker, Techniker, Fabrikanten, Apotheker, Ingenieure, 52. Jg. 1928, Nr. 95

Chemiker-Zeitung, Central-Organ für Chemiker, Techniker, Fabrikanten, Apotheker, Ingenieure, 54. Jg. 1930, Nr. 39

Chemiker-Zeitung, Central-Organ für Chemiker, Techniker, Fabrikanten, Apotheker, Ingenieure, 63. Jg. 1939, Nr. 47

CSTEE, Wissenschaftlicher Ausschuss für Toxikologie, Ökotoxikologie und Umwelt der Kommission: Stellungnahme über die Auswirkungen von Chemikalien mit endokrinen Wirkungen auf den Menschen und wildlebende Pflanzen und Tiere, 1999

Coenen, Wilfried: Asbest: Risikovermittlung und Präventionsansätze, Vortrag von Wilfried Coenen, Hauptverband der gewerblichen Berufsgenossenschaften (HVBG) anlässlich eines Kolloquiums zum 25jährigen Bestehen der Zentrale Erfassungsstelle asbeststaubgefährdeter Arbeitnehmer (ZAs), Hennef Oktober 1997

Coulombe, Bernard: Markets, in: Industrial Mineral Rocks, 1994, 6th edition

Coulombe, Bernard: Chrysotile asbestos, Mines and Energy Ministers Conference, Quebec September 2001

DGB-Bundesvorstand: Umweltschutz und qualitatives Wachstum, Düsseldorf 1985

Diderot, d'Alembert: Encyclopédie, ou Dictionnaire raisonné des Sciences, des Arts et des Métiers, Paris 1751

Deppe, H.U., Regus, M. (Hrsg.): Seminar: Medizin, Gesellschaft, Geschichte, Frankfurt/M 1975

Deppe, H.U.: Industriearbeit und Medizin, Frankfurt/M 1973

Deutsches Hygiene-Museum: Begleitband zur Ausstellung: Feuerfest, Asbest – Zur Geschichte eines Umweltproblems, Dresden 1991, S. 97

Dierkes, Meinolf: Technikgenese als Gegenstand sozialwissenschaftlicher Forschung – erste Überlegungen, in: Verbund Sozialwissenschaftliche Technikforschung. Mitteilungen 1/1987

Dierkes, Meinolf: Die Technisierung und ihre Folgen. Zur Biographie eines Forschungsfeldes, Berlin 1993

Dierkes, Meinolf: Technikgenese in organisatorischen Kontexten. Neue Entwicklungslinien sozialwissenschaftlicher Technikforschung (WZB-Paper FS II)

Dierks, K.: Risikokommunikation, Broschüre, wiedergegeben mit Genehmigung des VDI-Verlages, Düsseldorf, in: KRdL im VDI und DIN: Sicherer Umgang mit Fasermaterialien, in: VDI-Berichte 1417, Düsseldorf 1998

Döring, Diether: Der verlorene Charme des Sozialstaats, in: Frankfurter Allgemeine Zeitung, 5.8.2006, S.13

Doll, Richard: Mortality from lung cancer in asbestos workers, in: British journal of industrial medicine, Nr. 12, London 1955, S. 81-86

Drechsel-Schlund, Claudia; Butz, Martin; Haupt, Bärbel; Drexel, Gerhard; Plinske, Werner; Francks, Heinrich-Peter: Asbestverursachte Berufskrankheiten in Deutschland – Entstehung und Prognose, hrsgg. vom Hauptverband der gewerblichen Berufsgenossenschaften (HVBG), Sankt Augustin 2002

Eick, H.: Asbestzement. Herstellung und Eigenschaften, Sonderdruck aus Tiefbau 7/75

Eisenstadt, S.N.: Die Vielfalt der Moderne, übersetzt und bearbeitet von Brigitte Schluchter, Weilerswist 2000

Eitel, Wilhelm an Göring, Herrmann: Brief v. 20.7.1936, Archiv der Max-Planck-Gesellschaft zur Förderung der Wissenschaften e.V., Berlin, I. Abteilung, Rep. 1A, Nr. 2891; Macrakis, Swastika, S. 104

Eitel, Wilhelm an Telschow, Otto: Brief v. 11.11.1936, Archiv der Max-Planck-Gesellschaft zur Förderung der Wissenschaften e.V., Berlin, I. Abteilung, Rep. 1A, Nr. 2891

Endres, Alfred, Querner, Immo: Die Ökonomie natürlicher Ressourcen. Eine Einführung, Darmstadt 1993

Enzyklopädie der technischen Chemie, 2. Auflage, Berlin, Wien 1906

Ersch, I.S., Gruber, I.G. (Hrsg.): Allgemeine Enzyklopädie der Wissenschaften und Künste in alphabetischer Folge, ersch. von 1818 an, 1831 vom Brockhaus-Verlag übernommen und 1889 eingestellt.

Eternit. Deutsche Asbestzement Aktiengesellschaft (DAZAG), Brief v. 21.2.1941, Heimatmuseum Neukölln, Berlin, Archiv

Eternit Aktiengesellschaft Berlin (Hrsg.): Die ersten 50 Jahre unseres Unternehmens, in: 50 Jahre Eternit Aktiengesellschaft. 75 Jahre Eternit in Deutschland, Berlin (W) 1979

Eternit AG: Müssen Asbestzement-Produkte ersetzt werden?, Linus B. Fetz, Abteilung Öffentlichkeitsarbeit und Umwelt, Nierderurnen, Schweiz, April 1999

Eternit AG: Bauwelt 26, S. 21, Sonderdruck 2004

EU Commission Directive 91/659/EC. Official Journal L.363.31/12/1991, S. 36-38

EU Commission Directive 1999/77EC. Official Journal L.207.06/08/1999, S. 18-20

Fabrikärzte der chemischen Industrie (Hrsg.): Was muß der Arzt von der neuen Verordnung über die Einbeziehung der Berufskrankheiten in die Unfallversicherung wissen und welche Pflichten ergeben sich für ihn daraus? Versicherungsrechtliche und ärztliche Hinweise unter Mitarbeit von Professor Dr. Hayo Bruns, Direktor des Bakteriologischen Instituts Gelsenkirchen; Geh. Sanitätsrat Dr. Cramer, Cottbus; Dr. Martius Verwaltungsdirektor der Berufsgenossenschaft der chemischen Industrie, Berlin; Ministerialrat Professor Dr. Thiele, Sächsischer Landesgewerbearzt, Dresden, Berlin 1925, in: Schriften aus dem Gesamtgebiet der Gewerbehygiene, hrsgg. von der Deutschen Gesellschaft für Gewerbehygiene in Frankfurt a.M., Heft 14

Fetz, Linus B.: Vom Asbestzement zum Faserzement, in: Eternit Schweiz, Architektur und Firmenkultur seit 1903, Katalog der Ausstellung „Eternit Schweiz, Architektur und Firmenkultur seit 1903", hrsgg. vom Institut für Geschichte und Theorie der Architektur, Departement, ETH Zürich, Zürich 2003

Fifth Circuit Court of Appeals: Corrosion proof fittings, 1947 F2d 1201, New Orleans, 1991

Figal, Günter; Sieferle, Rolf Peter (Hrsg.): Selbstverständnisse der Moderne. Formationen der Philosophie, Politik, Theologie und Ökonomie, Stuttgart 1991

Financial Express, The Indian Express Group, v. 5.11.2001

Fischer, Norbert: Gotha 1878: Das erste Krematorium und die Anfänge der Feuerbestattung in Deutschland, in: Ohlsdorf – Zeitschrift für Trauerkultur vom Förderkreis Ohlsdorfer Friedhof, Nr. 83, IV, 2003 v. 3.11.2003

Frank, Karl: Asbest. Zweite, umgearbeitete und erweiterte Auflage, Hamburg 1952

Frankfurter Allgemeine Zeitung: Einigung am Ground Zero, v. 28.2.2004, S. 16

Fremdling, Rainer: Eisenbahnen und deutsches Wirtschaftswachstum 1840–1879. Ein Beitrag zur Entwicklungstheorie und zur Theorie der Infrastruktur, 2. erweiterte Auflage, Dortmund 1985

Furedi, Frank: Culture of Fear. Risk-Tasking and the Morality of Low Expectation, London 1997

Furedi, Frank: Die Geschichte beginnt erst, in: novo-magazin, Heft 61/62, November 2002 – Februar 2003, Frankfurt, S. 12-14

Gamm, Gerhard: Wahrheit als Differenz. Studien zu einer anderen Theorie der Moderne. Descartes – Kant – Hegel – Schelling – Schopenhauer – Marx – Nietzsche, Frankfurt/M 1986

Gebäudepolitik und Verwaltung der Infrastruktur, in: Gesamtbericht 1997, Offizielle Dokumente der EU, Europäische Kommission, Generalsekretariat, Tz. 1190

Gefahrstoffverordnung (GefStoffV), BGBl. I, 1993, S. 1782

Gewerbe-Med.-Rat Dr. **Gerbis**, Priv.-Doz. Dr. Ucko: Über Asbestosis der Lungen, in: Deutsche Medizinische Wochenschrift Nr. 8 v. 19. Februar 1932, S. 285 ff.

Gesetz über technische Arbeitsmittel und Verbrauchsprodukte (Geräte- und Produktsicherheitsgesetz – GPSG) vom 6. Januar 2004, BGBl I, S. 2, in der Fassung vom 7. Juli 2005, BGBl I, S. 1970

Gesundheits-, Arbeits- und Umweltschutz: Begriffe, Definitionen und Regelwerke

Gewerbeordnung vom 21. Juni 1869, Fundstelle RGBl 1869, 245

Giannasi, Fernanda; Pena, Paulo Gilvane Lopes: Asbest in Brasilien, in: Asbestos. European Conference 2003, S. 1-6

Ginzky-Winter, Hansjürgen: Die Praxis der Chemikalienregelung im internationalen Vergleich, 1999, S. 203-282

Gloyne, Roodhouse: The Asbestos Body, in: The Lancet, June 25, 1932, S. 1351

Gock, E.: Behandlung asbesthaltiger Materialien, in: Umweltforschung in Clausthal, Beiträge zum Tag der Forschung, 18. November 1999, S. 97-99

Gramlich, Ludwig: Das französische Asbestverbot vor der WTO, in: Tietje, WTO – Welthandelsorganisation 2000, S. 13 bis 14

Gramlich, Ludwig: Das französische Asbestverbot vor der WTO, Institut für Wirtschaftsrecht, Juristische Fakultät der Martin-Luther-Universität Halle-Wittenberg, Arbeitspapiere aus dem Institut für Wirtschaftsrecht; Heft 5, 2002

Gruntschenko, Oxana: Erlöse mit gefährlicher Faser, in: Moskauer Deutsche Zeitung (MDZ) v. 26.6.2002

Guyot, Detlef: Asbest – Verwendung vor 1950, Verein Deutscher Revisionsingenieure e.V., Hannover 2006

Habermas, Jürgen: Die Moderne – ein unvollendetes Projekt. Philosophische Aufsätze 1977–1990, Leipzig 1990

Haefner, H.: Natürliche Ressourcen. Potential und Begrenzung, Sommersemester 1998, Universität Zürich 1998

Hamburger Stiftung für Sozialgeschichte des 20. Jahrhunderts (Hrsg.): Arbeitsschutz und Umweltgeschichte, Köln 1990

Hardell, Lennart; Carlberg, Michael; Mild, Kjell Hansson: Pooled analysis of two case-control studies on use of cellular and cordless telephones and the risk for malignant brain tumours diagnosed in 1997-2003, in: International Archives of Occupational and Environmental Health, Berlin Heidelberg 2006

Hauptverband der gewerblichen Berufsgenossenschaften (HVBG), Asbestersatz-stoff-Katalog: Erhebung über im Handel verfügbare Substitute für Asbest und asbesthaltige Produkte (10 Bände), St. Augustin 1985

Hauptverband der gewerblichen Berufsgenossenschaften (HVGB): BIA-Report 4/98, Symposium „Grenzwerte für chemische Einwirkungen an Arbeitsplätzen", veranstaltet am 5. und 6. Februar 1998 in der berufsgenossenschaftlichen Akademie für Arbeitssicherheit und Verwaltung, Hennef, Sankt Augustin 1998

Heeg, Thimo: Aufreger Umwelt. Waldsterben, BSE, Smog. Die Ökokrisen kommen und gehen. Was wird aus dem Dieselruß werden?", in: Frankfurter Allgemeine Sonntagszeitung, 3. April 2005, Nr. 13

Heidling, Eckhard: Strategische Netzwerke. Koordination und Kooperation in asymmetrisch strukturierten Unternehmensnetzwerken, in: Johannes Weyer (Hrsg.): Soziale Netzwerke. Konzepte und Methoden der sozialwissenschaftlichen Netzwerkforschung, München 2000, S. 63-85

Heierli, Christian; Weber, Rudolf: Messungen von Asbestfasern bei Asbestzement-dächern, hrsgg. vom Bundesamt für Umwelt, Wald und Landschaft (BUWAL), Bern 2005

Herbert, Ulrich: Europa und der „Reichseinsatz": ausländische Zivilarbeiter, Kriegs-gefangene und KZ-Häftlinge in Deutschland 1938–1945, Essen 1991

Herbert, Ulrich: Fremdarbeiter. Politik und Praxis des „Ausländer-Einsatzes" in der Kriegswirtschaft des Dritten Reiches, Bonn 1999

Der **Hessische** Sozialminister: Asbest-Spätschäden. Bericht zu Fachtagung Asbest-Spätschäden, 1986

Hirsch-Kreinsen, Hartmut: Unternehmensnetzwerke – revisited, in: Zeitschrift für Soziologie 3, 2002, S. 106-124

Hockerts, H.G.: Sozialpolitische Entscheidungen im Nachkriegsdeutschland. Alliierte und deutsche Sozialversicherungspolitik 1945–1957, Stuttgart 1980

Horikoshi, T.; Ogawa, A.; Saito, T.; Hoshiro, H.: Properties of polyvinylalcohol fibre as reinforcing materials für cementitious composites, Tokio 2005

Huré, Philippe: Erkrankungen der Atemwege stehen in Verbindung zu Produkten wie Asbest:Reichen die präventiven Maßnahmen aus?, Bericht anlässlich der 28. Generalversammlung der ISSA (International Social Security Association), Peking 2004

Industrial Minerals: Asbestos Alternatives, Nr. 109, London 1976, S. 45-47

Industrial Minerals and Rocks (Nonmetallics other than Fuels), American Institute of Mining, Metallurgical, and Petroleum Engineers, Inc., New York, N.Y. 1975

Industrial Minerals and Rocks, 6th Edition, published by Society for Mining, Metallury, and Exploration Inc. Littleton, Colorado 1994

International Labour Organization (ILO): Asbestos Recommendation, No. 172, Genua ILO, 1986

Jänicke, Martin; Binder, Manfred: „Dirty Industries": Wandlungsmuster im Industrie-ländervergleich, in: Lutz Mez, Martin Jänicke (Hrsg.): Sektorale Umweltpolitik. Analysen im Industrieländervergleich, Berlin 1997, S. 187-214

Jespen, Torben: Die Sicht der Arbeitgeber: Für einen kontrollierten Einsatz von Chemikalien bei der Arbeit, in: Umgang mit Gefahrstoffen, Europäische Agentur für Sicherheit und Gesundheitsschutz am Arbeitsplatz, Amt für amtliche Ver-öffentlichungen der Europäischen Gemeinschaften, Luxemburg 2003

Jorissen, H. Dieter, Kämpfer, Siegfried, Schulte, Hermann J.: Die neue Fabrik. Chance und Risiko industrieller Automatisierung, Düsseldorf 1970

Justen, H.-P.; Strübel G.: Verwertungskonzepte für thermische Reaktionsprodukte as-besthaltiger Massen,in: Oberhessische Naturwissenschaftliche Zeitschrift, Band 60, 1998/2000

Kazan-Allen, Laurie: Asbestos Mine reopened by Court order, in: International Ban Asbestos Secretariat, January 12, 2003

Kazan-Allen, Laurie: National Asbestos Bans, in: International Ban Asbestos Secretariat, November 12, 2006

Kesler, Stephen E.: Mineral Resources, Economics and the Environment, MacMillan Press, 1994

Kleine, H.; Blome, H.: Asbest: Verfahren mit geringer Exposition bei Abbruch-, Sanie-rungs- und Instandhaltungsarbeiten, in: Ergo-Med 3/2004, S. 82-86

Klett, W.: Rechtliche und tatsächliche Aspekte von Wettbewerb und Kreislaufwirt-schaft, Chip-Veranstaltung, Hattingen 1996

Köller, H.: Kreislaufwirtschafts- und Abfallgesetz, Berlin 1995

Kommission der Europäischen Gemeinschaften: Weissbuch – Strategie für eine zu-künftige Chemikalienpolitik, Brüssel 2001

Konkolewsky, Hans-Horst: Umgang mit Gefahrstoffen, Europäische Agentur für Sicherheit und Gesundheitsschutz am Arbeitsplatz, Amt für amtliche Veröffent-lichungen der Europäischen Gemeinschaften, Luxemburg 2003

Knops, Grubendirektor: Asbest, sein Vorkommen, seine Verarbeitung und seine Verwendung. Vortrag, gehalten im Verein „Berggeist" in Siegen am 19. Dezember 1880, 2. Auflage, Siegen 1881

Konstanty, Reinhold: Zum totlachen, in: Der Spiegel, Nr. 28, 1990, S. 10

Kowol, Uli, Krohn Wolfgang: Innovationsnetzwerke. Ein Modell der Technikgenese, in: Technik und Gesellschaft 8, 1995, S. 77-105

Krachler, Michael: Globale Verschmutzung der Erdatmosphäre steigt, in: Pressemitteilung der Ruprecht-Karls-Universität Heidelberg, Institut für Umwelt-Geochemie, 11. November 2005

Kraus, Th.; Raithel, H.J.: Frühdiagnostik asbestverursachter Erkrankungen, hrsgg. vom Hauptverband der gewerblichen Berufsgenossenschaften (HVBG), Sankt Augustin 1998

Krause, Jan R.: Die Geschichte mit der Faser. Von der Neuerfindung eines Werkstoffes, in: Eternit, Bauwelt 26/2004, S. 22-23

Krishna, Gopal: Killer Asbestos, in: IMC India, 29.4.2002

Krohn, Wolfgang: Innovationschancen partizipatorischer Technikgestaltung und diskursiver Konfliktregulierung, Bielefeld 1995 (Ms.)

Kuckartz, Udo: Umweltethik und zweite Moderne: Chancen für Nachhaltigkeit?, umwelt 98, Berlin 1998

Kühne, Gerhard; Richter, Christoph: Arbeit zur Entwicklung von Ersatzstoffen für Asbestzement an der Technischen Universität Dresden, in: Feuerfest, Asbest – Zur Geschichte eines Umweltproblems, Deutsches Hygiene-Museum, Dresden 1991, S. 75-81

Künkler, Friedrich: Zur Entwicklung der Asbestindustrie, in: Chemiker-Zeitung, Central-Organ für Chemiker, Techniker, Fabrikanten, Apotheker, Ingenieure, Jahrgang X, Nummer 45 v. 6. Juni 1886

Kuyek, Joan: Asbestos Mining in Canada. A brief presented to the International Ban Asbestos Conference, in: Mining Watch Canada Mines Alerte, Ottawa, September 13, 2003, S. 3

Labisch, A., Spree, R. (Hrsg.): Medizinische Deutungsmacht im sozialen Wandel, Bonn 1989

Labisch, A.: Zur Sozialgeschichte der Arbeitsmedizin in der Bundesrepublik Deutschland. Eine Übersicht, in: R. Müller, D. Milles (Hrsg.): Beiträge zur Geschichte der Arbeiterkrankheiten und der Arbeitsmedizin in Deutschland, Bremerhaven 1984, S. 27-45

LAGA, Merkblatt, Entsorgung asbesthaltiger Abfälle, erstellt von der Länderarbeitsgemeinschaft Abfall (LAGA) unter Mitwirkung des Umweltbundesamtes, vom 6. September 1995, RdErl. des Ministeriums für Umwelt, Raumordnung und Landwirtschaft v. 24.11.1995 – IV A 4 – 541.3.12

LAGA, Merkblatt, Entsorgung asbesthaltiger Abfälle, erstellt von der Länderarbeitsgemeinschaft Abfall (LAGA) unter Mitwirkung des Umweltbundesamtes, vom 6. September 1995, RdErl. des Ministeriums für Umwelt, Raumordnung und Landwirtschaft v. 24.11.1995 – IV A 4 – 541.3.12, in der Fassung vom 20. Februar 2001, aktualisiert aufgrund der Abfallverzeichnis-Verordnung vom 10. Dezember 2001

The **Lancet**: German work on Pulmonary Asbestosis, July 1932, S. 92 f.

Land Brandenburg: Sicheres Arbeiten in Haus und Garten – Achtung, Baumaterial aus Asbestzement!, Landesinstitut für Arbeitsschutz und Arbeitsmedizin, Potsdam 1995

Landrigan, P.J., Nicholson, W.J., Y. Suzuki, Y., La Dou, J.: The hazards of chrysozil asbestos: a critical review, in: Industrial Health 1999; 37 (3): p. 271-280

Lahkohla, A. et al: Mobile phone use and risk of glioma in 5 North European countries, in: International Journal of Cancer 2007

Leibfried,.S., Tennstedt, F.: Council for a Democratic Germany, Bremen 1981, S. 15;

Lesky, E.: Sozialmedizin. Entwicklung und Selbstverständnis, Darmstadt 1977

Lißner, Lothar: Praktische Handlungsstrategien für eine wirkungsvollere Ersatzstoffpolitik, in: WSI Mitteilungen 9/2000

Lißner, Lothar: Risikomanagement. Substitution ist möglich!, in: Europäische Agentur für Sicherheit und Gesundheitsschutz am Arbeitsplatz, Issue 6 of Magazine, Dangerous Substances – Handle with care, 2003

Longo, William E.; Rigler, Mark W.; Slade, John: Crocidolite Asbestos Fibers in Smoke from Original Kent Cigarettes, Cancer Research 55: 2232-2235, 1995

Lueger, Otto: Lexikon der gesamten Technik und ihrer Hilfswissenschaften, Erster Band, Stuttgart, Leipzig 1894

Luhmann, Niklas: Risk: A Sociological Theory, New York 1993

Machtan, Lothar, Berlepsch, Hans-Jörg: Zeitschrift für Sozialreform, Heft 5, Mai 1986

Macrakis, Kristie: Surviving the Swastika, Scientific Research in Nazi Germany, New York Oxford 1993

Maes, Wolfgang: Elektrosmog – Wohngifte – Pilze, Stuttgart 1999

Malenbaum, W.: Material Requirements in the United States and Abroad in the Year 2000, Philadephia, P.A., 1973

Marfels, H.; Spurny, K.; Schoermann, J.; Opiela, H.; Weiss, G.; Althaus, W.; Boose, C.: Asbestfasermessungen in Rundsporthallen, Schwimmhallen und Schulzentren in der Bundesrepublik Deutschland, in: Staub, Reinhaltung der Luft 44, 1984, Nr.12, S.512-514

Marfels, H.; Spurny, K.; Jaekel, F.; Opiela, H.; Schoermann, J.; Weiss, G.; Althaus, W.; Boose, C.; Wulbeck, F.-J.: Asbestos fiber measurements in the vicinity of emittents, in: Journal of aerosol science, Vol.18, 1987, No.6, S. 627-630

Marsfeld, H.; Spurny, K.: Asbest-Immissionsmessungen in Niedersachsen 1985/86, Fraunhofer-Institut für Umweltchemie und Ökötoxilogie, Schmalenberg-Grafschaft 1987

Mattenklott, M.: Identifizierung von Asbestfasern in Stäuben, Pulvern und Pudern mineralischer Rohstoffe. Teil 1, in: Grundlagen, Kriterienkatalog. Gefahrstoffe – Reinhaltung Luft, 58, 1998, Nr. 1, S. 15-22

Mattenklott, M.: Analyse thermisch behandelten Asbestzements, in: Grundlagen, Kriterienkatalog. Gefahrstoffe – Reinhaltung Luft, 64, 2004, Nr. 11/12, S. 480-484

Mattenklott, M.: Die retrospektive Ermittlung der Asbestfaserdosis (Faserjahre) von Arbeitnehmern, Nr. 0070, Ausgabe 11/2001, S.1 in: Aus der Arbeit des BIA. Hrsg.: Berufsgenossenschaftliches Institut für Arbeitschutz – BIA im Hauptverband der gewerblichen Berufsgenossenschaften (HVBG), Sankt Augustin

Mayntz, Renate: Policy-Netzwerke und die Logik von Verhandlungssystemen, in: Adrienne Héritier (Hrsg.): Policy-Analyse, Opladen 1993, S. 39-56

Meadows, Dennis; Meadows, Donella H.; Zahn, Erich; Milling, Peter: Die Grenzen des Wachstums. Club of Rome. Bericht des Club of Rome zur Lage der Menschheit, Stuttgart 1972

Meier, Heinrich (Hrsg.): Zur Diagnose der Moderne, München 1990

Messner, Dirk: Die Netzwerkgesellschaft. Wirtschaftliche Entwicklung und internationale Wettbewerbsfähigkeit als Probleme gesellschaftlicher Steuerung, Köln 1995

Michatz, Johannes: Abschätzung der Dauerimmission durch Asbest in der Außenluft, Verband der Faser-Zementindustrie e.V. (Hrsg.), Berlin 1989

Michatz, Johannes: Asbest und Gesundheit, Verband der Faser-Zementindustrie e.V. (Hrsg.), Berlin 1994

314

Michatz, Johannes: Sachgerechter Umgang mit Asbestzement, Verband der Faser-Zementindustrie e.V. (Hrsg.), Heidelberg 2005

Milazi, Abdul: Zim asbestos hurts SA firm, in: Fiancial Mail, Rosebank, Südafrika, 2. April 2004

Mill, Ulrich, Weißbach: Vernetzungswirtschaft. Ursachen, Funktionsprinzipien, Funktionsprobleme, in: Mill. Ulrich (Hrsg.): ArBYTE, Modernisierung der Industriesoziologie?, Berlin 1992, S. 315-342

Milles, Dietrich: 6. Industrial Hygiene: A State Obligation? Industrial Pathology as a Problem in German Social Policy, in: W.R. Lee, Eve Rosenhaft: State, Social Policy and Social Change in Germany 1880-1994, updated and revised Second Edition, Oxford New York 1997

Mining Watch Canada: Mines Alerte, Canadian Asbestos: A global Concern, in: Newsletter Number 13, Summer 2003, Ottawa

Mining Watch Canada: Exporting Death, Asbestos and Canada, in: Newsletter Number 15, Winter 2003-2004, Ottawa

Mitterbauer, Helga: Moderne – Postmoderne – Zweite Moderne – Globalisierung. Bericht über den 12. Workshop des SFB Moderne in Ljubljana (Herbst 2003), in: newsletter MODERNE 7 (2004) Heft 1, S. 2-3

Möllerherm, Stefan; Tesch, Malik; Olbrich, Tilman: Genauer hingeschaut: Asbestsanierung in Gebäuden, in: AIR-mail, Hauszeitung Air-Aachener Institute für Rohstofftechnik, RWTH Aachen, Nr. 12, Mai 2004

Moses; Julius und die Politik der Sozialhygiene in Deutschland, Gerlingen 1985

Mossman, B.T.; Bignon, J.; Corn, M.; Seaton, A.; Gee, J.B.L.: Asbestos: Scientific Developments and Implications for Public Policy, in: Science, Bd. 247, S. 294-300, v. 19.1.1990

Müglich, W.; Ziem, H.; Beck, B.: Asbest an Arbeitsplätzen in der DDR, BIA-Report 3/95, hrsgg. vom Hauptverband der gewerblichen Berufsgenossenschaften (HVBG), Sankt Augustin 1995

Müller-Herold, Ulrich; von Gleich, Arnim: Leitbilder geben die Richtung an – Leitplanken minimieren die Risiken, in: Neue Züricher Zeitung v. 18.11.2006, Zürich

Mukhopadhyay, Sunil: Greens wait verdict to choke off silent killer, in: The Financial Express, The Indian Express Group, November 5, 2001

Murray, R.: Asbestos: A Chronology of its Origins and Health Effects, in: British Jornal of Industrial Medicine, Bd. 47, H 6, Juni 1990

Murray, H.M.: Statement, in: Departmental Committee on Compensation for Industrial Diseases: a) Minutes of Evidence, Appendix and Index, S. 127 f.; Report, London 1907, S. 14

Murray, H.M.: Charing Cross Hospital Gazette 1900

Naujeck, K.: Die Anfänge des sozialen Netzes 1945–1952, Köln 1984

Neumann, Udo: Institut für Geowissenschaften, Arbeitsbereich Mineralogie und Geodynamik, der Universität Tübingen, Lehrveranstaltung „Spezielle Erzlagerstättenkunde" im SS 2002 und WS 2003

Norddeutsche Metall-Berufsgenossenschaft, Hannover: Entfernen von Asbest, Ausgabe 1.82

Oberlies, F., Krüger, D.: Verfahren zur Untersuchung von asbesthaltigen Erzeugnissen, in: Wissenschaftliche Abhandlungen der deutschen Materialprüfungsanstalt, II. Folge, Heft 4, 1942, S. 31

ÖkoPlus AG – Fachhandelsverbund für ökologisches Bauen und Wohnen: Asbestersatz, in: Umweltlexikon, Frankfurt 1993

Oliver, Thomas: Pulmonary Asbestosis. A socio-medical study, in: Archiv für Gewerbepathologie und Gewerbehygiene, hrsgg. von Dr. L. Teleky und Prof. Dr. H. Zangger, 1. Bd., Berlin 1930, S. 68

Packroff, Rolf: Asbest – vom Wundermaterial zu gefährlichen Altlast, Bundesanstalt für Arbeitsschutz und Arbeitsmedizin, Dortmund 2001

Packroff, Rolf: Die Entwicklung biolöslicher Fasern zur Substitution von Asbest und Krebs erzeugenden Künstlichen Mineralfasern, in: Umgang mit Gefahrstoffen: Eine Herausforderung für die europäische Politik, Ergebnisse der Abschlussveranstaltung der Europäischen Woche für Sicherheit und Gesundheitsschutz bei der Arbeit 2003, Bilbao/Spanien, 24. November 2003, in: Forum, Europäische Agentur für Sicherheit und Gesundheitsschutz am Arbeitsplatz, Ausgabe 12/2003

Peffgen, E.: Die gummi- und asbestverarbeitende Industrie aus der Sicht der siebziger Jahre, IFO-Institut für Wirtschaftsforschung, Berlin, München 1976

Petersen, Britta: Cola-Streit entzweit Indien, in: Die Welt, 12.8.2006, S. 14

Pinch, Trevor; Bijker, Wiebe E.: The social construction of facts and artefacts. Or how the sociology of science and the sociology of technology might benefit each other, in: Wiebe E. Bijker u.a. (Hrsg.): The social construction of technological systems. New directions on the sociology and history of technology, Cambridge Mass. 1987

Plinske, Werner; Haupt, Bärbel; Drechsel-Schlund, Claudia; Butz, Martin: Dokumentation des Berufskrankheiten-Geschehens in Deutschland, Daten und Fakten zu Berufskrankheiten: Erkrankungen durch anorganische Stäube, obstruktive Atemwegserkrankungen, Hautkrankheiten, hrsgg. vom Hauptverband der gewerblichen Berufsgenossenschaften (HVBG), Sankt Augustin 2006

Poeschel, Eva; Köhling, Alfons, Schettler, G.: Asbestersatzstoffkatalog. Faser- und Füllstoffe, 1985

Pösch, Heinz; Kotowski, Georg: Asbest – Ein Grundelement der Baustoffindustrie (herausgegeben im Auftrag des Senats der Freien Universität Berlin), Berlin (W), Basel 1965

Preller, Ludwig: Reform der sozialen Sicherung, in: Gewerkschaftliche Monatshefte, vol. 3, 1952, S. 20-27

Pütz, Jean (Hrsg.): Asbest-Report. Vom Wunderstoff zur Altlast. Risiko, Chancen und Gefahren, Köln 1989

Rangé, Jacques: The Globalization of Prevention and Control, in: The Asbestos Institute Newsletter. Responsible Management of a Natural Resource, Edition 1995-1

Rantanen, Jorma: Inzidenz und Verwendung von Asbest sowie technische Prävention, in: Asbestos. European Conference 2003, S. 1-18

Reichsamt für Wirtschaftsausbau an Wilhelm Eitel: Brief v. 28.11.1942, Vorläufige Einladungsliste, Archiv der Max-Planck-Gesellschaft zur Förderung der Wissenschaften e.V., Berlin, I. Abteilung, Rep. 42, Nr. 680, Blatt 44-50

Reichsarbeitsblatt Teil III (Arbeitsschutz Nr. 10), Nr. 29, 1940

Reidemeister, C.: Ueber sogenannten Asbest, in: Chemiker-Zeitung, Nr. 51, 1900

Ritter, Joachim: Metaphysik und Politik. Studien zu Aristoteles und Hegel, Frankfurt/M 1969

Romeo, Rey: Zähes Ringen mit Asbest, in: akzente, aus der Arbeit der gtz, D13139F, Deutsche Gesellschaft für Technische Zusammenarbeit (GTZ) mbH, Eschborn 2002, S. 36-39

Rosenbaum, G.: Über die Festigkeitsverhältnisse beim Asbestzement, in: Zement, 1936, S. 292 ff

Rosenbruch, M.; Friedrichs K.H.; Schlipköter, H.-W.: Zur gesundheitlichen Bedeutung der zur Herstellung von Faserzement verwendeten Asbestfasern, Zentralblatt für Arbeitsmedizin, Bd. 42, Nr. 9, Heidelberg 1992, S. 355-362

Rost, Martin: Zur Produktion des Wissens im digitalen Zeitalter, in: Universität Erfurt/ Heinrich-Böll-Stiftung (Hrsg:): Universitäten in der Wissensgesellschaft, München 2001, S. 145–167

Ruers, R.F.; Schouten, N.: The tragedy of asbestos. Eternit and the consequences of a hundred years of asbestos cement, translated into English by Steven P. McGiffin, Socialistische Partij (Netherlands), Rotterdam 2005

Rühl, Reinhold: Technische Regeln für Gefahrstoffe (TRGS) zu Ersatzstoffen, in: Gefahrstoffsubstitution und Innovationsfähigkeit, Erfolgreicher Auftakt des Projektes SubChem, Gestaltungsoptionen für handlungsfähige Innovationssysteme zur erfolgreichen Substitution gefährlicher Stoffe, Hamburg 2001, S.80-91

The **San Francisco Chronicle**: Jury Awards $ 1,048,100.00 in Kent Micronite Asbestos Cigarette Filter Case v. 8.5.2000

Sakuragi, Isao (Kuraray Co.): Development of PVA Fibre for Construction, in: Techtextil, September 1998, S. 31

Saupe, E.: Klinisch-röntgenologische Untersuchungen an Ofensetzern, aus dem Röntgeninstitut der Medizinischen Klinik des Stadtkrankenhauses Dresden-Johannstadt, eingegangen am 15. Juni 1931

Scarpa, L.: Industria dell'amianto e tuberculosi, Atti del XVII. Congresso Nazionale della Società Italiana di Medicina Interna, Rom 1908

Sch., A.: Asbest im Dienste der amerikanischen Landesverteidigung., in: Chemiker-Zeitung, Jg. 63, Nr. 47 v. 14.6.1939

Schenk, Ulrich: Die Produktion von Asbestzement und ihre Umstellung auf eine asbestfreie Technologie oder wie die Industrie ein Problem gelöst hat, in: z.B. Asbest. Ein Stein des Anstoßes. Kulturelle und soziale Dimensionen eines Umweltproblems, Berlin 1991, S.178-187

Scholze-Irrlitz, Leonore; Noack, Caroline: Arbeit für den Feind. Zwangsarbeiter-Alltag in Berlin und Brandenburg 1939–1945, Berlin 1998;

Schrader, Christopher: Handys können Krebs auslösen, in: Süddeutsche Zeitung, München 30.1.2007

Schulz, Marine-Oberbaurat: Asbest in der Kriegswirtschaft. Unter Benutzung amtlicher Quellen, in: Technik und Wirtschaft. Monatsschrift des Vereines deutscher Ingenieure, 13. Jahrgang, Berlin 1920, S. 28-41

Schumpeter, Joseph: Theorie der wirtschaftlichen Entwicklung, Leipzig 1912

Schumpeter, Joseph: Capitalism, Socialism and Democracy, New York 1942

Schönrich, Gerhard; Kato, Yasushi (Hrsg.): Kant in der Diskussion der Moderne, Frankfurt/M 1996

Schwarz, Otto: Kunststoffkunde, 7. Auflage, Würzburg 2002

Seitz-Werke: (Haupt-) Katalog Nr. 121, Patent-Asbest-Filter, Flaschenfüllfilter, Flaschenspülmaschinen, Pumpen aller Art, Maschinen u. Apparate für die Schaumwein-Erzeugung, Kork- und Kapselmaschinen u.a., Kreuznach 1920

Shirer, William L.: Aufstieg und Fall des Dritten Reiches (The rise and the fall of the third reich a history of nazi germany), aus dem Amerikanischen übertragen von Wilhelm und Modeste Pferdekamp, Köln, Berlin 1962

Selikoff, Irving: Biological Effects of Asbestos, New York 1965

Selikoff, I.J. and Lee, D.H.K., Asbestos and disease, Ney York, NY, Academic Press, 1978

Siriruttanapruk, Somkiat und Taptagaporn, Sasitorn, Ministry of Public Health, Thailand, Die Asbestsituation in Thailand, in: Asbestos, European Conference 2003

Spektrum der Wissenschaft: Asbest: Fluch und Segen, Heft 11/1997, S. 86-92

Der **Spiegel**: Flockt wie Schnee – Bauexperten geben bundesweit Asbestalarm. Der Faserstaub zersetzt sich in tausenden von Gebäuden zu krebserzeugendem Staub, in: Der Spiegel, Nr. 12, 1988, S. 52, 55, 58

Spurny, Kvetoslav R.: Asbest in der deutschen Umwelt, in: z.B. Asbest. Ein Stein des Anstoßes. Kulturelle und soziale Dimensionen eines Umweltproblems, Berlin 1991, S. 30-39

Stahr, Henrick: Eternit: Vom Aufstieg zum Ausstieg. Die Eternit AG in Berlin-Rudow 1929-1979, in: z.B. Asbest. Ein Stein des Anstoßes. Kulturelle und soziale Dimensionen eines Umweltproblems, Berlin 1990, S. 154-177

Statistisches Bundesamt (Hrsg.), Fachserie 7: Außenhandel, Reihe 2 nach Waren und Ländern, Stuttgart 1991-2001

Stellpflug, Jürgen: Ausgebremst, in: Öko-Test, Test Bremsbeläge, Heft Januar 2002

Stoff, Heiko: Eine zentrale Arbeitsstätte mit nationalen Zielen. Wilhelm Eitel und das Kaiser-Wilhelm-Institut für Silikatforschung 1926–1945, Forschungsprogramm „Geschichte der Kaiser-Wilhelm-Gesellschaft im Nationalsozialismus, Ergebnisse 28, Rüdiger Hachtmann (Hrsg.) im Auftrag der Präsidentenkommission der Max-Planck-Gesellschaft der Wissenschaften e.V., Berlin 2005

Tarnow, Fritz: Soziale Sicherheit als Voraussetzung für eine gesunde Wirtschaft, in: Gewerkschaftliche Monatshefte, vol. 1, 1950, S. 17-21

Technische Regel für Gefahrstoffe (TRGS) 440: BMAS/AGS 1996, Anlage III

Technische Regel für Gefahrstoffe (TRGS) 440, Verbotsliste, in: BMAS/AGS, 1996, Anlage III

Technische Regel für Gefahrstoffe (TRGS) 517: Asbest und asbesthaltigen Gefahrstoffe

Technische Regel für Gefahrstoffe (TRGS) 519: Asbest/Abbruch-, Sanierungs- oder Instandhaltungsarbeiten

Technische Regeln für Gefahrstoffe (TRGS) 519: Asbest/Abbruch-, Sanierungs- oder Instandhaltungsarbeiten, Ausgabe: September 2001, zuletzt berichtigt: BArbL. Heft 1/2003, S. 4

Technische Regel für Gefahrstoffe (TRGS) 521: Faserstäube

Technische Regel für Gefahrstoffe (TRGS) 954: Asbest/Abbruch-, Sanierungs- oder Instandhaltungsarbeiten, Empfehlungen zur Erteilung von Ausnahmegenehmigungen von § 15a Abs. 1 GefStoffV für den Umgang mit asbesthaltigen mineralischen Rohstoffen und Erzeugnissen in Steinbrüchen

Technische Universität Bergakademie Freiberg, Fakultät für Geowissenschaften, Geotechnik und Bergbau, Institut für Mineralogie, Fachgebiet für Technische Mineralogie, Lehrmaterial Technische Mineralogie I – Füllstoffe und Fasermaterialien, 2006

Tesch, Malik: Asbestsanierung – Auswirkungen der Belüftung auf die Faseraufbereitung im Schwarzbereich, Dissertation am Institut für Bergbaukunde I, RWTH Aachen, 2004

Tesch, Malik; Martens, Nicolai: Asbestsanierung von Gebäuden, Optimierung der Belüftung im Schwarzbereich, in Sicherheitsingenieur, Heft 9/2004, S.12-19

Textil-Lexikon. Handwörterbuch der gesamten Textilkunde, Stuttgart, Berlin 1937

Tushman, Michael L.; Rosenkopf, Lori: Organizational determinants of technological change: Toward a sociology of technological evolution, in: Research in Organizational Behavior 14, 1992, S. 311-347

Uekötter, Frank; Hohensee, Jens (Hrsg.): Wird Kassandra heiser? Die Geschichte falscher Ökoalarme, Stuttgart 2004

Ullmann, Fritz (Hrsg.): Enzyklopädie der technischen Chemie, Berlin, Wien 1914-1919

Umweltministerium Bayern: Asbestzementprodukte, München 1992

U.S. Geological Survey, Mineral Commodity Summaries, January 2006

Valic, Fedor: The Asbestos Dilemma: I. The Assessment of Risk, Andrija Stampar School of Public Health, Medical Faculty of Zagreb, Zagreb, Croatia, 2002

Valic, Fedor: The Asbestos Dilemma: II. The Ban, Andrija Stampar School of Public Health, Medical Faculty, University of Zagreb, Zagreb, Croatia, 2002

van der Bellen, E.: Ueber die Bildung von Asbest auf mechanischem Wege., in: Chemiker-Zeitung, a.a.O., Jg. 24, Nr. 27, 1900

Verband der Faserzement-Industrie e.V.: Kein Sanierungsgebot für eingebaute Asbestzement-Produkte, Informationsblatt, Berlin 25. Mai 1998

Verband der Faserzement-Industrie e.V.: Kein Umweltrisiko durch eingebaute Asbestzement-Produkte, Informationsblatt, Berlin, Erscheinungsjahr unbekannt, mutmaßlich 1993/94

Verbeet, Markus; Widmann, Marc: Der späte Tod, in: Der Spiegel, Nr. 45, 2006, S. 40-42

Verordnung über das Europäische Abfallverzeichnis vom 10. Dezember 2001, BGBl I 2001,S. 3379

Vetter, Helmut: Baugeschichte des Eternit-Werkes Berlin-Rudow, Berlin 1985 (unveröffentliches Manuskript)

VHV Vereinigte Hannoversche Versicherung a.G., Antrag auf Abschluss einer so genannten Verbundenen Wohngebäude-Versicherung (VGB 2002), Hannover 18.5.2006

Virta, Robert L.: Mineral Commodity Summaries, U.S. Bureau of Mines, 1990

Virta, Robert L.: Asbestos, in: Asbestos – 1997, published by the U.S. Bureau of Mines

Virta, Robert L.: Asbestos, in: Asbestos – 1998, published by the U.S. Bureau of Mines

Virta, Robert L.: Asbestos – Geology, mineralogy, mining, and uses, U.S. Department of the Interior, U.S. Geological Survey, Open-File Report 02-149, 2002

Virta, Robert L.: U.S. Department of the Interior, U.S. Geological Survey Mineral Commodity Summaries 2002, S. 26-27

Virta, Robert L.: Worldwide Asbestos Supply and Consumption Trends from 1900 to 2000, U.S. Department of the Interior, U.S. Geological Survey, 2003

Virta, Robert L.: Mineral Commodity Profiles – Asbestos, U.S. Department of the Interior, U.S. Geological Survey, Circular 1255-KK, 2005

Virta, Robert L.: 2005 Mineral Yearbook, U.S. Department of the Interior, U.S. Geological Survey, 2006

Vogel, Sabine: Was ist Asbest?, in: z.B. Asbest. Ein Stein des Anstoßes. Kulturelle und soziale Dimensionen eines Umweltproblems, Berlin 1991, S. 129-133

Vogel, Sabine: Geschichte des Asbestes, in: z.B. Asbest. Ein Stein des Anstoßes. Kulturelle und soziale Dimensionen eines Umweltproblems, Berlin 1991, S. 134-150

Wagea, N.C.; Ruppe, K.; Lorenz, G: Gesundheitliche Risiken durch künstliche Mineralfasern – Übersicht", in: Zbl. Arbeitsmedizin 40, 1990, S. 101-111

Watt, James G.: Mineral Facts and Problems, United States Department of the Interior, Bureau of Mines, Bulletin 671, Washington D.C. 1980 Edition

Wedler, Hans-Wilfried: Klinik der Lungenasbestose. Klinische, statistische und röntgenologische Ergebnisse aus Reihenuntersuchungen an Asbestarbeitern über Krankheitsbild und Verlauf der Asbestose, Leipzig 1939

Wedler, Hans-Wilfried: Über den Lungenkrebs bei Asbestose, in: Deutsches Archiv für Klinische Medizin, hrsgg. von H. Assmann, P. Martini, W. Nonnenbruch, R. Siebeck, 191. Bd., Berlin 1943, S. 191

Weil H.; Hughes J.M., in: Am. Rev. Public Health 7, 171, 1986

Weindling, Paul: Asbestose als Ergebnis institutioneller Entschädigung und Steuerung, in: Dietrich Milles (Hrsg.), Gesundheitsrisiken, Industriegesellschaft und soziale Sicherungen in der Geschichte, Schriftenreihe „Gesundheit-Arbeit-Medizin", Bd. 7, Bremerhaven 1993

Werner: Aerztlicher Verein in Hamburg (eigener Bericht). Sitzung vom 3. März 1914. Vorsitzender: Herr Rampel., in: Muenchener Medizinische Wochenschrift, 17. März 1914, S. 625

Will, Carl, Lübbren, Julius Bormann, Karl: Bremen. Was die Schiffe bringen, Hamburg 1960

Wirtschaftsverband Asbest e.V., Geschäftsbericht, Frankfurt 1979

Wirtschaftswoche: Wachsendes Risiko, Heft 48, 18. November 2004, S. 182

Welsch, Wolfgang: Vernunft. Die zeitgenössische Vernunftkritik und das Konzept der transversalen Vernunft, Frankfurt/M 1996

Welz, Alfred: Weitere Beobachtungen über den Berufskrebs der Asbestarbeiter, aus dem Pathologischen und Bakteriologischen Institut der Hauptstadt Hannover [Vorstand: Prof. Dr. med. Martin Nordmann], in: AGG 11, 1942, S. 536

Weyer, Johannes: Von Innovationsnetzwerken zu hybriden sozio-technischen Systemen: Neue Perspektiven der Techniksoziologie, in: Bluma, Lars, Pichol, Karl, Weber, Wolfhard (Hrsg.): Technikvermittlung und Technikpopularisierung. Historische und didaktische Perspektiven, Münster u.a. 2004 (= Cottbuser Studien zur Geschichte von Technik, Arbeit und Umwelt, Bd. 23)

Weyer, Johannes u.a.: Technik, die Gesellschaft schafft. Soziale Netzwerke als Ort der Technikgenese, Berlin 1997

WHO: Air quality guidelines for Europe, WHO Regional Publications, European Series No. 23, Copenhagen, WHO Regional Office for Europe, 1987

Woitowitz, Hans-Joachim: Die Bewertung des Gefahrstoffes Asbest aus arbeits- und sozialmedizinischer Sicht, in: z.B. Asbest. Ein Stein des Anstoßes. Kulturelle und soziale Dimensionen eines Umweltproblems, Berlin 1991, S.17-29

Wolf, Harald: Das Netzwerk als Signatur der Epoche? Anmerkungen zu einigen neueren Beiträgen zur Gegenwartsdiagnose, in: Arbeit, Heft 2, Jg. 9, 2000, S. 95

Zangger, H.: Einführung, in: Archiv für Gewerbepathologie und Gewerbehygiene, hrsgg. von Dr. L. Teleky und Prof. Dr. H. Zangger, 1. Bd., Berlin 1930, S. 1 f.

Zentrum für Europäische Wirtschaftsforschung, Rennings, K. et al., Mannheim 1996

Internetquellen:

Asbestersatz, in baumarkt.de-Lexikon, 2005, in
http://www.baumarkt.de/lexikon/Asbestersatz.htm v. 29.8.2005

Die **Bauartklassen** der Wohngebäudeversicherungen, in:
http://www.gebaeudeversicherungen-direkt.de/infos/bauartklassen.htm v. 14.2.2004

Büro für angewandte Mineralogie: Olivin, in:
http://www.mineralienatlas.de/lexikon/index.php/Olivin v. 25.3.2006

Eternit: Geschichte, in: http://www.eternit.ch/index.php?id=17&type=1&l v. 24.1.2006

Geschichte: Beiträge des Heimatvereins Wunstorf zur Geschichte der Stadt, in:
http://www.heimatverein-wunstorf.de/html/geschichte.html v. 1.6.2005

Markennamen: http://www.ermel.org./usenet/desd/marken.txt v. 14.6.2006

ÖkoPlus AG: Asbestsanierung, S.1-2, S.1, in:
http://www.oekoplus.oekoserve.net/fp/archiv/RUBbauenwohnen/Asbestsanierung.php
v. 15.10.2005

Schriftverkehr des Autors:

Butz, Martin: M. Butz ist Mitarbeiter des Hauptverbandes der gewerblichen Berufsgenossenschaften (HVBG), Sankt Augustin. Der Autor der vorliegenden Arbeit stand mit M. Butz 2006 in E-Mail Kontakt. M. Butz übermittelte Daten auf Jahresbasis zwischen 1950 und 2005, jeweils bezogen auf die berufsbedingten Erkrankungen Asbestose (4103), asbestbedingten Lungen- und Kehlkopfkrebs (4104) und Mesotheliom (4105), über die Anzahl der von den deutschen Berufsgenossenschaften diesbezüglich anerkannten Berufskrankheiten, der neuen berufskrankheitsbedingt gewährten Renten und der Todesfälle infolge dieser Berufskrankheiten. Dabei ist zu berücksichtigen, dass die Anzahl anerkannter Berufskrankheiten und Todesfälle erst ab 1978 statistisch erfasst werden.

DARAG (Deutsche Versicherungs- und Rückversicherungs-AG), Direktion, PF 10, 13062 Berlin, Schreiben an den Autor dieser Arbeit vom 6. Juli 2004.

Virta, Robert L.: R.L. Virta ist Mitarbeiter des U.S. Department of the Interior, U.S. Geological Survey in Reston, VA. Der Autor der vorliegenden Arbeit stand mit Robert L. Virta 2005 und 2006 in E-Mail Kontakt. R.L. Virta wurde um historische Daten auf Jahresbasis über Asbestförderung, Export- und Importströme sowie über die industrielle Verarbeitung von Asbest gebeten, jeweils auf kontinentaler Ebene bzw. auf Länderebene. R.L. Virta entsprach diesen Bitten weitgehend. Im Zuge der Diskussion übermittelte R.L. Virta u.a. Daten, die die Daten seiner Publikation „Worldwide Asbestos Supply and Consumption Trends from 1900 to 2000, U.S. Department of the Interior, U.S. Geological Survey, 2003" korrigierten und ergänzten. Seine Antwort liegt dem Autor dieser Arbeit vor.

Statistisches Bundesamt: Dem Autor wurden auf Einzelanfragen Daten über die in die Bundesrepublik Deutschland eingeführten Jahrestonnagen an Rohasbest sowie die Werte der in der Bundesrepublik Deutschland umgesetzten Asbestwaren sowie die Werte des Bruttoinlandsproduktes (BIP) jeweils auf Jahresbasis sowie Datenmaterial zur weiteren Auswertung zur Verfügung gestellt.

Verzeichnis der Abbildungen, Grafiken und Tabellen

Die nachfolgenden Übersichten umfassen die in der Arbeit verwendeten Abbildungen, Grafiken und Tabellen.

Abbildungen

Grafiken

Tabellen

Die „Cottbuser Studien zur Geschichte von Technik, Arbeit und Umwelt"

Angesichts des heutigen Diskussionsstandes sollte nicht eigens betont werden müssen, dass die Bereiche Technik, Arbeit und Umwelt in der historischen Darstellung – und nicht nur hier – untrennbar miteinander verbunden sind.

Die menschliche Arbeit bringt bestimmte Technikformen hervor und das jeweilige Techniksystem wiederum prägt Arbeitsverhältnisse und -bedingungen. Mit dem Mittelsystem der Technik nutzt der Mensch die naturgegebenen Ressourcen, und es sind nicht nur Kapital- und Arbeitseinsatz, die sich im fertigen Produkt widerspiegeln, sondern auch Naturvernutzung. Die Geschichte einer Produktion zu schreiben ohne diese Naturvernutzung zu berücksichtigen, entspricht nicht mehr dem heutigen Kenntnisstand.

Freilich müssen Technik, Arbeit und Umwelt unter vielerlei Konnotationen beschrieben werden: Ökonomische, politische, gesellschaftliche Bedingungen sind die wichtigsten davon, die anthropologische, humane Dimension nicht minder. Aber diese Ansätze sind bereits häufiger berücksichtigt worden, mitunter sind sie inzwischen Gegenstände eigener Disziplinen.

Die Reihe hat hingegen die enge Verknüpfung jener Bereiche, die herkömmlicherweise getrennt in den Subdisziplinen Technikgeschichte, Geschichte der Arbeit und Umweltgeschichte abgehandelt werden, zum Thema. Vorrangig sollen also Beiträge aufgenommen werden, die die Beschreibung und Analyse des Wechselspieles von Technik, Arbeit und Umwelt zum Gegenstand haben.

Da die Leistung einer Reihe immer als ein Gesamtes gesehen werden muss, soll dieses Kernanliegen jedoch keinen Ausschließlichkeitscharakter gewinnen: Studien zu den Teilbereichen, die Baustein zur Kenntnis jener Wechselbeziehungen sind, finden hier genauso ihren Platz. Ein Leitgedanke hat schließlich viele Facetten, die zu beleuchten sind.

Konkret sind es vor allem drei Typen von Literatur, die die Reihe prägen werden:
- Studien und Monographien,
- Tagungsbände sowie
- Aufsatz- und Textsammlungen.

Damit sollen sowohl neueste Ergebnisse der Forschung und Forschungsdiskussionen präsentiert, wie auch schwer beschaffbare Beiträge zu einzelnen Themen vorgelegt werden. Berichte aus der Forschung einerseits und Studienmaterialien andererseits will die Reihe damit vereinen.

Die Benennung als „Cottbuser Studien zur Geschichte von Technik, Arbeit und Umwelt" schließlich will keinesfalls eine lokale Eingrenzung andeuten, sondern den Impuls einer neugegründeten Universität im Titel widerspiegeln: Cottbus ist der Ort der Konzeption und Initiation der Reihe, Cottbus will sich als neuer Arbeits- und Denkort in den Diskurs einschalten und bietet mit der Reihe eine weitere Plattform. Mögen viele die Einladung annehmen und die Reihe zu einem offenen Forum mitgestalten!